명문대
필독서
365

워크북

일러두기

- 역자, 감수 등은 따로 표기하지 않았으며 영문 이름은 외래어 표기법에 따랐습니다.
- 3인 이상의 공동 저작물인 경우 '외 ㅇ명'으로 표기하였습니다.
- 레이아웃의 통일을 위해 글자 크기를 본문 환경에 맞게 자유로이 조절하였습니다.
- 작품 성격의 작업물에는 홑화살괄호, 작품집 성격의 작업물에는 겹화살괄호를 사용하였습니다.
- 도서의 서지정보가 잘못 기입된 경우 출판사로 연락주시면 확인 후 바로잡겠습니다.

현직 교사들이 직접 읽고 알려주는 생기부 고득점의 비밀

명문대 필독서 365

과세특 확장을 위한
워크북

박은선 · 최유란 · 차옥경
김미나 · 안재현 지음

체인지업
CHANGEUP

프롤로그

학교에서는 학생의 입시를 위해 다양한 활동을 준비합니다. 대부분 '필수'보다 '선택'으로 학생들에게 자율성을 부여합니다. 학생의 진로 개별성을 존중하며 프로젝트의 주도권을 학생에게 맡기는 것입니다. 수업에서도 정보 탐색이나 보고서 작성, 발표 자료 준비 등은 학생 개개인의 몫입니다. '선생님이 지시하겠지'라며 방관하고 있다가는 제한된 글자 수도 채우지 못한 '공백 가득한 학생부'를 만나게 됩니다.

학생부의 '질'을 좌우하는 힘은 다름 아닌 '자기주도성'에 있습니다. 교내에 화려한 활동이 마련되어 있고, 서울대 합격생의 비밀을 읽고, 고교 필독서 목록을 꿰고 있어도 자기 것으로 만들지 못하면 아무 의미가 없습니다. 정보를 얻고 흘려보내는 것이 아니라 주도적으로 탐색하고 심층적으로 탐구해야만 자신의 역량이 학생부에 충분히 기술됩니다.

《명문대 필독서 365》를 읽고 독서에서 끝내지 않길 바랍니다. 책을 읽는 것만으로는 결코 충분하지 않습니다. 독서 감상문만 제출하기보다 탐구심, 창의력, 문제해결력 등을 보여줄 수 있는 활동을 스스로 설계해야 합니다. 나의 관심사와 진로에 맞춰 독서 내용을 적극적으로 활용하면 남다른 학생부를 디자인할 수 있습니다. 진정성 있는 탐구 과정과 결과물을 담당 선생님으로부터 인정받아 훌륭한 세특으로 보상받길 소망합니다.

이 '워크북'은 《명문대 필독서 365》를 200배 활용하여 경쟁력 있는 학생부를 만드는 데 그 목적을 둡니다. 365권 각각의 책에서 핵심 주제, 생각해볼 문제, 심화탐구 주제, 융합 활동 등을 상세하게 담았습니다. 탐구 주제는 각 교과의 성취기준을 고려했습니다. 일상적 고민, 학문적 고찰, 최근 이슈, 미래 전망 등 다양한 관점에서 주제를 엄선했습니다. 또한 독서 기반 활동이 깃든 학생부 세특 예시를 생생하게 보여줄 것입니다. 자율 활동, 동아리 활동, 진로 활동, 개인세부능력 및 특기 사항, 교과 세부 능력 및 특기 사항에 독서 내용이 어떻게 녹아드는지 직접 확인해보길 바랍니다.

한술 밥에 배부를 수는 없습니다. 2년~3년 동안 독서 기반 활동을 꾸준히 하며 깊이를 더해가는 것이 가장 중요합니다. 지적 호기심과 관심사에 맞는 책부터 '만만하게' 시작해보세요. 고교 시절 내내 '워크북'을 요긴하게 활용한다면 모든 교과 및 비교과에서 자신의 역량을 발휘할 수 있는 활동 기획에 큰 도움이 될 것입니다. 무엇보다 창의적인 활동을 구현하고 실천하는 과정에서 여러분의 '학생부'가 탄탄하게 채워질 것입니다.

피부로 확 와닿는 말은 아니겠지만, '진인사대천명(盡人事待天命)'이라고 했습니다. 하늘은 스스로 돕는 자를 돕는다는 뜻이지요. 작심삼일의 의지로 끝내지 말고, 끝까지 실천해내길 바랍니다. 공들인 학생부가 여러분의 대입 길을 아름답게 터줄 것입니다.

박은선·최유란·차옥경·김미나·안재현 올림

여는 글

입시를 알면 대학이 보인다

입시는 고등학교 입학과 동시에 시작됩니다. 고등학교 생활에 적응할 만하면 수행평가와 지필평가가 코앞에 닥치죠. 중학교 생활만 생각하고 넋 놓고 있으면 입시 평가 자료로 활용되는 고1 내신을 망칠 수도 있습니다.

입시 원서는 고3 때 쓰지만, 고1부터 입시 전형과 방법을 꼼꼼히 살피고 준비해야 비로소 입시에 성공할 수 있다는 거죠. 작년 입시와 올해 입시는 또 다릅니다. 입시의 흐름을 읽고 전략적으로 입시를 준비해야 하는 까닭이기도 합니다.

우리나라 대입은 모집 시기에 따라 크게 수시와 정시로 나뉩니다. 정시는 대학수학능력시험(수능) 성적으로만 평가하고 학교생활기록부의 교과 성적은 반영하지 않습니다. 반면 수시는 학교에서 이루어지는 교과 성적, 학습 활동 등을 평가합니다. 다음의 표에서 우리나라 대입 전형 체계를 잠시 파악해볼까요?

〈우리나라 표준 대입 전형 체계〉

구분	전형 유형	주요 전형 요소
수시	학생부 위주	학생부 교과 – 교과 중심
		학생부 종합 – 비교과, 교과, 면접 등 (자기소개서, 추천서 활용 가능)
	논술 위주	논술 등
	실기/실적 위주	실기 등 (특기 등 증빙 자료 활용 가능)
정시	수능 위주	수능 등
	실기/실적 위주	실기 등 (특기 등 증빙 자료 활용 가능)

▶ 학생부 위주 전형

학생부 위주 전형은 학교생활기록부를 주요 전형요소로 반영하며, 아래와 같이 구분한다.

— **학생부 교과 전형:** 학교생활기록부 교과 성적을 중심으로 평가하며, 모집단위 특성에 맞도록 학교생활기록부를 반영하여 평가한다.

— **학생부 종합 전형:** 입학사정관 등이 참여하여 학교생활기록부 비교과를 중심으로 교과 및 면접 등을 통해 학생을 종합 평가한다.

▶ 논술 위주 전형

논술 위주 전형은 논술을 주된 전형요소로 반영하며, 만약 논술고사를 실시해도 학생부 반영 비율이 논술 비중보다 높으면 '학생부 위주 전형'으로 구분한다.

▶ 실기 위주 전형

실기 위주 전형 유형은 실기를 주된 전형요소로 반영하며, '특기자 전형'을 포함한다.

▶ 수능 위주 전형

수능 위주 전형은 수학능력시험 성적을 주된 전형요소로 반영한다.

수시 전형에서 큰 선발 비율을 차지하는 건 학생부교과전형과 학생부종합전형(학종)입니다. 학생부교과전형은 내신 성적만을 평가 요소로 삼고, 학생부종합전형은 학생부의 내신 성적, 교과 활동, 비교과 활동과 함께 면접 등으로 학생의 역량과 잠재력을 종합적으로 평가합니다. 한때 '학종 시대'라는 말이 나돌 정도였습니다. 학종의 평가 대상인 비교과 활동을 빵빵하게 채우려고 각종 컨설팅, 스펙 쌓기에 혈안이 된 때도 있었습니다. 학교 외부 활동으로 '스펙 부풀리기'가 사회적 이슈가 되었지요. 이러한 문제점을 보완하고자 지금은 모든 교외 활동이 학생부에 기재되지 않습니다. 학교 안에서 이루어진 활동만 평가 요소가 되는 것입니다.

학종 체제의 비판에 대응하여 정부는 2019년에 대입 공정성을 위해 수도권 대학의 정시 비율을 40% 이상 확대하라고 권고했습니다. 이후 수도권 대학들은 지금까지 정시 모집을 차츰 늘리고 있고, 반면 지방 국립대는 급격한 학생 수 감소로 수시모집 비율을 확대하고 있습니다. 한국대학교육협의회에 따르면 2024학년도 대입은 수시모집 비율이 79%, 정시 모집은 21%입니다. 지역별로 분석하면 수도권에서는 수시로 64%, 정시로 36% 선발하지만 비수도권은 수시로 88%, 정시로 12%를 뽑습니다. 특히 학생들의 선호도가 높은 수도권 지역 대학의 경우는 수시모집 선발 인원 중 학종의 비중이 44.9%로 가장 크게 나타났습니다. 학종의 공정성의 우려에도 대입의 중심은 여전히 '학종'이라고 할 수 있습니다.

고3 때 대입 원서는 4년제 일반대학을 기준으로 학생 한 명당 수시모집은 총 6개, 정시모집은 총 3개의 원서를 쓸 수 있습니다. 9번의 기회가 있다는 얘기입니다. 고1부터 '나는 정시파!'라며 학생부를 무시할 수 없습니다. 다양한 가능성을 열어두고 입시를 준비하는 편이 현명합니다. 상당수의 고등학교에서 학종을 위해 다양한 비교과 활동 프로그램을 운영하는 까닭이 바로 여기에 있습니다. 고1부터 교과, 비교과, 수능까지 꼼꼼히 챙겨야 합니다.

입시의 기본은 학생부다

매년 11월이면 치러지는 수능, 단 한 번의 시험만 잘 보면 우수한 대학을 갈 수 있습니다. 내신 성적, 비교과 활동 없이 수능에 올인할 수도 있습니다. 오로지 수능만을 위한 공부를 해서 입시에 성공할 수도 있지만, 대입은 사실 그렇게 호락호락하지가 않습니다.

서울대는 2023학년도부터 정시에 '교과평가'를 반영하고 있습니다. 수능과 함께 학생부를 평가한다는 얘기입니다. 교과평가에는 교과학습발달상황을 평가 항목으로 교과 이수 현황, 교과 학업성적과 더불어 과목별 세부능력 및 특기 사항을 반영합니다. 그래서 학교에서 배우는 교과 성취도가 우수해야 함은 물론 적극적이고 주도적인 학습 태도 또한 중요합니다. 고려대도 2024학년도 정시부터 수능 100%로 선발하는 일반전형과 '수능-교과우수전형'을 실시합니다. '수능 80%+학생부(교과) 20%'의 일괄합산 방식으로 서울대와 마찬가지로 정시에서 학생부를 평가하는 것입니다. 연세대 또한 2026 대입부터 정시에 학생부 교과를 반영한다고 예고했습니다. 우리나라 유수의 대학이 정시에 학생부를 도입한다는 말은 이러한 움직임이 다른 대학으로 확대될 가능성이 높다는 것을 뜻합니다.

대학은 시험을 넘어 학교생활에 충실한 인재를 원합니다. 수능 성적표에는 학업 태도, 성실성, 지적 호기심, 탐구심 등을 평가할 수 없지요. 대학에 와서도 적극적이고 진취적인 태도를 보이는 인재, 학업에 즐거움을 찾고 탐구하는 인재, 다양한 교육적 경험을 지닌 인재, 공동체 안에서 소통하고 책임감을 드러내는 인재를 대학은 바라고 있습니다. 고등학교 생활 전반이 모두 담긴 학생부를 평가하는 이유입니다. 앞으로 학생부의 영향력은 더욱 강화됩니다. 이전에 있었던 자기소개서가 2024학년도 대입부터는 전면 폐지되고 상위권 대학에서 정시의 교과 활동 확대는 학생부의 중요성을 더욱 공고히 합니다. 학종을 위해서라도, 앞으로 정시를 위해서라도 학생부 관리는 필수입니다.

입시에 성공하는 학생부, 평가요소를 공략하라

학생부는 학생의 학업 성취와 발달 상황을 적은 문서로 학생의 학교생활을 세세하게 기록하고 있습니다. 출결부터 학업 성취도, 학습 태도, 진로 희망 등 학생의 개별적인 특성을 구체적으로 보여줍니다. 학교생활의 전반을 적은 문서이지만 전체 항목이 대입에 활용되지는 않습니다. 학생부의 가장 많은 영역을 평가하는 입시전형은 '학생부종합전형'입니다. 다음의 표를 보고 학생부 반영 항목을 확인해 봅시다.

〈학생부종합전형 학생부 반영 항목〉

구분			2024학년도 대입	기록 주체
교과 활동	교과학습 발달 상황	과목별 세부능력 및 특기사항 (과세특)	과목당 500자 • 방과후 활동(수강) 내용 미기재 • 영재 · 발명 실적 대입 미반영	교과 교사
		개인별 세부능력 및 특기사항 (개세특)	과목당 500자	담임 교사
비교과 활동	창의적 체험 활동	자율 활동	연간 500자	담임 교사
		동아리 활동	연간 500자 • 자율동아리 대입 미반영 • 청소년 단체활동 미기재 • 소논문 기재 금지	동아리 담당 교사
		봉사 활동	• 특기사항 미기재 • 개인 봉사활동 실적 대입 미반영 • 단, 학교교육계획에 따라 교사 가 지도한 실적인 대입 반영	담임 교사
		진로 활동	연간 700자 • 진로 희망 분야 대입 미반영	담임 교사 + 진로담당 교사
	수상 경력		• 대입 미반영	담임 교사
	독서활동 상황		• 대입 미반영	담임 교사, 세특 연계 시 담당 교사
행동 특성 및 종합의견			연간 500자	담임 교사

출처: 2024학년도 대입정보 119

학생부종합평가에서는 학생부의 교과 성적과 교과 세부능력 및 특기사항, 행동특성 및 종합의견, 창의적 체험활동 상황의 비교과 활동을 종합적으로 평가합니다. 정량화된 내신등급만이 아닌 담임선생님과 교과 담당 선생님이 3년 동안 관찰하여 기록한 각 학생의 다양한 역량을 확인합니다. 전 과목에서 수업 태도는 어땠는지, 관심 분야는 무엇인지, 학업 성취를 위해 어떤 노력을 기울였는지, 주도적으로 진로 역량을 키웠는지, 급우들과 조화롭게 학교생활을 했는지 등 전반적인 학교생활을 평가하는 것입니다. 표에서 알 수 있듯 2024학년도 대입부터는 수상 경력, 개인 봉사 활동, 독서활동 상황 등이 입시 자료로 활용되지 않습니다. 자기소개서와 교사 추천서도 폐지되었습니다. 각 항목당 글자 수는 줄었고 간소화되었습니다. 즉, 간편화된 학생부 단 하나만으로 학생을 평가한다는 뜻입니다. 그래서 학생부는 자기소개서와 교사 추천사를 품을 만큼 더욱 풍성하고 내실 있게 꾸며져야 합니다.

그렇다면, 학생부를 어떻게 디자인해야 좋은 평가를 받을까요? '지피지기 백전불태'라 했습니다. 지금 내가 치를 학생부종합전형의 평가 항목에서 대학이 무엇을 눈여겨볼지 살펴보세요. 다섯 대학은 학생부종합전형의 평가요소를 표준화하기 위해 2021년에 세부평가항목을 제시했습니다. 다음의 표와 같은 연구 결과는 전국의 각 대학에서 평가요소와 평가항목으로 쓰입니다. 평가 요소는 크게 '학업 역량', '진로 역량', '공동체 역량' 이렇게 세 가지입니다. 각각의 세부 평가항목과 평가 내용을 잘 읽고 숙지하시길 바랍니다.

<학생부종합전형 공통 평가요소 및 평가항목>

학업 역량	대학 교육을 충실히 이수하는 데 필요한 수학 능력	
학업 성취도	정의	고교 교육과정에서 이수한 교과의 성취수준이나 학업 발전의 정도
	세부 평가 내용	• 대학 수학에 필요한 기본 교과목(예: 국어, 수학, 영어, 사회/과학 등)의 교과 성적은 적절한가? 그 외 교과목(예: 예술 · 체육, 기술 · 가정/정보, 제2 외국어/한문, 교양 등)의 교과성적은 어느 정도인가? 유난히 소홀한 과목이 있는가? • 학기별/학년별 성적의 추이는 어떠한가?
학업 태도	정의	학업을 수행하고 학습해 나가려는 의지와 노력
	세부 평가 내용	• 성취동기와 목표의식을 가지고 자발적으로 학습하려는 의지가 있는가? • 새로운 지식을 획득하기 위해 자기주도적으로 노력하고 있는가? • 교과 수업에 적극적으로 참여해 수업 내용을 이해하려는 태도와 열정이 있는가?
탐구력	정의	지적 호기심을 바탕으로 사물과 현상에 대해 탐구하고, 문제를 해결하려는 노력
	세부 평가 내용	• 교과와 각종 탐구활동 등을 통해 지식을 확장하려고 노력하고 있는가? • 교과와 각종 탐구활동에서 구체적인 성과를 보이고 있는가? • 교내 활동에서 학문에 대한 열의와 지적 관심이 드러나고 있는가?
진로 역량	자신의 진로와 전공(계열)에 관한 탐색 노력과 준비 정도	
전공(계열) 관련 교과 이수 노력	정의	고교 교육과정에서 전공(계열)에 필요한 과목을 선택하여 이수한 정도
	세부 평가 내용	• 전공(계열)과 관련된 과목을 적절하게 선택하고, 이수한 과목은 얼마나 되는가? • 전공(계열)과 관련된 과목을 이수하기 위하여 추가적인 노력을 하였는가? (예: 공동교육과정, 온라인 수업, 소인수 과목 등) • 선택과목(일반/진로)은 교과목 학습단계(위계)에 따라 이수하였는가?
전공(계열) 관련 교과 성취도	정의	고교 교육과정에서 전공(계열)에 필요한 과목을 수강하고 취득한 학업 성취 수준
	세부 평가 내용	• 전공(계열)과 관련된 과목의 석차등급/성취도, 원점수, 평균, 표준편차, 이수단위, 수강자 수, 성취도별 분포비율 등을 종합적으로 고려한 성취 수준은 적절한가? • 전공(계열)과 관련된 동일 교과 내 일반선택과목 대비 진로선택과목의 성취 수준은 어떠한가?
진로 탐색 활동과 경험	정의	자신의 진로를 탐색하는 과정에서 이루어진 활동이나 경험 및 노력 정도
	세부 평가 내용	• 자신의 관심 분야나 흥미와 관련한 다양한 활동에 참여하여 노력한 경험이 있는가? • 교과 활동이나 창의적 체험활동에서 전공(계열)에 관심을 가지고 탐색한 경험이 있는가?

공동체 역량		공동체의 일원으로서 갖춰야 할 바람직한 사고와 행동
협업과 소통 능력	정의	공동체의 목표 달성을 위해 협력하며, 구성원들과 합리적인 의사소통을 할 수 있는 능력
	세부 평가 내용	• 단체 활동 과정에서 서로 돕고 함께 행동하는 모습이 보이는가? • 구성원들과 협력을 통하여 공동의 과제를 수행하고 완성한 경험이 있는가? • 타인의 의견에 공감하고 수용하는 태도를 보이며, 자신의 정보와 생각을 잘 전달하는가?
나눔과 배려	정의	상대방을 존중하고 이해하여 원만한 관계를 형성하며, 타인을 위하여 기꺼이 나누어 주고자 하는 태도와 행동
	세부 평가 내용	• 학교생활 속에서 나눔을 실천하고 생활화한 경험이 있는가? • 타인에게 양보하거나 배려한 구체적 경험이 있는가? • 상대를 이해하고 존중하는 노력을 기울이고 있는가?
성실성과 규칙 준수	정의	책임감을 바탕으로 자신의 의무를 다하고, 공동체의 기본 윤리와 원칙을 준수하는 태도
	세부 평가 내용	• 교내 활동에서 자신이 맡은 역할에 최선을 다한 경험이 있는가? • 자신이 속한 공동체가 정한 규칙과 규정을 준수하고 있는가?
리더십	정의	공동체의 목표 달성을 위해 구성원들의 상호작용을 이끌어가는 능력
	세부 평가 내용	• 공동체의 목표 달성을 위해 계획하고 실행을 주도한 경험이 있는가? • 구성원들의 인정과 신뢰를 바탕으로 참여를 이끌어 내고 조율한 경험이 있는가?

출처: 2021년 건국대 · 경희대 · 연세대 · 중앙대 · 한국외대 공동연구 〈학생부종합전형 공통 평가요소 및 평가항목〉

학교 교육과정에서의 경험과 노력이 헛되지 않도록 다음의 세 가지 역량을 유념하여 입시에 성공하는 학생부를 준비합시다.

첫째는 학업 역량입니다. 학업역량은 대학 공부를 위한 기본 학업성취수준과 학업 수행 태도, 적절한 학습 전략과 실행 과정을 말합니다. 학업 성취도에 대한 평가는 종합적 학업 능력, 추세적 발전 정도, 그리고 희망 전공과의 연계 등을 기본으로 합니다. 학업 태도는 학업을 수행하고 학습하려는 태도와 의지로써 능동적인 자세로 배우는 자기주도 학업역량을 평가할 수 있습니다. 탐구력은 학교에서 이루어지고 있는 탐구 활동에 얼마나 적극적으로 참여했는지, 그 성과가 무엇인지 확인하는 것입니다.

둘째는 진로 역량입니다. 이는 자신의 장래 희망과 관련한 다양한 경험과 준비 정도를 말합니다. 전공(계열) 관련 교과 이수 노력은 자신의 진로 희망에 따라 일반선택과목과 진로선택과목을 체계적으로 학습하고 있는지를 평가합니다. 단순히 어떤 과목을 들었느냐보다 이수과목의 내용과 충실도, 노력의 정도를 보는 것이지요. 전공(계열) 관련 교과 성취도는 고교 교육과정에서 전공(계열)에 필요한 과목을 수강하고 취득한 학업성취 수준입니다. 진로 탐색 활동과 경험은 희망 전공(계열)에 대한 관심과 궁금증을 해결하기 위한 경험, 주의를 기울인 정도를 말합니다. 진로 탐색을 위해 이루어진 활동, 노력, 성장의 결과를 평가하게 됩니다.

셋째는 공동체 역량, 즉 공동체의 구성원으로서 요구되는 바람직한 태도를 말합니다. 협업과 소통능력은 단체 활동 과정에서 서로 돕고 함께 행동하는 모습, 구성원들과 협력하여 공동의 과제를 수행한 경험, 타인의 의견에 공감하고 올바르게 의사소통하는지 확인합니다. 나눔과 배려는 학급, 동아리, 수업 등 다양한 공동체 활동에서 이타적인 노력을 보인 경험이 있는지를 평가에 반영합니다. 책임감을 가지고 맡은 역할을 다했는지, 공동체가 정한 규칙을 잘 지키는지 등을 살핍니다. 리더십은 목표 달성을 위해 구성원들을 주도한 경험이 있는지, 구성원들의 신뢰를 바탕으로 의견 조율에 힘썼는지 등을 평가합니다.

각 학교에서는 학생들이 대입에 유리하도록 다양한 교육 활동을 합니다. 누구에게나 똑같은 기회가 주어지지만, 학습 태도와 역량에 따라 학생부에 적힌 내용은 판이합니다. 살펴본 바와 같이 제한된 글자 수 안에 평가 요소를 만족하는 내실 있는 내용이 담겨 있어야 좋은 학생부라 할 수 있지요. 우수한 학생의 기록을 담당하는 선생님들은 적고자 하는 내용이 넘쳐서 글자 수에 맞춰 어떻게 내용을 압축해서 담느냐를 고민합니다. 그만큼 '학업 역량', '진로 역량', '공동체 역량'이 나의 학생부 곳곳에 포진해 있어야 합니다.

독서로 학생부를 채우면 상위권 대학이 보인다

▶ 독서로 차별화된 학생부를 디자인하라

입학사정관들은 학생부에 기재되어 있는 교과학습발달상황(교과세특+개세특), 창의적체험활동(자율활동, 동아리활동, 진로활동), 행동 특성 및 종합의견의 내용을 보고 학업 역량, 진로 역량, 공동체 역량을 평가합니다. 수치화되지 않는 태도와 잠재력을 평가하며, 교과 활동의 참여도와 얼마큼 능동적으로 학교생활을 했는지 가늠합니다. 비슷한 성적의 수많은 학생부 안에서 입학사정관의 눈을 사로잡으려면 학생부에 적극적으로 참여한 수업 활동이 드러나야 합니다. 단편적으로 수업을 듣는 것이 아니라 배운 지식을 스스로 생각하고 이를 확장한 내용이 담겨있어야 한다는 것이죠. 수행평가를 할 때도 주도적으로 탐구심을 발휘하는 자세, 주도적으로 성장하려는 태도가 필요합니다.

같은 수업을 듣고도 이러한 열정과 성취를 보여줄 수 있는 방법에는 '독서'가 있습니다. 독서활동 상황이 대입에 기재되지 않는다고 독서를 안 해도 된다는 생각은 크나큰 오해입니다. 상위권 대학을 준비하는 학생들은 자신의 차별화된 학생부를 위해 전략적으로 독서를 활용합니다. 독서활동은 과세특, 개세특이나 창의적체험

활동 등 학종의 모든 평가 영역에 기재가 가능합니다. 독서를 통한 지적 경험은 수행과제, 프로젝트 활동, 관심사의 탐구, 진로 탐색 노력 등을 드러내며 학생부 평가에서 상당히 긍정적인 영향을 미칩니다. 지금은 자기소개서가 없어졌지만, 서울대는 해마다 자기소개서에서 고등학교 재학 중에 자신에게 가장 큰 영향을 준 책 세 권을 선정하고, 그 이유를 각각 서술하게 했습니다. 서울대 아로리 웹진에서도 독서의 중요성을 강조하고 '신입생들의 서재', '서울대생들이 읽은 도서목록' 등 독서와 관련된 정보를 꾸준히 제공하고 있습니다. '서울대는 여전히 독서를 통해 생각을 키워온 큰 사람을 기다린다.'라는 문구와 함께요.

독서는 모든 학습의 기초입니다. 학업 태도, 지적 호기심, 자기주도적 학습능력, 탐구능력을 다른 학생과 차별화하기엔 독서만큼 유용한 도구도 없습니다. 대학 공부를 위한 수학 능력 유무를 판단하기 위해서는 독서로 채워진 학생부를 입학사정관이 지나칠 이유가 없습니다. 학생부에 독서 이력을 드러내며 자신의 역량을 충분히 어필하길 바랍니다.

2024학년도부터 학생부의 '독서활동상황'이 없어진 이유는 책 제목만 무분별하게 올리는 현상 때문입니다. 책을 제대로 읽었는지, 어떻게 활용하고 배운 점은 무엇이었는지, 대학 입장에서는 알아볼 방법이 없었지요. 그러한 문제점을 해결하고자 교과세특이나 창의적 체험활동에 입력할 수 있도록 했습니다. 단, 감상문 작성 등 단순 독후 활동이 아닌 교육 활동을 전개했다는 전제가 있어야 해요. 단순 도서명으로는 작성이 불가능합니다. 책을 읽고 독후감을 썼다고 해서 학생부를 빛나게 할 수는 없는 노릇이니까요. 그래서 학업 및 진로와 관련하여 스스로 관심사를 발전시키고 확장, 심화하는 활동이 필요합니다. 책을 읽게 된 동기, 읽으며 배운 점, 궁금한 점, 비판적으로 바라본 점, 연계하며 펼친 후속 활동 등을 밝히는 적극적인 독서가 뒤따라야 합니다. 다음의 교과세특 사례를 보며 우수한 독서 활동의 힌트를 얻어볼까요?

물리 II: 물리 II 교과에 대한 호기심이 아주 많은 학생으로 물리학의 기본 개념을 잘 정리하고 그 원리를 정확히 이해함. 동아리 활동 등을 통해 더 알고 싶은 내용을 친구들과 토론하며 실험으로 확인하는 노력을 기울이고 부족한 부분은 선생님의 도움을 받아 반복적인 학습으로 물리 분야에 대한 큰 성취 결과를 보여줌. 물리 법칙들을 더 잘 이해하기 위해 이론적인 개념들에 더 큰 호기심을 보이며 단순한 암기보다 공식 등의 유도 과정을 정확히 이해하고 원리를 알고 유도 방법을 익힘. 영화 속 물리학 찾기 수행평가로 영화 '앤트맨', '앤트맨과 와스프'를 보고 양자 세계에 대해 관심이 생겨 양자물리에 대해 조사를 함. 이를 더 발전시켜 터널링 현상과 양자역학, 다이오드의 원리 등과 접목하여 보고서를 제출했고, 수업 중 발표하여 친구들과 선생님께 큰 호응을 얻음. 이에 그치지 않고 조사 과정 중 알게 된 에사키 다이오드가 교과 과정에서 학습한 '미시세계와 양자현상'과 관련이 있다는 것에 호기심이 생겨 '파인만의 여섯 가지 물리 이야기', '세상에서 가장 쉬운 양자역학 수업'을 읽는 등 스스로 심화 학습하는 능력이 뛰어남.

화법과 작문: 수업 시간에 한 번도 자는 모습을 본 적이 없을 만큼 성실히 임하는 학생임. 수업 시간의 교사 발문에 단순하고 직설적인 어법으로 답변하면서도 언어감각에 대해 자신이 부족한 면을 잘 알아 스스로 보완하고 고쳐야 할 부분을 찾아 적극적으로 문제를 해결해 나가려는 노력이 돋보이는 학생임. 한 예로, 자신의 생각을 말과 글로 표현하는 데에 스스로 부족하다 인지하고 '데미안'과 '진화심리학'을 읽은 후 줄거리, 논의점, 심층조사 및 분석, 발표와 토론, 피드백 등 5단계 작문 보고서를 작성함. 이를 통해 자신의 생각을 요약하고 정리하여 발표하는 능력이 크게 향상됨. 단순 활동으로만 그치는 것이 아니라 본인이 평소에 관심을 가지고 있었던 사회적 이슈나 국제적인 사건사고에 접목시키는 등 작문실력 향상에 대한 열의를 느낄 수 있음.

출처: 2024년 〈한양대학교 학생부 종합전형 가이드북〉

대학이 원하는 독서는 수준 높은 전공 서적의 탐독이 아닙니다. 자신의 관심사와 흥미에 맞는 책, 교과나 전공 계열의 지적 호기심을 탐구하는 용도로 읽을 책이면 됩니다. 물론, 주도적으로 책을 읽고 개인에게 유의미한 독서 활동이 이루어져야 합니다. 학생부에 적힌 독서 활동은 면접의 단골 질문으로 나올 수도 있습니다. 그렇기에 단편적인 서평 쓰기로 끝난 독후 활동이라면 다시 한번 점검하는 것이 좋습니다.

독서의 '양'보다는 '질'에 신경 쓰세요. 한 학기에 네댓 권을 읽더라도 학습 및 진로 연계와 심화에 초점을 두면 됩니다. 책을 먼저 읽고 호기심이 생기는 부분을 교과, 진로와 연결해 해석해봐도 좋고, 수업 시간 배운 내용을 책으로 심화시켜 확장해봐도 좋아요. 책은 각종 수행평가, 교내 교육 활동, 프로젝트 활동의 자료로 적극적으로 활용할 수 있습니다. 독서 감상문 작성부터 발표, 토론, 실험 등의 성과를 학생부에 잘 녹여내는 것이 관건일 거예요. 독서 후 줄거리와 느낀 점을 '독서기록장'이나 '독서교육 종합지원 시스템'에 꼭 기록하세요. 고등학교 생활 3년의 독서 활동을 차곡차곡 모아 독서 포트폴리오를 꾸릴 수 있어요. 이 포트폴리오는 고3 때 면접 준비용으로 요긴하게 활용할 수도 있죠.

학생부에 기재되는 일련의 독서 활동은 3년 동안 공을 들여야 합니다. 학생부에 적힌 독서 이력을 보면 학습과 진로에 대한 관심도와 그 깊이를 알 수 있지요. 전공 분야의 책만 읽기보다 학년별로 전략적으로 읽는 것이 좋습니다. 3년 동안 일반 교양도서와 전공(계열) 도서를 두루 읽되 학년이 오를수록 전공(계열) 도서의 비율을 높이는 것이 효율적입니다. 또한 자연계열을 희망해도 예술 서적을 읽고, 인문계열을 희망해도 과학 분야의 책을 읽기를 추천합니다.

학생부 차별화를 위해 독서를 강조했지만, 사실 독서를 체계적이고 꾸준히 한 학생은 학생부에 지적 호기심, 탐구심, 학업 능력이 드러남은 물론 직간접적으로 지적 능력이 성장해 있을 것입니다. 독서를 통해 미래를 설계하고 발전한 자신을 발견하길 기대합니다. 독서를 '공부해야 할 시간도 없는데 해야 할 숙제'로 여기지 말고, 학생부와 자신의 내적 성장을 위한 '밑거름'이라고 여기길 바라요. 이 책은 여러분에게 '기회'가 되어줄 거예요.

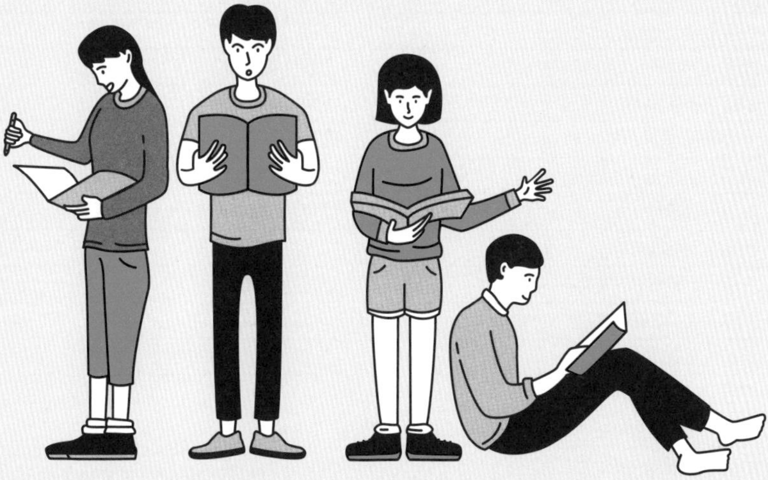

차례

3월 (한국문학)

1일	하늘과 바람과 별과 시
2일	님의 침묵
3일	정지용 전집 1 시
4일	가난한 사랑노래
5일	이육사 시집
6일	껍데기는 가라
7일	무정
8일	삼대
9일	천변풍경
10일	태평천하
11일	카인의 후예
12일	광장/구운몽
13일	난장이가 쏘아올린 작은 공
14일	황만근은 이렇게 말했다
15일	시인 동주
16일	땀 흘리는 소설
17일	불편한 편의점
18일	눈길
19일	장마
20일	원미동 사람들
21일	관촌수필
22일	방망이 깎던 노인
23일	문학의 숲을 거닐다
24일	인연
25일	한국 현대희곡선
26일	이근삼 전집 1
27일	화랑의 후예, 밀다원 시대
28일	시용향악보
29일	호질 양반전 허생전
30일	열하일기
31일	금오신화

4월 (세계문학)

1일	죽은 시인의 사회
2일	화씨 451
3일	연을 쫓는 아이
4일	파리대왕
5일	스토너
6일	오만과 편견
7일	호밀밭의 파수꾼
8일	기억 전달자
9일	연금술사
10일	생쥐와 인간
11일	앵무새 죽이기
12일	미드나잇 라이브러리
13일	위대한 개츠비
14일	천국에서 만난 다섯 사람
15일	노인과 바다
16일	단테의 신곡
17일	아Q정전
18일	수레바퀴 아래서
19일	돈키호테
20일	1984
21일	페스트
22일	하늘의 무지개를 볼 때마다
23일	변신
24일	나는 왜 너가 아니고 나인가
25일	안나 카레니나
26일	목걸이
27일	햄릿
28일	파우스트
29일	기탄잘리
30일	가지 않은 길

5월 (사회문화, 지리)

1일	지리의 쓸모
2일	세계 시민을 위한 없는 나라 지리 이야기
3일	구멍가게 이야기
4일	세상을 담는 여행지리
5일	아주 쓸모 있는 세계 이야기
6일	문학 속의 지리 이야기
7일	지리의 힘
8일	왜 세계의 절반은 굶주리는가?
9일	왜 세계의 가난은 사라지지 않는가
10일	공정하다는 착각
11일	사이보그가 되다
12일	젠더와 사회
13일	선량한 차별주의자
14일	같은 일본 다른 일본
15일	지리학자의 인문 여행
16일	노후 파산
17일	평균의 종말
18일	펭귄과 리바이어던
19일	우리는 왜 개는 사랑하고 돼지는 먹고 소는 신을까
20일	이상한 정상 가족
21일	어느 대학 출신이세요?
22일	우리는 왜 인종차별주의자가 될까?
23일	왜 세계화가 문제일까?
24일	시선의 폭력
25일	인구의 힘
26일	그녀가 말했다
27일	강남의 탄생
28일	대한민국의 시험
29일	학교, 민주시민교육을 실천하다!
30일	나는 미디어 조작자다
31일	세상을 읽는 새로운 언어, 빅데이터

6월 (정치와 법, 경제경영)

1일	가려진 세계를 넘어
2일	정의란 무엇인가
3일	국경 전쟁
4일	다수를 위한 소수의 희생은 정당한가?
5일	착한 민영화는 없다
6일	그런 세대는 없다
7일	지정학의 힘
8일	동·남중국해, 힘과 힘이 맞서다
9일	쉽게 믿는 자들의 민주주의
10일	그건 내 건데
11일	판결문을 낭독하겠습니다
12일	법의 이유
13일	딸에게 들려주는 헌법 이야기
14일	이름이 법이 될 때
15일	이상한 재판의 나라에서
16일	THE GOAL 더 골
17일	슈독
18일	챗GPT 거대한 전환
19일	이것은 작은 브랜드를 위한 책
20일	스틱!
21일	로지컬 씽킹
22일	새로 쓴 원숭이도 이해하는 자본론
23일	자본주의
24일	나쁜 사마리아인들
25일	1달러의 세계 경제 여행
26일	브라질에 비가 내리면 스타벅스 주식을 사라
27일	보도 섀퍼의 돈
28일	부의 추월차선
29일	부자의 그릇
30일	생각의 비밀

7월 (한국사, 세계사)	
1일	전태일 평전
2일	문명과 식량
3일	오리엔탈리즘
4일	거꾸로 읽는 세계사
5일	조선의 딸, 총을 들다
6일	두 얼굴의 조선사
7일	죽음의 역사
8일	위대한 패배자들
9일	에도로 가는 길
10일	절반의 한국사
11일	정약용과 그의 형제들
12일	다크 투어, 슬픔의 지도를 따라 걷다
13일	진실을 영원히 감옥에 가두어 둘 수는 없습니다
14일	쟁점 한일사
15일	안목
16일	비이성의 세계사
17일	미술관 옆 사회교실
18일	이슬람의 눈으로 본 세계사
19일	한 컷 한국사
20일	히틀러에 붙이는 주석
21일	고전소설 속 역사여행
22일	역사란 무엇인가
23일	100가지 물건으로 다시 쓰는 여성 세계사
24일	처음 읽는 중국사
25일	호모 에렉투스의 유전자 여행
26일	나는 전쟁범죄자입니다
27일	1000년
28일	7대 이슈로 보는 돈의 역사 2
29일	반일 종족주의, 무엇이 문제인가
30일	위안부 문제를 아이들에게 어떻게 가르칠까? (한국편)
31일	백범일지

8월 (물리학, 지구과학)	
1일	과학혁명의 구조
2일	객관성의 칼날
3일	코스모스
4일	모든 순간의 물리학
5일	시간은 흐르지 않는다
6일	우주의 구조
7일	엔드 오브 타임
8일	부분과 전체
9일	파인만 씨, 농담도 잘하시네! 1, 2
10일	떨림과 울림
11일	퀀텀의 세계
12일	십 대, 미래를 과학하라!
13일	정재승의 과학콘서트
14일	과학자가 되는 방법
15일	생명의 물리학
16일	뇌를 바꾼 공학, 공학을 바꾼 뇌
17일	아주 위험한 과학책
18일	십대, 별과 우주를 사색해야 하는 이유
19일	천문학자는 별을 보지 않는다
20일	프로젝트 헤일메리
21일	지구의 짧은 역사
22일	화석맨
23일	오리진
24일	기후의 힘
25일	최종 경고: 6도의 멸종
26일	인류세: 인간의 시대
27일	지구는 괜찮아, 우리가 문제지
28일	지금 당장 기후 토론
29일	지구를 위한다는 착각
30일	구름을 사랑하는 기술
31일	과학자들은 왜 깊은 바다로 갔을까?

9월 (화학, 생명과학)	
1일	원소 이야기
2일	법칙, 원리, 공식을 쉽게 정리한 물리 · 화학 사전
3일	거의 모든 물질의 화학
4일	같기도 하고 아니 같기도 하고
5일	세상은 온통 화학이야
6일	재밌어서 밤새 읽는 화학 이야기
7일	세상을 바꾼 화학
8일	화학 교과서는 살아있다
9일	미술관에 간 화학자
10일	오늘도 약을 먹었습니다
11일	분자 조각가들
12일	슈퍼버그
13일	이중나선
14일	종의 기원
15일	이기적 유전자
16일	다정한 것이 살아남는다
17일	생명이 있는 것은 다 아름답다
18일	생물과 무생물 사이
19일	생명이란 무엇인가
20일	이토록 뜻밖의 뇌과학
21일	당신의 뇌, 미래의 뇌
22일	우리는 각자의 세계가 된다
23일	코드 브레이커
24일	노화의 종말
25일	골든아워
26일	진료실에 숨은 의학의 역사
27일	까면서 보는 해부학 만화
28일	물고기는 존재하지 않는다
29일	호흡의 기술
30일	나는 풍요로웠고, 지구는 달라졌다

10월 (수학, IT)	
1일	챗GPT 기회를 잡는 사람들
2일	인공지능 생존 수업
3일	테슬라 자서전
4일	챗GPT에게 묻는 인류의 미래
5일	IT 트렌드 읽는 습관
6일	최소한의 코딩지식
7일	AI 소사이어티 AI Society
8일	나의 첫 인공지능 수업
9일	비전공자를 위한 이해할 수 있는 IT 지식
10일	비전공자도 이해할 수 있는 AI 지식
11일	페르마의 마지막 정리
12일	수학이 필요한 순간
13일	다시, 수학이 필요한 순간
14일	이토록 아름다운 수학이라면
15일	365 수학
16일	미적분으로 바라본 하루
17일	적분이 콩나물 사는 데 무슨 도움이 돼?
18일	지금 공부하는 게 수학 맞습니까?
19일	미술관에 간 수학자
20일	청소년을 위한 한국 수학사
21일	일하는 수학
22일	대량살상 수학무기
23일	피타고라스 생각 수업
24일	나는 수학으로 세상을 읽는다
25일	수학을 포기하려는 너에게
26일	수학의 역사
27일	이상한 수학책
28일	더 이상한 수학책
29일	수학을 읽어드립니다
30일	길 위의 수학자
31일	통계의 미학

11월 (예술, 체육)	
1일	서양 미술사
2일	방구석 미술관
3일	반 고흐, 영혼의 편지
4일	레오나르도 다빈치
5일	이것은 미술이 아니다
6일	다른 방식으로 보기
7일	프리다 칼로, 붓으로 전하는 위로
8일	발칙한 현대미술사
9일	청소년을 위한 한국미술사
10일	오주석의 한국의 미 특강
11일	조형의 원리
12일	LIGHT 미술가를 위한 빛의 이해와 활용
13일	디자인은 어떻게 세상을 만들어가는가
14일	디자인의 디자인
15일	건축, 음악처럼 듣고 미술처럼 보다
16일	스토리 유니버스
17일	패션 디자이너, 미래가 찬란한 너에게
18일	뮤지컬 이야기
19일	클래식 음악에 관한 101가지 질문
20일	하노버에서 온 음악 편지
21일	음대 나와서 무얼 할까
22일	서양음악사
23일	스토리 클래식
24일	재즈 잇 업
25일	청소년을 위한 한국음악사(국악편)
26일	축구를 하며 생각한 것들
27일	나는 체육 교사입니다
28일	인공지능이 스포츠 심판이라면
29일	운동화 신은 뇌
30일	10대와 통하는 스포츠 이야기

12월 (진로, 자기계발)	
1일	죽은 자의 집 청소
2일	성적은 짧고 직업은 길다
3일	하고 싶은 것이 뭔지 모르는 10대에게
4일	의대에 가고 싶어졌습니다
5일	10대를 위한 완벽한 진로 공부법
6일	공대에 가고 싶어졌습니다
7일	이제는 대학이 아니라 직업이다
8일	코딩 진로
9일	국경 없는 과학기술자들
10일	세상을 읽는 새로운 언어, 빅데이터
11일	14살부터 시작하는 나의 첫 진로 수업
12일	좋아하는 것을 발견하는 법
13일	WHY NOT? 유튜버
14일	다가온 미래, 새로운 직업
15일	무기가 되는 스토리
16일	박철범의 하루 공부법
17일	성공하는 사람들의 7가지 습관
18일	그릿
19일	데일 카네기 자기관리론
20일	아주 작은 습관의 힘
21일	아티스트 웨이
22일	몰입 Think hard!
23일	보도 섀퍼의 이기는 습관
24일	나폴레온 힐 성공의 법칙
25일	어떻게 살아야 하는가
26일	아웃라이어
27일	타이탄의 도구들
28일	위대한 나의 발견 강점혁명
29일	회복탄력성
30일	시작의 기술
31일	럭키 드로우

1월

1월 1일	미움받을 용기	도서 분야	심리
	기시미 이치로, 고가 후미타케 | 인플루엔셜 | 2022	관련 과목	국어, 사회
		관련 학과	심리학과, 사회학과, 모든 계열

✅ 아들러의 '개인심리학'과 프로이트의 '정신분석학'을 비교·분석한다.

	프로이트	아들러
이론의 토대	생물학적 접근	사회심리학적 접근
성격 형성	인과론	목적론
이론	원초아, 자아, 초자아 분리	총체적 존재
인간관	무의식이 지배하는 수동적 존재, 결정론적 인간관	잠재 가능성이 있는 능동적 존재, 목표지향적 인간관
이상 목표	개인의 내적 조화	자아실현, 사회의 조화 중시

✅ 아들러의 인생 과제에 대한 답을 나의 가치관에서 찾아본다.

일	일은 혼자 할 수 없다. 관계에서 시작한다. 아무리 힘든 일도 나를 바꾸면 상황이 변한다.
교우	친구들을 경쟁자로 보지 않는다. 대학이나 직장에서 만나는 사람도 내 친구라는 의식을 갖는다.
사랑	서로 집착하면 깨지기 쉽다. '이 사람과 함께라면 편하다'라는 생각이 들 때가 진정한 사랑이다.

✅ 열등감이 사회문제를 일으키는 사례를 조사하고 해결 방법을 제시한다.

열등감은 자신이 남보다 부족하다고 생각하여 자신을 낮추어 평가하는 마음이다. 열등감에서 촉발되는 열등 콤플렉스와 우월 콤플렉스의 사례를 찾아본다. 금수저와 흙수저, 학벌주의, 인터넷 악플러, 갑질 횡포, 인종차별, 외모 비하 등의 문제를 분석하고, 건전한 열등감이란 타인과의 비교가 아니라 '이상적인 나'와의 비교란 것을 이해하고 해결 방안을 제시한다.

✅ 위 내용을 비교과활동 특기사항이나 과세특에 활용한다.

• 진로활동 특기사항 예시 •

의료 계열에 관심이 많은 학생으로 기술 이전에 환자와의 소통이 중요함을 인식하고 '미움받을 용기'를 읽음. 의료인과 환자는 대등해야 하며, 헌신하는 자세로 일하겠다는 직업의식을 갖춤. 특히 최근 불거진 '필수, 지역 의료 인력 부족' 문제는 공동체 의식의 부족으로 일어났다고 비판하며, 아들러가 언급한 타자공헌의 의식을 가져야 한다고 주장함.

1월 2일	최재천의 공부	도서 분야	인문
	최재천, 안희경 | 김영사 | 2022	관련 과목	통합
		관련 학과	모든 계열

✅ 이 책의 부제인 '어떻게 배우며 살 것인가'에 대한 생각을 정리한다.

저자는 강압적인 교육 환경 아래에서 '수포자'가 되었다. 하지만 기계식 문제 풀이에서 벗어나자 수학적 사고를 얻고 잠재력을 꽃피웠다. 이런 경험은 자발적인 공부에서 진정한 배움이 생긴다는 깨달음으로 이어졌다. 이를 위해 호기심을 가지고 깊게 탐구하며, 다양한 경험과 도전이 필요하다. 읽기와 쓰기, 말하기는 여기에 깊이를 더한다. 미래는 지식의 유효기간이 짧아지므로 평생 공부가 필요할 것이다. 자연과 인간의 공존, 더욱 사려 깊은 사회를 만들 수 있는 공부를 실천해본다.

✅ '독서는 취미가 아니라 일이어야 한다'라는 저자의 주장에 관한 생각과 화두를 적는다.

저자는 다독가이며 작가이기도 하다. 독서할 때 서두르지 않고 천천히 내용을 음미하면서 읽는다. 소리 내어 읽듯이 독서하며 생각을 이끌어낸다. '취미 독서'가 아닌 '기획 독서'의 중요성을 말한다. 알고 있는 분야만 파고들지 말고, 다양한 분야와 어려운 책에도 도전하라고 강조한다. '기획 독서'를 통해 통섭의 혜안을 갖출 수 있다. 이러한 저자의 독서법을 참고하며 자신의 독서 습관을 점검해보자.

✅ 이 책에서 본받고 싶은 공부법을 찾아 실천한다.

저자는 '공부의 시간'에서 자신만의 공부, 업무 방법을 알려준다. 마감 일주일 전 미리 일을 끝내고 틈날 때마다 다시 들여다본다. 그러면 부담감과 스트레스를 줄이고 완성도를 높일 수 있다고 조언한다. '공부의 양분'에서는 읽기, 쓰기, 말하기의 구체적인 노하우를 전달한다. 특히 많이 읽어야 잘 쓸 수 있다고 말한다. 이를 통해 논리적 사고와 말하기 능력에도 긍정적인 영향을 얻을 수 있다.

✅ 위 내용을 비교과활동 특기사항이나 과세특에 활용한다.

• 진로활동 특기사항 예시 •

진로 독서 시간에 '최재천의 공부'를 읽음. 진정으로 자신이 하고 싶은 일을 하기 위한 공부의 진의를 깨닫고 저자의 공부법을 내면화하며 실천함. 저자가 책을 쓸 때 미리 끝내는 습관을 본받아 지필고사를 위한 체계적인 공부 계획을 세움. 일주일 전에 공부를 끝내고 시험 때까지 여러 번 점검하며 효과적으로 시간 관리를 하였음. 주도적인 학습 능력과 탁월한 자기 조절력이 인상적임.

1월 3일	몰입의 즐거움	도서 분야	교양
	미하이 칙센트미하이 | 해냄출판사 | 2021	관련 과목	통합
		관련 학과	모든 계열

✅ 저자가 말한 몰입을 최대로 이끄는 조건을 설명한다.

몰입은 목표, 실력, 과제 난이도, 피드백 등의 영향을 받는다.

- **목표:** 명확하고 구체적인 목표
- **과제 난이도와 실력 관계:** 적당한 난이도의 과제에 모든 실력을 쏟아부어야 한다. 쉬운 과제는 권태와 무관심을, 지나치게 어려운 과제는 불안과 걱정을 만든다.
- **피드백:** 활동 결과가 바로 나타나야 성과를 조정하고 도전을 이어간다.

✅ 몰입으로 인한 창조성 발현의 예를 들고 중요성에 관한 보고서를 작성한다.

이 책의 저자는 인간의 창조성과 행복에 대해 심도 있게 연구한 심리학자이다. 책에서 언급한 것처럼 몰입은 창조성을 높이기 위한 하나의 요건이자, 인지적 실력과 창의적 사고를 다듬어 준다. 자신의 진로에서 몰입으로 창조적 업적을 남긴 인물과 에피소드, 배울 점을 보고서로 작성한다.

- **기술:** 스티브 잡스, 마크 주커버그, 일론 머스크 등
- **사회:** 마이클 샌델, 말랄라 유사프자이 등

✅ 몰입과 학습의 상관관계를 밝히고 학습 계획을 세워본다.

몰입의 경험은 배움을 이끈다. 목표, 과제 난이도와 실력 관계, 피드백 등을 살펴 현실적이고 구체적인 공부 계획을 세운다. 몰입을 통한 공부법을 실천하며 스스로 평가하고 보고서를 작성한다.

✅ 위 내용을 비교과활동 특기사항이나 과세특에 활용한다.

• 자율활동 특기사항 예시 •

'몰입'을 읽고 몰입의 조건을 자신의 공부 습관과 연관시켜 체화함. 도전할 만한 심화 문제를 추려 주간·월간별 공부 계획을 만들고, 긍정적인 피드백을 위해 비슷한 실력의 학우와 학습을 이어 나감. 계획대로 집중력을 발휘했으며, 서로 긍정적인 피드백을 서로 주고받으며 인간관계에서도 몰입을 경험함. 공부 방법에 만족감을 느끼며 공부 동기가 더욱 향상되었고, 이 방법을 타 교과 수행평가 준비에도 활용하며 주도적 학습 역량을 보여줌.

1월 / 4일	# 생각의 탄생 로버트 루트번스타인, 미셸 루트번스타인 | 에코의서재 | 2007	도서 분야	교양
		관련 과목	통합
		관련 학과	예술 계열, 모든 계열

☑ 이 책에서 제시한 13가지 생각도구의 의미를 정리한다.

관찰	시각에 국한되지 않는 능동적 관찰. 자신만의 방법으로 최대한 주의 깊이 생각. 몰입의 전 단계
형상화	자신의 모든 감각을 이용해 특정 현상을 말이나 음악, 동작 등 다른 전달 수단으로 변환하는 것
추상화	모든 변수를 제거하며 본질적 의미를 드러나게 하는 과정
패턴인식	지각과 행위의 일반원칙을 발견하고 예상의 근거로 삼는 사고
패턴형성	관습적인 패턴을 분해해 다른 패턴과 조립하는 일, 그 속에서 교묘함과 의외성 발견
유추	여러 현상이나 복잡한 현상들 사이에서 관련성을 알아내는 일. 기존 지식에 신선한 결과를 도출
몸으로 생각하기	근육의 감각, 몸의 느낌, 촉감을 통해 깨달음을 얻음
감정이입	다른 대상의 내부를 통해 세계를 깊이 이해하는 것
차원적 사고	크기나 색채, 형상을 바꾸며 시간과 공간의 차원을 확장하며 사고하는 것
모형 만들기	실제 상황을 염두하고 개념이나 생각을 즉각적으로 인식 가능한 시뮬레이션 구현.
놀이	목적이나 동기 없이 자율적인 놀이로 본능, 느낌, 직관, 쾌락에서 오는 참신한 사고
변형	생각도구끼리 영향을 주고받거나 상이한 분야를 동시적, 연속적으로 사용하는 사고
통합	여러 가지 방식을 동원해 감각과 의식의 결합

☑ 위 생각도구들을 수행평가나 주제 탐구에 활용하고 보고서를 작성한다.

자율활동에서 진로 관련 주제 탐구 프로젝트를 계획할 때나 교과 수업 시간에 생각도구를 적극적으로 활용하여 보고서를 작성한다. 예를 들어 '미디어 · 광고' 계열이 진로라면 '차원적 사고', '변형' 등의 생각도구를 활용해본다. 일상생활과 융합할 수 있는 '수학 · 과학' 개념을 선정해 자료를 조사하고 '패턴인식', '모형 만들기' 등을 활용하여 산출물을 낸다. 또는 사회 문제를 '몸으로 생각하기', '감정 이입'으로 다루어 역사 문제를 탐구하거나 사회 문제를 이해한다.

☑ 위 내용을 비교과활동 특기사항이나 과세특에 활용한다.

• 과학 교과 세특 예시 •

'양자역학과 실생활'이라는 주제로 양자 컴퓨터를 탐구함. 양자 컴퓨터의 상용화는 연산 능력의 고도화, 암호 체계의 격변 등 기존 정보통신기술 체계의 혼란을 불러온다고 예상함. 리처드 파인만의 발상법에 호기심을 느껴 더 깊은 탐구를 위해 '생각의 탄생'을 연계 독서함. 양자 컴퓨터의 원리와 '패턴 인식'과 '유추' 등의 생각도구를 활용해 기존 암호 체계의 문제점과 국가 안보 위험성에 관한 보고서를 작성함. 물리, 정보, 사회 등 여러 분야를 넘나들며 융합적 사고로 문제해결 방안을 구축하려 함.

1월 5일	식탁 위의 세상	도서 분야	교양
	켈시 티머먼 | 부키 | 2016	관련 과목	통합
		관련 학과	사회학과, 모든 계열

☑ 책의 사례 이외에 식품이나 공산품의 불공정 무역 사례를 조사한다.

불공정 무역은 노동력 착취, 인권 침해, 환경 파괴, 부의 편중 등의 문제를 일으킨다. 책에서 등장하지 않는 사례도 수없이 많다. 예를 들어 열대림을 파괴하는 인도네시아의 팜유 생산, 원숭이의 노동을 착취하는 태국의 코코넛 농장, 열악한 노동 환경의 방글라데시의 패스트 패션 공장, 노동자의 인권을 무시하는 우즈베키스탄의 면화 생산, 브라질의 사탕수수 농장, 공장식 축산 농장 등의 사례가 있다.

☑ 공정 무역의 의미와 중요성을 정의하고, 이에 필요한 제도를 주제로 토론한다.

공정 무역은 노동자의 권리를 보호하고 안전한 노동 환경을 제공한다. 또 인종과 성별, 계급 차별에서 벗어나 인권을 존중하며 지속 가능한 자원 활용과 친환경 무역을 지향한다. 소비자는 이를 통해 공정 무역에 대한 인식을 확대하고 윤리적이고 합리적인 소비 태도를 지닌다. 세계무역기구(WTO), 자유무역협정(FTA), 공정 무역 인증 마크, 한국공정무역협의회 등 다양한 기관과 제도가 공정 무역을 위해 노력하고 있다. 이들의 활동을 조사하고 자신의 의견을 정리한다.

☑ 일상에서 공정 무역을 실천할 방법을 계획하고 캠페인 활동을 한다.

공정 무역의 필요성에 대한 카드뉴스를 만들어 온라인에서 캠페인 활동을 한다. 급우들과 토론해 생활 속에서 공정 무역에 이바지할 것을 찾아본다. 공정 무역 인증 마크 제품 구매하기, 재활용과 지속 가능한 제품 사용하기, 로컬 푸드 구매하기 등 일상에서 공정 무역을 실천하고 보고서를 작성한다.

☑ 위 내용을 비교과활동 특기사항이나 과세특에 활용한다.

• 자율활동 특기사항 예시 •

자유주제 프로젝트 시간에 '식탁 위의 세상'을 읽고 식품 이면의 불합리한 상황을 이해한 뒤, 불공정 무역 사례와 공정 무역의 가치 및 필요성에 대한 보고서를 작성함. 나아가 일상 속 공정 무역 캠페인을 실시함. 책에서 소개하지 않은 다양한 사례를 고발하며 공정 무역의 필요성을 전달하는 포스터를 제작하여 학급에 게시함. 공정 무역 일지를 만들어 공정 무역 인증 마크 제품 구매, 로컬 푸드 구매 건 등을 기록하며 윤리적 소비자의 태도를 기름.

1월 6일			
공간의 미래	도서 분야	인문
유현준 | 을유문화사 | 2021	관련 과목	통합
	관련 학과	예술 계열, 모든 계열

저자가 제시하는 미래의 공간 중 인상 깊은 사례를 요약·정리한다.

아파트	• 1가구 1발코니, 소셜 믹스 공원, 기둥식 구조, 친환경적인 목구조 사용 등 • 도시 속 주거, 업무, 학교 등을 입체적으로 구성하는 복합구성
종교 시설	• 주중 일반 시민들을 위한 오피스, 공부방 등으로 활용하며 사회적 가치 창출의 역할.
학교	• 작은 규모의 위성 학교로 전염성에 강한 학교, 다양성을 존중하는 학교를 추구. • 온라인 수업으로 전환될 때의 문제점을 예측하며 교육의 본질 회복하기.
회사	• 거점 위성 오피스, 사무실 내 다양한 공간 확보, 지정 좌석과 자율 좌석의 선택
도시	• 개별 발코니, 정사각형 공원보다 선형의 공원, 자율 주행 전용 지하 물류 터널
상업 시설	• 다른 기능과 융합해 다양성 확보, 공간 소비 욕구를 충족하는 개성 있는 공간 • 공간의 양극화를 위해 곳곳에 배치한 양질의 오프라인 공간

자신의 경험을 살려 공간과 삶의 관계를 고찰한다.

공간은 생활에 밀착해 시간의 흐름에 따라 변화해왔다. 물리적 공간뿐 아니라 온라인 공간도 삶의 일부분이 되었고, 코로나로 인해 온라인 공간의 영향력은 더욱 커졌다. 온라인 수업이 대부분이었던 학교를 통해 교실과 화상회의 공간의 차이를 설명할 수 있다. 대면 만남이 자유롭지 못했던 극한 상황에서 집과 상업 시설, 공원 등 여러 공간에 대한 인식이 어떻게 변화했는지 고찰한다.

미래의 공간을 바꿀 중요 요소를 분석하고, 미래에 적합한 건물을 예측한다.

인공 지능의 발달은 더 스마트한 공간의 구축을 돕는다. 공간 대부분은 자동화 시스템으로 관리되며, 지속 가능한 건축 자재와 3D프린터를 활용한 신소재, 적극적인 친환경 에너지의 사용으로 자연 친화적 공간이 늘어날 것이다. 주거, 사무 공간은 일률적인 형태보다 다양성을 추구할 것이다. 또한 단축근무와 재택근무의 증가로 개인 맞춤 공간의 욕구가 커진다. 온라인 또한 사적 공간의 중요성이 더욱 높아져 개인 맞춤화 시스템이 발전한다. 이 외에 자신의 관심사에 맞는 공간의 변화를 예측해본다.

위 내용을 비교과활동 특기사항이나 과세특에 활용한다.

• 진로활동 특기사항 예시 •

건축에 대한 흥미도가 높은 학생으로 건축을 인문학적으로 해석한 '공간의 미래'을 읽고 건축과 인간 삶과의 관계를 깊이 탐구함. 코로나로 인해 재정의된 다양한 공간을 분석하고 미래를 예측한 내용을 읽고 보고서를 작성함. 개인 발코니, 목재 사용, 복합구성 등 책에서 언급한 미래 주거 형태의 실현을 위한 법 개정의 필요성이나 설계를 위한 드론 활용, 스마트 건축 기술 등 미래 건축의 향방을 예견하고 미래 공간을 심도 있게 이해함.

1월 7일	강원국의 글쓰기	도서 분야	인문
	강원국 | 메디치미디어 | 2018	관련 과목	국어
		관련 학과	모든 계열

☑ 책이 설명한 글쓰기 요령을 교과 혹은 비교과 활동에 활용하며 글을 쓴다.

글쓰기 습관 및 환경	실제 글쓰기
• 개인 블로그에 쓰며 독자 만들기 • 글 쓰는 시간과 공간을 고정하기 • 잘 쓰인 글 모방하기 • 관찰, 경험을 메모하기	• 문장의 처음과 끝을 매력적으로 쓰기 • 오감을 담도록 생생하게 묘사하기 • 말해 본 후 쓰기 • 체크리스트를 활용하여 퇴고하기

☑ 디지털 시대의 글쓰기를 위한 방법을 카드뉴스로 만들어 SNS에 게시한다.

동영상과 이미지 중심의 디지털 환경에서 독자는 짧고 간결한 문장을 선호하며, 다양한 시각 매체의 혼용이 필요하다. 지면 글쓰기와 큰 차이점은 독자와 실시간 상호작용이 가능하다는 점이다. 이런 차이에도 불구하고 명확한 구조, 통일성 있는 내용, 편집과 교정이 필요한 것은 바뀌지 않았다. 이러한 점을 유념하여 글의 구성, 문단의 구조, 문장의 길이, 어휘 표현, 맞춤법, 키워드 등 '온라인 글쓰기 요령'을 카드뉴스로 만들고 독자와 소통한 후 보고서를 작성한다.

☑ SNS에 자신만의 내용과 문체를 살린 글을 올려, '나'를 드러내고 소통한다.

책에서 글은 글쓴이의 캐릭터를 드러낸다고 말한다. 독자는 내용과 문체를 통해 글쓴이의 생각, 성격, 가치관, 역량 등을 파악할 수 있다. 따라서 SNS를 운영하기 전 나는 어떤 사람인지, 어떤 사람으로 보이길 원하는지, 기대하는 반응은 무엇인지 충분히 살피고 글쓰기의 목표를 잡는다. 그 목표에 따라 어울리는 내용의 콘셉트를 선정하고 자기만의 개성을 살려 일관되게 글을 써본다.

☑ 위 내용을 비교과활동 특기사항이나 과세특에 활용한다.

• 국어 교과 세특 예시 •

글쓰기에 흥미가 높은 학생으로 '강원국의 글쓰기'를 읽음. 책에서 명시된 글 잘 쓰는 습관 중 메모 습관을 자기 주도적으로 실천함. 책을 읽을 때 기억하고 싶은 어휘를 국어사전에서 찾고, 뜻을 공책에 적으며 자기만의 단어장을 만듦. 단순히 어휘를 모아두는 데 그치지 않고 수필 쓰기 시간에 다양한 어휘를 적절하면서도 효과적으로 활용하여 호소력 짙은 수필을 완성하며 글쓰기 능력이 향상됨.

1월	읽는 인간 리터러시를 경험하라	도서 분야	인문
8일	조병영 | 쌤앤파커스 | 2021	관련 과목	국어, 사회
		관련 학과	모든 계열

☑ 저자는 왜 '문해력'이 아닌 '리터러시'라는 개념을 썼는지 생각해본다.

리터러시는 '생각과 삶의 방식'이다. 글을 읽고 이해하고 의미를 구성하고 지식이 생성되는 과정을 포괄적으로 다룬다. 이를 통한 개인의 성장은 공동체의 연대와 건강한 사회를 만든다. 디지털 기술의 발달로 가짜 뉴스가 범람하는 지금, 리터러시를 통해 비판적 읽기 역량을 가지고 정확한 정보를 내 것으로 만들 수 있어야 한다.

☑ '실질적 문맹 사회'에 대한 자신의 의견을 쓰고, 해결 방안을 모색한다.

저자는 '질문하지 않는 사회, 대화하지 않는 사회, 책임지지 않는 방임 사회'를 실질적 문맹 사회의 원인으로 꼽았다. 제대로 읽는 사회가 되기 위해서는 정답 찾기의 읽기가 아닌 사고의 과정을 거쳐야 한다. 질문하며 읽을 수 있어야 하고, 요약·발췌된 글이 아닌 원천 자료를 읽을 수 있어야 한다. 다른 사람과의 소통과 문화적 참여로 리터러시는 심화 확장될 수 있다. 이 내용을 바탕으로 자신의 의견과 해결책을 찾아보자.

☑ 가짜 뉴스를 정의하고 이를 없애기 위한 해결책을 설명한다.

가짜 뉴스는 발행인이나 단체의 목적에 의해 생긴다. 단순 재미일 수도 있지만 경제적, 정치적 이득을 위해 의도적으로 만들기도 한다. 다양한 분야에서 발생하며, 이를 피하려면 비판적 읽기 역량과 정교하고 통일된 형태의 선행 지식이 필요하다. 스스로 질문을 던지며 세상을 객관적이고 일관된 눈으로 읽을 수 있는 독자가 되자. 덧붙여 제도적인 차원에서 가짜 뉴스를 가려낼 방법도 함께 모색해야 한다.

☑ 위 내용을 비교과활동 특기사항이나 과세특에 활용한다.

• 자율활동 특기사항 예시 •

사회 이슈에 관심이 많고 사회학의 기본 개념을 이해하고 있는 학생으로 디지털 시대의 리터러시를 알고자 '읽는 인간 리터러시를 경험하라'를 읽음. 특히 책에서 등장한 '영국의 블랙리스트'의 실제 기사를 찾아보며, 인공지능의 발달과 가짜 뉴스의 결합이 심각성을 높인다고 주장함. 가짜 뉴스를 해결하기 위해 개인의 비판적 읽기를 강조하며 사실 확인을 통한 기사 발행, 유포자에 대한 제도적 법안 등이 필요하다고 참신한 의견을 냄.

1월 9일	예술 수업	도서 분야	교양
	오종우 | 어크로스 | 2015	관련 과목	국어, 사회, 예술
		관련 학과	모든 계열

목차별로 책의 내용을 요약하고 느낀 점을 정리한다.

목차	요약 및 느낀 점
새로운 생각은 어떻게 만들어지는가?	인간이 자신의 처한 삶과 환경에 자유를 지향하며 의미를 부여하는 행위
보이는 것 너머를 보려면	재현 이상의 새로운 시선은 꿈, 대상의 본질, 영혼, 희망을 보게 함.
삶을 창조한다는 것	가상과 실재가 혼재하는 삶이 예술임. 창조는 진정한 일상과 자신을 돌아보며 시작됨.

고대 그리스 '드라마'의 뜻을 정리하고 자신의 경험 속에서 유사한 존재를 설명한다.

고대 그리스에서 발전한 민주주의, 철학, 학문 등은 원형경기장에서 연출되었던 '드라마'에서 태동했다. 당시 시민들은 극단성과 집중성을 요하는 드라마를 보며 자신을 성찰하고 민주시민으로서 태도와 행동을 성찰했다. 이를 현대의 TV 드라마와 비교하거나 극적인 긴장을 선사한 스포츠 경기, 역경을 이겨낸 위인의 자전적 이야기 같은 간접 경험을 통해 나의 어떤 점을 되돌아보고 성찰하게 되는지 살피고 행동의 변화를 보고서로 작성한다.

인상 깊었던 작품을 골라 감상평을 쓰고 진로와 결부해 개념을 확장한다.

책에서는 문학, 음악, 미술 분야의 다양한 분야의 작품이 소개되고 있다. 파타고라스와 수학의 관계, 청각적 도구인 악기를 시각과 촉각으로 바꾼 미술과 음악의 융합, 미술과 과학이 혼재되어 있는 비디오아트, 과학과 음악과 미술의 결합인 영화 등의 예시를 교과 또는 진로와 연관시켜 작품의 감상평을 작성한다. 나아가 심화 활동으로 지금 예술이 과학 기술 곳곳에서 활용되는 사례를 찾는다.

위 내용을 비교과활동 특기사항이나 과세특에 활용한다.

• 진로활동 특기사항 예시 •

예술과 함께하는 진로 탐색에서 '예술 수업'을 읽고 문학, 미술, 음악 등의 다양한 예술 작품을 감상하며 삶에서 예술의 존재 이유를 설명하는 보고서를 작성함. 예술은 세상을 창의적으로 해석하고 깊이 사유하는 안목을 갖게 하며 개인의 삶의 질을 결정하고 문화를 생성한다고 감상평을 적음. 과학 분야로 진로를 정했음에도 예술적 감각의 필요성을 느끼고 실제 사례를 탐구함. 유명 의과대학에서 문학과 예술 과목을 배우며 관찰력, 공감력, 창의성, 추론 능력을 증진하고 다양한 시각으로 문제를 해결했다고 보고서를 작성하며 융합적 사고를 신장시킴.

1월 10일	로봇 시대, 인간의 일	도서 분야	인문
	구본권 | 어크로스 | 2020	관련 과목	통합
		관련 학과	모든 계열

인공지능의 윤리에 대한 쟁점을 조사하고, 자신의 의견을 제시한다.

책은 자율 주행 자동차의 윤리적 딜레마, 살인 로봇의 윤리적 활용, 섹스 로봇이 미치는 영향 등을 소개하였다. 다음 사례들을 추가로 찾아보고 인공지능 윤리의 기준에 대해 의견을 제시한다.

- **인공지능의 오류:** 알고리즘의 오류로 인한 인종, 사회적 계층 차별
- **인공지능의 명과 암:** 개인 정보 노출과 감시
- **사용자의 윤리:** 무기 로봇, 살인 로봇, 딥페이크, 가짜 뉴스, 해킹
- **윤리적 책임:** 의료 로봇의 과오로 인한 책임

인공지능의 발달이 직업에 미칠 영향과 요구할 역량을 생각해본다.

위기 직업과 이유	단순 반복적인 일, 자료분석, 소통의 필요가 적은 직업 (텔레마케터, 운전사, 단순 노무 등)
수혜 직업과 이유	인공지능 기술 관련 창의적인 일, 협상이 필요한 직업 (빅데이터 전문가, 예술가, 교사 등)
미래 요구 역량	문제해결 능력, 비판적 사고력, 창의력, 협상 능력, 인지 유연성 등의 소양이 필요하다.

인공지능 시대에서 나만의 경쟁력을 갖출 방안을 생각하고 실천한다.

책에서는 자신의 진로를 위해 인공지능을 도구로 활용하고 인간만의 사고방식, 호기심, 질문하는 능력, 의지 등을 갖추라고 강조한다. 나만의 경쟁력을 갖출 방법을 생각해본다. 예를 들면 다음과 같다.

1) 신문, 잡지. 논문 등을 통해 적극적으로 최신 기술의 동향을 읽는다.
2) 희망 전공 및 진로에 기술의 수용을 이해하고 접목할 방안을 꾸준히 학습한다.
3) 기본적인 컴퓨터 코딩을 익히고 비판적인 코드 리터러시를 갖춘다.
4) 기계와 차별화되는 인간다움을 갖추기 위해 독서, 글쓰기, 토론 등으로 인문학적 소양을 쌓는다.

위 내용을 비교과활동 특기사항이나 과세특에 활용한다.

• 자율활동 특기사항 예시 •

주제 탐구 활동에서 '로봇 시대, 인간의 일'을 읽고 인공지능의 윤리적 딜레마를 주제로 토의함. 자율 주행이 주는 편리함과 사고 상황에서의 판단을 놓고 생명, 안전, 책임 등 여러 관점에서 의견을 개진함. 또한 기술의 발달이 불러올 경제와 직업 시장의 변화를 논리적으로 예측하고, 인공 지능의 순기능을 위해서는 인간의 윤리적 판단이 필수임을 피력함. 이 외에도 의료 로봇의 책임 소재, 개인 정보와 감시 등 다양한 사례를 찾아 토론을 펼쳤으며 윤리적인 기준과 법적 제도에 다방면의 협력과 노력이 있어야 한다고 깨달음.

1월
11일

미디어 리터러시, 세상을 읽는 힘

강용철, 정형근 | 샘터 | 2022

도서 분야	인문 교양
관련 과목	통합사회, 정보
관련 학과	인문계열

청소년들을 부르는 본문 속 다양한 명칭을 정리한다.

디지털 네이티브	• 디지털 원어민 • 태어날 때부터 디지털 기기에 둘러싸여 성장한 세대 • 자연스럽게 디지털을 경험하고 디지털에 친숙한 사람들
Z세대	• 밀레니얼 세대의 뒤를 잇는 세대 • 1990년대 중반~2000년대 중반 출생의 젊은 세대 • 어릴 때부터 디지털 환경에 노출된 세대 • 기기를 잘 다루고, 관심사 공유에 익숙한 세대
포노 사피엔스	• 스마트폰을 신체 일부처럼 사용하는 인류 • 스마트폰 없이 생활하는 것을 힘들어하는 세대 • 시간과 공간의 제약 없이 스마트폰으로 정보를 전달하는 세대

본문에서 말하는 '미디어'에 대해 정리한다.

- 감정, 생각, 의견, 지식, 정보를 서로 주고받을 수 있도록 마련된 수단
- 사회적 문화와 규범, 가치를 사람들에게 알려주는 기능
- 사회에서 일어나는 갈등을 이해하고 조정하는 기능
- 허위 정보나 조작된 정보를 유포하기도 함

위 내용을 비교과활동 특기사항이나 과세특에 활용한다.

• 진로활동 특기사항 예시 •

'미디어 리터러시를 말하다'라는 진로 특강을 듣고 우리가 어떠한 자세로 미디어를 접해야 하는지 의견을 담아 보고서로 작성함. 사전 독서 활동으로 '미디어 리터러시, 세상을 읽는 힘'을 읽고 미디어의 개념, 디지털 네이티브의 의미, 포노 사피엔스의 의미 등을 설명하며 미디어의 긍정적인 면을 잘 활용해야 한다고 주장함. '미디어 근육'이라는 용어를 정의함. 의심스러운 정보를 판단하는 미디어 근육을 기르기 위해서는 합리적으로 의심하고 따져보는 생활 습관이 필요하다고 강조함. '미디어 올바로 활용하기' 강의를 듣고 '필터 버블'에 대해 조사하고 발표함. 하나의 영상을 시청하면 유사한 영상들이 이어서 나오는 경험을 소개하고, 미국의 온라인 시민단체 이사장 엘리 프레이저의 '생각의 조종자들'에 대한 감상문을 발표함.

1월 12일

열두 발자국

정재승 | 어크로스 | 2023

도서 분야	사회, 과학
관련 과목	공통과학, 공통사회
관련 학과	인문계열, 자연과학부

✅ 인상 깊었던 본문의 내용을 정리해보자.

예시) 광고판과 채용 사이트의 이야기가 흥미로웠다. 많은 사람이 호기심을 가지고 있으나 이를 시도하는 사람은 적다. 창의적인 사람들은 어떻게 행동하는지에 대해 생각해 보게 되었다. 스파게티 면과 마시멜로를 이용한 구조물 만들기에서 계획에 집착하지 않고 '시도하는 것'이 중요하다는 내용이 인상적이었다. 지능과 창의성의 관계를 이해할 수 있었고, '창의성'은 뇌 전체를 사용해야 만들어지는 능력임을 뇌파 촬영을 통해 알 수 있었다. 뇌와 뇌과학으로 스스로를 이해하는 시간을 가질 수 있었다.

✅ 분문의 내용을 질문을 만들어보고 이를 확장하여 보고서를 작성한다.

질문을 폭넓게 떠올려보고 이와 관련한 자료를 검색, 자신의 생각을 담은 보고서를 작성해본다.

- 선택 시 무엇을 우선시해야 하는가?
- 인공지능 시대에 인간은 무엇을 발전시켜야 하는가?
- '도전'과 '순응'은 언제 발휘해야 하는가?
- '결핍'과 '욕망'은 함께하는 것인가?
- '미신'에 빠져드는 이유는 무엇인가?
- '4차 산업혁명 시대'가 우리에게 요구하는 것은 무엇인가?

✅ 위 내용을 비교과활동 특기사항이나 과세특에 활용한다.

• 진로활동 특기사항 예시 •

또래 상담 동아리 부장으로 구체적인 활동 계획을 세우고 철저하게 준비하여 동아리 활동이 잘 이루어질 수 있도록 함. 심리학의 이해, 상담의 이해, 상담 카드 만들기, 모의 상담, 동아리 발표회 준비 등 이론과 실제를 적절하게 계획하여 부원들이 또래 상담자로 성장할 수 있도록 하였으며, 동아리 활동 운영에 다양한 부원들의 의견을 듣고 수용하여 더 좋은 결과물이 나올 수 있도록 함. 심리학과 상담학에 관심을 가지고 관련 책들을 읽고 쓴 보고서를 완성함. '열두 발자국'을 읽고 뇌과학을 깊이 이해하며 자신이 직접 상담에 적용한 사례를 제시해 '상담은 과학과 인문 등 전 분야를 바탕으로 사람을 이해하는 활동'이라는 것을 깨달음. 좋은 상담을 하기 위해서는 다방면에 관심을 가지고 끊임없이 연구하는 자세가 필요하다는 소감을 밝힘.

1월 13일

설득의 논리학

김용규 | 웅진지식하우스 | 2020

도서 분야	국어, 사회, 예체능
관련 과목	국어, 통합사회
관련 학과	국어국문학과, 철학과

책에서 말하는 'no-because', 'yes-but' 논법에 대해 정리해본다.

'no-because'	• 상대방의 주장을 먼저 부정하고 그 이유를 밝힘 • 상대방의 의견은 고려하지 않고 자신의 주장만을 내세움 • 상대의 감정을 상하게 할 수 있음 • 독단적이고 비합리적인 사람이라는 인상을 줄 수 있음
'yes-but'	• 먼저 상대방의 주장을 충분히 이해하고 어느 정도 동조함 • 그 후 자기의 주장이 옳다는 것을 보여줌 • 민주적이고 합리적인 사람이라는 인상을 줄 수 있음

'귀납법', '가추법', '연역법'의 내용을 정리해본다.

귀납법	전제로부터 결론을 도출하는 논증법. 전제가 참일 때 결론이 참일 가능성의 정도를 '귀납적 강도'라 하는데 이 귀납적 강도가 높을수록 설득력 또한 높음. 조사된 사례가 많을수록, 반대 사례가 적을수록, 일반화할 수 있을수록 귀납적 강도가 높음. 과학 수사학과 관계가 깊음.
가추법	이미 일어났지만 아직 모르는 사실을 알려줌. 가령 어떤 놀라운 현상 q가 관찰되었을 때 p가 참이면 q가 설명된다고 여김. 따라서 p가 참이라고 생각할 이유가 있음. 전제로부터 결론이 개연적으로 나온다는 점에서는 귀납법의 일종임. 의사가 병을 진단할 때, 미술감정가가 진품과 모조품을 가려낼 때 등 아직 모르는 어떤 것을 탐구할 때 유용함.
연역법	전제로부터 결론이 필연적으로 나오는 논증법. 모든 사람이 죽고, A가 사람이면 'A는 필연적으로 죽는다'라는 것을 연역법이 알려줌.

위 내용을 비교과활동 특기사항이나 과세특에 활용한다.

• 진로활동 특기사항 예시 •

과학 수사학에 관심이 많아 추리와 범죄를 다룬 책들은 물론 그 외의 다양한 책들을 선정하여 폭넓은 독서 활동을 하는 모습이 관찰됨. '설득의 논리학'을 읽고 에드거 앨런 포의 추리소설과 셜록 홈즈 이야기가 나오는 '가추법'에 관심을 가지고 구체적으로 탐구함. 많이들 알고 있는 연역법이나 귀납법은 물론 가추법에 대해 예를 들어 설명하고, 과학자나 탐정이 이미 일어난 일에서 뭔가 새로운 어떤 것을 알아낼 때 가추법을 활용하며, 이를 잘 사용하면 설득력을 높일 수 있다고 발표함.

1월 14일	빅터 프랭클의 죽음의 수용소에서	도서 분야	심리
	빅토르 E. 프랑클 | 청아출판사 | 2020	관련 과목	국어, 사회
		관련 학과	심리학과, 의학 계열, 모든 계열

✅ 강제 수용소가 보여준 인간의 심리적 반응 3단계를 설명한다.

단계	상황	특징
1단계	수용소에 들어온 직후	폭력과 죽음이 난무하여 이전 삶과 다름에서 오는 충격.
2단계	수용소에 적응할 무렵	동료의 죽음에 무감각하며 각자 생존을 위해 의미를 강구.
3단계	석방되어 자유를 얻은 후	자유를 만끽하지 못하거나 도덕적, 정신적 건강에 손상을 입기도 함.

✅ 삶의 의미를 찾지 못해 생긴 사회적 문제를 조사하고 원인과 해결 방안을 적는다.

우리나라는 최근 몇 년 동안 OECD 국가 중 자살률 1위를 기록하고 있다. 최근 10~20대 자살률은 계속 증가하고 있다. OECD 각 나라의 자살률을 비교하고 우리나라 자살률이 높은 원인을 로고테라피의 '실존적 공허' 관점으로 분석하여 해결 방안을 찾아본다.

✅ '로고 테라피' 관점으로 희망의 메시지를 전달할 방법을 찾는다.

우울증, 중독증 등 자기 삶을 비관하고 있는 사람에게 삶의 의미를 찾도록 의지를 북돋는 메시지를 적는다. 인생이 그들에게 여전히 무언가를 기대하고 있다는 카피를 창작한다. 가족, 친구부터 가꾸는 식물 등 자신이 아니면 대체할 수 있는 인물이 없다고 느끼도록 의미를 전달한다. 계속 살아가야 하는 책임감이 들도록 포스터나 카드뉴스를 제작하여 캠페인 활동에 사용한다.

✅ 위 내용을 비교과활동 특기사항이나 과세특에 활용한다.

• 자율활동 특기사항 예시 •

자율활동 프로젝트에서 '빅터 프랭클의 죽음의 수용소에서'를 읽고 로고테라피 관점으로 바라본 사회문제를 주제로 선정함. 우리나라의 높은 자살률은 OECD 중 최하위권인 '삶의 만족도'와 삶의 의미를 찾지 못하는 것이 원인이라 밝힘. 입시경쟁, 실직, 노후 불안정 등 환경을 탓하기보다 삶의 의미를 찾는 것이 시급하다는 의견을 제시함. 삶 자체가 가치 있는 일이라는 실존적인 입장에서 삶을 격려하는 작업물을 만들어 SNS에 게시한 것이 인상적임.

1월 15일	도파민네이션	도서 분야	심리
	애나 렘키	흐름출판	2022	관련 과목	사회, 과학
		관련 학과	의학 계열, 모든 계열

도파민네이션의 뜻을 이해하고 도파민의 중요성을 설명한다.

도파민은 중추신경계에서 전달되는 대표적인 신경전달 물질로 사람의 에너지, 보상, 동기부여, 흥미, 학습, 운동 조절 등에 영향을 미친다. 적당한 도파민은 긍정적이지만 부족하거나 과하면 다양한 문제를 불러온다. 현대 사회의 과도한 도파민 유도와 우리의 중독 위험성을 경계하며, 쾌락과 고통을 지휘하는 도파민의 원리를 이해해야 한다. 무비판적인 쾌락의 탐닉보다 적절한 고통을 직면하면 행복한 삶을 영위할 수 있다.

도파민의 작용기전과 부작용을 설명한다.

도파민은 쾌락과 고통을 처리한다. 양팔 저울에 각각 쾌락과 고통이 있는 형태이다. 보통 저울은 수평 상태이지만 쾌락을 경험하면 도파민이 분비되며 점점 쾌락으로 기운다. 하지만 저울은 수평 상태를 유지하려는 항상성이 있다. 더 많은 쾌락을 추구할수록 더 많은 고통이 따른다. 임계점을 넘으면 더 강한 쾌락을 요구하며 중독 상태가 된다.

도파민과 다양한 중독 문제의 상관관계를 밝히고 중독 극복 방안을 모색한다.

우리 주변에서 스마트폰, 유튜브, 밀가루 중독 등 도파민 과다로 인해 중독에 시달리는 경우가 있다. 이러한 중독 문제를 해결하기 위해서 책에서 제시한 세 가지 자기구속 방법을 활용한다. 주제를 심화하여 학술연구정보서비스에서 '인터넷게임중독 청소년과 도파민의 상관관계', '알코올 중독과 도파민의 관련성' 등 다양한 논문을 조사하고 중독 극복 방안을 살펴본다.

위 내용을 비교과활동 특기사항이나 과세특에 활용한다.

• 자율활동 특기사항 예시 •

'도파민네이션'을 읽고 도파민과 중독의 상관관계를 이해하고 창의적 체험 활동 시간에 '도파민 조절로 스마트폰 중독 벗어나기' 프로젝트를 진행함. 책의 내용을 재구성해 '나와 중독을 이해하는 7단계' 질문을 만들고 친구들을 대상으로 설문 조사함. 그 결과를 객관적으로 분석해 '물리적 자기 구속, 순차적 자기 구속, 범주적 자기 구속'의 방법 중 각자에게 맞는 관리법을 추천함. 지속적인 관리를 통해 프로젝트를 성공적으로 이끌고 도파민 조절에 힘쓰겠다고 다짐함.

1월 16일	총, 균, 쇠	도서 분야	인문
	재레드 다이아몬드 | 김영사 | 2023	관련 과목	사회, 과학
		관련 학과	모든 계열

✅ 이 책의 서문에 등장한 얄리의 '카고' 관련 질문에 답변해본다.

저자는 인류의 발전 속도는 각 대륙의 지리적 요건에 의해 바뀌었다고 설명한다. 수렵채집으로 시작한 인류의 역사는 농경 생활에 적합한 비옥한 땅의 정착 여부에 의해 판가름 났다. 식물의 작물화와 동물의 가축화로 인해 '총(군사력), 균(전염병), 쇠(기술)'의 차이가 벌어졌고, 이는 대륙 간 힘의 불평등으로 표출됐다. 각자의 역사가 다른 이유를 특별한 인종의 우월성이 아닌 환경에 있다고 설명한다.

✅ 현재의 '총, 균, 쇠'가 작용하고 있는 현상을 조사하고 사례를 들어 설명한다.

총 (군사력)	• 핵무기를 보유하고 국제 정세에 위협을 가한 사례 (북한, 파키스탄 등) • 미사일 및 첨단 군사 장비로 강력한 군사 기술을 갖춘 미국의 영향력
균 (전염병)	• 2019년 12월에 발생하여 지금까지 전파되고 있는 감염병인 코로나 바이러스 • 2000년 이후 발생한 신종 바이러스(2003년 사스, 2009년 신종플루, 2015년 메르스)
쇠 (과학기술)	• 산업기술, 정보통신기술, 항공우주과학. 생명과학 등 첨단산업의 집약체 미국 • 제조업, 인공지능, 정보통신기술, 무기 기술에서 경쟁력을 갖춘 중국 • 정보통신기술, 자동차와 제조업 기술에 뛰어난 한국

✅ 미래 사회에서 '총, 균, 쇠'는 어떻게 작용할지 고찰하고 세계 변화를 예측해본다.

과거와 달리 인류는 세계화되며 다양한 문제와 발전을 함께 고민하고 있다. 우리는 '총, 균, 쇠' 이외에도 기후변화나 자원고갈, 소득의 양극화 해소와 지속 가능한 발전을 위해 노력해야 한다. 과거에는 지리적 특성이 국력에 큰 영향을 미쳤다면, 미래는 지리적 불이익이 있더라도 압도적인 기술이 나라를 부강하게 만들 수 있다. 이외에도 정치, 경제, 군사적 정책이 미래 사회의 판도를 바꾸어 놓을 수 있다.

✅ 위 내용을 비교과활동 특기사항이나 과세특에 활용한다.

• 진로활동 특기사항 예시 •

지리에 대한 탐구심이 남다른 학생임. 진로 독서로 '총, 균, 쇠'를 읽고 감상문을 작성함. 문명의 세력 흐름이 지리적 환경에 따라 달라졌다는 저자의 의견에 깊은 통찰을 얻고, 현재도 총, 균, 쇠에 의해 판도가 유지되고 있다고 발표함. 더불어 농업혁명과 산업혁명의 이점이 첨단 기술과 맞물려 향후 미래 문명 발전에 미칠 영향을 예측함. 식량, 기후, 소득의 양극화 문제를 대비하는 국가가 추가적인 이점을 가져간다는 의견을 제시한 점이 주목할 만함.

1월 17일

유튜브는 책을 집어삼킬 것인가

김성우, 엄기호 | 따비 | 2020

도서 분야	국어, 사회, 예체능
관련 과목	국어, 통합사회, 예체능교과
관련 학과	인문계열, 예술학부

본문에서 말하는 시대에 따른 리터러시의 개념에 대해 정리한다.

리터러시의 개념은 시대에 따라 다르다. 고대에서는 '문학에 조예가 깊고 학식이 있는 사람', 중세에서는 '라틴어를 읽을 수 있는 사람', 근대 이후에는 '모국어를 읽고 쓸 수 있는 사람'을 말한다. 역사적, 사회적 배경에 따라 리터러시에 대한 태도나 가치 부여 방식이 다르고, 그 맥락에 따라 적절한 의미가 구성되어 왔다. 현시대의 리터러시는 어떻게 이해해야 할지 생각해 본다.

리터러시의 방향이 달라져야 하는 이유를 본문에서 찾아보자.

- 매체에 따라 우리의 몸이 달라진다. 매체에 따라 뇌가 달라지고 습관이 달라지므로 매체의 특성, 장단점을 파악하는 '메타인지'가 중요하다.
- 글을 읽는 호흡이 짧아지고 깊이 있는 읽기가 점차 어려지고 있기에 다독이 능사가 아님을 설명하는 교육이 필요하다.
- 얻은 지식을 기존의 지식과 결합하고 내재화하는 과정이 포함된 '멀티 리터러시'로 확장해야 한다.
- 단순히 단어의 의미를 이해하는 것이 아니라 다양한 시각에서의 이해가 필요하다.

위 내용을 비교과활동 특기사항이나 과세특에 활용한다.

• 진로활동 특기사항 예시 •

'영상시대의 문해력'이라는 진로 특강을 듣고 요즘 시대에 문해력을 어떻게 이해해야 하는지에 대한 보고서를 작성함. 영상에 많이 노출되고 있는 만큼 텍스트뿐만 아니라 영상 활용에 대한 리터러시를 말해야 함을 주장함. 영상과 책의 특성을 비교하며 '삶을 위한 리터러시'를 위해 자신의 생활을 되돌아 보고, 미디어 환경의 변화에 따라 사람의 몸과 사고가 바뀌고 있으니 사회나 교육에서도 변화가 필요함을 깨달았다고 밝힘.

• 진로활동 특기사항 예시 •

교육학에 관심이 많은 학생으로 장 자크 루소의 '에밀', 하이타니 겐지로의 '나는 선생님이 좋아요' 등을 선정하여 독서 계획서를 작성하고, 주 1회 독서 활동을 한 후 독서 일지를 작성함. '에밀'을 읽고 루소의 자연주의 교육에 대해, '나는 선생님이 좋아요'를 읽고 아이와 어른이 함께 배우고 성장하는 것의 중요성에 대해 일지를 작성함. 특히 '유튜브는 책을 집어삼킬 것인가'를 읽고 리터러시 교육에 큰 관심을 가지게 됨. 지식 암기에 대한 평가에만 집중하는 교육 현실을 얘기하며 리터러시는 경쟁의 도구가 아니며, 수업의 호흡을 늘리고 비경쟁 원리를 도입하여 성과에 얽매이지 않는 독서와 토론을 할 수 있도록 교육 현장이 바뀌어야 한다는 내용의 보고서를 작성함.

1월 18일	이어령의 마지막 수업	도서 분야	교양
	김지수, 이어령 | 열림원 | 2021	관련 과목	국어, 철학, 사회
		관련 학과	모든 계열

✅ 이 책에서 언급한 '메멘토 모리'의 뜻을 알고 화자의 의도를 설명한다.

'메멘토 모리'는 라틴어로 '죽음을 기억하라'라는 뜻이다. 어느 순간 찾아올 죽음의 불확실성은 삶의 의미와 함께, 최선을 다하라는 교훈을 준다. 화자는 '메멘토 모리'를 통해 지금 살고 있는 순간에 충실해야 한다고 강조한다. 과거에 집착하기보다 현재의 가치를 소중히 여기고 용감하게 살아내라 말한다. 남에게 끌려다니는 삶이 아닌 자신만의 이야기로 존재하라고 말해주고 있다.

✅ '메멘토 모리'를 실천할 현실적인 방안을 생각하고 보고서를 작성한다.

미래를 위해 현재를 낭비하고 있는지 성찰한다. 지금의 시간과 자원을 소중하게 여기고 의미 있는 삶을 살고 있는지 점검한다. 남과 비교하지 않는 삶, 자기 내면에 귀 기울이는 삶, 욕망에 현혹되지 않는 삶, 현재에 최선을 다하는 삶을 실천할 현실적인 방안을 생각해 실천한다. 다음은 그 예시다.

- 감사 일기 쓰기
- 명상을 통해 오늘을 되돌아보기
- 매일 나에게 질문하며 성찰하기
- 일과 계획표를 작성하고 실천하기

✅ 고난 앞에서도 숭고하게 살아낸 인물의 사례를 살펴보고 배울 점을 작성한다.

이 책은 고난을 통해서만 자신의 참모습을 발견할 수 있다고 말한다. 나치 수용소의 일화를 예로 들며 극단적 고난 상황에서 인간의 양극성을 보여준다. 수용소 안에서 나치의 앞잡이가 되어 동료를 죽이거나, 감시자이면서도 자기 빵을 노동자들에게 몰래 나누어주는 모습의 대조는 극한의 고난 앞에서 나타난 비참함과 숭고함일 것이다. 고난을 극복한 위인을 찾아보고 배울 점을 작성한다.

✅ 위 내용을 비교과활동 특기사항이나 과세특에 활용한다.

• 윤리 교과 세특 예시 •

철학에 관심이 많은 학생으로 '이어령의 마지막 수업'을 읽고 죽음을 기억하며 현재에 충실해야 한다는 것을 깨달음. 외부의 시선보다 자기 내면에 집중해야겠다고 다짐함. 날마다 글을 쓴 교수의 습관과 이념을 닮고자 한 달 동안 꾸준하게 감사 일기를 쓰는 적극성을 보임. 그 과정에서 주변 인물들의 소중함을 느끼고 겸손한 태도를 가졌으며, 내적 성장에 더욱 집중할 수 있었다고 소감문을 적음. 교과 수업 내용을 바탕으로 지식을 내면화하고 확장하려는 노력이 엿보이는 학생임.

1월 19일	휴먼카인드	도서 분야	인문
	뤼트허르 브레흐만 | 인플루엔셜 | 2021	관련 과목	철학, 사회, 과학
		관련 학과	모든 계열

✅ 인간의 선한 본성을 보여준 사례를 찾고, 뉴스의 영향과 역할에 관한 생각을 적는다.

저자는 실제 사례와 연구를 들어 '인간은 본래 악하다'라는 통념에 반대한다. 우리 주변에도 이런 사례가 많다. 휴가 중에 인명구조를 위해 뛰어든 소방관, 일면식도 없는 행인을 위해 CPR을 시도하고, 꾸준히 기부와 봉사를 나눈 사례들이다. 그러나 우리는 왜 이런 뉴스를 잘 만나지 못하는지 고민해 본다. 자극적이고 공격적인 것에 끌리는 탓에 비관적인 뉴스에 취약한 인간의 심리를 이해하고, 뉴스가 나아갈 방향을 고민한다.

✅ 저자의 시선을 빌려 다양한 사회 문제의 해결 방안을 고찰한다.

저자는 넬슨 만델라의 인종차별 극복 사례를 통해 꾸준한 접촉이 차별과 증오를 줄인다고 주장한다. 우리는 낯선 이에게 편견을 가지지만, 자주 만날수록 신뢰나 연대, 친절을 기대할 수 있다는 것이다. 이를 바탕으로 장애인, 이주민, 성소수자의 문화를 이해하기 위해 접촉을 늘릴 방안을 생각해본다. 일방적인 접촉보다, 서로 동등한 위치에서 소통하고 대화할 수 있는 현실적인 방안을 제시한다.

✅ 저자의 삶의 규칙 중 인상적인 것을 골라 캠페인을 진행하고 보고서를 작성한다.

다음은 저자가 제시한 삶의 규칙 중 일부다. 몇 가지를 골라 자신의 생활 태도로 삼아보자. 그리고 이를 널리 알릴 캠페인을 진행한다.

- 의심이 드는 경우 최선을 상정하라.
- 더 많은 질문을 제기하라.
- 뉴스를 멀리하라.
- 윈-윈 시나리오를 기반으로 생각하라.
- 현실주의자가 되어라.

✅ 위 내용을 비교과활동 특기사항이나 과세특에 활용한다.

• 자율활동 특기사항 예시 •

학급 특색 활동인 가치 실천 프로젝트에서 '휴먼카인드'를 읽고 '인간의 선한 본성 찾기'를 주제로 캠페인을 실시함. 책에 실린 다양한 사례를 통해 인간은 타인과 협력하고 공감하는 본능이 있다는 것을 깨닫고, 인류의 '호머 퍼피' 본능이 선한 행동을 만든 책의 사례들을 신문으로 제작해 학급에 게시함. 또한 '삶에서 지켜야 하는 열 가지 규칙'을 포스터로 만들어 캠페인 활동을 펼친 후 냉철하게 뉴스를 읽고 연민과 타협을 바탕으로 타인을 대하는 삶의 태도를 고양함.

1월 20일

아내를 모자로 착각한 남자

올리버 색스 | 알마 | 2022

도서 분야	심리
관련 과목	과학, 사회
관련 학과	의학계열, 모든 계열

✅ 이 책에서 인상적인 사례를 골라 요약하고 느낀 점을 작성한다.

인상적인 사례	느낀 점
몸이 없는 크리스티너	당연시한 감각의 중요성과 인간의 정체성 조건을 생각하는 계기가 됨.
큐피드병	치료 이후 행복감의 감소와 창의성이 소멸한 사례에서 치료의 진정한 목적을 고민.
회상	발작이 행복감을 준다는 모순에서 '시스템적' 요법과 '예술적' 요법의 통합을 모색함.
쌍둥이 형제	뛰어난 능력을 사회 적응과 치료로 상실함. 기계적인 치료의 문제를 고민하게 됨.

✅ 이 책에 나오는 신경장애에 대한 사회적 편견 사례와 해결 방안을 모색한다.

중증 환자가 아니어도 틱 증상, 자폐증 등을 가진 사람들을 보곤 한다. 자신의 사례 또는 사회적 이슈가 된 문제를 찾아보고 해결 방안을 제시한다.

- **개인 사례:** 교내 특수학급 학생에 대한 편견, 틱이나 치매 등 행동 관련 장애에 대한 편견
- **사회 사례:** 특수학교 교육 현실과 님비현상, 장애인 일자리 부족, 정신 의료 인프라 부족

✅ 치료에 있어 의사의 책임과 환자의 의사결정 중 어떤 측면에 무게를 둘지 토론한다.

의사의 책임과 환자의 의사가 일치되는 치료 방향이 최선이다. 하지만 모든 치료가 그럴 수는 없다. 종교적 이유나 안락사, 정신 질환이나 판단 능력 감퇴를 앓는 환자의 입원이나 치료는 고민이 필요하다. 질병의 객관적 판단 이외에도 인간 대 인간으로 공감하며 치료가 이루어져야 한다. 더불어 환자의 자기 의사 결정권에 관한 우리나라 및 다른 나라의 사례를 찾고 구체적인 기준과 절차를 생각해본다.

✅ 위 내용을 비교과활동 특기사항이나 과세특에 활용한다.

• 진로활동 특기사항 예시 •

의료 계열을 희망하는 학생으로 진로 독서 활동에서 '아내를 모자로 착각한 남자'를 읽음. 환자를 치료할 때 의사의 책임과 함께 환자의 행복을 위한 자기 결정권을 존중한 저자의 휴머니즘을 본받고 싶다고 감상평을 적음. 특히 책에서 '병리 상태가 곧 행복 상태'라는 구절에 깊은 인상을 받고, 의사는 치료의 과정과 부작용에 관해 환자와 충분한 교류가 있어야 한다고 밝힘. 이때 기계적인 설명이 아니라 환자의 심리와 정서를 읽어내는 섬세하고 따뜻한 시선이 필요하다며 희망 진로에 대한 의식을 고양함.

1월 21일

팩트풀니스

한스 로슬링 | 김영사 | 2020

도서 분야	교양
관련 과목	사회, 수학
관련 학과	통계학과, 사회학과, 모든 계열

✅ 이 책에서 언급한 비합리적인 본능 중 인상적인 것을 골라 요약한다.

비합리적 본능	특징	사례
직선 본능	특정 상황의 선형적인 증가를 믿는 본능	세계 인구는 직선으로 증가할 것이다.
공포 본능	우리 뇌에는 두려움이 내재하여 있다는 본능	연간 자연재해 사망자 수는 100년 전과 비슷하다.
크기 본능	비율을 왜곡해 사실을 실제보다 부풀리는 경향	전 세계 예방접종을 한 아이의 비율은 20% 미만이다.
일반화 본능	끊임없이 범주화하고 일반화하는 성향	아프리카는 못 사는 대륙이다.
운명 본능	타고난 특성이 사람, 국가, 종교, 문화의 운명을 결정	아프리카는 무기력하고 절대 유럽을 따라잡지 못한다.

✅ 책의 사례 이외에 비합리적 본능으로 발생한 문제와 그 해결 방안을 모색한다.

관심 주제에서 다양한 사례를 찾아 10가지 비합리적 본능으로 분석한다. 공포 본능으로 인한 '광우병 사태', '코로나 백신 부작용 공포', '일본의 방사능 공포' 등의 사례나, 일반화 본능의 '우리나라에선 유해 동물인 고라니, 국제적으로는 보호종', '외국인노동자는 모두 가난하다', '높은 학벌 출신 사람은 성공한다' 등의 사례들을 분석할 수 있다.

✅ 관심 분야의 통계청 자료를 분석하고 통계의 한계와 올바른 활용에 대한 보고서를 작성한다.

통계청의 〈2022 초중고 사교육비 조사〉로 학생 1인당 월평균 사교육비를 살펴보았다. 먼저 이 조사는 지역과 소득, 인프라의 차이를 뭉뚱그린 평균치를 발표하기에 현실과 왜곡이 생긴다. 또한 학원비 지출이 가장 큰 겨울방학 기간 및 영유아, N수생의 사교육비, 각종 캠프 등의 비용도 제외되어 있다. 통계의 목적은 사회현상에 대한 객관적인 지표의 제공이므로 더욱 꼼꼼하게 조사할 필요가 있다.

✅ 위 내용을 비교과활동 특기사항이나 과세특에 활용한다.

• 자율활동 특기사항 예시 •

수학에 관심이 많은 학생으로 '팩트풀니스'를 읽고 통계로 세상을 보는 객관적 안목이 생김. 나아가 자극적인 인터넷 기사 속 통계 자료의 '통계 착시'를 조심해야 한다고 사례를 들어 설명함. 단순히 취업률이 증가했다는 기사를 노령층의 취업률 증가와 청년층의 취업률 감소라는 통계청 자료를 통해 논파함. 통계 자료가 정책 결정의 중요한 기초 자료가 되는 만큼 정확하고 올바른 해석이 되어야한다고 보고서를 작성함.

1월 22일

사피엔스

유발 하라리 | 김영사 | 2023

도서 분야	인문
관련 과목	통합
관련 학과	모든 계열

저자가 말하는 혁명의 내용을 요약 정리한다.

인지혁명	사피엔스의 언어 발달은 협력과 통합을 불러와, 네안데르탈인을 몰아낼 힘이 되었다.
농업혁명	농업은 잉여 식량과 계급을 만들고 사회, 경제, 문화의 발전을 도왔다. 하지만 동시에 질병과 생태계의 변화, 차별도 생겨났다.
인류통합	신화와 허구는 통일된 세계의 보편적 질서가 될 '화폐, 제국, 종교'를 만들고 인류를 통합시켰다.
과학혁명	무지의 인정에서 태어난 과학혁명은 기술개발과 인류의 번영을 이끌었다. 하지만 스스로 신이 되려는 생명공학의 오만함은 호모 사피엔스의 종말을 불러올 수 있다.

책을 일독한 후, 쟁점이 되는 주제를 찾고 자신의 생각을 정리한다.

다음은 책에서 찾을 수 있는 쟁점의 예시다. 숙고한 후 이를 반박하는 보고서를 작성해본다.

1. 인류는 농업으로 큰 진보를 이뤘지만, 이는 동시에 차별과 불안으로 인한 불행을 야기했다.
2. 인도는 언어나 철도, 사법제도 같은 영국 제국주의의 유산으로 사회적 발전을 이루었다.
3. 신은 상상력이 창조한 허상이며 종교는 초인적 질서에 기반한 인류의 통합이 목적이다.

미래를 지배할 '종교(신념)'는 무엇일지 예측하고 자신의 생각을 쓴다.

지난 500여 년간 이루어진 과학 발전은 이미 인류의 삶 속에 스며들었으며, 더욱 빨라진 기술의 발전은 '디지털 종교'를 낳을 수 있다. AI 혁명은 새로운 노동 환경과 계급을 만들고 경제, 정치적 체제를 바꿀 것이다. 다양한 분야의 변화가 불가피하며 사회 질서의 방향 또한 바뀌게 된다. 인류는 신념에 따라 바뀌어왔다. '디지털 종교' 속 디지털 기술과 인간의 역할에 대한 견해를 적어본다.

위 내용을 비교과활동 특기사항이나 과세특에 활용한다.

• 진로활동 특기사항 예시 •

역사에 관심이 깊은 학생으로 진로독서 시간에 '사피엔스'를 읽음. 인류 문명과 발전에 대한 폭넓은 지식과 정보를 탐독하고 감상문을 작성함. 특히 비판적 시각을 가지고 저자의 주장에 반박한 점이 돋보임. '제국주의'가 피지배국의 경제, 기술, 사회 발전을 위한 것이라는 저자의 서술에 인도의 문화와 역사를 간과했다고 논리적으로 비판함. 문화의 다양성을 무시하고 서구 중심의 편협한 시각이라고 지적하며 제국주의를 생태학적 진화론에 기초해 해석한 것이 아쉬웠다고 비평함. 역사는 문화적 차이와 다양성을 고려해야 한다는 의식을 함양함.

1월 23일

아픔이 길이 되려면

김승섭 | 동아시아 | 2017

도서 분야	교양
관련 과목	사회, 과학
관련 학과	모든 계열

✅ 사회역학을 정의하고, 질병을 사회역학적으로 해석할 필요를 설명한다.

사회역학은 질병의 원인을 개인의 보건 요소뿐 아니라 차별, 고립, 가난, 고용불안 등 사회 환경과 제도 안에서 찾는다. 이를 통해 건강의 불평등을 이해하고 공동체 안에서 해결 방안을 마련할 수 있다. 사회역학은 실제로 건강 관련 사회 제도와 정책, 공동체의 질병 예방 및 개인의 건강 양상에 영향을 미친다. 사회적 네트워크를 지향하며 누구에게나 건강할 권리를 지킬 수 있는 발판이 된다.

✅ 사회역학과 보건 정책의 관계를 보여주는 사례를 찾고 장단점을 서술한다.

우리나라는 2017년 8월부터 '건강보험 보장성 강화' 정책을 시행했다. 중증질환과 소득 취약 계층을의 보장을 강화했고, 유의미한 성과를 얻었다. 하지만 이는 개인의 민간보험 부담률 증가와 민간의료기관의 무분별한 비급여 처방으로 이어졌다. 브라질의 '가족 건강 전략', 싱가포르의 '성공적 노화를 위한 실행계획 프로그램' 등 다른 나라의 사례를 찾아보고 우리나라 정책과 비교하며 장단점을 살핀다.

✅ 차별, 혐오, 환경으로 발생한 문제를 찾고 사회적 역할에 관한 감상을 적는다.

책은 '학교 폭력' 문제로 서문을 연다. 질병의 사회적 접근은 특정 집단에 제한되지 않는다. 나의 생활권 안에서 일어난 문제를 찾고 해결 방안을 생각해본다. 다음의 예시를 참고하여 자신의 관심사, 진로와 관련하여 탐구 주제를 설정한다.

- 희귀 질환자의 건강보험 지원
- 식당 노동자의 폐암 산재 대책
- 치솟는 한국 청소년 자살률 대책
- 교내 사이버폭력 피해자 정신건강 지원
- 지역 간 의료 인프라의 불균형 문제

✅ 위 내용을 비교과활동 특기사항이나 과세특에 활용한다.

• 사회문화 교과 세특 예시 •

사회 계층과 불평등을 자세히 알기 위해 '아픔이 길이 되면'을 읽고, 다양한 건강 불평등의 사례를 주제로 보고서를 작성함. 반도체 생산 노동자의 백혈병 발병 사례, 가난한 국가에 집중되는 위험 산업을 비판하며 강력한 사회적 기준과 제도가 필요하다고 주장함. 나아가 조리환경과 조리사의 건강을 주제로 심화 탐구를 진행함. 학교 급식실을 방문해 직접 작성한 설문지로 역학 조사를 진행, 환기 시설, 작업 공간, 질병 예방 교육에 대한 구체적인 해결대책을 제안함. 질병을 사회적 차원으로 이해하고 이론을 실생활에 적용해 문제를 해결하려 한 점이 인상적임.

1월 24일	클루지	도서 분야	인문
	개리 마커스 | 갤리온 | 2023	관련 과목	통합
		관련 학과	모든 계열

✅ '클루지'의 뜻을 설명하고 느낀 점을 작성한다.

클루지는 어떤 문제에 대한 서투르거나 세련되지 않은 해결책을 말하며, 인간은 완벽하지 않은 어설픈 존재이기 때문에 클루지가 생긴다. 우리는 살면서 인간관계와 행복, 일에서 끊임없이 클루지를 저지른다. 저자는 클루지를 극복해야 상황을 객관적으로 판단하고 일상을 현명하게 살 수 있다고 말한다.

✅ '클루지'를 극복하는 방법 중 인상적인 것을 골라 요약정리한다.

클루지 극복 방법	내용 요약
대안이 되는 가설들을 되도록 함께 고려해라.	반대를 생각하며 추론의 신뢰도를 높인다.
문제의 틀을 다시 짜고 질문을 재구성해라.	모든 문제를 하나 이상의 방식으로 묻고 사고를 교정한다.
상관관계가 곧 인간관계가 아님을 명심하라.	한 요인이 다른 것의 원인이라는 막연한 추론을 조심한다.
누군가 내 결정을 바라본다고 상상하라.	자기 행동의 정당성이 필요함을 인식한다.
자신에게 거리를 두어라.	순간적인 생각으로 결정하지 않는다.
생생한 것, 개인적인 것, 일화적인 것을 경계하라.	화려하거나 극적인 것에 끌리는 본능을 인식한다.

✅ 이 책에서 제안한 방법을 활용해 클루지를 극복한 사례를 작성한다.

전공(계열)에 필요한 과목을 선택할 때 클루지 극복 방법을 활용해 합리적인 선택을 한다. 중요한 결정인 만큼 여러 요인을 비교, 평가하며 미래를 계획한다. 학업에 임하는 자신의 의지와 노력을 객관적으로 살피고, 최대한 역량을 발휘할 수 있도록 준비한다. 자신이 어떤 상황에 충동적으로 행동하는지 성찰한다. 토론으로 자기 경험에 따라 편중된 사고를 인식하고 합리적 사고를 위해 노력한다.

✅ 위 내용을 비교과활동 특기사항이나 과세특에 활용한다.

• 자율활동 특기사항 예시 •

인간의 본성과 자신의 사고와 행동을 이해하고자 '클루지'를 읽음. 저자가 제시한 다양한 사례를 통해 비합리적인 사고를 깨닫고 발표 수업을 진행함. 이후 '불완전함을 통제하는 법'을 주제로 토론할 때 책에서 배운 원칙들을 적용해 논리적인 모습을 보여줌. 특히 감정과 예술은 클루지에 의해 생겼다고 주장하며 적절한 클루지의 조절이 더 인간답다고 말한 것이 인상적임. 감상문에서 합리성을 위해 자신을 바라보고 공부 계획을 세우는 등 삶의 태도가 바뀌었다는 소감을 밝힘.

1월 25일

언어의 역사

데이비드 크리스탈 | 소소의책 | 2020

도서 분야	언어학
관련 과목	국어
관련 학과	언어학과

✅ 사람이 언어를 익히게 되는 과정을 설명해본다.

언어에 대한 아무런 정보가 없는 상태에서 새로운 언어 학습법을 발견할 수 있다. 아기는 자신을 돌보아주는 사람으로부터 끊임없이 같은 말을 반복해서 들으며 소리에 적응하다가 이윽고 '물, 엄마, 아빠, 밥' 등의 용어를 익히게 된다. 그 단어들을 모아 문장을 만드는 문법을 익히게 되면 비로소 언어를 사용할 수 있게 되는 것이다. 이후에 읽고, 쓰는 것은 학습을 통해 배우게 된다.

✅ 발음 자체만으로는 아무 의미가 없어도, 소리를 결합해 단어를 만들고, 단어를 결합해 문장으로 만들 때, 소리에는 없던 의미가 생긴다. 이런 과정을 도식화해서 정리해본다.

말로 설명하는 것보다는 자신이 형태를 결정하여 도식화해보는 과정이 기억에 더 오래 남는다.

✅ 특수문자 '@'를 읽는 방법은 제각각이다. 이처럼 하나의 기호이지만, 다른 여러 언어권에서 다르게 표현되는 것에는 어떤 것들이 있는지 조사해본다.

@는 at(앳)으로 발음되는 특수문자인데, 영어권 사람들은 at sigh(앳 사인)이라고 부른다. 폴란드에서는 이를 malpa(말파: 원숭이), 러시아에서는 sobaka(소바카: 강아지), 그리스에서는 papaka(파파카: 새끼 오리), 핀란드에서는 miukumauku(미우쿠마우쿠: 야옹)라고 한다.

✅ 위 내용을 비교과활동 특기사항이나 과세특에 활용한다.

• 언어와 매체 교과 세특 예시 •

'언어의 역사'를 읽고 평소에 갖고 있던 말과 글에 대한 궁금증들이 모두 해결되는 기쁨을 맛보게 됨. 언어에 관심은 많았지만, 늘 신비한 영역이라 여겼고 과학적으로 이해하기가 어려웠는데, 이 책을 읽으면서 제대로 이해할 수 있었음. 인간이 언어를 익히는 과정을 본문 내용을 바탕으로 스스로 정리해보고, 그것을 자신의 언어로 설명해보는 시간을 가짐. 문법을 왜 배워야 하는지 궁금했는데, 소리를 결합해 단어를 만들고, 단어를 결합해 문장을 만드는 언어의 규칙과 과정이 문법이라는 것을 알게 됨. 기호를 발음하는 방식이 나라마다 다르다는 것, 더불어 유사한 다른 예를 직접 조사해 발표함.

1월 26일	인간 본성의 법칙	도서 분야	심리
	로버트 그린 | 위즈덤하우스 | 2019	관련 과목	국어, 사회
		관련 학과	심리학과

☑ 책에 나온 법칙들을 읽으면서 어떤 변화의 과정을 거쳤는지 정리해본다.

첫째, 본성의 법칙을 깨달아 사람들을 좀 더 전략적으로 관찰하게 되었다.
둘째, 사람들이 보내는 다양한 신호를 능수능란하게 해석하게 되었다.
셋째, 정서적 상처를 장기간 남기는 이들에게 대적할 수 있게 되었다.
넷째, 영향력을 발휘하고 동기 부여를 할 수 있는 것에 대해 알게 되었다.
다섯째, 너의 내면에 인간 본성의 힘이 강하게 작용한다는 것을 깨달았다.
여섯째, 타인을 공감하게 되면서 원만한 관계를 형성할 수 있었다.
일곱째, 내면의 이상적인 자아를 자각하고, 그걸 끄집어내고 싶어졌다.

☑ 열린 태도로 가는 다섯 단계의 로드맵은 다음과 같다. 이에 비추어 자신의 실천 계획을 세워본다.

1단계(세상에 대한 시각): 자신을 탐험가로 여기고 새로운 생각과 사고방식을 찾는다.
2단계(역경에 대한 시각): 모든 장애물을 내가 더 강해지는 수단으로 받아들인다.
3단계(자기 자신에 대한 시각): 나의 무한한 가능성을 알고 끊임없이 도전한다.
4단계(활력과 건강에 대한 시각): 나는 에너지가 치솟는 '마르지 않는 샘'을 갖고 있다.
5단계(타인에 대한 시각): 사람은 자연의 일부이기에, 타인의 본성을 재설계할 수는 없다.

☑ 18가지의 법칙 중 자신에게 가장 인상깊었던 법칙 한 가지를 정하고, 실생활에서 어떻게 적용할 수 있을지 작성해본다.

〈강박적 행동의 법칙〉에서 긍정성으로 포장된 파괴적 유형의 사람들이 나왔는데, 주변 인물들을 좀 더 자세히 관찰하는 계기가 되었다. 나에게 상처를 준 사람들을 심리학적으로 분석하다 보니, 예전만큼 마음이 아프지는 않았다. 여기에서 제시하고 있는 유형으로는 지나친 완벽주의자, 그칠 줄 모르는 반항아, 인신공격하는 사람, 드라마 퀸, 떠버리, 응석받이 왕자 · 공주, 아첨꾼, 구원자, 겉모습만 성인군자 등으로 나누었다.

☑ 위 내용을 비교과활동 특기사항이나 과세특에 활용한다.

• 진로활동 특기사항 예시 •

인간 본성의 법칙에 대해 살펴보면서 타인에게 느꼈던 의문들을 많이 지울 수 있었고, 마음속에서 일어나는 일을 설명할 수 있게 되었음. 심리학은 지나치게 두루뭉술하다고 생각했는데 각 법칙에 따른 상황과 대처 방안을 제시해주니 인간관계에 문제가 생길 때마다 들춰볼 수 있는 해답지를 구한 것 같은 느낌이 들었음. 나의 내면에 존재하는 이상적인 자아를 깨닫고, 더 큰 목표를 추구해야겠다는 다짐을 보고서에 기록함.

1월 27일	# 미디어의 이해	도서 분야	인문
	허버트 마셜 매클루언 | 커뮤니케이션북스 | 2011	관련 과목	국어, 사회
		관련 학과	언론정보학과

☑ 26가지의 미디어 중 가장 인상 깊게 읽은 부분을 선택해 내용을 정리해본다.

음성 언어	의복	인쇄	사진	게임	축음기	무기
문자 언어	주택	만화	신문	전신	영화	자동화
도로	돈	인쇄된 말	자동차	타자기	라디오	
수	시계	바퀴(자전거, 비행기)	광고	전화	텔레비전	

예시) "인쇄와 청사진이 없었다면, 지도와 기하학이 없었다면 근대 과학과 기술은 존재하기 힘들었을 것이다"라는 내용이 크게 공감되었다. 예전처럼 종이에 베껴 쓰는 방법으로는 많은 사람들이 혜택을 누리기 어려웠을 텐데, 인쇄술의 발달로 그런 장벽들이 무너진 것이다.

☑ 〈미디어는 메시지다〉라는 말의 의미가 무엇인지 자신의 언어로 설명해본다.

메시지를 전달하는 미디어 자체가 '메시지'다. 모든 매체는 감각기관의 확장이라고 표현했는데, 이 말을 조금 더 자세히 설명하면 '책은 눈의 확장이고, 바퀴는 다리의 확장이고, 옷은 피부의 확장이고, 전자회로는 중추신경의 확장'이 된다.

기준	차가운 미디어	뜨거운 미디어
정의	단일한 감각을 저밀도로 나타내는 미디어 (저밀도: 주어지는 정보량이 빈약한 상태)	단일한 감각을 고밀도로 확장시키는 미디오 (고밀도: 데이터로 가득 찬 상태)
특징	이용자의 참여도가 높다.	이용자의 참여도가 낮다.
비유	교향악 리허설 방송	교향악 연주 방송
예	전화	라디오
	텔레비전	영화
	만화	사진

☑ 위 내용을 비교과활동 특기사항이나 과세특에 활용한다.

• 언어와 매체 교과 세특 예시 •

늘 접하며 살고 있지만, 한 번도 고민해본 적이 없는 미디어에 대해 깊이 생각해보게 됨. 자신만의 기준으로 '차가운 미디어'와 '뜨거운 미디어'로 구분한 것이 인상적이었고, '미디어는 메시지다'라는 모호한 문장을 두고 친구들과 각자의 의견을 주고받으며 그 의미를 이해하게 됨. 특히 과학과 기술 발전의 저변에 인쇄술이 있었다는 점을 통해 미디어의 발달이 사회의 여러 측면과 연결되어 있음을 확인함.

1월 28일	읽었다는 착각	도서 분야	교양
	조병영 외 6명 | EBS BOOKS | 2022	관련 과목	국어, 사회
		관련 학과	모든 학과

잘 읽고 싶은 사람들에 대한 7가지 제안을 정리해본다.

제안	내용
1. 목적 구체화하기	이 글을 왜 읽는지 생각해야 한다.
2. 배움을 위한 읽기	'비포'와 '애프터'의 변화를 경험해야 한다.
3. 텍스트의 쓸모 궁리하기	긋고, 적고, 쓰고, 그리며 텍스트를 정리한다.
4. 언어의 재료 쌓기	아는 말을 이용해 새로운 어휘를 배운다.
5. 하나라도 제대로 읽기	어렵고 귀찮아도 피하지 않는다.
6. 공유자로서 책임 갖기	'좋아요'와 '공유'는 심사숙고해야 한다.
7. 다양한 사회의 비판적 읽기	가려진 이름과 들리지 않는 목소리를 살펴야 한다.

이모티콘 사용에 대한 개인의 생각을 적어본다.

SNS에 익숙해져 있는 사람들은 이모티콘 없는 글을 보면 상대방이 자신에게 화가 났다고 느끼는 경우가 있다. 그래서 일부러 더 과하게 이모티콘을 사용하기도 한다. 형식적인 문서의 경우 이모티콘의 남용이 자칫 신뢰감을 떨어뜨릴 수 있기에 상황에 맞게 적절하게 사용하는 것이 좋다.

온라인 독자들의 실수 3가지를 읽어보고, 해당 사항이 있는지 점검해본다.

(1) 의심하지 않고 정보를 받아들이는 경향이 있다.
(2) 온라인 자료의 표면적 특징만을 확인한다.
(3) 어떤 것은 무조건 믿고 어떤 것은 무조건 배제한다.

숨겨진 전제 찾기를 위한 3단계 전략을 통해 이슈를 확인, 적용해본다.

(1) 글에서 제시한 근거와 주장을 찾아 연결하고, 이들을 연결하는 전제를 찾는다.
(2) 전제란 특정 상황을 넘어 광범위하게 적용될 수 있는 가정이나 믿음을 뜻한다.
(3) 두 번째 단계의 문장을 다시 읽으며, 글의 기본적인 가정을 찾는다.

위 내용을 비교과활동 특기사항이나 과세특에 활용한다.

• 국어 교과 세특 예시 •

일상생활에서 문해력을 길러야 하는 이유에 대해 정확히 설명할 수 있게 됨. 업무 메일, 생활 속 통계, 온라인 자료, 논쟁, 계약서, 법 문서 등을 제대로 읽지 못하면 여러 문제가 야기될 수 있으며 친구들과의 토론을 통해 문해력 키우기에 대한 보고서를 작성함. 특히 온라인에서 만나는 각종 문서들을 새로운 시각으로 바라보고, 사이트 등 서비스 가입 시 별 생각 없이 '모두 동의'를 누르기보다는 꼼꼼히 읽어봐야겠다고 다짐함.

1월
29일

내가 틀릴 수도 있습니다

비욘 나티코 린데블라드 | 다산초당 | 2022

도서 분야	교양
관련 과목	통합
관련 학과	모든 학과

✅ 명상은 호흡에 집중하는 것에서 시작합니다. 호흡과 관련된 어휘를 알아본다.

단어	의미	설명
인스퍼레이션(inspiration)	영감	흡입(숨을 들이마신다)
애스퍼레이션(aspiration)	열망	흡출(숨을 내쉰다)
스피릿(spirit)	정신	숨을 쉰다는 뜻을 가진 라틴어에서 유래
스피리추얼(spiritual)	활기	

✅ 책에 등장하는 저자와 저자의 아버지는 사후 세계에 대한 생각이 다르다. 두 사람의 생각을 정리해보고, 자신이 생각하는 사후 세계는 어떠한지 정리해본다.

	저자의 아버지	저자
사후세계에 대한 믿음	육신의 삶이 끝나면 암흑만이 남는다	육신의 삶이 끝나면 영혼의 삶이 이어진다

✅ 저자는 인생을 살아가는 모습을 '주먹을 쥔 것'과 '펼치는 것'에 비유했다. 이 둘의 차이가 어떠한지 살펴보고, 자신이 인생을 대하는 모습은 어느 쪽에 가까운지 적어봅시다.

	주먹을 쥔 것	펼치는 것
비유 모습		

주먹을 쥐고 살아가는 것은 다른 사람의 의견을 받아들이지 않는 태도를, 손을 펼치고 살아가는 것은 자신의 생각이 틀릴 수도 있음을 인정하는 태도를 뜻한다. 주먹을 쥐면 다른 사람과 손을 맞잡을 수 없지만, 펼치면 그게 가능해진다.

✅ 위 내용을 비교과활동 특기사항이나 과세특에 활용한다.

• 진로활동 특기사항 예시 •

한 사람의 생애를 세 사람이 살고 있는 듯한 느낌을 받으면서 삶의 다양성과 경험의 다채로움에 대해 생각하게 됨. 17년간의 승려 생활을 통해 얻은 깨달음이 곧 책의 제목이란 사실을 알게 됨. 계속 성장하기 위해서는 좋은 의견을 받아들일 수 있을 만큼 나의 그릇을 비우고 또 키워야겠다고 다짐함.

1월 30일	인스타 브레인	도서 분야	심리
	안데르스 한센 | 동양북스 | 2020	관련 과목	국어, 사회
		관련 학과	심리학과

✅ 부정적인 감정이 긍정적인 감정보다 우세한 이유를 정리해본다.

부정적인 감정은 역사적으로 위협과 연관되어 있다. 가령, 먹거나 마시거나 잠자는 건 미룰 수 있어도 위협에 따른 대처는 미룰 수 없는 것처럼 말이다. 극도의 스트레스와 불안을 느끼는 사람들은 다른 것을 먼저 생각하지 못한다.

✅ 스트레스의 필요성과 관리법에 대한 자신의 생각을 정리해본다.

스트레스는 일상생활에서 마주치는 어려움, 압박, 감정적인 부담으로 인해 발생하는 신체적이고 정신적인 반응을 말한다. 스트레스를 지나치게 많이 받으면 몸과 마음의 건강이 나빠지고 삶의 질도 떨어지게 되지만 일정 수준의 스트레스는 오히려 좋은 자극이 주어 성과 향상에 도움이 된다. 스트레스는 '마감'과 연관이 깊다. 예컨대 과제 제출 기한이나 시험 날짜가 정해졌을 때의 압박은 큰 스트레스를 동반한다. 스트레스 관리를 위해서는 미리 계획을 세우고, 작은 것부터 실천하는 습관을 기르는 것이 좋다.

✅ 불안은 스트레스 대응 시스템의 작동을 말하는데, 항상 불안을 느끼는 사람에게는 어떠한 결과가 나타나는지 찾아본다.

증상	내용
주의력 결핍증	늘 새로운 것이 필요하다는 막연한 생각을 한다.
위장장애	싸우거나 도망쳐야 하는 상황이 오면 음식 섭취를 등한시한다.
불쾌	불안이 주는 불쾌함은 신체가 배에 찬 음식을 밀어내려 하기 때문이다.
입이 마르는 느낌	피가 근육으로 이동하면서 산소와 영양분을 공급하기 위함이다.
식은땀	올라간 체온을 낮추기 위해 땀이 난다.

✅ SNS를 사용하는 자신의 모습을 관찰해본다.

SNS를 사용하는 사람 가운데 3분의 1은 부정적인 감정을 느낀다고 한다. 그 부정적인 감정의 중심에는 질투심이 자리 잡고 있는데, 질투의 대상은 다름 아닌 타인의 경험이다. 하지만 이런 질투심이 자신에게 새로운 도전을 불러일으킨다면 긍정적인 영향을 줄 수도 있다.

✅ 위 내용을 비교과활동 특기사항이나 과세특에 활용한다.

• 진로활동 특기사항 예시 •

스마트폰 사용 시간이 늘어나면 집중력이 떨어지고, 우울감을 느낀다는 것을 알게 됨. '디지털 디톡스'를 실천하면서 우울한 기분이 들 때마다 신체 활동을 하겠다고 다짐함. 불안감을 자주 느끼는 사람들이 겪는 불안 증세를 파악하고, 불안감을 떨쳐 낼 수 있는 방법에 대해서도 조사함.

1월 31일

정리하는 뇌

대니얼 J. 레비틴 | 와이즈베리 | 2015

도서 분야	심리
관련 과목	국어, 사회
관련 학과	심리학과

✅ 해야 할 일이 있을 때, 우리 뇌는 그것을 필요 이상으로 되뇌는데 이를 방지하기 위한 방법은 무엇인지 찾아보자.

중요한 일이나 반드시 해야 할 일이 있을 때 그것을 잊어버릴까 봐 반복해서 되뇌는 경우가 있는데, 인지심리학자들은 이를 '되뇌기 고리(rehearsal loop)'라 부른다. 이런 경우, '기록'이 도움이 될 수 있다. 글로 옮겨 적으면 '되뇌기 고리'가 '이제 그 생각을 그만 해도 된다'라고 여기기 때문이다. 해야 할 일을 머릿속에 저장하고 있으면, 뇌의 일부는 그 일에 주의를 기울여야 하기에 한 가지 일에 몰두하기 어렵다.

✅ 자신의 생활하는 집에서, 자신이 원하는 대로 정리하고 있는 것들을 적어본다.

- 맨 위쪽 서랍에 안경 케이스 보관하기
- 학생증, 교통카드, 체크카드는 하나의 지갑이 같이 보관하기
- 모든 기록이 담긴 USB 외장 하드는 항상 지니고 다니기
- 여행 시 영수증 넣을 봉투를 마련해 한 곳에 모으기

✅ 기억을 잘 할 수 있는 방법을 찾아 자신의 상황에 맞게 정리해본다.

독특하거나 강력한 감정적 요소가 깃든 것들은 기억하기 쉽다. 예컨대 시험공부를 할 때, 단순히 밑줄만 치는 것이 아니라 자기만의 방식으로 해당 내용을 도식화하거나 좋아하는 색깔로 특별한 그림을 그려두는 것만으로도 기억력 향상에 도움이 된다는 것이다. 우리의 뇌는 새롭고 자극적인 것을 원하는데 SNS는 그 욕구를 충족시키기에 부족함이 없다. 그래서 끊기가 힘들다. 이를 공부에 대입해 본다면 익숙한 과목이나 유형을 잠시 벗어나 새로운 과목, 새로운 유형의 공부를 경험해볼 수 있다.

✅ 위 내용을 비교과활동 특기사항이나 과세특에 활용한다.

• 진로활동 특기사항 예시 •

뇌의 작용 방식을 알아보면서 기억을 잘하기 위해서는 어떻게 해야 하는지 생각하게 됨. 집중할 수 있는 환경의 구축이 먼저라는 것을 알게 되었고, 그러기 위해서는 해야 할 일이나 기억해야 하는 것들을 머릿속에 방치하지 말고 기록을 통해 집중력의 분배를 꾀해야 한다는 것을 알게 됨. 공부하면서 음악을 듣거나 짧은 시간에 많은 공부량을 소화하는 것이 결코 우리 뇌에 도움이 되지 않는다는 것을 깨달았음.

2월

2월 1일	에밀	도서 분야	철학
		관련 과목	철학, 통합사회, 윤리와 사상, 교육학
	장 자크 루소	돋을새김	2015	관련 학과	철학과, 사회학과, 교육학과

다음 세 가지 관점에서 본문 내용을 요약, 정리한다.

철학	그는 인간의 자연 상태와 교육 목적, 교육 방법, 도덕적 교육 등에 대해 고찰한다. 개인의 자율성을 중시하며, 자신의 역량을 최대한 발휘할 수 있는 교육 환경 제공을 강조한다.
사회학	그는 사회적인 규범과 관습이 개인의 교육과 성장에 미치는 영향을 다룬다. 이를 통해 개인과 사회가 어떠한 상호작용을 통해 어떻게 맞물리는지 이해할 수 있다.
교육학	그는 개인의 성장과 발달에 적합한 교육 방법과 원칙에 대한 다양한 아이디어를 제시한다. 개인의 경험과 상호작용을 통한 학습, 실용적 교육, 학생 중심 교육 등을 논의한다.

'자연주의 교육'이 무엇인지 자신의 의견을 제시한다.

자연주의 교육은 개인의 자유로운 탐구와 경험을 중시하며, 자연과 사회에서 스스로 배우고 발전할 기회를 제공하는 교육이다. 루소는 성선설에 근거하여 인간이 타고난 성향과 자연적 법칙을 존중하며, 그들에게 적절한 환경을 제공함으로써 인간답게 성장할 수 있다고 주장한다. 자연주의 교육에서는 교사와 학생의 관계를 매우 중요하게 여긴다. 교사는 학생들의 발전과 성장을 지원하고 도와주는 임무를 수행하면서, 그들의 자율성을 보장해주고 스스로 결정할 수 있도록 도와야 한다.

자유로운 탐구와 성장을 방해하는 현대 교육 시스템의 문제점을 찾아본다.

- **시험 중심의 평가:** 현대 교육 시스템에는 시험과 성적을 중요시하고 서열화하는 폐단이 존재한다. 이는 성적을 위해 지식을 단기 기억하고, 창의적 사고나 문제 해결 능력을 간과하게 만들 수 있다.
- **표준화된 교육:** 표준화된 교육 프로그램은 모든 학생을 일정한 틀에 맞추려는 경향이 있다. 이는 학생들의 창의성을 억압할 수 있으며, 개인의 특성과 잠재력에 대한 가능성을 억제할 수도 있다.
- **실생활과 동떨어진 학습 환경:** 현실과의 연계성이 부족한 학습 환경, 이론 위주의 교육은 현실에서의 적용이 어려울 수 있으며, 실용적인 기술과 문제 해결 능력을 기르지 못할 수도 있다.

위 내용을 비교과활동 특기사항이나 과세특에 활용한다.

• 진로활동 특기사항 예시 •

진로 독서 시간에 루소의 '에밀'을 읽고 독후활동을 실시함. 인간이 '본성과 교육의 관계'를 탐구하기 위해 다양한 노력을 기울여 왔다는 것을 알게 됨. 루소의 자연주의 교육을 자신의 언어로 잘 정리하여 독서 활동지를 작성함. 인간의 본성이 교육에 의해 발전될 수 있다는 신념을 바탕으로, 학생들이 자유롭게 상상하고 탐구할 수 있도록 교사가 도와주어야 한다는 소감을 밝힘.

2월 2일	루소, 학교에 가다	도서 분야	철학
	조상식 | 탐 | 2013	관련 과목	철학, 통합사회, 윤리와 사상
		관련 학과	철학과, 사회학과, 인문학부

본문에 나오는 루소의 '교육철학'에 대해 정의해 본다.

루소는 자연 상태에서의 경험, 자율성, 창의성을 중요시한다. 그의 교육철학은 개인의 자유와 발전, 경험 중심의 학습, 상상력을 강조한다. 또한 도덕적 가치와 윤리적 행동의 배움과 실천을 강조하며 맞춤형 교육과 다양성을 인정한다. 그의 교육철학은 다양한 저서를 통해 광범위하게 논의될 수 있다.

루소의 교육철학을 정의하기 위한 요소들을 찾아 정리한다.

- **경험 중심 교육:** 경험에 의한 학습을 강조한다. 이론적인 지식뿐만 아니라 실제 경험과의 상호작용을 통한 지식과 기술 습득을 중요시한다.
- **관찰과 상상력:** 관찰과 상상력을 통해 학생들이 자기 생각과 느낌을 발전시킬 수 있도록 유도한다. 자유로운 상상력과 창의력은 문제를 해결하고 창의적 사고를 갖게 한다.
- **도덕적 가치 교육:** 교육을 통해 도덕적 가치와 윤리적 행동을 배우고 실천하는 것을 강조한다. 개인과 사회의 이익을 고려하며 공동체적인 생각과 행동을 촉진한다.

인간의 본성과 성장, 자유로운 교육을 추구하는 방법을 찾아보자.

- **경험 중심의 학습 활동 지원:** 학생들이 실제 경험을 통해 학습할 수 있도록 미술, 연극, 체육, 문화 활동 등을 포함한 경험 중심의 학습 활동을 지원한다.
- **자율성 존중:** 학생들이 자신의 목표와 관심사에 맞게 학습할 수 있도록 돕는다. 학생들이 선택의 폭을 넓히고 자신의 학습 목표와 방향을 스스로 설정하고 평가할 수 있도록 돕는다.
- **창의적 사고 장려:** 학생들이 창의적인 아이디어를 도출하고 적극적으로 발표할 수 있는 환경을 조성한다. 주어진 문제에 대한 해결방안을 제시하고 토론할 기회를 제공한다.

위 내용을 비교과활동 특기사항이나 과세특에 활용한다.

• 진로활동 특기사항 예시 •

사범대 및 교육대 계열을 희망하는 학생으로, 책을 읽고 루소의 교육철학을 집중적으로 탐구하였고, 교육의 목적과 방향성을 토대로 자기 생각을 반영한 보고서를 성실히 작성함. 개인의 자율성과 창의성을 키워주기 위해 교사는 학생들에게 다양하고 풍요로운 환경을 제공하고 스스로 성장해 나갈 수 있도록 도와주는 멘토의 역할이 중요하다고 강조함. 현재 공교육 시스템의 문제점을 날카로운 시선으로 분석하고 더불어 공교육이 나아가야 할 방향에 대한 자신의 의견을 설득력 있게 피력함.

2월 3일	공자, 지하철을 타다	도서 분야	철학
	김종옥, 전호근	탐	2013	관련 과목	철학, 통합사회, 윤리와 사상
		관련 학과	철학과, 사회학과, 인문학부

☑ 나만의 인생 철학을 에세이 형식으로 표현해 본다.

첫째, 자율성과 창의성을 바탕으로 자유롭게 사유하고 행동한다. 다른 사람들의 기대나 사회적인 압력에 휘둘리지 않고, 나 자신의 가치와 목표를 세우고 이를 추구하는 데 주안점을 둘 것이다. 자유로운 사유를 통해 아이디어와 관점을 개발하며, 독자적인 선택과 결정에 주체적인 자세를 유지할 것이다.

둘째, 공자의 가르침에 따라 도덕적인 행동을 실천한다. 다른 사람들과의 관계에서 상호 존중과 배려를 지키며, 인격과 예의를 중시할 것이다. 또한 자기 성찰을 통해 나의 행동과 가치에 대해 깊이 생각하고 도덕적인 행동을 실천함으로써 나의 삶이 더욱 의미 있는 삶으로 거듭나길 희망한다.

☑ 말조심에 관한 내용을 찾아 인용하고 자신의 생각을 정리한다.

'어울려 말할 만한데도 말하지 않는 것은 그 사람을 잃는 일이고, 함께 대화하지 못할 위인인데도 함께 말하는 것은 말을 내버리는 일이다.'

사람들과 어울려 대화를 나누는 것은 소중한 경험이며, 이를 통해 서로에게서 배우고 성장할 수 있다. 그러나 대화를 나눌 때는 화합성과 의미 있는 소통을 고려해야 한다. 어울릴 수 없는 사람과는 대화를 나누는 것은 시간과 에너지의 낭비일 수 있으며, 그럴 경우에는 대화를 자제하는 것이 좋다고 본다.

☑ 공자가 보는 현대 사회의 모습들을 정리한다.

첫째, 현대 사회는 개인의 이익과 욕구를 중시하는 개인주의적인 성향이 강하다. 이로 인해 사회적인 연결과 상호작용이 약화되며, 사회 구성원들 간의 공동체 의식이 희박해졌다.

둘째, 현대 사회는 과거에 비해 도덕 및 윤리적 가치가 많이 상실되었다. 공자는 인간관계와 사회적 행동에 윤리적 가치를 중시했으며, 이를 바탕으로 사회 질서와 공동체의 번영을 추구하였다. 그러나 현대 사회는 이러한 윤리적 가치가 퇴색되거나 무시되는 경우가 많다.

☑ 위 내용을 비교과활동 특기사항이나 과세특에 활용한다.

• 사회 교과 세특 예시 •

사회학과 전공을 희망하는 학생으로 책을 읽고 현대 사회의 소통 부재, 개인주의, 윤리적 가치의 상실, 불평등 문제 등을 냉철한 시각으로 발견하고 이를 발표함. 현대 사회 문제에 대한 해결 방안을 공자의 가르침을 통해 재해석하고, 자신의 의견을 추가로 정리하여 보고서 형식으로 작성함.

2월 4일	논어, 사람의 길을 열다	도서 분야	철학
	배병삼 | 사계절 | 2005	관련 과목	철학, 통합사회, 윤리와 사상
		관련 학과	철학과, 사회학과, 인문학부

✅ 공자가 강조하는 학문, 도덕, 예절, 행동 가치와 그 의의를 생각해본다.

첫째, 공자는 교육과 지식의 중요성을 강조한다. 현대 사회는 지속적인 학습과 지식의 습득을 통해 현대 사회에서 발생하는 문제를 해결하고, 지속적인 개인적 성장과 사회 발전을 이룰 수 있다.

둘째, 공자는 예절과 도덕적 가치를 강조한다. 상호 존중과 배려, 정의를 기반으로 사회적 행동을 수행할 수 있고 이를 통해 사회적인 갈등을 완화하고, 긍정적인 인간관계를 형성할 수 있다.

셋째, 공자는 행동의 중요성을 강조한다. 올바른 마음가짐에 시작한 진정성 있고 일관성 있는 행동은 개인의 신뢰성을 향상시키고, 사회적 신뢰와 협력을 촉진할 수 있다.

✅ 공자의 생애와 업적에 대해 조사하고 보고서를 작성한다.

공자는 중국의 유명한 사상가이자 철학가로, 기원전 551년에 중국 루(魯) 나라에서 태어났다. 그는 자신의 지식과 인격을 발전시키기 위해 어려서부터 여러 가지 학문을 공부하였고, 철학적인 사색을 하면서 자신의 가르침을 형성하였다. 공자는 제자들과 함께 다니면서 가르침을 전했으며, 그의 가르침은 예(禮)와 도덕(德)의 중요성, 인간관계의 중요성 등을 강조하였다. 그의 가르침은 《논어》라는 문집에 담겨 있으며, 이 작품은 중국 철학의 중요한 기반이 되었다.

✅ 《논어》의 구성과 내용을 간단히 정리한다.

《논어》는 총 20권으로 구성되어 있으며, 각 권은 공자와 그의 제자들 간의 대화로 이루어져 있다. 대화는 특정한 상황이나 주제를 다루며, 그 안에서 공자의 가르침과 제자들의 질문, 응답이 오간다. 예(禮), 도(道), 인(仁)을 집중적으로 다루면서 사회 윤리, 가족 윤리, 정치 윤리 등 다양한 측면을 다룬다. 또한 인간관계, 교육, 행동의 원리, 지도자의 역할 등에 대한 공자의 생각을 담고 있다.

✅ 위 내용을 비교과활동 특기사항이나 과세특에 활용한다.

• 진로활동 특기사항 예시 •

진로독서 시간에 공자의 '논어'를 읽고 독후활동을 실시함. 공자의 가르침으로 도덕적 행동, 인간관계, 지도자로서 자질 등에 대해 깊이 연구하여 자신의 생각을 일목요연하게 정리함. 어진 마음(仁)을 가지고 타인을 배려하고, 예(禮)를 통해 조화로운 인간관계를 구축하는 것이 중요하다고 발표함. 또한 지도자는 선량하고 지혜로운 자로서 올바른 판단력과 통찰력을 가지고 사회를 이끌어야 한다고 정리함.

2월 5일

철학 통조림

김용규 | 주니어김영사 | 2016

도서 분야	철학
관련 과목	철학, 통합사회, 윤리와 사상
관련 학과	철학과, 사회학과, 인문학부

✅ '거짓말은 언제나 나쁜가?'에 대한 자신의 의견을 정리하여 작성한다.

'거짓말은 언제나 나쁘다'라고 볼 수는 없다. 거짓말에 대한 가치 판단은 어떤 상황에서 어떻게 사용되느냐에 따라 선용될 수도 악용될 수도 있기 때문이다. 예를 들어 사람을 보호하기 위해 선의의 거짓말을 하거나, 어떤 상황에서는 거짓말이 더 큰 선을 보일 수 있는 경우도 있다. 또한, 때로는 진실을 말하는 것이 더 큰 해를 불러오는 경우도 발생한다. 그러나 일반적으로 거짓말은 상호 간에 불신감을 키울 수 있고 다른 사람들에게 나쁜 영향을 미칠 수 있기에 지양되어야 마땅하다.

✅ '아홉 사람을 위해 한 사람이 희생되어도 좋은가?'에 대한 자신의 생각을 발표한다.

다수를 위해 한 사람의 목숨을 희생하는 것은 인간의 존엄성과 가치를 무시하는 행위라 할 수 있다. 인간 개개인은 자신의 삶과 행복을 존중받을 권리가 있으며, 이는 가장 기본적인 인권에 해당된다. 또한, 다수를 위해 한 사람을 희생하는 것은 행동의 결과와 자발성이 고려되어야 한다. 이런 상황에서 희생을 선택한다면, 그 행위로 인해 다수가 과연 어떤 혜택을 받는지, 그리고 희생된 한 개인이 자발적으로 그 선택을 한 것인지 고려해야 할 것이다.

✅ 위 내용을 비교과활동 특기사항이나 과세특에 활용한다.

• 진로활동 특기사항 예시 •

진로독서 시간에 책을 읽고 독후활동과 토론을 실시함. 진로 관련 토론에서 책에서 다룬 주제 '이기주의는 과연 나쁜가?'를 선택하여 '개인의 이익과 공동체의 이익 사이에서 어떻게 균형을 잡을 것인가?'와 같은 윤리적 문제를 제기하여 친구들과 열띤 논쟁의 벌임. 책에서 다룬 지식을 바탕으로 자신의 생각을 체계적이고 논리적으로 정리하여 토론을 주도함.

• 철학 교과 세특 예시 •

평소 철학에 관심을 가지고 관련 서적을 탐독하며 철학적 사고력과 비판적 분석 능력을 기르기 위해 노력하는 모습이 관찰됨. 철학 및 윤리학과 지망을 희망하는 학생으로 책을 읽고 책에서 다룬 주제 '착한 사람이 손해 보지 않을 방법은 없나?'를 선택하여 자신의 생각과 입장을 정리하여 친구들 앞에서 발표함. 특히, 공동체 사회에서 개인의 도덕적 딜레마에 처한 상황을 예시를 들어 올바른 판단과 해결책을 찾아 고민하며 친구들 앞에 설득력 있게 발표함.

2월 6일

군주론

니콜로 마키아벨리 | 현대지성 | 2021

도서 분야	철학
관련 과목	철학, 통합사회, 윤리와 사상
관련 학과	경영학과, 정치학과, 모든 계열

이 책이 가지는 가치와 한계점을 살펴본다.

가치	• 마키아벨리는 절대적인 군주의 힘이 국가의 안정과 번영을 가져온다고 믿었다. • 자주적인 국가를 지향하고, 통치자의 강한 권력과 역량이 정치의 중요 요소라고 정의했다. • 인간의 본성과 사회 이익에 대한 냉철한 판단, 효과적인 지도자의 책임과 태도를 강조하였다.
한계점	• 인간의 본성을 악한 존재로 보고 다양성을 존중하지 못하였다. • 군주의 폭력적이고 비인도적인 태도를 권장하며 도덕적 관점의 문제가 존재한다. • 민중을 어리석고 변덕스러운 존재로, 여성을 무지하고 미미한 존재로 묘사하고 있다.

이 책과 대조되는 정치 철학 고전을 읽고 분석해본다.

• **《국가론》**: 이상적인 국가와 정의를 설명하며, '선의 이데아'를 실천하는 '철인' 통치자를 추구한다. 여성도 동등한 인격체로 여겨 남녀평등 교육을 꾀한다. 공공의 이익이 우선인 정치 이념을 지닌다.
• **《도덕경》**: 윤리적인 덕을 중시하고 무위정치를 표방한다. 지도자의 인위적인 통치와 무력, 폭력을 경계하고, 자연의 '도'에서 출발해 양심에 의해 국정이 움직이는 이상적인 국가를 주장한다.
• 존 스튜어트 밀의 《자유론》, 정약용의 《목민심서》를 읽어 정치 철학의 대립적인 시각을 깨닫는다.

책의 내용 중 나의 삶에 적용할 수 있는 부분을 주제로 보고서를 작성한다.

마키아벨리가 제시하는 군주의 역량, 현실 감각, 리더십 등에서 삶의 자세를 배울 수 있다. 특히 '운보다는 역량'을 강조한 것은 외부 요인보다 자신에 집중해 자기 계발에 힘쓰라는 교훈을 준다. 군주는 독립적인 존재로 결단력 있는 모습을 보여야 하는 것처럼, 스스로 책임 의식을 가지고 자신의 삶을 주체적으로 살아야 한다. 이 외에도 배울 점을 찾아 자신의 상황에 맞춰 삶의 가치관과 태도를 정립한다.

위 내용을 비교과활동 특기사항이나 과세특에 활용한다.

• 국어 교과 세특 예시 •

고전 읽기를 통해 '군주론'을 선정하여 완독함. 작품을 이해하기 위해서 당시 역사 등 배경지식을 적극적으로 습득함. 본문을 읽으며 궁금하거나 인상적인 점을 꼼꼼히 기록하며 능동적으로 독서함. 감상문에서 군주의 역할과 자질을 논하고 현대적인 관점에서 배울 점을 작성함. 운보다 역량을 키워야 한다는 교훈을 얻어 현재에 충실하며 책임 의식을 갖고 자기 계발에 힘쓰겠다고 다짐하는 글을 씀.

2월 7일

소크라테스적 성찰

엄정식 | 메이트북스 | 2019

도서 분야	철학
관련 과목	철학, 통합사회, 윤리와 사상
관련 학과	모든 계열

✅ 이 책이 설명하는 '소크라테스적 성찰'의 의미를 정리한다.

소크라테스는 '너 자신을 알라.'라는 말을 하며 '무지의 자각'을 통해 자기 성찰의 자세를 강조한다. '나는 무엇을 원하는가?', '나는 무엇을 할 수 있는가?', '나는 무엇을 해야 하는가?'라고 끊임없이 자문하며 자신의 한계를 알고 자율적 의지에 따라 행동함을 의미한다. 타인의 생각에 논리적으로 반박하는 방법인 변증술을 이용해, 질문과 대화를 통해 진리로 한 걸음씩 나아갈 수 있다고 믿었다. 현실 속 문제의 정답을 찾기보다 비판적 사고로 꾸준히 질문하며 지혜를 탐구한다.

✅ 과학 기술과 소크라테스 철학의 공통점을 찾고, 미래 사회에 필요한 태도를 생각해 본다.

과학은 인간의 삶에 발생하는 모든 현상의 근거이자 미래를 창출하는 산물이다. 이런 과학 탐구 정신은 소크라테스 철학과 유사하다. 모두 인간의 합리적 사고를 긍정하고 성찰적 성격을 띠기 때문이다.

과학의 급진적 진보가 이뤄질 미래에는 이러한 비판적 합리성을 근간으로 한 소크라테스의 철학이 더욱 필요하다. 끊임없는 검증과 반증을 통해 인간의 보편적 덕목을 추구하는 발전이 이루어져야 한다.

✅ 나의 삶에 소크라테스적 성찰을 적용할 부분을 찾고, 실천 후 보고서를 작성한다.

소크라테스는 자기 성찰과 합리적이고 비판적인 사고를 강조하며 질문법, 대화법, 변증술 등을 통해 진리를 탐구했다. 다음의 예시를 참고하여 자기 삶에 적극적으로 활용해보자.

- **성찰 일기 쓰기:** 하루 동안 자신의 말과 행동이 합리적이었는지 성찰하며 일기를 쓴다.
- **질문하며 독서하기:** 책을 읽다 궁금한 점이 있으면 메모지에 질문을 쓰며 능동적으로 독서한다.
- **신문 읽고 비평하기:** 매일 신문 기사를 하나씩 읽고 비평문을 작성한다.
- **친구와 주제 토론하기:** 찬반이 갈릴만한 주제를 두고 논리적인 근거를 들어 토론을 진행한다.

✅ 위 내용을 비교과활동 특기사항이나 과세특에 활용한다.

• 진로활동 특기사항 예시 •

진로 독서에서 '소크라테스적 성찰'을 읽고 자기 성찰, 비판적 사고 등의 소크라테스 철학을 현대적으로 탐구함. 질문, 탐구, 지식의 확장, 성찰 등의 유기적 과정으로 결과가 도출되는 과학 기술의 발전이 소크라테스 정신과 일맥상통함을 깨닫고, 미래 과학 사회에서 필요한 삶의 태도를 그의 철학에서 찾음. 끊임없는 검증과 반증을 통해 과학 기술 개발이 이루어져야 하며, 과학자는 포용적인 태도로 공공의 선을 위해 노력해야 한다며 합리적이고 바람직한 직업 가치관을 형성함.

2월 8일	성찰	도서 분야	철학
	르네 데카르트 | 풀빛 | 2014	관련 과목	철학, 통합사회, 윤리와 사상
		관련 학과	모든 계열

✅ 데카르트가 활동한 시대적 배경을 설명한다.

데카르트가 활동하던 시기는 르네상스와 종교개혁이 마무리되는 시점이다. 종교에 대한 다양한 견해가 등장하고, '신' 중심 사회에서 '인간'과 '자연'으로 관심사가 전환되고 있었다. 갈릴레이와 케플러를 통해 지동설이 주장되며 과학적 사고가 발현되기 시작되었다. 이러한 시대 흐름은 데카르트에게 근대적 사상의 철학을 확립하는 데 영향을 주었다.

✅ 이 책을 근거로 목차에 따라 데카르트의 주요 사상을 요약한다.

첫 번째 성찰	의심은 편견에서 벗어나게 하며, 더 이상 의심할 수 없는 상태가 되었을 때 진리라 할 수 있다.
두 번째 성찰	의심의 끝에는 의심하는 내가 존재한다는 사실만은 의심 없는 참임을 밝힌다.
세 번째 성찰	신은 인간의 초월적인 존재로 완벽하고 선하며 인간을 창조한다.
네 번째 성찰	완전한 신은 악을 행하지 않으며, 인간이 자유 의지를 지나치게 사용하여 오류를 범한다.
다섯 번째 성찰	물체인 자연은 더 이상 신비한 존재가 아닌 인간 정신으로 활용 가능하다.
여섯 번째 성찰	정신은 명확하고 분명한 관념이 있고, 물체도 수학적으로 표현될 수 있다.

✅ 데카르트의 철학이 지금 우리에게 필요한 이유를 설명한다.

'나는 어떤 사람일까?', '신은 존재할까?', '정신, 생각은 무엇일까?', '지식은 무엇일까?'라는 인간의 근원적인 질문은 아직도 풀지 못한 숙제이다. 꼭 철학자가 아니라도 우리의 삶 속에는 '나'와 '세상'에 관한 다양한 물음이 쏟아진다. 이때 데카르트가 주장한 의심의 방법론은 더 나은 생각을 끌어낸다. 당연한 것에 질문을 던지고 성찰, 비판적으로 사고하는 과정은 현재에도 유용하다.

✅ 위 내용을 비교과활동 특기사항이나 과세특에 활용한다.

• 동아리활동 특기사항 예시 •

'과거 철학에서 배우는 슬기로운 삶'이라는 주제로 동아리 부원들과 데카르트의 '성찰'을 읽고 그의 사상을 탐구함. 데카르트 철학의 의의, 한계점을 토론하고 배울 점에 대해 발표함. 당연함을 의심하며 인간 지성의 중요성을 주장한 철학을 이해하고, '물체, 정신, 신, 생각하는 나'를 증명한 과정을 알기 쉽게 친구들에게 설명함. 의심의 방법론은 과학의 발전과 궤를 함께했고, 무분별한 정보화 시대에 개인의 삶에도 필요한 태도라고 생각을 밝힘.

2월
9일

생각이 많은 10대를 위한 철학 사전

황진규 | 나무생각 | 2021

도서 분야	철학
관련 과목	철학, 통합사회, 윤리와 사상
관련 학과	철학과, 사회학과, 인문학부

✅ 본문에 나온 철학 사상가 한 명을 선택해 그의 생애와 사상에 관한 보고서를 작성한다.

칸트는 독일의 철학자로서 예술, 윤리, 인식론, 정치철학 등 다양한 분야에서 많은 영향력을 끼친 인물이다. 어려서부터 엘리트 교육을 받으며 성장한 칸트는 고전 학문을 공부하고 독자적인 철학적 사고를 발전시켰다. 그는 이론적인 철학과 실용적인 윤리 철학을 탐구하는 데 평생을 바쳤으며, 독창적인 아이디어와 철학적인 체계를 구축하였다. 칸트의 사상은 《순수 이성의 비판》이라는 저서에서 잘 드러난다. 그는 인간의 인식과 도덕적 가치에 대한 근본적인 질문을 탐구하였다. 칸트는 인식론에서 '합리주의'를 강조했으며, 인간의 인식력이 세계를 구성하고 이해하는 데 중요한 역할을 한다고 주장하였다. 또한 '동정론적 윤리학'을 제시하여, 도덕적 행동의 원리를 인간의 이성과 본성에 근거하여 설명하였다. 독립적이고 보편적인 도덕적 기준을 제시하며, 인간의 존엄성과 자유에 대한 중요성을 강조한 것이다.

✅ '이성적인 것이 현실적이며, 현실적인 것이 이성적인 것'이라는 헤겔의 주장에 대한 자신의 의견을 제시한다.

'이성적인 것이 현실적인 것이며, 현실적인 것이 이성적인 것'이라는 헤겔의 주장은 이성과 현실 사이의 상호의존성을 강조하는 철학적 견해라고 생각한다. 이성적인 사고와 현실적인 상황은 서로 영향을 주고받으면서 발전해 나갈 수 있는 관계에 있다. 이성적인 사고는 문제를 분석하고 해결하는 데 도움을 주며, 현실적인 상황은 이성적인 사고의 적용과 검증을 통해 실현될 수 있다. 그러나, 이 둘 사이의 관계는 항상 명확하게 정의되지 않을 수도 있다. 때로는 이성적인 결정이 현실적인 제약과 충돌할 수 있고, 현실적인 요구사항이 이성적인 사고를 제한할 수도 있다. 이성과 현실은 개인의 가치관이나 문화적 배경에 따라 해석될 수 있으므로, 다양한 시각을 고려하는 것이 중요하다고 생각한다.

✅ 위 내용을 비교과활동 특기사항이나 과세특에 활용한다.

• 진로활동 특기사항 예시 •

진로독서 시간에 책을 읽고 독후활동과 토론을 실시함. 진로 관련 토론에서 책에서 다룬 주제 '앞으로 펼쳐질 미래가 궁금한가요?'를 선택하여 아우구스티누스의 현재와 미래에 대한 생각을 자신의 언어로 정리하여 발표함. 미래는 '미래의 현재'이고 미래는 모두 '기대(기다림)'일 뿐이라고 정의한 아우구스티누스의 생각을 사례를 들어 정리하였고, 미래는 우리가 간절히 기대하고 기다리는 모습으로 찾아오게 되리라는 결론을 도출함.

2월 10일	**철학의 숲**	도서 분야	철학
	브랜던 오더너휴 | 포레스트북스 | 2020	관련 과목	철학, 통합사회, 윤리와 사상
		관련 학과	철학과, 사회학과, 인문학부

✅ 동양의 사상가 '노자'와 서양의 사상가 '플라톤'을 비교 분석한다.

	노자	플라톤
사상	노자의 주요 사상은 '도(道)', '위(無)', '유(有)' 등 개념들을 중심으로 이루어져 있음. 도덕적인 행동, 자연의 원리를 따르는 삶, 인간의 본성에 대한 이해 등을 강조함	플라톤은 이상적인 형태와 현실 세계 간의 관계에 대한 이론을 주장함. 이상적인 형태에 대한 개념을 제시하고, 이 형태가 현실 세계에서 어떻게 반영되는지 탐구함
철학적 관점	도덕적인 행동, 균형과 조화, 인간의 본성에 대한 이해를 강조함. 내면의 평화와 외부 세계의 조화를 추구함	이상적인 형태와 이상적인 국가, 지식과 진리에 대한 탐구를 강조함. 이상적 형태와 현실 세계의 관계, 지식과 영혼의 중요성을 강조함

✅ '유물론자', '관념론자'를 비교 분석한다.

유물론자	• 우리가 정신적으로 경험하는 것도 실제로는 물질적인 것이라고 주장함. • 외부 세계에 존재하는 사물이나 물질에 주목하며, 경험적인 자료를 활용함.
관념론자	• 물질적 경험이 실제로는 정신의 한 상태라고 주장함. • 사물의 본질적인 특성과 개념 간의 관계, 추상적인 사고 과정에 주목함.

✅ 본문의 '시간이란 무엇일까?'에 대한 답을 찾는다.

시간은 개인의 경험과 인식에 의해 형성되는 주관적인 개념일 수 있다. 이 관점에서는 시간은 사람의 인식과 감정, 경험의 흐름에 의해 상대적으로 경험되는 것으로 간주될 수 있다. 시간은 인간의 주관적인 해석과 경험의 결과로써 다양한 형태로 경험될 수 있다.

✅ 위 내용을 비교과활동 특기사항이나 과세특에 활용한다.

• 진로활동 특기사항 예시 •

철학과 미학에 대한 관심이 많은 학생으로, 책을 읽고 일상생활에서 당면한 철학적 질문에 대한 해답을 찾고자 노력하는 모습이 돋보임. 유물론적 관점, 관념론적 관점, 이원론적인 관점을 가진 철학자들을 각각 비교 분석하여 독서기록장에 기록하는 등 철학사상에 대해 깊이 사고하고 연구하는 모습이 관찰됨. '시간이란 무엇일까?', '생각한다는 것은 어떤 것일까?', '말이란 무엇일까?', '우주는 어디에서 시작되었을까?' 등 책에서 다룬 질문들에 대해 친구들과 공유하며 토론을 주도함.

2월 11일	철학의 역사	도서 분야	철학
	나이절 워버턴 | 소소의책 | 2019	관련 과목	철학, 통합사회, 윤리와 사상
		관련 학과	철학과, 사회학과, 인문학부

✅ 소크라테스와 플라톤 철학의 공통점과 차이점을 비교 분석한다.

① **인식과 진리에 대한 관점:** 소크라테스는 자기 인식과 명제의 일관성을 중시하였다. 그는 '내가 아는 것은 나는 아무것도 모른다는 것뿐이다'라는 유언을 통해 자기 인식의 중요성을 강조하였다. 플라톤은 현실 세계의 복제물인 이념 세계에 대한 개념을 제시하였다. 그는 이념 세계가 진리의 본질을 담고 있으며, 감각적인 경험에서 벗어나 이념적인 현실을 추구해야 한다고 주장하였다.

② **정치 및 국가 이론에 대한 관점:** 소크라테스는 자유와 공의를 중시하는 정치적인 이상을 강조하였다. 그는 시민들이 지식과 미덕을 가진 지도자에게 의존해야 한다고 주장하였다. 플라톤은 이상적인 국가 모델을 제시하였다. 그는 철저한 계급 구조와 교육의 중요성 등을 강조하여 공동체의 이상적인 조직을 제시하였다.

✅ 아리스토텔레스가 말한 '진정한 행복'의 의미를 찾고, 에피크로스 학파가 추구하는 '쾌락'과의 차이점을 설명한다.

① **아리스토텔레스의 '진정한 행복':** 아리스토텔레스는 우리가 최종적으로 추구하는 목적이 '행복'이라고 말했다. 그는 행복을 지속적이고 온전한 인생의 만족으로 정의하였다. 이는 물질적인 쾌락이나 단기적인 즐거움에 의존하지 않고, 인간의 능력과 덕을 개발하고 향상시키는 것에 의존함을 의미한다.

② **에피크로스 학파의 '쾌락':** 에피크로스 학파는 '쾌락'을 인간의 최종 목적으로 보았다. 그들은 모든 행위와 선택이 쾌락을 추구하는 것에 종속되어야 한다고 주장하였다. 쾌락을 신체적인 기쁨, 즐거움, 즉각적인 만족감으로 이해했고 이는 단기적이고 순간적인 쾌락에 초점을 맞춘 것으로 볼 수 있다.

✅ 위 내용을 비교과활동 특기사항이나 과세특에 활용한다.

• 철학 교과 세특 예시 •

에피크로스 학파의 이론을 배우고 책을 통해 '쾌락'의 의미를 자신의 관점에서 정리함. 특히, 아리스토텔레스가 주장한 '진정한 행복'의 의미와 에피크로스 학파가 주장한 '쾌락'의 의미를 비교 분석하여 보고서를 성실히 작성함. 고대부터 현대의 유명 철학자들의 주요 사상과 관점을 비교 분석하는 능력이 뛰어나고 교과 수업 내용을 바탕으로 지식을 내면화하고 확장하려는 노력이 돋보이는 학생임. 책을 통해 다양한 철학적 주제들을 탐구하여, 인간의 사고와 문화 발전에 대한 이해도를 높였다고 발표함.

2월 12일	에티카	도서 분야	철학
	베네딕투스 데 스피노자 | 서광사 | 2007	관련 과목	철학, 통합사회, 윤리와 사상
		관련 학과	철학과, 사회학과, 인문학부

《에티카》가 쓰일 당시의 유럽의 역사적 배경을 조사한다.

그 당시 유럽은 신교와 구교의 30년 전쟁, 갈릴레오의 과학혁명, 회의주의 서적의 소개로 혼란에 빠져 있었다. 종교적 가치가 충돌하고 인류의 기존 지식의 정당성에 대한 물음이 제기되는 상황에서 스피노자는 과학과 공존할 수 있는 종교를 모색하고, 인간 이외의 존재를 수단으로 여기는 목적론적 사고에서 벗어나 다양한 가치를 추구하고자 했다.

스콜라철학과 스피노자 철학의 차이점을 비교 분석한다.

① **철학적 관점:** 스콜라철학은 신앙과 이성을 조화시키기 위해 신학적 근거를 사용하여 철학적 논의를 진행하였다. 그들은 아리스토텔레스 철학과 신자적 성경 해석을 결합하여 철학적인 문제를 다루었다. 스피노자 철학은 이성과 철학적 사고를 중시하였으며, 형이상학과 윤리학을 중심으로 논의하였다. 그는 독립적이고 이성적인 추론과 철학적인 분석을 통해 문제를 다루었다.

② **영향력:** 스콜라철학은 중세 유럽에서 큰 영향력을 발휘했으며, 교회와 학문의 발전에 기여하였다. 스콜라 철학자들의 사고방식은 중세 유럽의 학문적 활동을 지배하는 데 중요한 역할을 하였다. 스피노자의 철학은 현대 철학과 정치사상에 큰 영향을 미쳤다. 그의 작품은 현대적인 사고방식과 개념들을 선도하였으며 현대 윤리학, 정치학 및 형이상학 등의 분야에 영향을 주었다.

유대교에서 바라보는 신, 스피노자가 바라보는 신의 관점이 어떻게 다른지 비교한다.

전통적인 유대교에서는 하나님은 전능하고 선하며, 인간을 사랑하며, 공의로운 심판자로서의 속성을 갖는다고 믿는다. 그러나 스피노자는 신을 자연의 법칙과 정치적인 질서의 원리로 이해한다. 신은 무한한 속성을 가지며, 이를 통해 모든 존재의 이치와 가치를 설명한다는 것이다. 전통적인 유대교에서는 하나님과 인간 간의 관계는 존경과 순종을 바탕으로 하며, 율법과 계명을 따르는 것을 중요시한다. 그러나 스피노자는 신과 인간 간의 관계를 지적 사랑으로 설명한다. 인간은 신의 일부로서 지적으로 신에게로 향하고, 이로써 자유와 충족을 얻을 수 있다고 믿는다.

위 내용을 비교과활동 특기사항이나 과세특에 활용한다.

• 진로활동 특기사항 예시 •

종교와 철학에 관심이 많은 학생으로 전공선택을 위해 고민하는 모습이 관찰됨. 신과 인간, 인간과 세계, 인간 상호 간의 관계를 좀 더 심층적으로 이해하기 위해 '에티카'를 수차례 탐독함. 책이 쓰일 당시의 역사적 배경을 조사하고 스피노자의 철학과 전통적인 스콜라철학의 차이점을 깊이 연구하여 자기 생각을 확장, 진로 보고서를 성실히 작성하고 발표함.

2월 13일

공리주의

존 스튜어트 밀 | 현대지성 | 2020

도서 분야	철학
관련 과목	철학, 통합사회, 윤리와 사상
관련 학과	철학과, 사회학과, 인문학부

✔ 밴담과 밀의 공리주의 철학을 비교한다.

	밴담	밀
핵심 개념	행복, 고통, 쾌감, 불쾌감 등	도덕적 가치, 의도, 본성, 자유, 행복 등
가치판단의 기준	결과에 초점을 둠 (결과주의)	의도와 본성에 초점을 둠 (의도주의)
가치판단의 요소	전체적인 최대 행복 원칙	자유와 행복을 존중하는 원칙
가치판단의 방법	행위의 결과를 평가하고 비교함	행위의 본성과 의도를 평가하고 비교함

✔ '만족한 돼지보다는 불만족한 인간이 되는 것이 낫다'는 의미는?

모든 것에 만족하고 발전하려는 의지가 없다면, 우리는 변화와 성장을 이루지 못하게 되고 더 나은 삶을 찾지 못할 것이다. 단순한 쾌락만을 추구하는 돼지로 살면 내면적으로 불만과 불행을 느낄 수 있음을 의미한다. 인간은 가치를 추구하고, 자기계발과 성장을 통해 더 의미 있는 삶을 살아가야 한다.

✔ 공리주의에서 말하는 '3가지 원칙'의 의미를 정리한다.

원칙	의미
행복의 원칙	모든 정책이나 행위가 개인 또는 사회의 행복을 증진시키는 방향으로 이루어져야 한다는 원칙이다.
자유의 원칙	개인이 자신의 자유 의지에 따라 선택을 행하며, 다른 개인들과의 상호작용에서 아무런 제약을 받지 않음을 강조하는 원칙이다.
유용성의 원칙	행위나 정책이 사회의 최대 다수에게 최대의 행복을 제공하는 방향으로 이루어져야 한다는 원칙을 의미한다. 행동의 결과가 불행하거나 다수의 이익을 훼손할 때는 이를 비윤리적 행동으로 간주한다.

✔ 위 내용을 비교과활동 특기사항이나 과세특에 활용한다.

• 사회 교과 세특 예시 •

사회학 및 철학에 관심이 많은 학생으로 '공리주의'를 읽고 밀의 공리주의 철학을 정확히 이해하고, 밴담의 철학과 비교 분석할 수 있는 논리적 사고력을 갖춤. 타인의 행복 증진을 중요시하는 공리주의 철학을 올바로 이해하고 논리정연하고 체계적으로 보고서를 작성해 친구들 앞에서 효과적으로 자신의 의견을 전달함. 옳고 그름, 행복에 대한 친구들의 입장을 듣고 분석하고 정리하는 적극성을 보임.

2월 14일

차라투스트라는 이렇게 말했다

프리드리히 니체 | 민음사 | 2004

도서 분야	철학
관련 과목	철학, 통합사회, 윤리와 사상
관련 학과	철학과, 사회학과, 인문학부

✅ '유신론적 실존주의' 철학자 두 명을 선택하여 그들의 사상을 정리한다.

① **장 폴 사르트르:** 20세기 프랑스 철학의 주요 인물 중 하나로, 유신론적 실존주의의 철학자이다. 주요 작품은 '존재와 무존재의 문제'이며, 존재자가 본질적으로 자유론자이며, 자신의 존재에 대한 책임을 진지하게 받아들여야 한다고 주장하였다.

② **알베르 카뮈:** 프랑스 작가이자 철학자로, '괴로움의 외동아들'이라는 작품을 통해 유신론적 실존주의에 앞장섰다. 인간의 삶은 무의미하며, 그럼에도 불구하고 인간은 의미를 찾으려는 노력을 계속해야 한다고 주장하였다.

✅ '무신론적 실존주의' 철학자 두 명을 선택하여 그들의 사상을 정리한다.

① **프리드리히 니체:** '신은 죽었다'라는 주장으로 유명하며, 그의 철학은 신앙의 약화와 도덕적 가치의 상실에 대한 반응으로 발전하였다. 그는 개인의 자아를 중시하고, 인간은 스스로 가치와 의미를 창조해야 한다고 주장하였다.

② **마르틴 하이데거:** '존재와 시간'이라는 작품을 통해 무신론적 실존주의를 제기하였다. 그는 '떨림'이라는 개념을 도입하여, 인간의 본질을 탐구하였다. 그의 관점에서 인간은 자신의 존재에 대해 끊임없이 고민해야 하며, 이를 존재의 의미를 찾는 진정한 과정이라고 보았다.

✅ 니체의 철학적 사상이 현대 사회에 어떻게 적용되고 해석될 수 있는지 알아본다.

① **개인주의 및 자유주의:** 니체는 개인의 자유와 자기 결정권을 존중하며, 타인이 개입하지 않는 범위 내에서 개인의 선택과 판단에 따라 삶을 살아가는 것이 중요하다고 믿었다. 이러한 니체의 사상은 현대 사회에서 인권과 자유, 다양성과 포용성 등과 관련한 많은 논쟁의 대상이 되고 있다.

② **예술과 창조성:** 니체는 예술을 통해 인간의 내면을 탐구하고, 창조적인 활동을 통해 새로운 가치를 창출할 수 있다고 믿었다. 이러한 니체의 사상은 현대 사회에서 창의성과 혁신, 예술과 문화 등과 관련하여 많은 관심을 받고 있다.

✅ 위 내용을 비교과활동 특기사항이나 과세특에 활용한다.

• 자율활동 특기사항 예시 •

'차라투스트라는 이렇게 말했다'를 읽고 니체의 철학사상을 깊이 있게 탐구하여 보고서를 작성함. 책의 내용을 확장하여 유신론적 실존주의와 무신론적 실존주의 철학자의 사상을 정리하고, 실존주의 철학을 종합적으로 이해하려 노력함. 니체의 철학 사상은 개인의 자아를 발전시키고, 개인의 자유와 자기 결정권을 존중하며, 창조적인 활동을 통해 새로운 가치를 창출하는 데 기여할 것이라고 발표함.

2월 15일

실존주의는 휴머니즘이다

장 폴 사르트르 | 문예출판사 | 2013

도서 분야	철학
관련 과목	철학, 통합사회, 윤리와 사상
관련 학과	철학과, 사회학과, 인문학부

실존주의 철학자 '사르트르'와 '카뮈'를 비교 분석한다.

	사르트르	카뮈
생애 및 업적	• 프랑스 철학자, 작가(1905~1980) • 문학 작품뿐만 아니라 철학적 저작물을 통해 인간의 자유와 존재의 의미를 탐구 • '자아의 초월성', '변증법적 이성 비판'	• 프랑스 작가, 철학자(1913~1960) • 문학 작품과 철학 서적을 통해 인간의 존재적인 고통과 이해에 대해 연구 • '시지푸스의 신화', '독일 친구에게 보내는 편지'
사상	• 인간은 자유로움과 책임을 가지며 자신의 존재를 형성하는 주체 • '다른 사람은 나의 지옥이다'라는 문구를 통해 인간관계의 복잡성과 의존성을 강조함	• 인간의 존재적인 고통과 이해에 집중하고, 불확실하고 모순적인 존재임을 강조 • 인간의 삶에 대한 의미를 찾는 과정에서 피해주의적 성향을 보임
철학적 관점	• 실존주의와 인간 중심주의를 중요시함 • 자아성찰을 통해 스스로 자아의 실체를 탐구하는 것을 강조함	• 피해주의와 절망주의를 중요시함 • 존재적인 고통과 무의미함을 바탕으로 인간의 삶과 사회에 대해 비판함
공통점	• 철학과 예술, 삶과 죽음, 희망과 절망에 대한 사유 • '인간은 어떻게 살아가야 하는가?'에 대한 답 제시	

'실존은 본질에 앞선다'는 사르트르의 주장에 대한 의미를 찾아보자.

인간의 존재를 본질이 아니라 존재 자체로 강조하였다. 인간이 존재가 있어야 인간의 본질도 있다는 것이다. 본질은 사물이나 개념의 본질적인 속성이나 특징을 의미하며, 사람의 본질은 인간성이라고 말할 수 있다. 사르트르는 인간이 본질에 특정된 것이 아니라, 자유로운 주체로써 존재한다고 주장한다. 인간이 자유로운 선택과 행동을 통해 자신의 본질을 스스로 만들어나간다는 것을 강조하는 것이다.

위 내용을 비교과활동 특기사항이나 과세특에 활용한다.

• 자율활동 특기사항 예시 •

'실존주의는 휴머니즘이다'를 읽고 사르트르의 사상과 철학적 관점에 대해 깊이 있게 연구한 후 그 내용을 독서 기록장에 작성함. 특히, 저자가 주장하는 '존재는 본질에 앞선다'라는 말의 의미를 고찰하며 인간이 본질에 특정된 것이 아니라, 자유로운 주체로써 존재한다는 사르트르의 주장을 자신의 언어로 재해석함. 인간은 능동적이고 자유롭게 선택하고 창조해 나가는 존재라고 주장함. 사르트르와 동시대를 살았던 카뮈의 사상과 철학적 관점을 비교하며 실존주의 철학에 대한 이해의 폭을 넓힘.

2월 16일

몽테뉴의 수상록

미셸 몽테뉴 | 메이트북스 | 2019

도서 분야	철학
관련 과목	철학, 통합사회, 윤리와 사상
관련 학과	모든 계열

✅ 책을 읽고 인간의 삶 전반의 철학과 인상적인 부분, 배울 점을 찾아 정리한다.

몽테뉴는 인간의 삶 전반을 주제로 수필을 적었으며, 그 바탕에는 자기 성찰이 있다. 그는 끊임없는 자기 성찰로 자신만의 삶을 살아야 한다고 강조한다. 또 행복은 관점에 따라 다르다며 고통이나 죽음 같은 상황을 그대로 수용하며 현실에 충실하라 충고한다. 몽테뉴의 관점으로 자신을 돌아보자. 남의 바람에 의해 삶을 살고 있는 건 아닌지, 자신의 문제를 남의 탓으로 돌리고 있지는 않은지, 보여주기식의 가짜 삶을 살고 있지 않은지 우리의 삶에 비춰보며 배울 점을 고찰한다.

✅ 몽테뉴처럼 자신의 경험과 감정, 생각을 담은 에세이를 작성한다.

이 책의 소주제를 자신의 삶과 결부해 주제를 정하고 일정 기간 자기 성찰 에세이를 쓴다. 예컨대 '진로와 꿈'이 주제면, 꿈의 주체는 자신인지, 부모인지 성찰한다. '관계 속 갈등' 주제는 갈등의 원인을 타인의 탓으로 전가하지는 않았는지, 충분히 자기 잘못을 점검했는지 에세이를 쓴다. '행복의 정의'가 주제면 일상의 어떤 부분이 행복으로 다가왔는지 경험 속 삶의 자세를 살펴본다.

✅ 이 책에서 지식, 독서, 공부, 토론 등과 관련된 내용을 숙지하고 생활에서 실천한다.

몽테뉴는 잘 살고 잘 죽기 위해 공부를 한다고 말하며, 수동적인 독서가 아닌 적극적인 독서를 지향했다. 남의 지식을 비판적인 시각으로 배우고 철학자의 지식은 정신으로 흡수해야 한다고 주장했다. 지식의 양에 집착하지 않고 자신의 안에 내면화한 지식의 중요성을 강조했다. 대화나 토론에서도 비판적 사고와 자기 성찰적 태도를 지녀야 한다. 결국 공부는 자기 자신을 가장 잘 알기 위함임을 깨닫고 학교 공부에 대한 자신의 태도를 돌아본다.

✅ 위 내용을 비교과활동 특기사항이나 과세특에 활용한다.

• 진로활동 특기사항 예시 •

자유 주제 발표에서 '자기 성찰'이라는 주제로 심화 탐구를 진행함. '몽테뉴의 수상록'을 읽고 행복은 상대주의적 관점으로 정의되기 때문에, 자기반성과 자기집중이 필요함을 깨달음. 독후 활동으로 실제 자기 성찰 에세이를 작성한 점이 인상적임. 책의 목차처럼 대화, 관계, 죽음, 지식, 행복 등의 소주제로 솔직한 경험과 감정을 적고 그날의 행동, 태도, 언어를 성찰함. 에세이 쓰기 활동을 통해 보다 사색하고 성찰하는 삶의 자세를 갖게 되었다고 소감을 적으며 자기 성찰 능력을 발전시킴.

2월 17일	장자 장자 | 글항아리 | 2019	도서 분야	철학
		관련 과목	철학, 통합사회, 윤리와 사상
		관련 학과	철학과, 사회학과, 인문학부

중국의 고대 사상가 장자의 생애와 사상에 대한 조사한다.

장자(莊子)는 기원전 4세기경 인물로서 중국 전국 시대 송(宋)나라 몽(蒙) 출신의 저명한 중국 철학자이다. 본명은 주(周)이고 제자백가 중 도가(道家)의 대표적인 인물이며 노자(老子) 사상을 계승, 발전시켰다. '사기'에 따르면, 장자는 일찍이 몽(蒙) 칠원(漆園)의 관리가 되었으나, 매우 가난한 삶을 살았다고 전해 온다. 《장자》의 〈추수(秋水)〉 편에 따르면, 초나라 위왕(威王)이 사람을 보내 정치를 보좌해 주길 청했으나, 장자는 이를 거절하였다. 노자와 장자들의 사상을 합쳐 흔히 노장사상이라고 부른다. 하지만 이 둘 사이에는 차이가 있는데, 노자가 정치와 사회의 현실에 어느 정도 관심을 가졌던 것에 반해, 장자는 개인의 안심입명에만 몰두했다.

장자의 무본(無本), 무용(無用)의 개념을 정리한다.

- **무본(無本):** 인간 본래의 상태, 즉 인간이 타고난 본질적인 선천적 속성이 없다는 의미로 볼 수 있다. 인간이 환상에 사로잡히는 것을 경계하고, 본래의 자연스러운 상태로 돌아가야 한다고 주장하였다.
- **무용(無用):** 세상의 가치 있는 것들에 대해 의문을 제기하였다. 그는 인간의 탐욕과 노력은 무용하다고 믿었으며, 자연의 흐름을 따라 내면의 평화와 조화를 추구해야 한다고 주장하였다.

장자의 철학적인 원리를 현대 사회의 문제 해결이나 삶의 지혜에 적용해 보자.

- **무본(無本)의 원리:** 인간은 본래 아무것도 가지지 않고 태어났다. 인간은 타인과의 비교나 외부적인 것에 의존하지 않고, 자기 자신을 받아들이고 자기 가치를 깨달아야 한다. 자기 자신을 인정하고 존중하며, 타인과의 비교나 외부적인 성공에 집착하지 않는다.
- **무용(無用)의 원리:** 세상의 가치 있는 것들이 인간의 내면적인 평화와 조화를 얻는 데에 별 도움이 되지 않는다고 주장한다. 현대 사회에서 경제적인 가치나 외부적인 성공에만 집중하는 대신, 내면의 안정과 조화를 추구하고 자기 발전과 내적인 만족을 추구해야 한다.

위 내용을 비교과활동 특기사항이나 과세특에 활용한다.

• 진로활동 특기사항 예시 •

동양철학에 관심을 가지고 있는 학생으로 '장자'를 읽고 중국 고대 노장사상에 관해 깊이 연구하는 태도가 관찰됨. 진로 활동지에 장자의 철학적 원리인 무본(無本), 무용(無用)의 개념을 정리하고, 현대 사회문제의 해결이나 삶의 지혜에 적용하는 모습이 돋보임. 추후 동양철학과 서양철학을 비교 분석하며, 현대 사회문제의 바람직한 해결방안을 모색하고 실천하려는 의지를 보임.

2월 18일

논어

공자 | 현대지성 | 2018

도서 분야	철학
관련 과목	철학, 통합사회, 윤리와 사상
관련 학과	모든 계열

이 책의 중심 사상과 철학을 이해하고, 자신의 문제를 극복하는데 적용해본다.

이 책은 독자에게 끊임없이 배우는 태도, 질문을 두려워하지 않는 공부, 남 탓하지 않는 삶의 자세, 확고한 신념으로 세운 목표, 마음먹기에 달린 행복, 신용이 있는 말과 행동 등을 일깨워준다. 가정에서 혹은 학교에서 힘든 점이 있다면 어떻게 이겨낼지 공자의 가르침을 하나하나 생각하고 실천한다.

이 책의 내용을 매일 필사하며 의미를 되새기고 삶의 가치관을 정립한다.

공자는 '배우기만 하고 생각하지 않으면 얻는 것이 없고, 생각하기만 하고 배우지 않으면 위태롭다.'고 하였다. 책의 내용을 흘려보내지 않고 자신의 지식으로 내재화할 수 있어야 한다. 매일 필사를 하거나 좋아하는 구절을 낭독한다. 또는 카드뉴스를 만들어 SNS에 게시하며 책의 내용을 내재화한다.

진로, 전공과 관련하여 자신이 갖추어야 할 덕목을 책에서 찾아 깊이 탐구한다.

전공(계열)에 필요한 덕목을 찾아 정리하고, 자신의 태도를 점검하며 진로 역량을 키운다.

- **교육 분야:** 자애롭고 성실한 가르침, 솔선수범하는 모습, 인간다운 교양인을 기르는 방향
- **의료 분야:** 인륜과 예의를 지키는 의사결정, 관계 중심, 배우고 생각하는 자세
- **법, 정치 분야:** 인간의 공평한 이해, 인간적인 측면 강조, 덕 중심의 정치
- **경제 경영 분야:** 윤리적인 리더십 발휘, 조화로운 관계
- **인문 분야:** 인간의 성품, 공적 이익을 위한 인간의 태도
- **공학 분야:** 기술에 흔들리지 않는 윤리적 인간, 자연의 이치
- **진로 탐색 중:** 배움을 소홀히 하지 않는 자세, 자기 관리

위 내용을 비교과활동 특기사항이나 과세특에 활용한다.

• 자율활동 특기사항 예시 •

교육 계열에 관심이 많은 학생으로 '논어'를 읽고 교육자의 역할에 대해 토의함. 교육자는 자신을 수양하며 먼저 도덕적인 모범이 되어야 한다고 주장함. 그리고 지나친 지식 전달보다 지혜를 가르치고 실천하는 배움이 되어야 한다는 공자의 사상은 정보화 시대에도 유효하다 설명함. 또한 입시를 넘어 선한 행동과 공적인 이익이 조화를 이루도록 교육해야 한다는 의견을 밝힘. 우리나라 교육의 나아갈 방향을 시사하며 전인교육의 중요성을 피력함.

2월 19일

한국철학 에세이

김교빈 | 동녘 | 2008

도서 분야	철학
관련 과목	철학, 통합사회, 윤리와 사상
관련 학과	철학과, 사회학과, 인문학부

✅ 동양 철학과 한국 철학의 차이점과 공통점을 비교 분석한다.

	동양 철학	한국 철학
차이점	종교적인 영향을 받는 경향이 있다. 예를 들어 중국의 노자, 공자 등은 유교와 도교와 관련이 깊다. 자기 성찰, 내면의 평화, 조화 등을 강조하는 경향이 있다.	종교적 영향이 상대적으로 적은 편이다. 한국에서는 유교적인 가치를 수용하면서도 독특한 형태로 발전하였다. 선과 악, 도덕적 행위를 중시하는 경향이 있다.
공통점	• **비극적인 세계관:** 인간의 존재와 세상에 대해 비극적인 시각을 가지고 있다. 이들 철학은 삶의 고통과 변화, 무상함 등에 대해 진지한 고찰을 제시한다. • **윤회와 선행:** 윤회 사상과 선행의 개념을 공유한다. 모든 존재가 순환적으로 태어나고 죽음을 반복한다는 개념이며, 선행은 도덕적 행위와 덕을 중시하는 개념이다.	

✅ 원효의 '화엄사상'과, 지눌의 '돈오점수'의 의미를 정리한다.

원효의 '화엄사상'	지눌의 '돈오점수'
화엄경의 가르침을 통해 모든 존재가 상호 의존적이고 하나의 거대한 네트워크를 형성한다고 이해함. 대중과 소통하며 불교의 가르침을 널리 전파함. 수행과 학문의 통합을 강조. 불교 수행을 통한 깨달음과 지식의 깊은 이해를 추구함.	달마의 불교적 가르침에 중점을 둔 선종 불교. 모든 존재가 이미 깨달음을 얻었다고 보며, 깨달음의 중요성을 주장함. 선정(禪定)과 지혜(智慧)를 함께 닦는 정혜쌍수(定慧雙修)를 주장하여 선(禪)과 교(敎) 어느 하나에만 치우치는 것을 경계함.

✅ 최제우와 손병희의 '동학사상'을 비교한다.

최제우의 '동학사상'	손병희의 '동학사상'
동학의 창시자로서 동학을 종교적인 측면에서 이해하며, 신앙과 영적인 성찰을 통해 사회적, 인간적인 변화를 이루고자 노력함.	민족주의와 독립운동을 통해 국가의 독립과 민족의 번영을 위해 노력하며, 일본의 식민지 지배에 대항하는 독립운동을 주장함.

✅ 위 내용을 비교과활동 특기사항이나 과세특에 활용한다.

• 진로활동 특기사항 예시 •

진로독서 시간에 '한국 철학 에세이'를 읽고 독후활동을 실시함. 고대부터 근대까지 시기별로 우리나라 대표 철학자들의 사상을 연구하고 한국 철학과 동양철학의 차이점과 공통점을 비교 분석하는 등 학문의 확장성이 돋보이는 학생임. 특히 동학사상에 관심을 가지고 우리나라 동학의 계보로서 최제우, 최시형, 손병희 등의 사상을 깊이 있게 연구하는 태도가 관찰됨.

2월 20일	**성학십도** 퇴계 이황	풀빛	2005	도서 분야	철학
		관련 과목	철학, 통합사회, 윤리와 사상
		관련 학과	철학과, 사회학과, 인문학부

✅ 이황의 생애와 업적을 탐구한다.

퇴계 이황(1501년~1570)은 경북 안동시 예안면에서 7남 1녀 중 막내로 태어났다. 12세 때 논어를 익힐 정도로 어렸을 때부터 뛰어난 지성과 학문적인 재능을 보였다. 이황은 조선 중기의 대학자라고 불리고 평생 학문 연구에 힘을 썼고, 성리학 체계화와 도산서당을 세워서 많은 제자를 양성하였다. 사상가로서는 학문적 논쟁을 통하여 모범을 보여주고 성리학과 심성론을 크게 발전시켰다.

✅ 성학십도의 내용을 각각 요약, 정리한다.

제1도(태극도): 우주의 원리와 조화로운 삶을 실현하는 것을 의미
제2도(서명도): 부모와 양육자에 대한 예의와 효도를 중시하는 것을 의미
제3도(소학도): 가르침의 방법, 오륜, 몸가짐, 경신 등을 다룸
제4도(대학도): 도덕적 가치, 국가와 사회 평화 등을 중시하는 내용을 다룸
제5도(백록동규도): 오륜(인지의 원칙)과 격물(행동의 원칙)을 강조함
제6도(심통성정도): 인간의 마음과 감정을 이해하고 조절하는 방법을 다룸
제7도(인설도): 인간의 도덕성과 규율을 지키는 방법을 다룸
제8도(심학도): 인간의 마음을 향상시키고, 경을 실천하는 방법을 다룸
제9도(경재잠도): 경을 지키고 지혜로운 행동과 경제활동에 대한 원칙을 다룸
제10도(숙흥야매잠도): 하루 종일 경을 지키며 삶을 실천하는 방법을 다룸

✅ 이황의 《성학십도》와 이이의 《성학집요》를 비교한다.

이황의 《성학십도》는 10개의 도상으로 '성학'의 체계를 집약적으로 제시한 것으로서 도학적 학문정신의 핵심을 가장 간결하게 응집시켜 놓은 것이다. 이이의 《성학집요》와 똑같이 제왕에게 성학을 실현하기 위한 학문체계로서 제시되었던 것이나, 그 체계에서는 대조적인 성격을 보여준다. 《성학집요》가 '대학'의 체계를 기본구조로 삼고 있다면 《성학십도》는 '중용'의 체계, 곧 천도(天道)의 근원적인 세계와 인도(人道)의 현실적 세계를 대조시켜 설명하고 있다.

✅ 위 내용을 비교과활동 특기사항이나 과세특에 활용한다.

• 윤리 교과 세특 예시 •

유학 및 철학에 관심도가 높은 학생으로 '성학십도'를 읽고 이황의 유교와 성리학을 깊이 있게 연구하고, 이이의 '성학집요'와 비교 분석할 수 있는 학문적 확장성과 논리적 사고력을 갖춤. 제왕의 성학을 실현하기 위한 두 거장의 유교 사상을 정확히 이해하여, 논리정연하고 체계적으로 보고서를 작성한 후 친구들 앞에 효과적으로 자신의 의견을 전달함.

2월 21일	격몽요결	도서 분야	철학
	율곡 이이 | 을유문화사 | 2022	관련 과목	철학, 통합사회, 윤리와 사상
		관련 학과	철학과, 사회학과, 인문학부

✅ 이이의 생애와 업적을 탐구한다.

율곡 이이(李珥, 1536~1584)는 어려서는 신동으로, 성장한 뒤에는 9번의 과거에 장원급제한 인물로 잘 알려져 있다. 이이는 당시 사회를 큰 병을 앓고 있는 사회로 진단하며 여러 부면에서 경장론을 제시하였다. 그리고 경장을 위해서는 국론 통일이 필요하다고 하며 조제보합론을 주장하였다. 그의 학문 즉 성리설의 특징은 논리적이다. 1568년 천추사의 서장관으로 명에 다녀왔고, 1583년 병조판서가 되어 선조에게 시무육조와 십만양병설 등 개혁안을 올렸다.

✅ 조선 시대와 현대 사회를 비교해 보며, 차이점과 공통점을 탐구한다.

		조선 시대	현대 사회
차이점	사회 구조	사대부(사회층 상류)와 농민 등 사회 계층이 분명하게 구분됨.	계층 구조가 덜 강조되고, 경제적인 사회 계층의 이동성이 높아짐.
	정치 체제	왕실 중심의 중앙집권적인 군주 체제	민주적 체제를 채택하고 있으며, 권력의 분산과 국민의 참여가 중요시됨.
	경제 체제	농경 사회로서 농업이 주력이었으며, 수공업이 발달함.	산업화와 글로벌 경제 시스템이 발달하여 다양한 산업이 발달함.
	문화와 가치관	유교 사상에 기반한 풍속과 전통을 중시	다양한 문화와 가치관이 공존하며, 개인의 자율성과 다양성이 존중됨.
공통점	두 시대 모두 교육을 매우 중요한 가치로 여기고, 윤리와 도덕적 가치를 중요시함. 가족의 유대와 가족 구성원들 간의 관계, 사회적 관계의 중요성과 상호의존성이 강조됨.		

✅ 이이의 《격몽요결》의 내용을 간단히 정리한다.

1장(입지): 뜻을 세우다, **2장(혁구습):** 낡은 습관을 개혁하다, **3장 (지신):** 몸가짐, **4장(독서):** 책을 읽다 **5장(사친):** 어버이를 섬기다, **6장(상제):** 장사 제도, **7장(제사):** 제사 의례, **8장(거가):** 집 안에서의 생활 **9장(접인):** 사람을 대하는 법, **10장(처세):** 세상에 처하는 법

✅ 위 내용을 비교과활동 특기사항이나 과세특에 활용한다.

• 윤리 교과 세특 예시 •

역사 및 철학에 관심이 많은 학생으로 '격몽요결'을 읽고 작가가 주장하는 바를 체계적으로 정리하여 독서기록장에 기록함. 이이가 활동했던 조선 시대의 사회, 정치, 대외 관계 등 시대적 상황을 잘 이해하고 있으며, 이이의 사상과 가르침을 통해 현대 사회 문제에 대한 해결책을 제시하는 등 학문의 확장성이 돋보임.

2월 22일	탈무드	도서 분야	종교
	유대인 랍비	인디북	2001	관련 과목	철학, 통합사회, 윤리와 사상
		관련 학과	철학과, 사회학과, 인문학부

✅ 주제 중 하나인 '교육'을 읽고 랍비의 가르침을 되새겨 보자.

"우리가 만나려고 하는 것은 경찰서장이나 수비대장이 아니라 학교의 선생님이란 말이오. 경관이나 군인은 마을을 파괴할 뿐이오. 교육자들이야말로 마을을 지키는 사람이라고 할 수 있소."

과거 유대인들은 교육의 가치를 가장 우선으로 두었다. 한 사회의 존립과 유지는 교육에 의해 가능했을 것이다. 일부 학부모들의 악성 민원과 부당 요구에 시달리는 교사, 추락한 교권, 입시 중심의 경쟁 등으로 얼룩진 대한민국 교육의 현실. 유대인들의 지혜가 더욱 절실해지는 까닭이다.

✅ '인간'을 주제로 한 본문의 명언에 자신의 생각을 덧붙여본다.

'인간은 세 개의 이름을 갖게 된다. 부모가 지어 준 이름, 친구들이 불러주는 이름, 그리고 생이 끝났을 때 얻어지는 명성이 그것이다.'

① **부모가 지어 준 이름:** 삶의 출발점에서 갖게 되는 '부모의 희망을 담은 특별한 이름'은 개인의 정체성 형성에 영향을 미칠 것이다.

② **친구들이 불러주는 이름:** 한 개인의 사회적 적응과 소속감을 높이는 데 중요한 역할을 할 것이다.

③ **생이 끝났을 때 얻어지는 명성:** 사회적인 영향력과 업적은 그 사람의 이름을 넘어서서 후세에 오래도록 남게 될 것이다.

✅ 위 내용을 비교과활동 특기사항이나 과세특에 활용한다.

• 진로활동 특기사항 예시 •

진로독서 시간에 책을 읽고 독후활동과 토론을 진행함. 책에서 다룬 '정의(正義)의 차이'를 주제로 선택해 자신이 재판관이라면 어떤 판결을 내릴 것인지 친구들과 열띤 논쟁을 벌임. 조사한 사례를 바탕으로 자신의 생각을 체계적이고 논리적으로 정리하여 친구들 앞에서 자신감 있게 발표함.

• 철학 교과 세특 예시 •

평소 철학 및 윤리 분야에 관심을 가지고 관련 서적을 탐독하며 철학적 사고력과 비판적 분석 능력을 기르기 위해 노력하는 모습이 관찰됨. '탈무드'를 읽고 책에서 다룬 '오해'를 주제로 선택하여 자신의 생각과 입장을 정리하여 친구들 앞에서 발표함. 버스에서 한 승객의 경솔한 행동에 대한 타인의 반응을 예시로 들고, 올바른 대처법에 대해 친구들 앞에서 설득력 있게 발표하는 모습이 돋보임.

2월 23일

토마스 아퀴나스의 신학대전 읽기

양명수 | 세창미디어 | 2014

도서 분야	종교
관련 과목	철학, 통합사회, 윤리와 사상
관련 학과	철학과, 사회학과, 인문학부

✅ 토마스 아퀴나스의 생애와 업적을 조사한다.

토마스 아퀴나스(1225~1274)는 이탈리아의 아퀴노 출신 영주의 아들로 태어났다. 다섯 살 때 집을 떠나 열여덟 살 때까지 몬테카시노의 베네딕트 수도원에서 어린 시절을 보냈고, 이후 왕립대학으로 옮겼다. 그곳에서 도미니크회 수도자들을 만난 뒤 스무 살에 도미니크회의 정식 수도자가 된 후 평생 평수사로서 학문에만 전념했다. 1257년에는 스물세 살의 젊은 나이에 파리 대학의 신학 교수가 되어 뛰어난 강의로 명성을 떨쳤다. 아리스토텔레스의 형이상학적 원리를 통해 가톨릭의 철학과 사상을 학문적으로 재정립하고 보편적인 문화로 승격시켰다.

✅ 철학과 신학이 조화를 이룰 수 있는지에 대한 찬반 입장을 정리한다.

찬성	반대
토마스 아퀴나스는 이성과 신앙이 상호보완적이며 조화할 수 있다고 믿었다. 철학과 신앙이 상호작용하며 서로를 통해 참 진리를 이해할 수 있다고 주장한 것이다. '신학 대성률'에서 신앙과 이성을 통합하려는 노력이 드러나며 하나님의 존재론, 도덕 이론 등 다양한 주제를 다루었다.	두 분야는 서로 다른 근본적인 전제와 방법론을 가지고 있어 조화가 어렵다. 일부는 신앙의 신비성을 강조하며 이를 이성적으로 완전히 이해하려는 시도는 신앙의 본질을 훼손할 수 있다고 본다. 신앙의 미스터리성은 이성으로 완전히 풀어낼 수 없는 신비로움을 내포하고 있다.

✅ 토마스 아퀴나스의 '신학대전'이 주장하는 바를 정리한다.

① **신의 존재를 증명:** 다양한 방법으로 신의 존재를 논리적으로 논증
② **이성과 신앙의 조화:** 이성적인 사고를 통해 신앙의 근본적인 진리를 이해하려는 시도
③ **신앙의 합리성 강조:** 신앙에 대한 합리적인 탐구가 필요하다고 주장
④ **자연법과 도덕의 연결:** 자연법칙 준수와 도덕적 행동이 진정한 행복 추구라고 주장

✅ 위 내용을 비교과활동 특기사항이나 과세특에 활용한다.

• 철학 교과 세특 예시 •

신학 및 철학에 관심이 많은 학생으로 '토머스 아퀴나스의 신학대전 읽기'를 통해 저자가 주장하는 바를 체계적으로 정리, 독서기록장에 기록함. 토머스 아퀴나스가 활동했던 중세 시대의 배경을 잘 이해하고 있으며, 그의 작품과 사상이 중세 시대 기독교 철학의 중요한 영향력을 끼쳤다는 사실을 깨달음.

2월 24일	고백록	도서 분야	종교
	아우구스티누스 | CH북스 | 2016	관련 과목	철학, 통합사회, 윤리와 사상
		관련 학과	철학과, 사회학과, 인문학부

아우구스티누스의 생애와 신앙철학을 조사한다.

아우구스티누스는 354년에 현재의 알제리에서 태어났으며, 철학적인 지성을 가진 가톨릭 신부로 성장했다. 청년 시절에는 세속적인 삶을 즐겼지만, 후에 신앙과 철학적 탐구를 통해 내면적인 전환을 경험한다. 396년에 성직자로서 수도원 생활을 시작하고, 397년에는 아우구스티누스가 유명한 도서인 '고백록'을 저술했다. 395년부터는 히포의 주교로 활동하며, 그의 교리와 작품은 중세 철학과 신학의 발전에 큰 영향을 주었다. 아우구스티누스는 신앙과 이성을 조화시키기 위해 노력했으며, 그의 가장 중요한 작품 중 하나인 '신자의 자유'에서 인간의 자유의지와 신의 섭리적 의지 간의 관계를 탐구했다. 특히 인간의 죄와 영혼, 구원에 대한 교리, 신의 은혜와 성령의 역할을 강조했으며 그의 신앙 철학은 중세 철학과 신학의 핵심 개념인 '신앙과 이성의 조화'를 가르치는 데 많은 영향을 주었다.

아우구스티누스와 스피노자의 사상을 비교 분석한다.

1. 공통점

- 신앙과 철학을 연결하는 데 중점을 둚
- 인간의 본성, 죄와 구원, 신의 존재와 세계의 기원과 같은 철학적 주제를 다룸
- 그들의 철학은 근본적으로 윤리, 정치, 종교 등의 문제와 관련되어 있음

2. 차이점

- 아우구스티누스는 그리스도교의 신앙과 이성을 조화시키는 노력을 했지만, 스피노자는 유대교의 신앙과 철학을 조화시키는 노력을 함.
- 아우구스티누스가 신의 은혜와 인간의 자유의지 간의 관계를 강조한 반면 스피노자는 인간의 자유의지가 존재하지 않는다는 판단하에 인간의 행동이 인간의 본성에 의해 결정된다고 주장함.
- 아우구스티누스가 선과 악, 도덕적 문제를 신앙적인 측면에서 탐구한 반면 스피노자는 윤리적 미덕과 관련된 문제를 철학적으로 탐구함.

위 내용을 비교과활동 특기사항이나 과세특에 활용한다.

• 철학 교과 세특 예시 •

'고백록'을 읽고 저자의 생애와 철학 사상을 연구하였으며, 또 다른 저서 '신자의 자유'를 읽고 인간의 자유의지와 신의 섭리적 의지 간의 관계를 이해하려 노력함. 아우구스티누스와 스피노자 철학을 비교하며, 인간은 '삶', '윤리', '정치', '종교' 등의 탐구를 통해 의미 있는 삶을 지향한다는 공통점이 있음을 발견하고 친구들에게 이를 소개함.

2월 25일

인간 붓다

법륜 | 정토출판 | 2010

도서 분야	종교
관련 과목	철학, 통합사회, 윤리와 사상
관련 학과	철학과, 사회학과, 인문학부

붓다의 생애와 업적을 조사한다.

붓다(B.C 624~544년)는 중인도의 카필라국 아버지 정반왕과 어머니 마야부인 사이의 태자로 태어났다. 그러나 젊은 날의 태자는 평범한 왕자로서 일생을 살기보다는 삶의 근본 문제인 생로병사의 고통에서 영원히 벗어나는 길을 찾는 데 더 골몰하였고 결국 29세가 되던 해에 출가를 결행하였다. 붓다는 인간의 고통과 죽음을 극복할 방법으로 '사찰'을 건립하고, 이를 통해 사회적인 문제를 해결하고자 하였다. 이는 다양한 사회 개혁 운동에 영향을 끼치며, 현재까지도 다양한 분야에서 인류에게 긍정적인 영향을 끼치고 있다.

붓다가 지금 이 땅에 온다면 어떻게 살아가게 될지 생각해본다.

① **연민과 자비로운 삶:** 고통과 어려움을 겪고 있는 이들을 돕고 지원할 것이다. 사랑과 이해의 마음으로 주변의 이들을 돌보며, 그들의 고통을 완화하는 일을 할 것이다.

② **선하고 공평한 지도자의 역할:** 인류의 진보와 행복을 위해 노력하는 지도자가 될 것이다. 선하고 공평한 지도자로서 사회에 긍정적인 변화를 이끌어 내는 데 헌신할 것이다.

③ **무소유와 단순한 삶:** 물질적인 소유에 의존하지 않고도 평온하고 만족한 삶을 살 것이다.

④ **평화와 공헌을 실천하는 삶:** 평화주의자로서 나눔과 협력을 실천하고, 공동체의 풍요로운 발전을 위해 공헌할 것이다.

인간관계와 사회적 문제에 대한 대처법을 불교의 관점으로 찾아보자.

① **자비와 관용:** 타인의 잘못을 용서하고 이해하는 마음가짐을 갖는다.

② **분노와 갈등:** 서로의 의견이 충돌할 때, 이해심과 관용을 발휘하고 상대방의 입장을 이해하는 것이 중요하다. 또한 자기 통제와 명상을 통해 내면의 평화와 안정을 찾는 것이 좋다.

③ **인간관계의 상호의존성:** 불교는 모든 존재가 상호의존적인 관계에 있다고 가르친다. 인간관계에서는 배려와 존중이 중요한 까닭이다.

위 내용을 비교과활동 특기사항이나 과세특에 활용한다.

• 자율활동 특기사항 예시 •

'인간 붓다'를 읽고 불교적 관점에서 인간관계와 사회적 문제에 대한 사례를 찾고, 이에 대한 대처 방안을 정리하여 활동지에 작성함. 또한 책의 내용을 소화하여 '붓다가 이 땅에 온다면 어떤 삶을 살았을까?'에 대한 답을 찾아 독서기록장에 성실히 작성함. '불교의 관점에서 본 인간관계 문제와 사회적 갈등 해결 방안'을 주제로 친구들과 토론 활동을 진행함.

2월 26일

무소유

법정 | 범우사 | 2004

도서 분야	종교
관련 과목	철학, 통합사회, 윤리와 사상
관련 학과	철학과, 사회학과, 인문학부

소유와 무소유의 의미를 비교, 정리한다.

	소유	무소유
관점	외부 자산에 중점을 두며, 물질적인 가치에 집중함	내면의 평화와 자기 자신에 대한 깊은 이해를 중시함
욕망	종종 욕망을 자극하고 이를 확장시키는 경향이 있음	욕망을 감소시키고, 현재의 삶에 만족하는 경향이 있음
자아의 태도	자아를 확장시키는 데 중점을 둠	자아를 물질적인 것에 의존하지 않게 하고, 내면의 자유를 찾는 것에 중점을 둠
삶의 태도	외부적인 성취와 물질적 풍요에 가치를 두는 경향이 있음	현재와 내면의 안정에 가치를 두는 경향이 있음

'소유' 에 대한 개념을 기독교와 불교의 관점에서 각각 비교하여 정리한다.

기독교	불교
기독교에서는 물질적인 소유 자체를 부정하지 않는다. 성경에는 부와 재산을 얻는 것과 보호하는 것에 대한 지침이 나와 있다. 돈과 부는 하나님의 축복으로 간주될 수 있지만, 그 사용에는 책임이 따른다. 돈을 올바르게 사용하고 다른 이들에게 나눠주는 데 중점을 둔다.	불교에서는 물질적인 소유가 인간의 고통의 근본 원인 중 하나이고, 소유에 대한 강한 집착은 욕망의 원천이라고 본다. 무소유를 통해 욕망에서 해방되고 내면의 평화를 찾는 길을 제시한다. 모든 것에 대한 집착을 놓아버리고 무소유의 삶을 살면서 고요와 해방을 찾는 것이 중요하다.

학생으로서 꼭 필요한 물건과 그렇지 않은 것들을 구분해보자.

꼭 필요한 물건	선택적 물건
필기 도구, 공책과 노트북(컴퓨터), 학습 자료, 일정 관리 도구(다이어리), 가방, 수건, 물병 등	전자기기, 패션 아이템, 게임기 또는 레저용품, 과도한 문구용품, 과도한 음료나 간식 등

위 내용을 비교과활동 특기사항이나 과세특에 활용한다.

• 진로활동 특기사항 예시 •

진로독서 시간에 '무소유'를 읽고 독후활동을 실시함. '소유'와 '무소유'의 개념을 비교하며 물질만능주의 시대에 매몰되어 살고 있는 현대인의 삶을 비판하고 바람직한 삶의 방향을 찾고자 노력함. 또한 소유에 대한 개념을 기독교와 불교적 관점에서 비교 분석함으로써 둘의 차이점과 공통점을 찾고 우리의 삶에 미치는 영향에 대해 생각해보는 계기를 마련함.

2월 27일

마더 테레사

신홍범 | 두레 | 2016

도서 분야	종교
관련 과목	철학, 통합사회, 윤리와 사상
관련 학과	철학과, 사회학과, 인문학부

✅ 테레사 수녀의 생애와 업적을 정리한다.

마더 테레사(1910~1997)는 알바니아계 출신의 인도 가톨릭교회 수녀이다. 가톨릭교 가정의 3남매 중 막내로 태어나 신앙심 깊은 어머니께서 주위 사람들을 보살피는 모습을 보며 성장하였다. 18세 고향을 떠나 아일랜드에 있는 로레토 수녀회에 들어가 3년간 교육을 받고 영국의 식민지였던 인도의 수녀원으로 가게 되었다. 인도 콜카타에 있는 성 마리아 수녀원 부속 학교에서 1931년부터 1947년까지 학생들을 가르쳤고 교장이 되었다. 1948년 인도 캘커타의 빈민가에 '사랑의 선교 수녀회'를 만들어 평생 가난하고 병든 사람들을 돌보며 살았으며 이 공로로 1979년 노벨평화상을 받았다.

✅ '사랑은 말보다 행동으로 보여야 합니다.'라는 말의 의미를 생각해보자.

이 명언은 '사랑한다.'라는 말로는 충분하지 않고, 사랑하는 사람들을 위해 실제로 행동하는 것이 중요하다는 것을 의미한다. 말로만 사랑을 표현하는 것이 아니라, 사람들이 실제로 필요로 하는 것을 제공하거나 그들을 돕는 것이 중요다. 가족, 친구, 동료, 이웃, 그리고 모든 이들에게 사랑을 베풀고, 그들이 필요로 하는 것을 제공하며, 그들을 위해 행동하는 것이 중요하다. 이 명언을 실천하여, 가난한 이들, 노숙자, 무명도, 불우한 이들을 위해 일생을 바쳤습니다. 그녀는 이 명언을 실천하며 가난한 자, 병든 자, 노숙자, 불우한 자들을 위해 일생을 바쳤다.

✅ 마더 테레사의 행적에 비추어 '소명'의 의미를 되새겨 보자.

소명은 우리가 세상에서 이루고자 하는 큰 목표 또는 우리가 특별히 중요하게 생각하는 가치와 관련이 있다. 우리는 자신의 소명을 발견하고, 그것을 실천함으로써 우리의 인생에 의미를 부여한다. 마더 테레사의 소명은 사랑과 봉사를 실천하는 것이었지만, 우리 각자는 자신만의 소명을 가질 수 있다. 우리는 소명의식을 통해 세상을 보다 아름답고 의미 있는 곳으로 만들 수 있을 것이다.

✅ 위 내용을 비교과활동 특기사항이나 과세특에 활용한다.

• 진로활동 특기사항 예시 •

진로독서 시간에 '마더 테레사'를 읽고 독후활동을 실시함. 마더 테레사가 수녀가 되기로 결심하게 된 계기, 로레토 수녀원에서의 교육 활동, 죽어 가는 사람들의 집(니르말 흐리다이) 및 어린이들의 집(시슈 브하반), 사랑의 선교 수사회 건립을 통한 봉사활동을 시기별로 정리하여 발표함. 테레사가 가졌던 인류애를 본받고 자신도 세상에 봉사하는 삶을 살기로 다짐함.

2월 28일

아름다운 빈손 한경직

김수진 | 홍성사 | 2010

도서 분야	종교
관련 과목	철학, 통합사회, 윤리와 사상
관련 학과	철학과, 사회학과, 인문학부

✅ 한경직 목사의 생애와 업적을 정리한다.

한경직 목사(1902~2000)는 해방 이후 대한민국에서 대한예수교장로회 총회장, 한국기독공보사 사장, 한국기독교교회협의회 회장 등을 역임한 한국의 장로교 목회자이자 교육자이다. 영락교회의 창립자이며, 생전의 청빈하고 겸손한 모습으로 한국에서 가장 존경받는 목회자로 추앙받고 있다. 평안남도 평원 공덕면 간리 마을에서 장남으로 태어난 한경직은 미션 스쿨 진광소학교와 오산학교를 거쳐 평양 숭실전문학를 졸업하고, 도미하여 엠포리대학교, 프린스턴 신학교를 졸업한다. 졸업 후 예일대 대학원 등록을 앞두고 폐결핵을 앓는 중에 목회자의 길을 걷기로 한다. 영락교회, 영락보린원을 창설하고, 대광중학교 · 대광고등학교를 설립하였다. 영락교회 목회 사역 외에 다비다모자원, 영락모자원, 월드 비전 등을 통해 소외된 이들을 위한 봉사활동, 대광중 · 고등학교, 보성 여자 중고등학교 등을 건립하여 교육활동에 힘썼다. 1992년 4월 29일 노벨 종교상으로 일컬어지는 '템플턴상'을 수상하였다.

✅ '비기독교에 대한 멸시나 충돌은 없어야 한다.'라는 말의 의미를 생각해보자.

종교의 다양성을 인정하고, 타 종교를 멸시하거나 폄하해서는 안 된다는 의미로 해석할 수 있다. 서로 다른 신념을 가진 사람들이 상호 존중과 헌신, 대화를 통해 서로를 이해하고 인정해야 한다는 것이다. 그릇된 편견을 가지고 상대방을 멸시하거나 비난하는 행동은 지양해야 한다.

✅ 한경직 목사의 행적에 비추어 '부르심'의 의미를 되새겨 보자.

그의 행적은 우리에게 부르심이란 무엇인지를 되새기게 한다. 그에게 부르심은 기독교 목회자로서 소명의식을 가지고 자기 이익보다는 다른 이들을 섬기고 나눔을 실천하는 모습으로 비친다. 영락교회 창립자로서 한국 교회 역사에 큰 획을 그은 인물이지만, 소외되고 어려운 이웃을 위해 수많은 복지시설을 건립하고 봉사하는 삶을 살았으며, 정작 본인은 청빈한 삶을 실천하였다.

✅ 위 내용을 비교과활동 특기사항이나 과세특에 활용한다.

• 진로활동 특기사항 예시 •

인물 탐구를 열심히 하는 학생으로, 진로 독서 활동에서 책을 읽고 독서 감상문을 작성함. 대한민국 근현대에 기독교가 전파되는 과정을 한경직 목사의 생애를 통해 이해하였고, 어렵고 소외된 이웃을 위해 봉사하며 사랑을 실천한 종교인의 모습을 본받기로 다짐함. 부패와 비리, 목회자 세습 등으로 얼룩진 대형교회의 문제점을 비판하며 참된 종교인의 자세와 교회가 우리 사회를 위해 해야 할 역할과 책임에 대해 자신의 의견을 제시함.

3월

3월
1일

하늘과 바람과 별과 시

윤동주 | 더스토리 | 2023

도서 분야	문학
관련 과목	국어, 한국사
관련 학과	국어국문학과, 사학과

✅ 〈자화상〉을 읽고 '사나이'와 '우물'의 의미를 알아본다.

〈자화상〉에서 '사나이'는 우물에 비친 화자 자신이다. 때로는 밉기도, 가엾기도, 그리워지기도 하는 대상이다. 화자는 우물을 들여다보며 자신을 성찰하고 부끄러움을 느낀다. '우물'은 자아의 내면을 비추는 사물로 자아 성찰의 매개체 역할을 한다.

✅ 〈별 헤는 밤〉의 시어의 상징적 의미를 알아본다.

별	화자의 그리움의 대상, 과거 회상의 매개체
봄	조국의 광복, 희망 재생
밤, 겨울	일제 강점기의 우울한 현실, 고난 시련
파란 잔디, 풀	재생, 부활

✅ 〈서시〉의 화자의 태도를 정리한다.

화자는 부끄러움이 없는 순수한 삶에 대한 소망과 의지를 보여준다. 일제 강점기의 현실이 괴로우면서도 이상적인 삶을 살기를 소망하며 고난을 헤쳐나갈 것을 다짐한다. 시를 읽으며 느꼈던 화자의 태도를 시대적 상황과 더불어 정리해 본다.

✅ 〈참회록〉에 나타난 두 시점의 참회를 정리한다.

현재	과거부터 현재까지 자신의 삶을 참회하고 무기력하게 살아온 삶을 반성함.
미래	광복을 이룬 미래에 '현재의 참회'를 돌아보며, 적극적이지 못했던 '현재'를 반성함.

✅ 위 내용을 비교과활동 특기사항이나 과세특에 활용한다.

• 국어 교과 세특 예시 •

윤동주에 대해 배우고 윤동주의 작품에 담긴 '자아 성찰'에 대해 관심을 가짐. '참회록'은 '구리 거울', '자화상'은 '우물'로 자신을 비춰보며 자아 성찰하고 있다며 정리함. 또한 성찰을 통한 고백을 담은 서정주의 '자화상'을 함께 읽음. 편리함을 위해 무분별하게 일회용품을 사용했던 자신의 과거를 성찰하고 환경의 소중함을 생각하지 못했던 자신의 행동을 반성하게 되었다는 의견을 밝힘.

3월 2일	님의 침묵	도서 분야	문학
	한용운 | 열린책들 | 2023	관련 과목	국어, 한국사, 종교
		관련 학과	국어국문학과, 사회학과, 역사학과

✔ 〈님의 침묵〉에 사용된 역설적 표현과 그 뜻을 정리한다.

'님은 갔지마는 나는 님을 보내지 아니하였습니다'라는 역설적 표현은 재회에 대한 강한 믿음을 의미한다. 이렇게 논리에 맞지 않는 표현으로 중요한 진리를 표현한 다른 작품을 찾고 그 의미를 파악해 본다.

✔ '님'의 의미에 따라 한용운의 시를 어떻게 해석할 수 있는지 정리한다.

연인	사랑하는 연인으로 볼 수 있다. 이때 그의 시를 연인에 대한 사랑의 노래로 해석할 수 있다.
조국	일제 강점기 독립운동가임을 고려하면 조국을 의미한다고 볼 수 있다. 이때 그의 시를 광복에 대한 의지를 담은 노래로 해석할 수 있다.
절대자	승려였음을 고려하면 종교적 절대자로 볼 수 있다. 이때 그의 시를 종교적 깨달음의 노래로 해석할 수 있다.

✔ 〈알 수 없어요〉에서 나타난 자연 현상이 어떤 의미를 갖는지 정리한다.

고요히 떨어지는 오동잎	보이지는 않으나 존재하는 초월적 힘의 절대적인 존재
언뜻언뜻 보이는 푸른 하늘	세속적인 번뇌 속에서 진리의 가르침을 주는 존재
알 수 없는 향기	인간의 능력으로는 파악할 수 없는 존재
가늘게 흐르는 작은 시내	신비감과 영원성을 지니고 즐겁게 해주는 존재
떨어지는 날을 곱게 단장하는 저녁놀	아름답고 정화된 의미를 부여하는 존재

✔ 위 내용을 비교과활동 특기사항이나 과세특에 활용한다.

• 통합사회 교과 세특 예시 •

일제 강점기의 대표적인 시를 학습하고 한용운의 작품이 인상 깊었음을 밝힘. 시인의 면모뿐만 아니라 독립운동가로서의 한용운의 모습에 관심을 가지고 탐구함. '님의 침묵', '알 수 없어요' 같은 대표작으로 '임'의 의미를 알아보고, 당시 시대상과 연관 지어 해석함. 저자의 탐구를 통해 작품을 이해하고 적용한 점이 인상적임. 특히 3.1만세운동의 민족대표라는 저자의 행적과 작품을 연계한 보고서를 작성함.

3월 3일	정지용 전집 1 시	도서 분야	문학
	정지용 ǀ 민음사 ǀ 2016	관련 과목	국어, 한국사
		관련 학과	국어국문학과, 사회학과

✅ 〈향수〉에 나타난 고향의 모습과 이에 담긴 화자의 정서를 정리한다.

실개천, 얼룩백이 황소	평화롭고 한가한 고향에 대한 그리움
늙으신 아버지	겨울밤 고단한 아버지에 대한 그리움
흙에서 자란 내 마음	꿈과 소망을 지닌 유년기에 대한 그리움
어린 누이, 아내	구김살 없고, 소박한 누이와 아내에 대한 그리움
초라한 지붕, 도란도란거리는 곳	정겨운 고향 집에 대한 그리움

✅ 〈유리창 I〉에서 '유리창'의 의미를 알아본다.

〈유리창 I〉은 죽은 아이의 모습을 다양하게 표현하며 자식을 잃은 아버지의 슬픔을 노래한다. 시의 제목 '유리창'은 두 가지 의미로 파악할 수 있는데, 죽은 아이와 화자를 나누는 장벽이자 유리창을 닦으며 아이를 만난다는 상반된 의미이다. 이중적 기능을 하는 '유리창'을 소재로 삼은 효과를 파악해 본다.

✅ 〈고향〉에 사용한 수미상관의 효과를 정리한다.

〈고향〉은 1연과 6연에 유사한 구조를 반복하여 돌아온 고향에서 느끼는 상실감을 강조한다. 이처럼 수미상관을 활용하면 운율의 형성과 주제 의식의 강조 효과를 얻을 수 있다. 수미상관 구조를 사용한 다른 작품을 찾아 어떠한 효과를 내고 있는지 탐구해 본다.

✅ 위 내용을 비교과활동 특기사항이나 과세특에 활용한다.

• 음악 연주 교과 세특 예시 •

정지용의 '향수'를 학습하고 감각적 이미지를 활용하고 같은 후렴구를 반복해 운율을 만든 것을 설명함. 또한 대중 가수와 테너가 부른 노래의 가사로 사용된 것을 소개하고 예술작품의 융복합, 특히 크로스오버 음악에 관심이 생겼다고 밝힘. 최근 크로스오버 남성 중창단 결성을 위한 방송 프로그램도 함께 소개하여 친구들의 관심과 흥미를 끄는 발표를 한 것이 인상적임.

3월 4일	가난한 사랑노래	도서 분야	문학
	신경림 I 실천문학사 I 2013	관련 과목	국어, 통합사회
		관련 학과	국어국문학과, 사회학과

〈가난한 사랑노래〉에서 당시의 시대적 배경을 보여주는 시구와 의미를 정리한다.

두 점을 치는 소리	새벽 두 시를 알리는 소리이자 통금을 알리는 방범대원을 의미한다.
육중한 기계 굴러가는 소리	도시의 비정한 기계 문명의 소리이며, 고달픈 노동자들에게 위협적이고 두려운 대상이다.

〈산에 대하여〉에서 낮은 산이 가지고 있는 특성을 정리한다.

시시덕거리고 웃으며 나지막이 엎드려 있고	자신의 몸을 낮추는 모습
부러운 듯 사람 사는 꼴을 구경하고 섰다	낮은 곳으로 내려와 사람들의 삶에 관심을 가짐
순하디순한 길이 되어 주기도 하고	산을 오르는 이들에 대한 배려
따뜻한 사랑의 숨을 자리가 돼 주기도 한다	연인들에 대한 배려

〈길〉의 시어 '길'의 의미를 생각해 본다.

'길'은 사람의 '인생길'이라는 의미이자 사람들에게 깨달음을 주는 자연의 모습, 사람들이 발전시킨 문명을 의미하기도 한다. 작품을 읽으며 '길'이 지닌 다양한 의미를 통해 삶에 대해 생각해 보고 본인에게는 어떠한 의미로 다가오는지 고찰해 본다.

위 내용을 비교과활동 특기사항이나 과세특에 활용한다.

• 사회 교과 세특 예시 •

신경림의 시를 감상하고 우리 사회의 모습을 돌아볼 수 있는 시간이었으며 특히 '길'이라는 시가 인상적이었다는 소감을 밝힘. 이 시를 읽고 무분별한 과학 기술의 발전은 언젠가 그 대가를 치를 수도 있다는 것을 생각하는 계기가 되었다고 함. 기술 발전으로 자연이 파괴되고, 인권이 박탈된다면 그것은 과연 누구를 위한 발전이냐는 자신의 주장을 발표하여 친구들에게 좋은 반응을 얻음.

3월 5일	이육사 시집	도서 분야	문학
	이육사 ǀ 범우사 ǀ 2019	관련 과목	국어, 통합사회, 한국사
		관련 학과	국어국문학과, 사회학과

✅ 〈광야〉에 담긴 '속죄양 모티브'를 알아보고 그 내용을 정리한다.

'속죄양'이란 유대교인들이 속죄일에 제물로 바치는 양이나 염소를 말하는 것으로 남의 죄를 대신 짊어지는 사람을 비유적으로 이르는 말(국립국어원 표준국어대사전)이다. 〈광야〉에서는 '내 여기 가난한 노래의 씨를 뿌려라'에서 조국 광복을 위한 자기희생의 의지를 담은 속죄양 모티프를 찾을 수 있다.

✅ 〈절정〉에 사용된 역설적 표현에 대해 정리한다.

〈절정〉에서 사용된 역설적 표현은 '겨울은 강철로 된 무지개'에 나타난다. '겨울', '강철'은 차가운 이미지로 힘든 시련의 시간을 의미하고, '무지개'는 희망을 담은 황홀함의 대상이다. 극한의 상황을 황홀한 것으로 받아들이고 역설적으로 인식하여 초극하려는 의지를 알 수 있다.

✅ 이육사의 시에서 조국의 광복을 의미하는 시어나 시구를 찾아 정리한다.

이육사의 작품에서 조국의 광복이나 광복을 실현할 인물, 광복을 즐기는 우리 민족을 의미하는 시어나 시구들을 쉽게 찾을 수 있다. 〈광야〉의 '백마 타고 오는 초인', '꽃'의 '너', '청포도'의 '내가 바라는 손님' 등이며, 그의 다른 작품을 감상하며 추가로 찾아본다.

✅ 위 내용을 비교과활동 특기사항이나 과세특에 활용한다.

• 문학 교과 세특 예시 •

이육사의 '절정'을 배우고 일제 강점기의 시에 관심을 가지게 됨. 윤동주의 '쉽게 쓰여진 시'와 비교 분석하며 두 시 모두 부정적 현실을 극복하려는 의지가 나타나며, 윤동주는 현실에 안주하려는 부끄러운 삶을 살지 않겠다는 의지를, 이육사는 극한 상황을 제시하며 초극의 의지를 보여주었다고 평가함. 또한 심훈의 '그날이 오면' 등 광복에 대한 염원을 담은 일제 강점기의 시들을 함께 소개하며 문학의 사회적 역할에 대해 생각해 보게 되었다는 소감을 밝힘.

3월 6일	**껍데기는 가라**	도서 분야	문학
	신동엽 | 시인생각 | 2010	관련 과목	국어, 통합사회
		관련 학과	국어국문학과, 사회학과

✅ 〈껍데기는 가라〉의 대립적 이미지의 시어와 의미를 정리한다.

부정적 대상	**껍데기, 쇠붙이:** 화합을 막는 세력, 허위나 위선적인 것
소망하는 대상	**알맹이, 동학년 곰나루의 아우성, 아사달, 아사녀, 향그러운 흙가슴:** 분단 극복의 의지, 순수하고 본질적인 것

✅ 〈산에 언덕에〉의 '그'가 의미하는 것은 무엇인지 정리한다.

이 시의 화자와 '행인'은 '그'를 그리워하고 있다. '그의 얼굴 다시 찾을 수 없어도'와 '그의 노래 다시 들을 수 없어도'의 시행으로 보아 '그'는 다시 만날 수 없는 존재이며, 시대적 배경으로 미뤄보면 '그'는 4 · 19 혁명 과정에서 희생된 이들을 상징한다고 볼 수 있다. '그'가 추구하던 신념과 소망이 언젠가는 이루어지리라는 생각으로 "산에 언덕에 피어날지어이"라고 노래하고 있다.

✅ 〈종로5가〉에서 '동대문'의 의미를 파악하여 정리한다.

동대문 밖에서 동대문 안으로 이동하려는 소년이 등장한다. 동대문 밖은 농촌의 삶이고 동대문 안은 자본과 권력의 억압이 있는 삶을 의미한다. 동대문 밖에서 동대문 안으로의 이동은 고향을 떠나 힘든 삶을 사는 도시 빈민으로 전락하는 것을 의미한다고 할 수 있다.

✅ 위 내용을 비교과활동 특기사항이나 과세특에 활용한다.

• 한국사 교과 세특 예시 •

신동엽의 작품을 학습하고 4 · 19혁명의 이야기를 담은 '껍데기는 가라', '누가 하늘을 보았다 하는가' 등의 작품을 필사함. 4 · 19혁명에 대해 알아보고 그 정신이 신동엽의 작품에 어떻게 담겨 있는지에 대해 조사하고, 문학의 기능과 문학의 힘을 알게 되었다는 소감을 밝힘.

3월 7일

무정

이광수 | 민음사 | 2010

도서 분야	문학
관련 과목	국어, 통합사회
관련 학과	국어국문학과, 사회학과

등장인물과 의미를 정리해 본다.

이형식	현실과 이상 사이에서 고뇌하는, 민족을 개화시켜야 한다는 선구자적 계몽의식을 갖춘 인물
김선형	개화기 신여성으로 새로운 가치관을 지녔으나 현실 인식은 부족한 인물
박영채	전통적이고 유교적인 가치관을 지닌 인물에서 근대적 가치관을 지닌 인물로 바뀜
김병욱	진취적이고 이상적인 인물, 영채가 새로운 가치관을 지니는 데 도움을 준 인물

계몽주의에 대해 정리한다.

계몽주의는 17세기~18세기에 유럽에서 발생한 사상으로 인간의 이성으로 어리석음을 깨우치는 것이 핵심이다. 예술뿐만 아니라 정치, 사회, 과학, 철학 등 광범위한 분야에 영향을 주었다. 이광수의 《무정》과 심훈의 《상록수》 등이 개화기 계몽주의의 대표작품으로 꼽을 수 있다. 《무정》 속 등장인물이 근대적 가치관을 가지거나 민중의 각성을 중시하는 장면에서 계몽성을 찾을 수 있다. 계몽성이 드러나는 또 다른 장면들도 찾아본다.

위 내용을 비교과활동 특기사항이나 과세특에 활용한다.

• 문학 교과 세특 예시 •

이광수의 '무정'을 읽고 우리 민족에 대한 애정과 민족의식이 느껴졌다는 소감을 밝힘. 이광수의 다른 작품 '흙'과 심훈의 '상록수'를 함께 소개하며, 농촌 계몽을 추구하는 작가의 의식이 잘 반영된 작품이라고 평함. 더불어 채만식의 '레디메이드 인생'을 친구들에게 추천하며, 지식인 실업자의 모습을 통해 계몽위주의 사회가 가질 수 있는 문제점도 제시하는 날카로운 해석이 돋보임.

• 윤리와 사상 교과 세특 예시 •

계몽주의 사상을 학습하고 우리나라의 계몽주의 문학과 연관 지어 탐구함. 봉건적, 종교적 권위와 인습, 편견, 관습 등에 대항해 자유로운 인간의 지식을 강조한 문학으로, 최남선과 이광수 등의 작품에서 찾아볼 수 있으며, 특히 이광수의 '무정' 속 등장인물들의 모습에서 계몽성을 찾을 수 있다고 발표함.

3월 8일	
삼대	
염상섭 ǀ 문학과지성사 ǀ 2004	

도서 분야	문학
관련 과목	국어, 통합사회
관련 학과	국어국문학과, 사회학과

《삼대》 속 등장인물의 특징을 정리한다.

조 의관	1대, 구한말 세대, 전형적인 봉건적 가치관을 지니고 있으며, 돈과 이익을 중시하는 현실주의자
조상훈	2대, 개화기 세대, 자신의 이상을 펼치지 못하고 방탕하고 위선적인 삶을 살아가는 인물
조덕기	3대, 개화기 세대, 일본에 유학 중이며 할아버지에게 신뢰받는 인물. 절충적, 중도적인 모습을 보임
김병화	덕기의 친구로 사회주의 사상을 실천에 옮기는 인물

시대적 배경을 바탕으로 작품의 등장인물과 갈등에 대한 탐구 보고서를 작성한다.

Ⅰ. 서론
Ⅱ. 본론
1. 작품의 시대적 배경
2. 등장인물의 특징
2-1 조 의관
2-2 조상훈
2-3 조덕기
2-4 신세대 인물들 (김병화, 장훈, 홍경애 등)
3. 갈등 요소 분석
3-1 가치관 (조 의관과 조상훈을 중심으로)
3-2 재산 상속 (조 의관과 조상훈, 조상훈과 조덕기를 중심으로)
3-3 사상 (조덕기와 김병화를 중심으로)
4. 갈등 해결을 위한 제안
4-1 공감
4-2 수용
4-3 타협
Ⅲ. 결론
Ⅳ. 참고문헌

위 내용을 비교과활동 특기사항이나 과세특에 활용한다.

• 진로활동 특기사항 예시 •

심리학에 관심이 많은 학생으로 염상섭의 '삼대'를 읽고 인물들의 갈등으로 관계도를 그림. 이를 바탕으로 갈등 원인을 심리학적으로 분석한 보고서를 작성함. 이들의 갈등은 가치관과 돈이 중심을 이루고 있으며, 의사소통을 통한 공감과 협력을 바탕으로 갈등 해결을 위해 인물 간의 노력이 필요하다는 내용이 인상적임. 또한 작품 속의 갈등은 현대 사회에서도 충분히 나타날 수 있는 문제임을 강조한 발표 내용이 청자의 흥미를 끌기에 좋은 설정이었음.

3월 9일	천변풍경	도서 분야	문학
	박태원 | 문학과지성사 | 2005	관련 과목	국어, 통합사회
		관련 학과	국어국문학과, 사회학과

《천변풍경》의 주요 배경을 정리한다.

청계천 빨래터	여성들의 주요 일터이자 소통의 공간. 동네와 사회에 대한 정보를 공유하는 공간
이발소	남성들의 소통 공간, 자신이 가지고 있는 정보를 교류하는 공간

세태소설의 의미를 정리하고 비슷한 주제의 책을 찾는다.

'세태소설'이란 사람들의 일상생활과 사회의 풍속, 인심, 유행 따위를 묘사한 소설로, '풍속 소설'이라고도 한다. 이러한 소설 속 등장인물은 특정 시기와 사회의 생활양상을 보여주며 대표작으로 박태원의 《천변풍경》, 채만식의 《탁류》 등이 있다. 또 다른 세태소설을 찾고 그 시대상을 정리한다.

《천변풍경》의 구성적 특징을 탐구한다.

박태원의 《천변풍경》은 삽화적 구성 방식을 취하고 있다. 삽화적 구성은 개연성 없이 단편적인 이야기들이 연결된 구성을 말한다. 이 소설은 창수, 금순, 하나코 등 다양한 인물들의 일화를 전체적인 줄거리의 고려 없이 나열하고 있으며, 다양한 인물들의 시각으로 당시의 세태를 드러내고 있다. 다른 작품에서 등장하는 삽화적 구성의 사례를 찾아본다.

위 내용을 비교과활동 특기사항이나 과세특에 활용한다.

• 국어 교과 세특 예시 •

'천변풍경'을 읽고 1930년대 서민층의 일상을 사실적으로 담았다는 서평을 개인 블로그에 씀. 인터넷 글쓰기의 특징을 잘 파악하여 그림 자료를 적절하게 활용하고, 독자들의 이해 확장을 위해 자료 주소를 첨가하였으며, 댓글의 내용을 바로 반영하여 수정 보완하는 소통의 자세를 보여주었음.

• 문학 교과 세특 예시 •

'천변풍경'을 읽고, 세태소설 간의 비교를 위해 1990년대 서울 속 이웃들의 삶을 다룬 양귀자의 '길모퉁이에서 만난 사람'을 함께 소개함. 시대적 배경은 다르나 주변 사람들의 이야기라는 공통점을 바탕으로 두 작품을 비교하여 발표함.

3월 10일	태평천하	도서 분야	문학
	채만식 | 민음사 | 2022	관련 과목	국어, 통합사회
		관련 학과	국어국문학과, 사회학과

태평천하

채만식 | 민음사 | 2022

✅ '가족사 소설'의 특징과 대표작을 정리한다.

가족사 소설이란 가족 내의 갈등이나 가문의 흥망성쇠 등을 역사적, 사회적 양상과 연결하여 쓴 소설이다. 대표적인 작품으로 채만식의 '태평천하', 염상섭의 '삼대', 박경리의 '토지' 등을 꼽을 수 있다. 가족사 소설의 특징을 바탕으로 이와 유사한 다른 작품들을 찾아본다.

✅ 《태평천하》의 표현상 특징을 정리한다.

경어체 문장	• '– 입니다', '– 겠다요' 등의 어투 • 판소리, 창처럼 서술자와 독자의 거리를 좁힘 • 등장인물의 풍자, 조롱 극대화
서술자의 개입	• 작품 속 인물이나 사건에 대해 서술자의 생각이나 판단을 독자들에게 이야기함
풍자	• 겉으로는 치켜세우나 격하시키는 표현으로 등장인물을 웃음거리로 만듦 • 부정적인 인물에 대한 풍자가 중심을 이룸

✅ 윤 직원 일가는 손자의 소식을 담은 '전보'를 받는다. '전보'의 기능을 정리한다.

윤종학이 검거되었다는 사실을 전달하며, 극적인 반전을 가져옴.

윤 직원 일가의 몰락을 예고

실제로 등장하진 않으나, 유일하게 긍정적인 인물이었던 종학을 알려주는 장치

✅ 위 내용을 비교과활동 특기사항이나 과세특에 활용한다.

• 문학 교과 세특 예시 •

채만식의 '태평천하'를 읽고 '윤 직원'과 고전 소설 '흥부전' 속 '놀부'를 비교하는 보고서를 작성함. 둘 다 부당한 방법으로 부를 축적했고 반사회적인 성격과 행동을 보여준다는 공통점을 찾고 각각 근대 자본주의 식민지 시대의 친일 지주의 모습과 봉건 사회 지주의 모습을 보여준다는 차이점을 발표함. 모두가 알만한 '놀부'라는 인물과의 대비로 청자들의 '윤 직원' 이해를 돕는 모습이 인상적임.

3월 11일	카인의 후예		
	황순원	문학과지성사	2006	도서 분야	문학
		관련 과목	국어, 통합사회
		관련 학과	국어국문학과, 사회학과

제목 속 '카인'의 의미를 조사하고, 제목으로 선정된 이유를 생각한다.

카인은 성경에 나오는 아담과 이브의 아들이다. 카인과 동생 아벨은 자신들의 수확물로 하나님께 예물을 바치지만, 하나님은 아벨의 예물만 받아들인다. 이에 질투를 느낀 카인이 아벨을 죽이게 되며, 이는 성경에서 인류 최초의 살인이다. 저자가 '카인의 후예'라는 제목을 지은 이유를 생각하며 작품을 이해한다.

《너와 나만의 시간》에 등장하는 인물의 특징을 정리한다.

주 대위	전쟁 중 다리 부상을 당함. 극한 상황에서도 삶의 의지를 놓지 않음
김 일등병	부상당한 주 대위를 포기하지 않음 따뜻한 마음을 가진 인물
현 중위	주 대위의 자살을 꾀하나 이루지 못하고 떠나 버림. 현실적인 판단이 앞서는 이기적 인물

황순원의 또 다른 작품을 찾아서 독서 계획을 세운다.

학	20○○.○○.○○. ~ 20○○.○○.○○.	☐
독 짓는 늙은이	20○○.○○.○○. ~ 20○○.○○.○○.	☐
목넘이 마을의 개	20○○.○○.○○. ~ 20○○.○○.○○.	☐

위 내용을 비교과활동 특기사항이나 과세특에 활용한다.

• 사회 교과 세특 예시 •

다양한 책 읽기를 실천하는 학생으로 황순원의 작품에 관심을 가지고 읽음. '너와 나만의 시간'을 읽고 전쟁이라는 극한 상황과 죽음의 위협 앞에 선 사람들의 심리를 주제로 발표함. 전쟁 포로가 된 주인공의 생각과 심리를 다룬 오상원의 '유예'를 함께 소개하며 전쟁의 잔혹함을 강조함. 현재도 전쟁 중인 나라들의 상황을 조사하여 함께 발표하며, 문학을 통한 사고의 확장과 세상을 보는 시선의 확대를 보여준 학생임.

3월 12일	광장/구운몽 최인훈	문학과지성사	2014	도서 분야	문학
		관련 과목	국어, 통합사회
		관련 학과	국어국문학과, 사회학과

✅ '광장'과 '밀실'의 의미가 무엇일지 생각하고 정리한다.

광장	**이상:** 공공의 장, 사회 구성원들이 함께 바람직한 사회 건설을 위해 토론하고 실천하는 공간 **현실:** 북한은 사회적 소통을 통해 의사 결정이 이루어지지만 개인의 자유가 없음
밀실	**이상:** 개인의 공간, 사회 구성원들이 저마다의 행복을 위해 자신의 역량을 키워가는 공간 **현실:** 남한은 겉보기에는 자유가 넘치는 듯이 보이나 사회적 소통이 없음

✅ 작품에 등장하는 '갈매기'에 대한 자신의 생각을 정리한다.

배 위에서 처음 갈매기를 보았을 때, 이명준은 감시자의 눈길처럼 생각해 불안감을 느낀다. 이후 큰 새와 꼬마 새는 은혜와 태어나지 못한 아기라고 여긴다. 그가 배를 타고 가는 동안 갈매기가 계속 따라오지만, 명준의 실종 이후 새는 보이지 않는다. 이는 결국 이명준의 의식을 나타낸다.

✅ 이명준이 타고 떠나는 배의 이름은 '타고르 호'이다. 그 의미는 무엇일지 정리한다.

전쟁 포로가 된 이명준은 남한도 북한도 아닌 중립국을 선택한다. 이명준은 광장이 건재하면서 밀실이 존중되는 사회가 바람직하다고 생각한다. 이는 개인과 사회의 조화, 행복과 이념이 공존하는 사회를 원하는 것이다. 그리하여 '타고르 호'를 타고 중립국 '인도'로 떠나는 것이다. 본 책 4월에 인도의 작가 '타고르'의 작품을 읽을 예정이니 참고해 본다.

✅ 위 내용을 비교과활동 특기사항이나 과세특에 활용한다.

• 문학 교과 세특 예시 •

최인훈의 '광장'을 읽고 '광장'과 '밀실'의 의미를 고찰함. 그리고 이념이 인물의 신념에 미치는 영향을 주제로 발표함. 또한 이념의 심화 학습을 위해 '광장'을 윤흥길의 '장마'와 비교한 것이 인상적임. '광장'은 이념의 대립이 개인의 선택을 요구하는 사회적 차원의 대립이며 '장마'는 개인적 차원의 대립에 중점을 두고 있다고 발표함.

3월 13일	난장이가 쏘아올린 작은 공	도서 분야	문학
	조세희 | 이성과 힘 | 2000	관련 과목	국어, 통합사회
		관련 학과	국어국문학과, 사회학과, 경영학과

✔ '난장이'의 의미를 정리하고, 저자의 의도를 생각해 본다.

《난장이가 쏘아올린 작은 공》의 중심인물은 '난장이'와 그의 가족이다. '난장이'는 경제적으로 빈곤한 사람, 소외된 사람, 노동자를 의미한다고 할 수 있다. 책을 읽어 보며 작가가 주인공으로 '난장이'를 설정한 이유를 생각해 본다.

✔ '난장이' 가족의 집 주소는 '낙원구 행복동'이다. 이 주소의 의미를 생각해 본다.

'낙원구 행복동'이라는 주소는 반어적 의미를 담고 있다. 그들의 삶은 지역명처럼 낙원도 아니고 행복과도 거리가 멀다. 이런 반어적인 지역명이 소외계층의 빈곤한 삶을 강조하는 것이다. 박완서의 작품 《옥상의 민들레꽃》에 나오는 아파트 이름이 '궁전아파트'인 것도 이와 비슷하다. 지역명 등이 등장인물의 상황과 반대인 작품들을 찾아보고 작가의 의도를 파악해 본다.

✔ '난장이가 쏘아올린 작은 공'에 나오는 소재들의 의미를 정리한다.

작은 공	난장이의 꿈과 소망
보리밥에 까만 된장	초라한 밥상, 가난한 집안 형편을 알 수 있음
달나라	실현하고자 하는 이상적인 세계
고기 굽는 냄새	자본과 권력이 있는 사람들의 삶
주머니 없는 옷	난장이 가족의 궁핍한 삶
벽돌 공장의 높은 굴뚝 그림자	산업화, 도시화를 상징, 난장이 가족의 삶을 침범할 것을 비유

✔ 위 내용을 비교과활동 특기사항이나 과세특에 활용한다.

• 진로활동 특기사항 예시 •

건축학과 도시 개발에 관심이 많은 학생으로, 조세희의 소설 '난장이가 쏘아 올린 작은 공'을 읽고 '도시 재개발은 긍정적인 효과를 가져온다'라는 논제로 친구들과 토론을 진행함. 재개발 반대 측에 참여하여 재개발로 삶의 터전을 잃어버린 이들에게도 거주권과 행복권이 있음을 강조함. 이는 공공의 이익이라는 명목하에 이루어지는 폭력일 수 있다는 반대 측의 입장을 정확하게 전달함.

3월 14일	# 황만근은 이렇게 말했다	도서 분야	문학
	성석제 ｜ 창비 ｜ 2002	관련 과목	국어, 통합사회
		관련 학과	국어국문학과, 사회학과, 심리학과

✅ 소설은 주인공의 실종으로 시작한다. 그 효과를 정리해 본다.

내용상 효과	황만근의 실종을 먼저 제시하고, 그의 행적을 거슬러 올라가며 내용이 전개된다. 그 과정에서 황만근의 부재를 통해 그의 존재 가치를 깨닫게 된다.
독자 측면 효과	실종에 대한 호기심으로 황만근에 관심을 두고 읽게 된다.

✅ 작품의 뒷부분에 나오는 민 씨가 쓴 글에 대해 알아본다.

작품의 뒷부분에서 지금까지의 황만근의 삶과 그 평가가 담긴 '묘비명'을 쓴 사람이 드러난다. '묘비명'은 황만근의 죽음을 기리고 그를 평가하며 앞에서 미처 담지 못했던 황만근의 행적과 그의 삶을 직접적으로 보여준다. 이를 통해 황만근의 실종과 죽음에 대한 독자들의 의문을 해소한다. 특히 '황 선생'이라는 호칭을 사용하여 그의 이타적인 삶을 예찬하는 민 씨의 평가를 알 수 있다.

✅ 인물의 일대기적 구성인 '전(傳)'에 대해 정리한다.

'전'은 한 인물의 생애와 업적 등을 기록하여 후세에 전하는 글이다. 《황만근은 이렇게 말했다》도 황만근의 생애를 다루고 있어 '전'의 형식과 유사하다고 볼 수 있다. 이 소설과 이문구의 《유자소전》처럼 '전'의 형식을 가지고 있는 작품들을 더 찾아보고 그 특징을 정리한다.

✅ 위 내용을 비교과활동 특기사항이나 과세특에 활용한다.

• 진로활동 특기사항 예시 •

성석제의 '황만근은 이렇게 말했다'를 읽고 이기적인 현대인에 대한 비판과 농촌의 어려운 현실에 대한 고발이라는 서평을 작성함. 황만근에게 궂은일을 맡기면서 생색을 내거나 당연시하는 마을 사람들에게 분노하고, 황만근의 성품을 인정하는 유일한 사람인 '민 씨'를 보며 우리 사회에는 황만근과 같은 이타적인 인물도 필요하지만 그를 알아보고 인정해주는 '민 씨'와 같은 존재도 필요하다는 의견을 밝힘. 황만근이 아닌 '민 씨'에게 집중하는 새로운 시각과 자신만의 관점으로 인물을 해석하고 평가한 것이 훌륭함.

3월 15일	시인 동주	도서 분야	문학
	안소영 | 창비 | 2015	관련 과목	국어, 통합사회, 한국사
		관련 학과	국어국문학과, 사회학과, 역사학과

✔ 정병욱의 수필 《잊지 못할 윤동주》를 읽고 윤동주에 대해 정리한다.

망덕포구의 조형물에는 '윤동주의 시를 알린 것이 가장 자랑스럽다'라고 말하는 정병욱의 말이 새겨져 있다. 그는 일제의 눈을 피해 윤동주의 원고를 망덕의 집에서 지켜냈고, 광복 이후 그 원고로 〈하늘과 바람과 별과 시〉를 발간하게 된다. 정병욱의 수필 〈잊지 못할 윤동주〉를 읽고 윤동주와 정병욱에 대해 알아본다.

✔ 한글학자 최현배 선생님과 윤동주의 이야기를 알아본다.

윤동주는 연희전문학교 재학 시기, 한글학자 최현배 선생님의 강의를 들었다. 이후 민족말살정책으로 더 이상 최현배 선생님의 강의를 듣지 못하자 학교에 다니기 싫어질 정도라는 말을 남긴다. 우리말에 대한 윤동주의 마음이 어떠한지 알 수 있는 대목이다. 우리말과 시 창작에 대한 윤동주의 생각을 정리하고, 최현배 선생님과의 일화를 추가로 조사한다.

✔ 윤동주의 사촌인 '송몽규'에 대해 알아본다.

1992년부터 국가보훈부는 '이달의 독립운동가'를 선정하여 발표하고, 추모행사와 전시회 등의 기념사업을 벌이고 있다. 특히 2023년에는 '독립의 불꽃, 청년'을 주제로 청년 시절부터 독립운동에 헌신한 인물들을 선정하였다. 2023년 2월 '이달의 독립운동가'에 선정된 송몽규를 조사해, 그의 작가와 독립운동가로서의 모습을 정리한다.

✔ 위 내용을 비교과활동 특기사항이나 과세특에 활용한다.

• 진로활동 특기사항 예시 •

시 감상과 시 창작에 재능이 있는 학생으로, 윤동주의 생애를 다룬 소설 '시인 동주'를 읽고 시인으로서의 윤동주가 아닌 인간 윤동주에 대해 알게 되었다는 소감을 밝힘. '서시', '참회록' 등에 대한 개인적인 감상과 시대적 배경을 바탕으로 한 분석을 통해 윤동주와 그의 작품을 깊이 이해하게 되었으며, 윤동주 기념관을 방문하여 윤동주의 삶을 살펴보고 이를 바탕으로 '동주를 느끼다'라는 시를 창작하여 낭송함. 발표한 시가 친구들에게 좋은 반응을 얻음.

3월 16일

땀 흘리는 소설

김혜진 외 8명 | 창비교육 | 2019

도서 분야	문학
관련 과목	국어, 통합사회
관련 학과	국어국문학과, 사회학과, 기계공학과

☑ 《저건 사람도 아니다》를 읽고 로봇의 역할과 한계에 대한 의견을 작성한다.

우리 사회는 일하는 여성에게 가사와 육아까지 요구하고 있다. 소설의 주인공은 비밀리에 로봇의 도움을 받고, 로봇은 회사 일을 완벽하게 해낸다. 회사가 원하는 사람은 본인이 아니라 로봇이라는 사실이 못내 씁쓸하다. 나에 대한 정보와 업무 내용을 입력한 대로 일하는 로봇이 과연 나와 무엇이 다른가? 로봇이 인간을 대신할 수 있는 것은 어디까지인지 고찰해 본다.

☑ 《어비》를 읽고 '일다운 일'이란 무엇인지 자신의 의견을 제시한다.

'미디어 콘텐츠 창작자'는 학생들의 희망 직종 중 상위권을 차지하고 있다. 그리고 소위 '먹방'이라 불리는 영상들이 인기를 끌고 있다. 음식을 먹는 일로 돈을 버는 모습을 우리는 어떻게 생각하고 있는지 생각해 본다. '일다운 일', '가치 있는 일'의 의의와 사례에 대한 의견을 제시해본다.

☑ 위 내용을 비교과활동 특기사항이나 과세특에 활용한다.

• 진로활동 특기사항 예시 •

'땀 흘리는 소설'을 읽고 작품 속에서 등장하는 다양한 노동의 현장을 이해하고, 특히 일하는 여성에게 요구되는 과도한 부하를 보며 여성의 인권을 생각해 보는 계기가 되었다는 소감문을 작성함. 작품 속 등장인물이 자신의 업무를 로봇에게 맡기는 장면을 보고, 장단점을 고민 후 사람만의 고유한 특성을 지키는 것이 중요하다는 발표로 친구들에게 좋은 반응을 얻음.

• 진로활동 특기사항 예시 •

미디어 콘텐츠 창작에 관심이 많은 학생으로 '땀 흘리는 소설'을 읽고 다양한 미디어 콘텐츠 창작자들의 책임감 있는 창작물 제작이 중요하다는 소감문을 작성함. 개성 있고 독특한 소재와 주제의 미디어 콘텐츠의 제작을 목표로 하고 있는데, 이 소설로 미디어의 영향력을 알게 되었다는 솔직한 발표로 호응을 얻어냄.

3월 17일

불편한 편의점

김호연 | 나무옆의자 | 2021

도서 분야	문학
관련 과목	국어
관련 학과	국어국문학과, 사회학과, 의예과

이 작품에 나타나는 시대상을 살펴본다.

코로나 팬데믹은 우리에게 많은 두려움과 불편함을 주었다. 익숙하지 않은 마스크를 착용하고 다중이용시설의 이용 제한 등 사람들의 생활을 제약했다. 소설 속에서도 폐업, 구직의 어려움, 노숙 등의 모습을 보여준다. 뉴스나 신문 기사를 활용해 작품의 배경이 되는 2021년의 모습을 살펴본다.

이 작품의 등장인물들이 보여준 사회적 역할을 살펴본다.

편의점 사장은 수익이 많지 않은 편의점을 계속 운영한다. 편의점이 문을 닫으면 직원들의 생계 수단이 없어지기 때문이다. 그만큼 개인의 가게가 아니라 모두의 일터라고 생각한다. 독고 씨는 코로나19가 급격하게 퍼진 대구로 간다. 팬데믹 상황에서 의료인의 역할을 생각해 보게 되는 장면이다.

위 내용을 비교과활동 특기사항이나 과세특에 활용한다.

• 진로활동 특기사항 예시 •

'불편한 편의점'을 읽고 우리 주변인들의 모습을 통해 위로를 주는 작품이라는 서평을 작성함. 편의점을 찾는 손님 모두 각각의 사연을 가지고 있고, 편의점의 밤을 지키는 독고 씨와 만나며 자신을 깨닫고 용기를 얻게 된다. 독고 씨의 정체를 궁금해하며 작품을 읽었음을 밝힘. 작품에 등장하는 인물들은 바로 우리의 모습이며, 우리가 보여주어야 하는 모습이라고 평가함. 특히 의료인으로서 책임감을 보여주는 장면이 좋았다고 의견을 제시함.

• 자율활동 특기사항 예시 •

'토론의 실제'에서 사실 논제, 가치 논제, 정책 논제에 대해 배움. 이중 정책 논제를 가지고 모의 토론에 참여함. 논제를 정하기 위해 '불편한 편의점'을 읽고 '코로나 펜데믹'에서 등장한 마스크 논의에 주목함. 이후 '마스크 의무 착용'이라는 논제를 설정하고 찬성 측으로 참여하여 코로나 팬데믹의 심각성을 제시하고 마스크 의무 착용의 필요성과 효과에 대한 의견을 주장함.

3월 18일

눈길

이청준 | 문학과지성사 | 2012

도서 분야	문학
관련 과목	국어, 통합사회, 심리학
관련 학과	국어국문학과, 사회학과, 역사학과

《눈길》의 등장인물의 성격과 행동을 정리한다.

'나'	부모와 자식의 관계를 물질로만 측정함, 어머니를 '노인'이라고 부르며 심리적 거리감을 보여줌 자신에게 물질적인 도움을 주지 않은 어머니에게는 진 빚이 없다고 함
'노인' (어머니)	집안을 지키지 못하고 자식에게 부모 노릇을 하지 못한 것에 대한 부끄러움이 있음 '나'에 대한 부모로서의 미안한 마음이 있어서 '나'에게 부담을 주지 않으려 노력함
아내	'노인'과 이야기를 나누며 '노인'을 이해하고 연민을 느낌. 나'와 '노인' 사이의 중재자 역할을 함 '노인'을 대하는 '나'의 태도에 불만이 있음

순행·역순행적 구성의 의미를 알아보고 《눈길》의 역순행적 구성을 정리한다.

순행적 구성은 자연스러운 시간의 흐름에 따라 흘러가는 구성이며, 역순행적 구성은 현재에서 과거로 가거나, 현재에서 과거로 갔다가 다시 현재로 오는 등 부자연스러운 시간의 흐름을 보여준다. 〈눈길〉에서 찾을 수 있는 역순행적 구성을 정리한다.

등장인물들이 생각하는 '옷궤'의 의미를 정리한다.

'노인'에게 '옷궤'는 옛집을 지켜온 어머니의 마음이자 아들에 대한 애정으로 남겨둔 살림살이의 흔적이다. '나'에게 '옷궤'는 어머니의 사랑에 대한 빚 문서 같은 대상이며 잊고 싶은 불편한 과거다. 아내는 '옷궤'를 통해 '노인'의 이야기를 끌어내고 '나'와 '노인'의 화해를 종용한다. 작품을 읽으며 '옷궤'의 의미를 생각해 본다.

위 내용을 비교과활동 특기사항이나 과세특에 활용한다.

• 문학 교과 세특 예시 •

이청준의 '눈길'을 읽고 아들에 대한 어머니의 사랑이 감동적이었다는 소감을 밝힘. 아픈 자식을 위해 눈을 헤치고 산수유 열매를 따오신 아버지의 이야기를 담은 김종길의 시 '성탄제'를 함께 읽으며 자식을 위해 희생하는 부모의 사랑에 대해 생각해 보았다는 내용의 발표를 함.

3월 19일	장마	도서 분야	문학
	윤흥길	민음사	2005	관련 과목	국어, 통합사회
		관련 학과	국어국문학과, 사회학과, 한국학

장마

윤흥길 | 민음사 | 2005

《장마》에 사용된 소재들의 의미를 정리한다.

장마	오랜 기간 지속된 불행한 가족사 고통스럽고 끝날 것 같지 않은 전쟁
구렁이	할머니가 기다리는 삼촌의 현신으로 여기는 무속적인 세계관 소설 속에서 갈등을 해소하는 장치로 사용됨
할머니의 머리카락	구렁이의 원한을 풀어주는 매개체이자 할머니의 모성애를 보여줌 무속적인 세계관에 근거한 해결 방안

《장마》의 등장인물을 정리해 본다.

친할머니	아들이 인민군으로 6.25 전쟁에 참전하여 소식이 없음 아들에 대한 강한 모성애를 보이며 무속 신앙을 철저히 믿는 고집스러움이 있음
외할머니	아들이 국군으로 6.25 전쟁에 참전하여 전사함 무속 신앙을 믿으며 침착하고 지혜롭게 구렁이를 정성껏 대접함
나	서술자. 어린아이답게 사리 분별력이 부족함

《장마》의 마지막 문장을 읽고 느낀 점을 정리한다.

《장마》는 '정말 지루한 장마였다'라는 문장으로 끝난다. 여러 날 계속해서 비가 내리는 장마처럼 비극적인 상황이 계속되었음을 의미한다. 음울한 분위기의 장마는 한 가족의 불행, 더 나아가 우리 민족의 불행인 전쟁을 의미한다. 그러나 '-였다'라는 과거형 문장은 장마가 끝났고 이는 민족의 비극이 종결되었음을 의미한다. 제목과 마지막 문장의 의미를 생각하며 작품을 감상해 보자.

위 내용을 비교과활동 특기사항이나 과세특에 활용한다.

• 문학 교과 세특 예시 •

윤흥길의 '장마'를 읽고 소설의 시점에 대해 이해함. 일인칭 관찰자 시점인 '장마'의 일부분을 전지적 작가 시점으로 바꾸어보며 서술자의 시점에 따라 같은 내용도 다르게 표현될 수 있음을 알게 되었다는 소감을 밝힘. 남북한의 이념 대립이라는 무거운 주제를 어린아이를 서술자로 하여 직접 다루지 않으면서도 전쟁의 비극성을 효과적으로 전달하고 있다는 의견을 발표함.

3월 20일

원미동 사람들

양귀자 | 쓰다 | 2012

도서 분야	문학
관련 과목	국어, 통합사회
관련 학과	국어국문학과, 사회학과

✅ '원미동'이라는 동네 이름의 의미를 정리한다.

원미동의 한자의 뜻은 '멀고 아름다운 동네'이다. 멀리 있지만 아름다운 또는 멀리 있어서 아름다운 희망적 공간을 떠올릴 수 있는 이름이다. 그러나 1980년대의 실제 원미동은 아름다운 동네는 아니었다. 동네 이름과 작품의 내용이 가지는 의미를 생각하며 작품을 읽어보자.

✅ 저자가 《원미동 시인》에서 전달하려는 내용은 무엇인지 정리한다.

개인이 당하는 비합법적인 폭력과 이웃들의 방관을 이야기하고 있다. 폭력에 이의를 제기하지 못하는 모순을 말하고, 그 속에서 살아가는 주변부 인물들의 삶을 그리고 있다. 특히 어린아이의 시선을 빌린 일인칭 관찰자 시점이 만드는 효과는 무엇일지 생각해 본다.

✅ 《마지막 땅》에서 강 노인이 땅을 팔았을지 생각해 본다.

도시화 과정에서도 땅을 지키고자 하는 '강 노인'은 당의 전통적인 가치를 소중하게 생각하는 인물이다. '강 노인'의 삶의 방식을 존중하지 않고 이해관계만 따지는 동네 사람들과 물질적으로 풍요로운 생활을 원하는 '강 노인'의 가족들은 땅의 가치를 이해하지 못한다. 그들에게 땅은 개발의 대상이며 이익 창출의 수단일 뿐이다. '강 노인'은 과연 땅을 팔았을까 생각해 본다.

✅ 위 내용을 비교과활동 특기사항이나 과세특에 활용한다.

• 진로활동 특기사항 예시 •

양귀자의 '원미동 사람들'을 읽고 소시민의 삶에 대해 생각해 보는 계기가 되었다는 소감을 밝힘. 특히 '마지막 땅'이 인상적이었는데, 우리도 개발과 보존이라는 것이 우리에게 어떤 이익과 어떤 문제점을 안겨줄지에 대해 고민해 보아야 하며, 공동체가 중요하게 여기는 사회 문화적 가치를 문학이 담아낼 수 있다는 것을 통해 문학의 힘을 느낄 수 있다는 감상문을 작성함.

3월 21일	관촌수필	도서 분야	문학
	이문구 ㅣ 문학과지성사 ㅣ 2018	관련 과목	국어, 통합사회
		관련 학과	국어국문학과, 사회학과

《관촌수필》 속 소제목들의 의미를 정리해 본다.

일락서산	해가 서산으로 진다
화무십일	열흘 가는 붉은 꽃은 없다. 아무리 번성한 것도 시간이 지나면 쇠한다.
행운유수	떠가는 구름과 흐르는 물
녹수청산	푸른 물과 푸른 산
공산토월	빈산이 달을 토하다. 빈산에서 떠오르는 달
관산추정	고향에서 꼴 베는 사람, 고향의 옛 친구
여요주서	노래와 같은 주석이나 서문, 그저그런 이야기에 관한 해설
월곡후야	달빛 비치는 골짜기의 늦은 밤부터 아침까지

《일락서산》에서 작가가 전달하고자 하는 내용을 정리한다.

오랜 세월 동안 마을의 모습을 지켜온 왕소나무가 사라진다는 것은 근대화 과정에서 전통적인 삶과 가치가 소멸하는 것을 의미한다. 저자는 이를 통해 무엇을 이야기하려는 것일지 생각해 본다.

'나'는 어릴 적 고향을 그리워한다. 전통적 사회를 그리워한 이유를 생각한다.

잃어버린 고향에 대한 그리움을 담고 있다. 과거와 현재를 바라보며 무엇이 고향을 변하게 했는가를 드러내고자 하고 있다. 전통적인 농촌 사회를 잃어버렸다고 생각하게 한 이유를 생각해 본다.

위 내용을 비교과활동 특기사항이나 과세특에 활용한다.

• 문학 교과 세특 예시 •

어린 시절에 대한 추억을 회고하는 이문구의 '관촌수필'을 읽고, 가난할 수는 있으나 정신적으로 풍요로웠던 고향에 대한 향수가 느껴졌다는 소감문을 작성함. 특히 근대화 과정에서 전통적인 농촌의 소멸을 안타까워한 황석영의 '삼포 가는 길'과 비교한 것이 인상적. 개발의 바람을 타고 '삼포'의 변화를 들은 인물의 심정은 어떠했을지 생각해 보았다며 발표함.

3월 22일	방망이 깎던 노인	도서 분야	문학
	윤오영 | 범우사 | 2000	관련 과목	국어, 통합사회
		관련 학과	국어국문학과, 사회학과

이 소설에 사용된 한자어 어휘를 사전에서 찾아 정리한다.

죽기(竹器)	대나무로 만든 그릇
숙지황(熟地黃)	생지황을 아홉 번 찌고 아홉 번 말려서 만든 약재
구증구포(九拯九暴)	약재를 만들 때, 찌고 말리기를 아홉 번씩 하는 일
추탕(鰍湯)	고추장을 푼 육수에 미꾸라지를 통째로 넣고 두부, 유부, 호박, 고추, 양지머리 따위와 함께 끓인 국
탁주(濁酒)	우리나라의 전통주의 하나. 청주를 떠내지 않고 그대로 걸러 짠 술로 빛깔이 흐리고 맛이 텁텁하다.

이 소설에 나오는 시구를 정리한다.

'채국동리하(採菊東籬下) 유연견남산(悠然見南山)'은 도연명의 〈음주(飮酒)〉 속 한 구절로 동쪽 울타리 아래에서 국화를 따다가 유유히 남쪽 산을 바라본다는 의미이다. "만호도의성(萬戶擣衣聲)"은 만 집에서 다듬이질하는 소리라는 뜻으로 이백의 〈자야오가(子夜吳歌)〉의 한 구절이며, "위군추야도의성(爲君秋夜擣衣聲)"은 판소리 열두 마당 중 〈수궁가(水宮歌)〉에 실려있는 대목으로 임 위해서 가을밤에 다듬이질하는 소리라고 해석할 수 있다.

이 소설의 표현상의 특징을 정리한다.

특별한 경험이 아닌 소소한 일상의 체험을 회고하는 형식으로 표현하였다. 길거나 복잡하지 않고 간결한 문장을 사용하고 있고, 대화나 서술, 묘사 등을 적절하게 사용하여 단조롭지 않으면서도 전달하고자 하는 바를 효과적으로 표현하고 있다.

위 내용을 비교과활동 특기사항이나 과세특에 활용한다.

• 진로활동 특기사항 예시 •

윤오영의 '방망이 깎던 노인'을 읽고 자신의 일에 최선을 다하는 노인의 여유로운 모습은 성실한 삶의 자세와 사라져 가는 전통에 대한 아쉬움, 장인 정신 예찬 등을 전달하고 있다고 평가함. 하나하나 제대로 만드는 노인의 모습이 '빨리빨리'를 외치는 현대인의 모습과 대비되었음을 밝히며, 우리는 어떠한 자세를 가져야 할지 친구들에게 질문을 던져 생각의 계기를 만든 것이 인상적임.

3월 23일

문학의 숲을 거닐다

장영희 | 샘터 | 2022

도서 분야	문학
관련 과목	국어, 통합사회
관련 학과	국어국문학과, 사회학과

✅ 이 책에 등장한 작품 중 인상적인 것을 정리한다.

《문학의 숲을 거닐다》에는 이 책에서 다룬 다양한 작품이 등장한다. 읽었던 작품을 자신의 감상과 함께 정리해 보자. 이때 자신이 실제로 경험한 것과 유추한 것을 나누어 정리한다. 이 책의 3월과 4월에 있는 작품들도 있으니 《문학의 숲을 거닐다》와 더불어 읽기를 추천한다. 작품에 대한 단순한 정보가 아닌 자신이 하고자 하는 이야기와 작품을 연관 지어 정리한다.

✅ 《문학의 숲을 거닐다》처럼 자신이 감상한 작품으로 수필을 작성한다.

- 최근에 보고, 듣고, 겪은 일 중 기억에 남는 일은 무엇인가?
- 최근에 감상한 문학 작품, 영화, 음악 중 나의 삶을 돌아보게 한 것은 무엇인가?
- 위의 작품들 중 수필에 담고 싶은 작품은 무엇이고 이를 선정한 이유는 무엇인가?
- 수필에 담고 싶은 주제는 무엇인가?
- 나의 수필에 사용할 소재는 무엇인가?
- 수필의 구성 및 개요를 작성해 본다.
- 앞의 과정을 바탕으로 수필을 창작해 본다.
- 고쳐 쓰기를 거치며 수필을 완성해 본다.
- 친구들과 서로의 작품을 바꿔 읽으며 감상해 본다.

✅ 위 내용을 비교과활동 특기사항이나 과세특에 활용한다.

• 진로활동 특기사항 예시 •

독서를 즐기는 학생으로 다양한 분야의 책에 관심을 가지고 독서 활동을 함. 특히 심리학에 관심이 많아 소설의 등장인물들을 심리학적 관점에서 이해하는 서평을 작성한 것이 친구들에게 좋은 반응을 얻음. '호밀밭의 파수꾼'을 읽고 어른들의 세계에 환멸을 느낀 주인공의 모습과 '변신'의 그레고르 잠자로 인간의 소외와 고립감을 고찰한 것처럼 작품과 인물에 대한 심리적 이해와 해석이 담긴 서평이 돋보임.

3월 24일	인연 피천득 | 민음사 | 2018		
		도서 분야	문학
		관련 과목	국어, 통합사회, 한국사
		관련 학과	국어국문학과, 사회학과

☑ 《수필》에서 수필을 비유하는 소재와 그 의미를 파악하여 정리한다.

청자 연적	수필의 우아함
난, 학, 여인	수필의 높은 품격
평탄하고 고요한 길	수필은 여유, 사색의 글
독백	고백적 성격
친구에게서 받은 편지	친밀감, 솔직함

☑ 《은전 한 닢》의 서사적 성격을 정리한다.

수필은 자신의 생각을 정리한 일종의 고백적 문학이다. 하지만 이 작품은 자신이 겪은 인상 깊은 사건을 제시한다. 작품에 들어있는 사건이 일정한 줄거리를 갖춘 서사적 수필로, 소설적인 요소를 일부 갖췄다고 볼 수 있다. 소설은 갈등으로 사건을 전개하는데, 《은전 한 닢》은 '나'와 거지 사이의 갈등은 없기 때문이다. 단지 그를 목격한 사실만으로 이야기를 전개하고 있다.

☑ 《인연》의 이해를 돕는 관련 영상을 찾아 내용을 정리한다.

《인연》은 피천득 선생님의 열일곱 번째 봄, 도쿄에서 만난 아사꼬와의 인연을 적은 글이다. 2002년 8월 29일 KBS에서 방영한 〈TV, 책을 말하다〉는 아사꼬의 근황과 소재를 찾았다. 방송에서 이 사실을 알게 된 피천득 선생님은 '살아 있다는 소식을 들어서 너무도 반갑지만 세 번의 인연으로 족하다. 굳이 만나기보다는 그저 아사꼬가 잘살고 있기를 바랄 뿐'이라는 말을 남겼다. 이런 말을 남긴 작가의 마음을 느끼기 위해 영상을 시청하고 후기를 작성해 본다.

☑ 위 내용을 비교과활동 특기사항이나 과세특에 활용한다.

• 국어 교과 세특 예시 •

피천득의 '은전 한 닢'을 읽고, 소설적 요소가 있는 수필에 관심을 가지게 됨. 수필은 작가가 자신의 경험이나 생각을 적은 것이 대부분인데, 이 작품은 인물, 사건, 배경 등의 소설적 요소를 갖추고 있다는 작품 분석 보고서를 작성함. 그러나 갈등 구조를 바탕으로 사건을 전개하는 소설과 달리 이 작품은 '나'와 '거지' 사이의 갈등이 없다는 차이점이 있다는 부가 설명을 함.

3월 25일

한국 현대희곡선

김우진 외 9명 | 문학과지성사 | 2021

도서 분야	문학
관련 과목	국어, 통합사회, 연극학
관련 학과	국어국문학과, 사회학과

☑ 《산돼지》에서 '산돼지'의 의미를 정리한다.

저돌적이고 괴팍한 성격의 최원봉을 가리키는 별명이자 사회 개혁 정신을 의미한다. 산을 누벼야 할 산돼지가 집에 있으니 답답하고 무기력해질 수밖에 없다. 동학 운동가였던 아버지의 죽음과 무력한 현실 사이에서 좌절하는 최원봉의 모습을 연결하여 그 의미를 파악해 보자.

☑ 《살아있는 이중생 각하》에서 '이중생'이라는 이름의 의미를 정리한다.

《살아있는 이중생 각하》의 주인공 이름을 한자로 쓰면 '李重生'으로 쓸 수 있다. 이(李)는 '두 이(二)'와 발음이 같아 '이중생활(二重生活)'의 의미를 담았다고 할 수 있다. 자살극을 거짓으로 꾸민 주인공은 동시에 살아 있는 이중생과 죽어 있는 이중생이 된다. '이중생'이라는 이름이 가지고 있는 작가의 의도를 파악하며 작품을 파악해 본다.

☑ 《토막》에 나타난 당시 시대적 현실을 정리한다.

가난한 농부 명서네의 다 기울어진 토막은 일제 강점기에 수탈로 피폐해진 조국을 의미한다. 일본으로 돈 벌러 간 명수의 투옥과 희망이 사라진 명서네의 모습은 우리 민족의 비극적인 삶을 의미한다. 또한 명수의 백골이 담긴 상자는 광복에 대한 희망의 좌절을 의미한다고 할 수 있다. 작품에 나타난 당시 시대적 상황을 적용하며 작품을 감상해 본다.

☑ 위 내용을 비교과활동 특기사항이나 과세특에 활용한다.

• 진로활동 특기사항 예시 •

극 연출자를 희망하여 다양한 장르와 다양한 작품을 접하려고 노력하는 학생임. 드라마 극본과 영화 시나리오, 연극 대본을 비교하고 각각의 특징을 파악하고 자신이 창작한 작품도 실은 활동집을 완성함. 특히 소설 '소나기'를 희곡으로 직접 각색하며 장르의 특징을 파악한 것이 기뻤다고 발표함. 가장 인상 깊은 작품은 '살아있는 이중생 각하'이며, 이 작품처럼 비판과 해학을 품은 작품을 만들고 싶다는 포부를 밝힘.

3월 26일	
도서 분야	문학
관련 과목	국어, 통합사회
관련 학과	국어국문학과, 사회학과

이근삼 전집 1

이근삼 | 연극과인간 | 2008

《원고지》의 희극적 과장을 정리한다.

무대장치	교수가 사용하는 공간의 원고지 무늬 교수의 방과 자녀들의 방의 대조	규격화된 틀 속의 무의미한 생활 의무감에 짓눌린 가장의 모습
대사	자녀들 소개 내용과 실제 모습 불일치 자녀들의 퉁명스러운 말투	가족 간의 유대감 상실 뒤바뀐 가족 관계 풍자
의상 및 소품	교수의 원고지 무늬 양복, 허리의 쇠사슬 장녀의 화려한 옷차림	압박과 구속 물질주의

《원고지》 속 등장인물을 부르는 방식의 특징을 정리한다.

《원고지》 속 등장인물의 명칭은 이름이 아니다. '교수'나 '장녀', '처' 등의 보통 명사를 사용한다. 이는 사회적으로 객관화된 호칭이며 이를 통해 등장인물이 자신이 속한 집단의 유형화된 인물임을 드러내고 있다. 그리고 가족 구성원들 사이의 유대 관계가 상실되었음을 의미한다.

부조리극을 조사하고 조사 내용을 정리한다.

부조리극은 소통의 부재, 고독 등으로 인간에게 존재의 부조리를 느끼게 한다. 그리고 불합리 속에서의 존재에 대한 물음을 다룬다. 《원고지》도 부조리극의 형식을 가지고 있다. 특별한 갈등 없이 상황만을 전개하는 실험적 기법으로 삶의 가치와 의미를 잃어버린 현대인들에 대해 풍자하고 있으며, 유사한 행동이나 무의미한 대사의 반복은 현대인들의 삶의 무의미함을 나타내는 장치다.

위 내용을 비교과활동 특기사항이나 과세특에 활용한다.

• 진로활동 특기사항 예시 •

연기에 관심을 둔 학생으로 다양한 독서 활동을 함. 이근삼의 희곡 작품을 읽고 '원고지'에 깊은 감명을 받아 이와 비슷한 주제를 다룬 찰리 채플린의 영화 '모던타임즈'를 비교 분석후 발표를 진행함. '원고지'의 '교수'와 '모던타임즈'의 '찰리' 모두 자신의 삶을 잃어버리고 기계적으로 살아간다는 공통점을 찾고, 관련 자료를 영상으로 편집하여 발표에 효과적으로 활용함.

3월 27일

화랑의 후예, 밀다원 시대

김동리 | 교보문고 | 2013

도서 분야	문학
관련 과목	국어, 통합사회
관련 학과	국어국문학과, 사회학과

✔ 《화랑의 후예》의 서술상 특징을 정리한다.

1인칭 관찰자 시점으로, 관찰자 '나'는 '황 진사'에 대한 평가나 의견을 제시하지 않는다. 그의 시대착오적인 말과 행동을 객관적으로 관찰하고 보여줄 뿐이다. 이는 서술자와 서술 대상과의 거리를 유지하려는 작가의 의도이다. 이러한 특징을 바탕으로 작품을 이해한다.

✔ 《화랑의 후예》의 등장인물과 특징을 정리한다.

나	서술자, 합리적이고 근대적인 사고를 함 황 진사를 냉철한 시선으로 바라보면서도 연민을 가지고 있음
황 진사	가문을 중시하는 몰락한 양반 과거의 권위에서 집착하는 시대착오적인 사고를 하는 인물
숙부	조선의 현실을 걱정하는 지식인 대종교 사건에 연루됨
숙모	황 진사에게 도움을 주려고 하는 인정 많은 인물

✔ 작가가 묘사한 '황 진사'의 모습과 그 의미를 정리한다.

황 진사는 가문에 대한 허세가 강한 시대착오적인 사고를 하는 인물이다. 그러나 현실은 끼니를 잇지 못하고 가짜 약을 팔다가 잡혀가는 비참한 상황이다. 작가는 이러한 인물을 풍자하며 연민을 드러낸다. 가치있는 전통의 계승을 바라는 작가의 심리가 반영된 것이라고 할 수 있다.

✔ 위 내용을 비교과활동 특기사항이나 과세특에 활용한다.

• 진로활동 특기사항 예시 •

시대의 흐름과 전통의 경중을 따지는 토의 활동에 참여함. 이를 위해 김동리의 '화랑의 후예'와 황순원의 '독 짓는 늙은이'를 읽음. '화랑의 후예'에서 과거의 권위에 연연하는 인물이 확인하고, '독 짓는 늙은이'에서 전통적 가치가 붕괴하며 좌절하는 노인을 보며 시대적 흐름과 전통을 위한 집념을 고민하게 되었다는 발표를 함.

3월 28일	시용향악보	도서 분야	문학
	작자미상	지식을만드는지식	2011	관련 과목	국어, 통합사회
		관련 학과	국어국문학과, 사회학과

《시용향악보》에 실린 작품 중, 문학 시간에 배운 작품들을 정리해 본다.

사모곡	자식에 대한 어머니의 절대적인 사랑을 예찬하는 노래
서경별곡	이별의 정한(情恨)을 노래함
정석가	임에 대한 영원한 사랑을 노래, 태평 성대를 기원하는 노래
청산별곡	삶의 고뇌와 비해, 실연의 슬픔, 삶의 터전을 잃은 유랑민의 슬픔을 노래함
상저가	부모에 대한 효심을 노래함
귀호곡	악장가사에 '가시리'로 전문이 전하는 노래. 이별의 정한(情恨)을 노래함

〈서경별곡〉의 특징을 정리한다.

〈서경별곡〉은 시적 화자의 어조가 여성적이다. 그런데 이 작품의 화자는 임과 이별하기보다는 짜던 베를 버리고서라도 따르겠다며 임과의 이별을 적극적으로 거부한다. 순종과 인내 위주의 다른 작품의 여성 화자와는 다르다는 것을 느낄 수 있다. 〈서경별곡〉의 2연은 〈정석가〉 6연과 매우 비슷한데, 구비 전승 과정에서 중복된 것일 가능성이 있다.

'남녀상열지사'에 대해 알아본다.

고려 가요는 평민층에서 향유되던 노래로 그들의 진솔한 감정이 담겨 있다. '남녀상열지사'는 조선시대 학자들이 남녀 간의 사랑을 다룬 특정 고려 가요를 업신여긴 말이다. 조선 유학자들이 노래를 정리할 때 유교적 윤리에 맞지 않는 '남여상열지사를 삭제, 수정했을 가능성이 있다.

위 내용을 비교과활동 특기사항이나 과세특에 활용한다.

• 국어 교과 세특 예시 •

'정석가'를 학습하고 이 노래의 특징을 탐구하여 발표함. 불가능한 상황이 이뤄지면 이별하겠다는 내용을 분석해, 이러한 역설적 표현과 반어적 표현으로 임과의 영원한 사랑을 노래한다는 것을 밝힘. 역설적 표현의 이해를 위해 김영랑의 '모란이 피기까지는'을 함께 소개함. 또한 '정석가'의 6연과 '서경별곡'의 2연의 유사성을 시각 자료를 통해 보여주며, 고려 가요의 구비 전승의 특징을 설명함. 고려 가요의 이해를 통해 다른 작품과의 상호 연계성을 탐구하는 능력이 우수함.

3월 29일	호질 양반전 허생전	도서 분야	문학
	박지원 | 범우사 | 2014	관련 과목	국어, 통합사회
		관련 학과	국어국문학과, 사회학과

《호질》의 우화적 성격의 특징을 조사한다.

우화에는 의인화된 부정적인 존재가 등장하여 그 인물을 폭로하며 인간 세상을 비판한다. 그런데 호질은 의인화된 인물인 '범'이 등장하는데, 이는 부정적인 이물인 '북곽 선생'의 위선을 꾸짖어 인간 사회를 비판한다는 점이 일반적인 우화와 다르다. '범'의 역할을 탐구하여 정리한다.

《호질 양반전 허생전》 중 인상적인 작품을 정리해 본다.

호질	도학자의 위선에 대한 폭로, 이중적인 도덕관을 비판
양반전	신분 제도가 흔들린 당대 사회상에서 드러난 양반들의 허세와 횡포에 대한 풍자
허생전	당시 양반들의 무능함과 허위의식을 비판하며 각성을 촉구
김신선전	김신선을 찾아 다니며 신선 사상의 허무맹랑함을 드러냄
열녀 함양박씨전	형식적인 도덕의 그릇됨, 과부의 개가 금지에 대한 비판
예덕선생전	무위도식하면서도 허욕에 가득 찬 양반들의 위선적인 생활을 비판

《양반전》의 풍자 대상을 탐구해 본다.

《양반전》에서 풍자되는 주된 대상은 양반 계층이다. 여기서 양반은 겉치레에 빠진 비생산적이며 무위도식하는 계층이며, 개인적인 이익만을 위해 부당한 특권을 남용하고 평민들에게 횡포를 부리는 계층임을 드러낸다. 양반을 풍자하는 동시에 이러한 양반을 선망의 대상으로 여기며 신분 상승을 노렸던 평민 계급도 풍자하고 있는 것은 아닌지 생각해 본다.

위 내용을 비교과활동 특기사항이나 과세특에 활용한다.

• 경제 교과 세특 예시 •

경제학에 관심이 많은 학생으로 '소책자 만들기' 활동에서 경제 관련 기사나 칼럼 등을 모아 자신만의 평을 담아 정리함. 특히 박지원의 '허생전'을 읽고 '허생이 바라본 경제 분석'이라는 글을 작성함. 조선시대에 허생이 시도한 매점매석과 현대 경제 상황을 분석하며 국가의 실물 경제와 통화량이 적절하게 균형을 이루어야 한다는 내용이 돋보임. 문학 작품을 바탕으로 현대의 우리 사회를 비판적 시각으로 바라보고 폭넓은 사고를 하는 적용력이 좋은 학생임.

3월 30일	열하일기	도서 분야	문학
	박지원 | 보리 | 2010	관련 과목	국어, 통합사회
		관련 학과	국어국문학과, 사회학과

✅ 조선시대 사행단을 조사하여 정리한다.

- **정기 사행:** 동지, 새해, 황제와 황후 생일
- **임시 사행:** 중국에 기쁜 일이 있거나, 감사할 일이 있을 때, 조문할 일이 있을 때
- 중국에 공물을 바쳐 나라의 안전을 보장 받음
- 젊은 지식인들이 앞선 문물 등을 접할 수 있는 기회

✅ '북학', '서학'에 대해 조사하여 정리한다.

북학	• 조선 후기에 청나라의 문물이나 제도의 일부를 수용하여 조선의 개혁을 추구하였던 기술론 • 박지원과 그와 뜻을 같이하는 사람들은 청나라 제도의 도입을 주장함. • 벽돌의 사용, 수레의 사용, 농기구의 개량, 대외 무역 장려
서학	• 조선 후기 중국에서 도입된 한역 서양 학술서적과 서양 과학기술문물을 연구하던 학문 • 명, 청대에 활동하던 예수회 선교사들이 천주교 신앙을 효과적으로 전도하기 위해 서양문명을 담은 서적을 한문으로 번역

✅ 연암과 뜻을 함께한 사람들을 조사해 본다.

홍대용	천문, 토지 제도, 신분 제도에 관심이 많음
정철조	기계로 움직이는 여러 기구를 만들어 냄.
이덕무	규장각 검서관을 맡음
이서구	시를 잘 씀
유득공	《발해고》를 씀
박제가	《북학의》를 씀. 박지원이 서문을 써 줌

✅ 위 내용을 비교과활동 특기사항이나 과세특에 활용한다.

• 진로활동 특기사항 예시 •

외교관을 목표로 하는 학생으로 '열하일기'를 통해 박지원이 조선의 경제적 구조를 분석하고 문제점을 파악하여 이에 대한 해결을 강조한 것을 보며 그의 이용후생 사상과 열린 시각은 외교관으로서 본받아야 할 자질이라고 발표함. 자신도 외교관이 되어 다른 나라에 근무하게 되면 그 나라의 문화, 경제, 예술 등을 폭넓게 다루며 '열하일기'같은 대기록을 남기고 싶다는 포부를 밝힘.

3월 31일	

금오신화

김시습 | 민음사 | 2009

도서 분야	문학
관련 과목	국어, 통합사회
관련 학과	국어국문학과, 사회학과

전기 소설(傳奇小說)에 대해 조사하여 정리한다.

'기이한 사건을 전하는 소설'이라는 뜻으로 귀신과 인연을 맺거나 비현실적인 사건을 내용으로 한다. 《금오신화》도 전기 소설인데, 현세의 인물이 천상계, 저승 등에 가거나 용궁의 신, 죽은 여인 등을 만나는 설정이 나타난다. 전기 소설은 기이한 신기한 일을 다루고 있지만 현실을 반영하기도 하며 작가의 사상과 개성을 담아낼 수 있다. 《금오신화》 이외의 또 다른 전기 소설도 찾아 읽어보자.

삽입시의 기능을 조사하여 정리한다.

- 상황을 함축적으로 표현
- 앞으로의 사건 전개를 암시
- 사건 전개의 단조로움을 탈피
- 인물의 정서를 효과적으로 전달
- 이전의 일어난 사건을 압축적으로 제시 등의 기능을 가지고 있음을 작품을 통해 확인한다.

《금오신화》 속 작품들의 특징을 정리한다.

만복사저포기	생사를 초월한 사랑과 불교적 윤회 사상이 담겨 있음.
이생규장전	유교적 도덕규범, 도교적 숙명론, 불교적인 무상관이 담겨 있음.
취유부벽정기	고려의 역사적 정통성을 바탕을 둔 작가의 의식이 담겨 있음.
남염부주지	악인에 대한 인과응보, 선인에 대한 사필귀정의 관점이 담겨 있음.
용궁부연록	작가 자신의 삶이 반영되어 있다고 볼 수 있음.

위 내용을 비교과활동 특기사항이나 과세특에 활용한다.

• 한국사 교과 세특 예시 •

역사에 흥미를 가지고 공부하는 학생으로 특히 조선 시대의 역사에 관심이 많음. 김시습의 '금오신화'를 읽고 김시습과 작품에 대해 탐구하여 발표함. 김시습은 세조가 단종을 폐위하고 왕위에 앉은 것에 분노하여 승려가 되어 전국을 유랑하며 일생을 보낸 생육신의 한 사람임에 초점을 맞춰 소개하고 다른 생육신들도 함께 언급함. 또한 김시습의 작품인 '금오신화'를 읽고 능력이 있으면 기회를 얻게 되므로 사회적 지위가 중요한 것이 아니라 능력이 중요하다는 생각을 하게 되었다는 의견을 밝힘.

4월

4월 / 1일	Dead Poet's Society **죽은 시인의 사회** N. H. 클라인바움 ∣ 서교출판사 ∣ 2004	도서 분야	영미문학
		관련 과목	영어, 국어, 문학
		관련 학과	교육 계열, 인문 계열

✅ 책의 줄거리를 요약 후, 생각할 점을 선정해 자유롭게 토론한다.

명문대 진학을 위한 압박 속에서 새로 부임한 국어 교사 존 키팅은 학생들에게 일탈을 선사한다. 그리고 자유로운 사고와 주체적인 생각을 가지고 삶을 살아가라고 강조한다. 학생들은 '죽은 시인의 사회'라는 비밀 클럽을 만들어 시를 읊으며 내면을 살피고 자아를 발견한다. 다음은 소설 속 생각할 점들의 예시다.

- **낙스, 캐머룬의 행동에서 비판할 점** – 소설 속 기성세대의 모습과 우리나라 교육 현실의 공통점
- **'현재를 즐겨라'는 말의 진의** – 교장 선생님과 키팅 선생님의 비교에 따른 교사의 역할과 영향력

✅ '죽은 시인의 사회'의 의미를 설명한다.

'죽은 시인의 사회'는 자유와 자아 발견, 엄격한 학교 규칙과 입시 위주의 교육을 탈피하려는 자유 의지를 의미한다. 이 공간에서 학생들은 부모의 꼭두각시가 아닌 스스로 자아를 발견하고 꿈을 찾는다. '현재를 즐겨라'라는 좌우명 아래 시를 읊으며 솔직한 감정과 인생에서 바라는 것을 깨닫게 된다.

✅ 이 소설의 주인공 닐의 자살이 상징하는 것을 설명한다.

닐은 연극을 통해 자신이 원하는 꿈을 찾았지만, 부모님은 의사가 되길 강요한다. 결국 닐은 자신의 열망을 펼칠 수 없음을 깨닫고 죽음을 선택한다. 그의 자살은 사회적 편견과 부모의 제약을 벗어나 자유를 갈구하는 저항이자, '죽은 시인의 사회'의 정회원이 되었다는 상징적 의미가 있다.

✅ 위 내용을 비교과활동 특기사항이나 과세특에 활용한다.

• 진로활동 특기사항 예시 •

교육 계열 전공을 희망하는 학생으로 '죽은 시인의 사회'를 읽고 교사의 역할과 영향력에 대한 보고서를 작성함. 부모의 강압으로 자유 의지가 꺾인 학생들이 선생님을 만나 자아와 인생의 가치를 깨닫는 것을 호평함. 교사의 역할은 지식 전달을 넘어 학생들의 가치관 형성까지 미친다고 발표함. 다양한 활동과 자유로운 의견 개진으로 학생들의 자아 발견과 내면 성장을 도모한 존 키팅의 가르침을 본받고 싶다는 견해를 밝힘.

4월 2일

Fahrenheit 451

화씨 451

레이 브래드버리 | 황금가지 | 2009

도서 분야	영미문학
관련 과목	영어, 국어, 문학
관련 학과	인문 계열

✅ 통제 속 안락한 삶과 자유롭지만 불안전한 삶을 주제로 토론한다.

소설 속 사회는 극단적인 사회적 평등을 추구한다. 거의 모든 것이 통제되는 사회에서 불평등을 경험하지 못한 사람들은 감정과 생각의 필요성도 느끼지 못한다. 반대로 주인공 몬태그는 개인의 자유로운 생각을 찾고자 고통 속에서 인간의 정신적 가치를 고민한다. 주요 인물들의 행동과 상반되는 사회의 모습을 읽고 어떤 삶이 더 가치가 있는지 논리적인 근거를 들어 토론한다.

✅ 이 소설이 다룬 사회문제가 현재에서도 찾아볼 수 있음을 강조한다.

소설처럼 기술의 발달로 현대 사회와 개인에게 발생한 문제를 찾고 해결방안을 강구한다. 다음의 예시를 참고해 관련 기사나 책에서 정보를 찾아본다.

- **일부 언론 및 미디어 정보의 맹목적 믿음** – 문해력과 주의력, 집중력 저하
- **쾌락 소비주의의 만연** – CCTV로 인한 지나친 개인 정보 요구와 노출

✅ 미래에도 '책'이 필요한 이유를 논리적 근거를 들어 설명한다.

'책'은 개인의 자유로운 생각의 상징이다. 또한 독서로 비판적 사고와 상상력, 창의력, 공감 능력을 키울 수 있다. 현란한 영상과 다르게 휴식과 사색의 시간도 선사한다. 소설에서 언급한 것처럼 책 하나하나에는 각각의 이야기가 있다, 이처럼 책의 다양한 순기능을 고민해 미래 사회에도 필요한 이유를 찾아 본다.

✅ 위 내용을 비교과활동 특기사항이나 과세특에 활용한다.

• 영어 교과 세특 예시 •

'화씨 451'을 읽고 인간의 자유로운 사고가 통제되고 미디어가 지배하는 사회를 이해하는 서평을 작성함. 등장인물의 성격과 책이 상징하는 바를 곁들여 줄거리를 요약함. 소설 속 미디어의 폐해는 현대에도 중독적인 영상 매체로 인한 문해력과 주의력, 집중력 저하, 쾌락 소비주의의 모습으로 나타난다고 소감을 발표함. 소설에서 주인공이 책을 통해 인간의 정신적 가치를 추구한 것처럼, 적극적인 독서를 통해 이런 문제를 극복해야 한다는 해결방안을 개진함.

4월 3일	The Kite Runner	도서 분야	영미문학
	연을 쫓는 아이	관련 과목	영어, 국어, 세계사
	할레드 호세이니 | 현대문학 | 2022	관련 학과	사회 계열, 인문 계열

✅ '연'이 갖는 상징적 의미를 설명한다.

연은 아미르에게 강압적인 아버지의 인정을 얻을 트로피이자, 하산에게는 친구를 위한 헌신을 나타내는 장치다. 또한 소설의 마지막 부분에서 하산의 아들 소랍과 아미르가 연을 통해 소통하는 모습은 소설의 과거와 현재를 꿰뚫고 아미르가 자신의 잘못된 선택을 책임지려는 적극적인 행동을 의미한다.

✅ 아미르의 입장에 서서 하산의 편지에 답장을 적어본다.

하산은 전쟁 중인 카불에 남아 아미르 아버지의 저택을 지키고 아미르에게 편지를 남겼다. 그 편지 안에는 친구에 대한 헌신과 옛 실수의 용서가 있었고, 아미르와의 우정을 아들에게까지 전달하고 있다. 이에 아미르는 어떤 심정으로 답장을 썼을지 상상하며 진솔한 편지를 적어본다.

✅ 이 책의 배경이 되는 아프가니스탄의 종교적, 사회적 문제를 탐구한다.

아프가니스탄은 다양한 민족으로 구성된 나라이다. 파쉬툰인인 주인공 아미르, 하자라인인 하인 하산은 분명한 계급 차이가 존재한다. 이러한 차별은 탈레반과 이슬람 극단주의가 횡횡한 소설 후반부의 배경이 된다. 아프가니스탄의 종교와 민족의 갈등은 현재도 진행 중이다. 아프가니스탄의 근, 현대 역사를 조사하고 교육, 인권, 경제, 치안 등의 문제를 고발한다.

✅ 위 내용을 비교과활동 특기사항이나 과세특에 활용한다.

• 사회 교과 세특 예시 •

탁월한 영어 실력을 갖췄으며 정치·사회 문제에 관심이 많은 학생임. 세계의 분쟁지역을 깊게 탐구하던 도중 '연을 쫓는 아이'를 읽음. 영어권 자료를 조사해 아프가니스탄의 문화적, 역사적 사건을 표로 작성하고 소설의 줄거리를 설명하며 소설을 종합적으로 이해함. 처참한 역사 속 주인공의 죄책감은 사회와 종교 문제에서 시작했으며 비극 속에서도 인간적인 감동이 있다는 소감을 밝힘.

4월 4일	Lord of the Flies **파리대왕** 윌리엄 골딩 ǀ 문예출판사 ǀ 1999	도서 분야	영미문학
		관련 과목	영어, 국어, 문학
		관련 학과	사회 계열, 인문 계열

☑ 이 책의 주요 주제를 파악하고 생각할 문제를 간추려 자유롭게 토론한다.

이 소설의 주제는 '인간의 악한 본성'이다. 윌리엄 골딩은 인간에 내재한 폭력성과 야만성, 사회에 미치는 영향을 무인도에 떨어진 소년들로 비춰냈다. 다음 예시를 여러 각도로 이해하고 토론해본다.

- 폭력적인 지배욕으로 인한 핵전쟁에서 도망쳤지만, 섬에서 폭력과 권력을 탐하는 소년들의 모습
- 미지의 존재로 공포를 조장하고, 이를 정치적 수단으로 이용하며 무리의 결속을 다지는 모습
- 민주적으로 질서와 평화를 유지하려는 노력과 야만성에 대비되는 인간의 지성, 인간성의 편린

☑ 소설 속 랠프와 잭의 대립을 이해하고 그 의미를 설명한다.

주인공	등장인물의 성격	상징적 의미
랠프	사회적 질서와 민주적인 의사결정을 추구함. 폭력의 위협 앞에서도 이성적으로 행동하며 희망을 놓지 않음.	문명의 질서, 민주적 합의, 인간성
잭	권력을 위해 무법과 폭력을 자행함. 거짓 정보로 소년들의 공포를 조장하고 다른 집단을 와해시킴.	독재적 권력, 본능적 폭력과 악의

☑ 이 소설이 다룬 사회문제가 현실에서도 발생할 수 있음을 숙지한다.

권력의 남용과 독재 정치, 정치적인 그룹 간의 갈등과 모략, 민주적인 의사소통 없이 결정되는 독단적 정책, 익명성을 빌미로 사이버 공간에서 폭력 행사, 잔혹한 악행이 난무하는 나라 간 대립 등의 사례를 찾아본다.

☑ 위 내용을 비교과활동 특기사항이나 과세특에 활용한다.

• 사회 교과 세특 예시 •

'파리대왕'의 원서로 냉전을 경험한 저자를 이해하며, 등장인물 간의 대립과 주제를 파악해 서평을 적음. 주인공들의 행동으로 문명과 이성, 폭력과 권력의 대비를 분석함. 나치의 독재부터 신종 바이러스, 테러 등 공포를 이용해 권력을 탐닉하는 사례를 들어 인간의 내재적 악의 본성은 현실에서도 일어난다고 비평함. 원서를 읽으며 영문학 고전을 이해한 것이 인상적임.

4월 5일	Stoner **스토너** 존 윌리엄스 I 알에이치코리아 I 2015	도서 분야	영미문학
		관련 과목	영어, 국어, 문학
		관련 학과	인문 계열

✅ 스토너의 삶을 읽고 인생의 성공과 실패는 무엇인지 고찰한다.

윌리엄 스토너는 평생 대학의 강단에 섰지만, 조교수 이상 올라가지 못했다. 그를 선명하게 기억하는 학생은 거의 없다. 동료들 또한 그를 특별하게 평가하지 않는다. 그의 노력에도 불구하고 결혼 생활은 고독했다. 일생을 노력했지만 내세울 것 없는 삶이다. 하지만 그런 그를 작가는 '영웅'이라 부른다. 실패한 삶을 산 그를 '영웅'이라 칭하는 이유와 인생의 성공과 실패, 진정한 가치를 고민해본다.

✅ 저자의 문학 작법을 분석하고 의의를 적어본다.

존 윌리엄스는 주인공 스토너를 삼인칭 관찰자 시점으로 섬세하게 묘사한다. 주인공의 생각, 감정, 고민 등을 깊이 있게 파고들어 정적으로 표현하고 있다. 이러한 정교한 서술 방식은 주인공의 캐릭터를 형성하고, 독자들이 인물의 성격에 더 쉽게 공감하도록 한다.

✅ 이 소설의 마지막 문장이 의미하는 바에 대해 자신의 생각을 작성한다.

스토너는 죽음 앞에서 '넌 무엇을 기대했나?'라며 여러 번 자문한다. 그리고 마지막에 보잘것없고 실패했던 삶이 아닌 기쁨이 몰려온다고 말한다. 그의 삶은 성공과 화려함과 거리가 멀지만, 인내와 성실로 묵묵히 자기 길을 걸었다. 인생은 기대한 대로 흘러가지 않는다. 기대와 현실, 욕망과 좌절은 우리가 예측할 수 없다. 인생에서 성취 이상으로 중요한 가치가 무엇인지, 자신의 삶에 무엇을 기대하고 있는지 자문해보자.

✅ 위 내용을 비교과활동 특기사항이나 과세특에 활용한다.

• 진로활동 특기사항 예시 •

영미 문학작품에 관심이 많은 학생으로 '스토너'를 읽고 자기 삶과 연관성을 담은 서평을 작성함. 타인의 인정을 받지 못해도 소신껏 살아간 스토너의 평범한 삶의 의의를 둠. 기대와 다른 불만족스러운 결과도 덤덤하게 받아들인 그의 태도를 본받고 싶다고 발표하며 인문학적 소양을 향상함. 3인칭 시점으로 주인공의 정교한 내면 묘사에 감동했다고 인상적인 문장을 꼽으며 영미 문학을 적극적으로 이해하려고 함.

4월 6일	Pride and Prejudice **오만과 편견** 제인 오스틴 | 민음사 | 2003	도서 분야	영미문학
		관련 과목	영어, 국어, 문학
		관련 학과	인문 계열

✅ 원작의 첫 문장은 영미문학의 진수라고 볼 수 있다. 그 의미를 생각해본다.

원작의 첫 문장은 다음과 같다. 해석 후 의미를 곱씹어 보자.

'It is a truth universally acknowledged, that a single man in possession of a good fortune, must be in want of a wife.'

단 한 문장으로 당시의 시대상을 여실히 느낄 수 있다. 결혼이나 부, 성별의 언급에선 당시 사회적 관습과 기대를, 그리고 이후 전개될 주인공들의 사회적 지위에 따른 사랑과 결혼 이야기를 암시한다.

✅ 소설의 시대상을 고려해 주인공 엘리자베스가 가지는 의의와 한계를 정리한다.

18세기~19세기 영국에서 여성의 사회적 활동은 전무했다. 여성의 경제력은 결혼으로만 충당됐고, 개인의 감정보다 경제력이나 가문, 계급 등 외적 조건이 중요했다. 이런 시대에서 사람의 됨됨이가 마음에 들지 않아 청혼을 거부한 엘리자베스의 행동은 도전적이다. 제도에서 벗어나 개인의 감정, 의견, 가치를 중시했다는 의의가 있다. 반면 결혼으로 인한 지위 향상의 결말은 시대적 한계를 나타낸다.

✅ 현대의 '오만'과 '편견'의 사례를 조사하고, 이를 극복할 방법을 찾는다.

소설 속 인간관계에서 오만과 편견은 갈등의 발단이자 주인공의 성장을 보여주는 장치다. 지금도 오만과 편견이 공공연히 일어나며 갈등을 초래하고 있다. 외모, 성별, 국적 등 다양한 이유로 발생한 오만과 편견의 사례를 찾고, '열린 마음으로 상대를 대하기, 사전에 판단하지 않고 근거에 따라 사고하기, 다양성을 존중하고 소통하기, 자신을 객관적으로 성찰하기' 등 구체적인 해결방안을 생각해본다.

✅ 위 내용을 비교과활동 특기사항이나 과세특에 활용한다.

• 사회 교과 세특 예시 •

영미 문화와 독서를 좋아하는 학생으로 소설의 배경과 인물, 문화를 심도 있게 생각하는 활동에 흥미를 보임. '오만과 편견' 속 사회와 풍습, 여성의 지위와 소설의 의미를 꼼꼼하게 살펴봄. 주류 문화에 도전한 주인공과 다른 등장인물들의 성격과 관계를 영문 그래픽 오거나이저로 정리해 영어로 발표함. 독서 후 진정한 인간관계를 위해서 오만과 편견을 버리고, 극복 방법을 찾겠다는 다짐을 정확하게 영작함.

4월 7일	The Catcher in the Rye **호밀밭의 파수꾼** 제롬 데이비드 샐린저 | 민음사 | 2023	도서 분야	영미문학
		관련 과목	영어, 국어, 문학
		관련 학과	인문 계열

✅ '호밀밭의 파수꾼'이 상징하는 의미와 소설의 주제를 파악한다.

여동생 피비가 홀든에게 무엇이 되고 싶은지 묻자, 홀든은 호밀밭에서 뛰노는 아이들이 절벽으로 떨어지지 않게 지키는 '호밀밭의 파수꾼'이 되고 싶다고 말한다. 이는 어른의 세계로 타락하지 않고 순수한 마음을 붙들고자 하는 홀든의 심정과 어린이와 어른 사이의 내적 갈등과 성장을 의미한다.

✅ 주인공 홀든의 방황을 긍정·비판적인 시각으로 분석해본다.

긍정적인 시각	• 위선으로 얼룩진 사회에 대한 청소년의 방황을 사실적으로 심리 묘사 • 솔직한 표현으로 청소년들에 대한 공감을 불러일으킴. • 아이와 어른을 오가며 방황 속 인간의 성장을 자연스럽게 그림
비판적인 시각	• 부유한 집 출신으로 평범한 청소년들의 심정을 대표하지 못함. • 죽음 암시와 거친 표현, 비관적인 성격으로 공감을 일으키지 못함. • 순수와 위선을 오가는 모순적인 행동

✅ 유년기의 끝이라는 홀든의 처지에 공감하며 나의 경험을 에세이로 작성한다.

주인공 홀든은 어른들은 가식과 위선으로 가득하다며 반항을 일삼지만, 어른들의 모습을 하나둘 따라 하고, 죽은 어린 동생을 그리워하고 순수한 여동생과 동심을 지키는 모습도 보여주며 복잡한 내면을 드러낸다. '질풍노도의 시기'라는 말이 있을 만큼 이때의 혼란은 당연하다. 홀든의 모습과 행동을 나의 경험과 빗대어, 나는 청소년기를 거치며 어떤 어른이 되고 싶은지 적어본다.

✅ 위 내용을 비교과활동 특기사항이나 과세특에 활용한다.

• 진로활동 특기사항 예시 •

평소 영미문학에 관심이 많은 학생으로 '호밀밭의 파수꾼'을 읽고 한글 번역과 대조함. 소설의 언어적 유희와 운율을 찾아 생동감 있게 번역함. 주인공 홀든이 여동생에게 말한 '호밀밭의 파수꾼'의 의미를 이해하고, 순수성을 지키고 싶은 홀든의 복잡한 심리를 분석함. 어른의 위선을 비판하고 모방하는 홀든의 일관성 없는 태도가 공감된다고 밝히며 자신의 경험을 공유해 친구들로부터 큰 호응을 받음.

4월 8일	The Giver **기억 전달자** 로이스 라우리	비룡소	2007	도서 분야	영미문학
		관련 과목	영어, 국어, 문학
		관련 학과	인문 계열

✅ 이 소설의 주요 주제인 '인간의 기억과 감정'을 나타내는 상징을 찾아 설명한다.

소재	상징적 의미
색깔	색깔의 말소는 통제된 사회를 의미하며, 주인공이 점차 다양한 색을 보는 것은 인간성 회복의 증거다.
날씨	질서를 위해 통제된 날씨는 인간의 자연적인 감정과 삶의 의미의 중요성을 전달하는 상징이 된다.
눈동자	소설 속 감정과 기억이 있는 사람만이 눈동자에 색깔이 있다. 이는 인간에게 감정의 가치를 상징한다.
임무해제	임무해제의 실상은 죽음으로, 공동체의 유지를 빌미로 개인의 죽음의 권리도 박탈하고 있다. 주인공에게 인간다운 삶은 무엇인지 의문을 던지게 하는 상징적 요소이다.

✅ 이 소설은 열린 결말이다. 뒷이야기를 상상하며 소설을 이어 쓴다.

통제로 만들어진 평화 속, 주인공 조너스는 기억 보유자로서 감정, 본능, 인간성을 회복하고 다양한 일에 휩쓸린다. 그리고 고통스러운 자유를 향해 떠나며 열린 결말을 선사했다. 사회적 규범과 개인의 자유, 인간의 감정과 본질적인 측면을 고려하여 뒷이야기를 이어 써본다.

✅ 비슷한 주제의 올더스 헉슬리의 소설 《멋진 신세계》를 읽고 비교해본다.

	기억 전달자	멋진 신세계
공통점	완벽한 사회 추구, 인간의 감정과 자유 통제, 개인의 자유보다 사회 질서의 중시 사회의 안정과 개인의 자유 사이의 갈등, 인간의 존엄성과 가치에 대한 고찰	
차이점	감정과 기억 통제로 평화로운 사회 감정이 없는 인간 **주제:** 인간 감정이 중요하다는 의미 부여	고도의 과학 기술로 통제 쾌락 중심의 인간 **주제:** 기술의 진보로 인한 쾌락의 탐닉 비판

✅ 위 내용을 비교과활동 특기사항이나 과세특에 활용한다.

• 언어 교과 세특 예시 •

한 학기 한 권 읽기 활동에서 '기억 전달자'를 읽고 독후감을 작성함. 인간의 감정과 본능을 통제하는 잔혹한 사회에서 주인공이 감정과 자유를 찾아가는 모습이 감명 깊었다고 발표함. 디스토피아 사회를 그린 또 다른 소설 '멋진 신세계'를 비교 독서하고 인간의 존엄성이 존중받는 사회가 진정한 유토피아라고 발표함. 질서를 위해 인간성을 파괴하는 통제는 잘못됐으며 미래 사회는 자유와 감정이 살아있어야 한다고 주장함.

4월 9일	The Alchemist **연금술사** 파울로 코엘료 | 문학동네 | 2001	도서 분야	스페인문학
		관련 과목	영어, 국어, 문학
		관련 학과	인문 계열

✅ 책에서 인상적인 부분을 발췌하고 느낀 점을 적는다.

늙은 왕이 자아의 신화를 찾으라고 말하는 장면	꿈은 자신의 마음에서 우러나와야 한다. 주변의 바람이나 시선에 따라 행동하고 삶의 목표를 정한다면 진실한 자아실현이라 할 수 없다.
안주하려는 주인공에게 연금술사가 조언하는 장면	두려움 앞에서 사람은 꿈을 포기하고 안정을 추구한다. 하지만 이를 극복해야 자기 삶의 의미를 찾을 수 있다.
주인공이 집 근처에서 보물을 찾는 장면	소망은 먼 곳에 있을 것 같지만, 주변에 있을 수 있다. 그렇다고 꿈을 향했던 도전과 노력이 헛된 것은 아니다. 현실의 소중한 가치를 깨닫고 꿈을 향해 정진해야 한다.

✅ 책의 핵심 주제 '자아의 신화'의 의미를 정리한다.

이 책은 주인공인 산티아고가 '자아의 신화'를 향해 떠나는 여정을 담고 있다. '자아의 신화'는 비단 물질적인 보물찾기가 아니다. 자신이 진정으로 원하는 게 무엇인지 내면을 읽고 인생의 중요한 가치와 꿈을 이루는 과정이다. 인생의 진정한 목표에 대해 성찰하고 더 나은 자아가 되기 위해 꿈을 품고 정진하라는 교훈을 준다. 자기 내면에 집중하며 진정한 소망과 꿈은 무엇인지 고민해보자.

✅ '마크툽'의 뜻을 해석하고 어떤 의미가 있는지 자신의 생각을 쓴다.

주인공이 여비를 벌고자 크리스털 가게에서 일할 때 가게 사장이 '마크툽'이란 말을 건넨다. '어차피 그렇게 될 일이다.'라는 뜻은 얼핏 운명론처럼 읽히지만, 이 책에서는 사람의 의지와 노력으로 만들어지는 결과와 주도적인 삶의 태도를 강조하는 말이다. 꿈을 이루기 위해 노력하면 긍정적인 방향으로 운명을 바꿀 수 있을지 자신의 생각을 적어본다.

✅ 위 내용을 비교과활동 특기사항이나 과세특에 활용한다.

• 진로활동 특기사항 예시 •

원서 읽기 활동에서 '연금술사'를 영어 원서로 읽고 유창한 영작 실력으로 자신의 꿈에 대한 에세이를 작성함. 두려움을 극복하고 도전과 노력으로 자아실현을 한 주인공의 모습을 본받고, 남의 시선이나 비교에서 오는 꿈이 아닌 자기 내면의 목소리에 귀 기울여 하고 싶은 일을 찾아야겠다고 다짐하는 글을 씀. 사전이나 저자의 인터뷰 자료를 활용해 책 속 다양한 상징을 적극적으로 탐구한 점이 인상적임.

4월 10일

Of Mice and Men

생쥐와 인간

존 스타인벡 | 비룡소 | 2009

도서 분야	영미문학
관련 과목	영어, 국어, 문학
관련 학과	인문 계열

등장인물의 성격과 특징, 그들이 꿈꾸는 삶을 분석한다.

조지	왜소한 체구, 제대로 된 교육을 받지 못했지만 높은 지능. 레니와 우정을 나누며 보호자의 역할을 함.	자기만의 작은 농장을 소유하고 레니와 함께 안정적인 삶을 살고자 함.
레니	힘이 세고 거인 같은 몸집, 지적 장애가 있지만 순박함. 동물을 좋아하고 부드러운 것을 만지는 걸 좋아함.	작은 농장에서 토끼를 키우며 조지와 함께 생활하기를 소망함.
컬리	농장 주인의 아들이자 전 프로 복서. 작은 체구가 콤플렉스로 타인에게 권위, 공격적으로 대함.	신체적 열등감으로 인해 노동자들을 지배하고자 함.
컬리의 아내	젊고 예쁜 외모지만, 외로움에 고달파하는 인물. 농장 생활에 불만이 많고 남편과 불행한 관계.	배우가 되어 화려한 삶을 꿈꿨지만, 농장 생활로 인해 좌절됨.

제목인 '생쥐와 인간'이 상징하는 의미를 이해하며 이 소설의 주제를 파악한다.

작가는 로버트 번스의 시 〈생쥐에게〉에서 '생쥐와 인간이 아무리 계획을 잘 짜도 일은 제멋대로 어그러져'라는 시구를 제목으로 인용했다. 자신만의 농장을 꿈꾸었던 두 일꾼의 우정과 꿈이 대공황으로 꺾여나가는 좌절을 의미한다.

등장인물들의 좌절을 보며 꿈과 현실이 충돌할 때의 대처 방법을 고민해본다.

등장인물들은 저마다의 결함과 어려운 상황 속에서도 더 나은 미래를 꿈꾼다. 비록 현실과 꿈이 충돌하며 비극적인 결말을 맞이했지만, 그렇다고 해서 꿈의 중요성이 사라지는 것은 아니다. 첫 번째 꿈이 장벽에 막혔다면, 두 번째 꿈을 더 크게 가꿔 올라가면 된다. 소설 속 주인공들처럼 주변 사람들에게 조언을 구하는 것도 좋다. 새롭게 꿈꾸는 과정을 원동력으로 삼는 것이다. 이런 식으로 자신만의 꿈의 중요성과 대처 방법을 고민해본다.

위 내용을 비교과활동 특기사항이나 과세특에 활용한다.

• 진로활동 특기사항 예시 •

원서 읽기 활동에서 '생쥐와 인간'을 읽고 적극적으로 서평을 작성해 발표함. 등장인물들의 특징과 성격, 소망을 정리하고, 꿈과 현실의 충돌이 개인에게 어떤 의미인지를 깨달음. 영어로 느낀 점을 발표할 때 꿈은 성패를 떠나 생존을 위해 가치 있는 인간의 본성이라고 평함. 또 자신의 꿈이 실패하더라도 좌절하지 않고 주변의 조언을 경청하겠다는 각오도 유창하게 발표함.

4월 11일

To Kill a Mockingbird

앵무새 죽이기

하퍼 리 | 열린책들 | 2015

도서 분야	영미문학
관련 과목	영어, 국어, 세계사
관련 학과	인문 계열

✔ 이 책의 시대적 배경을 살펴본다.

소설의 배경은 대공황 발생 직후의 1930년대 미국이다. 실제로 대공황으로 인한 사회 불안정은 극한의 인종차별로 토출되었고, 이때 일어난 '스코츠버러 사건'이 작품에 영감을 주었다. 날조된 증언과 백인 배심원을 합작으로 흑인 소년 9명이 유죄를 선고받은 사건이다. 이런 시대의 비극은 소설에서 흑인 톰이 억울하게 누명을 쓰고 유죄를 선고받는 에피소드로 그려진다.

✔ 무거운 주제에 호소력을 더하는 문학적 장치들을 찾고 그 의미를 살펴본다.

화자의 시점	주인공이 어린 시절을 회상한 자전적 일인칭 서술은 어두운 주제를 객관적으로 보여줌.
개성 있는 다양한 인물	주위에 있을법한 인물들 속에 소설의 전개를 돕는 개성이 존재함.
생생한 언어 표현	미국 남부 특유의 강한 표현이 돋보이며 대화 형식의 문장 형식은 생동감을 살림.
상징 및 은유	앵무새, 옹이구멍, 미친 개 등은 인물의 성격이나 작품의 주제를 암시함.

✔ 이 소설이 다룬 사회문제가 지금도 나타나고 있음을 강조한다.

시대를 막론하고 끊이지 않는 차별과 편견 사례를 찾아본다. 예를 들면, 광고에서 무심코 쓰이는 인종차별적 카피, 성전환 여성의 미인대회 출전, 동남아 노동자에 대한 편견, 나아가 빅 데이터로 학습하는 AI의 인종차별적 정보 제공 등의 사례를 들어 자신의 생각을 정리한다.

✔ 위 내용을 비교과활동 특기사항이나 과세특에 활용한다.

• 사회 교과 세특 예시 •

평소 인권과 사회 현안에 관심을 둔 학생으로 인권 수업에서 '앵무새 죽이기'를 읽고 차별과 편견에 맞서는 신념과 정의를 고찰함. 작품의 배경이 된 1930년대 미국 남부 사회의 이해를 위해 '스코츠버러' 사건을 찾아 발표한 점이 인상적임. 인종차별은 현대와 미래에도 큰 문제라 비판하며 '적을 만드는 AI'라는 주제로 보고서를 작성함. 인권 규범의 법제화, 개발자의 윤리교육, 청소년 인권 교육 등의 해결방안을 제시함.

4월 12일

The Midnight Library

미드나잇 라이브러리

매트 헤이그 | 인플루엔셜 | 2021

도서 분야	영미문학
관련 과목	영어, 국어, 문학
관련 학과	인문 계열

✅ 도서관을 삶의 의미와 가치를 깨닫는 장소로 설정한 이유를 유추한다.

도서관은 방대한 책이 비치된 공간이며, 책은 무한한 간접 경험의 기회를 제공한다. 도서관의 수많은 책 속에서 책을 고르는 행위는 인생의 기로마다 행하는 선택과 비슷하다. 무한한 상상력과 간접 경험을 결부해 또 다른 삶도 상상할 수 있는 것은 이 소설의 주제와 맞닿아 있다. 이외에도 도서관의 역할을 고찰하며 문학적 은유를 이해한다.

✅ 자신의 삶에서 특정 순간을 되돌리면 어떤 삶이 펼쳐질지 에세이를 쓴다.

이 소설에서 노라는 자신의 삶 속 다양한 후회의 순간을 토로한다. 남녀노소를 불문하고 후회가 없는 사람은 없을 것이다. 소설처럼 진로와 진학, 꿈과 열망, 친구와 인간관계, 학업과 노력 등 자기 삶의 다양한 상황에서 후회되는 순간을 선택해 다른 삶을 그려보자.

✅ 이 소설을 통해 자기 삶의 가치관을 성찰하고 배울 점을 적는다.

살아 있는 것 자체가 의미가 있으므로 자기 삶을 긍정하는 태도를 갖는다. 과거에 매몰되지 않고 현재에 집중한다. 중요한 것은 무엇을 보느냐가 아니라 어떻게 보는지에 달렸다. 누구나 후회가 있고 완벽한 삶은 없다. 살아봐야만 배울 수 있다는 진실을 깨닫고 자신의 가치관을 성찰한다.

✅ 위 내용을 비교과활동 특기사항이나 과세특에 활용한다.

• 사회 교과 세특 예시 •

영미 현대 문학 작품인 '미드나잇 라이브러리'를 읽고 주인공의 행적과 인상적인 구문을 골라 서평을 작성함. 주인공이 얻은 현재를 긍정하는 태도를 배우고, 자신의 진로에도 최선을 다하겠다 발표함. 이어 소설 속 엘름 부인처럼 통찰력 있는 사서가 되기 위해 꾸준히 독서하겠다고 다짐함. 지혜와 지식, 경험의 총체인 도서관의 의미에 감동하고, 사서가 되어 긍정적인 영향과 의미 있는 인생을 살고 싶다는 소감을 밝힘.

4월 13일	The Great Gatsby **위대한 개츠비** F. 스콧 피츠제럴드 | 문학동네 | 2009	도서 분야	영미문학
		관련 과목	영어, 국어, 세계사
		관련 학과	인문 계열

✅ 이 책의 시대적 배경을 살펴보고, 당시 사회 성격과 문제점을 설명한다.

1920년대 미국은 경제 호황을 누린다. 제1차 세계대전의 전쟁 특수는 라디오나 영화, 재즈 같은 대중문화의 확산과 자동차 산업의 발전을 이끌었다. 중산층의 증가로 대중의 씀씀이가 여유로워졌지만, 한편으론 부의 불균형이 커지고 배금주의가 확대되었다. 또한 금주법은 밀주 유통과 마피아 같은 범죄 조직의 확산을 불러왔다. 소설은 이런 모습을 고스란히 묘사하며 현실감을 더했다. 소설을 통해 당시 미국 사회의 문제점을 고찰한다.

✅ 등장인물의 성격을 분석하며 소설의 줄거리를 이해한다.

제이 개츠비	부도덕한 방법으로 부를 쟁취하지만, 일면에는 순수하고 열정적인 사랑의 감정이 있음.
데이지 부커넌	개츠비의 구애 대상. 전통적인 상류층 여성으로 물질적 풍요와 사치, 안락함을 우선으로 여김.
닉 캐러웨이	소설의 화자로 소설 속 인물들의 꿈, 욕망, 갈등, 좌절 등을 객관적 시선으로 관찰함.
톰 부커넌	데이지의 남편으로 마초적이고 폭력적인 성격. 가정이 있지만 꾸준히 부정을 저지름.
머틀 윌슨	조지 윌슨의 아내이자 톰의 내연녀. 가난함에 질려 톰과 바람을 피우지만, 비참한 결말을 맞음.
조지 윌슨	소박한 사랑을 가진 소시민. 아내가 뺑소니로 죽은 후 톰의 말에 속아 개츠비를 죽이고 자살함.

✅ 책의 제목처럼 개츠비는 위대한지, 아닌지에 대해 비평문을 작성한다.

꿈을 위해 원대한 계획을 세우고, 순애보 같은 애정의 표현만 본다면 위대한 사람처럼 보인다. 하지만 화려한 포장지 뒤에는 부도덕과 탐욕, 상류층이 되려는 뒤틀린 애정의 이면이 있다. 소설의 전반적인 내용을 이해하고 개츠비의 '정체성, 도덕성, 사회적 평판, 자아실현, 꿈과 사랑' 등 다각도로 주인공을 분석하고 논리적인 근거를 들어 비평문을 작성한다.

✅ 위 내용을 비교과활동 특기사항이나 과세특에 활용한다.

• 세계사 교과 세특 예시 •

우수한 영어 실력을 갖춘 학생으로 '위대한 개츠비'를 원서로 읽음. 번역에서 오는 미세한 차이를 원서로 이해하며 감상문을 씀. 1920년대 미국 사회 속 배금주의의 문제점을 밝히며 배경지식을 넓히고 줄거리를 정리함. 특히 제목처럼 정말 개츠비는 위대한지 비평한 것이 인상적임. 부도덕한 부의 축적과 물질이 목적이 된 삶은 비판할만하지만, 데이지를 향한 순수한 사랑만은 위대했다며 자신의 생각을 논리적으로 펼침.

4월 14일	The Five People You Meet in Heaven **천국에서 만난 다섯 사람** 미치 앨봄 | 살림출판사 | 2010	도서 분야	영미문학
		관련 과목	영어, 국어, 윤리와 사상
		관련 학과	인문 계열

✅ 에디가 만난 다섯 사람의 이야기를 정리하고 각각의 의미를 파악한다.

파란 사내	어린 에디를 피하려다 사망한 남자. 이 만남은 보이지 않는 인연의 소중함을 알려줌.	인연
대위	필리핀 전쟁 당시 에디를 구하기 위해 그의 다리에 총을 발사함. 평생 상처라고 여겼던 다리가 사실은 목숨과 바꾼 희생이었다는 것을 깨달음.	희생
노부인 루비	에디의 아버지와 같은 병동에 있던 부인. 에디가 몰랐던 아버지의 죄책감을 알려줌. 평생 아버지를 싫어하고 오해했던 감정이 풀리며 아버지를 용서함.	용서
아내 마거릿	병으로 사별한 아내. 죽음은 사랑의 끝이 아니라 추억으로 이어진다는 깨달음을 줌.	사랑
탈라	전쟁터에서 구하지 못한 소녀. 많은 이가 에디 덕분에 행복을 느꼈음을 알려줌. 초라한 삶을 살았다고 여겼던 에디에게 삶의 소중한 의미를 알려줌.	화해

✅ 주인공이 과거를 마주한 것처럼, 자신은 어떤 사람을 만날지 상상해본다.

이 소설에서 천국은 인연의 소중함을 깨닫고 자기 삶의 진정한 의미를 찾는 공간이다. 만약 내가 죽음에 이르러 천국을 가게 된다면, 어떤 사람들과 인연을 만날지 상상해본다. 인연, 희생, 용서, 사랑, 화해 등 다양한 관계에서의 소중한 가치를 되짚어본다.

✅ 인간관계의 소중함을 알고 자신의 삶에서 실천할 방안을 생각한다.

에디는 다섯 사람을 만나 자신의 과거를 돌아보며 인연과 인간관계의 소중함을 깨닫는다. 지금 내 주위의 친구, 가족, 선생님 등과의 관계 속에서 어떤 교류를 이어가고 있는지 고찰하고, 의미 있는 삶을 살 방법을 생각해본다.

✅ 위 내용을 비교과활동 특기사항이나 과세특에 활용한다.

• 도덕 교과 세특 예시 •

영미 문학 읽기 시간에 미치 앨봄의 '천국에서 만난 다섯 사람'을 읽고 토론을 주도함. 줄거리와 등장인물들의 의미를 영어로 간추리고 토론하며 의사소통 능력이 향상됨. 또 그 내용을 카드뉴스로 제작하여 SNS에 게시하며 책의 주제를 내면화함. 자기 파괴적인 모습을 보여주는 친구들에게 추천해주고 싶다는 소감을 밝히며 책의 교훈을 느끼길 바란다고 발표함.

4월 15일

노인과 바다

어네스트 밀러 헤밍웨이 | 민음사 | 2012

도서 분야	문학
관련 과목	영어, 문학, 통합사회
관련 학과	영어영문학과, 국어국문학과

✅ 《노인과 바다》에 등장하는 '노인'에 대해 정리한다.

노인은 용기와 인내로 살아가는 의지의 인물이다. 잡은 물고기가 뼈만 남아 허무할 거라 생각할 수 있으나, 작가는 노인을 통해 '믿음과 용기를 가지고 현실의 고난을 이겨내는 것에 삶의 가치가 있음'을 말하고 있다. 어떠한 난관에도 뜻을 굽히지 않는다는 의미의 '백절불굴(百折不屈)'이라는 말이 떠오른다. 작품을 읽으며 '노인'에 대한 자신의 생각을 정리한다.

✅ 본문에 등장하는 소재들의 의미를 생각해본다.

바다	인간의 삶이 이루어지는 현실을 상징. 어머니 같은 존재
물고기	인간의 삶에서 중요한 가치를 지닌 것
상어	현실에서 겪는 시련과 고통. 악의 세력. 권리를 침해하는 강탈자
사자	노인이 잃지 않은 희망. 대어를 낚을 것이라는 상징 고된 상황에 맞서 극복하는 용기와 투지

✅ '로스트제너레이션'에 대해 알아본다.

'잃어버린 세대'라는 뜻으로, 미국 문학에서 절망과 허무를 문학에 반영한 젊은 세대를 이르는 말. 이들은 제1차 세계 대전을 겪은 후 그 충격으로 종교, 도덕 따위의 기존 관념에 대한 가치 의식을 상실하고 방황했는데, 미국의 작가 스타인(Stein, G.)이 헤밍웨이, 포크너, 더스패서스(Dos Passos, J.)와 같은 작가를 이렇게 부른 데서 비롯하였다. 전쟁 후 삶의 목표를 상실하고 절망에 빠진 사람들과 이를 극복하려는 의지를 담은 작가들의 작품들을 살펴본다.

✅ 위 내용을 비교과활동 특기사항이나 과세특에 활용한다.

• 진로활동 특기사항 예시 •

심리학에 관심이 많은 학생으로 문학 작품을 자신의 주체적 관점으로 감상하는 활동에서 적극적인 모습을 보임. '노인과 바다'를 읽고 '이 작품은 전쟁을 겪은 이후 정신적으로 황폐해진 사람들에게 무엇에 중점을 두는 것이 올바른 삶의 방식인지 말하고자 하는 작품'이라고 말하며, 노인을 통해 삶의 역경에 맞서는 인간의 강한 의지를 배웠다는 내용으로 서평을 작성함. 작품과 시대적 배경, 등장인물에 대한 이해를 바탕으로 한 분석이 돋보임.

4월 16일	단테의 신곡	도서 분야	문학
	단테 | 황금부엉이 | 2016	관련 과목	국어, 문학, 세계사
		관련 학과	국어국문학과, 역사학부

✅ '단테'에 대해 알아 본다.

이탈리아의 시인으로 피렌체에서 태어나 어린 시절부터 고전문법과 수사학을 배웠다. 권력의 당파 싸움에 휘말려 피렌체에서 추방당하게 된다. 피렌체에서 추방당한 이후에 그의 대표작들이 쓰였는데, 그중의 한 작품이 《신곡》이며, 단테의 경험을 녹인 작품이라고 할 수 있다. 《신곡》은 당시 문화어인 라틴어가 아닌 이탈리아어를 사용하였는데, 이는 책의 메시지를 대중들에게 널리 알리려는 뜻이었다고 한다. 단테가 연모했던 여인 베아트리체에 대해서도 알아본다.

✅ '다니구치 에리야'가 재구성한 '신곡'의 특징을 찾아 정리한다.

건축, 문학, 음악 등 다양한 분야에서 실력을 인정받은 전방위 아티스트 '다니구치 에리야'의 해석이 있어 당대의 시대상이나 문학적 해석에 대한 팁을 어렵지 않게 얻을 수 있었다. 귀스타브 도레의 그림 역시 여기에 많은 힘을 보탰다.

✅ 위 내용을 비교과활동 특기사항이나 과세특에 활용한다.

• 진로활동 특기사항 예시 •

일러스트레이터에 관심을 가지고 있는 학생으로 주제 카드 도안을 직접 제작함. '환희', '성공'이라는 주제를 드러내기 위해 밝은 색감과 기쁨을 표현하는 캐릭터로 카드를 완성함. 표현하는 기술적인 능력뿐만 아니라 표현하고자 하는 내용을 한 컷의 그림으로 담아내는 능력이 우수하여 친구들에게 좋은 반응을 얻음. 진로 독서 활동에서 '단테의 신곡'을 읽고 책의 내용을 잘 표현한 삽화가 인상적이었으며, 자신도 주제를 잘 드러내는 일러스트 작품을 그리고 싶다는 포부를 밝힘. 그러기 위해서는 다양한 주제의 책을 읽고 여러 일러스트 작품을 꾸준히 접하는 것이 중요하다고 발표함.

• 여행지리 교과 세특 예시 •

'다채로운 문화를 찾아가는 여행' 활동에서 이탈리아의 피렌체와 로마를 중심으로 한 9박 10일의 여행 계획서를 작성함. '그리스 로마 신화', '신곡'의 이야기를 바탕으로 여행을 계획한 것이 참신했으며 그와 관련된 건축물, 그림, 조각상의 사진 자료를 활용한 일정표를 작성해 전체적인 여행이 한눈에 들어오도록 함. 친구들이 많은 관심을 보이며 다양한 질문을 했는데, 차분하게 답하는 안정적인 발표자의 모습을 보여주어 여행 계획에 신뢰를 갖게 함. '단테의 신곡: 영혼의 구원을 노래한 불멸의 고전'을 읽고 종교적, 서양적, 동양적 배경의 사후 세계관를 비교한 서평을 작성함. 현대적으로 해석한 작품이라 책이 어렵지 않을까 걱정했는데 쉽게 읽혔고, 이를 바탕으로 '신곡' 읽기에도 도전해보겠다는 소감을 밝힘.

4월 17일	아Q정전	도서 분야	문학
	루쉰 | 창비 | 2010	관련 과목	국어, 문학, 세계사
		관련 학과	국어국문학과, 역사학부, 중어중문학과

✅ 작가가 '아Q'를 통해 하고자 하는 말이 무엇인지 생각해본다.

아Q라는 인물을 통해 신해혁명이 일어나던 무렵의 중국 사회를 보여준다. 아Q는 현실적인 패배와 부적응의 문제를 근거 없는 우월감을 앞세워 합리화한다. 작품 속에서 아Q가 보여주는 '정신승리'는 중국 국민의 모습과 실태를 반영한 것이다. 중국은 신해혁명을 일으켰으나 과거에 묶여 진정한 발전을 이루지 못하였다는 평가를 받고 있는데, 이러한 것들을 작품과 연결하여 고찰해본다.

✅ '신해혁명'에 대해 조사한다.

1911년에 청나라를 무너뜨리고 중화민국을 세운 혁명이다. 10월에 우창(武昌)에서 봉기하여, 이듬해 1월에 쑨원(孫文)을 임시 대총통으로 하는 임시 정부를 수립하였으나, 혁명 세력이 약한 탓에 위안스카이(袁世凱)가 대총통에 취임하여 군벌 정치를 폈다. 신해혁명 당시의 사회상과 이 작품을 함께 살펴보는 것도 흥미로울 것이다.

✅ '아Q정전'과 시대적 배경을 바탕으로 보고서를 작성해 본다.

1. '아Q정전'을 읽게 된 동기
2. 사회적 배경을 바탕으로 보는 '아Q정전'
   가. 신해혁명에 대하여
   나. '아Q'에 대한 탐색
3. '아Q정전'에 대하여
   가. '아Q'는 어떤 인물인가
   나. '아Q'를 통해 말하고자 하는 것은 무엇인가
4. '아Q정전'에서 읽을 수 있는 것

✅ 위 내용을 비교과활동 특기사항이나 과세특에 활용한다.

• 진로활동 특기사항 예시 •

'아Q정전'을 읽고 작품 속에 보이는 중국의 사회상에 관심을 가지고 성실히 탐구하는 모습이 관찰됨. '신해혁명을 바탕으로 본 아Q정전'을 주제로 작품 보고서를 작성함. 역사에 대한 이해와 작품 속 인물에 대한 이해를 바탕으로 작품을 읽는 해석력이 돋보임. 작품을 세밀하게 분석하여 '아Q'를 통해 당시의 중국 국민들을 어떠한 모습으로 보아야 할지 그 해답을 찾아가는 과정이 인상적이었음.

4월 18일	수레바퀴 아래서	도서 분야	문학
	헤르만 헤세 | 민음사 | 2001	관련 과목	국어, 문학, 세계사
		관련 학과	인문계열, 독어교육과

《수레바퀴 아래서》의 시대적 배경을 알아본다.

《수레바퀴 아래서》는 '한스'라는 소년의 성장과 좌절을 보여준다. 내성적이고 감성적인 한스는 엄격한 규율과 지식만을 강요하는 신학교 생활을 견디지 못하고 무너지고 마는데, 이 작품의 배경인 19세기 말 독일은 교육 자체가 매우 강압적이고 권위적이어서 당시 청소년들의 자살이 사회적 문제가 되었다고 한다. 알베르트 아인슈타인의 예를 살펴보면 독일 학교의 권위적인 통제와 교수법, 암기를 요구하는 엄격한 교육으로 창의적 사고가 사라졌다는 이야기를 남겼다. 비교적 자유로운 스위스에서 공부하면서 천재성을 발휘할 수 있었다는 것을 보면 당시 독일이 어떠했는지 짐작해 볼 수 있다. 이러한 당시 독일의 모습을 바탕으로 작품을 이해한다.

헤르만 헤세의 다른 작품들을 살펴본다.

데미안	한 인간의 성장 과정에서의 갈등과 성숙을 섬세하게 그렸다.
싯다르타	자아를 완성하고자 하는 인물의 종교적 성장 소설이다.
유리알 유희	외부와 단절된 채 임무를 수행하는 지식인의 전기문 형식이다.

'성장 소설'에 대해 알아본다.

- 주인공이 어린 시절부터 어른이 되기까지 자신의 인격을 완성해 가는 성장 과정을 그린 소설
- 괴테의 《빌헬름 마이스터의 수업시대》를 성장 소설의 기원으로 보는 견해가 많다.
- 성장 소설이라고 할 수 있는 작품 몇 개를 찾아본다.

위 내용을 비교과활동 특기사항이나 과세특에 활용한다.

• 진로활동 특기사항 예시 •

청소년기의 특징을 학습하고 청소년과 관련된 사회문제에 관심을 가지고 탐구함. 게임 중독, 집단 따돌림, 청소년 우울증, 촉법소년 등 청소년과 관련된 사회문제들을 조사하고 특히 청소년의 자살률 증가와 그 원인에 대해 심도 있게 조사 후 '청소년 사회문제 원인과 해결 방안'이라는 제목의 보고서를 작성함. 소설 '수레바퀴 아래서'의 주인공이 겪는 일들과 청소년 우울증의 원인을 연관 지어 분석한 것이 돋보임. 청소년 사회문제는 개인이 아닌 가족, 지역사회, 국가가 관심을 가지고 해결해야 하는 것이라는 견해를 밝힘.

4월 19일	돈키호테	도서 분야	문학
	미겔 데 세르반테스 ǀ 열린책들 ǀ 2014	관련 과목	국어, 문학, 세계사
		관련 학과	인문계열

✅ '돈키호테'가 세기별로 어떻게 해석되는지 조사한다.

이성주의가 번창하던 17세기에는 그저 재미있는 이야기 정도로, 계몽주의 시대인 18세기에는 규범화된 양식에서 벗어난 짓을 하는 바보 같은 사람에 대한 풍자극으로, 19세기 낭만주의 시대에는 자신의 이상을 위해 현실과 사투를 벌이는 고결한 이상주의자의 이야기로 해석된다.

✅ '풍차'의 의미에 대해 정리한다.

빠르게 돌아가는 현실을 상징한다. 풍차에 대한 돈키호테의 착각은 변화하는 현실을 제대로 인식하지 못하고 있음을 의미하며, 여전히 지난 시대의 기사도 정신을 버리지 못하고 있는 돈키호테를 떠올릴 수 있다. 풍차 외의 작품 속 소재들의 의미를 파악해본다.

✅ 등장인물의 특징을 정리한다.

돈키호테	상상과 공상의 세계를 지향하는 이상주의자
산초	물질적인 세계를 지향하는 현실주의자

✅ '돈키호테형 인물'은 어떤 사람들을 일컫는지 정리한다.

정의롭고 예의를 갖추고 있으나, 현실에 적응하지 못하고 과대망상적인 행동으로 이상을 실현하려는 사람들을 가리킬 때 주로 '돈키호테형 인물'이라는 용어를 사용한다. '햄릿형 인간'과 함께 비교해 보며 왜 그러한 용어를 사용하게 되었는지 탐구해본다.

✅ 위 내용을 비교과활동 특기사항이나 과세특에 활용한다.

• 진로활동 특기사항 예시 •

공연 예술에 관심이 있는 학생으로 진로 탐방 활동에서 뮤지컬 '맨 오브 라만차'를 관람함. 관람 후 관람평을 담은 보고서를 작성하여 제출함. 특히 세르반테스의 '돈키호테'를 읽고 두 작품을 연관지어 해석한 것이 흥미로웠음. 세르반테스와 그의 시종인 돈키호테와 산초라는 인물에 대한 대비를 분석함으로써 소설과 뮤지컬을 넘나드는 호기심이 강한 학생임이 느껴짐.

4월 20일	1984 조지 오웰 ǀ 민음사 ǀ 2003	도서 분야	문학
		관련 과목	국어, 문학, 세계사
		관련 학과	인문계열

《1984》를 통해 전달하고 싶은 저자의 의도를 생각해본다.

《나는 왜 쓰는가》에서 조지 오웰은 '어떤 책이든 정치적 편향으로부터 진정 자유로울 수 없고, 예술은 정치와 무관해야 한다'는 의견 자체가 정치적 태도인 것이라고 작가로서의 자신의 입장을 드러낸다. 그런 면에서 조지 오웰의 작품은 다분히 정치적이라고 할 수 있다. 조지 오웰이 이를 통해 작품에서 하고자 하는 말의 의미를 생각해본다.

당의 슬로건의 의미를 생각해 본다.

"과거를 지배하는 사람이 미래를 지배한다. 현재를 지배하는 사람이 과거를 지배한다."
과거의 기억을 지배하는 사람은 사람들을 조종하여 미래를 마음대로 다룰 수 있으며, 현재의 권력을 가지고 있는 사람이 과거의 기억 등을 지배할 수 있다는 의미로 해석할 수 있다. 누군가에 의해 미래가 조종된다는 것이 어떤 의미인가 생각해 보며 《1984》가 전하고자 하는 의미를 찾아보자.

'디스토피아' 소설에 대해 알아본다.

디스토피아: 현대 사회의 부정적인 모습을 허구로 그려냄으로써 현실을 날카롭게 비판하는 문학 작품 또는 그런 사상	
멋진 신세계(올더스 헉슬리)	과학이 발달하여 사회의 모든 면을 지배하고 관리하며 인간의 자유까지 통제하는 미래 세계를 그린 작품
우리들(예브게니 이바노비치 자먀찐)	유리 장벽으로 둘러싸인 곳에서 과학기술의 절대 권력으로 운영되는 29세기를 그린 작품

위 내용을 비교과활동 특기사항이나 과세특에 활용한다.

• 진로활동 특기사항 예시 •

과학기술의 발전과 정보 통신 윤리에 대해 학습하고 과학기술 발전의 긍정적인 면과 부정적인 면에 대해 고찰하는 시간을 가짐. 'CCTV는 개인의 인권 침해인가, 개인을 보호하기 위한 장치인가'를 주제로 친구들과 의견을 공유함. 특히 과학기술 발전의 부정적인 면을 이야기하며 조지 오웰의 소설 '1984'의 내용을 소개, 과학기술이 개인의 사생활을 통제하는 것은 인간의 존엄성을 해치는 것이라 주장함.

4월 21일		도서 분야	문학
페스트		관련 과목	국어, 문학, 세계사
알베르 카뮈 | 민음사 | 2011		관련 학과	인문계열, 의학

등장인물을 정리해본다.

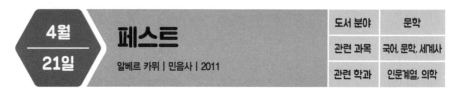

베르나르 리유	의사, 요양 중인 아내가 있음.
레몽 랑베르	파리의 큰 신문사 기자, 오랑에 취재차 왔다가 도시 봉쇄로 격리됨.
장 타루	반항아 기질이 있는 청년. 아버지는 차장 검사임.
조제프 그랑	시청 말단 공무원, 성실한 인물
파늘루	예수회 신부, 페스트는 하나님의 형벌이기에 이를 물리치는 것은 신의 영역이라 생각함.

《페스트》에 담긴 공동체의 사회 문화적 가치를 정리해본다.

문학 작품을 매개로 작가는 독자와 소통한다. 작가는 감동이나 깨달음, 아름다움을 형상화하여 작품을 '생산'하고 독자는 작품을 읽으며 공감이나 비판을 하며 작품을 '수용'한다. 그러나 문학 작품이 단순히 개인 차원의 재미와 감동만을 담아내는 것은 아니다. 공동체 차원에서 중요하다고 여기는 평화와 공존, 생태 환경 보호, 다문화 가치 존중, 무분별한 개발의 자제, 생명 존중 등 사회 문화적 가치를 담아내기도 한다는 것이다. 《페스트》를 통해 지금 우리 사회의 '가치 있는 것'을 생각해보자.

위 내용을 비교과활동 특기사항이나 과세특에 활용한다.

• 진로활동 특기사항 예시 •

생명공학에 흥미가 있는 학생으로 생명 연장과 의료기술 개발에 대해 관심이 많음. '페스트'를 읽고 전염병을 대하는 자세와 대처 과정을 생각해 보았으며, 의료인이 보여준 희생과 의지가 가장 기억에 남는다는 의견을 발표함. 의료인, 언론인, 종교인 등 다양한 인물들이 작품에서 보여준 행동들을 보며 개인의 사회적 역할을 탐구, 모든 이들이 각자의 자리에서 역할과 책임을 다할 때 우리 사회가 가지고 있는 문제를 해결하고 발전해나갈 수 있다는 주장을 함. 자신도 훗날 생명 공학자로서의 사회적 역할을 다하겠다는 포부를 밝힘.

• 진로활동 특기사항 예시 •

'철학사상의 이해'를 학습하고 실존주의에 대한 보고서를 작성함. 특히 알베르 카뮈의 소설을 실존주의와 연결하여 탐구한 것이 돋보임. '페스트'는 신이 주신 징벌이나 자연의 경고가 아니라, 실존주의에서 말하는 '실존'으로 그냥 우리에게 주어진 것으로 이를 견뎌내는 것이며, 그 과정에 영웅주의가 필요한 것도 아님을 설명함. 문학 작품의 이야기를 철학 사상과 연결한 발표가 친구들에게 좋은 호응을 얻음.

4월 22일

하늘의 무지개를 볼 때마다

윌리엄 워즈워스 | 민음사 | 2017

도서 분야	문학
관련 과목	국어, 문학, 세계사
관련 학과	인문계열

‘계관시인’에 대해 조사하여 정리한다.

워즈워스는 계관시인으로 알려져 있다. 계관시인이란 17세기부터 영국 왕실에서 국가적으로 뛰어난 시인을 이르는 명예로운 칭호이다. 이들은 종신직(終身職)의 궁내관(宮內官)으로서 국가의 경조(慶弔)에 공적인 시를 지었다. ‘계관시인(桂冠詩人)’이라는 명칭은 고대 그리스와 로마 시대에 명예의 상징으로 월계관을 씌운 데서 유래했다. 영국의 경우 종신제이며 지금은 총리의 추천으로 임명한다고 한다.

〈수선화〉를 읽고 다른 작품 속에서 ‘수선화’를 어떻게 그리고 있는지 알아본다.

수선화는 아름다운 자연 풍경이고, 화자의 가슴을 기쁘게 한다. 이 작품 이외에 ‘수선화’와 관련된 다른 작품들을 꽤 찾아볼 수 있다. ‘울지 마라 / 외로우니까 사람이다’로 시작하는 정호승의 시 〈수선화에게〉, 신화 속 ‘나르키소스’ 이야기, 추사 김정희의 시 〈수선화〉, 이병기의 시조 〈수선화〉, 문학평론가 권영민의 수필집 《수선화 꽃망울이 벌어졌네》 등의 ‘수선화’는 어떤 의미일지 생각하며 읽어본다.

위 내용을 비교과활동 특기사항이나 과세특에 활용한다.

• 진로활동 특기사항 예시 •

문예 창작에 재능이 많은 학생으로 윌리엄 워즈워스의 시를 감상하고 그가 계관시인이라는 점에 관심을 가지고 ‘예술 분야의 업적을 어떻게 평가할 것인가’라는 제목의 글을 완성함. 운동선수들은 대회에 출전하여 그 순위 등의 결과로 성과를 인정받는데, 예술 분야는 과연 무엇으로 그 업적을 평가해야 하느냐를 주제로 ‘계관시인’을 언급하며, 우리도 예술 작품의 우수성을 인정해 주는 제도가 필요하다는 의견을 밝힘. 음원 순위, 공연 관객수, 문학상 수상 등의 다양한 성과를 반영하여 그 업적을 인정하여 예술인들이 계속 좋은 작품을 선보이도록 하는 것이 예술 발전에 긍정적인 영향을 줄 것이라는 내용을 발표함.

• 진로활동 특기사항 예시 •

서정 갈래와 서사 갈래의 특징을 학습하고 작품 비교를 통한 ‘갈래의 특징’을 탐구한 보고서를 작성함. ‘향수(정지용)’, ‘수선화(윌리엄 워즈워스)’를 바탕으로 서정 갈래의 운율, 화자, 심상, 표현 기법 등은 화자의 정서를 독자들에게 전하는 효과적인 수단이자 방법임을 설명하고, ‘장마(윤흥길)’를 바탕으로 서사 갈래는 인물이 겪는 사건과 갈등을 통해 주제를 표현함을 설명함. 문학 갈래의 특징을 이해하는 능력이 우수하고, 친구들의 질문에 또 다른 예를 들어 설명하여 친구들의 이해를 도움.

4월 23일	

변신

프란츠 카프카 | 문학동네 | 2005

도서 분야	문학
관련 과목	국어, 문학, 세계사
관련 학과	인문계열

✅ 주인공의 '변신'이 어떠한 의미를 담고 있는지 정리한다.

그레고르는 가족들을 위해 성실하게 일하는 인물인데, 벌레의 모습으로 변신한 뒤 가족들이 그를 대하는 태도가 달라진다. 처음에는 가족들이 그레고르를 동정하지만 점차 그를 혐오하게 된다. 이것은 자신이 속한 집단에서 존재를 부정당하고 소외되는 것을 보여주는데, 현대인들의 일상적인 세계로부터의 소외에 대해 말하고자 하는 것이다. 단순한 변신 자체에만 초점을 맞추지 말고 상황의 변화까지 살피며 이것이 상징하는 의미를 생각해본다.

✅ 실존주의 소설에 대해 살펴본다.

카프카는 실존주의 문학을 추구하는 작가라 할 수 있는데, 실존 철학을 바탕으로 한 실존주의 소설은 전후의 허무 의식에서 벗어나려는 실존적 자각과 건설적인 휴머니즘을 추구한다. 인간으로 존중받지 못하고 소외되는 등의 '인간성 상실의 현실'을 비판하고 있는 것이라 할 수 있다. 2월에 실존주의에 대한 책을 읽었으니, 참고하며 작품을 감상해본다.

✅ '인간 소외'에 대해 알아본다.

- 인간 소외란 인간성이 상실되어 인간다운 삶을 잃어버리는 일이다. 기계 문명이나 거대한 사회 조직, 산업 조직, 고도로 관리화되고 정보화된 사회가 오히려 인간에 대하여 부정적인 작용을 하는 데서부터 생겨난다.
- 인간이 창의성을 발휘하지 못하고 인간이 만든 기계의 부품이 되어가는 현상에 대해 생각해 보고, 미래 사회에 인간이 어떠한 자세를 취해야 할 것인지 고찰하며 관련 작품들을 찾아 읽어본다.

✅ 위 내용을 비교과활동 특기사항이나 과세특에 활용한다.

• 문학 교과 세특 예시 •

카프카의 '변신'을 읽고 인간 소외에 대한 의견을 담은 소감문을 작성함. 사회로부터 소외되는 것을 통해 현재 우리 인간의 존엄성, 문제점 인식, 올바른 방향성에 대해 고민해야 한다는 의견을 발표함. 소설가 밀란 쿤데라가 말한 '검은색의 기이한 아름다움'의 뜻을 이해하고, 자신만의 삽화를 직접 그려 친구들의 좋은 호응을 얻음.

4월 24일	나는 왜 너가 아니고 나인가	도서 분야	문학
	시애틀 추장 외 ǀ 더숲 ǀ 2017	관련 과목	국어, 문학, 세계사
		관련 학과	인문계열

✅ '아메리카 원주민'에 대해 조사하여 정리한다.

아메리카 원주민을 에스파냐어로 '인디오', 영어로 '인디언'이라고 부른다. 원래 인디오는 인도 사람을 의미하는데, 콜럼버스 일행이 아메리카 대륙을 인도라고 생각했기 때문에 원주민을 인디오(인도 사람)라고 불렀다는 이야기가 있다. 아메리카의 원주민들은 오랜 기간 다른 대륙과 접촉 없이 독자적인 발전을 이루었고 소단위 부족을 중심으로 수렵-채집 생활을 해왔다. 콜럼버스 탐험 이후 유럽인들이 이주하며 천연두, 홍역 등의 전염병에 노출되어 아메리카 원주민들의 인구가 80% 정도 감소했을 것으로 추정한다.

✅ 문명의 발달에 대한 자신의 의견을 정리한다.

문명의 발달은 우리의 생활을 편리하고 풍부하게 만들어 주었다. 그러나 이러한 긍정적인 측면만 있는 것이 아니니, 부정적인 측면도 함께 살펴본다. 본문을 통해 문명의 발달이 능사가 아님을 깨닫고, 자신의 생각을 정리해본다.

✅ 위 내용을 비교과활동 특기사항이나 과세특에 활용한다.

• 진로활동 특기사항 예시 •

'세계 문화 이해' 활동에서 인디언 문화에 관심을 갖고 이를 탐구하여 보고서를 작성함. 인디언 연설문집인 '나는 왜 너가 아니고 나인가'를 읽고 아메리카 원주민들의 삶과 문화를 소개하고, 시애틀 추장의 업적과 사상을 발표함. 이 책에서 '대지는 인간에게 속한 것이 아니며, 인간이 오히려 대지에게 속해 있다', '우리 인디언들은 적게 말하고 오래 듣는다'라는 구절이 가장 인상적이었으며, 현대 사회의 우리가 가지고 있는 가치관이 과연 옳은 것인지 곱씹어보게 되었다는 소감을 밝힘.

• 진로활동 특기사항 예시 •

주제 탐구 독서 활동에서 '더불어 사는 사회'라는 주제로 환경, 배려, 가치관 형성 등 우리가 살아가는 데 중요한 덕목들을 키울 수 있는 독서 활동을 계획하여 진행함. '탈무드', '나는 왜 너가 아니고 나인가'를 읽고 우리의 가치관을 점검해 보게 되는 책이라는 평을 함. '노 휴먼스 랜드'를 읽고 기후 위기에 대해 생각해 보며 환경을 보호하기 위해서는 작은 것부터 실천해야 한다는 주장을 담은 서평을 작성함. '더불어 사는 사회'라는 주제를 담아내기 위해 다양한 장르의 작품을 폭넓게 선정한 것이 돋보였으며, 각 작품에 대한 주체적인 이해와 감상이 잘 드러난 서평의 완성도 또한 높았음.

4월 25일

안나 카레니나

레프 톨스토이 | 민음사 | 2009

도서 분야	문학
관련 과목	국어, 문학, 세계사
관련 학과	인문계열

'톨스토이'의 다른 작품들에 대해 알아본다.

《전쟁과 평화》	러시아와 프랑스 사이의 전쟁을 사실적으로 다룬 작품으로 삶의 의미를 깨달아 가는 모습을 보여준다.
《부활》	부조리한 사회구조와 종교적 모순을 지적하며, 정신적 부활을 통한 인간성 회복을 강조한다.
《사람은 무엇으로 사는가》	문학을 통해 사회를 치유하고 문제를 바로잡고자 하는 그의 사상이 잘 드러난다.
《이반 일리치의 죽음》	삶과 죽음의 참된 의미 속으로 파고들어 그에 대한 진실을 담담히 이야기한다.

《안나 카레니나》의 등장 인물을 정리해본다.

안나 카레니나	카레닌의 아내, 오블론스키의 동생, 브론스키의 연인
알렉세이 알렉산드로비치 카레닌	안나의 20년 연상 남편, 페테르부르크의 유능한 고위 관리
알렉세이 키릴로비치 브론스키	부유한 백작, 안나의 연인
스테판(스티바) 오블론스키	안나의 오빠, 자유주의적 젊은 공작
다리야(돌리) 알렉산드로브나	스테판의 아내
카체리나(키티) 알렉산드로브나	돌리의 동생, 브론스키와 레빈 사이에서 갈등을 겪음
알렉산드르 안드레이치	키티의 아버지
콘스탄친(코스챠) 드미트리치 레빈	시골에서 농지를 돌보며 지내는 부유한 귀족 지주, 실천적인 노동 연구가, 키티에게 구혼함
세르게이 이바니치 코즈니셰프	레빈의 아버지가 다른 형, 유명 저술가
니콜라이 이바니치 레빈	레빈의 친형

위 내용을 비교과활동 특기사항이나 과세특에 활용한다.

• 진로활동 특기사항 예시 •

'주체적으로 작품 읽기' 활동에서 평소 좋아하는 작가 톨스토이를 선정하여 서평을 작성함. 인터넷 매체를 활용해 톨스토이의 생애와 주요 작품에 대해 조사하고 발표함. 톨스토이의 작품 중 특히 '안나 카레니나'가 가장 인상적이었으며 이 작품은 가족 문제, 결혼, 전쟁, 계급 간의 갈등, 농민 문제 등 지금도 우리 사회에서도 발생하는 이야기들을 통해 인간 존재에 대해 다시금 생각해 보게 하는 작품이라는 평을 함.

4월 26일

목걸이

기 드 모파상 | 소담출판사 | 2002

도서 분야	문학
관련 과목	국어, 문학, 세계사
관련 학과	인문계열

'목걸이'의 등장 인물을 정리해본다.

루아젤	선량하고 평범한 하급 공무원으로 현실에 만족한다.
루아젤 부인 (마틸드)	아름답고 매력적이나 서민층 가정에서 태어났고, 허영심이 있다.
포레스티에 부인	루아젤 부인의 부자 친구로, 루아젤 부인을 절망에 빠뜨리곤 한다.

프로이센 프랑스 전쟁에 대해 조사한다.

- **프로이센 프랑스 전쟁:** 1870년부터 1871년까지 프로이센과 프랑스가 에스파냐 국왕의 선출 문제를 둘러싸고 벌인 전쟁으로 프로이센이 크게 이겨 독일 통일이 이루어졌다.
- 모파상은 프로이센 프랑스 전쟁이 일어나자 군에 자원입대한다. 전쟁의 참혹함을 체험한 후 우울증을 앓았으며, 문학에 관심을 갖게 되었다.

문예 사조 중 '자연주의'와 '사실주의'에 대해 알아본다.

- '자연주의'는 인간의 삶과 사회 문제를 있는 그대로 묘사하는 것에 중점을 둔 문예 사조로 19세기 말 프랑스를 중심으로 일어났다.
- '사실주의'는 일반적으로 현실을 있는 그대로 묘사 · 재현하려고 하는 창작 태도를 말한다. 19세기 중엽에 유럽에서 일어난 예술 사조로 현실을 존중하고, 객관적으로 관찰하여 그 개성적 특징을 있는 그대로 그려내려 하는 경향 또는 양식이다.

***모파상은 자연주의와 사실주의 양쪽 모두에서 이야기되고 있는 작가이다. 이러한 문예 사조의 특징을 바탕으로 작품을 감상한다.**

위 내용을 비교과활동 특기사항이나 과세특에 활용한다.

• 진로활동 특기사항 예시 •

서사 갈래에 대해 학습하고 주제, 구성, 인물, 갈등, 서술자 등을 설명하는 보고서를 작성하고 발표함. 특히 '목걸이'와 '운수 좋은 날'을 연결하여 설명하는 부분이 인상적이었으며, 두 작품을 분석하고 반전을 담은 결말의 공통점을 설명한 것이 친구들의 흥미를 이끌어 냄. 두 작품의 마지막 부분의 구성 방법을 서사 갈래의 특성과 연결지어 작품에서 서사 갈래의 특성을 이해할 수 있도록 한 구성이 돋보였음. '자연주의'와 '사실주의'의 차이를 조사하고 이를 통해 모파상의 작품을 해석해내는 치밀함이 관찰됨.

4월 27일	햄릿 윌리엄 셰익스피어 | 민음사 | 2001	도서 분야	문학
		관련 과목	국어, 문학, 세계사
		관련 학과	인문계열

☑ 셰익스피어의 4대 비극을 알아본다.

햄릿	인간의 탐욕, 복수와 사랑 사이에서의 갈등을 그린 이야기
오셀로	악인에 의해 질투와 오해로 파멸하는 인물의 이야기
리어왕	허울을 믿고 경솔하게 판단하여 비참한 파국을 맞는 노년의 리어왕 이야기
맥베스	범죄에 대한 죄책감으로 공포와 절망 속에서 파멸해가는 인물의 이야기

☑ '돈키호테'와 '햄릿'의 인물을 비교해 본다.

돈키호테	• 과대망상, 행동하는 인간 • 생각을 하기 전에 행동이 앞서는 인물 • 자신이 기사라는 착각에 빠져있는 인물
햄릿	• 우유부단, 고뇌하는 인간 • 행동을 하기 전에 생각이 앞서는 인물 • 말로 표현할 뿐 행동으로 쉽게 옮기지 못하는 인물

☑ '희곡'과 '소설'을 비교하여 정리한다.

희곡을 소설로, 소설을 희곡으로 장르를 변환하는 활동을 통해 장르의 특징을 파악할 수 있다. 소설은 등장인물의 대사와 행동, 서술과 묘사를 통해 사건을 전개하는 반면, 희곡은 등장인물의 대사와 행동을 통해 사건을 전개한다. 또한 소설은 등장인물이나 작품 밖의 서술자가 이야기를 이끌어가고, 희곡은 서술자의 개입 없이 등장인물들을 통해 이야기를 이끌어 간다. 각 장르의 특징을 비교하며 희곡인 《햄릿》을 감상해본다.

☑ 위 내용을 비교과활동 특기사항이나 과세특에 활용한다.

• 영어 교과 세특 예시 •

'영문학 작품 읽기' 활동에서 '햄릿'을 읽고 독서 일지를 작성하고, 영어로 질문을 만들어 친구들과 질의응답 형태의 독서 토론을 진행함. 셰익스피어가 새롭게 만들어 작품에 사용한 영어 표현에 대해 조사하고, 이것이 영문학과 언어 형성에 유의미한 업적을 남겼다는 내용을 발표하여 친구들의 흥미를 이끌어 냄. 희곡과 소설의 차이점을 제시하며 '햄릿'을 읽는 또 다른 재미를 공유함.

4월 28일	파우스트	도서 분야	문학
	요한 볼프강 폰 괴테 | 민음사 | 1999	관련 과목	국어, 문학, 세계사
		관련 학과	인문계열, 독어교육과

파우스트와 구운몽을 비교, 정리한다.

파우스트(괴테)	'파우스트'는 악마인 메피스토펠레스와 영혼을 걸고 현세의 쾌락을 누리는 계약을 한다. 이후 젊음을 갖게 되었고 순결한 여인을 유혹하며, 전쟁을 승리로 이끌어 왕에게 영토를 하사받게 된다. 이상적인 삶의 모습을 보지 못하고 죽음을 맞이한다.
구운몽(김만중)	'성진'은 불도의 가르침에 맞지 않는 행동을 하고 인간의 욕망을 품어 꿈에 '양소유'로 환생하여 온갖 부귀영화를 누린다. 그러나 그것이 헛된 꿈에 불과하다는 것을 깨닫고 불도에 정진하게 된다.

주요 등장 인물에 대해 정리한다.

파우스트	참된 지식을 갈망해온 노학자로, 지적 좌절을 겪고 번민에 빠진다.
메피스토펠레스	인간의 욕망과 약점을 잘 알아 이를 이용하여 인간의 영혼을 노린다.

위 내용을 비교과활동 특기사항이나 과세특에 활용한다.

• 진로활동 특기사항 예시 •

프란츠 리스트에 대해 배우고 리스트에 대해 조사함. 리스트가 낭만주의 음악사의 중심이며, 손꼽히는 피아니스트임을 알게 됨. 특히 '세 개의 인물화로 된 파우스트 교향곡'을 면밀하게 탐구하는 모습이 관찰됨. 이 곡은 요한 볼프강 폰 괴테의 '파우스트'에서 영감을 얻어 작곡한 곡이라는 사실에 관심을 갖게 되어 희곡 '파우스트'를 읽고 연결하여 이해하는 활동을 함. 슈만의 '괴테 파우스트의 장면들', 베를리오즈의 '파우스트의 겁벌', 구노의 오페라 '파우스트' 등도 '파우스트'와 관련된 작품임을 알게 되었고 이를 보고서로 작성함.

• 진로활동 특기사항 예시 •

'문학 작품 주체적으로 읽기' 활동에서 '파우스트'를 읽고 운문으로 쓰인 희곡에 관심을 가지고 서평을 작성함. 콘텐츠 제작자의 꿈을 가지고 있어 다양한 문학 작품들을 편견없이 접하는 학생으로 희곡은 물론 '젊은 베르테르의 슬픔'과 같은 소설을 남긴 '괴테'에 대해 탐구함. 괴테의 작품들을 읽으며 작가가 작품을 통해 전하고자 하는 주제를 깊이 있게 다루는 것이 인상 깊었으며, 자신도 콘텐츠를 제작할 때 기술적인 면보다 주제 전달에 더 신경을 쓰게 되었다는 소감을 밝힘.

4월 29일	기탄잘리	도서 분야	문학
	라빈드라나트 타고르 | 열린책들 | 2010	관련 과목	국어, 문학, 세계사
		관련 학과	인문계열

타고르와 유명인들과의 일화를 정리해본다.

윌리엄 버틀러 예이츠	타고르의 원고를 읽고 감탄하여 적극적으로 출간을 주선하였다. 예이츠의 서문을 덧붙인 영어판 《기탄잘리》가 영국에서 출간되었다.
마하트마 간디	타고르는 간디의 방법이 유일한 것은 아니라 여겼고 정신의 근대화, 교육의 중요성을 강조했다. 간디의 옥중 단식의 소식에 먼저 찾아간 사람들 중의 한 명이 타고르였다. 두 인물은 다른 듯하나 공통점을 찾을 수 있다.
알베르트 아인슈타인	타고르와 아인슈타인은 베를린에서 만나 대화를 나눴다. 아인슈타인은 타고르에게 생일 축하 편지를 보내기도 했다.

에즈라 파운드, 허버트 조지 웰스 등과도 친분이 있었다고 하니 그 일화도 찾아보자.

위 내용을 비교과활동 특기사항이나 과세특에 활용한다.

• 문학 교과 세특 예시 •

'세계 문학 이해하기' 학습에서 '기탄잘리'를 읽고 신을 향한 화자의 마음을 느낄 수 있었으며, 한용운의 작품과 비교해 보는 활동을 한 후 보고서를 작성함. 타고르와 한용운은 전혀 다른 문화에 속한 작가라고 할 수 있는데 '임'이라는 대상이 등장하고 그 대상을 경어체로 대하고 있으며, 그것이 초월적인 존재를 상징하는 '공통점'임을 정리해서 발표함. 어느 나라, 어느 문화권의 작품이든 문학은 인간의 삶과 사상 등을 언어로 형상화하는 예술이고, 이를 통해 '문학의 보편성'을 알게 되었다는 소감을 밝힘.

• 진로활동 특기사항 예시 •

교사, 교육학에 관심이 많은 학생으로 '기탄잘리'를 읽고 타고르가 지닌 교육자의 면모를 집중적으로 탐구함. 시인으로 널리 알려진 타고르가 시뿐만 아니라 소설, 희곡, 철학, 음악, 미술 등 다양한 분야에 관심이 있었다는 사실을 알게 됨. 특히 교육자로서 교육촌을 조성하고 대학을 설립했으며, 문학을 통해 얻은 수익을 기부했다는 사실에 깊은 감동을 받았다고 말함. 타고르의 행보를 통해 교육이라는 것이 반드시 '교육자'라 불리는 사람들만이 하는 것이 아님을 깨달았고, 자신도 다방면에 관심을 갖고 보다 많은 학생들에게 긍정적인 영향을 주는 교사가 되어야겠다는 포부를 밝힘.

4월 30일	가지 않은 길	도서 분야	문학
	로버트 프로스트 외 14명 | 창비 | 2014	관련 과목	국어, 문학, 세계사
		관련 학과	인문계열

애드거 앨런 포우의 〈에너벨 리〉를 읽고 자신의 감상을 정리해본다.

'바닷가 왕국', '애너벨 리'가 반복되어 나온다. 단조로운 리듬에 변화를 주어 음악적 효과를 얻고 있다. 아주 오랜 옛날을 시간적 배경으로, 바닷가 왕국을 공간적 배경으로 설정하여 신비로움을 더했으며 애너벨 리와 화자의 숭고하고 환상적인 사랑을 아름답게 그려냈다.

로버트 프로스트의 〈가지 않은 길〉을 읽고 자신의 감상을 정리해본다.

인생과 존재를 말하는 담담한 어조가 인상적이다. 숲속의 평범한 '길'에 의미를 부여한다. 인생에서 마주치는 선택의 상황과 그 선택을 위한 고민, 선택하지 않은 것에 대한 아쉬움과 미련 등을 이야기하고 있다. 화자는 사람이 덜 다닌 길을 선택하는데, 호기심과 모험을 추구하는 주체적인 모습을 보인다. 어떤 길을 선택하는가에 따라 인생이 달라지는데, 그 모습을 받아들이는 자세를 통해 나의 선택에 책임지는 것이 중요하다는 것을 느끼게 한다.

로버트 프로스트의 〈눈 오는 저녁 숲가에서〉를 읽고 시어와 시구의 의미를 정리해본다.

숲	인생
잠	죽음
가야 할 먼 길	남은 인생
지켜야 할 약속	인생이 얼마 남지 않았다 하더라도 이상을 추구하겠다는 약속

위 내용을 비교과활동 특기사항이나 과세특에 활용한다.

• 진로활동 특기사항 예시 •

'문학과 대중 예술의 만남'이라는 진로 특강을 듣고 문학이 대중 예술로 만들어진 예를 조사하고 그 특징을 탐구하여 보고서를 작성함. '애너벨 리'를 노래 가사로 한 우리나라 인디 밴드의 노래를 듣고, 시를 낭송할 때와 노래로 부를 때의 차이점을 시의 구성요소인 화자, 운율, 심상과 표현 기법을 바탕으로 설명함. 김광섭의 '저녁에'라는 시를 바탕으로 한 대중가요와 화가 김환기의 '어디서 무엇이 되어 다시 만나랴'라는 그림을 함께 소개하고 시와 노래, 그림의 차이를 설명하여 친구들의 흥미를 불러일으킴. 문학은 물론 예술에 대한 자신만의 감상과 해석이 돋보이는 발표 내용이 매우 인상적임.

5월

5월 1일

지리의 쓸모

전국지리교사모임 | 한빛라이프 | 2021

도서 분야	한국지리
관련 과목	한국지리
관련 학과	지리학과

☑ 지리적 사고력을 확장할 방법을 생각해 본다.

1. 세계, 지역, 도로지도 등 다양한 종류의 지도를 탐독하며 지리적 위치와 지형을 파악한다.
2. 여행을 통해 다른 지역과 문화를 경험하고 지리적인 특징을 직접 배워본다.
3. 지구 과학, 지리학 관련 책, 뉴스, 인터넷을 통해 지리적 정보를 수집하고 이를 이해한다.
4. 지도 퍼즐, 지리 퀴즈, 지리 보드게임을 통해 지식을 놀이 및 실제 생활에 적용해 본다.
5. 지도를 활용하여 다양한 지리적 문제를 해결하거나 경쟁하는 활동에 참여해 본다.
6. 특정 지역이나 지리적 특징에 관심을 가지고 해당 분야에 대해 알아보고, 다른 사람들과 이를 주제로 의견을 나누어 본다.
7. 외국어 학습을 통해 해당 지역의 문화와 지리적 배경에 대한 이해를 높인다.

☑ 책 내용 중 가장 인상 깊은 주제 한 개를 꼽고, 이를 선정한 이유를 서술한다.

예시) 수도권 인구 집중, 저출산 및 고령화 사회 도래, 다문화 사회의 정책은 일맥상통하는 주제이자, 다양한 국가 정책의 한계에서 발생했다. 우리 사회의 심각한 미래를 예고하는 문제들을 해결하기 위해 근본적인 대책 마련이 시급하다. 식민 지배와 전쟁 직후 우리나라는 세계 최빈국이었고, '먹고 사는 문제'를 빠르게 해결하기 위해 거점 지역과 산업 위주로 성장해왔다. 그 결과 GDP의 성장과 눈부신 발전을 이룩할 수 있었지만 이런 불균형한 개발정책은 결국 '균형'과 '평등'이라는 가치와 충돌할 수밖에 없고, 지금 이와 관련한 해묵은 갈등이 폭발하고 있다. 먼저 일자리와 인프라가 풍부한 수도권으로 사람이 모이고, 그로 인해 수도권의 집값은 폭등했다. 반면 지방은 인구 유출과 저출산으로 소멸을 앞두고 있고, 극심한 인력난은 외국인들로 대체되고 있다. 보수적인 고령층 위주의 지방에 외국인들이 유입되며 필연적으로 사회 문제가 야기되었다. 또한 이러한 문제는 교육에도 영향을 끼친다. 과거에는 지방 거점 대학에서 그 지역의 인재가 졸업하고 지방 경제를 주도했다. 하지만 이제는 일자리를 찾아 지방의 우수한 학생들이 수도권으로 몰리면서 지방 경제와 교육 모두 침체의 위기에 처했다.

☑ 위 내용을 비교과활동 특기사항이나 과세특에 활용한다.

• 한국지리 교과 세특 예시 •

인문과 경제지리 관련 이슈를 알아보며 우리나라의 고질적인 문제인 수도권 과밀화와 지방 소멸 문제의 원인과 해결책을 발표하였음. 효율 위주의 수도권 중심 개발정책에 따라 지방은 소외되었고, 이는 일자리와 인재, 인프라의 수도권 집중 및 지방 소멸이라는 결과를 초래했다고 분석함. 불균형 개발 정책과 지방 소멸의 악순환으로 문제는 더욱 심각해지고 있다고 첨언함. 이를 해소하기 위해 균형 발전을 목표로 한 실질적인 정책 시행이 중요하며, 이에 대한 긍정적인 여론을 형성할 필요가 있다고 주장함.

5월 2일	세계 시민을 위한 없는 나라 지리 이야기 서태동 외 6명 I 롤러코스터 I 2022	도서 분야	청소년 사회
		관련 과목	세계지리
		관련 학과	지리학과

✅ 책에는 소개되지 않았으나 '없다'라는 주제에 부합하는 지역이 있는지 찾아본다.

▶ 해수면보다 높은 땅이 부족한 네덜란드 ◀

네덜란드 대부분은 낮은 고도에 위치하며, 국토의 20%는 해수면보다 낮다. 이러한 지역은 해수면 상승과 호우 등으로 인해 홍수의 위험도 있고 안정적인 거주에 적합하지 않았다. 하지만 네덜란드인들은 과학 기술과 성실함으로 쓸모없다고 여겨진 늪지대를 농경지로 재창조했다. 지형적 악조건이 다양한 국토 개발 방식으로 이어진 것이다. 그 시작은 다양한 방수 시스템으로 물길과 방수문, 해변 보강물 등을 통해 홍수 통제와 치수에 중점을 두고 있다. 이러한 시스템은 홍수 피해를 최소화하고 안전한 환경을 제공하고 있다. 최근 네덜란드의 개발은 지속 가능성을 추구한다. 궁극적으로는 '자연과 인간의 공존'이다. 자전거와 대중교통을 권장하고 신재생, 친환경 에너지를 적극적으로 이용해 에너지 효율을 높이고 환경친화적 시스템을 구축하는 것이다.

✅ 소개된 지역 중 한 곳을 골라 해당 지역의 '없는 것'을 바탕으로 여행 계획을 세워본다.

▶ 스타벅스가 '거의' 없는 나라 이탈리아로 떠나는 커피 여행 ◀

1. **로마** 여행의 시작. 카페에서 에스프레소와 카푸치노, 아침 식사를 즐기며 로마의 명소들도 함께 관광한다.
2. **나폴리** 피자와 함께 즐기는 커피. 이탈리아 남부의 나폴리는 피자뿐만 아니라 커피도 유명하다. 나폴리 스타일의 에스프레소, 카푸치노와 함께 세계 3대 미항인 나폴리 항의 경치를 즐겨본다.
3. **피렌체** 르네상스 문화와 함께하는 커피. 미켈란젤로 언덕에서 에스프레소 한 잔과 해 질 녘 피렌체의 장관을 즐겨본다.
4. **밀라노** 패션의 중심지에서 느끼는 커피 한 잔의 여유. 밀라노는 패션 중심지이지만, 커피 문화도 풍부하다. 아페리티보로 에스프레소나 아메리카노와 함께 가볍게 음식을 즐겨본다.
5. **베네치아** 물의 도시에서 느끼는 커피의 향. 복잡한 베네치아의 골목길을 무작정 걷다 보면 그 경치에 피곤함마저 잊을 수 있다. 이때 인근 카페에 들어가 베네치아 스타일의 커피를 즐겨본다.

✅ 위 내용을 비교과활동 특기사항이나 과세특에 활용한다.

• 여행지리 교과 세특 예시 •

세계 각국의 정치와 경제, 문화 등에 관한 관심이 여행으로 확대되었다고 밝힘. 보통 특정 문화를 기준으로 여행지를 선정하는데, 이 책을 읽고 특정 요소가 없거나 부족한 나라에 관심이 생겼다고 밝힘. 특히 세계적 커피 프랜차이즈인 스타벅스가 고전한 이탈리아의 커피 문화, 해수면보다 낮은 땅이라는 악조건을 이기고 화훼와 낙농업을 발전시킨 네덜란드의 국토 개발 방식에 강한 호기심을 표출함.

5월 3일

구멍가게 이야기

박혜진, 심우장 | 책과함께 | 2021

도서 분야	사회문화
관련 과목	사회문화, 한국지리, 한국사
관련 학과	사회학과, 지리학과, 사학과

'구멍가게'를 포함한 레트로 문화 연구가 갖는 사회학적 의미에 대해 생각해 본다.

사회학적 의미	내용
1. 개인과 집단의 정체성 형성	사람들은 특징 시기의 문화로 자신의 정체성과 소속감, 차별성 표현
2. 소비와 소비문화에 대한 통찰력 제공	소비의 다양성과 소비자의 가치관, 선호도, 소비행태 분석에 도움
3. 시대별 문화적 변화와 영향 연구	문화가 특정 시대의 경제, 정치, 기술 발전, 사회에 미치는 영향 분석
4. 커뮤니티 형성과 정보 공유 추적	SNS상에서 레트로 문화 요소의 공유를 통한 소통 분석에 도움
5. 현대와 과거 사회의 상호작용 탐구	과거의 형성과정을 통해 현대 사회의 가치관, 문화적 동향 이해
6. 지속 가능한 소비와 환경 이해 촉진	레트로 문화와 스타일을 통해 자원과 상품의 재순환 이해

현대 사회에서 구멍가게의 이미지는 무엇인지 생각해 본다.

1. 구멍가게는 주로 과거의 시대나 문화를 상징하는 장소로 인식된다. 현대 사회에서 구멍가게를 방문하는 사람들은 자신의 어린 시절로 돌아가거나 과거의 경험을 회상하려는 욕구를 느낀다.
2. 구멍가게의 제품이나 스타일은 종종 자신만의 독특하고 고유한 개성 표현의 수단으로 사용된다.
3. 사람들은 구멍가게 방문 사진, 동영상을 공유하면서 이를 매개로 사람들과 소통한다.
4. 일부 사람들은 현대 사회의 모더니즘과 혁신에 반대의 입장을 취하며, 과거의 전통과 가치를 중시하는 경향이 있다. 이들은 구멍가게나 과거의 문화를 현대 사회에서 중요하게 여긴다.
5. 구멍가게는 지속 가능한 소비의 예시로도 간주 된다. 중고 제품을 구매하거나 재활용 패션에 관심을 가지는 사람들은 구멍가게를 방문하여 환경에 미치는 영향을 줄이려는 노력을 보인다.

위 내용을 비교과활동 특기사항이나 과세특에 활용한다.

• 사회문화 교과 세특 예시 •

문화 변천의 원동력과 특징을 알아보며 최근 유행한 '레트로'에 주목함. 한 사회의 문화에 영향을 미치는 요인으로 유행과 소비 형태를 꼽고, 이 둘을 불가분의 관계라고 설명함. 몇 년 전, 1980년대 후반~1990년대 후반 배경의 드라마가 시리즈로 방영될 정도로 인기를 끌며 사회 전반에 '레트로 문화' 열풍을 불러왔다고 분석함. 쉽고 빠르며, 보기 좋은 물건과 장소만 선호하던 사람들이 레트로에 신선함을 느꼈고, 사회 전반에 걸쳐 레트로 풍 관광 명소가 부각되었다고 발표함. 그 중 대표적인 장소로 구멍가게를 꼽음. 레트로 문화에서 느끼는 바는 세대별로 다르나 공통적으로 중고 제품 및 재활용 등에 관심을 환기해 지속 가능한 소비를 유도한다고 평가한 점이 인상적이었음.

5월 4일	세상을 담는 여행지리	도서 분야	사회문화
	김인철 외 6명 | 푸른길 | 2020	관련 과목	한국지리, 세계지리, 세계사, 한국사
		관련 학과	지리학과 사학과

✅ '테마가 있는 여행'의 의미를 알아보고, 구체적인 사례를 찾아본다.

▶ 테마가 있는 여행이란?

일상에서 벗어나 특별한 경험을 즐기기 위해 특정 주제나 관심사를 중심으로 계획하고 체험하는 여행. 개인의 관심사나 선호에 따라 다양한 형태로 구성된다.

▶ 테마가 있는 여행의 사례

형태	내용
1. 문화 여행	현지에서만 느낄 수 있는 현지 문화와 예술을 탐구
2. 자연 여행	현지의 다양한 자연환경을 체험하며 자연의 아름다움을 경험
3. 음식 여행	현지 요리를 맛보거나 요리 수업을 듣는 등 다양한 체험을 향유
4. 모험 여행	모험과 스포츠를 중심으로 자연 속에서 도전과 스릴을 경험
5. 역사 여행	역사적인 사건과 장소를 중심으로 과거 이야기를 학습

✅ 여행지로서 매력 있는 장소 한 곳을 선정해 보고, 여행 계획을 세워본다.

▶ 역사와 문화가 살아 숨 쉬는 경주 여행 ◀

1일 차: 경주 도착 및 숙소 주변 지역 탐색

- 경주 여행의 중심지인 황리단길과 대릉원 일대를 가볍게 산책하며 피로를 푼다.

2일 차: 대릉원, 첨성대, 국립 경주 박물관, 월정교 등 숙소 인근 지역 문화 탐방

- 가까운 곳의 문화 유적지 탐방. 자전거를 대여해 이동 시 활용한다.

3일 차: 분황사, 황룡사지, 금관총 및 경주 구시가지 탐방

- 자전거를 이용해 숙소에서 약간 거리가 있는 분황사와 황룡사지 탐방.
- 숙소 주변 금관총 및 관련 박물관 방문, 구시가지 탐방.

4일 차: 불국사와 석굴암 탐방

- 대중교통 이용하여 불국사와 석굴암으로 이동하여 탐방.

✅ 위 내용을 비교과활동 특기사항이나 과세특에 활용한다.

• 여행지리 교과 세특 예시 •

여행의 의미를 발표하는 수업 시간에 '인생은 익숙한 곳에서 낯선 곳으로 향하는 여행과 같다'라며 인간에게 여행은 과거를 되돌아보고, 현재를 성찰하며, 미래를 계획하는 중요한 시간이라고 발표함. 특히 역사와 문화를 테마로 한 여행을 즐기며, 부모님의 동의 아래 여행지를 선정하고, 계획을 세운다고 덧붙임. 대중들에게 유명한 관광지가 아닌 자신이 좋아하는 것을 보고, 느끼고, 사색할 수 있는 장소를 찾는 것이 꿈이라고 주장한 점이 인상적이었음.

5월 5일	아주 쓸모 있는 세계 이야기	도서 분야	정치사회
	남영우 외 4명	푸른길	2019	관련 과목	세계지리, 한국지리, 세계사, 한국사, 사회문화, 정치와 법
		관련 학과	사회학과, 지리교육과, 사학과, 정치외교학과

가장 인상 깊은 주제를 최신 이슈와 연결하여 본인의 생각을 정리해 본다.

가장 인상적인 주제는 유럽과 아시아의 경계 이야기다. 세계적으로 통용되는 유럽과 아시아의 경계는 보스포루스해협부터 흑해와 캅카스산맥, 카스피해, 우랄산맥을 이은 지경선이다. 이에 따르면 튀르키예와 러시아는 아시아와 유럽, 양쪽에 걸쳐 있다. 그리고 실제로 유럽은 이들을 비유럽권으로 인식하는 경향이 크다. 하지만 양국의 생각은 조금씩 다르다. 튀르키예는 NATO 회원국이며, 2005년부터 줄기차게 EU 가입을 희망했으나 번번이 회원국들의 반대로 실패했다. 그 이유는 다음과 같다.

1. **인권 탄압 문제** 튀르키예의 언론인과 시민들에 대한 탄압 · 구속은 EU의 핵심 가치와 충돌한다.
2. **사회 · 정치 안정 문제** 2016년 발생한 군사 쿠데타 이후 사회정치적으로 불안정한 상태이다.
3. **정치 및 외교적 대치** 튀르키예의 북키프로스에 대한 군사적 지원과 중동 지역 간섭은 EU 회원국들의 우려를 사고 있다.
4. **경제적 측면** 튀르키예의 불안정한 경제 상황과 재무 정책에 대한 우려가 EU 가입을 막고 있다.

이러한 복잡한 이유에도 불구하고 끊임없이 유럽 국가로 발돋움하려는 튀르키예와 달리, 러시아는 NATO 확대를 반대하고 우크라이나를 침략하는 등 긴장 관계를 유지하며 독자 노선을 강행하고 있다.

자연환경의 영향을 받은 사례와 이유를 정리해 본다.

1. 화장실의 형태가 지역마다 다른 이유

- 기후는 화장실에도 영향을 미친다. 추운 지역은 보온, 더운 지역은 환기와 냉각을 중요시한다.

2. 음식 맛은 어느 나라가 좋나?

- **기후 조건:** 기후 조건은 작물 생산과 음식 공급에 큰 영향을 미친다.
- **토양 품질:** 비옥한 토양은 더 많은 작물의 생산으로 이어져 식문화를 다채롭게 만든다.
- **수자원:** 충분한 수자원은 농업과 축산업에 필수다. 이는 식문화 발전에 영향을 끼친다.
- **지리적 위치:** 해안 지역은 내륙보다 더 다양한 식재료에 접근할 수 있다.

3. 스위스가 영세 중립국이 될 수 있었던 지리적 환경은?

- 2차 대전 당시 독일과 이탈리아에서 스위스를 점령하자는 의견이 있었다. 이에 스위스는 침공당하면 알프스의 통로를 파괴하겠다고 선언하고, 험한 지형을 이용한 게릴라 작전을 준비했다. 결국 독일과 이탈리아는 스위스의 중립을 인정할 수밖에 없었다.

위 내용을 비교과활동 특기사항이나 과세특에 활용한다.

• 세계사 교과 세특 예시 •

심도 있는 세계사 학습을 위해서는 지리적 상식이 필요하다고 느낌. 이에 기초 지리 지식은 교과서 탐독으로, 최신 이슈는 세계 뉴스와 다큐멘터리 시청으로 축적하겠다는 포부를 밝힘. 교과 통합 주제를 선정해 탐구하는 수업에서 '유럽과 아시아의 경계선에 있는 나라들'을 발표했는데, 평소의 노력이 빛을 발했다며 뿌듯해하는 모습이 인상적이었음. 경계선에 있는 나라로 튀르키예, 캅카스 3국, 러시아를 꼽았는데 각 나라의 정치 노선은 상반되며, 이들을 바라보는 유럽과 아시아의 시선도 상이함을 강조함.

5월 6일	문학 속의 지리 이야기	도서 분야	세계지리, 문학
	조지욱 | 사계절 | 2014	관련 과목	세계지리, 한국지리, 여행지리, 국어
		관련 학과	지리교육과, 지리학과, 국어교육과

책에서 소개한 소설 중 공간의 영향력이 가장 큰 작품을 선택하고 그 이유를 서술해 본다.

《소나기》라는 제목은 주제인 '첫사랑'과 연관이 없어 보이지만, 공간을 연출하는 데 가장 중요한 요소다. 소설은 어느 가을날, 할아버지 댁에 요양차 방문한 도시 출신 소녀와 시골 소년의 교류를 소나기가 쏟아지는 오두막과 실개천을 배경으로 그려냈다. 소나기는 대류성 강우로 주로 여름에 나타나지만, 뜨거운 햇볕이 내리쬐는 봄과 가을의 한낮에도 종종 내린다. 계절의 특성과 지리적 요소까지 고려해 배경을 가을 한낮으로 정한 작가의 세심한 관찰이 인상 깊었다. 또 가을 한낮은 햇볕은 따갑지만, 찬 바람 때문에 기온이 낮다. 연약한 소녀가 젖은 옷을 입고선 체온 유지도 힘들기에 자연스럽게 소년이 자기 옷을 건네줄 기회가 되었다. 그리고 갑자기 불어난 실개천에 당황한 소녀를 업으며 아마 '소나기'에 고마워했을지 모른다. 이렇듯 소나기는 단순한 자연적 배경이 아니라 소설을 이끄는 가장 중요한 요소이다.

공간의 영향력을 이해할 수 있는 시 한 편을 꼽고, 그 이유를 서술해 본다.

〈가지 않은 길〉은 선택에 대한 고민이자 중요한 결정을 내릴 때 우리가 직면하는 상황을 나타내며, 공간적인 의미도 함께 갖는다. 시의 도입부는 숲속의 길이 갈라지는 모습을 묘사한다. 이는 삶의 고민에 대한 은유이자 공간적으로는 길이 갈라지는 지점 자체를, 그리고 선택해야 할 때의 결정적인 순간을 의미한다. 시 중간에 주인공은 한쪽을 선택하고 나아간다. 이 선택은 그의 인생의 방향을 결정한 것을 의미하며 공간적으로는 선택한 길을 따라 나아가고 있다. 시의 끝에서 주인공은 선택한 길을 후회하며 다시 돌아보지만, 그때에는 이미 미묘해진 길의 흔적도 찾을 수 없다고 말한다. 이는 한번 결정한 삶의 방향은 되돌릴 수 없다는 것을 보여주며, 공간적으로는 이미 거쳐온 길과 선택하지 않은 길의 차이를 보여준다. 결정의 중요성과 자신의 선택이 삶에 어떤 영향을 미치는지를 공간적인 이미지로 표현한 것이다.

위 내용을 비교과활동 특기사항이나 과세특에 활용한다.

• 문학 교과 세특 예시 •

자신이 좋아하는 문학 작품을 분석하는 수업 시간에 황순원의 '소나기', 로버트 프로스트의 '가지 않은 길'을 골라 공간적으로 재해석하여 발표함. 대부분의 독자들은 주인공들의 행동과 감정에 공감하며 작품을 즐기지만, 이 책을 통해 인간의 삶이 내부의 요소만으로 결정되는 것이 아니라 외부적 요인에 의해 좌우된다는 점을 알게 되었고, 이를 실제 작품에 적용해 감상하게 되었다고 밝힘. 특히 수많은 외부 요인 중 문학의 배경, 즉 '공간'에 초점을 맞춰 작품을 분석했는데, 공간의 영향력이 가장 큰 작품을 발표 주제로 삼았다고 첨언함.

5월 7일	지리의 힘	도서 분야	정치사회
	팀 마샬 | 사이 | 2016	관련 과목	세계지리, 세계사, 정치와 법
		관련 학과	지리학과, 사학과, 정치외교학과

✅ 아프리카를 약탈하고 발전을 저해하는 주체와 내용을 과거와 현대로 나누어 분석해 본다.

	수탈 주체	수탈 방법	수탈 자원과 피해
과거	• 19~20세기 유럽 국가들	• 식민지화 • 인종 분리와 차별	• 자원과 노동력 • 현대까지 이어지는 아프리카의 분열
현재	• 다국적 기업 • 국제 금융기관 및 외국 정부	• 산업 구조 침투 및 독점 • 대규모 차관	• 자원 수탈과 산업 붕괴 • 부채, 이자 상환으로 인한 경제 발전 저해

✅ 《지리의 힘 2》를 읽고 서평을 작성해 본다.

서평 예시)

세계적인 베스트셀러 《지리의 힘》을 펴낸 팀 마샬이 7년 만에 후속편 《지리의 힘 2》를 출간했다. 언뜻 봐도 1권에 비해 분량이 늘어났다. 1권은 미국과 중국, 서유럽, 러시아, 한국, 일본 등 국제관계에서 자주 등장하는 주요국들을 다루는데 왜 2권의 분량이 더 많을까? 2권은 지리적 측면과 더불어 해당 지역의 '역사와 정치'적 측면도 다루고 있기 때문이다. 지금까지 우리는 강대국 위주로 정세를 고려했지만, 다원주의 시각에서 세계정세를 바라봐야 한다는 저자의 의도를 명확히 파악하고 이 책을 읽어야 할 것이다. 《지리의 힘》을 통해 국제관계에 대한 소양을 쌓고, 1권에서 다루지 않은 지정학적 긴장 상태의 지역과 세계정세에 대한 새로운 시각을 배우기 위해 《지리의 힘 2》을 읽는 것을 추천한다.

✅ 위 내용을 비교과활동 특기사항이나 과세특에 활용한다.

• 세계사 교과 세특 예시 •

19세기부터 20세기 초반까지 전 세계는 이른바 제국주의 국가의 식민지 쟁탈전 시기로 유럽의 열강들과 미국, 일본 등의 세력이 그 외 지역을 분할 점령하여 약탈하였다고 발표함. 20세기 초반 공식적 식민주의는 종결되었으나 지금까지 일부 지역에서는 식민주의의 잔재가 남아 고통을 겪는 경우가 많다고 첨언함. 특히 아프리카 원주민의 분포와 문화적 다양성을 고려하지 않고, 유럽 열강의 이익에 따라 결정된 아프리카 국경선은 현재까지 분쟁의 씨앗이 되고 있으며, 독립 이후 수십 년간 내전을 겪으면서 여전히 과거 식민 모국으로부터의 경제적, 정치적 간섭에서 벗어나지 못하고 있다고 주장한 점이 인상적이었음.

5월 8일	왜 세계의 절반은 굶주리는가?	도서 분야	정치사회
	장 지글러 | 갈라파고스 | 2016	관련 과목	사회문화
		관련 학과	사회학과, 정치외교학과

☑ 가장 심각한 기아의 사례를 소개하고, 그 이유를 설명한다.

일부 선진국을 제외한 나머지 지역은 여전히 기아 문제와 사활을 걸고 싸우고 있다. 그 수많은 지역 중 소말리아를 가장 심각한 사례로 꼽고 싶다. 소말리아는 사막화로 인한 고질적인 경작지 부족 문제와 더불어 오랜 내전으로 산업 구조와 기초 행정 시스템마저 붕괴했다. 게다가 악명높은 소말리아 해적들로 인해 국제 긴급 구호팀의 활동도 곤란한 실정이다. 경제와 구조, 모든 측면에서 가장 열악한 환경에 놓여 있다고 생각한다.

☑ 현대 사회를 이른바 '풍요 속 빈곤'이라고 표현한 이유를 생각해 본다.

120억 명 이상이 충분히 먹고 살 수 있는 식량이 생산되고 있지만, 일부 국가 및 다국적 기업들은 식량 가격의 안정화를 위해 잉여 생산물을 폐기하거나 가격을 조작하고 있다. 이는 10억 명 이상이 기아에 허덕이고, 아이들이 영양실조로 사망하는 '풍요 속 빈곤'의 원인이라고 볼 수 있다.

☑ 위 내용을 비교과활동 특기사항이나 과세특에 활용한다.

• 통합사회 교과 세특 예시 •

이 책을 읽고 전 세계에 만연한 기아의 실태를 조금 더 객관적으로 인지하고, 기부를 조장하는 일종의 '빈곤 포르노'는 기아 문제의 근본적 해결에 도움이 되지 않는다고 비판하였음. 기아 문제가 가장 심각한 국가로 소말리아를 꼽았으며, 다양한 측면의 근거로 자신의 의견을 뒷받침함. 소말리아의 환경과 식량, 정치와 공권력 등 경제 · 구조적 측면을 강조하며 해당 국가의 위급한 상황을 절실하게 피력한 점이 인상적이었음.

• 윤리와 사상 교과 세특 예시 •

이 책을 읽고 현대 사회 속 기아 문제의 원인을 분석하여 객관적인 자료와 함께 발표함. 특히 19세기 이전에는 기아 문제가 인간이 개입하기 힘든 기후나 경지 조건 등의 문제로 발생했으나, 현대에는 인간의 이기심과 탐욕에서 기인한다고 주장한 점이 인상적이었음. 5초에 한 명씩 기아로 아동이 사망하는 것은 식량을 투기의 대상으로 보는 다국적 기업의 탐욕과 '식량 가격의 안정화'라는 허울 좋은 명목 아래 잉여 곡물까지 폐기하는 일부 선진국들의 이기적인 행태 때문이라고 날카롭게 지적하였음. 식량은 생산자의 사유재산이므로 처분은 소유자의 권리이며 법적 제재는 불가능하지만, 이러한 상황을 해소하기 위해서는 인도적 측면의 설득만이 답이라고 결론을 내림.

5월 9일

왜 세계의 가난은 사라지지 않는가

장 지글러 | 시공사 | 2019

도서 분야	정치사회
관련 과목	사회문화
관련 학과	사회학과, 사회복지학과

✅ 때에 따라 다양하게 나타나는 빈곤의 양상과 그 원인을 분석해 본다.

빈곤의 양상	원인
도시와 농촌	도시의 높은 생활비와 과도한 경쟁, 농촌의 제한된 자원 접근성
선진국과 개발도상국	선진국은 부유층에게 편중된 혜택, 개발도상국은 생계유지에 필요한 자원의 부족
자원과 환경의 영향	자원 부족 지역은 생존 자체가 어려우며, 환경 문제로 더욱 악화될 수 있다.
정치 및 정부 정책의 영향	불안정한 정치 상황은 빈곤 문제를 악화시킨다.
문화적 요인	열악한 여성 인권이나 교육의 부재는 특정 지역의 빈곤을 악화시키고 있다.

✅ 가장 대표적인 빈곤 지역을 꼽고, 그 원인을 분석해 본다.

예시) 지역: 인도 등 남아시아의 일부 국가

1. **높은 인구 밀도:** 인도는 전 세계에서 가장 많은 인구를 가지고 있다. 부족한 자원을 차지하기 위해 발생하는 극심한 경쟁이 빈곤을 악화시키는 주요 요인 중 하나이다.
2. **사회적 불평등:** 계급과 인종 간 불평등이 빈곤을 더 심각하게 만들고 있다.
3. **농촌 빈곤:** 농촌 지역에서는 농업의 불안정성과 소득 부족으로 빈곤율이 더 높다.

✅ 빈곤 문제 개선에서 교육의 역할을 논해 본다.

1. 더 나은 직업을 위해 필요한 기술과 역량향상을 도와 빈곤층의 경제적 상황 개선에 기여한다.
2. 교육을 통해 사람들은 건강 정보를 이해하고 건강한 생활 습관을 유지할 수 있다. 이를 통해 경제적 빈곤층이 도전을 시작할 기초 체력 함양을 돕는다.
3. 출신과 성별의 차별이 없이 모든 개인이 교육받는다면, 계층 간 불평등 문제가 해소될 수 있다.
4. 시민들이 교육을 통해 민주주의 가치를 깨닫는다면 더 적극적인 정치 참여를 기대할 수 있다. 이를 통해 빈곤 같은 사회 문제 해결에 기여한다.

✅ 위 내용을 비교과활동 특기사항이나 과세특에 활용한다.

• 사회문화 교과 세특 예시 •

부의 편중과 빈곤 문제에 관심이 많은 학생임. 문명의 발달과 함께 인류는 물질적인 풍족함을 누리게 되었으나 그 혜택은 일부에게 집중되었을 뿐 여전히 지구촌 곳곳에 생계 유지도 힘든 사람들이 많다는 사실을 강조하며, 부의 재분배 필요성을 역설함. 특히 장 지글러의 '왜 세계의 가난은 사라지지 않는가'를 읽고, 빈곤 문제의 근본적 원인으로 신자유주의를 꼽은 것이 인상적임. 이와 함께 정치적 불안정, 토착 사회 및 문화적 환경 등도 이러한 빈곤 문제를 더욱 심화시켰다고 분석함.

5월 10일	공정하다는 착각	도서 분야	정치사회
	마이클 샌델 | 와이즈베리 | 2020	관련 과목	사회문화, 경제, 정치와 법, 통합사회
		관련 학과	사회학과, 행정학과, 정치외교학과

☑ 공정성의 관점에서 저소득층 지원 정책의 필요성과 윤리적 측면에서 해당 정책에 대해 토의해 본다.

저소득층 지원정책의 의의는 사회적 격차의 해소와 사회 안정성 확보, 평등 증진의 기여다. 저소득층은 다양한 이유로 교육 같은 기본 자원에 접근하기 힘들고 이는 개인의 능력을 발견하기 어렵다는 문제로 이어진다. 만약 정부가 충분한 지원을 시행한다면 재능을 갖춘 시민 양성과 사회의 질적 성장이라는 긍정적인 결과도 기대할 수 있다. 또한 이러한 정책은 사회 전체의 소비력을 키워 경기 활성화에도 기여한다. 정부는 모든 시민의 복지와 기회의 균등을 보장할 책임과 사회 전반적인 편익의 증대로 국가를 안정시킬 의무가 있다. 이러한 윤리적 맥락에서도 저소득층 지원 정책은 온당하다. 일부는 이러한 정책이 지원 대상의 자주성과 책임감을 감퇴시킨다며 비판한다. 하지만 단순한 물질적 지원만이 아니라, 성장 기회 제공과 자립 기반 마련을 돕기에 개인의 삶을 개척할 때 큰 도움이 된다.

☑ 사회 속 다양성과 공정성의 관계를 파악하고. 다양성 증대로 공정성을 키울 때 필요한 조치를 논의한다.

▶**다양성:** 사회적, 문화적, 인종적으로 서로 다른 다양한 개인들이 함께 존재하는 것을 의미
▶**공정성:** 다양한 개인들에게 공평한 기회와 대우를 제공하는 것.
→ 다양성과 공정성은 상호보완적인 관계이며, 다양성이 존중되고 공정한 사회에서는 모든 개인이 능력을 최대한 발휘하고 기회를 누릴 수 있다.

- 교육과 캠페인 등으로 다양성의 의미와 그 가치를 전파, '타인'에 대한 편견을 줄이도록 노력.
- 조직과 기업이 솔선수범하여 편견 없이 다양한 배경의 인재를 채용하고 관리할 정책을 마련.
- 사회경제적으로 취약한 소외 계층이 사회적 서비스에 쉽게 접근할 수 있는 제도 및 장치 마련.
- 다양한 배경의 개인들이 자신의 정체성을 존중받을 수 있는 포용적인 환경의 조성.

☑ 위 내용을 비교과활동 특기사항이나 과세특에 활용한다.

• 통합사회 교과 세특 예시 •

사회 정의와 다양한 사회적 불평등을 알아보며 저소득층 지원 정책의 필요성을 윤리적 측면에서 평가함. 저소득층 지원 정책은 사회 양극화 해소와 안정성 확보에서 가장 큰 의의가 있다고 설명함. 저소득층의 교육 등 기본 자원으로부터의 유리는 능력 발휘의 기회마저 박탈하기에 지원 정책이 필요하다 첨언함. 정부가 저소득층 지원 정책을 시행하면 재능을 갖춘 시민들이 대거 육성되고, 이를 통한 사회의 양적, 질적 성장까지 거둘 수 있다고 강조함. 그 외에도 사회 전체의 소비 증가로 인한 경기의 활성화 등 경제적 측면에서도 긍정적으로 평가함. 정부는 국민의 복지와 균등한 기회를 보장하여 사회 안정과 공정성 확립에 이바지할 윤리적 책임이 있으므로, 정부의 저소득층 지원 정책은 합당하다고 강하게 피력함. 이러한 정책이 지원 대상자들의 자주성을 훼손한다고 비판하는 일부 세력에 대해 정책의 궁극적 목적은 소외 계층의 성장 기회 제공과 자립 지원에 있다는 점을 강조하며 강하게 반박한 점이 인상적이었음.

5월 11일	사이보그가 되다	도서 분야	정치사회
	김초엽, 김원영 | 사계절 | 2021	관련 과목	사회문화, 통합사회
		관련 학과	사회학과, 특수교육과, 사회복지학과,

✅ '장애 종식 낙관론'의 긍정적인 면과 부정적인 면을 알아본다.

긍정적 측면	• 장애의 종식으로 사회적 통합과 평등 증진 등 사회 문제 해소에 긍정적인 영향을 끼칠 것으로 예상한다. • 장애인들의 자율성 및 자기결정권을 존중하는 환경을 조성하는 데 영향을 끼친다.
부정적 측면	• 장애인들도 고유한 능력과 가치를 지니는 존재임을 간과하는 부정적인 사회 분위기 형성에 영향을 미친다. • 장애를 '문제'로 여기고 '치료'하려는 경향이 강하게 나타날 것이다. 그 결과 장애인 스스로 자신을 비정상인으로 규정하는 등 자아에 부정적인 영향을 끼친다.

✅ 장애인 보조 시설 설치 의무화의 윤리적, 법적 근거를 알아본다.

장애인 보조 시설 설치 의무화에 대한 윤리적, 법적 근거는 국가와 사회에 따라 다를 수 있으나, 일반적으로 다음과 같다. 윤리적 근거로는 인권과 평등, 공정성과 사회 정의를 논할 수 있다. 모든 개인은 동등한 권리와 기회를 받아야 하며, 장애인에게도 같은 권리를 보장하기 위해 보조 시설 설치는 필수일 것이다. 또한 장애인들이 비장애인과 비교적 동등한 조건에서 사회 · 경제적 영역에 참여하게 되어 사회의 공정성 증진도 기대할 수 있다. 하지만 보조 시설 설치가 윤리적으로 온당하더라도 법적 근거가 뒷받침되지 않으면 실효성을 가지기 힘들다. 이에 법적 근거로 제시할 수 있는 근거는 다음과 같다. 첫째, 인권 보호법은 '모두'의 권리를 보호하고 동등한 기회를 제공해야 한다고 규정하고 있다. 둘째, 유엔 장애인 권리 협약(CRPD)은 장애인의 사회 참여, 접근성, 보조 시설 등에 대한 권리를 강조하고 있다. 국내에서도 이를 근거로 시설 의무화를 주장할 수 있다. 셋째, 고용 및 교육 분야에도 장애인에게 불이익을 주지 않도록 보호하는 법률이 있다. 이 역시 보조 시설 설치가 필수적임을 주장하는 데 큰 힘을 실어줄 수 있다.

✅ 위 내용을 비교과활동 특기사항이나 과세특에 활용한다.

• 사회문화 교과 세특 예시 •

평소 사회적 소수자에 관심이 많은 학생으로서 소수자를 지원하는 정부 정책의 실효성을 평가하고, 사회의 편견이 소수자의 인권에 미치는 악영향에 대해 논의하기를 즐겨함. 특히 우리나라 장애인 관련 정책은 비장애인의 관점에서 만들어져, 사회 전반에 장애인은 '치료'해야 하는 대상이라는 인식을 확산시켰다고 비판함. 이러한 한계를 극복하기 위해 장애인도 고유의 가치와 잠재력을 갖춘 존재임을 명확히 하는 교육과 함께, 비장애인과 동등한 입장에서 사회 활동에 참여할 수 있도록 다양한 보조 시설 설치를 의무화해야 한다고 주장한 점이 인상적이었음.

5월 12일	젠더와 사회	도서 분야	정치사회
	한국여성연구소	동녘	2021	관련 과목	사회문화, 통합사회
		관련 학과	사회학과, 행정학과, 정치외교학과

✅ 영화, 드라마, 음악, 광고 등 대중문화가 젠더 문제에 미치는 영향에 대해 알아본다.

대중문화 속 모습	젠더 문제에 미치는 영향
강인한 지도력의 남성상, 부드럽고 돌보길 좋아하는 여성상	• 미디어와 현실의 차이에 괴리감을 느낌 • 성 정체성 형성에 혼란함을 느낌
과도하게 성적으로 묘사된 여성	• 여성에 대한 왜곡된 이미지 형성에 영향을 미침
특정 성별과 인종에 관한 고정적인 시선과 담화	• 해당 성별과 인종에 대한 편견을 불러올 수 있음
암묵적으로 금기시되던 성소수자 이야기나 패널의 등장	• 다양한 성 정체성을 받아들이고 자연스럽게 표현하고 있음
일부 예술작품의 성 역할 역전	• 성 정체성 관점의 변화로 유연한 사고 확립 • 성인지 감수성의 긍정적인 이미지 확산

✅ 교육 시스템에서 진행할 수 있는 성별에 따른 차별과 평등, 젠더 다양성 관련 교육에 대해 알아본다.

1. 학생에게 성별에 따른 부당한 대우와 실체를 이해하고, 예방하는 방법을 배울 프로그램을 제공.
2. 교원들은 성차별 감지와 대응법을 배울 프로그램 개발에 힘쓰며, 정부 차원의 지원이 필요.
3. 성 소수자의 문화와 역사를 알리고, 성 소수자 학생들에게 안전한 교육 환경을 제공.
4. 성과 관련된 주제를 다양한 과목의 교육 과정에 통합해 성별 관련 지식과 이해 증진.
5. 학교 내에서 성평등 정책의 수립 · 실행을 통해 성차별과 성별에 따른 불평등을 예방.

✅ 위 내용을 비교과활동 특기사항이나 과세특에 활용한다.

• 사회문화 교과 세특 예시 •

성인지 감수성이 풍부한 학생으로 젠더 문제에 관한 박학한 지식과 유연한 판단력을 보여주었음. 성차별과 성차이에 대한 수업에서 일상에서 흔히 볼 수 있는 성차별적 언행을 차분히 설명하여 상대방이 성인지 감수성을 긍정적으로 받아들이는 데 큰 역할을 함. 젠더 문제에 미디어가 미치는 영향력의 긍정적, 부정적 측면을 분석해 발표함. 여성에 대한 과도한 성적 묘사, 특정 인종 및 성별에 대한 왜곡된 묘사 등은 젠더 문제 해결에 부정적인 영향을 끼친다고 분석함. 그러나 최근 성소수자를 대상으로 한 프로그램도 등장하며 성 정체성의 다양함을 포용하려는 노력은 성인지 감수성 확립에 긍정적인 영향을 끼친다고 평가한 점이 인상적이었음.

5월 13일

선량한 차별주의자

김지혜 | 창비 | 2019

도서 분야	정치사회
관련 과목	사회문화, 정치와 법
관련 학과	사회학과, 행정학과, 사회복지학과

✅ 일상생활에서 흔히 보이는 차별적인 모습을 찾아보고, 그 이유를 같이 생각해 본다.

우리는 공중화장실에서 성차별적인 모습을 쉽게 찾아볼 수 있다. 개별 폐쇄 공간이 일반적인 여자 화장실에 비해 남자 화장실은 개방형 소변기와 폐쇄형 변기를 모두 사용한다. 이런 구조상 타인과 시선이 마주치는 등 민망한 상황에 놓이곤 한다. 그러나 오랫동안 사회는 이러한 화장실 형태를 당연하게 인식했다. 이는 남성이 강제 노출로 인해 수치심을 느끼는 것과 동시에 타인에게도 불쾌감을 줄 수 있다는 점을 간과하게 만든다. 최근에는 불투명 칸막이를 설치하며 개선이 이루어졌지만, 여전히 근본적인 문제는 해결되지 않았다. 자기 몸의 결정권은 남성이나 여성이나 모두에게 중요하다. '내 몸을 함부로 보여주지 않을 권리', '남의 몸을 보고 싶지 않은 마음'은 남녀 모두 같다는 것을 고려해 구조상 보완이 필요하다고 본다.

✅ '능력주의에 기반한 차별 정책은 공정하다'라는 주장에 대한 본인의 생각을 정리해 본다.

공정하다	• 우수한 성과를 보인 개인들에게 합리적인 보상을 주는 것은 공정하다. • 개인 간 자유로운 경쟁을 끌어내고, 뛰어난 인재의 최선의 결과 창출을 돕는다. • 능력주의는 시장 경쟁력과 효율을 촉진하며, 사회 · 경제 발전도 기대할 수 있다.
불공정하다	• 기회의 불평등 아래서는 개인 간 능력 격차도 벌어진다. 성과 기반 차별 정책을 시행하면 사회적 격차가 더 벌어지고, 사회 불평등도 심화된다. • 능력주의는 다양성을 고려하지 않아 다양한 인재들의 잠재력을 놓칠 수 있다. 인재들이 여러 분야에서 기회를 얻을 수 있도록 포용적인 접근이 필요하다. • 능력만을 강조면 사회적 취약 계층이 배제되고, 사회적 안전망을 통해 지원받아야 할 개인들이 무시될 수 있다.

✅ 위 내용을 비교과활동 특기사항이나 과세특에 활용한다.

• 사회문화 교과 세특 예시 •

사회의 주요 화두를 선택하고 해당 사례를 찾아보는 수업에서 '차별'과 '혐오'를 꼽았고, 이는 현재 우리 사회를 분열시키는 가장 큰 키워드라고 분석함. 차별과 혐오라고 하면 흔히 사회의 다수가 소수에게 향하는 무의식적인 폭력이라고 평가함. 그리고 이 화두를 의미하는 행동은 공격적이라고 생각할 수 있으나 실상 이러한 차별적인 모습은 아주 사소한 곳에서도 나타난다고 첨언함. 그 사례로 남자 공중 화장실의 개방형 소변기들을 지적함. 개방형 소변기를 당연하게 여기는 문화는 남성이 자신의 신체를 노출하는 것이 수치스러운 일이고, 타인에게 불쾌감을 줄 수 있다는 점을 간과하게 만들며, 여성은 원치 않게 남성의 신체를 보게 됨으로써 성적 수치심을 느낄 수 있다는 문제를 야기한다고 분석함.

5월 14일

같은 일본 다른 일본

김경화 | 동아시아 | 2022

도서 분야	정치사회
관련 과목	세계사, 일본어
관련 학과	정치외교학과, 사학과

일본 사회의 특징 중 우리가 배워야 할 점과 경계해야 할 점, 그리고 그 이유를 생각해 본다.

일본 사회의 강점은 '기본에 충실한 점'과 '경험과 전문성을 높이 평가하는 풍토'다. 일본의 노벨상 수상자는 물리 · 화학 · 생리 · 의학 분야 등 수십 명에 달한다. 그만큼 기초 과학을 중요시하고, 오랫동안 투자하는 안목과 인내심이 있던 것이다. 우리나라도 빠른 성과만을 좇지 말고 이런 모습을 본받아야 한다. 또 고령자를 '꼰대'로 부르며 비하하는 우리나라와 다르게, 일본은 그들의 경험을 높이 평가하고 지혜를 이어가 일본만의 '장인정신'을 가꾸고 있다. 반면 일본의 정치 문화와 집단주의 풍조는 단점으로 꼽고 싶다. '섬'의 특성상 개성을 억압하고 집단의 의견을 중시했던 과거는 이해할 수 있으나, 현대까지 이러한 특성이 이어지는 것은 문제다. 특히 국민 대다수가 타인과 정치 · 사회적인 문제에 무관심하며, 지독히도 개인적인 모습을 보인다. 또한 정치 · 사회적 문제에도 '시위' 등 적극적인 의견 개진이 없다는 것은 일본 시민 사회가 해결해야 할 가장 큰 과제라고 볼 수 있다.

루스 베네딕트의 《국화와 칼》을 읽고, 서평을 써 본다.

국화는 일본의 왕실, 칼은 무사와 군대를 뜻한다. 태평양 전쟁 당시 미국은 일본이 즉시 항복할 것으로 예상했다. 그러나 끝까지 전쟁을 고수한 일본을 보며 그 나라의 문화와 특성을 이해하려 시도했다. 그 연장선에서 발간된 책이 바로 《국화와 칼》이다. 저자인 루스 베네딕트는 일본에 방문하지 않았다. 하지만 다양한 서적과 일본인 포로와의 인터뷰 등을 통해 국화(평화)를 사랑하면서도 칼(전쟁)을 숭배하는 일본 문화와 의식을 정리했다. 이 책은 일본 문화의 핵심인 계층적 위계질서 의식과 은혜, 수치와 죄책감의 개념 등을 명확하게 분석했다는 평가와 함께, 수십 년간 스테디셀러로 자리매김하였다. 일본 사회의 특징을 지나치게 일반화했다는 비판도 있으나, 특정 국가와 사회에 대한 분석이 드물 때 한 문화의 특징을 개념화했다는 점에서는 여전히 높은 평가를 받을 만하다.

위 내용을 비교과활동 특기사항이나 과세특에 활용한다.

• 정치와 법 교과 세특 예시 •

주변국과의 관계가 무엇보다 중요해진 오늘날, 우리나라와 가장 가까운 나라 일본과 건강한 외교 관계를 맺기 위해 그들의 과거와 현대를 이해해야 할 필요성이 있다고 주장함. 특히 일본에 대한 맹목적인 비판보다도 본받아야 할 점은 우리 사회에 맞게 조절하여 수용하고, 잘못된 점은 반면교사로 삼는 것이 실리적이라고 덧붙임. 세계 2차 대전 직후 발간된 이후 일본 사회에 대한 개설서로 꾸준한 판매를 자랑하는 '국화와 칼'을 비롯해 현대 일본 문화의 특성을 조목조목 분석한 '같은 일본 다른 일본'을 읽고, 일본 사회의 저변에 대한 이해를 넓힘.

5월 15일

지리학자의 인문 여행

이영민 | 아날로그(글담) | 2019

도서 분야	지리
관련 과목	세계지리, 여행지리
관련 학과	지리학과, 지리교육과

✅ 인생의 전환점이 된 여행지와 그곳에서 겪었던 일을 주제로 여행기를 작성해 본다.

예시) 수년 전, 친구와 어릴 적부터 꿈꿔왔던 유럽 여행을 떠났다. 텔레비전 속 유럽의 고풍스러운 건물과 자유로운 거리의 풍경들은 어릴 적 나의 시선을 이끌었고, 유럽 여행을 위해 세뱃돈과 용돈을 모으던 순수한 나의 동심을 어른이 돼서 실현한 것이다. 여행의 과정도 즐거웠다. 친구와 나는 철저한 계획을 세웠지만, 여행은 예상대로 진행되지 않았다. 여행지로 보낸 짐이 오지 않아 당황하고, 출발 1분 전 극적으로 기차에 탑승한 일, 예약한 야간 기차가 남녀 혼용이라 당황한 일까지 사고가 끊이지 않았다. 그 과정 속 유럽의 어느 한 곳이 내 인생에 큰 영향을 미친 것은 아니다. 다만 오랫동안 꿈꿔 온 유럽 땅을 처음 밟은 희열, 예상치 못한 사건에 함께 대처하며 쌓은 친구와의 믿음과 유대, 각종 사건에 유연하게 대처하는 내 모습에 대한 감탄 등이 향후 내 일생의 자존감 강화에 기여했다. 이런 이유로 유럽을 내 인생의 전환점이 된 여행지라고 말하고 싶다.

✅ 일상에서 '낯설게 바라보기'를 실천해 보고, 그 경험을 서술해 본다.

어린 시절부터 자라온 고향 집에 부모님을 뵈러 내려갔다. 독립 전에는 매일 봐왔고 독립 이후에도 종종 내려왔지만, 그날따라 유독 '다름'을 느꼈다. 집으로 가는 길엔 덜 익은 벼가 푸르름을 내뿜으며 넓게 펼쳐지고, 따가운 햇빛은 몸을 데우며 공기 중에 퍼져 나간다. 따뜻해진 몸과 나른한 눈길로 주변을 둘러본다. 멀리 논 한가운데 긴 가지를 늘어뜨린 버드나무가 보인다. 고된 노동에 지친 농부들의 시원한 안식처이자 재잘거리는 아이들의 즐거운 놀이터가 된다. 이파리 하나를 떼어 풀피리를 불어 보지만 역시 잘 안된다. 문득 줄기를 만져보니, '잘 왔어, 괜찮아, 다 잘될 거야.'라며 위로해 주는 것 같다. 초여름 농촌의 풍경은 지친 마음을 어루만져주는 마법 같은 장소다.

✅ 위 내용을 비교과활동 특기사항이나 과세특에 활용한다.

• 여행지리 교과 세특 예시 •

공간에 관심이 많은 학생으로 다양한 지역에 대한 직 · 간접적인 경험의 대표로 '여행'을 꼽음. '알면 보이고, 보이면 더 즐겁다'를 기치로 더욱 풍성한 여행을 위해 여행 전 목적지에 대한 역사와 문화를 배우고, 이 과정을 통해 살아있는 지식과 함께 다채로운 경험을 할 수 있었다고 밝힘. 아직 미성년이라 대부분의 여행은 보호자와 함께였으며 해외여행 경험이 없다는 점에 대해 아쉬움을 표함. 하지만 지금까지의 여행도 가족 간 유대감 강화와 '함께하는 여행'에 대한 긍정적인 경험이었다고 덧붙인 점이 인상적이었음. 또한 사전 준비에서 숨겨진 국내 명소를 찾고 여행지를 선정하며 의견을 교환하고, 각자의 요구사항을 반영해 계획을 작성하는 경험은 앞으로의 사회생활에 있어 큰 자산이 될 것이라고 긍정적으로 평가하였음.

5월 16일

노후 파산

NHK 스페셜 제작팀 | 다산북스 | 2016

도서 분야	정치사회
관련 과목	사회문화, 통합사회
관련 학과	사회학과, 사회복지학과

노년층의 경제적 빈곤과 사회적 고립의 관계를 분석해 본다.

노년층의 경제적 빈곤과 사회적 고립, 삶의 질과 사회복지정책은 서로 밀접한 관계다. 우선 경제적 빈곤은 문화나 레저, 친구와 가족과의 교류 등 사회적 관계를 무너트리며 고립을 불러온다. 타인과의 교류가 끊어지면 우울과 불안, 외로움 등 정신건강에 악영향을 끼치며, 이는 신체에도 영향을 미쳐 전반적인 삶의 질을 낮추게 된다. 설상가상으로 경제적 빈곤은 의료나 식료품, 위생용품 등 생활 필수재에도 제약을 만들어 건강한 삶을 유지할 수 없게 된다. 이렇듯 경제적 빈곤은 사회적 관계 약화를 불러오고, 생활에 필요한 정보와 지원을 얻기 어려워진 노년층은 더더욱 사회로부터 고립되기 쉬워진다. 이에 정부와 사회는 노인 빈곤을 해결하기 위해 경제적 지원뿐만 아니라 사회적 연결을 강화할 정책과 프로그램을 함께 고려해야 할 것이다.

저출산과 노인 빈곤 문제의 연관성을 파악한다.

저출산과 노인 빈곤의 문제는 인구 구조 변화와 노년층의 경제력과 연관되어 있다. 먼저 저출산은 인구 구조의 고령화를 불러온다. 그리고 고령화 사회로 진입하면 노년층을 위한 정책이 다양하게 연구된다. 그중 최우선 고려 사항은 바로 경제적으로 취약한 노인들에 대한 지원정책이다. 정부는 이런 문제를 해결하기 위해 연금 제도의 개혁과 복지 시스템을 강화하고 있지만, 국민의 세금으로 운영되는 이러한 정책들은 사실상 운용에 허점이 있다. 혜택을 받는 노년층에 비해 세금을 부담하는 젊은 층의 비중이 상대적으로 적고, 출산 저하로 미래 세수원인 아동 인구도 줄어들고 있다는 것이다. 이처럼 저출산과 노인 빈곤 문제는 인구 구조 및 사회적 안전망 문제와 영향을 주고받는다. 이들의 연관성을 고려하여 정책을 수립하고 빠르게 해결책을 찾는 것이 중요하다.

위 내용을 비교과활동 특기사항이나 과세특에 활용한다.

• 사회문화 교과 세특 예시 •

저출산 및 고령화 시대에 접어든 우리나라의 문제를 알아볼 때, 일본의 노인 빈곤 문제를 다룬 '노후 파산'으로 우리의 미래를 예측하고 해결 방향을 제시하였음. 저출산과 노인 빈곤 문제는 인구 구조와 사회적 안전망에 대한 문제이자 상호 영향을 주고받으므로, 근본적인 해결을 위해서는 다양한 관점에서 접근해야 한다고 강조함. 전체 인구에서 노인층의 비중이 늘어난 만큼 경제적으로 취약한 노인들도 증가하여 이들을 대상으로 한 복지 정책이 점차 확대되고 있다고 발표함. 그러나 저출산으로 인한 미래 경제활동인구의 감소는 복지 정책 확대에 큰 걸림돌로 작용한다고 지적함. 저소득층 노인들은 비용 부담 때문에 사회적 활동에 소홀해지고, 그 결과 고립된 삶을 살아가게 되어 심신의 건강에 위태로움이 야기된다고 설명함. 이에 빈곤 노인을 위한 정책은 경제적인 보조 측면에만 초점을 맞출 것이 아닌, 사회적 재기 측면도 연구되어야 한다고 주장한 점이 인상적이었음.

5월 17일

평균의 종말

토드 로즈 | 21세기북스 | 2018

도서 분야	정치사회
관련 과목	사회문화, 통합사회, 생활윤리
관련 학과	사회학과, 교육학과

공교육에서 맞춤형 교육이 진행되기 위한 전제 조건에 대해 생각해 본다.

1. 학습자들의 다양한 성장배경과 능력, 관심사를 인정하려는 노력과 이를 고려한 맞춤형 교육 내용 및 학습 목표 설정, 추적 시스템이 필요하다.
2. 학생의 학습 진척 상황 이해와 맞춤형 교육 계획 수립을 위해 정량적 학습 데이터 수집 및 분석 체계의 정착이 필요. 또한 교육기관에서 해당 시스템을 다룰 전문가의 양성이 우선될 것.
3. 맞춤형 교육의 제공을 위해 기술과 전문성을 갖춘 교사 양성이 필수. 이를 위해 재교육과 지원 프로그램이 필요하며, 교사 자신도 역량 강화를 위한 자체적인 노력이 필수이다.
4. 학부모 및 보호자들이 적극적으로 학교와 협력하여 학생 개별적인 교육 과정에 참여해야 한다.
5. 맞춤형 교육에서는 학습자의 개인정보 수집이 필수. 이에 학습자 정보의 안전한 보호와 신뢰를 위해 개인정보 보호에 대한 강력한 정책이 필요.

수월성 교육과 맞춤형 교육 각각의 장점과 단점을 논해 본다.

	장점	단점
수월성 교육	• 표준화를 통한 효율적인 교육 시스템 운영 • 모든 학생에게 공평한 기회의 제공 • 학생들의 성과부터 교육기관 및 지역 간 비교가 용이. 교육 시스템 변경을 위한 근거를 제공한다.	• 학생들의 다양성 및 요구사항 충족 억제 • 공급자에 의한 일방적 교육 제공 방식으로 학습자 중심 접근 방식을 부족하게 한다.
맞춤형 교육	• 개인의 능력, 관심사, 속도에 맞춘 교육과 학생 주도적 학습 경험 구성이 가능. • 학생의 흥미 유발과 학습 참여 가능성 증대.	• 개별 교육을 위한 추가 교육 자원과 시간 증대. 또한 교사와 교육 기술 및 개별화된 콘텐츠 개발을 위한 투자 필요. • 학생 간 차별, 불평등 발생. 일부 학생은 더 많은 자원과 교육을 받을 수 있으며, 공평성 문제를 야기할 수 있다.

위 내용을 비교과활동 특기사항이나 과세특에 활용한다.

• 사회문화 교과 세특 예시 •

현대 사회의 가장 큰 사회 문제로 교육의 실효성 부재를 꼽음. 과거 산업 사회에서는 공급자 위주의 획일화된 교육이 국가의 생산성 향상에 크게 기여했지만 오늘날에는 개개인의 역량을 고려한 수요자 위주의 맞춤형 교육이 적합하다고 주장함. 특히 산업 대부분이 기계로 대체되는 미래에는 인간의 창의성이 더욱 강조되고, 이를 키울 수 있는 교육 방식에 대한 고민이 요구된다고 주장한 점이 인상적임.

5월 18일	펭귄과 리바이어던	도서 분야	정치사회
	요차이 벤클러 I 반비 I 2013	관련 과목	사회문화, 생활윤리
		관련 학과	사회학과, 행정학과, 경영학과, 철학과

✅ '인간은 이타적인가, 이기적인가?'라는 질문에 대한 본인의 생각을 책 내용을 근거로 정리해 본다.

인간의 본성은 이타적과 이기적이라는 이분법으로 설명하기는 어렵다. 일부 연구와 관점에서 인간은 생존과 번식을 위해 자연스럽게 이기적인 성향을 보인다. 이는 다윈의 자연선택론을 근간으로 생존 경쟁과 자원 확보를 위해 발생한 본능적인 행위의 발로다. 반면 인간의 사회성과 협력을 강조하는 쪽은 인간은 사회적인 동물로 협력과 이타적인 면모를 강조한다. 이는 인간의 공존이 진화에 유리하다는 아이디어에 기반한다. 책은 이 두 본성을 진화생물학과 일반적인 의미로 구분한다. 일반적으로 이기적인 행위는 노동자를 해고하고 회사를 망가뜨리며 고액의 연봉을 챙기는 행동이다. 하지만 진화생물학에서 이기적 행위는 자신의 유전자를 다음 세대에 물려줄 가능성을 최대한으로 높이는 행동이다. 이 관점에 따르면 일반적으로 이타적이라고 말하는 행동도 이기적일 수 있다. 저자는 사람들은 이타적인 사람들에게 매력을 느껴 배우자로 선택할 가능성이 높다고 말한다. 그리고 이를 통해 이타적 유전자는 다음 세대로 이어질 가능성이 커지고, 다음 세대 또한 유사한 성향을 드러낼 것으로 예상한다. 사회적 의미에서 이타적인 사람이 유전학적으로는 이기적이며, 그 반대의 경우도 성립할 수 있다.

✅ 오픈 소스 프로그램의 사회적 의미를 생각해 본다.

1. 지식의 자유로운 공유와 개방적인 협력을 장려한다.
2. 학습과 교육을 위한 훌륭한 선례와 도구를 제공한다.
3. 무료나 저비용으로 경제적으로 취약한 사용자들의 소프트웨어 접근성을 높일 수 있다.
4. 새로운 아이디어의 실험과 개발 플랫폼을 제공해 창업 기회를 창출하고 혁신을 촉진한다.
5. 소스 코드의 공개를 통해 소프트웨어의 안정성과 신뢰도를 높일 수 있다.
6. 사회적 문제의 해결에 도움을 줄 수 있다. 예를 들어, 의료나 교육 분야에서 저비용으로 의료 기기나 교육 도구를 개발하는 등의 사회적인 혁신이 이루어질 수 있다.

✅ 위 내용을 비교과활동 특기사항이나 과세특에 활용한다.

• 생활과 윤리 교과 세특 예시 •

사회 정의 실현은 인간이 자연적으로 지향하는 가치인지, 교육과 사회화를 통해 추구되는 목표인지 토의해 봄. 이에 대한 결론을 내기 위해서는 인간 본성에 대한 탐구가 필수적이며, '인간은 이기적인가, 이타적인가'라는 근원적인 질문에 대한 답을 도출해야 한다고 주장함. 다윈의 자연선택론에 기반해 보면 생존 경쟁에서 유리한 입장을 점하기 위해 인간은 이기적인 존재일 수밖에 없다고 분석함. 반면 이타성을 강조하는 관점에서는 협력은 진화적으로 유리하므로, 인간은 이타적이라고 제시함. 또한 '펭귄과 리바이어던'을 읽고 '사회학적으로 이타적인 존재인 인간은 유전학적으로는 이기적이며, 그 반대도 가능하다'라는 주장을 피력하는 등 인간 본성 논쟁에 대한 다양한 입장을 체계적으로 준비해 발표한 점이 인상적이었음.

5월 19일

우리는 왜 개는 사랑하고 돼지는 먹고 소는 신을까

멜라니 조이 | 모멘토 | 2011

도서 분야	정치사회
관련 과목	사회문화, 생활윤리
관련 학과	사회학과

'비건 문화'와 관련한 토론 주제를 생각해 본다.

1. 비건주의는 동물 권리의 존중과 동물 학대 방지 측면에서 윤리적으로 온당하다고 평가할 수 있다. 그러나 이것이 다른 생활 방식보다 윤리적으로 우위인지 논의할 필요가 있다.
2. 비건 식단이 건강에 미치는 영향에 관해 토론을 진행해 본다.
3. 일부는 비건 식단이 기후 변화와 자원 소비에 긍정적이라고 주장하지만, 일각에서는 이에 대한 부정적 주장도 있다. 비건 식단이 환경에 미치는 영향에 관해 토론을 진행해 본다.
4. 윤리적, 환경적 측면에서 비건 식품 산업의 지속 가능성에 관한 토론을 진행해 본다.
5. 비건주의는 기존의 관행과 충돌할 수 있다. 다양한 관점에서 찬반으로 논쟁이 있을 수 있다.
6. 비건식을 채택하면서도 다양한 대체식품과 옵션을 고려할 수 있다. 이것이 다른 유형의 식단과 어떻게 비교되며 어떤 선택이 가장 지속 가능한지에 대한 토론도 가능하다.

성장기 자녀에게 비건 식단을 제공하는 것에 대한 찬반 의견을 알아본다.

찬성	1. 동물 권리 존중과 동물 학대 방지 등 생명의 소중함을 가르치기 위해 진행할 수 있다. 2. 비건식은 기후 변화와 환경 보호에 기여한다는 평가를 받는다. 따라서 비건식을 제공함으로써 아이들에게 환경 보호과 관련한 책임감을 가르칠 수 있다. 3. 신선한 과일, 채소, 견과류, 콩류 등 올바른 비건식은 아이의 성장과 발달을 지원할 수 있다.
반대	1. 아이들에게 중요한 일부 영양소(칼슘, 단백질, 철분, 비타민 B12 등)의 결핍을 불러올 수 있다. 2. 성장기 아이들의 성장과 발달에 부정적인 영향을 미치는 영양 부족의 위험이 있다. 3. 비건식은 사회적으로 도전적일 수 있으며, 아이들이 학교나 사회에서 다른 아이들과의 식습관 차이에 대한 부담을 느낄 수 있다.

위 내용을 비교과활동 특기사항이나 과세특에 활용한다.

• 생활과 윤리 교과 세특 예시 •

과거 윤리와 철학의 주제는 존재나 사유 등 '인간'에 초점을 두었던 반면 최근에는 '생명체' 자체로 확대되고 있다고 발표함. 이러한 경향은 '비건주의'의 확산에서 볼 수 있으며, 이는 인간의 이기에 따라 동물을 활용하는 현대 문명을 비판하고 동물 보호 운동과 맥락적으로 이어진다고 주장함. 윤리적, 환경적 측면에서는 비건주의에 대해 긍정적으로 평가하는 목소리가 크지만, 종교나 문화, 사회적 관행과 충돌되는 면에 대한 해결이 필요하다고 평가함. 특히 성장기 아동에게 비건 식단을 제공하는 것에는 전반적으로 부정적인 여론이 대세라고 분석함. 다양한 영양소가 골고루 제공되어야 하는 성장기 아동이 본인의 선택이 아닌 부모에 의해 비건주의에 노출되는 것은 영양학과 인권적 측면 모두 옳지 않다고 평가한 점이 인상적이었음.

5월 20일	# 이상한 정상 가족 김희경 | 동아시아 | 2022	도서 분야	정치사회
		관련 과목	사회문화, 정치와 법
		관련 학과	사회학과, 사회복지학과

✅ 아프리카 속담 '아이 한 명을 키우는 데 온 마을이 필요하다'를 통해 '아동 학대'를 분석해 본다.

이 속담은 개인의 성장에 지역 사회의 지원과 협력이 필수라는 뜻을 담고 있다. 이러한 현대적인 해석은 교육부터 복지, 건강, 기회 평등 등 다양한 분야에서 큰 의미가 있다. 아이들이 안정적인 환경에서 기본적인 교육을 받으며 건강하게 성장하기 위해 사회적 지원 체계를 구축하는 것이 중요하다는 의미다. 이러한 관점에서 보면 '아동 학대'는 사적 영역이 아닌 공권력이 개입해야 하는 사회 문제이기에 개인의 자율성을 침해하는 행위라고 볼 수 없다.

✅ 혼외 출산 지원, 대안적 결혼제도의 법제화가 출산율 증가에 미치는 영향을 생각해 본다.

이 두 제도는 부모들에게 더 많은 선택권과 안정성을 제공할 수 있다. 우선 혼외 출산에 대한 사회적 타격과 경제적 부담이 줄어들면 더 많은 자녀를 가질 동기가 된다. 또한 대안적 결혼제도의 법제화는 다양한 가족 구조를 인정하고 가족의 정의를 확장해, 혼외 출산에 대한 사회적 낙인을 줄일 수 있다. 대표적인 사례는 프랑스를 들 수 있다. 프랑스는 1999년부터 '팍스'라는 일종의 대안적 결혼을 법제화했으며, 그 이후 프랑스의 출산율은 시행 전과 비교해서 증가했다.

✅ 위 내용을 비교과활동 특기사항이나 과세특에 활용한다.

• 사회문화 교과 세특 예시 •

우리 사회의 문제를 선택하고 대책을 토의하는 수업에서 가장 심각한 문제로 '아동 학대'를 꼽고, 가장 먼저 문제를 바라보는 시각을 바꿔야 한다고 주장함. 지금까지 사람들은 양육이 부모의 역할이자 사적 영역이라는 태도를 견지했고, 오랫동안 '훈육'을 빙자한 '폭력'을 방관해 수많은 아이가 고통받았다고 비판함. 따라서 이제 사회와 국가가 양육에 적극적으로 관여하는 것으로 관점을 바꿔야 하며, 아프리카 속담에서 그 근거를 찾을 수 있다고 덧붙임.

• 사회문화 교과 세특 예시 •

최근 우리 사회의 큰 화두로 '출산율 저하'를 꼽고, 이와 관련한 다양한 해결법을 고민함. 출산과 육아에 대한 경제적 지원, 일과 육아의 양립을 지원하는 정책 등은 이미 시행 중이지만 실효성에 문제가 제기되고 있다고 분석함. 그 대안으로 혼외 출산 지원 정책과 대안적 결혼제도의 법제화를 주장함. 이러한 정책은 다양한 가족 형태의 인정, 혼외 출산에 대한 사회적 낙인 감소로 이어져 출산율 증가를 기대할 수 있다고 분석함.

5월 21일

어느 대학 출신이세요?

제정임, 곽영신 | 오월의봄 | 2021

도서 분야	정치사회
관련 과목	사회문화, 정치와 법
관련 학과	사회학과, 교육학과

✅ 지방대의 회생으로 지방 경제 활성화가 이뤄진 해외 사례를 알아본다.

1. **핀란드 Oulu대학:** 정보 · 통신 분야 중심의 산학협력으로 지역 혁신 및 경제 활성화에 성공.
2. **미국 오스틴대학:** IT 및 바이오테크놀로지 분야의 혁신을 이끌고, 지역 기업과 스타트업을 지원하며 기술 중심의 경제 생태계를 구축하고 성장함.
3. **스웨덴 룬드대학교:** 현지 기업과 협업으로 농업 · 식품 생산의 혁신 촉진과 국제 시장 진출 지원.
4. **호주 오스트레일리아국립대학교:** 공공 부문의 연구 중심 지역이라는 캔버라의 특성을 살려, 정부와 국제기관 간 협력으로 정책 연구 및 국제 문제 해결에 기여하고 지역경제에 이바지함.

✅ '지방대 활성화 정책은 수도권 명문대학에 대한 역차별'이라는 주장에 대한 본인의 생각을 정리해 본다.

1. 지방대 활성화 정책은 지방대학들을 강화하고, 수도권 명문대학과의 격차를 줄이려는 목적에서 시행되었다. 지역 간 균형을 추구하고 평등한 교육 기회를 제공하려는 노력으로 평가할 수 있다.
2. 명문대학들은 이미 세계적인 평판과 연구 역량을 갖추고 있으나 이러한 대학들도 더 많은 지원을 받아 더 나은 교육 및 연구를 제공하려는 노력을 기울일 필요가 있다.
3. 정책의 핵심적인 문제는 자원 할당이다. 특정 대학에 더 많은 예산과 자원을 배정하면 다른 대학들이 희생될 수 있다. 이는 수도권 명문대학에 대한 역차별로 비추어질 수 있다.
4. 정책 수립에는 현실적인 고려가 필요하다. 국가 전반의 교육 품질 향상이 목표여도 모든 대학을 동등하게 지원하기는 어렵다. 따라서 어느 정도의 차별은 피할 수 없다.
5. 이 주장의 정책적 해결책은 균형과 조화를 찾는 것이다. 지방대 활성화 정책은 명문대학과 지방대학 간 교육 및 연구 협력을 촉진하고, 자원을 효율적으로 할당하는 방식을 모색해야 한다.

✅ 위 내용을 비교과활동 특기사항이나 과세특에 활용한다.

• 사회문화 교과 세특 예시 •

학벌주의를 둘러싼 다양한 쟁점들을 알아보고, 이에 대한 본인의 생각을 정리하는 시간에 '지방대 활성화 정책'의 사회적 영향과 이에 대한 국민적 여론을 발표함. 지방 국립대학의 위상이 서울 소재의 유명 사립대에 버금갈 정도였던 과거와 달리, 최근 수험생들은 '서울권' 혹은 '수도권'만 선호한다고 분석함. 이러한 경향과 함께 출산율 저하로 수험생 수까지 감소하며, 지방대학은 사활을 걸고 신입생을 유치하고 있다고 분석함. 일각에서는 이러한 사회 문제 해결을 위해 정부의 지방대 활성화 정책 시행을 강력히 주장한다고 지적함. 특히 '지방대 폐교', '지방의 인재 유출'을 '지방 소멸'의 원인 중 하나로 지적하며, 국토의 균형적 발전을 위해서라도 지방대학 부활을 위한 실질적인 정책을 시행해야 한다고 첨언함. 핀란드의 Oulu대학, 스웨덴의 룬드대학교 등 지방대 회생이 지역 경제를 활성화한 사례를 설명하며, 정부 차원의 검토가 필요하다고 덧붙임. 그러나 이런 정책은 자칫 역차별로 비추어질 수 있으므로, 정책 계획 및 시행 시 국민적 여론을 충분히 고려해야 한다고 주장함.

5월 22일	우리는 왜 인종차별주의자가 될까?	도서 분야	정치사회
	이즈마엘 메지안느 외 2명 | 청아출판사 | 2021	관련 과목	사회문화, 통합사회, 정치와 법
		관련 학과	사회학과, 정치외교학과

✅ 교육에서 인종차별이 불러오는 부당한 영향을 알아보고, 이를 해결할 대책을 알아본다.

인종차별의 부당한 영향	• 교사나 학교의 편견으로 성적 평가가 공정하지 않게 이루어질 수 있으며, 이는 학생들의 자신감을 저하해 학업 성취에 영향을 미칠 수 있음. • 경제적으로 취약한 지역이나 소수 인종집단에 속한 학생들은 학교 시설의 불균형, 교사의 배치와 지원 부족 등의 문제를 겪음.
해결 방안	• 교사와 학생에게 다양한 인종과 문화를 존중하는 내용을 담은 교육과정을 제공하는 등 포용적인 교육 체계 구축. • 포용적인 교육 분위기 조성을 위한 다양한 인종 및 문화 간 교류 프로그램 활성화.

✅ 미디어의 인종차별적 표현이 사회적 인식과 태도에 미치는 영향과 이를 최소화할 방안을 알아본다.

미디어가 미치는 영향	• 특정 인종에 대한 부정적이거나 차별적인 묘사는 인종차별의 정착에 큰 영향을 줌. • 지속적인 부정적 묘사는 자아존중감 저하와 자기표현 및 자기 계발에 악영향을 끼침. • 인종차별적 묘사는 다양한 인종 집단 사이에 갈등과 분단을 촉진해 사회 분열을 조장함.
해결 방안	• 다양한 인종 · 문화를 포함하는 콘텐츠를 적극 제공해 포용적인 가치 확산에 기여해야 함. • 미디어 산업에 다양한 인종과 문화를 대표하는 기자, 작가, 감독 등의 참여를 촉진해야 함. • 미디어의 영향력과 인지적 편향에 대해 교육하는 것이 중요함. 인종차별적 표현을 구분하고 비판적으로 인식하는 능력을 배울 수 있도록 지원해야 함.

✅ 위 내용을 비교과활동 특기사항이나 과세특에 활용한다.

• 사회문화 교과 세특 예시 •

세계화를 주제로 한 수업에서 진정한 세계화를 이루려면 인종차별 해소가 필수라고 주장함. 특정 인종과 종교, 문화에 대한 혐오와 차별에 기인한 인종차별은 세계화와 다문화 시대의 흐름에 역행하는 편견이며, 이는 인류 역사에 악영향을 끼쳐왔다고 첨언함. 특히 이러한 고질적인 편견은 과거보다 현대에서 더 빈번하게 발생하며, 미디어와 교육에서 차별적 문화가 확대 재생산되고 있기 때문이라고 분석함. 교육 분야는 소수 인종 집단 지역에 있는 학교의 낙후된 시설, 교사의 편견 등으로 공정한 성적 평가가 이뤄지지 못할 뿐만 아니라, 우울증과 자신감 저하로 인해 학생들의 학습 동기가 저하될 수 없다고 평가함. 미디어의 경우 특정 인종 및 종교 집단에 대한 부정적인 평가 및 차별적인 묘사로 인해 인종차별이 정착되고, 이를 반영하는 사회 구조가 유지될 가능성이 높다고 발표함.

5월 23일	왜 세계화가 문제일까?	도서 분야	정치사회
	게르트 슈나이더 | 창비 | 2019	관련 과목	사회문화, 정치와 법
		관련 학과	사회학과, 행정학과, 사회복지학과, 정치외교학과

세계화로 심화된 국가 간 불평등 문제를 무역, 지식 이전, 개발 지원 영역으로 나눠 해결책을 제시한다.

무역	• 개발도상국과 선진국 간 불공정 무역구조로 인해 발생하는 부의 편중, 환경파괴, 노동력 착취, 인권침해 등의 문제 해결을 위해 공정 무역을 확대 시행해야 함.
지식 이전	• 선진국과 개발도상국 간 협력을 통해 체계적인 교육을 계획하고, 교육 인프라 구축을 위한 투자를 통해 전 세계에서 질 높은 교육을 누릴 수 있도록 해야 함. • 지식 공유 플랫폼을 적극적으로 지원하여 온라인 자료에 대한 접근성을 높여야 함. • 개발 도상국에게 기술 이전 및 기술 교육에 대한 지원을 강화하되, 지적 재산권 보호 및 기술 이전에 대한 보상 부분에 대한 고려가 선행돼야 함.
개발 지원	• 선진국은 개발도상국의 발전과 경제 성장을 위해 사회 · 경제 · 환경 분야에서 진행하는 지속 가능한 프로젝트에 자금을 투입해야 함. • 개발도상국의 인프라를 개발해 경제 발전 촉진을 지원해야 함. 특히 교통, 통신, 에너지 등의 인프라가 구축된다면 국가 간 격차 해소에 긍정적인 영향을 미칠 것으로 보임.

세계화가 지역 문화에 미치는 영향에 대해 분석하고, 문화적 다양성과 세계화의 관계를 파악한다.

세계화와 문화적 다양성의 관계는 교류와 융합, 독립성과 현지화, 불균형과 문화 식민주의 등으로 압축할 수 있다. 지역 문화는 세계화 속에서도 자체적인 특징과 다양성을 유지하려고 하며, 이런 문화적 융합 과정에서 창의성과 혁신을 토대로 새로운 문화가 만들어지기도 한다. 또한 정보 기술이 발달하며 쉽게 다른 지역의 문화에 접근하고, 각지의 문화가 전 세계에서 소비될 수 있다. 이러한 긍정적인 면과 다르게 세계적인 문화가 특정 지역 문화를 지배하는 문화 식민주의로 재현되기도 한다. 문화적 다양성과 세계화는 상호작용하면서도 균형을 지켜야 하며, 문화적 표준화와 문화 식민주의에 주의를 기울이되 문화가 서로 이해하고 협력할 기회를 창출하는 것이 중요하다.

위 내용을 비교과활동 특기사항이나 과세특에 활용한다.

• 사회문화 교과 세특 예시 •

세계화 시대의 다양한 문제를 알아보고 토의하는 시간에 국가 간 불평등을 가장 심각한 문제로 꼽고, 이에 대한 대책을 무역, 지식 이전, 개발 지원 등 세 개의 영역으로 나눠 제시하였음. 우선 무역 영역에서는 공정 무역을 강조함. 국가 간 불공정한 무역구조에서 부의 편중, 노동력 착취, 환경오염 등의 문제가 발생하고 있고, 이를 해결하기 위해 개발도상국의 산업과 노동자를 보호할 방법이 필요하다고 덧붙임. 또한 국가 간 기술 및 지식 격차를 줄이기 위해 체계적인 교육과정 수립 지원부터 온라인 지식 플랫폼의 확대 시행, 개발도상국에 대한 지식 전수 및 개발 이전 지원을 제시함.

5월 24일

시선의 폭력

시몬느 소스 | 한울림스페셜 | 2016

도서 분야	정치사회
관련 과목	사회문화, 통합사회
관련 학과	사회학과, 특수교육과, 사회복지학과

장애인의 임신, 출산 문제를 인권의 관점에서 논의해 본다.

인간의 성과 임신, 출산 문제는 '사적인 영역'이자 국가나 사회의 간섭이 불가하다는 것이 우리 사회의 암묵적인 합의이다. 그러나 장애인에게는 다르다. 일면식도 없는 이들이 장애인의 임신 · 출산에 찬반 의견을 제시하거나, 누구에게나 자연스러운 성과 사랑의 모습을 두고 충동적이라며 우려한다. 그러나 이는 지극히 사적인 영역이며 보편적인 인권의 관점에서 논해야 한다. 첫 번째로 모든 여성은 임신 · 출산에 평등한 기회와 선택권을 가져야 한다. 둘째, 누구나 국가가 지원하는 의료 서비스에 쉽게 접근할 수 있어야 한다. 물론 장애에 따라 특별한 요구사항이나 건강 문제를 고려해 세밀한 의료 서비스가 추가될 수 있으나, 이는 기본적인 국민의 권리다. 셋째, 누구나 임신과 출산, 육아 중 적절한 사회적 지원과 정보를 제공받을 권리가 있다. 그리고 필요하다면 장애의 정도에 따라 추가적인 육아 지원 서비스를 신청할 수 있어야 한다. 마지막으로 이러한 정책을 시행하기 위해 사회의 인식 개선이 선행되어야 한다.

장애인들의 사회 참여 확대를 위한 정책과 사회의 인식 개선 방향을 생각해 본다.

1. 안정된 생활을 유지하기 위한 장애인 고용 촉진 프로그램 지원과 적절한 작업 환경 조성.
2. 장애에 구애받지 않고 다양한 문화 시설과 예술을 체험할 수 있는 제도적, 시설적 환경 조성.
3. 연결성과 유대를 강화할 지역 사회 활동 참여 기회 제공, 자유롭게 참여할 사회적 분위기 조성.
4. 장애인 스스로 조직한 단체들에 지원을 강화해 자신의 권리를 옹호할 기반을 마련.
5. 교육 및 캠페인 활동으로 장애에 대한 올바른 인식 확립.
6. 장애인들의 인권 보호와 차별 금지를 위한 법률 및 정책의 개선과 시행.

위 내용을 비교과활동 특기사항이나 과세특에 활용한다.

• 사회문화 교과 세특 예시 •

소외 계층에 대한 사회의 인식 및 정책을 알아보는 시간에 평범한 삶을 갈구하는 장애인에 대한 사회의 시선과 정부의 정책을 임신과 출산, 사회 참여로 나눠 분석해 발표함. 임신과 출산은 사적 영역으로 누구나 본인의 의지에 따라 결혼 · 출산할 권리가 있고, 정부는 적절한 지원을 해야 한다고 주장함. 또한 사회 참여를 위한 다양한 지원 프로그램의 필요도 강조함. 장애인 고용 촉진 프로그램과 적절한 작업 환경의 제공으로 안정적인 경제 활동을 보장해야 하며, 다양한 문화 활동 및 지역 사회 활동에 자유롭게 참여할 수 있는 제도적, 시설적 환경 조성에도 노력해야 한다고 강조함. 특히 장애에 대한 올바른 인식과 이해를 촉진하는 교육이 무엇보다 중요하다고 강조한 점이 인상적이었음.

5월 25일	인구의 힘	도서 분야	정치사회
	폴 몰랜드 | 미래의창 | 2020	관련 과목	사회문화
		관련 학과	사회학과

국가 주도 '가족 계획'을 도덕적 측면과 실리적 측면으로 나누어 평가해 본다.

거시적 측면에서 임신과 출산은 인구 증감과 직결되는 문제이지만, 근본적으로는 종족 번식, 노동력 확보, 성교를 통한 행복 추구 등 개인의 권리 및 이익과 깊은 연관이 있다. 성병 예방 및 피임을 위해 피임법 등을 홍보하는 것은 공중 보건법상 적법하지만, 산아 제한에 따른 벌금 납부나 강압적인 낙태 시술은 도덕적으로 지탄받아야 하며 실효성에도 의문이 있다. 실제로 산아 제한법을 시행한다면 국가에 등록된 출생자 수의 감소에는 영향을 미칠 수 있다. 하지만 미등록 신생아에 관한 문제는 해결하지 못해 결과적으로 효과적인 방안이 될 수 없다.

'이민 확대'로 인해 파생된 문제를 생각해 본다.

산업 혁명 이후 유럽의 이민자들은 미국, 캐나다 등에서 새로운 터전을 잡았다. 그리고 신대륙에 모국의 문화를 정착시켜 이른바 '유럽의 확대'라는 거대한 목표를 달성할 수 있었다. 반면 현대에는 주로 아프리카와 남미 등 경제적으로 낙후된 지역의 주민들이 유럽과 북미 등으로 이동하며, 이민 출신국과 이민 희망국 모두 다양한 문제가 발생하고 있다. 이민 출신국은 실질 노동력 감소와 내수시장 악화로 경제 발전에 제동이 걸린다. 반면 이민 희망국은 다양한 사회 문제에 직면했다. 특히 과거와 달리 이민자들의 현지 문화로의 동화가 이루어지지 않고, 그들만의 문화를 유지하려는 경향이 커 갈등이 발생하고 있다.

우리나라 인구 문제의 특성을 파악하고, 이에 대한 대응 방안을 생각해 본다.

인구 문제의 특성	• 결혼 이민, 노동 이민 등으로 인한 다문화 사회 확산 • 저출산, 기대수명 연장으로 인한 고령화 시대 진입과 그로 인한 실질 노동력 부족 문제
대응 방안	• 순혈주의에서 탈피해 다문화 사회에 대한 올바른 이해와 국가 차원의 정책 강구 • 경제적 취약 계층인 노령 인구를 새로운 노동력을 활용한 방안 모색 • 출산율 증대를 위한 실질적인 정책 및 사회의 인식 변화

위 내용을 비교과활동 특기사항이나 과세특에 활용한다.

• 사회문화 교과 세특 예시 •

다른 나라의 정치와 문화에 관심이 많은 학생으로 '인구의 힘'을 읽고, 국가 간 이민의 증가로 파생된 다양한 사회 문제에 주목하고 이를 정리하여 발표함. 특히 몇 년 전 프랑스에서 쟁점이 된 '히잡 금지법'을 이민과 결부해 설명한 점이 인상적이었음. 표면적으로는 공공장소는 종교와 종교적 믿음에서 분리되어야 한다는 라이시테와 프랑스 헌법 1조에 따랐지만, 사실은 급격하게 증가한 무슬림 출신 이민자들이 프랑스 사회의 통합을 저해한다는 판단 아래 발효되었다고 주장한 점이 인상적이었음.

5월 26일

그녀가 말했다

조디 캔터, 메건 투히 | 책읽는수요일 | 2021

도서 분야	정치사회
관련 과목	사회문화, 정치와 법
관련 학과	사회학과, 신문방송학과

✅ 《상냥한 폭력들》을 읽고 성범죄와 관련한 우리 사회의 대응을 평가해 본다.

예시) 사회를 뒤흔든 큰 사건부터 누구나 일상에서 겪을 수 있는 직장 내 성폭력, 디지털 성범죄 등 다양한 사건이 기소조차 이루어지지 않거나, 유죄판결이 내려졌어도 그 형량이 국민의 공분을 살 정도로 낮은 때가 있었다. 그리고 이런 상황을 볼 때마다 우리는 법이 추구하는 정의에 의심이 생긴다. 법은 왜 가해자의 편에 설까? 법은 무죄 추정이라는 형사법의 대원칙 아래 '합리적 의심'을 기준으로 유무죄를 판단하고 있다. 그러나 유독 성폭력 사건에는 이런 합리적 의심이 공평하게 적용되지 않는다는 지적이 끊이지 않는다. 법조계가 피해 여성에 대한 사회적 편견과 낙인, 가해자보다 사회경제적 지위가 취약한 피해자들의 입장을 도외시하는 것이다. 성범죄 사건에 솜방망이 처벌이 내려질 때마다 처벌 수위를 높여야 한다는 여론이 빗발치지만, 실제로는 법조계의 의식 변화가 문제 해결의 핵심이다.

✅ '성매매는 성범죄이다'라는 주장에 대한 본인의 생각을 정리해 본다.

1. **성매매의 정의:** 성매매는 성적 서비스 또는 관련 행위를 돈이나 물품으로 거래하는 행위이다. 다양한 형태로 나타나며, 종종 적극적이지 않은 상황에서 벌어질 수도 있다.
2. **성매매와 성범죄의 관련성:** 많은 국가에서 성매매를 불법으로 간주하며, 법률에 따라 처벌받을 수 있다. 또한 성노예, 강제노동, 인신매매, 아동학대 등 다양한 형태의 성범죄와 관련이 있다.
3. **성매매의 윤리적 측면:** 성매매는 자유의지로 일어나기도 하지만, 주로 위압과 폭력에 의해 벌어진다. 이를 성범죄로 여기는 것은 성매매 참여자의 안전과 인권 보호를 위한 윤리적 시각에 기반한다.
4. **법적 규제와 대안:** 성매매를 성범죄로 간주하는 국가는 규제와 처벌 방식에 고심하고 있다. 일각에서는 성매매의 완전한 금지는 성매매로 인한 인권유린이 더욱 심화될 것을 염려하며, 성매매 산업을 합법화하여 성매매 여성에게 안전한 환경을 제공해 주는 것이 현실적이라고 주장하기도 한다.

✅ 위 내용을 비교과활동 특기사항이나 과세특에 활용한다.

• 정치와 법 교과 세특 예시 •

성범죄와 관련한 우리나라 사람들의 인식을 알아보는 수업시간에 성범죄를 성을 매개로 폭력을 자행하여 힘의 우위를 과시하려는 행위로 규정함. 우리나라에서는 유독 성범죄 처벌 형량이 낮은데, 이에 대해 성범죄 피해 여성에 대한 사회적 편견과 낙인, 가해자보다 사회경제적 지위가 취약한 피해자들의 입장을 도외시하는 법조계의 현실을 원인으로 꼽음. 이를 해결하기 위해 일각에서는 법의 내용을 수정해 처벌 수위 자체 강화하자고 주장하지만 이는 절차적으로 복잡하므로 실제 고려해야 할 것은 법을 적용하고 판단하는 사람들의 의식 변화임이 핵심이라고 주장한 점이 인상적이었음.

5월 27일

강남의 탄생

한종수, 강희용 | 미지북스 | 2016

도서 분야	정치사회
관련 과목	사회문화, 한국지리, 한국사
관련 학과	사회학과, 지리학과, 사학과

강남의 개발 방식에서 나타난 문제점들을 찾아본다.

1. 부동산 가격 폭등으로 거주지 마련에 난항이 생기며, 사회적 불평등 문제가 심화한다.
2. 도시 개발로 교통량이 급증하지만, 관련 인프라 부족으로 교통 혼잡이 심화한다.
3. 고밀도 개발로 인해 녹지 공간이 줄어들며 환경 파괴가 더욱 심해진다.
4. 부동산 개발과 주택 재건축을 진행하며 기존 주민들의 강제 이주 문제가 발생하기도 한다.
5. 개발을 속행하며 지속 가능한 발전과 환경친화적 도시 계획을 간과하는 경우가 있다. 환경과 도시 계획 간 균형을 맞추는 것에 중점을 둬야 한다.
6. 경제력 차이로 인해 다른 지역 간의 문화적 고립과 사회적 분열 문제가 발생할 수 있다.
7. 도시 개발 과정에서 거주민의 의견이 충분히 반영되지 않아, 거주민들의 불만이 생길 수 있다.

강남의 개발 방식이 다른 도시의 개발에 미친 영향을 알아본다.

1. 강남은 도시 이미지 형성에 도시 계획과 고급 랜드마크 프로젝트를 활용한다. 도시의 관광과 경제력 향상을 위해 이러한 방식을 모방할 수 있다.
2. 높은 가격대와 수요로 인해 강남의 부동산 시장과 정책은 항상 주목받았다. 부동산 개발에 대한 강남의 경험을 참고하여 부동산 정책을 조정하고 부동산 시장 안정화를 시도할 수 있다.
3. 최근 강남은 빠른 도시 개발과 환경 보호 간 균형을 유지하고자 노력하고 있다. 이는 지속 가능한 도시 개발을 강조하고 환경친화적인 도시 건설을 모방하려는 계기가 될 수 있다.
4. 강남은 다양한 기업과 금융기관의 본사 소재지이자 우리나라 경제의 중심지다. 다른 도시나 국가가 기업 진출 유치와 경제 활동 활성화를 위해 유사한 정책과 환경을 조성할 수 있다.
5. 강남은 한국을 대표하는 지역 중 하나로 국제적으로도 주목받는 곳이다. 이는 다른 도시들이 국제적인 관심을 끌고, 외국인의 투자와 외국 관광객을 유치하기 위해 노력하도록 유도할 수 있다.

위 내용을 비교과활동 특기사항이나 과세특에 활용한다.

• 한국지리 교과 세특 예시 •

인문지리에 대한 호기심이 강한 학생으로 우리나라에서 가장 개성 있는 지역과 도시의 개발 역사를 발표하는 수업에서 '강남'을 선택함. 행정구역상 서울에 속하나 서울 내 다른 지역과의 차별성을 강조하며, 거주지를 물어볼 때 서울이 아닌 '강남'에 거주한다고 답변하는 강남 주민들의 발언에 호기심을 느껴 이 지역을 선택했다고 발표함. 이러한 특성은 강남 이후 개발된 신도시 주민들에게도 나타나는 공통적인 특징이 되었고, 이는 많은 사람에게 강남을 위시한 신도시 주민들을 희화화하는 소재로 쓰인다고 첨언함. 하지만 이 사례는 강남의 영향력이 비단 부동산, 사교육뿐만 아니라 사회 전반에 걸쳐 미치고 있음을 알게 해준다고 분석한 점이 인상적이었음.

5월 28일	대한민국의 시험	도서 분야	교육
	이혜정 | 다산4.0 | 2017	관련 과목	사회문화, 정치와 법
		관련 학과	사회학과, 교육학과

✅ 저자의 또 다른 책 《서울대학교에서는 누가 A+를 받는가》를 읽고, 서평을 써 본다.

우리나라의 행복지수는 전 세계적으로 하위권에 있다. 경제적으로 풍족하며, 다양한 문화 예술 경험이 가능해졌음에도 왜 이런 결과가 나왔을까? 이 책은 수동적인 우리의 교육 방식에서 그 원인을 찾고 있다. 하고 싶은 일보다 해야 하는 일을 잘하려고 노력하는 사람을 높게 평가하는 풍조는 수동적 학습 문화의 정착에 일조했다고 주장한다. 저자는 오랜 식민 지배와 전쟁으로 자본과 자원 모두가 부족한 과거에는 이러한 교육 방식이 효율적이었으나, 선진국으로 발돋움한 오늘날에는 적합하지 않다며 교육계에 변혁이 필요하다고 주장하고 있다.

✅ 교육과정과 교육평가의 일관성을 위해 필요한 조건을 생각해 본다.

1. 목표와 기대 결과의 명확한 제시	2. 교육과정과 평가의 통합
3. 명시적이고 일관된 평가 기준	4. 평가의 유효성과 신뢰성 제고
5. 주기적 검토와 개선	6. 교사와 교육자 간의 협력 강화
7. 학습자의 다양성 고려	8. 데이터 분석과 피드백 제공

✅ 학습자의 창의적인 사고력 육성을 목표로 한 교육과정과 평가 방식을 생각해 본다.

1. 학생 스스로 프로젝트를 진행하며 아이디어를 발굴하고 문제를 해결하는 경험을 지원한다.
2. 디자인 씽킹은 문제 해결과 혁신을 위한 접근 방법으로, 학습자에게 사용자 중심 디자인과 프로토타입 개발을 통해 창의적인 해결책을 개발하는 방법을 가르친다.
3. 교사는 안내자 입장에서 학습자들에게 창의적 사고 과정을 강조하고, 학습자가 문제 정의, 정보 수집, 아이디어 도출, 실험 및 개선 단계 등을 수행하도록 이끈다.
4. 학습자는 놀이와 실험 속에서 새로운 아이디어를 발견하는 기회를 얻는다.
5. 창의적 사고력을 평가할 때는 학생들의 아이디어 도출과 문제 해결 능력을 고려한 다양한 평가를 사용해야 한다. 예를 들면 프로젝트 평가, 창의적 작품 제작, 토론, 포트폴리오 평가 등이 있다.

✅ 위 내용을 비교과활동 특기사항이나 과세특에 활용한다.

• 진로활동 특기사항 예시 •

교육 분야에 관심이 많은 학생으로 현재 우리나라 교육의 현실을 진단하고, 변화하는 사회에 맞춰 대대적인 변혁이 이뤄져야 한다고 주장함. 특히 '평가' 방식의 변화는 교육과정의 변화를 유도할 중요한 선행과정임을 강조함. 대입을 비롯한 일선 학교의 평가 방식은 정해진 답을 찾는 수동적 평가로, 이것이 고착되면 교육과정의 변혁도 불가능하다고 첨언함. 저자의 저서들에서 제시된 다양한 사고력과 창의성을 진단하는 평가 방식을 시도함으로써 학생 스스로 생각할 힘을 길러주고, 이를 위한 교육과정 개발에 힘써야 한다고 강조한 점이 인상적이었음.

5월 29일	학교, 민주시민교육을 실천하다!	도서 분야	정치사회
	교육정책디자인연구소 시민모임 ㅣ 맘에드림 ㅣ 2020	관련 과목	통합사회, 정치와 법
		관련 학과	정치외교학과, 교육학과

민주시민교육 관련 토론 주제를 생각해 본다.

1. 민주시민교육은 학교 교육 과정에 통합되어야 하는가 아니면 별도로 제공되어야 하는가?
2. 학교에서 선거와 투표 과정을 가르치는 것이 중요한가? 연령에 따른 교육 방법은 무엇인가?
3. 학생들에게 학교 내 의사 결정 과정에 참여할 권리를 어떤 유형으로 부여해야 하는가?
4. 학생들에게 언론의 역할과 미디어 소비에 대한 비판적 접근법을 가르쳐야 하는가?
5. 학교는 문화적 다양성 및 인권 교육을 강화해야 하는가? 이를 민주시민교육과 연결할 방법은?
6. 역사 교육이 민주주의 이해와 시민의식 배양에 어떤 역할을 하는가?
7. 학교에서 민주주의를 가르치는 과정에서 정치적 중립성을 어떻게 유지해야 하는가?

해외 민주시민교육의 성공 사례를 알아본다.

독일	• 정치 체계와 과정, 정당과 선거, 정부와 입법부 등 기초 지식을 가르친다. • 독일 역사의 중요한 사건과 인물을 배우며 민주주의와 인권의 중요성을 이해한다. 특히 나치 독일의 역사를 다루면서 인권과 정의에 대한 이해를 강조한다.
핀란드	• 초등학교부터 고등학교까지의 교육과정에 민주시민교육을 포함, 다양한 과목과 연계해 배운다. • 선거 체계와 후보자 선택, 투표 과정 등을 배우며 시민의 역할을 이해한다.
캐나다	• 다양한 교육 체계를 가지고 있으며, 각 주와 영토에서 교육을 관리한다. 그 결과 민주시민교육 내용은 지역에 따라 다를 수 있으며, 일부 주에서는 학교 교육 과정에 민주시민교육을 통합하는 반면, 다른 곳에서는 별도의 과정으로 제공할 수 있다. • 문화적 다양성을 존중하고 포용하는 교육을 강조한다. 학생들은 다른 문화, 종교, 배경을 가진 동료들과 함께 공동체를 형성하고 협력하는 방법을 배운다.

위 내용을 비교과활동 특기사항이나 과세특에 활용한다.

• 사회문화 교과 세특 예시 •

민주주의가 정착되고 세계화 시대가 열리며, 최근 현장에서는 '세계 민주 시민 육성'이라는 목표가 대두됨. 이에 실제 학교에서 '민주시민교육'이 시행 중이나 자료 부족 등의 이유로 정상적인 운영이 힘들고, 양질의 수업이라고 평가하기 힘들다고 비판함. 정치와 역사 교육을 강조하며 정치적 참여의식과 인권적 감수성을 기르는 독일, 민주시민교육을 정규교육과정 안에 편입시켜 양질의 시민교육을 꾸준히 진행하는 핀란드, 문화적 다양성을 포용하는 교육을 강조하는 캐나다 등을 참고하여 우리나라의 특성에 맞는 교육내용을 개발하고 학습자의 능동적 성장을 고려한 교수학습방식을 고안해야 한다고 주장한 점이 인상적이었음.

5월 30일	나는 미디어 조작자다 라이언 홀리데이 | 뜨인돌 | 2019	도서 분야	사회문화
		관련 과목	사회문화, 정치와 법
		관련 학과	사회학과, 신문방송학과, 정치외교학과

✅ 뉴스 보도에서 기자의 역할은 어디까지인지 생각해 본다.

자극적인 정보들의 홍수 속에서 사실확인도 하지 않고 기사화하는 기자들이 점차 증가하고 있다. 이에 뉴스 보도에서 기자의 역할이 어디까지인지에 대한 진지한 고민이 요구되는 바이다. 아래는 전통적으로 언론인으로서의 기자에게 요구되는 자질이다.

1. 현장 리포팅, 인터뷰, 문서 조사, 온라인 설문 등 다양한 방법으로 정보를 수집한다.
2. 수집한 정보를 검증하고 사실 확인을 수행해 뉴스의 신뢰성을 유지하도록 노력한다.
3. 다양한 이슈 중에서 대중의 관심과 사회적 중요성 등을 고려해 뉴스의 소재를 선택한다.
4. 수집한 정보를 토대로 객관적이고 명료한 언어를 사용해 뉴스 기사나 리포트를 작성한다.
5. 뉴스를 작성할 때 중립성과 공정성을 유지해야 한다.
6. 개인정보 보호, 민감한 주제 다루기, 소스 보호 등에 관한 윤리적 지침을 준수해야 한다.
7. 대중에게 올바른 뉴스를 제공하여 의문을 해결하고 사회적 논의를 촉진한다.

✅ 황색 언론의 위험성을 구체적으로 생각해 본다.

황색 언론의 정의는 정확한 정보를 전달하지 않고, 사실을 왜곡하거나 선정적인 방식으로 보도하여 독자들에게 혼란을 유발하고 사회 분열을 촉진하는 언론을 의미한다. 그 사례는 다음과 같다.

1. 종종 거짓 정보나 의학적인 미신을 홍보해 개인의 건강에 부정적인 행위를 유도할 수 있다.
2. 선정적인 제목과 이미지를 사용하여 사회적 분열을 부추기고 논쟁을 조장한다.
3. 정치적 목적을 위해 정보를 왜곡하거나 조작하기도 한다. 이는 선거나 정치적 결정에 부정적인 영향을 미칠 수 있으며, 민주주의 시스템을 위협할 수 있다.
4. 언론의 신뢰도를 훼손시켜 공정하고 신뢰할 수 있는 언론을 구축하는 결과를 초래할 수 있다.
5. 거짓 정보나 선정적인 보도로 인해 개인, 단체, 또는 사회의 안전이 위협받을 수 있다.

✅ 위 내용을 비교과활동 특기사항이나 과세특에 활용한다.

• 진로활동 특기사항 예시 •

언론계통 진로를 희망하는 학생으로 언론에 대한 비난과 냉소만 가득한 사회 모습에 의문을 품고, 현대 사회에서 미디어가 지향해야 할 가치와 역할을 고민했다고 발표함. 민주주의 사회에서 언론은 국민의 알 권리를 보장해주며, 일종의 권력 견제 역할을 담당하는 기관이었다고 설명함. 그러나 최근 언론은 저널리즘 본래의 책무에 무관심하며, 자극적인 제목과 선정적인 주제로 여론몰이만 하는 황색 언론으로 전락했다고 비판함. 또한 언론인으로서 자긍심을 팔고, 날조된 기사로 국민의 눈과 귀를 가리는 행태가 이들에 대한 냉소와 비난을 불러일으켰다고 분석함. 이에 저널리스트들이 본연의 역할에 집중해 사회적 책임감을 배양한다면 언론에 대한 신뢰도가 회복될 것이고, 시민 사회는 보다 더욱 성숙할 것이라고 제안한 점이 인상적임.

5월 31일	세상을 읽는 새로운 언어, 빅데이터 조성준 | 21세기북스 | 2019	도서 분야	사회문화, 미디어
		관련 과목	사회문화
		관련 학과	사회학과, 경영학과, 산업공학과

✅ 빅데이터 수집과 분석 과정에서 발생할 수 있는 개인정보와 데이터의 보안 문제 해결법을 생각해 본다.

1. **기술적 대책:** 데이터 마스킹, 익명화, 유사화 등의 기술을 사용하여 개인정보를 보호한다.
2. **법률 및 정책적 보호:** 개인정보를 수집할 때는 그 정보를 모으고 사용할 합법적 근거가 있어야 한다. 사용자의 동의를 얻는 것이 가장 중요하며, 동의 내용과 목적은 명확해야 한다.
3. **데이터 보안:** 암호화와 연결 제어, 방화벽 등과 관련된 사내 교육 및 보안 정책이 필요하다.
4. **데이터 민감성에 따른 추가 보호 정책 시행:** 의료나 금융 정보, 범죄 기록 등 민감한 데이터를 다룰 때는 추가적인 보호와 규제를 준수해야 한다.
5. **데이터 보관 기간 준수:** 불필요한 데이터는 즉시 삭제하며, 보관 기간에는 보안에 유의한다.
6. **탈퇴 및 삭제 권리 존중:** 언제나 자유로운 탈퇴가 가능하며, 그 즉시 데이터를 파기한다.

✅ 빅데이터가 사회적 불평등에 미치는 영향에 대해 생각해 본다.

1. 저소득층은 빅데이터 관련 기술과 학업에 접근하기 힘들어 사회적 불평등이 심화할 수 있다.
2. 훈련 데이터가 특정 그룹에 편향되면 알고리즘에 반영되어, 사용자의 혼란을 불러올 수 있다.
3. 빅데이터의 분석 및 활용 시, 개인정보와 초상권 침해가 발생할 수 있다. 결과적으로 사회 불평등을 야기한다.
4. 빅데이터 분석은 새로운 직업과 기회를 제공하지만, 특정한 역량과 기술을 요구하기에 사회적 불평등을 불러올 수 있다.
5. 빅데이터를 활용한 맞춤형 서비스에서 일부 고객은 더 많은 혜택을 얻고, 다른 고객은 소외될 수 있다. 이에 따라 경제적 불평등이 확대될 수 있다.

✅ 위 내용을 비교과활동 특기사항이나 과세특에 활용한다.

• 사회문화 교과 세특 예시 •

최신 사회 이슈를 찾고, 그것이 이목을 끈 배경과 현재와 미래에 미칠 영향을 예견해 보는 수업 시간에 '빅데이터'를 선택해 발표함. 특히 AI 기술을 통한 사회 변혁을 이해하려면, 인공지능의 기반인 빅데이터 이해가 선행되어야 한다고 강조한 점이 인상적이었음. 다양한 정보를 수집·분석·가공해 제작된 빅데이터는 실제로 활용할 수 있는 인사이트를 제공하고, AI는 그 결과물 중 하나라 주장함. 또한 빅데이터가 유용하려면, 해당 기술을 통해 양산된 인사이트들이 각 영역에서 적절하게 활용되어야 한다고 강하게 피력하였음. 미래에는 다양한 정보를 원하는 조건에 맞게 가공하는 빅데이터 기술의 습득이 직업 확보 및 유지에 있어 중요할 것으로 예상되며, 이를 위해 기반 지식을 축적해야 한다고 제안함.

6월

6월
1일

가려진 세계를 넘어

박지현, 채세린 | 슬로비 | 2021

도서 분야	정치사회
관련 과목	정치와 법, 한국사, 통합사회
관련 학과	정치외교학과, 사학과

✅ 탈북민이 최종 정착지로 남한이 아닌 제3국을 선택하는 이유를 생각해 본다.

탈북민의 최종 정착지는 주로 제3국이다. 이러한 선택의 가장 결정적인 이유는 바로 안전과 보안 문제이다. 남한으로 직접 입국하기에는 넘어야 할 장벽과 위험이 많다. 또한 북한과 대치 상태이기에 정치적 선동이나 갈등에 연루될 가능성도 있다. 이에 탈북민들은 자유롭게 미래를 설계하고자 제3국을 선택하는 것이다. 특히 그곳에 친지가 일부 거주하고 있다면, 그들의 도움을 받아 새로운 환경에 적응하기도 쉬울 것이다. 또 오랜 분단으로 인해 언어 및 생활 모습 등 다양한 측면에서 남북한 간 괴리감이 심화되어 탈북민들이 남한 사회에 적응하는 것이 그리 쉬운 일이 아니다. 게다가 탈북민에 대한 남한 사회의 해묵은 오해와 편견들도 이들의 정착을 막고 있다. 제3국을 선택하면 주변의 편견 없이 오로지 본인의 '노력'만으로 사회에 적응할 수 있다는 것을 생각하면 차이가 더욱 벌어진다.

✅ 탈북민이 탈북 과정에서 겪는 인권 침해에 대한 대책을 알아본다.

탈북 과정의 인권 유린은 미디어를 통해 어느 정도 알려져 있다. 이를 해결하려면 여러 방면에 걸친 해답이 필요하며, 가장 먼저 국제 사회와의 공조가 필수다. 탈북민의 인권 침해는 주로 남한과 공식적으로 적대관계인 국가 및 제3국에서 발생한다. 하지만 우리 정부의 적극적인 개입은 주권 침해로 비화할 수 있어 지원 자체가 힘들다. 이에 국제기구와 다양한 국가가 탈북민의 안전과 인권 보호를 위해 압력을 가하거나 도움을 요청하는 방안을 생각할 수 있다. 두 번째는 의식주의 보장이다. 탈북민 대다수는 제3국에 불법체류 중이며 생계를 위해 인권 유린에 순응하고 있다. 이들에게 의식주 등 생존을 위한 기본 요건들을 지원해 열악한 노동 환경에서 구제할 필요가 있다. 마지막은 국경 경비원 대상의 인권 교육이다. '탈북'이 불법적인 행위라도 인권을 묵살하는 행위는 도덕적으로 옳지 않기 때문이다. 인권 침해를 막기 위한 일련의 대책에도 불구하고 계속 문제가 발생하면, 가해자들의 국적에 따른 형법과 국제 인권법을 적용한 엄중한 처벌도 대책이 될 수 있다.

✅ 위 내용을 비교과활동 특기사항이나 과세특에 활용한다.

• 한국사 교과 세특 예시 •

북한의 정치 체제와 실상을 알아보는 수업에서 북한 주민이 탈북 시 겪는 인권 침해 상황을 지적하고, 이를 해결하기 위한 다양한 방안을 제시함. 탈북자는 제3국에서 불법 체류자의 신분이므로 생계유지를 위해서라도 인권 침해 상황에 항거하지 못한다고 분석함. 이러한 상황을 해결하기 위해 국제 사회의 공조가 필수적임을 강조하며, 국제기구를 통해 북한 및 탈북 경로에 해당하는 국가들에 압력을 가하거나 도움을 요청하는 방안을 제시함. 또한 국경 경비원 대상의 정기적인 인권 교육이 필요하다고 주장함. 탈북이 불법적인 행위라도 제재과정에 인권 침해는 불가하다고 덧붙임. 이런 다양한 대책에도 인권 문제가 해결되지 않는다면, 국제 인권법을 가해자에게 적용해 처벌하는 강경책도 고려해야 한다고 제시하는 등 탈북자 인권 보호를 위해 다양한 관점에서 방안을 모색하려 노력하는 모습이 인상적이었음.

6월 2일

정의란 무엇인가

마이클 샌델 | 와이즈베리 | 2014

도서 분야	정치사회
관련 과목	사회문화, 정치와 법, 윤리와 사상
관련 학과	정치외교학과, 철학과, 행정학과

책을 읽고 '정의'와 관련한 유의미한 토론 주제를 생각해 본다.

1. **공공재와 개인 권리:** 공공재와 개인 권리 간의 균형과 충돌을 주제로 토론을 진행한다.
2. **어떻게 부를 분배해야 하는가?:** 저자의 시점으로 부의 정의와 분배의 다양한 접근을 논의한다.
3. **도덕적 선택과 개인적 가치:** 개인의 양심과 사회 윤리적 가치 간의 관계를 규정해 본다.
4. **공공 철학과 민주주의의 관계:** 공공 철학이 민주주의와 정책 결정에 끼치는 영향을 논의한다.
5. **도덕적 딜레마와 의사 결정:** 생명 윤리, 환경 문제 등 도덕적 딜레마를 유발하는 주제를 선택하여 토론을 진행해 본다.

저자의 다른 작품을 읽고 서평을 통해 저자의 주장을 더욱 심도 있게 이해해 본다.

현대 사회에서 돈은 그 어떤 것보다 강한 권력이 되고 있다. 하지만 돈으로 모든 것을 살 수 있을까? 《돈으로 살 수 없는 것들》은 이런 의심과 반문에서 시작한다. 저자는 책을 통해 돈과 가치, 윤리와 시장의 관계를 고찰하고 우리의 삶과 사회의 변화를 탐구할 것을 제안한다. 현대에서 돈은 거의 모든 것을 살 수 있다. 책은 마약 중독 여성의 무책임한 임신과 출산을 막기 위한 불임 수술이 이루어지고 있고, 이를 막기 위해 돈을 주는 사회 운동을 사례로 보여준다. 이를 통해 돈이 윤리적 갈등을 제거하는 도구이자, 어떤 가치까지 대체하고 있는지를 생각하게 한다. 이처럼 상상조차 할 수 없는 유무형의 가치를 거래하는 과정을 보며, 저자는 '무엇이 가치를 결정하는가'라는 의문을 제시한다. 이와 함께 우리는 돈이 아닌 비시장적인 가치와 윤리로 고민해야 하고, 돈이 모든 가치를 대체해서는 안 된다는 경고도 덧붙인다. 이어서 돈으로 얻을 수 있는 사회적인 선과 시장의 경향이 충돌하는 때도 살펴본다. 돈을 내고 무료 공연에 참여하는 행위가 사회적 목적을 어기는 것으로 여겨질 수 있다는 점을 들며 돈의 영향이 사회적 가치에 미치는 영향을 분석한 것이다. 돈과 가치의 복잡한 관계를 탐구하는 뛰어난 작품이다.

위 내용을 비교과활동 특기사항이나 과세특에 활용한다.

• 정치와 법 교과 세특 예시 •

우리나라 시민의 정치적 민감성을 주제로 토론하는 시간에 우리 국민은 비교적 정치 참여율이 높은 편이라고 평가함. 과거보다 투표율은 현저히 낮아졌으나 정치색이 뚜렷한 사람들이 증가했고, 후보들의 정책을 비교해 유의미한 투표권을 행사하는 사람들이 많아졌다는 것을 그 근거로 밝힘. 특히 국민이 사회 정의와 관련된 사안을 주시하며, 불공정한 사건이 터질 때마다 관련 시위에 동참하여 정치세력을 바꾸고 정의로운 사회 형성에 적극적으로 목소리를 내는 것에 감동했다고 발표한 점이 인상적이었음.

6월 3일	국경 전쟁	도서 분야	정치사회
	클라우스 도즈 | 미래의 창 | 2022	관련 과목	정치와 법
		관련 학과	정치외교학과, 사회학과

사회, 문화, 종교적 차이가 국경 분쟁을 격화시키거나 완화 시킨 사례를 알아본다.

1. 인도와 파키스탄 분쟁 (1947년 이후)
- 양국 간 발생한 분쟁은 종교의 영향이 지대했다. 수백만 명이 각자의 종교에 따라 이동해야만 했으며, 카슈미르 지역은 지금도 갈등이 진행 중이다.

2. 세르비아-크로아티아 전쟁 (1991-1995년)
- 유고슬라비아의 해체 과정에서 양국 간 문화, 언어 및 종교적 차이는 분쟁을 격화시켰다.

3. 티베트와 중국 간 분쟁
- 문화 및 종교적 차이가 해당 분쟁을 격화시켰다. 중국이 티베트의 종교 지도자인 달라이 라마의 후계 선정 문제에 간섭하는 것도 분쟁의 일부로 여겨진다.

4. 팔레스타인-이스라엘 분쟁
- 해당 분쟁은 종교적 차이와 문화적 요인에 기인한다. 양국 간 종교적 역사와 토대, 예루살렘에 대한 종교적 중요성 등이 분쟁을 격화시키는 중요한 이유 중 하나이다.

범세계적으로 해결해야 할 과제와 이를 위해 국가와 국제 기구에게 요구되는 행동을 생각해 본다.

기후 변화	• 온실가스 감축을 위한 정부의 노력과 국제기구의 국제적 기후 협력 강화
전염병과 보건시스템	• 보건시스템 강화 및 백신 배포를 위한 국제기구의 노력
식량 보안과 식량 부족	• 국가들과 국제기구의 협의로 식량 생산과 배급 정책의 개선
난민과 이민 문제	• 난민의 인권을 보호하고 이민 정책의 조율을 위한 국제적 협력 강화
디지털 경제와 보안	• 각국의 사이버 보안 강화와 더불어 국제적인 디지털 규제와 협력의 강화
무역과 금융 시스템	• 글로벌 무역과 금융 시스템의 안정성과 공정성을 개선하기 위한 국제적 협력

위 내용을 비교과활동 특기사항이나 과세특에 활용한다.

• 세계사 교과 세특 예시 •

시사 상식이 풍부한 학생으로 특히 20세기 이후 발생한 국제 분쟁에 관심이 많아 이에 대한 뉴스를 꾸준히 접함. 최근 발생한 우크라이나 · 러시아 간 전쟁은 정치적 요인이 강하게 작용했고, 2018년부터 시작된 미국과 중국 간 갈등은 '미 · 중 무역 분쟁'이란 표현이 일반화할 정도로 경제적 요인의 영향이 컸다고 분석함. 그러나 전 세계 고질적인 분쟁은 대개 종교 · 문화적 차이로 촉발된 경우가 많으며, 인간의 신념과 연관된 종교 및 문화로 인한 분쟁은 대량 학살, 파괴 등 폭력적인 사태를 수반한다고 분석함.

6월 4일

다수를 위한 소수의 희생은 정당한가?

표창원 외 4명 | 철수와영희 | 2016

도서 분야	정치사회
관련 과목	사회문화, 정치와 법
관련 학과	사회학과, 법학과, 정치외교학과

다수결의 원칙을 양적, 질적 공리주의 입장에서 각각 평가해 본다.

양적 공리주의	• 사회 전체의 양적 이익 극대화를 위해 다수의 이익을 소수의 이익보다 우선한다. • 다수결의 원칙은 다수의 이익을 추구한다고 해석할 수 있어 양적 공리주의에 부합한다. • 다수결의 원칙은 사회적 효율성 극대화에 크게 기여할 수 있다는 관점을 견지한다.
질적 공리주의	• 결정 방식과 내용이 이익의 규모나 정도가 아니라 보편적인 가치에 부합해야 한다. • 인권, 공정성, 도덕적 원리를 고려해 의사 결정을 하며 이는 다수결과 상충한다. • 다수의 의견은 옳은 결정에 영향을 끼칠 수 있으나, 그 자체가 옳다고 볼 수 없다.

'오리엔탈리즘은 다수결의 횡포다'라는 주장에 대한 본인의 생각을 써 본다.

'오리엔탈리즘(Orientalism)'은 서양 사람들이 동양 국가와 문화를 정형화하고 왜곡하여 바라보는 사고 및 표현의 총체적인 개념이다. 이를 '다수결의 횡포의 결과'로 규정한 것은 개념이 정립되는 과정에서 세계 문화를 주도한 서양 문화권의 관점만 투영되었다는 점을 꼬집은 견해라고 볼 수 있다. 이러한 주장을 뒷받침하는 근거로 다음을 제시할 수 있다.

1. 오리엔탈리즘을 개념화한 서구 학자들은 동양 국가와 문화를 서양보다 열등하거나 원시적인 것으로 간주한다. 근대 문화를 이끈 서구 세력의 이러한 편견은 많은 이들에게 서양 중심적 선입견을 품게 한다.
2. 오리엔탈리즘을 추종한 서구 학자들은 동양 문화를 서구의 문화적 관점과 가치 판단에 맞게 왜곡하여 해석했다. 이러한 일방적인 해석과 표현은 많은 이들에게 동양 문화에 대한 편향된 시각을 갖도록 유도했다.
3. 다수의 서양 사람들이 오리엔탈리즘적 시각을 받아들이면서, 동양 국가와 문화에 대한 실제적인 이해와 깊은 통찰력이 희생되는 결과가 발생했다.
4. 오리엔탈리즘은 종종 서양 국가와 문화의 우월성을 강화하는 도구로 사용됐다. 일부 서양 세력은 이를 바탕으로 동양 국가를 정복하거나 통제하여 이익을 획득하기도 했다.

위 내용을 비교과활동 특기사항이나 과세특에 활용한다.

• 세계사 교과 세특 예시 •

서구 열강의 제국주의에 잠식당한 동양의 다양한 자원들 중 문화적 측면에 주목함. 서구의 학자들은 서구 중심적인 시각으로 동양 문화를 평가하였고, 그 결과 '오리엔탈리즘'이라는 개념이 탄생하였다고 분석함. 오랜 시간 동양 문화를 총칭하는 개념으로 작용한 오리엔탈리즘은 당시 문화를 주도한 서양 세력에 의해 전세계로 확산되었고, 이는 결국 다수의 힘에 의해 동양 문화가 저평가되는 결과를 초래했다고 평가한 점이 인상적이었음.

6월
5일

착한 민영화는 없다

이광호 | 내일을여는책 | 2019

도서 분야	정치사회
관련 과목	정치와 법, 경제, 통합사회
관련 학과	정치외교학과, 경제학과, 행정학과

✔ 서울 소재 인제대 백병원 폐원에 대한 정부와 사회의 반대 논리와 그 근거가 무엇인지 알아본다.

최근 서울 소재 인제대 백병원의 폐원 소식에 서울시 및 시민 사회의 반대가 거세다. 정부와 사회가 이렇게 민영 의료 법인의 폐원에 반대할 수 있는 이유는 바로 '의료'가 국민의 기본권이기 때문이다. 이런 근본적인 이유 외에도 폐원 반대를 뒷받침하는 다양한 근거가 있다. 우선 도심의 병원이 폐원하면 인근 지역의 병원 접근성이 약화한다. 또한, 그 병원에 특화된 의료 서비스 제공이 불안정해져 전반적인 의료 공백도 발생한다. 폐원한 병원의 예약 환자들이 갑작스럽게 퍼져 인근 병원은 포화상태가 되고, 이로 인해 전반적인 의료 서비스의 질의 저하도 일어날 수 있다. 의료 연구와 교육 활동에도 문제가 발생한다. 대학 병원은 직접적인 의료 활동만 진행하는 것이 아니다. 교육과 연구의 중심지인 까닭에 병원의 폐원은 해당 연구의 중단을 초래한다. 그 외에도 병원에 근무하는 수많은 의료 전문가 및 행정직들의 실업 문제도 발생한다. 이들의 고용이 승계되지 않으면 지역 경제에도 악영향을 끼칠 수 있다.

✔ 민영화 사업의 단점을 개선하기 위한 정부와 사회의 대처 방안을 알아본다.

- 정부의 민간 기업 운영 규제 및 감독 역할을 강화해야 한다. 서비스 품질, 환경 보호, 고객 보호 등 다양한 측면에서 규제를 강화하여 사회적 책임을 이행하도록 유도한다.
- 민영화 시 서비스 품질, 접근성, 가격 등의 계약 조건을 엄밀히 설정해 공공 가치 보장을 꾀한다.
- 민영화 결정 및 운영 과정에 시민들을 참여시키고, 정보의 투명성을 확보하는 것이 중요하다.
- 민영화의 사회적 영향 평가 체계를 마련한다. 민영화 이후에도 꾸준히 관찰해, 문제 발생 시 조기에 대처할 기회를 제공한다.
- 의료, 교통 등의 중요한 분야에서는 긴급 상황에 대비한 계획을 마련한다. 예를 들어, 의료 기관 폐원 시 환자 이송 계획 등을 준비하여 긴급한 상황에도 원활한 서비스를 제공할 수 있도록 한다.
- 민영화를 고려할 때 다각화된 선택지를 고려하는 것이 중요하다. 민영화가 유일한 선택지가 아니라면 다른 공공경영 모델도 고려한다면 최적의 해결책을 찾을 수 있을 것이다.
- 민영 기업도 사회적 가치를 중요하게 여길 수 있도록 다양한 교육을 진행해야 한다.
- 민간 기업 간 건강한 경쟁을 유도, 사업의 효율성 증대와 고객에게 다양한 선택지를 제공한다.

✔ 위 내용을 비교과활동 특기사항이나 과세특에 활용한다.

• 경제 교과 세특 예시 •

공공재의 민영화를 주제로 한 토론 수업에서 의료 행위의 민영화와 관련하여 본인의 견해를 밝힘. 최근 인제대 백병원 폐원에 대한 정부와 시민 사회의 반대 근거로 의료 행위가 국민의 기본권에 해당하기 때문이라고 주장함. 이는 영리를 목적으로 제주도에 건설 예정이었던 녹지국제병원에 대한 대대적인 반대 여론과 일맥상통한다고 주장한 점이 인상적이었음.

6월 6일

그런 세대는 없다

신진욱 | 개마고원 | 2022

도서 분야	정치사회
관련 과목	정치와 법, 사회문화
관련 학과	사회학과, 경영학과, 정치외교학과

정치 성향에서 나타난 세대 담론의 한계를 분석한다.

일반적으로 노년층은 동 세대의 빈곤층조차 보수 정당을 지지하는 경향이 강하고, 청년층은 현실 개혁을 화두로 삼아 진보진영을 지지하는 경우가 대부분이었다. 그러나 최근 청년층은 재산과 직업 등 사회적 계급에 따라 정치적 견해를 바꾸고 있다. 노년층은 안보 이슈에 따라 보수와 진보로 나뉘기 때문에 계급성이 뚜렷하게 나타나지 않는다. 하지만 청년층은 경제적 이익에 따라 정치적 입장을 결정하여 세대 내 정치적 균열이 명확하게 나타난다. 이에 정치권은 일종의 '캐스팅보드' 역할인 청년 세대의 표심을 확보하기 위해 선거철마다 '청년'을 기조로 한 다양한 정책을 공약으로 내세우고 있다. 하지만 실상 '청년'은 알바부터 취준생, 대기업 회사원, 전문직 종사자를 비롯한 다양한 계급으로 나뉘어 있고, 자신들의 이익을 대변해 줄 정치세력을 선택하므로 해당 공약은 실효성이 떨어질 수밖에 없다. 이는 특정 세대를 동일한 특성을 가진 집단으로 범주화하는 세대 담론의 한계를 보여주는 사례라고 볼 수 있다.

'이대남', '이대녀'를 통해 알 수 있는 청년 세대 내 갈등을 파악한다.

과거에는 청년 세대의 보편적 정치적 성향을 '진보'라고 단순하게 이해해 왔다. 그러나 지금은 세대 내 학력, 직업, 성별, 지역, 가치, 이념 등에 따라 다양한 계층으로 나뉘며 이 중 어떤 것을 기준으로 삼느냐에 따라 정치적 견해를 바꾸고 있다. 최근 경제적으로 불안정한 20대 남성의 증가로 세대의 하위계층 내 성별을 초월한 계급적 연대가 강화되고 있다. 반대로 사회경제적으로 안정된 여성이 늘어나며 중산층 이상의 20대 남성, 이른바 '이대남'은 안티 페미니즘적 정체성을 굳히고 정치적으로 보수화되는 모습이 드러났다. 이에 반해 '이대녀'라 불리는 20대 여성은 페미니즘적 정체성을 내면화하면서 진보적 경향을 뚜렷이 보여주었다. '이대남', '이대녀'는 청년 세대 내 경제적 위치와 젠더를 기준으로 계급을 나누는 다차원적인 모습을 범주화한 용어로, 세대 담론의 한계를 날카롭게 지적한다고 볼 수 있다.

위 내용을 비교과활동 특기사항이나 과세특에 활용한다.

• 사회문화 교과 세특 예시 •

다양한 사회 문제에 관심이 많고, 이에 대한 본인의 생각을 정리하여 토론 및 토의하기를 즐기는 학생임. 최근 관심 있는 이슈로 '청년 문제'를 꼽고, 주요 매체를 비롯하여 소셜 미디어에서조차 연일 '청년'을 화두로 하는 기사 및 방송이 나오는 것에 의문을 품고 탐구함. 미디어는 그들이 보도하는 '청년 문제'를 특정 세대의 공통적인 특징이라고 규정지으며, 세대 내 다양한 계층의 이해가 부족한 세대 담론의 함정에 빠져 있다고 분석하였음. 더 큰 문제는 각종 매체가 이런 세대 담론을 여과 없이 송출하고, 대중들은 비판 없이 이를 수용하는 것이라고 지적함. 이러한 담론이 확대 · 재생산되는 이유는 특정 집단을 공통의 특징을 가진 '세대'로 묶고 모든 사회 분열의 기준을 '세대 갈등'으로 치부해, 젠더 갈등부터 지역 갈등, 노사 갈등 등 다양한 사회 문제의 본질을 볼 수 없게 만든다고 성토했음. 그리고 이는 기득권층이 특권을 유지하는 방법이라고 날카롭게 분석한 점이 인상적이었음.

6월 7일	지정학의 힘	도서 분야	정치, 지리
	김동기	아카넷	2020	관련 과목	세계사, 통합사회, 정치와 법, 세계지리
		관련 학과	사학과, 지리학과, 정치외교학과

지정학적 이론을 고려하여 한반도 통일의 시나리오를 작성해 본다.

'평화적 협상을 통한 연방 모델'

1. **긴장 완화와 협상 개시:** 미국과 중국 모두 한반도 안정을 위해 협력한다고 가정한다. 남북 간 협상을 통해 군사적 긴장을 완화하고, 인도주의적인 접근으로 신뢰를 쌓는다.
2. **경제적 통합과 문화 교류:** 두 지역 간 경제력 차이를 줄이고, 이익을 공유한다. 문화 교류를 촉진하여 서로의 역사와 가치를 이해하고 공감할 수 있는 기반을 마련한다.
3. **연방 모델 제안:** 통일을 위한 단계적인 연방 모델을 제안한다. 이 모델은 남북 각각의 정부와 제도를 유지하되, 공동으로 정의한 연방 법률과 기구를 통해 협력하고 통일된 정책을 수립한다.
4. **국제적인 지지와 협력 강화:** 연방 모델이 성공적으로 정착하면 주변 국가와 국제 사회의 지지를 얻을 수 있다. 이를 바탕으로 국제 사회와 협력해 지역 안정과 평화를 위해 이바지한다.
5. **장기적 안정화와 통일 완성**

지정학적 이론이 성공적으로 적용된 모델을 찾아본다.

유럽연합(이후 EU로 표기)은 국가 간 협력과 통합을 통해 지역 안정과 경제 발전에 주력하고 있다. 또한, 지정학적 이론에 부합하는 네 가지 특징이 있다. 첫째, EU는 개별 회원국의 이익을 존중하면서, 이를 공동의 목표와 이익에 녹여내는 협력 관계를 구축하였다. 둘째, EU의 전신인 유럽석탄철강공동체가 만들어질 때, 국가 간 경쟁의 통제와 전쟁 가능성을 줄이기 위해 지정학적 접근을 반영하였다. 셋째, EU는 자유로운 시장을 만들고 단일 통화를 사용하여 이익을 공유하고 경제를 키우는 데 집중하였다. 넷째, EU는 국제기구와 협력해 국제 사회에서 더 큰 영향력을 행사하고, 안정과 협력을 촉진한다. 이처럼 EU는 다양한 회원국들의 협력을 이루고, 지정학적인 원리를 통해 평화와 번영을 추구하는 성공적인 모델 중 하나로 평가된다.

위 내용을 비교과활동 특기사항이나 과세특에 활용한다.

• 한국사 교과 세특 예시 •

평소 통일 문제에 관심이 많은 학생으로 '한반도의 분단'은 우리나라의 주권이 강대국에 의해 침해받은 사건으로 평가함. '통일' 역시 우리의 노력만으로 이룰 수 없다는 사실에 안타까워하며, 이러한 현실 정치의 배경에 지정학이 있음을 깨닫고, 국제 정치와 외교에 있어 지정학의 중요성을 인지함. 이에 지정학적 입장을 고려한 한국의 통일 시나리오, '평화적 협상을 통한 연방 모델'을 만들어 발표하기도 하였음. 협상 개시를 위한 남북 간 긴장 완화를 시작으로 경제적 통합과 문화 교류를 통해 공감의 장을 마련한 후, 연방제 모델의 제의와 국제적 지지와 협력을 거쳐 통일을 완성한다는 흐름으로 단계별로 구체적인 내용이 인상적이었음.

6월 8일

동·남중국해, 힘과 힘이 맞서다

마이클 타이 | 메디치미디어 | 2020

도서 분야	정치사회
관련 과목	정치와 법, 세계사, 세계지리
관련 학과	정치외교학과, 사학과, 지리학과

✅ 이어도를 둘러싼 우리나라와 중국 간 갈등 현황을 알아본다.

이어도는 약 2㎢ 면적의 암초로, 동중국해 북쪽이자 대한민국의 마라도에서 남서쪽에 있다. 그리고 이 암초를 두고 대한민국과 중화인민공화국 사이에 배타적경제수역(EEZ)의 설정을 둘러싼 갈등이 이어지고 있다. 1982년에 제3차 국제해양법회의에서 채택되고 1994년부터 발효된 해양법에 관한 국제연합협약의 배타적경제수역 개념에 따르면, 인접한 국가 간 해안 경계를 확정할 때는 형평성을 고려해 중간선 등을 기본으로 삼는다. 그 밖의 상호 간 자연적 요소도 고려하되, 인구나 경제력 등의 사회적 요소는 배제하는 경향이 일반적이다. 무인도나 암초는 가장 가까운 유인도에 귀속한다는 국제 해양법을 따르더라도 이어도의 관할권은 자명하게 우리나라에 있다는 주장도 있다. 하지만 현재 중국 정부는 센카쿠 열도 분쟁과 달리 이곳에 관해서는 어떤 견해도 내놓고 있지 않다.

✅ 동·남중국해 지역 분쟁이 지역 분쟁에 어떤 영향을 끼치는지 알아본다.

1. 국가 간 군사 활동과 군비 경쟁의 증가로 긴장이 증가해 지역 안보의 위협이 될 수 있다.
2. 분쟁 지역에서 해상 안보 위협이 발생해 인근의 어업 활동과 해양 교역에 영향을 미칠 수 있다.
3. 분쟁 지역 주변국들은 신규 군사 동맹이나 강화로 지역 안보의 긴장을 고조시킬 수 있다.
4. 정치적 긴장과 불확실성이 증가하며, 지역 안정이 저해될 수 있다.
5. 미국은 동 · 남중국해 분쟁에 주의를 기울이고 있으며, 대만 및 일본과의 동맹을 강화하고 있다. 이는 미국과 중국 간 긴장 요인이자 지역 안보에 영향을 미칠 수 있다.
6. 동 · 남중국해 분쟁은 국제법과 국제규범의 존중과 이행 여부에 대한 문제를 제기한다. 이를 무시하거나 위반할 경우, 국제 질서에 대한 도전으로 작용할 수 있다.

✅ 위 내용을 비교과활동 특기사항이나 과세특에 활용한다.

• 정치와 법 교과 세특 예시 •

현대 사회의 전쟁은 육탄전이 아닌 군비 경쟁, 군사적 도발 등 군사적 긴장 관계 조장으로 최근 아시아 지역에서도 이러한 상황이 중국을 중심으로 끊임없이 발생하고 있다고 분석함. 우리나라 역시 중국과 이어도를 사이에 두고 갈등을 빚고 있으나 군사적 긴장 상태까지는 가지는 않았다고 설명함. 그러나 동 · 남중국해에서 중국, 일본, 베트남, 필리핀, 말레이시아, 미국 간 군사적 위협과 도발로 지역 안보에 적신호가 켜지는 경우가 많아 우리나라 역시 이에 관심을 두고 외교에서 합리적인 노선을 취해야 한다고 주장한 점이 인상적이었음.

6월 9일	쉽게 믿는 자들의 민주주의 제랄드 브로네르 | 책세상 | 2020	도서 분야	정치사회
		관련 과목	정치와 법, 사회문화
		관련 학과	정치외교학과, 사회학과, 신문방송학과

✅ 대중의 의사에 큰 영향력을 미치는 유튜브 등 1인 미디어에 대한 허위 정보 규제방법을 생각해 본다.

1. 제작자는 자신의 신원을 공개하고 정보의 출처를 명시해 정보의 신빙성을 갖춰야 한다.
2. 이용자들은 허위 정보 식별을 다루는 교육에 꾸준히 참여해 비판적인 사고를 길러야 한다.
3. 미디어 플랫폼의 허위 및 불량 콘텐츠 모니터링을 강화한다.
4. 허위 정보를 배포하는 개인과 업체의 법적 책임을 강화한다.
4. 정보를 쉽게 찾도록 검색 엔진 알고리즘을 개선하고, 의견 피력과 공유의 공간을 확대한다.
5. 1인 미디어는 자신의 콘텐츠를 주기적으로 검토, 허위 정보와 편향적인 내용을 수정 · 삭제한다.

✅ 대중에게 유명한 지식인이 왜곡·과장된 정보를 제공한 여파와 대중의 반응을 조사한다.

앤드루 웨이크필드의 MMR 백신과 자폐증의 연관성 주장

앤드루 웨이크필드는 영국의 의사로, 1998년에 발표한 연구 논문에서 MMR(Measles, Mumps, Rubella) 백신이 아동의 자폐증을 유발한다는 내용을 발표했다. 그 결과 많은 부모가 MMR 백신 접종을 거부했으며 의료계 역시 혼란에 빠졌다. 의학자들은 웨이크필드의 논문이 단 12명의 사례를 확대해석했다고 주장했지만, 백신에 대한 의심을 거두기에는 역부족이었다. 논문 발표 직후 약 12년간 웨이크필드는 의료계의 부정을 폭로한 영웅이자 스타 과학자가 되었다. 그러나 같은 기간 백신을 거부한 사람들에 의해 무의미한 희생자들만 늘어났고, 2011년 영국 언론인 브라이언 디어가 웨이크필드의 부정을 폭로하며 상황이 반전된다. MMR 백신에 대한 부정적 여론이 필요했던 세력으로부터 웨이크필드가 거액의 뒷돈을 받았으며, 논문 발표 6개월 전 웨이크필드가 기존 MMR 백신을 대체할 새로운 홍역 백신의 특허를 낸 사실도 밝혀졌다. 웨이크필드가 1998년에 발표한 논문은 철회되고, 의사 면허증도 박탈당하였다. 하지만 그는 미국으로 건너가 여전히 자신의 신봉자들을 대상으로 미디어를 제작해 송출하며 꾸준히 수입을 올리고 있다.

✅ 위 내용을 비교과활동 특기사항이나 과세특에 활용한다.

• 사회문화 교과 세특 예시 •

SNS가 발달하며 다양한 경로를 통해 대중들의 사회적 이슈와 정보에 대한 접근이 수월해졌다고 분석함. 다양한 이슈들이 빠르게 양산되는 상황에서 유튜브 등 1인 크리에이터들은 구독자들의 관심을 위해 정보의 진위를 확인하지도 않고, 자극적인 제목과 함께 영상을 송출한다고 비판함. 시청자들 역시 정보에 대한 의심은커녕 선정적인 사진과 내용 등에 혹하여 주변인들에게 전파하고, 이는 여론 형성에 영향을 미친다고 덧붙임. 민주주의 사회에서 시민들이 다양한 정보를 취합해 자신의 목소리를 내고 정책 결정에 참여하는 것은 고무적이나, 가짜 뉴스에 쉽게 현혹되는 사람들이 주도하는 정치는 오히려 민주주의에 위기를 가져올 수 있어, 가짜 언론에 대한 규제가 필요하다고 강조한 점이 인상적이었음.

6월 10일	그건 내 건데	도서 분야	정치사회
	이선배 | 내일을여는책 | 2022	관련 과목	정치와 법, 경제, 통합사회
		관련 학과	사회학과, 행정학과, 법학과, 경제학과

기본소득이 개인과 사회에 미치는 영향과 윤리적 측면에서 기본소득의 가치를 탐구해 본다.

개인	• 기본소득은 자유로운 직업 선택이나 삶의 질 개선, 참신한 시도로 이어짐 • 자신의 가치와 역량에 믿음을 가지며 자기 존중감도 증대됨 • 개인의 참신한 시도는 사회 발전의 원동력이 될 수 있음
사회	• 균등한 소득 분배를 통해 사회적 공평성 강화에 긍정적 영향을 미침 • 경제적으로 어려운 이들도 동일한 선상에서 시작할, 기회의 균등을 제공
윤리적 측면	• 인간의 존엄성과 사회적 보안에도 긍정적인 평가를 받음 • 경제적 유용성이라는 판단 도구에서 벗어나 인간의 존엄성을 인정할 수 있음 • 기본 생계 문제의 해결은 사회적 안전망 강화로 이어짐. 개인의 자유로운 삶을 보장.

기본소득 제도 시행이 노동 시장 및 노동의 가치 변화에 끼치는 영향을 탐구해 본다.

기본소득 제도 시행이 노동 시장 및 노동의 가치에 미치는 영향은 다양한 요소에 의해 결정되며, 긍정과 부정적인 영향을 함께 고려해야 한다. 우선 기본적인 생계비를 받아 경제적 안정을 확보한 개인들은 예술, 과학, 기술 등 다양한 영역에서 자신의 역량을 충분히 발휘하고, 창의적인 활동을 진행하게 된다. 이는 노동 시장의 유연성 확장과도 연관된다. 생계 걱정에서 벗어난 개인들은 일자리를 선택할 때 본인의 적성과 흥미를 최우선으로 고려하게 되고, 이는 노동 시장의 유연성 증대에 영향을 준다. 또한 이러한 흐름은 수많은 직업의 노동 환경 개선에 영향을 미쳐 전반적인 사회 발전에 긍정적인 영향을 끼친다. 반면 기본소득이 제공됨으로써 생계유지가 가능해지면 일부 개인은 구직 욕구를 상실하고, 특정 산업 분야의 구인난이 심화될 수 있다. 노동의 가치가 하락할 뿐만 아니라 기본소득만으로 삶을 영위하는 태만한 자세가 사회 전반에 퍼질 수 있다는 우려가 제기된다.

위 내용을 비교과활동 특기사항이나 과세특에 활용한다.

• 경제 교과 세특 예시 •

경제 안정화를 위한 정부의 노력을 알아보는 수업 시간에 기본소득의 시행이 우선적으로 시행되어야 한다고 주장하였음. 기본소득이 제공되면 생계가 안정되고, 이를 바탕으로 사람들은 자신의 흥미와 적성을 고려하여 직업을 선택하게 됨으로써 사회 전반에 걸쳐 창의적이고 혁신적인 경향이 퍼진다고 분석함. 또한 모든 사람이 최소한의 소비를 함으로써 공급망 유지에 힘이 실려 전반적인 경기 안정화에 기여한다고 설명함. 그러나 최저생계비 보장은 직업을 찾고자 하는 욕구를 약화시켜 일부 산업 분야에서 구인난을 심화시키고, 노동의 가치 하락 및 태만한 삶의 자세를 사회 전반에 확산시키는 등 부정적인 영향도 무시할 수 없다고 지적한 점이 인상적이었음.

6월 11일	판결문을 낭독하겠습니다 도우람	시공사	2020	도서 분야	정치사회
		관련 과목	정치와 법, 사회문화, 통합사회
		관련 학과	사회학과, 경영학과, 법학과

법률 해석 및 적용 등 전반적인 영역을 고려해 인공지능의 대체 가능성 찬반 의견을 제시한다.

찬성	1. 인공지능은 대량의 법률 문서를 빠르고 정확하게 처리할 수 있다. 판례 분석을 통해 예측모델을 구축하거나 유사한 사례를 찾는 데 도움이 된다. 2. 법률 전문 지식을 정리해 신속하게 검색할 수 있다. 필요한 정보에 더 쉽게 접근할 수 있다. 3. 계약서, 리뷰, 서류 작업등 단순 반복적이고 시간 소요가 큰 작업을 대체해 효율을 극대화한다.
반대	1. 법은 판례, 사회적 맥락, 윤리적 측면 등 다방면의 포괄적인 이해가 필요하다. 하지만 현재의 인공지능은 이런 면을 고려하지 않는다. 2. 인공지능이 법률에 개입하면 다양한 윤리 · 사회적 문제와 함께 판결의 책임 주체가 모호해진다. 3. 법률은 개인 간 감정과 소통이 중요하지만, 현재 인공지능의 상호작용 능력은 다소 떨어진다.

재판이 사회의 법 감정을 수용해야 하는 근거에 대해 토의해 본다.

첫째, 사회적 가치와 여론을 수용해 법의 신뢰성과 합법성을 높일 수 있다. 둘째, 사회의 다양한 의견과 가치를 받아들여 재판의 공정성을 높일 수 있다. 재판을 진행할 때 각계각층의 다양한 의견 고려가 무엇보다 중요하다. 셋째, 사회의 어려운 현실을 고려하여 판결을 내릴 때, 사회의 법 감정을 수용하는 것은 정의 구현 및 공평성 증진 측면에서 유리하다. 넷째, 새로운 사회적 현상과 문제를 고려하여 법을 해석하고 적용한다면 법률 제도 발전에도 크게 기여할 수 있다. 다섯째, 사회적 갈등과 불만을 최소화하고, 사회 안정과 조화를 유지하기 위해서는 사회의 의견을 재판에 반영하는 것이 무엇보다 중요하다.

위 내용을 비교과활동 특기사항이나 과세특에 활용한다.

• 사회문화 교과 세특 예시 •

인공지능이 사회에 미치는 영향력을 탐구하며 법률 대체 가능성을 토의하자고 제안함. 인공지능은 법률을 해석하고 적용하는데 필요한 정보 및 판례 등을 신속하게 찾아 제공해 주고, 단순 반복이지만 시간이 필요한 작업에 유용하다고 발표함.

• 정치와 법 교과 세특 예시 •

법의 해석 및 적용의 과정을 배우는 시간에 국민참여재판을 예로 들며 재판 시 사회의 법 감정을 적극적으로 수용해야 한다고 강하게 주장함. 사회의 다양한 가치와 의견을 수용하는 것은 재판의 공정성과 신뢰도를 높일 수 있다고 강조함. 또한, 법은 사회적 갈등을 최소화하고 안정을 추구하기 위해 만든 수단이므로 구성원들의 의견을 적극적으로 수용해야 한다고 주장한 점이 인상적이었음.

6월 12일

법의 이유

홍성수 | arte(아르테) | 2021

도서 분야	정치사회
관련 과목	정치와 법, 사회문화, 통합사회
관련 학과	사회학과, 경영학과, 법학과

역사부정죄를 실정법으로서 적용하는 데 있어 독일과 우리나라의 상황을 비교, 대조해 본다.

독일은 역사부정죄에 대해 상당히 엄격한 법률을 적용하고 있다. 나치의 대량학살과 인종적 박해 등 과거 부정과 왜곡을 '인종적 선동'으로 처벌하는 법적 조항은 역사부정죄에 대한 독일의 강력한 처벌 의지를 보여준다. 이는 반인륜적 범죄로부터 역사적 가치를 보호하고, 정확한 기록 및 인식의 중요성을 사회 전반에 퍼트리는 것에서 출발했으며, 오늘날 독일의 사회 민주화 정착에 긍정적인 역할도 하고 있다. 우리나라에서도 역사적 사실의 왜곡과 부정에 따른 일정한 법적 제재가 있으나 독일과 비교하면 엄밀하게 적용하지 않으며, 처벌 정도도 약하다.

도덕과 법이 상충하는 상황이 벌어졌을 때 합리적인 선택을 위해 고려할 점을 알아본다.

도덕과 법이 상충하는 상황에서 합리적인 선택을 하기 위해서는 다양한 가치와 상황을 고려해야 한다. 우선 법의 의도를 이해해야 한다. 법의 목적은 사회의 안전과 공공 이익의 증진이므로, 그 의도와 목적에 대한 정확한 이해가 선행돼야 한다. 두 번째, 도덕적 원칙과 가치를 고려해야 한다. 특정 선택에 따른 타인의 권리 침해 및 이익 제고 등 다양한 결과에 대한 예상이 필요하다. 법과 도덕에 대한 기본적인 이해를 바탕으로 전문 법조인에게 법률자문을 구하고, 본인이 택할 방법이 본인의 도덕적 가치관과 부합하는지 심사숙고해야 한다.

위 내용을 비교과활동 특기사항이나 과세특에 활용한다.

• 한국사 교과 세특 예시 •

반민특위 활동이 외부의 압력으로 목적을 달성하지 못하고 스러졌다는 점에 안타까움을 표하며, 과거 청산을 위한 법적 근거가 있는 나라와 우리나라의 상황을 비교 · 대조하여 발표함. '과거 청산'은 역사부정죄에 입각해 진행되는 것으로, 이를 실정법으로 가장 강력하게 적용하는 나라로 독일을 꼽음. 과거에 대한 정확한 인식을 위해 제정된 독일의 관련 법률은 오늘날 과거의 과오를 부정하고 감추는 행위를 처벌하여 독일 사회의 차별과 인종적 박해 예방에 긍정적인 역할을 한다고 평가함.

• 통합사회 교과 세특 예시 •

도덕과 법이 상충되는 문제를 접했을 때 합리적인 선택을 위해 고려해야 하는 과정 및 가치에 대해 발표함. 먼저 사회 안정을 목적으로 하는 법의 의도를 명확히 파악하고, 선택할 입장이 본인의 도덕적 가치관에 부합하는지에 고려해야 한다고 지적함. 또한 이를 바탕으로 전문 법조인의 조언과 선택에 관한 결과를 예상하는 것이 필요하다고 세세하게 설명하였음.

6월 13일	딸에게 들려주는 헌법 이야기 이득진 | GIST PRESS | 2021	도서 분야	정치사회
		관련 과목	정치와 법
		관련 학과	법학과

✅ 저자가 말하는 헌법의 개념이 무엇인지 적고, 그에 덧붙여 자신의 생각을 정리해본다.

헌법이란 한 나라의 주인인 국민이 어떤 나라를 만들 것인지, 어떤 가치를 중요하게 생각하는지를 정해놓은 가장 기본적인 약속

✅ 성문헌법과 불문헌법의 차이점을 표를 통해 정리해본다.

	성문헌법	불문헌법
정의	헌법처럼 중요한 국가적 약속이 제정되면, 기록하여 확실히 내용을 증명하고 국민에게 널리 알린다. 이때 문서에 기록된 헌법을 '성문헌법'이라고 한다.	헌법전이 없는 국가도 있다. 헌법전이 없기 때문에 글로써 성립되지 않는 헌법이라는 뜻으로 '불문헌법'이라고 한다.
국가	대부분의 국가에서 사용하는 방법	영국(한 권의 책 또는 문서로 된 헌법전 대신 대헌장, 권리청원, 권리장전, 왕위계승법 등의 문서와 헌법적 법률, 헌법관습법이 결합하여 헌법으로 작동한다.)

✅ 헌법을 이야기할 땐 국가를 빼놓을 수 없다. 국가가 어떤 일을 해야하는지 소설 〈파리대왕〉을 읽고 생각해본다.

- **〈파리대왕〉 줄거리:** 핵전쟁을 피해 어딘가로 탈출하던 한 무리의 소년들이 불의의 사고로 무인도에 도착한다. 이 무인도에는 랄프라는 소년을 중심으로 한 무리가 만들어지고, 랄프를 시기하던 잭이라는 소년에 의해 또 한 무리가 만들어진다. 잭의 무리는 동물 사냥을 하면서 난폭해지고, 급기야 새끼가 있는 암퇘지를 잡아 재물로 바친다.
- **〈파리대왕〉 주제:** 인간에게는 숨겨진 악한 본성이 있고, 그 본성이 통제되지 않으면 인간사회가 흉포해질 수 있다.

✅ 위 내용을 비교과활동 특기사항이나 과세특에 활용한다.

• 정치와 법 교과 세특 예시 •

자신만의 헌법 정의를 내린 다음 친구들과 공유하는 시간을 가짐. 나라마다 헌법을 제정하고 기록하는 방법의 차이가 있음을 확인하고, 장단점을 기록함. 국가가 해야 할 일과, 헌법에 어떤 내용이 담겨야 하는지 심도 깊게 생각하고 토론함.

6월 14일

이름이 법이 될 때

정혜진 | 동녘 | 2021

도서 분야	정치사회
관련 과목	정치와 법
관련 학과	법학과

✅ 책에서 제시된 사례 외에, 사람의 이름을 따서 만들어진 법이 있는지 조사해본다.

① **김영란법:** 국민권익위원회 위원장이었던 김영란 대법관이 공직사회 기강 확립을 발의한 법안이다. 부정청탁 및 금품 등 수수 금지에 관한 법률로 공직자를 비롯해 언론인 · 교직원 등 법안 대상자들이 직무 관련성이나 대가성에 상관없이 1회 100만 원(연간 300만 원)을 초과하는 금품을 수수하면 형사 처벌(3년 이하의 징역 또는 3,000만 원 이하의 벌금)을 받도록 규정했다.

② **윤창호법:** 2018년 9월 부산 해운대에서 만취 운전자가 몰던 차량에 치여 세상을 떠난 윤창호 씨의 사망 사건을 계기로 만들어진 법안이며, 특별범죄 가중처벌 등에 관한 법률 개정안 및 도로교통법 개정안을 말한다. 음주운전으로 사망사고를 낸 경우 3년 이상의 징역 또는 무기징역을 받고, 음주운전 2회 적발 시 징역 2년~5년 또는 벌금 1,000만 원~2,000만 원으로 처벌을 강화했다.

✅ 법에 사람 이름을 넣어 부르는 것의 장단점이 무엇인지 적어본다.

어려운 법 용어가 아닌 이름이 사용되다 보니 비교적 쉽게 떠올릴 수 있다. 그러나 동명의 사람에게는 자칫 불편함을 줄 수 있고, 정확한 법의 내용이 아닌 그 이름에 해당하는 한 사람과 연관을 지어 좁은 의미로 해석될 수 있다는 점을 조심해야 한다.

✅ 책에 제시된 7가지의 사례 중 가장 기억에 남는 것을 하나 고르고, 법이 제정되는 과정을 자신의 방법으로 나타내본다.

- 기억에 남는 사례: ____________________

- 법이 제정되는 과정: ____________________

✅ 위 내용을 비교과활동 특기사항이나 과세특에 활용한다.

• 정치와 법 교과 세특 예시 •

거론된 사례 외에 관련자의 이름이 법에 사용되는 다른 예를 조사해보고, 친구들과 각자 조사해 온 자료들을 공유함. 법이 제정되는 과정을 도식화하면서 법은 우리 생활과 멀리 떨어져 있는 것이 아니라 매우 밀접해 있다는 내용의 소감을 발표함. 사회의 어두운 면에 대해 많이 알게 되었고, 억울하게 죽는 사람들이 없는 나라를 만드는 데 힘써야겠다는 생각을 다지게 됨.

6월 15일

이상한 재판의 나라에서

정인진 | 교양인 | 2021

도서 분야	정치사회
관련 과목	정치와 법
관련 학과	법학과

판사, 검사, 변호사의 역할이 무엇인지 정리해본다.

직업	역할
판사	법정에서 검사와 변호사가 벌이는 논쟁에 따라 피고에게 판결을 내린다.
검사	사건에 대해 세밀하게 조사한 후 법에 입각, 옳고 그름을 따진다.
변호사	검사와는 반대편, 피고인과는 같은 편에 서서 피력을 돕는다.

책에 등장하는 법과 관련된 용어의 의미를 이해한다.

용어	의미
사법	어떤 문제에 법을 적용해 적법성과 위법성, 권리관계 따위를 확정하여 선언
쟁송	권리의 있고 없음 또는 행위의 효력 따위에 관한 분쟁
증거재판주의	재판에서 사실의 인정은 증거에 의해서만 이루어져야 한다는 원칙
법현실주의	명확한 체계를 갖춘 법학이라고는 보기 힘든 지적 운동 또는 지적 흐름
속심	원심 심리를 토대로 새로운 사실과 증거에 대한 심리를 보충해 원심의 당부를 판단하는 것
회피	법관 스스로 기피의 원인이 있다고 판단했을 때 자발적으로 직무의 집행을 피하는 것
배임수재	부정한 청탁을 받고 재물이나 재산상의 이익을 취득하는 행위
조세법률주의	법률 근거 없이 조세를 부과하고 징수할 수 없으며 국민은 납부를 강요받지 않는다는 원칙
죄형법정주의	범죄와 형벌이 미리 법률로 규정되어야 한다는 원칙
영장실질심사제도	판사가 구속영장을 발부하기에 앞서 피의자를 심문하여 구속 사유의 존부를 판단하는 제도

법과 관련된 일을 하면서 저자가 겪은 어려움에 대해 예상해본다.

판사와 변호사가 행하는 변호나 판결은 오직 진술과 증거에 바탕을 두어야 하므로 자신이 잘못된 판단을 내릴 수 있다는 부담과 불안이 늘 있을 것이다.

위 내용을 비교과활동 특기사항이나 과세특에 활용한다.

• 사회 교과 세특 예시 •

판사와 변호사의 고충을 면밀하게 알게 되었으며, 이 사람들이 정의로운 나라를 만드는 데 얼마나 중요한 역할을 하는지 새삼 깨닫는 계기가 되었음. 헌법이 현실 생활에 미치는 영향력을 보면서 사람을 우선시하는 법조인이 되고 싶다는 꿈을 키움. 법과 연관된 용어들이 낯설고 어렵게 느껴졌는데, 책을 읽으며 모르는 용어를 수집 · 정리하게 되었음.

6월 16일	THE GOAL 더 골	도서 분야	경제경영
	엘리 골드렛, 제프 콕스 | 동양북스 | 2019	관련 과목	경제
		관련 학과	경제학부

✅ TOC 이론이 무엇인지 살펴보고, 관련된 용어의 의미를 정리해본다.

TOC(Theory Of Constraints) 이론은 생산 스케줄링 소프트웨어 OPT(Optimized Production Technology)에서 출발한 경영과학의 체계적 이론이다. 이 이론은 생산 스케줄링 외 성과 측정을 위한 회계 이론과 정책분석과 수립을 위한 사고 프로세스(Thinking Process)를 포함한다.

용어	의미
매출액	상품의 매출 또는 서비스의 제공에 대한 수입금액
순이익	일정 기간에 벌어들인 모든 수익에서 순수하게 남은 이익
생산성	생산의 효율을 나타내는 지표로 노동생산성, 자본생산성 등이 있음

✅ 기업을 경영할 때 가장 중요한 것이 무엇인지 자신의 생각을 적어본다.

기업을 경영하는 데 있어 가장 중요한 것은 기업의 '비전'과 '목표 설정'이다. 기업의 비전은 기업의 방향성과 목표를 제시하는 중요한 역할을 하며, 이를 바탕으로 직원들이 공동의 목표에 동참할 수 있도록 해야 한다. 경영자의 리더십과 인재 관리, 건강한 조직문화 등도 빼놓을 수 없다.

✅ 이 책에서 가장 인상적인 부분을 찾고, 그 이유를 적어본다.

기업의 비전이 불투명하거나 일에 진척이 없을 때, 최고경영자들이 흔히 쓰는 수법이 조직의 재구성이죠. 아주 기발한 해결책 아닙니까? 재조직을 빙자한 회전목마 놀이!

▶경영진들의 문제해결 방식을 지적하는 단락이다. 여기서 말하는 '재구성'은 조직 구조의 변경과 인력의 재배치를 뜻하는데 이는 임시적인 변화만을 꾀할 뿐 기업의 근본적인 문제를 해결하지는 못한다. 현명하고 지혜로운 경영진이 기업의 발전에 얼마나 큰 기여를 하는지 알 수 있는 대목이다.

✅ 위 내용을 비교과활동 특기사항이나 과세특에 활용한다.

• 사회 교과 세특 예시 •

기업을 운영하는 입장에서 어떤 것을 중요시해야 하는지 생각해볼 수 있는 계기가 됨. 경영과 관련된 책들은 용어와 이론이 어려워 접하기 쉽지 않았는데 소설 형식의 전개가 전체적인 맥락을 짚어내는 데 도움을 줌. 또한 TOC를 내 삶에 반영하고 설명해 친구들로부터 긍정적인 피드백을 받았으며 기업을 경영할 때는 뚜렷한 비전과 목표가 중요하다는 생각을 함. 이 책의 인상적인 부분을 찾아 친구들과 공유, 기업 경영에 대한 심도 깊은 대화를 나눔.

6월 17일	슈독	도서 분야	경제경영
	필 나이트 | 사회평론 | 2016	관련 과목	경제
		관련 학과	경제학부

✔ 책의 제목인 《슈독》의 의미를 찾아보고, 이를 통해 드러나는 필 나이트의 철학에 대해 생각해본다.

'슈독(shoe dog)'은 '신발 연구에 미친 사람'이란 뜻을 가진 은어다. 가진 거라고는 열정과 끈기밖에 없었던 필 나이트는 특별한 삶을 살고 싶다는 생각으로 신발을 연구하기 시작했고, 어떤 분야든 성공하기 위해서는 자신과 다른 사람들이 인정할 정도로 그것에 미쳐있을 정도여야 한다.

✔ 인상적이었던 것을 적고, 그 이유에 대해 생각해본다.

육상 선수 시절 운동화에 관심이 생겨 자신의 사업을 하겠노라 마음먹은 필 나이트. 배낭여행 중 일본 운동화 회사 '오니쓰카'를 찾아가 미국 판매권을 달라고 설득한다. 미국 서부지역 독점판매권을 얻은 이듬해, 부모님의 집 지하실에서 사업을 시작한다. 창업 후 6년간 수익이 거의 없었을 만큼의 어려움을 겪었고, 이에 오니쓰카가 신발 공급을 중단하자 자체 브랜드 '나이키'를 론칭했다.

● 인상적인 이유

① 관심 분야를 사업과 잘 연계했다.
② 재정상 어려움이 있었지만 포기하지 않고 밀어붙였다.
③ 실패를 오히려 기회로 삼아 자신만의 브랜드를 론칭했다.
④ 성공의 법칙과 그에 따른 삶의 태도를 배울 수 있었다.

✔ 자신이 사업을 한다고 가정했을 때, 무엇을 판매하고 싶은지 고민해본다.

평소 환경에 관심이 많아 일회용품 사용을 줄이려 한다. 별생각 없이 사용하는 일회용품은 종이컵, 기저귀, 생리대, 나무젓가락 등이 있는데, 몇몇 일회용 생리대가 몸에 좋지 않다는 기사를 접하고는 면 생리대에 관심을 두게 되었다. 면 생리대는 비교적 관리가 불편해 그 부분에 대한 대책을 마련, 많은 이들에게 공급하고 싶다.

✔ 위 내용을 비교과활동 특기사항이나 과세특에 활용한다.

• 사회 교과 세특 예시 •

'슈독'의 의미가 '신발 연구에 미친 사람'이라는 것에서 알 수 있듯 한 분야에서 성공하기 위해서는 그것에 완전히 몰입해야 한다는 것을 알게 됨. 나이키를 지금의 위치에 올려놓기까지 무수한 좌절과 실패가 있었지만, 그것에 굴하지 않고 자신이 이루고자 하는 목표를 향해 나아간 삶의 '자세'에 크게 감명을 받음. 사업 얘기를 친구들과 주고받으며 나의 관심 분야인 '환경'과 그와 관련된 제품 개발에 대한 포부를 밝힘.

6월
18일

챗GPT 거대한 전환

김수민, 백선환 | 알에이치코리아 | 2023

도서 분야	경제경영
관련 과목	기술가정, 사회
관련 학과	경영학과, 사회학과, 경제학과, 행정학과

✅ 챗GPT를 비롯한 생성형 AI의 활용도를 자신의 관심 진로와 관련하여 탐구해 보자.

생성형 AI 응용 서비스가 시장에서 어떤 모습으로 출시되어 있는지, 산업 현장에서 어떻게 활용되는지 실제 사례를 통해 알아보고 관심 분야의 생성형 AI가 어떻게 응용되는지 탐구 · 발표해보자. 가령, 교육에 관심 있는 학생은 생성형 AI가 교육의 보조 수단으로써 어떻게 활용되는가를 탐색할 수 있으며 실제 활용되고 있는 음성 인식 기반 학습 서비스를 소개, 이것이 영어 수업에 어떻게 활용되는지 탐구해볼 수 있다.

✅ 생성형 AI의 다양한 문제를 살펴보고, 이를 극복하기 위한 방안을 탐색해보자.

생성형 AI는 인종, 성별 또는 성적 취향에 대한 편견과 불쾌감을 주는 답변을 생성할 수 있다. 이것은 인공지능이 인간이 만든 데이터를 기반으로 학습하기 때문인데, 실제로 많은 데이터 세트에는 성별 및 인종에 대한 편견이 만연해 있다. 무엇보다 개인정보 유출과 프라이버시를 침해하는 응답을 생성할 가능성이 있다. 저작권과 관련한 지적 재산권 문제는 여전히 논쟁의 여지가 많다.

✅ 학교에서 수행하는 다양한 활동에 챗GPT를 사용해보고 그 후기를 소개해보자.

챗GPT의 질의응답, 언어 번역, 텍스트 생성, 분류 및 요약, 코딩 생성 및 리뷰 등 다양한 기능을 활용하여 자신이 수행하는 활동에 직접 적용시켜보자. 더불어 작업을 통해 얻어 낸 결과물을 소개하며 느낀 점과 보완할 점을 찾아 발표해보자.

✅ 위 내용을 비교과활동 특기사항이나 과세특에 활용한다.

• 진로활동 특기사항 예시 •

미래 산업의 발전과 직업의 변화를 주제로 진로 탐구 및 발표 활동에 참여함. 평소 IT기술과 교육 분야에 관심이 많아 생성형 AI 응용 서비스가 어떻게 다양한 산업 현장에 적용되는지 깊이 이해하게 됨. 음성 인식 기반 학습 서비스를 활용하여 영어 수업에서 회화 연습을 자유롭게 할 수 있고 개별화된 학습 계획에 따라 다양한 콘텐츠를 생성하여 제공할 수 있는 장점을 소개함.

• 통합사회 교과 세특 예시 •

문화의 다양성과 문화 상대주의를 학습하면서 다른 나라의 문화를 존중하는 태도의 중요성을 깊이 깨닫는 모습을 보임. 4차 산업혁명 이후 첨단기술의 발전과 문화 이해를 주제로 문화 다양성을 탐구하는 계획을 세움. 인종, 성별, 문화적 차이를 극복하는 인식의 변화와 기술 개발의 필요성을 강조하고 극복 방안을 제시하는 활동 결과를 발표하여 좋은 평가를 받음.

6월 19일

이것은 작은 브랜드를 위한 책

이근상 | 몽스북 | 2021

도서 분야	경제경영
관련 과목	경제
관련 학과	경제학과, 경영학과, 미디어학과

✅ 작은 브랜드의 성장 방식을 소개하는 탐구 활동을 진행한다.

책에서 소개된 많은 브랜드 중 관심 있는 브랜드를 선정하고 그 기업의 제품, 마케팅 전략, 경영철학, 조직의 특성 등을 조사하여 관련 자료와 함께 성장 방식을 발표해보자.

- **타라북스의 예:** 남인도의 첸나이에서 어린이 도서 전문 독립 출판사로 시작한 작은 회사다. 세상에서 가장 아름다운 책을 만들기 위한 노력으로 '작고 느리게'를 실천하며 책을 만드는 사람들과의 관계를 소중히 여긴다. 책을 주문하고 받아보는 데 평균 9개월이 걸리는데, 폐직물이나 헌옷을 가공해 종이를 만들고 그 위에 실크스크린으로 인쇄한 후 손으로 직접 꿰매기에 그렇다.

✅ 사회구조의 변화에 따라 달라진 소비자들의 관점과 소비 트랜드를 탐색해보자.

달라진 소비 형태, 브랜드를 바라보는 관점 등을 시대상과 사회구조를 통해 분석해보자.

- 우리나라의 경제 성장 속도는 점차 둔화하고, 특히 코로나19 이후 소비 트렌드에 많은 변화가 생겼다. 달라진 소비 트렌드를 분야별(쇼핑, 여행, 문화생활, 생활체육 패턴 변화 등)로 분석해보자.
- 변화된 시대 흐름과 함께 '나'에서 '우리'라는 관점으로, '성장 지향성'에서 '지속 가능성'으로 소비자의 관점이 변하고 있다. 이에 따라 적응하고 성장하는 브랜드의 사례를 찾아 소개해보자.

✅ 작은 브랜드를 위한 전략을 자신과 학급의 가치를 높이는 것에 적용해보자.

- 작은 브랜드 성공 방식인 '깊이 있는 성장'으로 자신을 변화시킬 방법과 실천 방안을 발표해보자.
- 우리 반의 특성을 분석하고 학급의 성장을 위해 브랜드 성장 전략을 적용해보자.
- 교내 행사 및 활동에서 브랜드 성장 전략을 활용할 수 있는 방안을 탐색해보자.

✅ 위 내용을 비교과활동 특기사항이나 과세특에 활용한다.

• 경제 교과 세특 예시 •

기업의 이윤 추구와 기업가 정신에 대한 수업 내용을 듣고 성공적인 기업의 운영 방식을 고민해 보는 계기가 됨. 더 이상 예전과 같은 큰 브랜드와 기업의 성장 방식으로는 성공하기 어렵다는 점을 깨닫고 작은 브랜드의 성공 방식을 탐구함. 남인도의 어린이 도서 전문 출판사 '타라북스'의 예시를 통해 '작고 느리게'를 실천하며 공동체 정신을 바탕으로 성장하는 기업을 조사해 발표함.

6월 20일	스틱!	도서 분야	경제경영
	칩 히스, 댄 히스	웅진지식하우스	2022	관련 과목	경제
		관련 학과	경제학과, 경영학과, 사회학과

SUCCESs 체크리스트 원칙을 설명하는 각 사례를 한 가지씩 소개해보자.

원칙 1. 단순성	'가장 저렴한 항공사' 사우스웨스트 항공사의 핵심과 간결함이 담긴 메시지 사례
원칙 2. 의외성	노드스크롬 백화점의 철학이 담긴 신입사원이 경악할 만한 고객서비스 사례
원칙 3. 구체성	2,500년 동안 살아남은 이솝우화에 담긴 교훈 사례
원칙 4. 신뢰성	NBA 선수들을 위한 에이즈 교육에서 선수들이 속아 넘어간 '검증 가능한 신용' 사례
원칙 5. 감성	'나는 병사들의 사기를 책임지고 있다'라는 태도를 가진 페가수스 군사 식당의 사례
원칙 6. 스토리	매일 서브웨이 샌드위치를 먹고 100kg 이상을 뺀 다이어트 광고 캠페인 사례

스티커 메시지를 활용한 프레젠테이션 기법을 발표 과정에 적용해보자.

1. 스토리와 예제가 핵심이다.	이 다섯 가지의 법칙을 책을 통해 자세히 연구한 뒤 발표 과제 수행에 적용하여 프레젠테이션을 해보자. 다른 친구들의 프레젠테이션을 듣고 이 법칙에 따라 평가하고 피드백한다.
2. 뜸들이지 마라.	
3. 요점을 강조하라.	
4. 감질나게 건드려라.	
5. 현실적으로 만들어라.	

교과 수업 또는 교내 행사에서 전달할 스티커 아이디어를 창출해보자.

- 토론 활동 또는 모둠 활동을 통한 신문, 포스터, 광고 제작 시 SUCCESs 원칙을 이용한다.
- 교내 행사(축제, 체육대회, 합창제 등) 홍보 활동에 참여해 스티커 아이디어를 제시해본다.

위 내용을 비교과활동 특기사항이나 과세특에 활용한다.

• 자율활동 특기사항 예시 •

문화 상대주의와 보편 윤리적 성찰을 학습하면서 세계의 다양한 문화 이해에 대한 모둠 활동을 진행하고 이를 홍보하는 신문을 제작함. 구체적이고 효과적인 메시지 전달을 위해 다양한 나라의 문화가 담긴 흥미로운 이야기를 기사문으로 씀. 발표 과정에서 예상하지 못한 의외의 문화적 뉴스를 소개하여 청중의 이목을 집중시키고 단순하고 확실한 메시지를 전달하기 위해 노력함. 신문을 제작하며 문화 상대주의를 확실히 이해했으며, 마케팅 분야에 대한 진로 탐색을 병행함.

6월 21일	로지컬 씽킹	도서 분야	경제경영
	데루야 하나코, 오카다 게이코 | 비즈니스북스 | 2019	관련 과목	사회
		관련 학과	사회학과, 행정학과, 경제학과, 경영학과

✅ 로지컬 커뮤니케이션의 기술을 정리해 사례와 함께 소개해보자.

로지컬 커뮤니케이션에서 사용되는 기술은 대표적으로 'MECE'와 'So What?/Why So?'가 있다. 이 두 가지 기술을 제시된 사례와 함께 정리하여 소개해본다.

MECE	사항이나 개념을 중복하지 않으면서 전체적으로 누락 없는 부분 집합으로 인식하는 것
그룹핑	수집한 정보와 상대에게 전달하고 싶은 내용을 꺼내놓고 MECE적 근거, MECE적 방법이 될 만한 기준을 찾아낸 뒤 그룹을 분류해 전체 구조를 알아보기 쉽게 정리하는 방법
So What?	전달자가 갖고 있는 전체 자료 또는 그룹핑한 자료 중 과제에 비추어 말할 수 있는 내용의 핵심을 추출하는 작업
Why So?	'So What?'한 요소의 타당성을 전체 자료 혹은 그룹핑한 요소로 증명할 수 있다는 사실을 검증하는 작업

✅ 교내 행사를 위한 기획이나 과제를 수행할 때 본문의 전략을 활용해보자.

- 학생회 임원이 되어 교내 행사의 세부 종목에 대한 기획 의견서를 작성한다고 가정하고 이러한 상황에서 본문의 전략을 적용, 논리적인 기획서를 직접 작성해본다.
- 수업 시간에 다룬 사회문제에 대한 설문 조사를 하고, 답변자료를 그룹핑해본다. 중복, 누락, 혼재를 방지하는 MECE 전략으로 사용자가 이해하기 쉬운 구성 방법을 찾아 제시해본다.

✅ 과제를 수행하며 검색한 학술 자료, 보고서가 논리성을 갖추고 있는지 분석해보자.

로지컬 케뮤니케이션 기술을 통해 다양한 학술 자료를 직접 검색하고 읽어보며, 전달하고자 하는 메시지가 논리적으로 잘 구성되어 있는지 분석해본다. 필요하다면 스스로 재구성하는 것도 가능하다.

✅ 위 내용을 비교과활동 특기사항이나 과세특에 활용한다.

• 통합사회 교과 세특 예시 •

다문화 사회의 갈등을 해결하는 바람직한 방법을 제시하는 과제 활동에 참여함. 논술 보고서를 작성하면서 논리적인 전달력을 갖추기 위한 방법을 모색함. 주요 개념의 중복, 누락, 혼재를 없애는 기술의 중요성을 인지하는 태도를 보임. 다문화 사회문제 해결을 위한 사회 통합 방안을 문화 공존의 개념으로 작성해 보고서로 제출함.

6월 22일	새로 쓴 원숭이도 이해하는 자본론	도서 분야	경제경영
	임승수 | 시대의 창 | 2016	관련 과목	경제
		관련 학과	경제학과, 경영학과, 사회교육과

✔ 자본주의에 대한 핵심 질문을 탐구해 소개해보자.

ⓐ 사회적으로 필요한 노동시간의 의미는 무엇인가?

ⓑ 생산과정에서 발생하는 이윤은 어디에서 나오는 것인가?

ⓒ 노동시간 단축이 갖는 사회적 의미는 무엇인가?

ⓓ 임금은 그대로인 상태로 노동시간을 연장하면 왜 이윤율이 상승할까?

ⓔ 빈부 격차는 왜 꾸준히 증가할까?

ⓕ 노동자와 자본가의 이익은 왜 서로 충돌할 수밖에 없는가?

ⓖ 자본주의가 민주주의와 양립하기 어려운 이유는 무엇일까?

✔ 사회에 팽배해 있는 물신주의를 《자본론》의 관점에서 설명해보자.

자본주의 사회구조에서는 이기심을 바탕으로 경쟁하고, 노동자는 부당한 대우와 모욕을 견뎌야 한다. 이런 일을 먼저 겪은 부모는 자식에게 돈 잘 버는 의사, 변호사 같은 전문직 종사자가 되기를 권유한다. 자본주의 사회는 '돈'이 최고인 사회이기 때문에 '돈'만 있으면 '무엇'이든 할 수 있다. '타인의 노동'을 단순히 화폐 수치로 전락시켜 모든 것이 상품으로 거래되는 사회에서는 돈이 전지전능한 신의 지위를 차지하게 되는 것이다.

✔ 우리 사회가 안고 있는 문제의 해결 방안을 다방면으로 찾아 제시해보자.

마르크스 《자본론》에서 제시하는 자본주의의 폐해 극복 대안을 탐구하여 발표해보자. 자본주의 문제를 바라보는 다양한 관점을 알고, 《자본론》의 관점 외 다른 시각에서는 이것을 어떻게 해석하고 어떤 해결책을 제시하는지 찾아 발표해본다.

✔ 위 내용을 비교과활동 특기사항이나 과세특에 활용한다.

• 동아리활동 특기사항 예시 •

동아리 기장으로서 강한 추진력으로 매 활동 시 부원들을 이끌어 나감. 뉴스에 등장하는 사회문제에 관심을 갖고 주요 사건을 중심으로 토론 및 탐구 활동을 계획함. 회사의 노조와 운영진 간의 갈등 원인과 해결책을 주제로 토론 활동을 준비하며 경제학의 주요 이론과 정부의 정책을 탐색함. 자본주의 사회의 특성을 이해하고 이를 근거로 갈등의 원인을 제시함. 다른 발표자의 의견을 경청하며 다양한 관점을 수용하는 모습을 보임.

6월 23일

자본주의

정지은, 고희정 | 가나출판사 | 2013

도서 분야	경제경영
관련 과목	경제
관련 학과	금융경제학과, 경영학과, 경제학과

오늘날 금융자본주의 사회에서 사람들이 겪는 경제적 어려움의 원인을 분석해보자.

물가가 지속적으로 오르는 현상, '인플레이션'이 발생하는 이유를 은행의 역할과 관련지어 설명해본다. 은행이 처음 생겨난 '역사적 사건'을 소개하면서 은행의 역할이 자본주의 발생과 어떠한 연관이 있는지 분석하여 발표한다. 자본주의 사회에서 사람들이 대출에 쉽게 노출되는 이유와 은행과 투자 기관의 다양한 금융상품이 가지고 있는 위험성을 분석, 금융지능의 필요성을 발표한다. 금융 위기가 발생한 국내외 역사적인 사건을 조사해 그 원인과 특징을 탐구해본다.

과소비와 소비중독의 원인을 찾아보고, 소비 마케팅 전략을 탐색해보자.

설문 조사를 통해 학생들의 소비 습관을 직접 확인해보고 소비 심리를 분석해보자. 가령 불필요한 물건을 사게 되었을 때의 심리적 상태, 또래 집단에서 소외될 수 있다는 불안감이 소비에 미치는 영향, 어린 시절 마케팅에 노출된 기억, 남성과 여성의 차이점 등을 분석해 발표하는 것이다. 더불어 자본주의의 소비 마케팅 전략, 즉 마트에서 CCTV를 통해 소비자의 쇼핑 모습을 관찰한다든지 아이들을 통해 부모의 소비 전략을 세우는 등 다양한 전략을 탐색해볼 수 있다.

책에서 소개된 역사적인 경제 사상가들의 아이디어와 경제 이론을 소개해보자.

아담 스미스, 칼 마르크스, 케인스와 하이에크를 조사하고 이들이 주장한 경제 이론을 소개해본다. 성장 배경을 비롯해 사상에 영향을 미친 주변 인물을 함께 조사한 후 그 주장에 담긴 의미를 분석, 오늘날 자본주의가 지닌 문제들을 해결하는 단서로 제시해보자.

위 내용을 비교과활동 특기사항이나 과세특에 활용한다.

• 통합사회 교과 세특 예시 •

금융경제학과에 관심이 많고 평소 마케팅 분야와 관련한 최신 자료를 찾아보며 친구들과 공유함. 진로와 관련한 탐구 활동으로 학생들의 소비 습관과 실태를 주제로 정해 조사함. 책을 참고하여 학급 친구들의 소비 습관을 조사하는 설문지를 직접 제작하고 설문 조사를 실시함. 필요한 물건과 그렇지 않은 물건을 구분하고, 구매 이유를 다양한 질문지로 구성하여 소비 습관을 파악함. 소비 습관에 미치는 영향을 소비 마케팅 전략과 관련짓고 우리 사회의 소비자본주의와 연결하여 분석하는 태도가 인상적임.

6월 24일

나쁜 사마리아인들

장하준 | 부키 | 2023

도서 분야	경제경영
관련 과목	경제
관련 학과	경제학과, 무역학과, 국제관계학과

✅ 신자유주의 정책과 보호무역주의 정책을 비교하고 토론 활동을 진행해보자.

- 신자유주의에서 내세우는 주요 정책과 보호무역주의 정책의 특징을 자세히 정리해보자. 무역과 보호 관세 정책, 외국인 투자, 정부의 역할 등의 차이점을 토론에 앞서 사전 조사한다. 각 정책이 어떠한 효과를 가져왔는지 실제 세계 여러 나라의 경제적 성과를 찾아보고 이를 근거로 토론 활동에 임한다.
- 토론 활동을 진행하며 자신의 역할, 토론의 규칙, 올바른 토론 문화를 숙지하고 토론 이후 토론자들의 의견을 반영하여 어떤 정책이 더 효과적인지 결론을 도출해보자.

✅ 근현대사를 통해 무역 정책과 관세 제도의 변화 과정을 탐구해보자.

1, 2장을 통해 저자는 역사적으로 선진국과 개발도상국이 어떠한 경제 정책을 선택했고 그 성과가 어떻게 나타났는지 구체적으로 알려준다. 식민주의와 불평등 조약이 세계화를 촉진하는 데 결정적인 역할을 했다는 점, 오늘날 부자 나라들이 취했던 보호무역주의의 역사가 과소 평가되어 신자유주의의 정통적 견해에 부합되도록 다시 쓰이고 있는 점 등의 의미를 해석한 후 관련 내용을 찾아 소개해보자.

✅ 우리나라 경제 발전 과정을 돌아보고, 국가 경쟁력을 높이기 위해 해야 할 일을 탐구해보자.

우리나라의 근현대사를 통해 경제 성장 과정을 탐구해보자. 1960년대부터 2000년대 초반까지 주요 산업의 발달과 경제 정책의 변화를 살펴보고 그 성과를 조사해 발표해보자. 더불어 현재의 시대적 흐름과 세계 경제를 비교해보며 국가 경쟁력을 갖추기 위해 무엇을 할 수 있을지 탐색해보자.

✅ 위 내용을 비교과활동 특기사항이나 과세특에 활용한다.

• 경제 교과 세특 예시 •

정치 외교학과 경제학 분야에 관심이 많은 학생으로 평소 정치나 경제 관련 뉴스를 자주 시청하며 모르는 내용이 있으면 직접 찾아 공부할 정도로 열정이 뛰어남. 경기 변동과 경제 안정화 방안을 학습하면서 정부의 재정 정책 효과를 역사적으로 분석하고 탐구함. 자료를 조사하며 읽게 된 '나쁜 사마리아인들'을 통해 신자유주의 정책과 보호무역주의 정책에 대한 새로운 시각을 견지하게 되었다는 소감을 밝힘. '경제 발전을 위한 정부의 역할'을 주제로 참여하게 된 토론 활동에서 국가의 적극적인 보호무역주의와 관세 정책이 필요하다는 의견을 제시하고 자신의 타당성을 높이는 태도를 보임.

6월 25일

1달러의 세계 경제 여행

다르시니 데이비드 | 센시오 | 2020

도서 분야	경제경영
관련 과목	경제
관련 학과	경제학과, 경영학과, 국제통상학과

✔ 책을 통해 우리 주변의 소비 활동이 세계 경제 흐름과 어떻게 연결될 수 있는지 탐구해보자.

교역을 통해 달러가 미국, 중국, 나이지리아, 인도, 이라크, 러시아, 독일, 영국을 거치는 동안 각 나라의 산업 활동과 경제적 흐름을 이해할 수 있다. 우리나라 학생들이 학용품이나 생필품을 사는 데 사용된 돈이 어디로 흘러가고 이것이 여러 나라의 경제 활동, 통화가치, 주요 산업구조와 어떻게 연결되는지 추적해보자. 더불어 우리나라와 이웃나라의 경제적 이해관계를 탐색해보고 돈의 흐름을 탐구하여 발표해보자.

✔ 인도의 사례를 통해 산업구조의 특징에 대한 다양한 요소를 분석해보자.

인도는 세계에서 가장 많은 인구를 지닌 나라이면서 기획과 정책의 오랜 부재 탓에 기형적 형태의 산업구조가 자리 잡게 되었다. 인구의 절반이 농업에 종사하며 그마저도 생산성과 채산성이 좋지 못하다. 그러나 인도 경제의 약 8%를 차지하는 IT와 같은 첨단 기술 산업은 전 세계적으로 인정받고 있다. 인도의 농업 생산성과 채산성이 좋지 못한 이유는 지리적, 정치적, 사회 구조적 문제 등과 관련이 있다. 인도의 경제를 주제로 세계사, 정치와 법, 사회와 문화, 세계 지리 등 다양한 탐구 활동을 진행하고 이를 발표해보자.

✔ 달러를 중심으로 한 세계 경제의 다양한 이슈와 문제들을 탐구하여 소개해보자.

- '외국인 직접투자, FDI'의 '표면적으로 드러나지 않은 의도'는 무엇일까?
- 국제축구연맹(FIFA) 스캔들, 브라질 건설회사 오데브레시 뇌물 사건 등에 미국이 나선 이유는?
- 유로화 도입 이후 유럽의 여러 나라에서는 왜 서로 다른 경제적 효과가 나타나게 되었을까?

✔ 위 내용을 비교과활동 특기사항이나 과세특에 활용한다.

• 경제 교과 세특 예시 •

경제학 연구원과 무역 관련업에 관심을 가지고 평소 세계 경제와 관련된 뉴스를 찾아보며 토론하는 모습이 관찰됨. '1달러의 세계 경제 여행'을 읽고 달러를 통한 전 세계의 경제 관계를 이해하고, 우리나라와 다른 나라의 교역과 경제적 흐름을 확인하는 활동을 진행함. 주변에서 쉽게 구할 수 있는 학용품의 제조국을 확인한 후 중국, 베트남을 중심으로 각 나라의 주요 산업과 정치 관계를 조사하고 다른 나라와의 교역 관계를 이어서 탐구하는 태도를 보임. 무역의 원리를 잘 이해하고 무역 정책의 경제적 효과를 자신이 조사한 자료에 근거해 논리적으로 발표함.

6월 26일	브라질에 비가 내리면 스타벅스 주식을 사라 피터 나바로 | 에프엔미디어 | 2022	도서 분야	경제경영
		관련 과목	경제
		관련 학과	경제학과, 경영학과, 금융경제학과

✅ 거시경제적 사건이 증시에 미치는 영향과 그 예를 찾아 소개해보자.

- 거시적 파동 논리는 시장과의 관계를 다룬다. 다음의 예를 살펴보자. 인플레이션이 증가하면 금리가 올라간다. 금리가 오르면 외국의 투자를 끌어들여 달러 가치가 상승한다. 달러 강세가 이어지면 무역 적자가 늘어난다. 그렇게 되면 수출 의존 업종은 수출량이 떨어지면서 이윤이 감소해 관련 주식 가격이 떨어지고, 수입 관련 업종의 주식 가격은 상승한다.
- 거시경제 정책을 통해 경기 순환의 폭이 대폭 줄어드는 현상을 과거의 사례에서 확인할 수 있고, 이것으로 거시경제가 증시에 미치는 영향을 예측해볼 수 있다. 제2차 세계대전을 비롯한 크고 작은 전쟁 이후, 석유 파동, 대공황 등 역사적 사건을 중심으로 관련 사례를 찾아 탐구해보자.

✅ 거시경제 학파를 참고하여 각 학파의 사상적 차이를 탐구해보자.

- 거시경제 학파에는 고전주의 경제학, 케인스주의, 통화주의, 공급측 경제학, 신고전주의 경제학이 있다. 각 학파의 역사를 살펴보면 고전주의 경제학을 시작으로 대공황을 거쳐 케인스주의로 넘어간다. 1970년대에는 통화주의가 주도하다가 1980년대에 공급측 경제학이 등장하면서 금세 사라지고 만다. 1990년대에 신고전주의 경제학자들이 단기간 지배하다가 2000년대는 절충적인 케인스주의 경제 정책으로 돌아가는 형태라고 볼 수 있다.
- 각 학파의 주요 사상을 알아보고, 그와 관련된 역사적 사건들을 소개해보자. 그리고 거시경제학의 각 학파를 이해하는 것이 경제적 대응 차원에서 어떤 의미가 있는지 밝혀보자.

✅ '탑다운(top-down)' 분석 기법과 '바텀업(bottom-up)' 전략의 차이를 설명해보자.

탑다운 분석은 거시경제, 기후 여건 등 다양한 환경을 분석하는 데서 시작해 어떤 산업이 혜택을 받는지, 어떤 기업에 투자하는 것이 유망한지 분석하는 과정을 거친다. 반면 바텀업 전략은 기업 분석을 통해 산업과 경기에 대한 판단으로 나아가며, 이 책에서는 탑다운 방식인 매크로 투자 분석을 다루고 있다.

✅ 위 내용을 비교과활동 특기사항이나 과세특에 활용한다.

• 진로활동 특기사항 예시 •

금융자산운용가를 희망하며 관련 진로 탐색을 하던 중 '브라질에 비가 내리면 스타벅스 주식을 사라'를 읽고 거시경제와 시장의 관계에 대해 깊이 이해했음을 밝힘. 진로 관련 소개 활동으로 거시경제와 같은 거시적 파동이 증시에 미치는 영향과 사건 탐구를 주제로 한 활동지를 제작함. 학생들이 이해하기 쉽게 거시경제의 흐름을 일목요연하게 정리해 발표했고 경제적 배경 지식을 공유하는 데 기여함.

6월 27일

보도 섀퍼의 돈

보도 섀퍼 | 에포케 | 2011

도서 분야	경제경영
관련 과목	경제
관련 학과	경제학과, 세무학과, 금융경제학과

✅ 계획을 실천에 옮기는 방법과 기적을 일으키는 행동전략을 탐구하여 발표해 보자.

- 경제적 성공으로 나아가는 사람들은 기본적으로 꿈, 목표, 가치, 전략, 이 네 가지를 서로 잘 조화시킨다는 것을 알 수 있다. 책에서 설명하는 네 가지 행동 양식이 각각 무엇인지 살펴보고, 이것을 학생들이 원하는 일에 어떻게 적용할 수 있는지 탐구해보자.
- 책에서는 기적을 불러일으키기 위해 꼭 해야 하는 것 네 가지를 소개하는데, 이것을 끊임없는 배움과 성장을 위한 '4종 경기'라고 표현한다. 책 읽기, 자기만의 성공일지 쓰기, 세미나 참석하기, 모범 찾기 전략 중 현재 자신이 실천하고 있는 것을 소개하고, 앞으로 목표 달성을 위해 어떻게 실천할 것인지 계획해보자.

✅ 신념의 발생과 변화 가능성, 신념을 바꾸기 위한 자세를 탐구하고 직접 실천 해보자.

책을 읽는 학생들은 '돈'의 개념을 '공부'라는 개념으로 바꾸어 학업에 대한 기존의 신념을 확인, 체크리스트를 작성한 후 부정적인 신념을 긍정적인 신념으로 바꾸어보자. 목표(경제적)에 도달하기 위한 세 가지 신념을 참고해 현재 자신이 도전하는 과제에 이를 대입한 후 느낀 점을 발표해보자.

✅ 저축에 대한 인식과 의미를 탐색한 후, 복리를 통한 자본 증식 과정을 소개해 보자.

저축에 대한 사람들의 인식을 알아보고 본문에서 소개하는 저축을 통한 부의 축적 과정을 탐구, 저축에 대한 부정적인 신념과 태도를 어떻게 바꿀 수 있는지 소개해보자. 복리를 통한 자본증식 과정을 시간, 이자율, 투자액, 이 세 가지 요소를 이용하여 명료하게 설명해보자.

✅ 위 내용을 비교과활동 특기사항이나 과세특에 활용한다.

• 경제 교과 세특 예시 •

기회비용과 합리적 선택의 과정을 학습하면서 비용과 편익의 의미를 정확히 이해하고 이들의 관계에 따라 나타나는 합리적 선택의 한계를 설명할 줄 앎. 합리적인 소비와 경제적인 성공을 탐구하기 위해 관련 서적을 탐독하던 중 '보도 섀퍼의 돈'을 읽었고, 경제적 신념의 중요성과 구체적인 행동 지침을 깨우치는 태도를 갖춤. 자신이 가지고 있는 경제적 신념을 본문의 체크리스트를 통해 확인해보고 부정적인 신념을 긍정적인 신념으로 바꾸는 노력의 과정을 탐구활동 내용으로 발표함. 경제적 목표를 학업에 대한 목표 의식으로 바꾸어 실천하는 방안을 소개해 학급 친구들의 긍정적인 반응을 이끌어냄.

6월 28일	부의 추월차선	도서 분야	경제경영
	엠제이 드마코 | 토트 | 2022	관련 과목	경제
		관련 학과	사회학과, 경제학과, 사회교육과

부의 추월차선을 통한 성공 사례를 찾아보고, 이들의 사고방식을 책의 내용과 비교해보자.

- 책에서 소개된 추월차선의 성공 사례와 같이 여러 매체에 소개되는 성공 사례를 찾아보자. 더불어 그들의 인터뷰 자료 등을 찾아 책에서 설명하는 성공 방식과 비교하여 정리해보자.
- 추월차선 여행자의 사고방식 및 특징을 정리해보자. 부채와 시간, 교육, 부의 전략, 책임감과 통제력 등 서행차선 여행자들의 삶과 무엇이 어떻게 다른지 설명해보자.

추월차선으로 분류되는 직업군을 탐색해보고, 각각의 진로 과정을 구체적으로 조사해보자.

임대 시스템	부동산은 대표적인 '임대 시스템'이며 장비나 차량, 로열티, 라이선스 등의 방식으로도 운용 가능하다. 자신의 재능을 살려 음악이나 사진, 다양한 기술 개발 등의 진로를 탐색해보고 이것을 나중에 임대 시스템으로 활용해 볼 수 있다.
소프트웨어, 컴퓨터 시스템	인터넷을 통한 웹사이트 개발, 소프트웨어나 어플리케이션 작업이 대표적이다. 관련 학과를 검색하여 구체적으로 커리큘럼을 알아볼 수 있고, 관련 자격증이나 기술을 탐색하여 미리 배울 수도 있다.
콘텐츠 시스템	콘텐츠 시스템은 정보를 활용하는 시스템이다. 작가가 되어 콘텐츠를 유통할 수 있고 최근에는 블로그, SNS, 전자책, 동영상 플랫폼 등의 활용으로 그 접근성 또한 뛰어나다. 이러한 기술은 진로와 직업군을 확장시키기에 충분하다.
유통 시스템	유통 시스템은 제품을 다수의 소비자에게 전달하기 위해 고안된 모든 구조 및 조직을 의미한다. 콘텐츠나 컴퓨터 시스템과 결합하여 유통 과정에 직접 참여할 수도 있고 프랜차이즈나 체인점을 운영할 수도 있다.

위 내용을 비교과활동 특기사항이나 과세특에 활용한다.

• 통합사회 교과 세특 예시 •

사회 계층의 양극화와 다양한 불평등 현상을 깊이 이해하고 공감하는 태도를 지님. 우리나라 소득의 불평등 문제를 학습하면서 이와 관련된 자료를 직접 탐색하고 직업 선택과 소득의 관계를 탐구하는 활동을 계획함. '부의 추월차선'을 읽고 고소득층이 선택하는 직업의 종류와 가치관을 이해하게 됨. 이를 바탕으로 최근 청소년들이 선호하는 동영상 크리에이터 직업의 특성을 탐구하고, 사회 계층의 양극화 문제를 해결할 수 있는 단서를 찾고자 노력함. 사회적 약자를 위한 제도적 개선 방안과 직업 훈련 제안 활동지를 작성한 후 수업 시간에 발표하여 친구들의 호응을 얻음.

6월 29일	부자의 그릇	도서 분야	경제경영
	이즈미 마사토 | 다산북스 | 2020	관련 과목	경제
		관련 학과	경제학과, 경영학과, 사회학과

✅ 인상 깊었던 등장인물의 대사를 소개하고 그 의미를 살펴보자.

"돈은 그 사람을 비추는 거울이야."

- 돈은 사람을 행복하게도 하지만 불행하게도 한다. 돈 자체에 색은 없지만, 사람들은 거기에 색을 입히려고 한다. '돈의 사용법'에 그 사람의 '인생관'이 나타날 수 있음을 알려준다.

"돈을 계속 소유할 수 있는 사람은 없어."

- 전 세계에서 돌고 도는 돈은 '지금'이라는 '순간'에만 그 사람의 수중에 존재한다. 소유할 수 없는 것을 소유하려 하면 무리가 따르기 마련인데 부자들은 그것을 알고 일정한 규칙에 따라 돈을 사용한다.

✅ '돈의 역사'는 '신용의 역사'와 같다. 이를 바탕으로 화폐가 발달해 온 과정을 탐색해보자.

- 선조들이 약속을 증명하는 '증거'로 사용한 물건에는 무엇이 있었는지, 왜 그것을 사용하게 되었는지 탐구해보자.
- 돈의 역사를 '신용의 역사'라고 표현한 이유를 생각해보고, 부자들이 신용의 힘을 어떻게 사용하고 있는지 탐구하여 발표해보자.
- 신용을 쌓기 위해 어떤 노력이 필요한지 실천 방안을 탐색하여 앞으로의 계획을 세워보자.

✅ 금융 지식과 돈에 대한 생각이 책을 통해 어떻게 바뀌었는지 발표해보자.

책에서 소개하는 돈의 속성과 신용의 관계, 저축과 투자, 부채와 금리에 대한 인식, 돈이 지닌 양면성 등을 정리해보며, 자신이 알고 있는 금융 지식과 돈의 본질에 대한 생각이 책을 읽고 나서 어떻게, 얼마나 변했는지 발표해보자.

✅ 위 내용을 비교과활동 특기사항이나 과세특에 활용한다.

• 경제 교과 세특 예시 •

사람들이 금융과 관련하여 다양한 문제를 겪는 이유를 탐구하던 중 '부자의 그릇'을 읽고 돈의 본질에 대해 깊이 생각해보게 되었다는 소감을 밝힘. 돈을 사용하는 방식에 따라 사람의 인생관이 어떻게 나타나는지, 돈을 계속 소유할 수 없는 본질적 의미를 설명함. 돈에 대한 생각의 변화 과정을 밝히며, 금융 지식을 함께 공유하고자 노력하는 자세를 보임.

6월 30일	생각의 비밀	도서 분야	경제경영
	김승호 | 황금사자 | 2015	관련 과목	경제
		관련 학과	경영학과, 사회학과, 경제학과

✅ 저자를 비롯한 성공한 사업가들의 특징을 탐구하고 공통점을 찾아 소개해보자.

책에서는 성공한 사업가들의 공통점을 8가지로 소개한다. 무엇보다 중요한 점은 '곁에서 도와주는 사람이 많은' 사람, '쓰러지기를 바라지 않는 사람이 많은' 사람, '사람들의 마음을 가장 많이 가진' 사람이 가장 강한 사람이라는 점이다. 저자가 말하는 성공한 사업가들의 8가지 공통점을 분석해보고, 성공한 사람들의 자서전을 찾아 읽어보며 이와 유사한 점이 있다면 소개해보자.

✅ 생각이 지닌 힘과 그 힘이 가져오는 결과에 대해 탐구해보자.

- 저자는 성공의 주요 원칙을 소개하면서 '생각하는 것'에 대해 다음과 같이 말한다. "나라는 존재는 그동안 내가 생각해온 것들의 결과물이다. 생각을 바꾸면 내가 바뀌고 미래도 바뀐다. 남들과 비슷하게라도 살려면 남들과 다르게 생각하거나 남들과 다르게 행동해야 한다. 남들보다 훨씬 더 뛰어나고 싶다면 이미 세상에서 누군가에 의해 형식화된 모든 것에 의문하는 버릇을 가져야 한다."
- 생각의 변화가 행동의 변화로 이어지는 원리를 찾아 탐구하고 발표해보자.

✅ 책에서 말하는 '자기결정권'과 '자기결정권 확보'의 의미를 탐구해보자.

인간의 행복은 자기 스스로 결정할 것이 얼마나 많은가에 따라 결정되며, 우리가 돈을 벌려는 이유도 사실 자기결정권의 확보를 위한 것이라고 저자는 말한다. 자기결정권의 의미를 파악해보고 그동안 자신이 얼마큼의 자기결정권을 확보해 왔는지, 혹은 어떤 요소가 그것을 방해했는지 확인해본다. 더불어 '주체적인 삶'을 주제로 스스로를 돌아보는 글을 써보자.

✅ 위 내용을 비교과활동 특기사항이나 과세특에 활용한다.

• 진로활동 특기사항 예시 •

평소 경영학과 경제학에 관심이 많고, 기업 운영에 대한 자신의 꿈을 주변에 이야기하고 다니는 등 긍정적인 태도가 돋보이는 학생임. 진로 계획 세우기 및 소개 활동을 통해 요식업에 흥미가 있다는 사실을 알 수 있었고 '생각의 비밀'을 읽고 흥미 분야에 대한 자신의 생각을 더욱 공고히 했음을 작성함. 성공한 사업가들의 공통점을 소개하면서, 성공에 대한 긍정적인 마인드 못지않게 주변 사람들과의 관계 역시 중요하다는 소감을 밝힘. 앞으로의 진로 계획을 세우며 구체적인 사업 방향성과 함께 인간적 성숙함을 위한 방침을 세움.

7월

7월 1일	전태일 평전	도서 분야	한국사, 정치사회
	조영래 ǀ 아름다운전태일 ǀ 2020	관련 과목	한국사, 정치와 법
		관련 학과	사회학과, 경영학과, 정치외교학과, 경제학과

✅ 전태일을 한국 노동 운동의 선구자라 평가한 이유를 생각해 본다.

전태일은 저술 활동과 단체 운동으로 노동자의 권익을 강조하고 옹호했다. 노동자들이 처한 억압과 약탈, 불평등 등을 비판하며, 노동자의 목소리를 대중에게 전달했다. 또 열악한 노동 환경 개선과 근로기준법 준수를 요구하며, 노동자들의 삶의 질 향상과 사회의 공정성 확립에 크게 이바지했다는 점에서 한국 노동 운동의 선구자라고 평가받을 만하다.

✅ 전태일 사망 이후의 노동 운동 및 환경의 변화를 조사해 본다.

전태일 사망 이후 서울대를 비롯한 주요 대학 학생들을 중심으로 추모와 애도의 움직임이 시작되었다. 이후 종교계가 뒤따랐고, 그때야 비로소 미디어가 우리나라 노동 환경에 주목했다. 전태일의 노력이 죽어서야 빛을 발한 것이다. 물론 노동 환경과 노동 운동에 즉각적인 변화는 없었다. 하지만 1980년 후반부터 정치와 함께 경제의 민주화가 진행되며 유의미한 변화가 일어났다. 구체적으로 근로기준법과 노동조합법 등이 개정되며 노동자의 근로조건, 임금, 근로 시간, 안전 및 건강 조건이 개선되었다.

✅ 노동자 권익 보호가 사회의 공정·평등성 증대로 이어지는 근거를 생각해 본다.

공정한 임금과 적정한 근로조건, 근로시간을 보장받는다면, 근로자의 경제적인 안정성이 확보된다. 마찬가지로 공정한 소득분배를 통해 경제적 공정성도 증진된다. 또한 근로 불안정성이나 일시적인 위기에 대비할 사회 안전망까지 탄탄하게 이뤄진다면, 경제 양극화 완화로 안정적인 사회를 이룰 수 있다. 이렇게 적절한 작업 환경과 복지 조건, 안전 규정 준수 등은 노동자들의 권리와 이익을 보호해 사회적인 평등성 증대로 이어진다.

✅ 위 내용을 비교과활동 특기사항이나 과세특에 활용한다.

• 통합사회 교과 세특 예시 •

우리나라 노동 시장을 주제로 한 수업 시간에 노동 운동의 효시로 평가받는 전태일의 삶과 죽음에 대해서 알아보고, 그의 행적이 현대 사회에 미치는 영향력에 대해 생각해 봄. 전태일은 여러 작품 및 단체 활동을 통해 정부 및 기업이 노동자들에 행하는 억압과 약탈을 비판적으로 다뤘고, 열악한 노동 환경 개선 및 근로기준법 준수를 요구하여 궁극적으로 노동자들의 삶의 질을 향상시키려고 노력하였다는 점에서 한국 노동 운동의 선구자로 인정받게 되었다고 평가함.

7월 2일	문명과 식량	도서 분야	문명사
	루스 디프리스 | 눌와 | 2018	관련 과목	경제, 세계지리, 세계사
		관련 학과	지리학과, 인류학과, 사학과

친환경 농법, 유기농 제품에 대한 인식 변화의 원인과 결과를 고민해 본다.

식재료 구매 시 가격과 용량에 치중하던 과거와 달리, 요즘 사람들은 생산 방법과 제품의 품질로 구매를 결정한다. 이런 변화는 경제력 향상과 가족의 건강을 우선하는 소비심리 때문이다. 미래 세대에게 물려 줄 환경을 보호해야 한다는 일종의 도덕의식도 일각을 차지한다. 이는 친환경 · 유기농 제품을 찾는 소비자의 증가로 이어졌고, 실제로 친환경 농산물 판매점이 늘고 있다. 그러나 여전히 GMO나 화학 · 기계를 이용한 대규모 생산방식이 세계 농업의 주류를 차지하고 있다.

아마존을 두고 벌어진 국제 사회의 갈등을 분석해 본다.

식재료 구매 시 가격과 용량에 치중하던 과거와 달리, 요즘 사람들은 생산 방법과 제품의 품질로 구매를 결정한다. 이런 변화는 경제력 향상과 가족의 건강을 우선하는 소비심리 때문이다. 미래 세대에게 물려 줄 환경을 보호해야 한다는 일종의 도덕의식도 일각을 차지한다. 이는 친환경 · 유기농 제품을 찾는 소비자의 증가로 이어졌고, 실제로 친환경 농산물 판매점이 늘고 있다. 그러나 여전히 GMO나 화학 · 기계를 이용한 대규모 생산방식이 세계 농업의 주류를 차지하고 있다.

위 내용을 비교과활동 특기사항이나 과세특에 활용한다.

• 통합사회 교과 세특 예시 •

평소 환경 문제에 관심이 많은 학생으로, 개발과 보존이라는 상반되는 두 입장의 상생을 위해서 '지속가능한 개발'의 필요를 주장함. 이를 위해 친환경 농법과 유기농 제품 사용의 확대가 필요하다고 덧붙인 점이 인상적이었음. 가격과 양을 중시한 성장 위주의 사회에서 탈피해, '내 몸'과 '환경'에 대한 관심의 증대로 다양한 가치를 고려하는 새 소비 흐름이 등장했다고 발표함. 아직은 작은 반향이지만, 무분별한 개발로 환경 파괴의 결과가 다가올수록 큰 파도로 성장할 것이라고 평가하였음.

• 세계지리 교과 세특 예시 •

기후 문제의 원인을 다양한 각도에서 연구하는 탐구 과제에서 '아마존 열대 우림의 보존과 개발'을 주제로 발표함. 최근, 과거의 생계 위주의 소소한 화전 농업이 아닌 거대 기업 중심의 상업적 개발이 대규모로 자행되고 있다고 주장함. 아마존이 특정 국가의 '영토'인지 환경을 위한 '청정지역 보전'이 먼저인지 갈등이 벌어지고 있으며, 이는 주권침해라는 아마존 인근 국가의 주장을 설명함.

7월 3일	오리엔탈리즘

오리엔탈리즘

에드워드 사이드 | 교보문고 | 2007

도서 분야	문화인류학
관련 과목	세계사, 사회문화
관련 학과	사학과, 사회학과

✅ 오리엔탈리즘과 문화, 인식, 권력을 결부한 탐구 주제를 생각해 본다.

1. 오리엔탈리즘의 역사와 발전 양상, 포스트-콜로니얼 이론 형성에 끼친 영향을 살펴본다.
2. 대중매체에 나타난 오리엔탈리즘의 모습을 분석해 본다.
3. 오리엔탈리즘이 국내 정치와 국제 질서에 어떤 영향을 미쳤는지 알아본다.
4. 오리엔탈리즘을 극복하고 문화 간 이해와 대화를 촉진하는 방법을 생각해 본다.
5. 미국 문화와 오리엔탈리즘의 관계를 탐구하고, 미국의 정책과 문화에 나타난 오리엔탈리즘의 영향을 알아본다.

✅ 저자의 다른 책 《문화와 제국주의》를 읽고 서평을 써본다.

에드워드 사이드는 《문화와 제국주의》에서 역사와 문화, 문학, 예술과 제국주의 간의 복잡한 관계를 설명했다. 제국주의와 문화 간의 상호작용을 객관적으로 분석하여, 서양이 동양의 문화를 이해한 방식과 이를 식민지 통치에 적용한 방법을 명확하게 제시했다. 이는 오늘날 문화와 권력의 관계를 탐구하는 데에도 시사하는 바가 크다. 저자는 서양과 동양, 문화 간 다양한 관계를 설명하며, 다원주의를 강조한다. 이것은 더 풍부하고 포괄적인 세계관을 형성하는 데 도움이 된다. 궁극적으로 저자는 이 책을 통해 문화 간 대화와 상호 이해를 촉진하자고 말하고 있다.

✅ 옥시덴탈리즘의 등장이 시사하는 바를 생각해 본다.

옥시덴탈리즘은 오리엔탈리즘의 반작용으로 나타났으나, 그 구조는 오리엔탈리즘과 판박이다. 에드워드 사이드는 이를 '오리엔탈리즘의 거울개념'이라고 정의하였다. 옥시덴탈리즘은 서양을 비인간적이고 물질을 중시하는 천박한 문화의 온상지로, 동양은 인간적이고 고상하며 정신적인 곳이라는 이분법적인 사고로 바라본다. 하지만 이런 인식은 오히려 동양은 보수적이고 신비스럽다는 서구 사회의 편견을 강화한다. 결국 오리엔탈리즘의 영향력을 키우는 것이다.

✅ 위 내용을 비교과활동 특기사항이나 과세특에 활용한다.

• 세계사 교과 세특 예시 •

서구 열강의 식민지배가 종결된 지 약 반세기가 지났으나, 동 · 서양을 막론하고 여전히 동양에 대한 왜곡된 인식이 남아있는 모습을 오리엔탈리즘의 영향이라고 분석함. 특히 문화비평서로 유명한 '오리엔탈리즘'을 읽고 '동양적인 것'이라고 잘못 알려진 오리엔탈리즘이 서양에 의해 왜곡된 이미지이며, 제국주의의 확산에서 태어난 개념임을 명확하게 알려야 할 것을 주장한 점이 인상적이었음.

7월 4일	거꾸로 읽는 세계사	도서 분야	세계사
	유시민 | 돌베개 | 2021	관련 과목	세계사, 사회문화, 정치와 법
		관련 학과	사회학과, 사학과, 정치외교학과

이스라엘과 팔레스타인의 갈등을 다양한 입장에서 분석해 본다.

	역사적 · 지역적 문제	영토 문제	인권 문제
이스라엘	• 서방과 조약으로 정당성 확보 • 종교적 성지의 존재	• 3차 중동전쟁 이후 팔레스타인 구역으로 유대인 정착촌의 확산, 이로 인한 갈등의 점화	• 이동제한, 차단벽 등 불평등 정책 시행 • 팔레스타인에 대한 감시 체계와 군사 작전 진행
팔레스타인	• 오랫동안 점유했던 지역이자 인근 무슬림 국가의 지지 확보	• 경제적 어려움과 자긍심의 상처로 인한 인티파타(민중봉기)의 발생,	• 자치 정부의 투쟁으로 인한 민간의 피해와 자원의 부족

비핵화조약의 문제점을 탐구해 본다.

1. 핵무기 보유국들은 확산 방지에 미온적이며, 미보유국들은 이에 대한 불신이 팽배하다.
2. 핵무기의 보유는 국제 사회의 권력의 척도다. 그 보유 여부에 따라 힘의 균형이 정해지고 있다.
3. 인도 등 비핵화조약 미가입국의 핵무기 보유와 관련 실험의 제재가 어렵다. 이런 용인은 핵무기 미보유국에 국제조약이 '힘의 논리'로 결정되는 오류를 보여준다.

위 내용을 비교과활동 특기사항이나 과세특에 활용한다.

• 세계사 교과 세특 예시 •

장기간에 걸친 국제 분쟁을 발표하는 수업에서 이스라엘과 팔레스타인 간 해묵은 갈등을 선정함. 먼저 이스라엘의 건국 기념일은 나라에 따라 축제의 날이자 국치의 날이 된다고 평가함. 또한 이스라엘이 무단으로 유대인 정착촌을 확대하고, 자국민 안전을 핑계로 팔레스타인 자치 지구에 반인권적 정책을 단행하고 있다고 비판함. 팔레스타인도 이에 질세라 이스라엘 거주지에 폭탄 투척과 무장 테러 등을 자행하여 인명과 재산에 막대한 피해가 발생하고 있다며, 이러한 첨예한 갈등을 만들어 낸 서구 세력들이 책임지고 중재할 것을 강력히 요청한 점이 인상적이었음.

• 정치와 법 교과 세특 예시 •

국제법의 실효성을 평가해 보는 수업 시간에 비핵화조약의 문제점을 발표함. 이는 핵무기 보유국과 미보유국 간 책임 부담의 불균형과 국제무대에서 핵무기 보유국의 발언권 강화를 불러왔다고 지적함. 따라서 조약의 실효성 자체에 의문을 제시함. 국제 사회에서 핵무기의 완전한 폐기를 위해 관련국들이 책임감을 느끼고 법안 실현을 위한 구체적인 정책을 마련해야 한다고 덧붙인 점이 인상적이었음.

7월 5일	조선의 딸, 총을 들다	도서 분야	한국사
	정운현 ǀ 인문서원 ǀ 2016	관련 과목	한국사
		관련 학과	사학과, 역사교육학과

독립운동가 서훈에 대한 쟁점과 본인의 생각을 정리해 본다.

	서훈 찬성	서훈 반대
이념 논쟁	**'사회주의'는 독립의 '방법':** 사회주의자의 독립 기여 인정과 유공자 서훈이 필요하다.	**목적의 차이가 존재:** 그들의 목표는 '광복'보다 '공산국가' 건설이기에 서훈은 불필요하다.
친일행적	**'친일행적'의 경중에 따른 결정:** 소극적으로 친일을 했지만, 적극적으로 독립운동에 매진했다면 서훈할 수 있다.	**'반민족행위자'는 절대적으로 반대:** 경중과 관계없이 독립운동가 서훈은 불가능하다.

가장 인상 깊은 여성 독립운동가와 그 이유를 함께 서술해 본다.

박자혜는 남편 신채호의 영향으로 가장 저평가되었다. 어린 시절 박자혜는 궁궐의 나인이었지만, 일제의 주권 강탈 이후 쫓기다시피 궁에서 나와 간호사 교육을 받았다. 이후 간호사로서 비교적 평탄한 삶을 구가했다. 그러나 3.1운동을 목도하고 간호사들의 독립운동단체인 '간우회'를 조직해 독립운동가로서의 불꽃 같은 삶을 살게 된다. 곤궁한 생활 속에서도 나석주 의사의 의거를 돕고, 신채호의 옥바라지를 했으나 결국 광복을 보지 못하고 고통 속에서 눈을 감았다. 대개 유명 인물의 가족은 위인의 활동을 보좌하는 데 그치는 경우가 많았으나, 그녀는 거기에 멈추지 않고 주체적으로 자신의 삶을 개척하고 '독립'에 헌신했다. 이 점 때문에 수많은 여성 독립운동가 중 가장 기억에 남았다.

위 내용을 비교과활동 특기사항이나 과세특에 활용한다.

• 한국사 교과 세특 예시 •

논란이 이는 역사 쟁점을 조사 · 발표하는 수업에서 최근 국가보훈부의 독립유공자 서훈 기준 재정비에 대해 발표함. 쟁점 사안은 '이념 논쟁'과 '친일행적' 두 가지로 압축된다고 강조함. 입장에 따라 서훈 취소와 공훈 인정 등으로 발생할 극심한 혼란을 예상함. 이에 학문적 연구 성과를 바탕으로 국민 의식에 반하지 않는 선에서 서훈 기준을 마련해야 한다고 정리한 점이 인상적이었음.

• 한국사 교과 세특 예시 •

여성 독립운동가들의 삶을 재조명해 보는 수업 시간에 박자혜의 삶을 소개함. 신채호에 가려진 그녀의 인생에 대한 연민과 동시에 총독부 병원 간호사로서 살 수 있는 평온한 삶을 버리고, 조국의 독립을 위해 산화한 그녀의 열정적이고 주체적인 모습에 감동했다는 소감을 전함.

7월 6일	두 얼굴의 조선사	도서 분야	한국사
	조윤민	글항아리	2016	관련 과목	한국사
		관련 학과	사학과, 역사교육학과

전조보다 퇴보한 조선의 정책을 그 이유와 함께 서술해 본다.

조선은 고려 왕조의 폐단을 개혁하며 시작했지만, 이전보다 더욱 후퇴한 점도 있다. 대표적으로는 여성 인권이 그렇다. 고려의 왕족을 제외하면 고려와 조선의 결혼제도는 모두 '일부일처제'였다. 그러나 고려와 조선 모두 축첩이 공공연했다. 이는 성차별일 뿐만 아니라 후대의 적서차별로까지 이어진다. 그나마 고려는 적자가 없다면 서자에게 계승했지만, 성리학적 지배질서가 굳어진 17세기 조선 후기에는 일부러 양자를 들여 계승하곤 했다. 재산 상속도 마찬가지다. 고려부터 조선 전기는 남녀 균분 상속 및 윤회 봉사가 원칙이었으나, 조선 후기에는 적장자 우선 상속 및 단독 봉사가 일반화되었다. 일상 속에서도 여성 차별이 만연한 것이다.

귀감이 되는 조선의 정치·사회 제도와 이유를 함께 서술해 본다.

조선의 정치 체계에서는 공론에 의한 상호 비판이 작동했다. '공론'이 지배층의 권력 유지를 위한 계급적 담론이라는 비판도 많지만, 신분 고하를 막론하고 의견 개진이 가능하다는 점은 현대 사회에 큰 귀감이 된다. 물론 피지배층은 의견을 낼 합법적인 통로가 희박했고, 자칫 큰 형벌을 받을 수도 있었다. 하지만 이에 굴하지 않고 벽서나 괘서부터 극단적으론 민란이라는 방법까지 동원하며 자신의 목소리를 내곤 했다. 이러한 모습은 불합리한 사회 모습에 자신의 의견을 적극적으로 표출하는 오늘날 민주시민의식과도 연결된다고 볼 수 있다.

위 내용을 비교과활동 특기사항이나 과세특에 활용한다.

• 한국사 교과 세특 예시 •

생활사에 관심이 많아 '혼인과 양자제도로 본 여성 인권의 변화'를 탐구 주제로 삼음. 유사 이래로 다양한 영역에서 남성의 주도와 여성의 종속이 이뤄졌고, 성리학적 질서가 확립된 조선 후기에는 생활 영역까지 여성 차별이 이뤄졌다고 분석함. 특히 공공연한 축첩은 '양자제도' 같은 적서차별로 이어졌다고 지적함. 또한, 재산 상속과 제사에서 여성 권한 박탈은 고려보다 퇴보했다고 첨언함. 역사는 진보하고 있지만, 여성 인권만큼은 퇴보하는 경향이 크다고 비판한 점이 인상적이었음.

• 한국사 교과 세특 예시 •

전근대 시기 민주 시민의식의 뿌리를 조선의 공론 정치에서 찾고, 그 이유를 함께 발표함. 조선의 지배층은 정치 기구인 삼사, 재야의 서원과 향약을 중심으로 여론을 형성하였고, 피지배층조차 벽서, 괘서 및 민란이라는 극단적인 방법까지 동원하며 자신들의 의견을 피력했다고 분석함. 이는 불합리한 사회에 자신의 의견을 적극적으로 제기한 모습으로, 현대 민주 시민의식과도 연결된다고 평가하였음.

7월 7일	죽음의 역사	도서 분야	문화사
	앤드루 도이그	브론스테인	2023	관련 과목	생명과학, 사회문화, 세계사
		관련 학과	사회학과, 의학과 사학과

알코올, 마약 등 향정신성 약물 사용의 위법성 여부를 판단해 본다.

범죄다	• 개인의 건강 문제를 초래하고 사회적 안전과 안녕을 위협한다. • 중독, 범죄 행위, 가정 파괴 등의 부작용이 발생한다. • 법과 질서를 유지하기 위해 강력한 규제와 처벌이 필요하다.
범죄가 아니다.	• 사람은 스스로 몸과 건강에 관해 결정할 자유와 권리가 있다. • 규제는 오히려 불법 시장을 조장하고, 위험한 제품의 생산과 유통을 촉진할 수 있다.

전염병 등 위급상황 시 정부가 고려해야 할 사항을 생각해 본다.

정부는 위급상황 시 전염병의 특성부터 국가의 법 · 윤리 · 문화는 물론, 개인정보 보호 문제도 반드시 숙고해야 한다. 다음은 개인정보를 보호할 다양한 대처방법의 예시다.

1. 개인을 특정할 수 없도록 데이터 익명화를 거치고, 전체적인 전염병 패턴 분석 등에 활용한다.
2. 방역과 타인의 안전 보장 목적에 한해 개인정보를 관련 당국이나 공중보건 기관과 공유한다. 이는 누설금지 조항 등 합법적인 규제 아래에서만 적용할 수 있다.
3. 개인정보의 중요성을 인식하기 위한 교육 및 홍보활동을 진행해야 한다.

위 내용을 비교과활동 특기사항이나 과세특에 활용한다.

• 정치와 법 교과 세특 예시 •

다양한 법리적 논쟁에 관심이 많은 학생으로 '알코올 섭취 및 마약 사용의 위법성'에 대한 논쟁은 '개인의 기본권'과 '공공의 이익'의 충돌이라고 분석함. 위법성을 주장하는 사람은 개인의 건강과 사회의 안전을 위협하는 등 공공의 이익을 저해하는 행위이므로 이를 처벌할 강력한 규제가 필요함을 강조한다고 설명함. 위법성이 없다고 주장하는 사람들은 알코올 섭취 및 마약 사용을 규제하는 것은 개인의 기본권 침해 및 불법 시장을 조장해 더 큰 범죄를 야기할 수 있다고 첨언한 점이 인상적이었음.

• 사회문화 교과 세특 예시 •

코로나 팬데믹 시 정부의 사회적 거리두기 정책을 평가하는 수업에서 방역 정책과 감염자의 개인정보 보호의 양립 방법을 발표함. 익명화된 정보를 활용하되, 공중보건 종사자에 한해 감염자의 정보를 예외적으로 전달해야 한다고 주장함. 또한 모든 국민이 자신의 정보가 안전하게 처리된다는 것을 이해하고, 전염병 대응을 위해 개인정보의 중요성을 인식할 필요를 지적함. 이를 위한 관련 교육과 홍보활동이 그 무엇보다 중요하다고 강조한 점이 인상적이었음.

7월 8일	**위대한 패배자들** 유필화	흐름출판	2021	도서 분야	세계사
		관련 과목	세계사, 정치와 법
		관련 학과	사학과, 경영학과, 정치외교학과

☑ 책 내용 중 인상 깊었던 문구 2개를 꼽고, 그 이유를 제시한다.

1. 역사의 눈으로 보면 승패는 중요하지 않다. 우리가 기억하지 못하는 수많은 패자들은 승자 못지않은 능력과 탁월함을 갖추었다.

▶ '패자'에 대한 일반적 인식은 능력과 노력의 부족이다. 하지만 능력의 부족은 결코 누군가의 인생을 좌우하지 않는다. 책에서 등장한 인물들은 비록 역사 속에서 패배자로 기록되었어도 개인의 삶에 최선을 다했다. 우리는 이러한 입장에서 자신의 인생을 설계해야 할 것이다.

2. 저마다의 삶에 최선을 다해 경주한 피와 땀이 기억되길 바란다.

▶ 계획 단계에서는 성공과 실패를 예상할 수 없다. 따라서 우리의 도전은 언제나 성공에 대한 동경과 패배에 대한 두려움과 함께한다. 하지만 만약 모든 이가 두려움 때문에 새로운 일을 시도하지 않는다면 인류는 퇴보하고 말 것이다. 역사는 결과에 주목하는 학문이기에 모든 사건과 인물을 결과론적으로 평가하나, 인류의 진보를 위해서는 역사적 사건의 과정에 초점을 맞춰야 한다.

☑ 책에 등장한 인물 중 가장 인상적인 인물과 그 이유를 제시한다.

세계평화와 조국의 불안정을 가져온 고르바초프가 가장 인상적이었다. 1990년, 고르바초프는 소련 공산당의 최고책임자로서 독일의 통일과 냉전의 종식에 힘썼다. 그 결과 노벨평화상까지 수상했다. 이렇듯 어느 면에서 승자로 칭송받는 사람이 실패자로 폄하되는 이유는 무엇일까? 그의 개혁 이후 소련은 붕괴했고, 세계 무대에서 러시아의 영향력은 쇠퇴했다. 고르바초프가 자신이 했던 일에 명분이 명확하고 신념에 차 있었다면, 엄중한 역사의 심판대 앞에서 자신의 당위성과 정당성을 당당하게 피력해야 했다. 그러나 그는 구차한 변명으로만 일관하며 자신이 추진한 개혁의 숭고한 가치를 지키지 못했다.

☑ 위 내용을 비교과활동 특기사항이나 과세특에 활용한다.

• 세계사 교과 세특 예시 •

20세기 전반에 형성된 냉전 체제에 관심이 많은 학생으로, 견고한 체제의 붕괴 과정을 논리적으로 설명함. 다원화된 21세기와 다르게 20세기의 세계 질서는 소련과 미국의 냉전 체제로 정치와 경제, 문화 등 모든 영역에서 갈등이 이루어졌다고 분석함. 이때 소련의 서기장인 고르바초프가 개혁 · 개방 정책을 추진하며 냉전 종식에 불을 지폈고, 몇 년 안에 세계는 다원화의 무대로 나아가게 된다고 설명함.

7월 9일

에도로 가는 길

에이미 스탠리 | 생각의힘 | 2022

도서 분야	일본사
관련 과목	세계사
관련 학과	사학과, 일본어문학과

✅ 책에서 19세기 일본의 변화를 나타낸 부분과 그 이유를 서술해 본다.

책 구절	• 19세기 전환기 무렵에 외국 배가 침범하고 새로운 지식을 얻게 되면서 외부 세계에 대한 일본 관리들의 불안이 고조되었다. (p.53) • 마침내 1825년, 막부는 외국 선박 격퇴령을 반포해서 나가사키 이외의 어떤 항구에든 서양 배가 닻을 내리려고 하면 발포하라고 지시했다. (p.55) • 덴메이 폭동으로 알려진 1787년의 소요를 겪으면서 쇼군의 관리들은 이미 도시 장악력을 상실했음을 깨달았다. (p.124) • 다른 곳에서 도쿠가와 가문에 충성을 맹세하지 않은 이들 가운데서 어떤 다른 종류의 폭력적 저항이 일어날지 누가 알겠는가? (p.221)
이유	19세기 일본은 막부 정권의 지배력에 의구심을 품은 저항 세력들의 등장과 서양 세력이 '통상'을 구실로 접근하던 내우외환의 시기였다. 위의 구절들이 이러한 상황을 적절하게 나타낸다.

✅ 책에서 나타난 일본의 모습과 같은 시기 조선의 모습을 대조해 본다.

조선	• 미약하게 상업이 발전했으나 여전히 국가 경제에 미치는 영향은 제한적이었음. • 지배층 일부가 토지 개혁과 상공업 육성을 통한 경제 활성을 주장했으나 묵살당함. • 주류문화는 여전히 지배층이 주도함. 다만 한글 소설, 판소리 같은 서민문화와 중인 주도의 위항문학, 그리고 조선을 알아가는 '국학'의 탄생 등 문화의 저변이 확대되었음.
일본	• 막부의 농업 중심 정책에도 불구하고, 17세기부터 상공업의 발전으로 상인들이 사회 부유층으로 떠오름. 또한 서양 문명과 접촉하며 서양 물품에 대한 수요도 증가함. • 가부키, 우키요에 등 죠닌 문화가 유행하고, 천황을 숭배하고 막부를 거부하는 국학, 외국(네덜란드)의 학문을 연구하는 난학이 전파됨. 이 둘은 대립 관계였지만, 막부라는 기존 질서에 대해 반감을 가졌다는 공통점을 찾을 수 있음.

✅ 위 내용을 비교과활동 특기사항이나 과세특에 활용한다.

• 세계사 교과 세특 예시 •

19세기의 여러 국가 중 한 곳을 골라 조사 · 발표하는 수업에서 '일본'을 선택해 발표함. 특히 탐구 자료로 '에도로 가는 길'을 골라 소설 속 주인공의 삶을 따라가며 당시 일본 사회의 모습을 현실감 있게 분석한 점이 인상적임. 또한 여성은 어떤 것도 자신의 의지로 선택할 수 없는 당시 일본 사회 안에서, 끊임없는 시련에 굴하지 않고 스스로 삶을 개척하는 주인공의 모습에 감탄했다고 소감을 밝힘.

7월 10일

절반의 한국사

여호규 외 9명 | 위즈덤하우스 | 2021

도서 분야	한국사
관련 과목	한국사, 정치와 법
관련 학과	사학과, 정치외교학과

☑ 책에서 가장 인상 깊었던 주제를 고르고, 그 이유를 설명한다.

구한말 황해도, 평안도 등 서북지역에서 기독교 신도가 폭발적으로 증가했고, 이들 중 다수가 친미 세력으로 성장했다. 그 배경은 격변하는 조선의 상황과 서북지역이 받아온 차별 정책을 통해 설명할 수 있다. 일본의 침탈이 본격화하자, 조선은 극심한 혼란과 변화에 놓였다. 이런 상황에서 기독교는 복지와 의료 위주로 활동하며 폐쇄적인 조선 민중의 호응을 받았다. 또한 서북은 송상과 국경무역의 중심지답게 경제적으로는 부유했으나, 상업을 천시한 조선 왕조의 기조에 따라 지속적인 차별을 당했다. 그 결과 서북민의 반감과 평등에 대한 갈망은 깊어졌고, 이는 기독교라는 신흥 종교를 수용하며 해소된다. 기독교를 소통의 매개체로 활용한 대표적인 세력은 미국이었고, 결국 기독교도가 된 서북민들이 친미파로 성장한 것은 자연스러운 시대의 흐름이었다.

☑ 조선 왕조가 서북지역을 차별한 이유를 생각해 본다.

조선 왕조가 서북지역을 차별한 이유는 다양하다. 가장 먼저 서북지역은 조선과 대륙을 잇는 통로였다. 대륙 지배 세력과의 관계에 따라 정치·경제적 효과를 기대할 수 있지만, 반대로 침략의 통로가 되기도 한다. 지리 정보의 유출을 경계해 지도 제작도 꺼리던 조선 정부는 외국 군대의 앞마당으로 활용될 수 있는 서북지역과 거주민들을 예의주시했다. 게다가 조선 전기 서북지역에는 다양한 군벌이 있었고, 이들을 중심으로 군란이 발생하곤 했다. 여러모로 조선 정부가 해당 지역을 통제하려는 의도가 강할 수밖에 없었으며, 그 방법이 바로 차별 정책이다.

☑ 위 내용을 비교과활동 특기사항이나 과세특에 활용한다.

• 한국사 교과 세특 예시 •

한국사 학습의 한계를 알아보는 수업 시간에 현재 교육과정에서 북방 중심의 역사 소개는 소홀하다고 지적함. 남과 북으로 분단된 탓에 북한 지역이 중심인 역사적 사건은 연구가 미진할 수밖에 없으며, 이념 논쟁에서 벗어날 수 없는 현재의 정치적 상황이 이러한 역사 교육의 단절을 불러왔다고 분석함.

7월 11일	정약용과 그의 형제들	도서 분야	한국사
	이덕일 I 다산초당 I 2012	관련 과목	한국사
		관련 학과	사학과, 정치외교학과

대중들이 정약용에게 열광하는 이유를 분석해 본다.

1. 정약용의 다양한 저서는 한국 역사와 문화의 중요한 자료이자, 경외할만한 학문적 업적이다.
2. 조선의 부패한 제도와 사회에 대한 날카로운 비판은 현대에도 주목할만한 리더의 모습이다.
3. 도덕적 가치와 인간성을 중시한 정약용의 행적은 그에 대한 긍정적인 이미지 형성에 기여했다.
4. 교육과 문화 발전에 관심을 둔 정약용의 노력은 조선의 교육과 문화 발전에 기여했다.
5. 정약용은 문학, 역사, 지리, 정치 등 다양한 분야에서 활동하며 업적을 남겼고, 그를 참고하고 연구하는 학자들과 관심 있는 이들에게 영감을 주었다.

영화 '자산어보'에 등장한 저서의 의미를 비교·대조한다.

정약용의 《목민심서》

지방 수령이 지켜야 할 지침을 짚고, 관리들의 폭정을 비판한다. 다시 말해 정치 · 사회적 개혁과 현실적인 문제 해결에 초점을 맞춘 것으로 위정자들의 필독서라고 표현할 수 있다.

정약전의 《자산어보》

흑산도 근해의 155종의 어류와 수중 식물을 분류하고 설명한 일종의 실용서이다. 자연을 이해하고 존중하며 백성들의 어업을 돕고 지혜를 얻는 것을 목표한다.

▶ 영화 '자산어보'의 등장인물 창대는 스승인 정약전을 외면하고, 《목민심서》가 지향하는 바에 따라 관직에 올라 백성들을 올바른 방향으로 이끌겠다 다짐한다. 하지만 이후 고통에 신음하는 백성을 목격하고 비로소 스승의 가르침과 《자산어보》의 집필 이유를 깨닫는다.

위 내용을 비교과활동 특기사항이나 과세특에 활용한다.

• 한국사 교과 세특 예시 •

최근 몇 년 간 리더의 자질에 관한 연구가 활발히 진행되었고, 그 과정에서 몇몇 인물들이 새롭게 주목받았다고 분석함. 리더로 언급된 여러 인재 중 정약용을 선택하고, 그가 주목받는 여러 요인을 분석함. 그의 높은 도덕성과 다양한 사회문제를 해결하려는 적극적이고 개혁적인 자세, 다방면에 걸친 지적 호기심과 현실 참여 등이 많은 사람에게 호평받는 근거가 되었다고 주장함. 이러한 관심은 정약용의 재조명과 각종 미디어의 제작으로 이어졌고, 최근 몇 년간 정약용 리더십은 거대한 사회적 반향을 일으켰다고 덧붙인 것이 인상적이었음.

7월 12일	다크 투어, 슬픔의 지도를 따라 걷다 김여정 | 그린비 | 2021	도서 분야	세계사
		관련 과목	세계사, 한국사
		관련 학과	사학과, 정치외교학과

제노사이드의 사전적 의미와 발생 배경을 알아본다.

제노사이드는 특정한 집단의 사멸이나 파괴를 노리는 계획적이고 의도적인 대규모 학살행위를 뜻한다. 과거에도 제노사이드와 유사한 대규모 학살이 발생했지만 이를 명확히 지칭하는 단어는 없었고, 20세기에 이러한 사건들의 연구와 문제 인식을 위해 만들어졌다. 발생 원인은 다양하나, 주로 인종주의와 민족주의, 정치적 분쟁과 권력 갈등, 노예와 자원 확보 따위의 이유로 발생한다. 앞서 언급한 이유 모두 특정 집단의 탄압과 학살을 동반한다.

소설 《연을 쫓는 아이》에 나타난 제노사이드를 분석해 본다.

아프가니스탄 내전	하산과 아미르의 관계	홀로코스트 비유	세계의 무관심
소설의 무대가 된 아프가니스탄 내전은 1978년에서 2001년 사이에 벌어졌으며, 다양한 민족, 이념, 종교 간 갈등과 혼란으로 인해 집단 학살이 발생함.	주인공 아미르는 파슈툰족이고, 하산은 사회적으로 소외받고 차별받는 하자르족임. 하산의 출생의 비밀과 아미르과의 사이에 벌어진 갈등이 봉합되는 과정에서 제노사이드와 유사한 상황이 묘사됨.	홀로코스트와 비슷하게 아프가니스탄 내전의 폭력적인 현실과 민족 간 갈등, 강제적인 이주 등을 묘사함. 아프가니스탄 내전 중 많은 민간인들이 제노사이드와 같은 비인도적인 행위의 희생자가 됨.	아프가니스탄 내전에 대한 세계의 무관심과 국제사회의 불공평한 대우를 보여줌. 제노사이드로 인한 피해자들에 대한 인식 부재와 제대로 된 도움이 이루어지지 않는 상황을 강조하고 있음.

위 내용을 비교과활동 특기사항이나 과세특에 활용한다.

• 세계사 교과 세특 예시 •

제2차 세계대전을 주제로 한 수업에서 제노사이드에 관심을 두고 이와 같은 현상이 발생한 배경을 조사함. 제2차 세계대전 전까지 유사한 집단 학살은 있었으나 이를 규정짓는 개념은 없었다고 의견을 개진함. 그리고 나치에 의한 홀로코스트가 자행되면서 이를 문제로 인식하기 위해 개념화하였다고 분석함. 발생 원인은 다양하나 대표적으로 인종주의와 민족주의, 정치적 분쟁과 권력 갈등, 자원 확보로 인한 갈등, 종교적 갈등 등이라고 분석함. 국제 사회는 제노사이드 예방과 처벌을 위해 끊임없이 이를 기록하고 발표하며, 개인은 혐오와 차별이 집단 학살의 시발점임을 알고 경계해야 한다고 주장한 점이 인상적이었음.

7월 13일	**진실을 영원히 감옥에 가두어 둘 수는 없습니다** 조영래 | 창비 | 1991	도서 분야	한국사, 정치 사회
		관련 과목	한국사, 정치와 법
		관련 학과	사학과, 정치외교학과

저자의 삶이 법조인들에게 끼친 영향을 생각해 본다.

1. 저자의 법률 업적과 전문성은 다른 이들에게 성과 달성을 위한 영감을 준다.
2. 특정 법률 분야를 파고든 그의 사례는 법조인들의 전문 분야 선택과 발전에 도움을 준다.
3. 저자의 사회 참여와 민주주의를 위한 헌신은 법조인들에게 사회적 책임감의 귀감이 된다.
4. 법률 지식과 경험을 나누는 모습은 법조인들에게 법률 교육의 중요성을 상기시킨다.
5. 저자의 시각과 미래에 대한 고민은 법조인들에게 혁신과 변화에 대한 중요성을 강조한다.

대한민국의 노동운동과 민주주의 발전의 관계를 논해본다.

- **민주주의 원칙과 노동자의 권리 보호:** 민주주의는 개인의 권리와 자유를 존중하며, 시민이 정치에 참여하고 의견을 표현할 수 있다. 이는 노동자의 권리 증진과 노동운동의 발전을 도왔다.
- **민주화 운동과 노동자의 역할:** 대한민국의 민주화 운동에서 노동자들 또한 민주주의 체제 확립을 위해 노력했으며, 노동운동은 민주주의 발전의 핵심 요소 중 하나로 작용했다.
- **노동법과 민주주의의 발전:** 민주주의 사회에서는 노동법이 노동자의 권리와 자유를 보호하고 공정한 노동 조건을 보장한다. 이 또한 민주주의 원칙의 일환으로 간주한다.
- **사회적 평등과 경제 개발:** 민주주의와 노동운동은 사회적 평등을 강조하며, 경제 개발 혜택의 공정한 분배라는 목표를 공유한다. 노동자들의 권리와 노동 조건 개선 요구는 민주주의 사회에서 사회적 불평등을 완화하는 데 기여할 수 있다.

위 내용을 비교과활동 특기사항이나 과세특에 활용한다.

• 정치와 법 교과 세특 예시 •

우리나라 민주화와 노동 운동사의 중요 인물을 살피고, 자신의 의견을 발표해 보는 수업에서 1970년대~1980년대 인권변호사이자 '전태일 평전'의 저자로 유명한 조영래 변호사를 조명함. 예정된 부유하고 안락한 삶을 버리고, 인권변호사가 된 그는 거대 권력에 맞서 촘촘하고 논리적인 법률적 논쟁을 이어갔다고 설명함. 작게는 사회적 약자의 권익부터 크게는 민주주의 정착과 열악한 노동 환경 개선을 추구한 그의 삶은 법조인들에게 큰 영감을 줄 뿐만 아니라, 모든 국민에게 귀감이 된다고 평가하였음.

7월 14일	쟁점 한일사	도서 분야	한국사
	이경훈	북멘토	2016	관련 과목	한국사, 세계사
		관련 학과	사학과, 정치외교학과

✅ 양국의 대립을 다룬 다른 매체를 보고 감상평을 써본다.

《일본에 답하다》는 강제징용과 위안부 문제를 바라보는 현대 일본 정부의 시선과 대응 논리를 정리했다. 저자는 양국 간 첨예한 대립의 원인을 명확하게 파악하고 올바른 시각을 가지려면, 먼저 과거 양국 간 진행된 관련 조약 등을 알아야 한다고 강조한다. 이를 위해 1965년 청구권 협정부터 2015년 위안부합의, 강제징용 · 위안부 소송의 핵심 내용과 한 · 일 법조계의 의견, 관련 국제법 개념을 소개한다. 이러한 내용을 토대로 저자는 일본의 주장에 강제징용 · 위안부의 본질은 노예 노동 · 성 노예의 불법행위 피해임을 강조한다. 일본 정부의 무책임한 태도에 분노하기 전에, 저자와 같은 냉철한 태도로 대응해 현명하게 해결하는 모습이 필요하다.

✅ 책에 소개되지 않은 양국 간 역사 쟁점을 찾아본다.

한국	한국은 주로 백제와 일본 간의 문화적 교류, 정치적 영향, 그리고 역사적 연결을 주목한다. 개중 가장 주목할 점은 백제가 일본의 고대 국가 형성에 크게 기여했다 여기는 관점이다. 한국의 역사 교육에서는 문화 전달, 왕위 계승, 왕실 혼인 등으로 백제의 일본 영향력을 인식한다. 또한, 백제와 일본 간의 교류를 한일 양국의 협력과 교류 모델로 강조하기도 한다.
일본	일본의 역사 교과서와 교육에서는 백제와 일본 간 관계를 강조하지 않는다. 특히 백제로부터 문화를 전달받은 사실을 부인하며, 오히려 '광개토대왕릉비'의 비문을 왜곡해 '임나일본부설' 같은 날조된 역사적 가설을 제시하기도 한다. 오늘날 임나일본부설은 일본 학계에서도 신뢰하지 않지만, 여전히 일본 문화에 미친 백제의 영향력은 인정하지 않는다.

✅ 위 내용을 비교과활동 특기사항이나 과세특에 활용한다.

• 한국사 교과 세특 예시 •

일본의 역사 왜곡에 대한 관심이 많은 학생으로 한 · 일 간 해결되지 않은 과거 문제가 현재, 미래에 악영향을 끼치고 있다고 주장함. 가장 관심을 가지고 주목한 부분은 바로 위안부와 강제징용 같은 반인륜적인 전쟁범죄로, 피해자 대부분이 사망한 지금까지 일본의 진심 어린 사과와 명확한 배상이 진행되고 있지 않음에 안타까움을 표함. 이에 '쟁점 한일사', '일본에 답하다'와 같은 책을 읽고, 일본 전쟁범죄의 본질은 노예 노동, 성 노예 같은 불법행위 피해라고 일갈함. 이에 따른 법적 책임을 강하게 물어야 함을 강조한 점이 인상적이었음.

7월 15일

안목

유홍준 | 눌와 | 2017

도서 분야	미술사학
관련 과목	한국사, 미술
관련 학과	사학과, 조형예술학과

가장 관심 있는 예술품을 선정하고, 이에 대한 감상평을 써본다.

금동반가사유상은 특정 유물의 고유 명칭이 아닌 재료와 형태를 나타내는 말이다. '금동'은 동으로 형태를 만들고 겉에 금을 입혔음을 의미하고, '반가사유상'은 반가부좌를 하고 생각에 잠긴 모습을 나타낸다. 우리나라에 금동반가사유상은 여럿 있으며, 그중 몇몇 작품이 국보와 보물로 지정되어 있다. 하지만 그 형태보다 더 중요한 것은 불상으로 표현된 부처님이 인간에게 주는 가르침이다. 사방이 어두운 고요한 전시실에서 혼자 빛을 받고 있는 불상을 보고 있노라면 나의 존재는 우주 속 한없이 작은 먼지가 된다.

문화재 보호를 독립운동의 일환으로 평가하는 이유를 생각해 본다.

1. 일제의 민족 말살 정책에 대항하고 한국의 정체성을 유지하는 데 크게 기여하였다.
2. 일제의 식민 통치에 대한 항거와 저항의 일환으로 독립의 의미와 중요성을 부각한다.
3. 문화재 보호를 위한 독립운동가들의 도움 요청이 해외 일부 세력들의 독립 지원으로 이어졌다.
4. 문화재 보호 및 해외 반출 금지는 일본의 압제에 대한 저항의 상징으로 작용했다.

위 내용을 비교과활동 특기사항이나 과세특에 활용한다.

• 진로활동 특기사항 예시 •

진로 적성을 알아보는 시간에 한국 조형예술의 걸작인 국보 78호, 83호 금동반가사유상을 감상하고, 이에 대한 소감을 발표하였음. 다루기 힘든 금동을 소재로 균형 잡힌 신체와 희미하고 아련한 미소, 부처의 현생을 표현한 국보 78호와 83호를 예술품을 넘어 현실에 지친 중생들의 마음을 위로해주는 정서적 안식처로 표현한 점이 인상적이었음. 특히 이번 활동에서 평소 흥미가 있던 역사와 미술을 병행하는 직업의 이정표를 발견했다며 진로 실현의 의지를 표현함.

• 한국사 교과 세특 예시 •

일제 강점기 식민 통치에 항거한 다양한 독립운동을 알아보는 시간에 문화재 보호 운동도 적극적인 독립운동의 일환으로 인정해야 한다고 강력히 주장함. 일제는 한국인의 민족성을 말살하고자 우리나라의 문화재를 약탈하고 해외 반출을 강제하였고, 당시 우리나라 위정자마저 우리 문화재의 가치를 인정하지 않았다고 분석함. 하지만 간송 전형필을 비롯한 일부 독립운동가들이 후손을 위해 문화재 보호에 전력을 다했고 이는 독립운동과 다르지 않다고 평가한 점이 인상적이었음.

7월 16일	비이성의 세계사	도서 분야	세계사
	정찬일 | 양철북 | 2015	관련 과목	세계사, 통합사회
		관련 학과	사학과, 정치외교학과

책에서 소개하지 않은 사건을 조사해 본다.

프랑스 혁명기 공포 정치	로베스피에르의 혁명 정부는 국가 안정을 빌미로 극단적인 조치를 강행했다. 정적과 권력자를 숙청하기 위한 정치 재판에 무고한 이가 휩쓸리고, 기괴한 처형 방식으로 대중의 공포심을 돋구었다.
수단 내전	수단은 이집트와 영국의 지배를 거치며 다양한 부족과 언어, 종교가 뒤섞였고, 이는 1955년부터 3차에 걸친 잔혹한 내전으로 표출되었다. 또한 그 복잡성만큼 혐오와 폭력이 난무하고, 전쟁범죄도 끊이지 않았다.

현대의 '마녀사냥'을 조장하는 수단과 원인을 분석해 본다.

현대의 마녀사냥은 미디어가 이끌고 있으며, 그 원인은 다음과 같다.

- 특정한 선입견이나 편향된 보도를 통해 사건을 보도하면서, 여론을 조장함.
- 감성적 요소를 이용해 대중의 관심을 끌고, 감정적인 반응을 유발해 마녀사냥을 부추김.
- 특정 집단이나 개인을 적대적으로 묘사하거나 목표로 삼으면 다른 이슈들에 대한 주목이 분산되고, 미디어가 원하는 메시지를 전달하는 데 도움이 됨.

위 내용을 비교과활동 특기사항이나 과세특에 활용한다.

• 세계사 교과 세특 예시 •

프랑스 시민 혁명을 주제로 한 수업에서 '결과'가 아닌 '과정'에 주목하여 혁명을 평가함. 근대 시민 사회의 이념이 폭발한 프랑스 혁명은 결과적으론 세계사의 흐름에 긍정적인 영향을 미쳤으나, 인간의 '이성'에 대한 과도한 믿음으로 합리적인 판단을 상실한 폭력적인 정치가 난무했다고 발표함. 특히 계급, 계층을 비롯해 종교까지도 인정하지 않고 이성만이 역사의 '진보'를 이끈다고 믿은 혁명 세력이 비이성적 공포 정치를 단행한 것은 역사의 모순이라고 평가한 점이 인상적이었음.

• 사회문화 교과 세특 예시 •

현대 사회의 '마녀사냥'을 조장하는 수단을 알아보는 수업에서 '미디어'의 책임이 크다고 발표함. 특히 잘못된 신념을 대중들에게 심어주고 이를 선동하는 이른바 '황색언론'은 비이성적 집단행동의 기수라고 평가한 점이 인상적이었음. 특정한 선입견과 편향된 보도를 통해 여론을 조장하고, '감성팔이'식의 기사로 마녀사냥을 부추기는 등의 행위는 미디어의 역기능이라고 강하게 피력하였음.

7월 17일	미술관 옆 사회교실	도서 분야	미술사학
	이두현 외 6명 | 살림Friends | 2013	관련 과목	세계사, 미술
		관련 학과	사학과, 미술사학과

예술가의 사회 활동 참여에 대한 찬성, 반대 입장을 나누어 토론해 본다.

사회에서 예술가의 역할과 사회적 영향력에 대한 의견은 다양하며, 이는 예술가와 사회의 상황, 문화적 배경에 따라 달라질 수 있다. 아래 내용을 참고하여 생각을 정리해본다.

찬성	• 예술가들은 사회 문제를 다루는 작품을 통해 대중들의 관심을 끌고 사회적인 변화를 끌어낼 수 있다. • 다양한 문화권 사람들의 의견과 이야기를 들을 수 있으며, 이는 이해와 경험의 공유에 도움이 된다. • 창의적인 사고와 표현력을 육성하고 예술과 문화의 가치를 사회에 전파할 수 있다.
반대	• 사회 활동 참여는 예술가의 시간과 에너지의 소모뿐만 아니라, 예술에 집중하는 데 방해가 될 수 있다. • 사회적인 목적을 위해 예술가들의 참여가 강요되는 경우, 예술의 창조적인 성격이 훼손될 수 있다. • 사회 활동으로 예술가가 정치적인 입장을 표명하는 것은 예술 작품의 객관성과 중립성을 희생시킬 수 있다.

시대의 과제에 가장 충실했던 예술가 한 명을 꼽고, 그 이유와 함께 서술해 본다.

고야(Goya)는 스페인 예술에 큰 영향을 미친 화가로, 권력과 사회 계층, 귀족과 노동자, 전쟁과 항거 등 다양한 주제를 다루며 스페인 사회의 복잡성과 모순을 보여주었다는 평가를 받는다. 프랑스군에 저항한 스페인 군인들의 항거와 이로 인해 발생한 대학살을 그려 스페인의 저항정신을 보여준 '3월 3일, 1808년 마드리드의 대학살', 스페인 사회의 부패와 어둠을 상징적으로 표현한 '슬립상을 보는 여자' 등은 고야가 시대의 과제를 충실히 이행했음을 보여주는 근거라고 볼 수 있다.

위 내용을 비교과활동 특기사항이나 과세특에 활용한다.

• 사회문화 교과 세특 예시 •

평소 사회학에 관심이 많은 학생으로 '문화'와 '사회'는 긴밀한 영향을 주고받는다고 강조하며, 예술가의 사회 참여는 사회의 진보에 긍정적인 영향을 끼친다고 평가함. 예술가들은 사회 문제를 다루며 대중들의 관심과 사회 변화를 끌어낼 수 있고, 다양한 분야의 예술가들이 사회 활동에 참여할수록 대중의 안목도 늘어난다고 평가함. 또한 예술과 문화의 가치가 사회에 쉽게 전파되는 장점을 덧붙임.

• 세계사 교과 세특 예시 •

평소 유럽 근대사에 관심이 많은 학생으로, 고야의 생애와 그의 작품을 통해 유럽 내 자유주의, 민족주의 분위기를 발표하였음. 고야는 궁정화가지만 정부의 부속품으로만 활동하지 않고, 시대 정신에 충실했기에 스페인 사람들이 가장 사랑하는 화가라고 설명함. 특히 스페인 사회의 부패를 상징적으로 표현한 '슬립상을 보는 여자'와 프랑스군에 저항한 스페인 군인들의 용기와 학살의 공포를 보여준 '3월 3일, 1808년 마드리드의 대학살'은 19세기 유럽의 정치적 사조를 보여준다고 덧붙임.

7월 18일

이슬람의 눈으로 본 세계사

타밈 안사리 | 뿌리와이파리 | 2011

도서 분야	세계사
관련 과목	세계사
관련 학과	사학과, 정치외교학과

현행 세계사 교과서의 문제점이 무엇인지 생각해 본다.

1. 서구 중심적 사관과 서양사에 편중되어 그 외 지역의 역사와 문화에 대한 이해가 미흡하다.
2. 다양한 역사적 관점과 해석이 아닌, 특정한 시각을 강조하는 경우가 있다.
3. 교육과정에 따라 내용을 축소하거나 선택적으로 다루는 경우가 있다.
4. 사건과 인물에 대한 암기를 강조해 비판적 사고와 문제 해결 능력 개발에 한계가 있다.

세계사 과목의 미비한 점을 보완할 방법과 근거를 제시해 본다.

역사 교육은 자국의 역사부터 주변 지역, 인류 순으로 확장되어야 한다. 하지만 기존 교육과정은 지역사 관련 내용이 부족하였다. 또한 서구 중심적인 사관에 기반한 내용은 비서구권 지역의 역사 · 문화 이해가 미흡해지는 결과를 야기해 왜곡된 역사 인식의 배경으로 작용하기도 했다. 이러한 한계의 보완책으로 동아시아사가 제시되었다.

'이슬람사'를 보는 인식의 차이와 각 입장의 내용을 정리해 본다.

세계사라는 견해	• 이슬람 확장은 문명 간의 교류와 상호작용을 촉진했고, 이는 세계사에 큰 영향을 남겼다. • 이슬람 세계는 다양한 국가와 문화를 포함한다. 이는 세계사의 다양성 이해에 기여한다. • 이슬람의 탄생부터 현재까지 오랜 역사적 과정을 다루고 있으며, 이는 시간적 범위를 고려할 때 중요한 주제이다.
지역사라는 견해	• 이슬람 사는 이슬람 문명과 문화에 관한 지역적인 특성과 변화를 중점적으로 다룬다. • 이슬람 세계가 포함한 다양한 지역과 문화는 지역 간 문화적, 정치적 차이를 의미한다. 이러한 차이는 지역사 연구에서 더 중요하게 고려된다. • 학문적으로 이슬람사는 지역사 연구의 일환이자, 특정 지역 위주의 역사를 다루고 있다.

위 내용을 비교과활동 특기사항이나 과세특에 활용한다.

• 세계사 교과 세특 예시 •

특정 종교와 문화의 오해와 편견을 논해보는 수업 시간에 '이슬람'을 주제로 발표함. 산업혁명이 태동하기 이전 시기, 과학과 문화를 이끈 이슬람 세계는, 현재도 지구촌 인구의 25%를 차지할 정도로 막강한 세력을 자랑한다고 분석함. 그러나 세계인들이 무슬림을 바라보는 시선은 전근대적이며 낙후한 이미지가 지배적이라고 역설함. 이는 서구 중심적 사관이 반영된 교과서의 영향이 크며, 이런 오해를 해소하기 위해 무슬림의 시선으로 적은 세계사도 배울 필요가 있다는 주장이 인상적이었음.

7월 19일	한 컷 한국사	도서 분야	한국사
	조한경 외 9명 | 해냄에듀 | 2022	관련 과목	한국사
		관련 학과	사학과, 정치외교학과

책 내용 중 가장 인상 깊은 사건과 사진을 꼽고, 그 이유를 설명해 본다.

독립운동가 양세봉과 그의 사진이 가장 기억에 남는다. 우리나라의 독립운동은 이념과 방법을 두고첨예한 갈등을 벌였으며, 이는 광복 이후 분단된 현재의 상황에도 이어져 남과 북은 자신의 진영에 속한 인물만 조명하곤 한다. 하지만 양세봉은 진영을 초월한 존경을 받고 있다. 그는 만주에서 민족주의 성향의 독립군을 이끌었지만, 이념보다 독립에 헌신했다. 중국 공산당과 연대해 일본의 맞설 정도로 유연한 사고도 보여주었다. 실제로 북한에서는 양세봉에게 연대를 제의한 김일성의 일화가 전해질 정도로 호의적으로 평가한다. 양세봉은 광복을 보지 못하고 사망했지만, 남·북한 모두 그를 국립 현충원과 혁명 열사릉에 모시며 그 공적을 기리고 있다.

책의 내용 중 미디어 믹스가 가능한 주제를 골라 시나리오를 작성해 본다.

끝나지 않은 전쟁 - 한국의 로빈슨 크루소 조병기

Scene #1 - 프롤로그 / 낮 (자막: 1955년, 부산항)

1-1 수많은 인파의 환호를 받으며 부산항에 배 한 척이 정박한다. 한 남자(조병기)가 벅찬 얼굴로 대중들에게 양손을 흔들며 배에서 내린다. (조병기의 독백: 드디어 해방된 조국에 돌아왔구나!)

1-2 (자막: 1942년 7월, 단양) 일본군이 조병기를 끌고 가는 회상 이후 장면 전환.

Scene #2 - 펠렐리우 / 낮 (자막: 1944년 9월, 펠렐리우)

2-1 태평양 전쟁의 격전지인 펠렐리우에서 일본군의 총알받이로 고통스러운 나날을 보낸다.

2-2 일본군은 조선인의 탈영을 막기 위해 미군의 잔혹함을 날조한다.

2-3 전투 직후, 조병기와 조선인 노무자 2명은 날조된 연합국 이미지에 속아 밀림으로 숨어든다.

Scene #3 - 펠렐리우 밀림 / 낮

3-1 3명 중 2명은 행방불명되고, 조병기의 살아남기 위한 고군분투가 이어진다.

위 내용을 비교과활동 특기사항이나 과세특에 활용한다.

• 한국사 교과 세특 예시 •

한국사에 관심이 많아 교과서를 탐독하고, 수업 시간에도 성실히 임하는 학생임. 교과서는 역사의 일부분만 담고 있는 것에 아쉬움을 느끼고, 스스로 사료를 찾아보는 등 지적 호기심도 강함. 특히 사진으로 역사적 사건에 접근한 '한 컷 한국사'를 추천하며, 역사 현장의 역동성을 느낀 것 같다고 발표한 것이 인상적이었음. 장황한 설명보다 한 장의 사진의 의미가 더욱 크다는 점에 감탄하고, 주목받지 못한 다양한 역사적 사실을 알게 되어 뜻깊었다는 소감을 밝힘.

7월 20일	히틀러에 붙이는 주석	도서 분야	세계사
	제바스티안 하프너 | 돌베개 | 2014	관련 과목	세계사, 통합사회
		관련 학과	사학과, 정치외교학과

✅ '오늘날의 세계는 분명히 히틀러의 작품이다'라는 저자의 주장을 재해석해본다.

'오늘날의 세계는 분명히 히틀러의 작품이다'라는 저자의 주장처럼 히틀러와 나치 독일은 현대 사회와 정치, 문화, 인권 등 다양한 측면에 영향을 미쳤다고 평가받는다. 근거는 다음과 같다.

1. 국제 사회는 세계대전 이후 전쟁 억제와 인종 차별 방지를 위해 국제법과 규제를 강화했다.
2. 히틀러와 나치 독일의 역사를 배우며, 잘못된 선택과 결과에서 교훈을 얻고 경계하게 되었다.
3. 세계대전 동안 이루어진 협력을 기반으로 안보와 평화를 위한 국제기구와 협정이 발전했다.
4. 히틀러의 독재와 폭력은 권력 남용과 정치적 교란의 결과이다. 현대 사회는 이런 교훈을 얻고 권력의 분산과 개인의 권리 보호, 정치적 이슈와 사회적 문제에 대해 민감하게 반응한다.

✅ 저자의 다른 책 《어느 독일인 이야기》를 읽고, 서평을 써본다.

《어느 독일인 이야기》는 1차 세계대전부터 히틀러의 집권 직전까지, 저자가 성장하며 목격한 위태로운 시대상과 저자 내면의 갈등을 섬세하고 선명한 필치로 그려냈다. 그렇다면 저자는 왜 한 시대를 평범한 독일인의 일상과 내면을 통해 설명했을까? 저자는 거대한 역사적 사건이 사람들의 삶에 남긴 흔적을 이해하지 못한다면, 나중에 일어난 일도 이해하지 못한다고 단언한다. 사소한 순간들이 만들고 드러낸 역사성에 의미를 부여한 것이다.

✅ 위 내용을 비교과활동 특기사항이나 과세특에 활용한다.

• 정치와 법 교과 세특 예시 •

두 번에 걸친 세계대전 이후 국제법 제정과 규제 강화에 대한 목소리가 커졌다는 사실에 주목하고, 히틀러와 나치 독일의 침략과 반인륜적 행위는 반면교사가 되었다고 주장함. 권력 남용과 정치적 교란을 보여준 히틀러의 독재를 통해 권력 분산과 개인의 권리 보호의 중요성이 강조되었으며, 전 세계적으로 정치적 이슈와 사회적 문제에 민첩하게 반응하고 대응하게 되었다고 분석하였음.

• 세계사 교과 세특 예시 •

1914년부터 1933년까지 저자 제바스티안 하프너가 성장하면서 목격한 위태로운 시대상과 저자 내면의 갈등을 섬세하고 선명한 필치로 그린 '어느 독일인 이야기'를 통해 히틀러와 나치 독일이 권력을 잡고, 침략을 강행하게 된 배경을 이해함. 특히 등장인물들의 내면적 변화를 통해 히틀러가 독일 민중들의 판단력을 상실하게 하고, 현혹한 과정들을 분석한 점이 인상적이었음.

7월 21일

고전소설 속 역사여행

신병주, 노대환 | 돌베개 | 2005

도서 분야	한국사
관련 과목	한국사
관련 학과	사학과, 국어국문학과

책에 수록된 소설 중 한 작품을 골라 서평을 적어 본다.

《은애전》은 조선 후기 이덕무가 저술한 한문 소설로, 실제 살인 사건의 전말과 결과를 다룬 르포에 가깝다. 소설의 주인공은 남성 중심 가부장적 풍조가 만연한 조선시대에 사람을 죽인 두 여성이다. 당시는 살인에 대한 처벌로 사형을 집행했을뿐더러 피고가 여성이기에 당연히 사형이 집행되리란 예측이 강했다. 그러나 정조는 사건의 내막을 캐묻고 이들은 정절을 지킨 열녀이자 유교적 덕목을 실천했다며 이들을 사면한다. 언뜻 보면 미담이지만, 사실 이는 피지배층에게 여성의 정절과 유교 사상을 강조하는 정조의 통치 수단에 가깝다고 생각한다.

문학과 역사의 융합 교과적 학습 효과를 생각해 본다.

1. 문학 작품은 특정 시대나 사회의 상황과 가치관을 깊게 반영한다. 이를 통해 역사적 문맥을 더 잘 파악할 수 있다.
2. 다양한 시대의 문학 작품을 비교하며 그 시대의 변화와 발전을 이해할 수 있다. 예를 들면 19세기 미국 문학에서 미국 민주주의의 발전을, 20세기 소련 문학에서 소련 역사를 연구할 수 있다.
3. 문학은 인간의 감정이나 관계, 사회적 문제 등 다양한 인간 경험을 다룬다. 이를 역사의 사건과 연결하면 역사적 사건의 인간적 측면을 이해할 수 있다.
4. 문학 작품과 역사적 사건을 분석하고 해석하며, 학생들의 비판적 사고 육성을 돕는다.
5. 다양한 사료를 활용하여 새로운 관점과 이야기를 만드는 과정은 학생들의 창의성을 촉진할 수 있다.
6. 문학과 역사의 융합을 시발점으로 다양한 학문을 통합하여 문제를 해결하는 능력을 키울 수 있다.

위 내용을 비교과활동 특기사항이나 과세특에 활용한다.

• 한국사 교과 세특 예시 •

고전소설을 통해 시대상을 분석하는 수업 시간에 '흥부전'을 선택해 발표함. 흥부전은 조선 후기 사회·경제적 변동을 반영한 판소리계 소설로, 저자는 알려진 바 없으나 광대 등 서민 예능인들에 의해 창작되고 전해졌으리라 정리함. 주인공 놀부는 광작을 통해 성장한 부농의 전형이며, 흥부는 소작지도 얻지 못한 빈농의 상징이라고 표현함. 분명 그 둘의 성향과 노력의 차이는 있지만, 장자상속 때문에 경제적 격차가 벌어질 수밖에 없었다는 해석을 추가함. 이러한 모습들을 도덕과 형제애를 이용해 해학적으로 풀어낸 것이 이 작품의 가장 큰 묘미라고 주장함.

7월 22일

역사란 무엇인가

E. H. 카 | 까치 | 1997

도서 분야	역사학
관련 과목	세계사
관련 학과	사학과

✅ 역사가에게 '사실'의 범위와 의미, 그리고 탐구 방법을 알아본다.

1. 역사의 사실은 주로 문서, 물리적 증거, 증언 등의 기록에 근거한다.
2. 역사가들은 수많은 출처를 비교 · 확인하며 사실을 파악하려고 노력한다. 다양한 출처가 같은 사건이나 사실을 뒷받침하면, 그 사건의 신뢰도는 더욱 높아진다.
3. 역사가는 역사적 사실이 어떤 관점에서 기록되었는지, 어떤 정치적 · 사회적 · 문화적 편향이 작용했는지 고려하고, 이것을 통해 사실의 해석과 이해를 개선하려고 한다.
4. 역사가는 사실을 분석할 때 그것이 발생한 시대와 장소의 문화적 · 사회적 맥락을 고려한다.
5. 역사가는 학문적인 방법론과 역사학의 원칙을 준수하여 사실을 탐구한다.
6. 역사는 새로운 증거와 연구를 통해 수정될 수 있으며, 학자들 간 논의가 중요한 역할을 한다.

✅ 현재와 과거 사이에 발생하는 '끊임없는 대화'의 의미를 생각해 본다.

현재와 과거의 '끊임없는 대화'는 역사와 현재를 연결하고 과거의 경험을 현재와 미래에 적용하려는 과정을 의미한다. 그 활동의 효용성은 아래와 같다.

1. 역사적 사건에서 교훈을 얻고, 과거의 오류를 피해 발전할 수 있다.
2. 자신의 정체성과 기원을 알고, 현재의 정체성과 문화에 어떤 영향을 미치는지 이해할 수 있다.
3. 과거의 정책과 결정이 어떻게 작용했는지 이해하고, 현재의 정책 개선에 도움이 된다.
4. 역사 속에서 다양한 예술가들이 영감을 얻고, 새로운 작품을 창작할 수 있다.

✅ 위 내용을 비교과활동 특기사항이나 과세특에 활용한다.

• 진로활동 특기사항 예시 •

진로가 역사학자인 학생으로 사학자에게 필요한 근본적 질문인 역사 학습의 필요성을 고민하는 모습이 자주 보임. 이러한 질문에 대한 답을 찾기 위해 E.H.카의 '역사란 무엇인가'를 탐독하였고, 이를 통해 역사학의 의미와 역사가에게 주어진 책임감이 더욱 막중하다는 점을 깨닫게 되었음.

7월 23일	100가지 물건으로 다시 쓰는 여성 세계사 매기 앤드루스, 재니스 로마스 | 웅진지식하우스 | 2020	도서 분야	세계사
		관련 과목	세계사, 사회문화
		관련 학과	사학과, 사회학과

✅ 여성의 역사에 가장 큰 영향을 준 물건과 그 이유를 생각해 본다.

여성의 역사에 가장 큰 영향을 준 것은 '피임약'이다. 임신과 출산, 그리고 피임은 언제나 여성의 삶에 가장 무거운 결정이었다. 과거에는 피임마저 기술적인 제한이 컸으며, 현대는 자유롭게 피임은 할 수 있어도, 한정적인 경우에만 출산을 포기할 수 있기 때문이다. 이런 상황에서 피임약은 여성에게 자기 몸에 대한 결정권을 선사했다. 하지만 피임이 여성의 역사에 가장 큰 영향을 주었다는 것은, 그만큼 우리 사회의 성평등지수가 높지 않다는 씁쓸한 반증이기도 하다. 양성평등이 정착되면 피임약의 가치는 그만큼 낮아질 것이다.

✅ 여성학, 페미니즘과 관련된 매체를 보고 감상평을 써본다.

《자기만의 방》은 버지니아 울프의 인문 에세이로, 여성과 소설이라는 주제를 다룬 20세기의 가장 중요한 페미니즘 저작이다. 저자는 역사 속 위대한 작가들이 대개 남성인 이유는 글을 익힐 기회와 저술에 집중할 경제적 지원 덕분이라 주장하며, 이와 대조되는 수많은 여성 작가의 빈곤과 고립, 제한된 경험을 통해 '자기만의 방'이 얼마나 중요한지를 역설한다. 이 책은 성(性)을 둘러싼 논쟁이 가장 치열했던 20세기 초에 과감히 여성을 담론화했으며, 유쾌하면서도 열정적으로 여성의 자립을 외쳤다. 여전히 보이지 않는 벽에 가로막혀 있는 21세기 여성에게도 큰 울림을 줄 것이다, 우리나라 나혜석 작가의 《나는 페미니스트인가》와 비교하며 읽어 보길 권한다.

✅ 위 내용을 비교과활동 특기사항이나 과세특에 활용한다.

• 사회문화 교과 세특 예시 •

'3.8 여성의 날'을 맞아 진행한 수업에서 여성의 역사에 영향을 준 물건으로 '피임약'을, 여성의 사회적 활동의 초석을 다진 책으로 버지니아 울프의 '자기만의 방'을 선택해 발표함. 피임약은 단순히 임신과 출산에서 자유롭게 되었다는 의미를 넘어 여성이 자기 몸의 결정권을 갖고, 주체적으로 삶을 개척할 수 있게 해준 사건으로 평가함. 또한 책에서 그동안 문학이 남성들의 전유물이 된 이유와 기회를 박탈당한 여성 작가를 주목함. 이를 기반으로 여성이 적극적으로 사회에 참여할 이유를 토로하고, 경제적인 독립과 온전히 자신에게 집중할 공간이 필요하다는 주장이 인상적이었음.

7월 24일

처음 읽는 중국사

전국역사교사모임 | 휴머니스트 | 2018

도서 분야	세계사
관련 과목	세계사, 동아시아사
관련 학과	사학과, 정치외교학과

우리나라 국민의 '반중', '친중' 감정의 배경을 알아본다.

우호적인 입장	① 중국은 우리나라의 주요 무역국으로, 양국 간 경제 교류의 수혜자는 대개 중국에 우호적이다. ② 우리나라와 중국은 문화적으로 유사한 측면이 있다. 문화 교류를 통해 서로의 문화를 이해하고 공유하는 과정에서 우호적인 정서가 형성될 수 있다. ③ 중국이 북한과의 관계를 중개하는 등 한반도의 안정을 도울 수 있다는 관점에서 우호적 감정이 나타날 수 있다.
부정적인 입장	① 고대부터 이어진 침략, 그리고 동북공정 등 현재 진행형인 역사 왜곡은 부정적인 감정을 고조시킨다. ② 국제 역학 관계상 정치적 갈등이 이어지고 있다. 특히 한 · 미 동맹, 일본과의 교류 등은 중국과 관계를 복잡하게 만든다. ③ 탈북자의 강제 북송 문제를 비롯해, 중국의 인권 및 언론 자유 등에 대한 우려가 반중 정서를 촉발한다.

중국 근현대를 배경으로 한 창작물을 보고 감상문을 작성해 본다.

1997년 작 〈송가황조〉는 청조 붕괴 직후 격변하는 중국의 근현대사를 쑹자수의 딸 쑹아이링, 쑹칭링, 쑹메이링 세 자매의 시각에서 바라본 영화이다. 영화는 제국의 붕괴, 혁명, 내정, 전쟁 등 방대한 중국의 주요 근현대사를 압축적으로 담아냈다. 주제는 여타 역사 영화와 크게 다르지 않지만, 쑨원이라는 전통적인 시각에서 벗어나 쑹 자매를 부각한 것이 신선하다. 이러한 부각은 영화 도입부의 '한 사람은 돈을 사랑했고, 한 사람은 나라를 사랑했고, 한 사람은 권력을 사랑했다'라는 자막을 통해 방점을 찍는다. 비록 개봉 후 26년이 흘렀지만, 당시 상황에 대한 다채로운 묘사와 인물의 심리를 적나라하게 표현한 배우들의 열연으로 흥미롭게 볼 수 있었다.

위 내용을 비교과활동 특기사항이나 과세특에 활용한다.

• 동아시아사 교과 세특 예시 •

유럽 대륙보다 거대한 영토, 55개의 다민족이 하나의 정치공동체를 형성한 중국에 호기심을 가지고 심도 있는 학습을 진행하는 학생임. 교사에게 직접 중국사에 입문하기 좋은 책을 묻고, 다양한 보조 자료를 통해 중국의 역사를 이해하기 위해 노력함. 체계적인 학습을 위한 단계별 필독서를 선정하고, 입문서인 '처음 읽는 중국사'를 통해 중국 통사를 이해했다고 밝힘. 특히 영화 '송가황조'를 통해 중국과 대만의 건국 배경 및 이후 양국 간 정치 · 외교적 갈등에 대한 이해가 중국 근현대사에 대한 학습에 있어 필요한 과제임을 인지하게 되었다고 피력함.

7월 25일	호모 에렉투스의 유전자 여행		
	요하네스 크라우제, 토마스 트라페 | 책밥 | 2020	도서 분야	고고유전학
		관련 과목	세계사, 생명과학
		관련 학과	사학과, 고고학과

✅ 인종주의의 한계와 단점을 다양한 측면에서 고려해 정리한다.

1. 인간은 수많은 유전적인 변이를 가지고 있으며 이는 지리적, 문화적 및 환경적 요인에 따라 다양하다. 따라서 인종을 정의하는 것은 과학적으로 모호하며 단순화된 개념이다
2. 연구 결과, 모든 인종은 99% 이상 유전적 유사성을 가지고 있다. 또한 동일한 인종 속에서도 개체 간 특성이 다양하다.
3. 인종주의는 사회적 불평등과 차별을 정당화하고, 합리적인 정책과 건강한 사회 형성에 부정적인 영향을 미칠 수 있다.
4. 유전적 요소 외에도 환경이나 문화가 인간의 발달과 특성에 영향을 미친다. 이를 단순히 인종에 귀착시키는 것은 과학적으로 정확하지 않다.

✅ 《이기적 유전자》, 《사피엔스》를 읽고 작가들의 주장을 융합하여 정리해 본다.

리처드 도킨스는 《이기적 유전자》에서 유전자가 진화의 핵심 주체임을 주장하며, 개체의 행동과 특성을 유전자의 전략적인 선택에 연결한다. 반면 유발 하라리는 《사피엔스》에서 문화, 신화, 협력, 미래 등 인류 역사의 중요한 측면을 강조한다. 두 이론을 융합하면 유전적 변이와 문화적 형성이 상호작용하며 인간 진화와 문명의 발전을 이끌었다고 볼 수 있다.

1. 《이기적 유전자》의 관점을 적용하면, 인간의 사회적 특성과 행동은 유전적으로 설명할 수 있다. 사회는 유전자의 전파를 지원하고, 문화적 발전은 그러한 유전적 전파를 돕는다.
2. 유발 하라리는 미래에 대해 고찰하면서 인간의 진화와 기술 발전이 어떻게 상호작용할 수 있는지 논의한다. 《이기적 유전자》의 관점에서는 유전적 측면에서도 인간의 미래에 대한 관심을 표현할 수 있을 것이다. 유전자 편집 기술의 발전과 인간의 유전적 특성에 대한 개입이 미래에 어떤 영향을 미칠지에 대한 논의를 진행하는 것이 그 예시이다.

✅ 위 내용을 비교과활동 특기사항이나 과세특에 활용한다.

• 세계사 교과 세특 예시 •

'역사의 의미'를 생각하는 시간에 고전적인 역사 탐구 방식은 인간 역사의 다양함을 모두 설명할 수 없으며, 인간의 진화를 알려면 과학적 연구와 역사학적 탐구의 융합이 필요하다고 주장함. 특히 유전학적인 관점에서 인종주의를 비판하는 등 역사학에 과학적 시각을 접목하는 시도를 보여줌. 인종 간 유사성이나 인종적 변이, 교육과 환경이 인간의 능력에 미치는 영향 등 다양한 관점에서 인종주의의 한계와 과학적인 모호함을 강하게 피력하였음.

7월 26일	나는 전쟁범죄자입니다	도서 분야	세계사
	김효순 | 서해문집 | 2020	관련 과목	세계사
		관련 학과	사학과, 정치외교학과

✅ '푸순의 기적'을 만든 중국 공산당의 전범 관리 방식과 그 이유를 생각해 본다.

포로를 인격적으로 대우하는 방침은 마오쩌둥이 홍군의 군기를 잡기 위해 제정한 '3대 기율, 8항 주의'에서 시작된다. 학습과 감화를 통해 죄를 뉘우치고, 변하는 자는 관대히 처분한다는 정책의 골조는 전범 관리에도 큰 이득을 가져왔다. 전향한 전범이 자백한 범죄는 명백한 증거로 남아, 중국이 극우화하는 일본에 맞설 자료로 활용되었다. 또한 부채감을 느낀 전향자들은 일본 내에서 반전 운동을 이끌며 중·일 관계의 가교로 기능했다. 이런 이례적인 정책은 결국 중국의 발전에 기여한다는 예측이 있어서 가능했다. 국가 재건을 위한 인재 육성과 타국의 인정과 도움이 절실했던 중국 공산당은 통 크게 일본인 전범을 대우함으로써 국제 사회에 신생국의 여유와 도덕성을 과시하는 기회로 활용한 것이다.

✅ 《전쟁과 죄책》을 읽고, 전범 행위를 정당화하는 일본 사회의 원인을 분석해 본다.

저자는 군의관으로 참전했던 아버지와 선배 의사들, 그리고 사회 전반에서 죄책감을 회피하는 것에 의문을 가지고 전범들을 만나 답을 찾았다. 그들 모두 잔인한 과거가 있었지만, 전쟁신경증과 외상 후 스트레스 장애(PTSD) 발병률은 현저히 낮았고 악몽을 꾸지도 않았다. 일견 '사이코패스'처럼 보이지만 이들은 모두 평범한 시민이었다. 저자는 '약함'을 인정하지 않는 일본의 분위기가 '상처를 입지도 않고 슬픔을 느끼지도 않는 인간'을 만들었다고 말한다. 어릴 때 받은 교육이 그들에게 국가의 번영을 위해 소수의 희생을 당연시하고 역경을 이겨낸 강자가 돼야 한다는 논리를 선사한 것이다.

✅ 위 내용을 비교과활동 특기사항이나 과세특에 활용한다.

• 세계사 교과 세특 예시 •

제2차 세계대전은 압도적인 사망자 수와 반인륜적 전쟁범죄로 20세기 최악의 전쟁이라는 평가를 받는다고 분석함. 추축국 중 독일은 주변국들의 사과 요구에 지금까지 한결같은 자세로 참회의 모습을 보여 국제 사회의 신뢰를 회복했다고 주장함. 반면 일본 우익은 전범 행위를 미화하고, 이들이 죄책감조차 느끼지 않는 것에 의문을 제기함. 이에 '전쟁과 죄책'이라는 책을 통해 '약함'을 인정하지 않는 일본의 분위기가 '상처를 입지도 않고 슬픔을 느끼지도 않는 인간'을 만들었음을 알게 되었다고 밝힘.

7월 27일

1000년

발레리 한센 | 민음사 | 2022

도서 분야	세계사
관련 과목	세계사
관련 학과	사학과

1000년경, 16세기경에 벌어진 문명 교류의 특징을 비교, 대조해 본다.

1000년경의 문명 교류	1. 실크로드는 여전히 중요한 상품 교역로였음. 2. 이슬람 문화의 확산 3. 화약, 나침반, 종이 등을 포함한 중국의 기술 혁신과 세계적 확산. 4. 십자군 전쟁 등 기독교 세력과 이슬람 세력의 대대적인 충돌 5. 인도 칸다하르 제국의 발전 6. 중국 고전 문화를 토대로 동아시아 문화권 형성 및 활발한 문화 교류 전개.
16세기경의 문명 교류	1. 콜럼버스, 바스코 다 가마 등 탐험가들이 활동하며 대항해시대가 열림. 2. 대륙 간 교역을 통해 새로운 식재료와 세계 각지의 음식이 소개됨. 3. 대륙 간 상호 교류 속에서 다양한 문화 요소들이 접목되었음. 4. 세계적 무역 네트워크가 형성되었음. 유럽에서 화폐와 상업 기업들이 세력을 키우고, 중국과 인도의 국제 무역도 확대됨. 5. 기술 혁신과 과학의 전파로 산업혁명과 과학 발전을 유도함.

1000년경에 진행된 문명 교류에 대해 동·서양의 입장에서 각각 평가해 본다.

동양의 평가	1. 동양은 같은 문화권에서 활발하게 교류했다. 중국은 한자를 포함한 자국의 문화를 주변 지역으로 전파했고, 한국과 일본은 이를 수용해 독자적으로 발전시켰다. 2. 동아시아에서 불교가 확산되어 예술, 철학 등 다양한 영역에 걸쳐 영향을 주었다. 3. 중국은 인쇄술과 화약의 발명, 나침반 개발 등 기술 혁신을 주도했다.
서양의 평가	1. 이슬람 제국에서 수학, 천문학, 의학 등의 다양한 분야의 발명이 있었고, 서양은 이러한 이슬람 문화를 가져와 중세 유럽의 르네상스를 촉진했다. 2. 십자군 전쟁을 통한 중동의 미술, 문학, 종교적인 아이디어가 유럽지역으로 확산하였다. 3. 북유럽에서는 바이킹 항해와 연결되어 북해 지역에서의 문화 교류가 있었다.

위 내용을 비교과활동 특기사항이나 과세특에 활용한다.

• 세계사 교과 세특 예시 •

'오늘날 세계화의 토대가 된 문명 교류의 시작점을 어느 시대로 선정할까?'를 주제로 한 탐구 수업에서 동양 중심의 문명 교류의 시작인 1000년 경과 서양 중심의 교류가 주를 이룬 16세기가 유력하다고 주장함. 그리고 각 시기의 주요 문명 교류지역은 동서양을 잇는 중동, 이슬람 세계라고 분석함. 현대 사회에서는 다소 고립된 중동 지역이 문명 교류의 주역이라는 점이 놀랍다고 발표한 점이 인상적이었음.

7월 28일	7대 이슈로 보는 돈의 역사 2 홍춘욱 ∣ 로크미디어 ∣ 2020	도서 분야	세계사
		관련 과목	세계사
		관련 학과	사학과, 사회학과, 경제학과, 정치외교학과

✅ 전염병이 세계사에 미친 영향을 고려해 '코로나 팬데믹'의 영향을 예측해 본다.

14세기의 흑사병과 20세기 초 스페인 독감 등 전염병은 세계사에 큰 영향을 미쳤고, 경제에도 큰 변화를 불러왔다. 우선 인구가 줄어들며 경작지가 넓어져, 1인당 소득의 증가가 두드러졌다. 또한 본능적인 자기 방어기제가 작동하며 '내집단'과 '외집단' 간 경계가 뚜렷해지고, 보호무역주의가 강화되었다. 이런 과거는 코로나 팬데믹 이후 격변하는 상황을 읽어낼 단서가 된다. 실제로 부동산 및 내수 시장에는 양적 긴축을 위한 고금리가, 수출 주도형인 우리나라의 산업에는 보호무역이 부정적인 영향을 미치고 있다.

✅ '미·중 분쟁', '자원 외교' 등 다양한 갈등 상황을 분석해 본다.

외부 환경에 큰 영향을 받는 우리나라의 정치 · 경제 · 외교에 '미 · 중 분쟁'과 '우 · 러 전쟁' 두 갈등이 큰 파문을 불러오고 있다. 미 · 중 갈등은 반도체가 주력인 우리나라 수출에 영향을, 우 · 러 전쟁은 자원 보유국이 자원을 무기로 삼아 자원 빈곤국인 우리나라에 압력을 가하는 데 영향을 주었다. 일부 선진국들은 자원의 안정적인 수급을 위해 자원 보유국에 투자를 아끼지 않고 있으나, 이에 대항하듯 자원 보유국들도 국유화(칠레–리튬)나 생산감소(사우디–원유), 수출 통제(인도네시아–팜유) 등 다양한 정책을 내놓고 있다.

✅ 위 내용을 비교과활동 특기사항이나 과세특에 활용한다.

• 정치와 법, 통합사회 교과 세특 예시 •

국제 관계에 관심이 많은 학생으로 국제사회의 다양한 갈등과 새로운 국제 질서를 분석한 점이 인상적이었음. 세계의 공장으로 가파른 성장을 이룬 중국이 첨단 기술에 집중투자하고 제3세계에 영향력을 확대하자, 미국이 견제를 시작했고 이는 무역 분쟁을 넘어 정치 · 외교 갈등으로 발전했다고 피력함. 또한 우크라이나를 위시한 서방과 러시아 간 전쟁이 길어지자, 러시아는 천연가스를 무기로 유럽을 압박하고 있다고 분석함. 이러한 상황 속에서 특정 국가나 세력에 치우치지 않는 이른바 '줄타기' 외교로 실질적 이득을 위해 늘 신중한 태도를 견지해야 한다고 주장한 점이 인상적이었음.

7월 29일

반일 종족주의, 무엇이 문제인가

김종성 | 위즈덤하우스 | 2020

도서 분야	한국사
관련 과목	한국사
관련 학과	사학과, 정치외교학과

다른 책이 제시한 반일 종족주의의 허점을 알아본다.

전강수 작가의 《반일 종족주의의 오만과 거짓》은 반일 종족주의를 경제의 관점에서 낱낱이 분석한 첫 번째 책이다. 다음은 이 책이 밝히고 있는 반일 종족주의의 허점과 저자의 반박이다.

1. 반일 종족주의의 논리적 허점을 알 수 있다. 반일 종족주의의 기원과 개념에 대한 모호하고 일관성 없는 논리, 극단적인 자학사관이 대표적이다.
2. 토지와 쌀 수탈, 한일 청구권 협정으로 인한 피해자의 청구권 소멸이라는 억지를 경제사학자의 전문성을 바탕으로 논박하고 있다.
3. 《반일 종족주의》 저자들이 역사적 사실을 왜곡했다는 것을 알 수 있다. 위안부는 개인 영업자였기에 전쟁범죄가 아니라는 그들의 주장에 반박하기 위해 역사적 증거를 취사선택한 반일 종족주의자들의 사례를 낱낱이 파헤쳤다.

과거사 청산과 관련하여 올바른 역사관이 필요한 이유는 무엇일까?

1. 올바른 역사관은 사건을 바라보는 정확성과 진실성이 중요하다. 왜곡과 편향된 시각은 오해와 혼란을 불러온다.
2. 올바른 역사관이 있다면, 미래를 위한 결정을 내릴 때 과거의 실수와 성취를 참고할 수 있다.
3. 부정한 행위에 대한 책임을 명확하게 하고 피해자에게 보상을 제공하는 것에 필요하다.
4. 역사 속에서 문화, 인종, 성별, 종교 등 다양한 경험을 배우고 인정해 사회적 통합을 촉진한다.
5. 올바른 역사관으로 과거와 현재를 이으면, 문제를 위한 통찰력과 해결 방법 모색에 유용하다.
6. 올바른 역사관을 가진 교사와 교재를 통해 역사 교육의 질은 향상된다.

위 내용을 비교과활동 특기사항이나 과세특에 활용한다.

• 한국사 교과 세특 예시 •

우리 안에 숨겨진 역사 인식의 문제점을 찾고 분석하는 수업 시간에 뉴라이트를 기반으로 한 '반일 종족주의' 사관과 이에 대항하는 학계의 논쟁을 선택해 발표하였음. 일본을 악으로만 규정하는 것이 한국 사회를 좀먹고 있다는 주장에 대해, 이를 친일 · 자학사관이자 논리적 허점이 가득 찬 궤변이라고 반박하는 주류 학계의 근거를 제시함. 특히 반일 종족주의는 일본 우익의 논리를 그대로 답습한다고 비판한 점이 인상적이었음.

7월 30일	위안부 문제를 아이들에게 어떻게 가르칠까? (한국편)	도서 분야	한국사
	방지원	생각비행	2021	관련 과목	한국사, 세계사
		관련 학과	사학과, 정치외교학과

✅ 성범죄 피해자들이 오랫동안 침묵한 이유를 생각해 본다.

정절을 중요시한 과거에 성범죄 피해를 외부에 알리는 것은 거의 불가능했다. 피해 사실을 알리는 순간, 주변인들의 따가운 시선에 부수적인 피해가 따라오기 때문이다. 자신의 아픔을 드러내면 가족들도 부당한 수치와 고통을 받기에 더욱 노출을 꺼렸을 것이다. 오랜 시간 경제 개발에만 집중해 온 정부는 과거사 문제 해결에는 소홀했다. 또한 보수적인 사회 분위기 속 법률 체계 또한 성범죄에는 미온적인 상황이었다. 그렇기에 피해자들은 주변의 도움을 기대하지 않은 채 침묵한 것이다.

✅ 일본군 위안부 문제를 반인륜적 범죄라고 지칭하는 이유는 무엇인가?

1. **강제 성매매와 인권 침해:** 제2차 세계대전 중 일본군에 의해 자행된 강제 성매매와 부당한 노동 때문이다. 이러한 행위는 인권을 철저하게 무시한 반인륜적 범죄로 규정된다.
2. **국제법 위반:** 국제법상 강제 성매매와 성노예 제도는 불법이다. 이에 일본군 위안부 문제는 국제 범죄에 해당하므로 국제적인 비난과 처벌의 대상이 된다.
3. **장기간의 고통:** 피해자들은 평생 심각한 정신적, 신체적 고통을 겪었고, 이는 범죄의 심각성을 배가한다.

✅ 《위안부 문제를 아이들에게 어떻게 가르칠까? 일본편》을 읽고, 서평을 써본다.

조직적인 역사 왜곡 속에서도 꿋꿋하게 진실을 직시하고, 일본군 위안부 수업을 진행한 현직 일본 역사 교사의 이야기가 담겨 있다. 저자는 지식의 단순 전달에 그치지 않고, 아이들이 직접 수업을 주도하게끔 교육과정을 설계했다. 그렇기에 수업은 늘 개방적이며, 그 결과물도 각자의 가치관에 따라 다르다는 것을 강조한다. 이는 수업이 감정적으로 흘러가는 것을 막고, 학생들의 사고력 진작에도 도움을 준다. 저자가 학생들과 대중들에게 주는 메시지는 분명하다. 타인의 희생으로 실현되는 행복은 없으니 항상 사회에 관심을 두고, 소외당하는 이들과 사건을 위해 행동하자는 것이다.

✅ 위 내용을 비교과활동 특기사항이나 과세특에 활용한다.

• 한국사 교과 세특 예시 •

역사 수업 중 가장 진행하기 힘든 주제로 '일본군 위안부'를 고르고 그 원인을 분석해 봄. 일본군 위안부 문제는 단순한 전쟁범죄를 넘어 '성'을 매개로 한 인권유린이기에 수업 진행이 힘들다고 평가함. 피해 정도가 극심하고 자극적이어서 다소 감정적으로 흐를 수 있고, 이는 피해 사실 직시를 돕고 해결책을 찾는 이성적 판단을 흐릴 수 있다고 첨언함.

7월 31일

백범일지

김구 | 돌베개 | 2005

도서 분야	한국사
관련 과목	한국사
관련 학과	사학과, 정치외교학과

김구의 삶을 통해 독립운동의 당위성을 생각해 본다.

첫 번째. 김구는 독립과 주권 회복을 최우선으로 삼고, 이를 위해 개인적인 모든 것들을 희생했다.

두 번째, 김구는 독립운동과 민주주의 간 연관성을 이해하고, 민주주의 원칙의 실현과 민족의 자주성 회복을 위해 국민의 당연한 권리이자 의무인 독립운동을 사용했다.

세 번째, 고통스러운 수감 생활과 독립 전선에 앞장선 그의 희생은 독립군의 사기 고양 및 주권 회복, 민주주의 정착을 향한 국민의 지속적인 노력과 단합을 끌어냈다.

네 번째, 문화와 교육을 통해 독립운동의 당위성을 효과적으로 전파했다. 독립운동을 통해 국민의 문화 수준 제고 및 시민의식의 성숙을 유도했다.

마지막으로 다양한 이념, 계급, 지역 간 갈등을 해소하고 소통을 통한 민족적 단결을 강조했다.

김구와 비견되는 여운형의 삶과 그의 사상을 알아본다.

- **독립운동가로서 활동 내용:** 여운형은 3·1 운동과 대한민국 임시정부에서 활약했으며, 1930년대 언론사 사장으로 재직하며 일본 정부에 대한 항거와 독립의 염원을 표현했다.
- **국회의원과 정치인으로의 활동:** 일제의 패망을 예견하고 조선건국동맹을 조직한 뒤, 광복을 대비하였다. 광복 직후 이를 건국준비위원회로 개편하고 조선인민공화국을 선포했으나, 미군정의 인정을 얻지 못해 자주국가 건설이라는 꿈이 꺾였다. 이후 이념 갈등이 극단으로 치닫자 좌우합작위원회를 조직해 갈등을 봉합하려 노력했지만 암살로 세상을 떠나게 된다.
- **교육, 문화, 종교적 활동:** 학교를 설립해 교육활동을 진행하며, 국민의 교육 수준 향상에 기여했다. 독실한 기독교 신자였던 그에게 종교는 그의 사상과 활동에 큰 영향을 주었다.

위 내용을 비교과활동 특기사항이나 과세특에 활용한다.

• 한국사 교과 세특 예시 •

독립운동가의 삶을 통해 민족해방운동의 과정과 그들이 바란 해방된 조국의 모습을 그려보는 수업 시간에 김구를 주제로 발표함. 독립운동계의 거목이자 '백범일지'에 실린 금언으로 유명한 그의 삶에 대해 개인은 없고, 조국과 민족에 대한 희생과 헌신만 있다고 평가함. 임시정부 활동의 유명세 뒤에는 동학농민운동의 참여와 교육자로서의 활동, 다양한 종교를 경험하며 자신만의 철학과 사상을 완성하는 모습이 있었다고 설명한 것이 인상적이었음.

8월

8월 1일	과학혁명의 구조	도서 분야	자연과학
	토마스 쿤 | 까치 | 2013	관련 과목	과학사
		관련 학과	과학철학과, 과학교육학과, 철학과

☑ 쿤의 혁명적 과학철학 전후에 등장한 과학철학의 흐름을 정리해 소개해보자.

과학철학	의의
칼 포퍼의 반증주의	합리주의자로서 '반증가능성'을 기준으로 과학과 비과학을 구분
쿤의 과학혁명의 구조	과학의 진보는 패러다임의 교체로 일어나는 불연속적 변화라고 주장
라카토스의 연구 프로그램의 방법론	포퍼의 반증주의와 쿤의 역사주의적 과학관을 비판적으로 계승하며 자신의 '연구 프로그램의 방법론'을 발전시킴

☑ 과학사 패러다임의 전환 예시를 통해 과학혁명의 구조를 설명해보자.

● 과학혁명이 일어나는 과정

(패러다임 정립 → 정상과학 퍼즐 풀이 → 변칙 사례 등장 → 위기 → 과학혁명 → 새로운 정상과학)

- 책에서 소개된 코페르니쿠스 혁명을 예로 과학혁명이 일어나는 과정을 정리한다. 프톨레마이오스의 천동설에서부터 코페르니쿠스의 지동설이 등장하는 과정을 과학혁명의 구조에 맞춰 설명해보자.

☑ 쿤의 과학철학에서 논쟁이 되는 부분을 찾아 소개하고 그 내용을 탐색해보자.

- 쿤은 패러다임의 전환이 '개종'과 같다고 말했다. 쿤과 비판론자들이 벌인 논쟁의 핵심을 알아보자.
- 과학의 진보가 지식의 누적으로 절대적 진리를 향해 나아가는 것이 아니라고 한 쿤의 주장을 비판할 만한 근거를 제시해보자.

☑ 위 내용을 비교과활동 특기사항이나 과세특에 활용한다.

• 과학사 교과 세특 예시 •

우주론 단원을 학습하면서 천동설에서 지동설로 넘어가는 사고의 전환이 어떻게 이루어졌는지 깊이 탐구하는 자세를 보임. 사회적 분위기, 천동설이 뒷받침하는 천체 역학에도 불구하고 미처 설명하지 못한 당시의 과학자들의 태도를 분석함. 이 책을 통해 과학철학에서 패러다임의 전환이 일어나는 과정을 깨닫고 코페르니쿠스의 지동설이 출현하는 과정을 쿤의 과학혁명의 구조에 적용하여 소개함. 과학철학에 흥미를 보이며 다른 학문의 과학사에서 과학혁명으로 설명되는 과정을 직접 찾아보고 추가적인 탐구 활동을 진행함.

8월 2일	객관성의 칼날	도서 분야	자연과학
	찰스 길리스피 | 새물결 | 2005	관련 과목	과학사
		관련 학과	과학철학과, 과학교육학과, 철학과

뉴턴 이전의 근대과학혁명을 살펴보고 주요 내용과 의의를 탐구해본다.

과학혁명	주요 이론과 법칙	의의
천문학의 혁명	코페르니쿠스의 지동설	원운동에 기반한 기하학적 이론으로서 무한 우주의 가능성을 엶
	케플러의 행성 운동에 관한 3가지 법칙	객관적인 관찰 자료에 근거하여 천체의 운동을 타원 운동으로 수정
물리학의 혁명	갈릴레오 갈릴레이의 낙체의 법칙	수학적 전통과 실험적 전통을 구축하는 데 중요한 밑거름이 됨

17세기 두 철학 사조가 과학에 미친 영향을 탐구해보자.

17세기 주요 철학의 중심에는 베이컨과 데카르트가 있다. 베이컨이 선택한 방법론은 경험론으로, 유용한 지식을 얻기 위해서는 귀납적인 사고를 통한 지식 체계의 구축이 필요하다고 주장했다. 반면 데카르트는 명석함을 목표로 이성과 연역적 사고를 강조했으며, 데카르트는 관성의 원리와 근대 물리학의 수학적 무기로써 해석 기하학을 탄생시켰다.

교과 융합 활동으로서 과학과 철학의 연관성을 조사하고 탐구 활동으로 진행한다.

- 책에 등장하는 주요 철학사상을 고대, 중세, 근대 시대별로 조사해보고, 과학사에 미치는 영향과 관련성을 찾아 정리한 후 주제 탐구 활동으로 발표해보자.
- 관심 있는 과학 분야에서 관련 학문의 발달 과정과 역사를 찾아 조사해보고 과학과 사회, 종교, 문화와의 관계를 정리해보자.

위 내용을 비교과활동 특기사항이나 과세특에 활용한다.

• 진로활동 특기사항 예시 •

진로 탐색 활동 시간에 이 책을 읽고 평소 관심 있던 물리학의 역사를 이해하고, 특히 과학자 패러데이의 삶을 통해 자신을 되돌아보았다는 소감을 밝힘. 호기심이 많고, 실험을 통해 과학적 사실을 찾는 즐거움을 느끼는 모습이 관찰됨. 이는 패러데이의 성향과 매우 닮아 있음을 스스로 깨닫고 매사에 진취적인 태도를 보임. 주변 환경에 굴하지 않고 과학에 대한 열정을 바탕으로 끊임없이 전진하겠다는 포부를 내비침. 과학자로서는 드물게 상냥하고 온화했던 패러데이를 닮고 싶다는 소견을 발표함.

8월 3일	**코스모스**	도서 분야	자연과학
	칼 에드워드 세이건 | 사이언스북스 | 2004	관련 과목	통합과학
		관련 학과	물리학, 천문우주학, 항공우주공학

✅ 인상 깊었던 소주제를 선택하고, 후속 활동을 이어가본다.

쟁점이 될 만한 연구 주제를 정해 독서 토론 또는 학급 단위의 컨퍼런스, 세미나 활동을 진행해보자. 예컨대 '과학 기술은 전쟁과 우주탐사 중 어디에 더 유용한가?', '어떠한 사회 분위기 속에서 과학이 더 발전할 수 있을까?' 등의 질문으로 각자 사전 조사한 후 참여하는 것이다.

✅ 관심 주제를 바탕으로 자료를 조사하고 탐구 활동을 진행해본다.

- 본문에 소개된 금성, 화성 및 태양계 탐사선은 1980년대 이전의 기록이다. 최근에 발사된 행성 탐사선을 조사해 관측 사진, 탐사 결과 및 의의를 기록 후 발표해보자. 이를 우리나라의 로켓 개발 현황으로 확장시켜 우주탐사의 의의를 소개하면 더 좋을 것이다.
- 저자는 나사(NASA)에서 발사한 보이저호에 인류 문명의 정보를 담은 '골든 레코드(Golden Record)'를 실었다. 여기에 담긴 정보를 조사한 후 자신이 기록하고 싶은 정보와 비교, 발표해보자.
- 외계 지적 생명체 탐사 프로젝트를 조사해보고 최근의 연구 동향 찾아보며 인공지능 AI 프로그램과 연계한 탐사 활동으로 과제 연구를 진행해 보자.

✅ 위 내용을 비교과활동 특기사항이나 과세특에 활용한다.

• 자율활동 특기사항 예시 •

평소 사고력이 깊고 탐구력이 뛰어남. 이 책을 읽고 '과학 기술은 전쟁과 우주탐사 중 어디에 더 유용한가'라는 주제로 독서 토론 활동에 참여, 우주탐사의 관점에서 논리적 의견을 제시함. 장단기적인 측면에서 비용에 대한 경제적인 효과를 객관적으로 비교하고 국가적, 개인적 차원에서의 우주탐사 의의를 밝혀 큰 공감대를 형성함. 자신의 의견을 확고히 하면서도 상대방의 의견을 경청하고 존중하는 자세를 갖춰 수준 높은 토론 분위기 형성에 이바지함.

• 지구과학 I 교과 세특 예시 •

천문학에 관심이 많은 학생으로 평소 천체 관측 활동에 적극적인 모습을 보임. 태양계 천체들과 은하에 대한 궁금증이 생겨 최근 30년 동안 발사된 우주탐사선의 활동 및 업적을 찾아 조사하여 보고서를 작성함. 책에 기록된 내용과 최근 관측 결과의 차이를 비교하고, 누리호의 개발 과정을 조사한 후 우주탐사 의의를 일목요연하게 정리함. 외계 생명체 탐사 프로젝트를 더 조사하고 싶다는 포부를 밝히며 이와 관련한 진로 탐색 활동을 수시로 진행하는 진취적인 자세를 보임.

8월 4일	모든 순간의 물리학	도서 분야	자연과학
	카를로 로벨리 | 쌤앤파커스 | 2016	관련 과목	물리학
		관련 학과	물리학과, 천문우주학과

본문에 소개된 아래 구절과 관련한 과학 에세이를 작성해본다.

우리 인간은 현대 물리학이 제공하는 '세상'이라는 거대한 벽화 속에서 어떤 위치에 놓여 있을까요? 우리 역시 그저 양자와 입자로만 만들어졌을까요? 그렇다면 개별적으로 존재하고 스스로를 '나 자신'이라 느끼는 이유는 무엇일까요? 우리의 가치, 우리의 몸, 우리의 감정, 우리의 지식은 또 무엇이란 말인가요? 이 거대하고 찬란한 세상에서 우리는 대체, 무엇일까요?

과학 이론의 발달 과정에서 과학자들의 논쟁 내용을 살펴본다.

양자역학 방정식에 대한 과학자들의 입장 차이		
과학자	아인슈타인	닐스 보어
주장	상호작용과 상관없는 객관적인 실체가 존재한다.	상호작용을 할 수 없으면 그 무엇도 확실한 자기 자리를 갖지 못한다.
논쟁 의의	우리의 지식은 충분히 성장해왔지만 성장 속에서 새로운 의문과 미스터리도 발생한다. 많은 물리학자와 철학자들이 이 문제들에 대해 여전히 회의와 의문을 제기하고 있다.	

관심 있는 분야의 최신 과학 이론을 조사한 후 탐구보고서를 작성해본다.

탐구 주제	우주 탄생 과정에 대한 미해결 문제와 최신 연구 동향
탐구 동기	평소 궁금했던 우주의 탄생 과정과 우주 구조에 대한 밀도 있는 탐구
핵심 질문	아직 밝혀지지 않은 우주의 수수께끼는 무엇일까?
주요 내용	① 은하 중심의 거대 블랙홀 생성 과정 ② 고에너지 우주선의 유래 ③ 우주 리튬 문제 ④ 암흑 에너지, 암흑 물질의 정체 ⑤ 우주 탄생 이전의 세계 ⑥ 또 다른 인류에 대한 가능성

위 내용을 비교과활동 특기사항이나 과세특에 활용한다.

• 진로활동 특기사항 예시 •

문제에 대한 포괄적이고 깊은 이해력을 지닌 학생으로 학업 외에도 독서를 통해 폭넓은 지식을 쌓고 있으며, 이를 통해 자신의 사고력과 통찰력을 더욱 발전시키고 있음. 이 책을 읽고 과학적 사고의 폭이 확장되는 경험을 하며 원리를 깊이 이해하게 되었다는 내용으로 감상문을 작성함. 과학 에세이 활동에 참여, '인간의 존재 의미'를 주제로 물리학의 관점에서 해석한 인간의 존재 의미를 체계적이고 논리적으로 표현함. '드넓은 우주에서 인간은 물리적으로 특별할 것 없지만 존재 자체만으로도 모두가 특별하다'라는 문구가 매우 인상적이었음.

8월 5일	시간은 흐르지 않는다	도서 분야	자연과학
	카를로 로벨리 I 쌤앤파커스 I 2019	관련 과목	물리학
		관련 학과	물리학과, 철학과, 천문우주학과

시간이라는 단어가 지닌 여러 의미를 다양한 예시를 통해 탐색해본다.

'시간'이라는 단어를 사용한 예시 표현	'시간'이 나타내는 의미
가속도는 시간에 대한 속도의 미분이다	지속을 측정하는 변수를 나타내는 '시간'
내일, 내일, 내일 / 기록된 시간의 마지막 음절	연속 안에서의 간격으로서의 '시간'
내 사랑이 떠나갈 시간이 다가오고 있다	특별한 순간을 가리킬 수 있는 '시간'

책에서 설명하는 시간의 관념을 물리학적으로 해석하는 과정을 탐색해보자.

시간은 '유일'하지 않다	아인슈타인의 일반상대성 이론에 따르면 장소와 속도에 따라 헤아릴 수 없이 많은 시간이 존재한다.
시간은 '방향성'이 없다	볼츠만의 엔트로피에 따르면, 미시적인 관점에서 과거와 미래는 본질적인 차이가 없다.
시간은 '독립성'이 없다	아리스토텔레스와 뉴턴의 시간 개념을 합성한 아인슈타인의 논리로써 시공간인 중력장이 다른 것들과 상호작용한다.
시간은 '연속성'이 없다	양자역학에 따라 중력장도 다른 모든 사물들처럼 양자적 특성을 가져야 한다.

본문을 통해 새로운 발견 사례를 찾고 이를 주제 탐구 활동으로 연결시켜 보자.

이 책은 시간의 본질을 파헤치기 위해 우리가 갖고 있는 시간에 대한 통념부터 비판적으로 분석해 들어간다. 지구가 평평한 것 같지만 사실은 구면인 것처럼, 태양이 도는 것 같은데 사실은 지구가 도는 것처럼, 직관적 경험을 뛰어넘는 과학적 사례를 찾아 주제 탐구 활동으로 연결시켜 보자.

위 내용을 비교과활동 특기사항이나 과세특에 활용한다.

• 물리학 I 교과 세특 예시 •

배운 내용에 대한 남다른 해석 능력과 깊이 있는 사고가 돋보이는 학생임. 이 책을 읽고 시간의 본질 분석에 감명받아 인상 깊은 구절과 핵심 표현을 찾고 스스로 정리하는 자세를 보임. 평소 천문학 계열에 관심이 많아 우주의 구조를 탐색하는 활동을 즐겨함. '우주의 시간'이라는 주제로 탐구 활동을 진행, '시간'의 다양한 의미를 분석하고 철학적, 물리학적 관점에서 시간을 통찰하는 역사를 기록하는 등 주제와 관련된 보고서를 꼼꼼하게 작성함.

8월 6일

우주의 구조

브라이언 그린 | 승산 | 2005

도서 분야	자연과학
관련 과목	물리학
관련 학과	물리학과, 천문우주학과

✅ 공간과 시공간에 대한 개념의 변천사를 탐색해보자.

뉴턴 (절대적 관점)	공간은 실체다. 가속운동은 상대적이지 않다.
라이프니츠 (상대적 관점)	공간은 실체가 아니다. 모든 운동은 상대적이다.
마흐 (상대적 관점)	공간은 실체가 아니며, 가속운동은 우주 전체 질량에 상대적이다.
아인슈타인 (특수상대성이론)	시간과 공간은 모두 상대적이다. 시공간은 절대적인 실체이다.

✅ 시간여행 여부를 물리학적으로 탐구하고 관련 글짓기 활동에 참여해보자.

- '순간이동과 타임머신'을 읽고 양자적 순간이동, 과거로의 시간여행 가능성, 다중우주 해석론, 웜홀 타임머신을 토대로 탐구 활동을 해보며, 최신 연구 결과를 조사하고 보고서를 작성해보자.
- 시간여행을 통해 펼쳐진 미래의 모습을 주제로 과학적인 상상력을 발휘해 변화된 우리 사회를 그려보고, 현실에서 겪게 될 다양한 문제에 대한 글짓기 활동에 참여해보자.

✅ 최신 이론물리학의 방향을 탐색하고 연구 방법 및 발전 가능성을 탐구해보자.

- 책에서 소개된 최신 이론물리학으로 '끈 이론'과 '루프 양자중력이론'의 개요를 정리해보고 이에 관한 실험적 증거, 연구 방법으로서 초대형 입자가속기의 활용과 결과 등을 발표해보자.
- 과학 관련 서적, 논문, 학술 자료를 찾아보고 최신 물리학의 연구 동향을 조사해보자.

✅ 위 내용을 비교과활동 특기사항이나 과세특에 활용한다.

• 진로활동 특기사항 예시 •

물리학과에 진학을 희망하는 학생으로 사물이나 현상을 환원론적으로 탐구하는 것을 좋아하며, 관련 서적을 찾아 읽는 모습이 자주 관찰됨. 독서 감상 활동을 통해 '우주의 구조'를 읽고 시공간의 구조를 탐구하는 새로운 시각을 배울 수 있었다는 소감을 밝힘. 심화 활동으로 시간여행 탐구를 주제로 양자적 순간이동, 다중우주 해석론, 웜홀 타임머신 등을 소개하는 활동지를 만들어 친구들에게 소개함. 과거와 미래로 이동하는 시간여행을 상상하며 짤막한 글을 작성, 학급 친구들에게 과학 기술 발전의 가능성을 함께 고민해보는 기회를 제공함.

8월 7일

엔드 오브 타임

브라이언 그린 | 와이즈베리 | 2021

도서 분야	자연과학
관련 과목	물리학
관련 학과	물리학과, 화학생물공학부, 천문우주학과

과학 용어를 비유적으로 표현한 사례를 찾아보고, 자신만의 언어로 재해석해 본다.

과학 용어	비유적 또는 일상생활로 표현한 사례
원자의 구조	원자핵과 전자 궤도, 전자 궤도에 들어갈 전자 수를 계단식 원형극장인 '양자극장'에 입장하는 관객으로 표현한다.
공유결합과 이온결합	전자들 사이의 공동 계좌 개설 및 원자들 간의 전자 거래로 결합 과정을 표현한다.
생명체 내의 화학반응	음식을 통해 유입된 전자는 화학적 계단을 타고 각 층에 에너지를 방출하고 모든 세포에 설치된 생물학적 배터리를 충전, 분자를 합성한다.
우주의 시간 규모	엠파이어스테이트 빌딩은 우주의 달력, 건물의 각 층은 특정 연대기에 해당한다. 임의의 층의 기간이 그 아래층의 기간보다 10배는 길다.

독서감상문을 작성하고 자신의 진로, 적성과 관련지어 활동을 추가한다.

이 책에는 수많은 과학자, 수학자, 철학가, 예술가, 문학가가 등장해 자신이 발표한 논문과 서적, 시와 음악, 문학 작품을 인용한 인상 깊은 문장을 남긴다. 등장인물 중 본인의 기억에 남는 인물의 삶, 업적을 찾아보고 이를 독서감상문 또는 진로활동으로 이어본다. 우주의 끝, 인류의 멸종이 찾아올 때를 가정하고 현재를 살아가는 의미와 앞으로 삶을 대하는 본인의 태도 등을 고민한 후 에세이를 작성해보는 것도 흥미로울 것이다.

주제 탐구 활동 및 과학 프로젝트 활동을 계획해본다.

- 엔트로피 2단계 과정, 원자들이 자가 복제 가능한 분자로 진화하는 과정, 우주의 탄생과 소멸, 원자의 생성 과정, 신체 내의 에너지 전달 과정 등 과학 현상을 깊이 탐구하고 정리한 후 자신만의 언어, 글과 그림, 카드뉴스 등의 형태로 표현해보자.
- 책과 관련한 학술 자료를 직접 찾은 후 보고서를 작성하거나 관련 교수, 권위자의 강의를 찾아 듣고 이를 연구물로 정리해 발표해보자.

위 내용을 비교과활동 특기사항이나 과세특에 활용한다.

• 진로활동 특기사항 예시 •

책을 통해 학문에 얽매이지 않고 생명체의 신체적 경계 안에서 일어나는 사건을 탐구하고 연구한 슈뢰딩거의 모습에 감명을 받고 감상문을 기록함. 나아가 슈뢰딩거의 삶을 조사 · 연구한 후 보고서를 작성, 이것이 자신의 학업 생활에 큰 동력을 주었다고 발표해 반 친구들의 호응을 얻음.

8월 8일	부분과 전체	도서 분야	자연과학
	베르너 카를 하이젠베르크 | 서커스출판상회 | 2016	관련 과목	과학
		관련 학과	물리학과, 전기·전자학과, 공학계열

과학과 인문학의 통합적 사고를 바탕으로 주제 탐구 활동에 참여해보자.

- 4장의 '정치와 역사에 대한 교훈', 10장의 '양자역학과 칸트 철학' 등 과학과 철학, 종교, 언어, 문화, 정치 같은 다양한 주제가 본문에 등장한다. 해당 내용을 참고해 '과학과 인문학의 관계'를 주제로 글을 작성하고 소개해보자.
- 일생일대의 과학적 발견이 전쟁의 무기로 사용되는 과정을 목격했을 때 과학자는 어떠한 윤리적 자세를 취해야 하는지 자신의 의견을 발표해보자.

과학자들 간의 대화와 토론이 과학을 발전시킨 사례를 찾아 조사해보자.

- 현대 과학의 주요한 발견과 업적은 여러 명의 과학자가 공동으로 연구하여 얻어지는 경우가 많다. 하이젠베르크의 불확정성 원리 발견에 볼프강 파울리, 닐스 보어, 아인슈타인, 슈뢰딩거, 막스 플랑크 등의 과학자들이 어떠한 영향을 미쳤는지 살펴보자.
- 최근 노벨상 업적 중 관심 있는 분야를 조사해보고 공동연구가 이러한 과학적 성과에 미치는 영향을 탐구하여 발표해보자.

책을 참고해 인물 또는 과학 학문의 연표를 작성해보자.

책의 후반부에 원자물리학 연표가 실려 있다. 원자물리학의 발달 과정을 한눈에 알아볼 수 있어 흐름을 파악하기에 좋다. 관심 있는 과학자의 일생 또는 주요 학문을 선택해 발달 역사를 조사하고 이를 연표로 작성하여 소개해보자.

위 내용을 비교과활동 특기사항이나 과세특에 활용한다.

• 진로활동 특기사항 예시 •

이 책을 통해 원자물리학의 발달 과정을 깊이 이해할 수 있었고, 교과서에서만 보던 저명한 과학자들의 철학적 사고를 간접 경험할 수 있어 인상적이었다고 소감을 밝힘. '자연과학과 종교, 과학자의 윤리적 자세'를 주제로 과학과 인문학의 관계를 재구성한 후 진로 독서 발표 시간에 소개함. 평소 천문학 분야에도 관심이 많아 고대 철학과 현대 천문학의 발달 과정을 직접 조사하고 연표로 작성하는 노력을 보임.

8월 / 9일	파인만 씨, 농담도 잘하시네! 1, 2	도서 분야	자연과학
	리처드 필립 파인만 ❘ 사이언스북스 ❘ 2000	관련 과목	물리학
		관련 학과	물리학과, 기계공학과, 전자공학과

✅ 파인만의 삶을 역할에 따라 나누고, 각 인물을 입체적으로 분석해보자.

리처드 파인만은 물리학자, 대학 교수, 발명가, 예술가, 한 가정의 남편으로 살았다. 파인만이라는 인물이 역할에 따라 어떻게 평가될 수 있는지 서술하고 입체적으로 탐색해보자.

물리학자: 양자역학과 입자 물리학의 발전에 기여했고 노벨 물리학상을 수상했으며, 맨해튼 프로젝트에 참여하여 원자 폭탄 제조 임무를 수행했다.

예술가: 흥이 많고 열정적이며 드럼을 연주할 줄 알고, 자신이 그린 그림으로 전시회를 열 만큼의 예술적인 기질을 갖추었다.

✅ 이론물리학자로서 리처드 파인만의 업적을 조사해 간략히 소개해보자.

리처드 파인만은 양자 전기역학의 발전에 기여한 공로로 노벨 물리학상을 받았다. 그의 대표적인 업적은 아원자 입자의 거동을 설명하는 그림 체계, '파인만 다이어그램'이다. 그 외에도 양자 컴퓨터 개념의 제안, 맨해튼 프로젝트에 참여 등 눈부신 업적을 이루었다. 파인만의 다양한 업적 중 관심이 가는 분야를 정해 이를 간략히 소개해보자.

✅ 당시의 시대적 배경이 파인만의 삶에 어떠한 영향을 미쳤는지 탐구해보자.

20세기 초중반은 상대성 이론과 양자역학과 같은 '물리학 혁명'이 발발한 시기이며, 생물학 분야에서 DNA 이중나선이 발견되고, 우주의 팽창을 확인하는 역사적인 순간이 있었다. 과학에서의 다양한 혁명이 과학자의 사고에 어떠한 영향을 주었을지 생각해보고, 제2차 세계대전과 같은 혼란스러운 시기가 불러온 내적 갈등과 한 개인의 심리를 분석하여 발표해보자.

✅ 위 내용을 비교과활동 특기사항이나 과세특에 활용한다.

• 물리학Ⅰ 교과 세특 예시 •

공학 분야에 관심이 많고, 전자기기 및 기계 장치 원리의 탐구를 즐겨하는 모습이 관찰됨. 이 책을 읽고 물리학자로서의 삶뿐만 아니라 호기심과 배우고자 하는 의지, 열정이 뛰어난 인물에 대한 존경심을 보임. 자신의 진로에 영향을 미친 인물 탐구 시간을 통해 리처드 파인만의 일화를 소개하며, 일과 시간에 쫓기듯 살아가는 것보다 내면을 돌아보고 진정으로 좋아하는 것을 탐구하는 삶이 더 가치 있다고 발표하여 학급 학생들의 공감을 얻음.

8월 10일

떨림과 울림

김상욱 | 동아시아 | 2018

도서 분야	자연과학
관련 과목	과학
관련 학과	물리학과, 물리교육학과, 과학계열

☑ 본문의 내용을 참고하여 과학을 활용한 '생각의 전환' 글쓰기를 해보자.

① 여성에 대한 성차별은 제도와 문화, 의식의 문제로 해석되었다. 생물학적 관점에서 여성과 남성의 호르몬, 유성생식, 생식세포 등을 분석해 성차별 문제를 과학적으로 해석하고 해결책을 찾아보자.

② 세포 내 에너지를 생산하는 '미토콘드리아'는 다세포생물과 같이 복잡한 생명체를 탄생시키는 원동력이자 노화와 세포자살의 배후 세력이기도 하다. 우리 사회나 공동체에서 이와 같은 이중성을 가진 기관과 세력을 찾아 생명 현상과 비교하는 글을 써보자.

☑ 물리학 영역 중 관심이 가는 분야를 찾아 조사해보자.

응집물리학을 조사할 경우, 저항의 특성을 토대로 응집물리학의 역사를 알아볼 수 있다. 이러한 전기저항 관련 연구에는 트랜지스터, 초전도이론, 터널링, 고체물성이론, 양자홀효과, 고온초전도, 거대자기저항, 그래핀, 위상상전이 등이 있다. 관심 있는 이론이나 연구를 정하고 이를 중심으로 과제를 진행한 후 소개해보자.

☑ 대립해 있는 물리학 이론을 통해 관점의 차이를 정리하고 의견을 제시해보자.

환원주의 vs 창발주의

'모든 현상을 원자단위로 쪼개어 설명하는 관점'과 '전체는 부분의 합보다 크다는 관점'의 두 가지 이론으로 각각 잘 설명되는 현상을 예로 찾은 후 자신의 입장을 발표해보자.

☑ 위 내용을 비교과활동 특기사항이나 과세특에 활용한다.

• 자율활동 특기사항 예시 •

물리교육과에 관심이 많은 학생으로, 물리를 어려워하는 친구와의 '멘토-멘티' 활동을 통해(점심시간 이용) 주 3회 도움을 줌. 물리 현상과 이론을 좀 더 쉽게 이해하기 위해 이 책을 찾아 읽고, 책에서 배운 내용을 멘토링 활동에 적극적으로 활용하는 태도를 보임. 성차별 관련 이슈가 나왔을 때 남녀의 생식세포와 호르몬, 유전자의 특징을 가지고 남성과 여성은 유전학적으로 거의 차이가 없으므로 성차별적 인식은 지양해야 한다는 과학적인 주장을 펼침.

8월 11일	퀀텀의 세계 이순칠	해나무	2023	도서 분야	자연과학
		관련 과목	물리학
		관련 학과	전자공학, 물리학, 컴퓨터공학, 재료공학, 수학과

책에 소개된 내용 중 심화 탐구활동으로 진행할 주제를 정해보자.

- 양자암호통신, 양자컴퓨터, 양자 센서, 양자계측과학, 양자계 시뮬레이션 등 양자 기술을 활용할 수 있는 분야에 대한 자료를 더 찾아보고 관심 진로와 연결하여 탐구활동을 진행한다.
- 양자컴퓨터 하드웨어의 개발 조건을 찾아보고 양자컴퓨터의 구현방식 중 양자점, 초전도, 이온 덫, 핵자기공명, 반도체 기반 스핀 등을 조사해 각각의 장단점과 전망을 주제로 탐구활동을 진행한다.

과학적 상상력을 바탕으로 미래 사회의 모습을 이야기로 만들어보자.

- '양자 기술의 미래' 파트를 읽고 양자컴퓨터가 개발되어 널리 보급된 미래 사회에서 우리 삶이 어떻게 바뀌게 될지 한 인물 또는 단체의 일상을 이야기로 그려 내보자.
- 양자컴퓨터를 소재로 소설을 만든 저자처럼 미래 과학 소재의 만화, 공상과학소설, 에세이 등 다양한 문학, 예술 작품을 창작해보자.

미래유망기술에 대해 연구하여 보고서를 작성해본다.

한국과학기술기획평가원에서는 매년 '10대 미래유망기술'에 대한 연구보고서를 발표한다. 양자암호기술을 비롯한 10대 미래유망기술을 찾아보고, 자신의 관심 분야와 관련하여 탐구할 만한 기술을 주제로 삼아 과제연구를 진행해보자.

위 내용을 비교과활동 특기사항이나 과세특에 활용한다.

• 물리학 I 교과 세특 예시 •

원자의 구조와 성질 단원을 학습하면서 양자물리에 대한 관심을 가지고 스스로 관련 지식을 탐구하는 태도가 관찰됨. 책을 통해 양자물리에 대한 이해를 높이고, 양자컴퓨터의 활용 방안과 개발되고 있는 양자컴퓨터의 종류를 찾음. 정리한 자료를 수집, 보고서로 제작하여 수업 시간에 발표함. 전자공학 계열을 희망하는 학생으로, 양자암호통신 기술의 미래를 예측하고 '10대 미래유망기술' 중에서도 차세대 보안 기술을 깊이 조사해 친구들에게 소개함.

8월 12일

십 대, 미래를 과학하라!

정재승 외 9명 | 청어람미디어 | 2019

도서 분야	자연과학
관련 과목	통합과학
관련 학과	자연과학계열

과학 학문 분야별 연구 과제를 소개하고 관련 진로를 탐색해보자.

주요 학문	연구 과제	관련 진로 (학과)
물리학	뇌파 연구, 빛의 성질, 인공지능과 자율주행 기술	교통공학, 로봇공학, 반도체공학
화학	원자와 전자에 대한 양자화학적 방정식 풀이	양자화학, 나노공학, 재료공학
생명과학	생물의 진화, 무중력에서의 인체 변화, 야생동물 연구	동물자원학, 바이오생명, 유전공학
지구과학	화석을 통한 고생물 연구, 천문 관측 기술, 우주 탐사	고고학, 대기과학, 천문학

슈퍼컴퓨터를 활용한 연구 분야를 살펴보고, 집중적으로 탐구해보자.

슈퍼컴퓨터를 활용한 시뮬레이션은 실험과 이론에 이은 제3의 연구 방법으로 다양한 분야에 적용 가능하다. 모의실험이 가능하다는 점에서 실패에 대한 위험 부담이 적고, 실험 결과의 원인 분석이 가능해진 것이다. 도시 건설, 항공기 개발, 신약 및 신소재 개발, 생활용품 제작, 자연재해 대비, 우주왕복선 연구 등 자신의 관심 분야에서 적용 가능한 시뮬레이션을 탐구해보자.

책 속의 소재를 연구 주제로 정해 심화 활동으로 이어보자.

- 스페이스X를 비롯해 화성 이주 계획의 가능성과 현재까지의 진행 단계, 달과 화성 탐사에 필요한 조건 등을 주제로 과제 연구를 진행해보자.
- 과학 강연회를 찾아보고 인상 깊은 강연 내용을 통해 연구하고 싶은 과제를 정하여 탐구활동을 진행해보자.

위 내용을 비교과활동 특기사항이나 과세특에 활용한다.

• 자율활동 특기사항 예시 •

과학 탐구 활동에 관심이 많고 평소 과학을 어려워하는 친구들에게 친절히 가르쳐주는 모습이 관찰됨. 학급 특색 활동으로 진행된 지식 나눔 행사를 계획, 책을 통해 재능기부에 대한 강한 동기를 부여받아 과학 탐구 활동을 추진함. 과학을 좋아하는 학생들이 모여 관심 분야의 주제를 정해 간단한 실험과 활동을 소개하고, 과학 팸플릿 제작을 건의함. 한 달에 한 번, 지식 나눔 행사를 진행하고 이를 통해 학생들이 느끼는 과학에 대한 높은 문턱을 낮추는 데 크게 기여했다는 평가를 얻음.

8월 13일	정재승의 과학콘서트	도서 분야	자연과학
	정재승 | 어크로스 | 2020	관련 과목	통합과학
		관련 학과	자연과학계열, 공학계열 및 수학과, 컴퓨터과학과

책에서 다루는 몇 가지 과학 개념을 정리해보자.

카오스 시스템	확률로 기술해야 할 만큼 복잡하고 '무작위'적으로 보이는 현상을 몇 개의 간단한 비선형 방정식으로 기술할 수 있는 시스템
프랙탈	세부 구조들이 끊임없이 전체 구조를 되풀이하고 있는 현상
지프의 법칙	단어들을 사용 빈도가 높은 순으로 나열했을 때, 순위가 내려갈수록 사용 빈도가 기하급수적으로 떨어지는 경향.
1/f 음악	음정의 변화 폭이 클수록 한 곡에서 나오는 횟수는 점점 줄어드는 곡

학교나 일상생활에서 경험한 현상을 과학 개념으로 설명해보자.

- 프랙털 패턴은 눈 결정, 조개껍데기, 브로콜리 등에서 찾아볼 수 있다. 프랙털 패턴이 나타나는 사례를 더 찾아보고, 이것을 수학적으로 분석한 후 소개해보자.
- 언어학의 '지프의 법칙', 수학의 '베키의 법칙'이나 '멱법칙', 경제학의 '파레토의 법칙'은 공통적인 특성을 가지고 있다. 이들의 공통적인 특성을 소개하고, 이 법칙으로 설명 가능한 일상의 경험을 찾아 발표해보자.

융합과학과 복잡계 네트워크 과학이 나아가야 할 방향을 탐색해보자.

- 어울리지 않는 두 학문이 만남으로써 새로운 길을 모색할 수 있으며, 실례로 신경과학과 건축의 만나 '신경건축'이라는 분야가 탄생했다. 관련 자료나 논문 등을 검색해 융합과학의 다른 예를 더 조사하고, 본문의 '더 읽을거리'를 참고해 정리 및 발표해보자.
- 책을 읽고 복잡계 네트워크 과학이 가야 할 길을 모색한 후 느낀 점을 소개해보자.

위 내용을 비교과활동 특기사항이나 과세특에 활용한다.

• 진로활동 특기사항 예시 •

대중음악을 즐겨들으며 인기 순위가 높은 음악들의 공통적인 특성을 탐색하던 중 이 책을 접하게 됨. 음악 속에 숨은 원리가 있다는 것을 알고 이를 탐구해보고자 연구를 진행함. 1/f 음악과 대중음악의 특성을 비교하고, 서로 비슷한 원리를 나타내는 곡을 찾아 그들의 상관관계를 조사하여 발표함. 이를 바탕으로 복잡한 사회 현상을 설명할 수 있는 진로로 방향성을 확장하여 탐색을 이어가는 적극성을 보임.

8월 14일	**과학자가 되는 방법**	도서 분야	자연과학
	남궁석	이김	2018	관련 과목	과학, 진로
		관련 학과	자연과학계열, 공학계열

과학자가 되는 과정과 시나리오를 참고해 진로 포트폴리오를 작성한다.

단계	활동
흥미와 적성 탐색	진로적성검사를 통해 객관적으로 자신을 평가해보고 직업군을 정해보자.
진로 체험 활동	이공계 대학 탐방을 신청하여 관심 있는 학과를 직접 방문하고, 선배와의 만남을 통해 전공과목에 대한 사전 조사와 학과 정보를 기록한다.
진로 포트폴리오 작성	고등학교부터 대학교 졸업 이후까지 단계별 진로 계획서를 작성해보자.

과학자의 다양한 길을 통해 진로를 조사, 확장해보자.

과학자를 목표로 진로를 탐색하다 보면 생각보다 많은 길을 만날 수 있다. 본문에서 언급된 연구책임자, 기업 연구원, 과학 행정, 과학 정책 전문가 외의 추가적인 과학 관련 직업을 찾아보고, 각 직업의 특징과 준비 과정을 살펴보자.

과학자가 하는 일을 학생 수준에 맞춰 탐구 활동으로 이어본다.

- 연구논문 읽기는 과학적 탐구 활동에서 가장 기본이 되는 단계이다. 학술콘텐츠 플랫폼을 통해 관심 있는 주제를 검색한 후 논문을 읽어보자. 연구 내용의 이해를 돕는 '세 줄 요약' 글쓰기와 논문을 찾아 읽게 된 동기, 주요 내용, 느낀 점을 중심으로 한 탐구 보고서도 작성해보자.
- 과학 · 수학 · 정보와 융합할 수 있는 주제를 선정하여 탐구 프로젝트를 과학적 방법론으로 수행한다. 《과학자가 되는 방법》을 참고하여 프로젝트 활동을 진행하면서 고려해야 할 사항을 점검한다. 기록한 자료를 바탕으로 최대한 논문 형식에 가깝게 탐구 보고서를 작성해보자.

위 내용을 비교과활동 특기사항이나 과세특에 활용한다.

• 진로활동 특기사항 예시 •

공학 계열에 관심이 많은 학생으로 진로적성검사에서 자연과학 분야의 흥미도가 높게 나오고 과학 교과에 대한 선호도가 높음. 자신의 진로를 더욱 구체화하기 위해 인근 대학의 기계공학과를 탐방, 선배들과 인터뷰를 진행하고 연구실 활동을 체험하며 해당 진로에 대한 이해도를 높임. 목표로 하는 공학연구원이 되기 위한 시나리오를 작성하고 진학 준비 과정, 전공 학과 탐색, 졸업 후 다양한 경로 등을 조사한 후 진로 포트폴리오를 만들어 발표함.

8월 15일	생명의 물리학
	찰스 S. 코켈 ǀ 열린책들 ǀ 2021

도서 분야	자연과학
관련 과목	물리학, 생명과학
관련 학과	물리학과, 생명공학과, 화학생명공학과

✅ 책에서 소개된 생물의 군집 활동이나 곤충의 삶을 물리학의 원리로 탐색해보자.

개미와 조류의 군집 활동에서 나타나는 조직화된 행동, 무당벌레와 도마뱀붙이의 생김새와 생존 방식에 숨어 있는 물리적 원리를 찾아 정리해보자. 주변에서 관찰할 수 있는 생물체를 직접 찾아보고, 이를 주제로 수업 시간에 배운 물리학 법칙을 적용한 탐구 보고서를 작성해보자.

✅ 생명 유지에 필요한 에너지 전달 체계와 구성 성분을 무엇으로 대체할 수 있는지 탐색해보자.

주요 생물의 구성 물질과 살아가는 방식, 특성, 그리고 대체 가능한 물질에는 어떠한 것들이 있는지 그 한계점과 함께 살펴보자. 더불어 이 탐구의 의의를 생각해보자.

	주요 생물체	대체 가능한 물질	의의
에너지를 얻는 데 필요한 전달 물질	산소(O)를 전자 수용체로 이용	철이나 황, 이산화탄소 등을 전자 수용체로 이용	외계 행성계에 분포하는 다른 물질을 통해 생명체가 존재할 수 있는지 탐색해볼 수 있음.
생명을 위한 화학 반응에 필요한 용매	물(H_2O)	암모니아, 액체 질소, 불화수소, 액체 메탄 등	
생명체를 구성하는 중심 원소	탄소(C)	규소, 게르마늄 등	

✅ 물리학과 진화생물학의 통합적인 시각으로 생명을 탐구해보자.

진화적 관점에서 육상동물이 왜 바퀴가 아닌 다리를 가지게 되었는지, 물고기가 왜 프로펠러가 아닌 유선형의 몸을 선택하게 되었는지 환경과 물리학, 진화생물학의 통합적인 시각으로 해석해보고 이를 발표해보자.

✅ 위 내용을 비교과활동 특기사항이나 과세특에 활용한다.

• 생명과학 Ⅰ 교과 세특 예시 •

의학 계열에 관심이 많은 학생으로 인체의 소화 작용이나 자극에 대한 반응 원리 탐구에 흥미를 갖고 관련 자료를 찾아 공부하는 태도를 보임. 생명체의 구조와 행동 특성을 설명하는 원리를 알게 되어 직접 그 예를 찾아보는 탐구 활동을 진행함. 개미와 파리를 선택, 각 생물체의 구조를 자세히 연구하고 집단적 행동 또는 비행에 숨은 물리적 원리를 설명하는 보고서를 작성해 발표함.

8월 16일

뇌를 바꾼 공학, 공학을 바꾼 뇌

임창환 | 엠아이디 | 2023

도서 분야	자연과학
관련 과목	물리학
관련 학과	공학계열

뇌공학 기술을 적용한 다양한 분야를 탐색해보자.

주요 기술 및 장치	활용 방안
P300 뇌파를 이용한 뇌-컴퓨터 접속 기술	시각, 청각, 촉각을 통한 뇌-컴퓨터 접속 기술을 활용해 사지마비, 뇌사 상태인 환자의 의식과 의사소통을 시도할 수 있다.
용량 결합 현상, 뇌 신호 측정 장치	사람의 잠재의식과 감정을 읽어서 마케팅에 적용하는 방법으로 '뉴로마케팅'을 활용할 수 있다.
뇌기능 영상 기술 (fMRI, 뇌자도 장치)	진실을 말할 때와 거짓을 말할 때 활동하는 뇌 부위가 다르다는 사실을 통해 영상 기술로 이를 분석한 거짓말탐지기로 활용할 수 있다.

문학, 예술과 같은 창작 활동에 본문의 소재를 활용해보자.

- 뇌-컴퓨터 접속 기술이 바꿔놓을 미래 모습의 가상 기사를 참고해 이를 주제로 창작(소설, 영화 시나리오, 수필), 포스터 활동에 참여해본다.
- 뇌공학 기술의 현재와 미래를 과학적으로 분석해 근거를 제시하면 작품의 타당성을 높일 수 있다.

책의 내용을 확장할 수 있는 탐구 활동 주제를 탐색해보자.

- 근적외선분광 기술, 아이트래킹, 브레인 임플란트, 인간 커넥톰 프로젝트, 뉴로피드백 등 뇌공학과 관련된 용어를 정리해보고 뇌과학 연구의 최신 논문을 검색한 후 본문에 소개된 기술 외에 새로운 기술 개발 동향을 탐색해본다.
- 뇌공학이 발전함에 따라 생길 수 있는 윤리적 문제를 살펴보고, 사회의 비판적 시각을 이겨낼 방안을 모색해본다.

위 내용을 비교과활동 특기사항이나 과세특에 활용한다.

• 자율활동 특기사항 예시 •

평소 공상과학영화를 즐겨보며 영화 속 과학 기술과 현상을 분석하는 태도를 지님. 1학기 소설 창작 활동에 참여해 '뇌를 바꾼 공학, 공학을 바꾼 뇌(임창환)'를 읽고 뇌공학 기술로 변화된 삶을 되돌아보며 이를 소설 창작에 주요 소재로 참고함. 주인공으로 등장하는 사지마비 장애인이 선택적 주의집중을 활용한 뇌공학 기술로 외부와 교신하며 경제 활동에 참여한다는 내용이 인상적임. 과학적인 근거를 마련하기 위해 스스로 뇌공학 기술의 현재와 미래를 공부하여 부연 설명을 달면서 뇌과학에 대한 이해도가 깊어졌다는 소감을 밝힘.

8월 17일	

아주 위험한 과학책

랜들 먼로 | 시공사 | 2023

도서 분야	자연과학
관련 과목	통합과학
관련 학과	공학계열, 자연과학계열, 컴퓨터 과학과

✅ 엉뚱한 질문 만들기 활동을 통해 창의적 사고를 키워보자.

과학에 대한 창의적 사고는 가끔 엉뚱한 상상에서 시작되기도 한다. '엉뚱한 질문 만들기' 활동으로 떠오르는 질문을 형식에 얽매이지 말고 자유롭게 던져보자. 브레인스토밍 기법을 활용해 질문을 만들어보는 것도 추천한다. 특정한 관점으로 아이디어 바라보기, 거꾸로 생각하기, 마인드맵 그리기, 사소한 현상에 의문 가져보기, 대화를 통해 생각 이끌어내기 등도 사고력 확장에 도움이 된다.

✅ 본문의 질문을 진로 영역에 따라 분류하고, 과학 퀴즈 활동을 진행해보자.

건축 분야	하루아침에 로마를 건설한다면, 10억 층 건물을 만든다면, 지구 전체를 페인트칠한다면
기계 분야	돌아가는 헬리콥터 날개에서 버틴다면, 그네를 타고 가장 높이 올라간다면
환경 분야	냉장고로 지구를 식힌다면, 구름을 먹으려면, 레몬즙 비가 내린다면
우주 분야	운석이 느리게 지구와 충돌한다면, 우주를 향해 레이저 총을 쏜다면
화학 분야	바나나로 교회를 채운다면, 수영장을 사람의 침으로 채운다면
생명 분야	취한 사람의 피를 마셔 취한다면, 한쪽 눈을 뽑아 다른 쪽 눈을 보게 한다면

✅ 관심 분야에 관한 내용을 주제로 심화 탐구 활동을 전개해보자.

본문에서는 물리적, 화학적, 생물학적, 천문학적 지식을 토대로 해결책을 제시한다. 책을 읽고 흥미로운 질문이나 분야가 있다면 관련 자료를 조사 · 분석하고 소개해보자.

✅ 위 내용을 비교과활동 특기사항이나 과세특에 활용한다.

• 진로활동 특기사항 예시 •

진로 소개 활동 시간을 통해 생명과학 분야를 소개할 수 있는 방법을 찾던 중 이 책을 읽고 과학 퀴즈 활동을 계획함. 책에 소개된 다소 엉뚱하고 기발한 질문 중 생명과학 분야와 관련된 아이디어를 퀴즈로 제작하고 이해하기 쉬운 설명문을 보충해 활동을 시작함. 과학 지식을 나누는 즐거움을 깨닫고, 진로 탐색과 더불어 교육적 측면에 대해 고민하는 계기가 되었다는 소감을 밝힘.

8월 18일	십대, 별과 우주를 사색해야 하는 이유 이광식 | 더숲 | 2013	도서 분야	자연과학
		관련 과목	지구과학
		관련 학과	천문학과

✅ 별과 우주의 크기를 측정하는 방법을 탐구해보자.

- 태양과 행성의 크기, 별까지의 거리, 우주에 존재하는 원소의 분포 비율 등을 직접 계산해 주변에 비교할 만한 공간과 길이, 수를 찾고 그 결과를 발표해보자.
- 고대 천문학자 중 에라토스테네스의 지구 크기 측정법, 히파르코스의 지구 반지름 및 달까지의 거리 측정법을 조사해보고 간단한 측정 도구와 방법을 수학적으로 소개하고 정리해보자.

✅ 책에 소개된 천문학의 역사와 천문학자의 일화를 조사하고 발표해보자.

- 천동설과 지동설의 대립, 천체의 구성 물질과 운동 이론의 변천사 등 고대 천문학자에서부터 현대 천문학의 발전까지, 재미있는 일화를 중심으로 발표해보자.
- 시대적 배경과 함께 천문학자들의 삶을 구체적으로 조사하고 발표해보자.

✅ 책을 통해 자신만의 우주관을 정립하고 이를 글로 표현해보자.

본문에서는 학생들이 본인만의 우주관을 정립하면 어제와 다른 내일을 맞이할 수 있다고 말한다. 책을 읽고 난 후 형성된 우주관을 바탕으로 수필, 시, 소설 형식으로 글짓기 활동에 참여해보자.

✅ 위 내용을 비교과활동 특기사항이나 과세특에 활용한다.

• 자율활동 특기사항 예시 •

천체 관측에 관심이 많은 학생으로 교내에서 진행된 천문 관측회에 참여하면서 별과 우주에 대한 새로운 시각을 가지고 스스로 자료를 찾아보며 탐구하는 태도를 보임. 이 책을 읽고 우주를 사색하는 마음가짐의 중요성을 깨달아 세상을 바라보는 넓은 시야와 태도를 지니면 사소한 일에 상처받지 않을 수 있다는 내용의 시를 작성, 창작 문예 활동 시간에 소개함. 진로 선택과 직업의식 형성에 있어 우주관의 정립이 큰 도움이 되었다는 소감을 발표함.

8월 19일	천문학자는 별을 보지 않는다	도서 분야	자연과학
	심채경 ǀ 문학동네 ǀ 2021	관련 과목	과학
		관련 학과	천문학과, 항공우주공학과, 지구환경과학과

행성의 운동을 문학 작품이나 가상 현실 속 경험에 빗대어 분석해보자.

- 저자는 노을을 보기 위해 계속해서 의자를 옮겼던 《어린 왕자》를 보며, 행성의 운동과 관측자의 위도를 분석한다. 평소 읽었던 소설이나 문학 작품에 드러난 천문 현상을 분석한 후 소개해보자.
- 수성은 공전 주기에 비해 자전 주기가 길기 때문에 해가 하루에 두 번 지는 곳이 나타난다. 이처럼 행성의 운동 현상을 통해 가상현실의 특별한 경험을 할 수 있는 장소를 소개하고 발표해보자.

'역사 자료 속 천문 현상'을 주제로 사료를 찾아 분석하고 발표해보자.

- 동서양 천문의 기록에는 천문학적으로 예측할 수 있는 초신성, 혜성의 출현과 같은 천문 현상을 찾아볼 수 있다. 일식과 월식, 흑점의 천문 현상뿐만 아니라 강설량, 가뭄, 혹서기 등 다양한 기록을 찾아 분석하고 소개해보자.
- 역사 속의 천문 관측 도구를 찾아 조사해보자. 세종시대의 '혼천의'와 신라시대의 '첨성대'가 가진 특징과 한반도의 옛 밤하늘을 담은 지도 '천상열차분야지도'를 조사하여 발표해보자.

천문학자의 삶과 우리나라의 달 탐사 현황을 조사하여 소개해보자.

- 행성 과학자, 천문학자의 진로를 구체적으로 탐색해보자. 대학 졸업 후 천문학자의 길을 가기 위해 거쳐야 할 단계, 실제로 하는 일 등을 알아보고 진로활동 시간에 발표해보자.
- 한국천문연구원에는 달 탐사선 중적외선 분광기, 달 편광관측연구 등과 같은 연구 내용과 성과물이 소개되어 있다. 달뿐만 아니라 행성 과학에도 관심을 갖고, 소개된 자료를 분석하여 발표해보자.

위 내용을 비교과활동 특기사항이나 과세특에 활용한다.

• 지구과학 Ⅰ 교과 세특 예시 •

가까운 천문대를 찾아 행성과 달을 관측한 후, 관련 자료를 찾아보며 주변 친구들에게 알려주는 모습이 관찰됨. 이 책을 읽고 천문학자로서 살아가는 과정과 과학적 자세를 배워 인상 깊었다는 소감을 밝힘. 책을 통해 알게 된 달 탐사의 연구와 성과를 더 확인해보고자 탐구 활동으로 확장함. 달 편광관측연구에 대한 자료를 찾아본 후 연구 성과 및 앞으로의 과제를 수업 시간에 발표하면서 우리나라의 달 탐사선의 개발에 참여하고 싶다는 포부를 밝힘.

8월 20일	프로젝트 헤일메리	도서 분야	자연과학
	앤디 위어 | 알에이치코리아 | 2021	관련 과목	지구과학
		관련 학과	천문우주학과, 항공우주공학과

공상과학 소설 및 영화 속 내용을 과학적으로 분석해본다.

• 영화 《마션》에서의 화성 생존 가능성 탐사, 《인터스텔라》의 기후변화 위기와 일반상대성 이론에 입각한 시간 여행 가능성 등 다양한 공상과학 영화 및 소설 속 내용을 물리학, 화학, 생명과학, 지구과학의 분야로 해석하고 발표해보자.

•《프로젝트 헤일메리》의 주요 내용에서 근거가 되는 주요 학문(천문학, 입자물리학, 진화생물학 등)을 찾아보고 자신의 관심 진로 분야와 연계하여 탐구활동을 진행해보자.

과학적 상상력을 발휘하여 글의 내용을 재구성하고 그 근거를 마련해보자.

• 분자생물학자, 기상학자, 항공우주 연구원, 기계공학자, 기술자 혹은 세계적인 지도자 등 다양한 직업군 중 하나를 선택하고 자신이 그 인물이었다면 어떻게 행동하고 어떠한 결정을 내렸을지 자신만의 이야기로 내용을 구성해보자.

• 진화론의 관점에서 지구의 환경이 지금과 다르다면 인체의 어떤 기관이 현재와 다르게 발달할 수 있을지 고민해보자.

책의 내용을 교과 활동과 관련하여 프로젝트 활동으로 진행해보자.

책에서 소개된 서로 다른 언어 방식의 이해를 위해 소리의 파형을 분석하고 이를 컴퓨터 소프트웨어에 착안, '의사소통을 프로그램 제작'을 주제로 연구 활동을 진행해보자.

위 내용을 비교과활동 특기사항이나 과세특에 활용한다.

• 지구과학 I 교과 세특 예시 •

평소 공상 과학 소설을 자주 읽고 책의 내용과 관련하여 과학적 탐구활동을 확장 시켜나가는 태도가 관찰됨. 책을 읽고 항공우주 공학과 진화생물학에 관심을 보이며 학문적 호기심을 바탕으로 책 속의 내용에서 과학적 근거를 찾는 활동으로 이어 나감. 외계 행성계 탐사 단원을 학습한 후 우리나라의 외계 행성계 탐사 시스템을 찾아보고 현재까지 발견된 탐사 자료를 스스로 정리하여 친구들에게 소개함. 생명체의 진화 과정과 행성의 환경에 따른 진화 방향에 추가적인 관심을 가지고 관련 학술 자료를 탐색하며 자신만의 독창적인 사고를 진전시켜 보고서를 작성함.

8월 21일

지구의 짧은 역사

앤드루 H. 놀 | 다산사이언스 | 2021

도서 분야	자연과학
관련 과목	지구과학
관련 학과	지구과학교육과, 지구환경과학과, 화학생명공학과

✅ 지구의 탄생과 진화 과정을 간략히 소개하는 내용으로 탐구 활동을 진행해보자.

- 태양계 형성 후 미행성 충돌에서부터 지구의 지각, 해양, 생명 탄생의 순간까지를 스토리보드로 작성하고 이를 바탕으로 그림, 만화 등 다양한 형태의 탐구 활동 결과물을 만들어보자.
- 대륙이 움직이는 과정을 판의 이동 속도와 방향을 통해 지질학적으로 예측해본 후, 미래 지구 대륙의 분포 모습을 시뮬레이션으로 나타낼 프로그램을 제작해보자.

✅ 7장 〈격변의 지구〉를 참고하여 대멸종 사건을 조사, 소개해보자.

- 이탈리아 구비오의 백악기-고제3기 경계 연구를 통하여 앨버레즈 부자가 운석 충돌에 의한 백악기 말 대멸종을 밝혀내는 과정이 소개되어 있다. 과거 대멸종의 원인을 밝혀내는 귀납적 탐구 방법을 소개하고, 그 예를 다른 과학적 발견에서도 찾은 후 발표해본다.
- 지질 시대에서는 지난 5억 년에 걸쳐 5번의 대멸종 사건이 있었다. 책의 내용을 참고하여 각 사건의 원인을 조사해보고, 필요하면 학술자료를 검색하여 내용을 보충해보자. 자료를 연대표로 작성하여 보기 좋게 정리한 후 수업 시간에 소개해보자.

✅ 생명의 기원을 밝히는 다양한 가설과 과학적 연구 방법을 탐구하여 발표해보자.

- 화학진화설, 심해열수구설, 지구 밖 기원설 등의 가설이 담고 있는 내용의 과학적 근거를 탐구하여 발표해본다. 책에 소개되어 있는 RNA 세계 가설에 대해서도 주제 탐구 활동을 진행할 수 있다.
- 지구의 나이와 암석 연대의 측정을 위한 방사성 동위원소 연대 측정법을 알아보자. 탄소 동위원소, 산소 동위원소를 활용하여 과거의 기후, 지층의 형성 시기를 연구하는 화학적 방법을 다양한 예시와 함께 조사하여 발표해보자.

✅ 위 내용을 비교과활동 특기사항이나 과세특에 활용한다.

• 지구과학 I 교과 세특 예시 •

지구 탄생 과정에 대한 이해도가 높고 관련 다큐멘터리를 직접 찾아보며 과학적 지식을 깊이 탐구하는 자세를 갖춤. 해당 책을 통해 지구의 연대기를 충분히 이해했으며, 평소 관심 있던 미디어 분야에 지구의 역사적 이야기를 담아내고자 UCC 제작에 참여함. 스토리보드를 짜고 지구와 생명이 탄생하는 과정을 연구하여 배우, 소품, 배경을 적재적소에 투입하는 등 촬영과 연출을 도맡음. 완성도를 높이기 위해 밤낮으로 노력하는 열의를 보였고, 마침내 수업 시간에 작품을 소개하며 큰 호응을 얻음.

8월 22일

화석맨

커밋 패티슨 | 김영사 | 2022

도서 분야	자연과학
관련 과목	지구과학
관련 학과	지질학과, 고생물학과, 인류학과, 고고학과

고인류학자들이 하는 일과 학문의 특징을 깊이 조사하여 발표해보자.

- 인류학을 연구하는 학자들이 걸어온 길을 주제로 인류학에 입문하는 과정, 대학 졸업 후 연구원으로서 참여하는 활동을 조사해보자. 주요 인물인 팀 화이트의 일생이 4장에 간략히 소개되어 있으니 참고하여, 과학자 직업 소개 시간에 '인류학자의 삶'을 발표해보자.
- 비교해부학과 분자유전학은 인류나 유인원을 분류할 때 기준으로 삼는 학문이다. 각각의 학문적 특징을 조사하고, 생물종 분류에 있어 어떠한 장단점이 있는지 소개해보자.

화석을 연구하는 학자들의 연구 방법이 다른 과학적 방법과 어떤 차이가 있는지 살펴보자.

대부분의 과학 연구에서, 연구자들은 가설을 세워 연구를 시작하고 그것을 검증할 데이터를 모으지만 화석 연구자들은 그 반대로 한다. 그들은 데이터, 그러니까 뼈에서부터 연구를 시작하고 이후 그것을 설명하는 가설을 만든다.

오래된 인류 화석의 증거를 찾아보고, 인류의 가계도를 직접 그려보자.

아프리카, 유럽, 아시아 등지에서 발견되는 인류 화석이 본문에 소개되어 있다. 직접 인류 화석의 자료를 찾아보고 그림이나 사진, 연대표, 화석의 의의를 정리하여 소개해보자. 루시를 비롯한 인류의 조상이라 부르는 호미니드 즉, 인류에 속하는 계통을 찾아보고 직접 인류 가계도를 작성해보자.

위 내용을 비교과활동 특기사항이나 과세특에 활용한다.

• 지구과학 | 교과 세특 예시 •

지질시대를 거쳐 진화해 온 생물의 특징과 화석을 통한 분석 방법에 많은 호기심을 보임. 화석의 발굴 과정을 더 알아보기 위해 해당 책을 읽고, 인류의 계통을 조사하는 화석 발굴에도 관심을 보임. 화석의 탐사를 주제로 인류의 조상으로 추정되는 다양한 화석을 찾아보고 관련 사진, 연대표, 직접 그린 가계도를 토대로 한 탐구 활동 결과를 발표함. 화석을 통한 과학적 연구 방법이 다른 분야의 연구 방법과 어떤 차이가 있는지 소개하여 학생들의 이해도를 높임.

8월 23일	오리진	도서 분야	자연과학
	루이스 다트넬 | 흐름출판 | 2020	관련 과목	지구과학
		관련 학과	지구시스템과학과, 지질학과, 대기과학과, 사학과, 지리학과

책을 통해 지구가 냉각되는 과정을 판 이동의 관점에서 탐색해보자.

지난 5,500만 년 동안 '신생대 냉각화'로 표현되는 지구적 냉각화를 일으킨 요인	
요인1	인도-유라시아 충돌로 형성된 히말라야산맥의 대기 중 이산화 탄소 제거 효과
요인2	대륙의 이동으로 남극점에 위치한 남극 대륙, 북반구로 이동한 대륙의 위치 변화에 따른 지형적 차이와 이로 인한 열의 계절적 차이 증폭으로 양 극에서 빙하 형성
요인3	파나마 지협이 야기한 '적도 해류의 순환'으로 북쪽 지역의 증발량 증가 및 대륙 빙하의 성장 촉진

〈만약 일어나지 않았더라면〉이라는 주제로 지구 역사 이야기를 써보자.

- 동아프리카 열곡대의 지질학적 변화는 기후 변동과 맞물려 최초의 인류 종이 전 세계로 퍼져나가는 계기가 되었다. 지질학적 변화가 없었다면 전 세계 인류의 분포는 어떻게 바뀌었을지 생각해본다.
- 씨앗을 확산시키는 대형 동물의 멸종 이후 인간의 손길이 닿지 않았더라면 멸종했을 야생종 조상 열매는 스쿼시와 박, 호박, 주키니 호박, 아보카도, 코코아 등이 있다. 인류의 손길이 없었다면 존재하지 않았을 식물을 찾아보고 지금과 다른 삶의 모습을 상상해보자.

책 속의 내용을 심화 활동으로 확장 시켜보자.

- 전자 장비에 포함된 금속을 찾아보고 각 금속이 지구에서 생성되는 과정, 채굴 장소, 매장량, 제련법, 금속이 활용되기 시작하는 시기 및 활용도 등을 조사하여 보고서를 작성해본다.
- 판 구조론에 의한 대륙의 이동 과정을 조사하여 미래의 지구와 인류의 삶을 주제로 탐구 활동을 진행한다. 우리나라 주변의 지형 변화와 영향을 함께 탐구해보는 것도 추천한다.

위 내용을 비교과활동 특기사항이나 과세특에 활용한다.

• 지구과학 I 교과 세특 예시 •

지권의 변동 단원 중 대륙의 분포 변화를 배운 뒤, 판의 이동을 직접 조사해보고 대륙의 분포가 인류에 미치는 영향에 대해 탐구 활동을 진행함. 책을 읽고 지구의 변화를 중심으로 인간의 삶을 해석하는 주제에 깊이 공감하고 이를 탐구 활동에 적용하는 자세를 갖춤. 대서양이 점차 넓어짐에 따라 우리나라 주변 지형의 변화를 예측하고 이와 관련지어 전 세계의 인구 이동, 대기와 해수의 변화로 인한 기후 변화를 정리하여 보고서로 작성함.

8월 24일	기후의 힘	도서 분야	자연과학
	박정재 | 바다출판사 | 2021	관련 과목	지구과학, 환경
		관련 학과	지구환경과학과, 지구정보공학과, 대기과학과

✅ 지구 환경 변화를 소재로 다양한 글짓기 활동에 참여한다.

• 지구 온난화로 사라져가는 것들(빙하, 멸종된 생물, 침몰하는 나라 등)을 위해 비석을 세운다고 가정하고, 그 비석에 새길 내용을 작성해보자.
• 기후 변화에 대한 부정적(혹은 긍정적) 시선으로 작성된 서적을 읽고, 비평문을 작성해보자.

✅ 기후 변화를 분석하는 자료를 통해 주제 탐구보고서를 작성해본다.

• 책에서 소개된 프록시(생지화학적 분석을 통해 얻은 자료)를 자세히 찾아보고 주제 탐구 자료로 활용한다. 예컨대 석회암 동굴의 석순, 탄산염과 빙하의 산소동위원소비, 나이테의 폭, 꽃가루의 종류 외에도 다른 분석 자료를 조사하고 활용의 예를 정리하여 발표해보자.
• 지구를 위협하는 변화의 증후들을 탐구해본다. 수온 상승으로 나타나는 백화 현상, 빙하의 소멸로 발생하는 다양한 문제들(식수문제, 세균이나 바이러스 창궐, 빙하의 급작스런 이동으로 인한 피해, 대홍수 등), 도시의 열섬 현상 등을 조사하고 보고서를 작성해보자.

✅ 책 속의 내용을 교과 융합 탐구 활동으로 활용해본다.

• 가까운 기후 변화를 추적할 때는 고문서(조선왕조실록, 증보문헌비고 등)에서 소빙기 기후를 복원할 단서를 찾기도 한다. 한국사에 나오는 내용 중 기후 변화를 유추할 수 있는 단서를 찾아보고 과학적인 설명이 가능한지 분석해보자.
• 최종빙기 중에 쌓인 호수 퇴적물이 있는 제주도 하논 분화구, 송국리형 농경 문화를 확인할 수 있는 금강 중하류 등 책에서 소개된 기후 변화와 관련 깊은 지역을 지리적 특성과 연계하여 조사해본다.

✅ 위 내용을 비교과활동 특기사항이나 과세특에 활용한다.

• 통합과학 교과 세특 예시 •

지질시대와 환경 단원에서 고기후 연구 방법에 대한 탐구 활동에 관심을 가지고 관련 주제를 연구 활동으로 진행함. 책에 나온 생지화학적 분석 자료를 통해 자료의 쓰임새를 종류에 따라 분류할 수 있게 되었고, 고기후 연구 방법을 더욱 깊이 이해하는 태도를 보임. 연구 활동 주제를 '우리나라 기후 변화와 그에 따른 증후 현상'으로 정하고 기온 변화 데이터를 직접 검색하여 수집함. 코딩으로 이를 그래프로 변환 후 기후 변화 경향을 분석해냄. 해양에서 나타나는 백화 현상, 도시 열섬 현상을 지구 온난화의 관련 현상으로 소개하는 보고서를 작성하여 좋은 평가를 받음.

8월 25일	최종 경고: 6도의 멸종	도서 분야	자연과학
	마크 라이너스 ǀ 세종서적 ǀ 2022	관련 과목	지구과학
		관련 학과	지구환경과학과, 기상학과, 대기과학과

✅ 산업화 이전보다 1~6도 상승 시, 지구의 모습과 비슷한 환경의 과거 지질시대를 탐색해보자.

1도 상승	대기 중 이산화탄소 농도 약 400ppm, 300만 년 전~500만 년 전 플라이오세
2도 상승	대기 중 이산화탄소 농도 약 450ppm, 500만 년 전~1,000만 년 전 후기 마이오세
3도 상승	약 300만 년 전 플라이오세, 20세기 초보다 평균 2~3도 높은 시기
4도 상승	1,500만 년 전~4,000만 년 전 올리고세와 마이오세 기온과 비슷
5도 상승	약 5,600만 년 전 팔레오세와 에오세 사이의 최대 온난기
6도 상승	6,500만 년 전 백악기 말, 소행성이 지구에 충돌해 대량 멸종을 일으킨 시기

✅ 기온 변화가 자연 세계와 인류 사회에 미치는 영향을 탐색해보자.

- 본문에 소개된 기온 변화와 대기 중 이산화탄소 증가가 직접적으로 생물권에 미치는 영향(작물의 영양분 감소, 산호의 백화현상, 곤충의 생식능력 감소 등)을 과학적인 근거를 통해 분석해본다.
- 기온 변화로 나타나는 농작물 생산량 감소와 삶의 방식 변화, 기후 난민 발생 정도를 비교해보고, 홍수, 가뭄, 태풍의 발생 빈도 및 규모에 따라 나타나는 경제적 피해, 사회적 혼란과 정치적 이해관계 등을 탐구하여 그 의미를 함께 토의해본다.

✅ 기후 변화로 인한 문제 해결 방안을 탐구해보자.

- 온실기체 배출량을 줄이고 제거하는 기술을 탐구해보자. '바이오매스 이산화탄소 포집 기술', '자연적 기후 해결책' 등 책에서 소개된 자료를 깊이 조사하고 새로운 기술을 탐색하여 정리해보자.
- 식량 공급량 확보를 중심으로 인공 단백질 식량 생산, 새로운 농법 개발 등에 적용할 수 있는 과학기술을 탐구하여 발표해보자.

✅ 위 내용을 비교과활동 특기사항이나 과세특에 활용한다.

• 지구과학 I 교과 세특 예시 •

기후 변화 단원에서 '미래 온실 기체 배출량 추이 예상 시나리오'와 '기후 모형'을 학습한 후 구체적인 기후 변화 정도와 영향을 분석하는 데 관심을 보임. 책을 읽고 기후 연구자의 기후 모형이 예측하는 지구 변화의 심각성을 깊이 공감하며 기온 변화가 가져올 영향과 대책을 주제로 탐구 활동을 진행함. 기온 변화가 직접적으로 영향을 미치는 작물의 생산량 감소, 곤충의 생식력 감소, 산호의 백화현상 등을 과학적으로 분석하고 탐구 자료를 작성함. 산호를 살리기 위한 유전 공학 연구 방법을 조사하여 기후 문제를 생명공학과 관련지어 해결 방안을 모색함.

8월 26일

인류세: 인간의 시대

최평순, EBS 다큐프라임 〈인류세〉 제작진 | 해나무 | 2020

도서 분야	자연과학
관련 과목	지구과학, 환경
관련 학과	지구시스템과학과, 환경공학과, 지질학과

인류세가 공식적인 지질연대로 인정받기 위한 조건을 탐색해보자.

- 국제층서위원회, 국제지질학연합 등 단체의 역할을 이해하고 하나의 지질학적 공식 지질연대로 인정받기까지의 과정과 조건, 황금못의 의미를 조사하여 탐구해보자.
- 캐나다의 호수, 그린란드의 빙하, 바다의 산호 등 국제표준층서구역 후보지로 선정된 장소를 찾아보고 후보지가 갖는 역사적, 지질학적 의미를 인류세와 관련지어 탐구하여 발표해보자.

책을 통해 우리가 고민해봐야 할 문제들을 찾아보고 심화 활동으로 연결해보자.

- 멸종 위기 동물의 유전자를 보관하는 냉동방주 프로젝트가 생명 윤리와 관련하여 부딪히게 될 문제점을 찾아본다. 냉동방주에 보존된 유전자 표본으로 동물 복제, 멸종 동물의 복원 등에 사용될 경우, 고려해야 할 사회적 합의 등을 토의해본다.
- 책에 소개된 생태 발자국, 생태용량과 같은 개념으로 지구와 인류의 상호관계를 수치화하여 해석해본다.

본문에서 제시한 새로운 용어의 의미를 조사하고 주제 탐구 활동으로 확장한다.

- 인류세의 증거로 제시된 플라스티글로머레이트(플라스틱 암석), 플라스틱 지층, 플라스틱 스모그의 의미를 조사해보고 또 다른 증거들이 있는지 탐구해보자.
- 플라스틱 쓰레기가 지구 온난화에 영향을 미칠 수 있음을 알고, 지구 온난화의 원인을 입체적으로 탐구해 보고서를 작성해보자.
- 미세플라스틱 오염과 관련된 최신 논문을 검색해본 후 자료를 읽고 분석하는 탐구보고서를 작성해보자.

위 내용을 비교과활동 특기사항이나 과세특에 활용한다.

• 진로활동 특기사항 예시 •

환경공학 계열에 관심이 많은 학생으로 진로 탐구 소개 활동에 적극적으로 참여하는 모습을 보임. 본문에서 제시한 인류세의 증거(플라스틱 암석, 플라스틱 스모그등) 발견에 깊은 인상을 받아 인류로 인해 지구 환경이 변하게 된 새로운 증거를 탐색하는 자세를 보임. 플라스틱 쓰레기가 지구 온난화를 가속 시킬 수 있다는 것을 과학적으로 설명하는 자료로 제작, 발표 시간에 소개하고 학생들의 의식 개선과 높은 공감을 이끌어냄.

8월 27일

지구는 괜찮아, 우리가 문제지

곽재식 | 어크로스 | 2022

도서 분야	자연과학
관련 과목	지구과학
관련 학과	지구환경과학과, 에너지자원공학과, 지구과학교육과

기후 문제 해결을 주제로 주요 용어를 정리하고 방법을 탐색해보자.

- 이산화탄소 발생을 억제 또는 제거하는 데 필요한 주요 기술과 탄소 포집 기술, 에너지저장장치(ESS), 수소 경제, 탄소의 흡수, 저장 및 활용(CCSU) 등의 개념을 찾아보고 그 외 새로운 기술의 동향을 탐색해보자.
- 날씨를 예측하기 위한 슈퍼컴퓨터의 도입, 관련 기술을 연구할 인력 양성, 기후변화에 강한 건물 시공, 기후변화에 따른 생태계 질병 발생 가능성 탐구 등 기후변화 문제의 해결 방법을 찾아본다.

기후와 관련하여 이해관계가 얽혀 있는 국가와 단체 간의 입장을 조사하여 토의해보자.

- **쟁점1:** 기후변화를 막는다는 이유로 지금 사용하는 온실기체 발생 물질 사용을 규제한다면, 열악한 환경의 개발도상국 회사들은 당장 문을 닫거나 비싼 비용을 지불해야 한다.
- **쟁점2:** 기후변화의 충격은 사회적 약자를 희생시키는 형태로 먼저 나타날 것이다. 기후 난민 문제를 해결하기 위한 제도적 · 기술적 지원 방안과 이로 인해 발생할 수 있는 갈등을 예측하고 고민해야 한다.

책의 내용을 심화 활동으로 확장해보자.

- 기후에 관한 연구는 한 사람이 아닌 여러 학자들의 작은 노력으로 현재까지 이어져 왔다. 유니스 뉴턴 푸트, 아레니우스, 캘린더, 찰스 데이비드 킬링 등 기후변화를 연구했던 학자들의 업적을 탐구해보고 기후변화를 조사하는 과학적 방법과 한계점 등을 주제 탐구 활동으로 이어보자.
- 플라스틱의 명과 암을 주제로 플라스틱을 개발, 사용하는 것이 기후변화에 어떠한 장단점을 가지고 있는지 집중적으로 탐구하여 발표해보자.

위 내용을 비교과활동 특기사항이나 과세특에 활용한다.

• 지구과학 I 교과 세특 예시 •

기계 공학 계열에 관심이 많은 학생으로 지구 온난화를 주제로 한 수업 이후 환경에 대해 깊이 탐구하는 자세를 갖춤. 책를 읽고 이산화탄소와 같은 온실기체 증가량의 실체를 깨닫고 이를 줄이기 위한 관련 기술에 대해 주제 탐구 활동을 진행함. 탄소 포집 기술, 전기 에너지 저장장치의 과학적 원리와 현재까지의 발전 상황을 정리해보고 수소 에너지 상용화의 장점과 한계를 찾아 보고서로 작성함. 수소 경제 사회가 구현되었을 때의 모습을 시나리오로 작성한 후 수업시간에 발표하여 많은 학생들의 질문을 받게 되었고, 스스로 공부한 내용을 바탕으로 성실히 답변해주는 모습이 관찰됨.

8월 28일

지금 당장 기후 토론

김추령 | 우리학교 | 2022

도서 분야	자연과학
관련 과목	지구과학
관련 학과	지구과학교육과, 지구시스템과학과, 환경공학과

✅ 본문의 배경지식을 탐구하여 홍보 활동과 같은 실천적 방안으로 확장해보자.

• 기후변화협약 및 국제회의의 역사, 람사르협약, 블루 카본, CCS(이산화탄소 포집 및 저장) 실험과 기술 평가, 우주 쓰레기의 처리 방법, 원자력 발전소와 핵폐기물 처분장 설치의 실체 등 책에 있는 내용뿐 아니라 기후 문제와 관련한 주제를 찾아 조사하고 자료로 제작해보자.

• 캠페인, 포스터, 퀴즈, 설문 조사 등 다양한 형식으로 기후 관련 정보를 알리고 홍보 활동 전후 학생들의 기후 문제에 대한 인식 변화를 조사하여 보고서로 작성해보자.

✅ 기후 문제에 얽혀 있는 갈등 상황을 안건으로 토론 활동을 진행해보자.

예) 기후 위기 피해국들과 지원하려는 나라들(선진국) 사이의 '보상'과 '지원'의 입장 차이에서 오는 갈등

• 사유림의 재산권 보호와 공공재로서의 숲 보호가 충돌할 때 어떤 원칙에 따라 문제 해결을 할까?

• 기후변화를 막는 데 있어 CCS 기술의 확대가 가져올 문제점은 없을까? 그래도 추진해야 할까?

• 기후변화를 막기 위해 신규 원자력 발전소의 건설이 필요할까? 아니면 막아야 할까?

(토론 활동이 끝난 후 입장을 정리하고 토론 주제의 의의, 토론 활동을 통해 느낀 점을 발표해보자)

✅ 책을 읽고 후속 활동으로 기후변화 관련 사회적 활동을 찾아보고 참여해보자.

기후 문제에 관심을 가지고 관련 단체, 사회적 활동을 찾아본 후 참여할 수 있는 방법을 모색해보자.

● **참고 사이트**

기후변화홍보포털(www.gihoo.or.kr), 국회기후변화포럼(www.climateforum.or.kr), 국가기후위기적응센터(kaccc.kei.re.kr), 한국기후 · 환경네트워크(www.kcen.kr) 등

✅ 위 내용을 비교과활동 특기사항이나 과세특에 활용한다.

• 진로활동 특기사항 예시 •

환경 분야 진로를 탐색하며 평소 기후 문제에 대해 많은 관심을 보임. 책을 읽고 평상시 인지하지 못했던 기후 관련 문제들에 대해 깨닫고 이를 학생들에게 알려야겠다는 생각으로 '자신의 진로 알리기'시간을 통해 기후 문제 홍보 활동을 계획함. 기후변화협약의 역사, 이산화탄소 포집 및 저장 기술의 긍정적, 부정적 측면 등을 포스터와 퀴즈 형식으로 담아 일주일 동안 홍보 활동을 진행함. 설문 조사를 통해 홍보 활동 전후 학생들의 인식 변화를 기록하고 이를 보고서로 발표하여 높은 호응을 얻음.

8월 29일

지구를 위한다는 착각

마이클 셸런버거 | 부키 | 2021

도서 분야	자연과학
관련 과목	지구과학
관련 학과	지구환경과학과, 환경생태공학과, 지구과학교육과

✅ 기후변화에 대한 토론 및 컨퍼런스 활동을 다양한 관점으로 진행해보자.

〈토론 활동 주제 예시〉

- 자연산 식품이나 제품이 과연 인공적인 식품이나 제품에 비해 자연환경에 더 이로울까?
- '신재생 에너지'와 '원자력 발전' 중 자연보호와 삶의 질 향상에 더 많은 도움이 되는 것은 무엇일까?
- '문명의 발달을 위한 노력'과 '자연으로 돌아가는 삶' 중 무엇이 기후변화에 더 해로울까?
- 플라스틱 물질의 사용과 처리에 대한 우리의 대처는 어떠한 방향으로 가는 것이 옳을까?

✅ 기후변화에 대한 올바른 판단과 균형 잡힌 시각을 위한 활동을 전개해보자.

기후변화에 대한 위험 신호가 분명히 발견되지만, 반대로 기후변화에 의한 긍정적인 방향도 찾아볼 수 있다. 기온 상승으로 인한 산림의 면적 변화와 생태환경의 긍정적 신호, 농업을 비롯한 작물이 실제 기온에 의해 영향을 받는 정도, 생물 종의 다양성 변화와 기후변화의 직접적인 상호작용 등을 조사한 후 과제연구 활동 보고서로 작성해보자.

✅ 기상청 기후정보포털에서 자료를 찾아 분석해보자.

기상청 기후정보포털에 들어가면 기후변화 시나리오와 IPCC 보고서를 비롯한 여러 관측 · 예측 자료, 보고서를 확인할 수 있다. 기후변화 자료 중 관심 있는 보고서나 시나리오를 찾아 읽어보고 스스로 분석 · 정리하여 이를 소개하는 활동으로 이어보자.

✅ 위 내용을 비교과활동 특기사항이나 과세특에 활용한다.

• 지구과학 I 교과 세특 예시 •

환경 문제와 이를 해결하는 정책 결정에 관심이 많은 학생으로 평소 관련 책과 뉴스를 자주 읽고 친구들과 토론 활동을 즐기는 모습을 보임. 책을 통해 자신이 알고 있던 과학적 사실과 책에서 소개하는 내용이 다르다는 점에 흥미를 느끼고 수업 시간에 관련 내용으로 토론 활동을 진행함. 사회자 역할을 맡아 '인류의 문명 발달과 개발 과정이 자연환경에 실제로 미치는 영향'를 주제로 찬반 의견을 수렴하며, 적절한 시간 배분과 의견 조율로 매끄러운 진행 실력을 보여줌.

8월 30일

구름을 사랑하는 기술

아라키 켄타로 | 쌤앤파커스 | 2019

도서 분야	자연과학
관련 과목	지구과학
관련 학과	대기과학과, 지구환경과학과, 항공학과

✅ 구름을 직접 촬영해보고 사진을 활용한 다양한 활동을 전개해본다.

- 여러 날에 걸쳐 다양한 구름을 촬영한 후 출력한 사진에 간단한 설명을 덧붙여 사진전을 진행해보자. 스마트폰으로도 충분히 촬영할 수 있는데, 광각 렌즈를 끼우거나 파노라마 기능을 활용하면 더욱 다채로운 사진을 담아낼 수 있다.
- 우리나라에서 관측하기 어려운 구름의 종류를 찾아보고 사진 자료를 통해 소개하며, 이러한 구름이 형성되는 원리를 정리하여 발표해보자. 본문에 소개된 두루마리상 고적운, 이중 고층운, 방사상 고층운, 렌즈상 층적운, 야광운 등은 우리나라에서 관측이 어려운 구름의 예이다.

✅ 책의 내용을 심화 활동으로 연결하여 보고서를 작성한다.

- 에어로졸을 통한 구름의 형성이 지구 온난화에 어떠한 영향을 미치는지 조사하여 발표한다. 위성 영상으로 구름의 모습을 실시간으로 탐구해보고 구름 영상으로 판단할 수 있는 기상 현상이나 날씨 변화를 정리하여 탐구보고서로 작성해보자. 국가기상위성센터 사이트에 들어가면 정지궤도위성인 '천리안위성'의 실시간 영상 자료를 확인할 수 있다. 더불어 나사(NASA)의 '월드뷰'를 이용하여 칠레 앞바다의 해양성 층적운이나 카르만 소용돌이 열을 찾아보고 소개해보자.
- 대기 광학 현상인 무지개와 태양의 무리 현상을 물리적인 빛의 굴절, 산란으로 분석하는 활동을 통해 교과 간 융합 탐구 활동으로 활용해보자.

✅ 위 내용을 비교과활동 특기사항이나 과세특에 활용한다.

• 자율활동 특기사항 예시 •

평소 사진 촬영에 관심이 많고 자연 현상의 모습을 직접 촬영하거나 사진 자료를 찾아보는 태도를 갖춤. 책을 읽고 구름 관측에 흥미가 생겨 친구들과 함께 학급 특색활동으로 '구름 사진전 개최 프로젝트'를 진행함. 한 달에 걸쳐 스마트폰으로 촬영한 구름 사진을 모아 프로젝트 발표일에 사진전을 개최함. 각 구름의 특징을 알기 쉽게 설명한 짧은 텍스트는 학생들의 이해를 도왔고, 인기가 높은 구름을 투표하여 최고의 사진을 선정함. 사진전을 통해 구름에 대한 이해도가 한층 높아지고 대기 현상을 관찰하며 깊이 탐구할 수 있는 기회가 되었다는 소감을 밝힘.

8월 31일	과학자들은 왜 깊은 바다로 갔을까?	도서 분야	자연과학
	김동성 외 31명 | 교보문고 | 2022	관련 과목	지구과학
		관련 학과	해양학과, 해양시스템학과, 지구과학교육과

심해 열수구 생태계 연구의 과학적 의의를 탐색해보자.

- **생명의 기원과 진화를 탐구하는 진화생물학적 의의**
  뜨거운 열수가 분출되는 심해 열수구에는 '화학합성 생태계'가 유지되고 있으며, 이것은 태양 에너지와 같은 외부 에너지원이 아닌 행성 자체의 에너지원에 의한 생명 존재의 가능성을 밝힌 것으로서, 지구 밖 행성에도 생명체가 존재할 수 있는 가능성을 보여준 발견이다.
- **특수한 환경이 만들어낸 물리적 특성의 발견**
  열수분출공 주변은 깊은 바다의 수심이 임계압력보다 높은 압력을 만들고, 지각에서 뿜어져 나온 뜨거운 물이 임계온도보다 높은 온도를 가지게 만들어 초임계유체 상태를 유지하게 한다. 이 초임계유체는 액체도, 기체도, 고체도 아니며 산업적 이용에 무한한 가능성을 제공한다.

심해에서 발견되는 생물·광물자원의 활용을 자신의 관심 분야와 관련해 조사해보자.

- 열수 생태계에서 살아가는 심해 생물은 생물자원으로서 많은 가능성을 품고 있다. 박테리아를 활용한 의약품 개발, 세라마이드 성분을 이용한 화장품 개발, 미생물 배양을 통한 다양한 신물질 개발 등이 그 대표적 예이다. 이 외에도 심해 생물체의 구조, 생체모방을 통한 공학적 이용 등 여러 분야별로 조사하여 소개해보자.
- 심해저에서 발견되는 수많은 희토류 금속 및 광물자원의 쓰임새를 조사하고 발표해보자.

열수 환경을 조사하는 탐구 방법 및 우리나라의 해양 기술 발전의 미래를 탐색해보자.

- 무인잠수정, 음파를 이용한 심해 탐사, 음파를 연구하는 컴퓨터 기술의 발달과 더불어 음향측심기의 개발, 다중채널 탄성파 기술, 분석기기와 기법의 발달 등 관련 자료를 찾아보고 발표해보자.
- 우리나라 해양 탐사 기술의 수준과 한계점, 앞으로 발전 가능성을 중심으로 탐구해보자.

위 내용을 비교과활동 특기사항이나 과세특에 활용한다.

• 진로활동 특기사항 예시 •

신소재학과에 관심이 많은 학생으로 자연에서 발견할 수 있는 새로운 재료를 탐색하던 중 해당 책을 읽고 해양의 심해 환경에 큰 호기심을 보임. 열수 생태계 환경이 품고 있는 자원을 주제로 심해 생물자원에 대해 탐구 활동을 진행함. 심해에 살고 있는 '장님게'의 최외표피층의 경도가 상어의 이빨보다 더 강하다는 점, 심해 생물체에서 세라마이드 성분이 발견되는 점 등으로 신물질 개발의 가능성을 탐구하고 보고서를 작성해 진로 탐구 활동 시간에 발표함.

9월

9월 1일

원소 이야기

팀 제임스 | 한빛비즈 | 2022

도서 분야	자연과학
관련 과목	화학
관련 학과	화학과, 화학공학과, 화학교육과

원소에 대한 자료를 관심 진로 분야와 관련지어 탐색해보자.

- 지르코늄(이온을 흡수하는 투석 장치), 세륨(라이터), 프라세오디뮴(작업용 고글), 사마륨(전자렌지), 유로퓸(위조 지폐의 판별) 등 다양한 장비와 도구에 사용되는 원소를 찾아보자. 자연과학, 의료, 신소재, 과학수사 등 자신의 관심 진로 분야에서 활용되는 원소를 찾아 그 쓰임새와 원리를 조사한 후 발표해본다.
- 원소의 발견에 관여한 과학자들의 삶을 찾아보고, 원소 발견자로서 이름을 얻기까지의 과정과 실험에 임하는 자세, 노력 등을 조사해보며 실제 그 결과를 인정받지 못한 사례에 대해서도 찾아보자.

책의 내용을 후속 활동으로 확장한다.

- 나만의 주기율표를 만들어보자. 원소의 공통적인 특징에 별명을 붙이고, 그림 자료를 활용하거나 직접 구할 수 있는 원소는 주기율표에 직접 구현하는 등 개성 있는 주기율표로 만들어본다. 책에서는 17족 원소를 이기적인 원소, 18족은 귀족 원소라는 부제를 붙여놓았다.
- 본문의 '인체자연발화'는 아직 과학적으로 입증되지 못한 현상이다. 이처럼 물리화학적 현상에 대해 과학적인 증거가 더 필요한 경우를 조사해보고 이를 탐구 주제로 발표해보자.
- 과학실에 있는 원소의 방전관 실험을 통해 원자 고유의 색을 관찰한 후 원자마다 고유의 색을 나타내는 원리를 물리 · 화학적으로 분석하여 탐구 보고서를 작성한다. 간이 분광기를 제작하여 스펙트럼을 관찰해보고 이 원리와 의의, 활용까지 정리하여 발표해보자.
- 방사성 동위원소 추적자를 활용한 실험, 인공 원소의 발견과 새로운 원소의 발견 가능성 및 한계 등 관련 논문 자료를 찾아 읽어보고 자신의 의견을 반영하여 보고서를 작성해본다.

위 내용을 비교과활동 특기사항이나 과세특에 활용한다.

• 진로활동 특기사항 예시 •

신소재 공학계열에 관심이 많은 학생으로 물리, 화학 교과 학습에 많은 노력을 기울임. 책을 읽고 원소의 다양한 활용 분야에 호기심이 생겨 그래핀의 탄소 구조 특징을 조사, 진로 탐구 활동으로 진행함. 탄소의 성질과 그래핀을 형성했을 때 나타나는 성질의 차이점을 확인하고 그래핀이라는 신소재의 활용 방안을 자료로 제작해 자신의 관심 진로 분야로 확장함. 책에 소개된 지르코늄, 세륨, 사마륨 등 실생활에 자주 사용되는 소재에 활용되는 원소를 소개해 좋은 평을 이끌어냄.

9월 2일	법칙, 원리, 공식을 쉽게 정리한 물리·화학 사전 와쿠이 사다미	그린북	2017	도서 분야	자연과학
		관련 과목	물리학, 화학
		관련 학과	공학 계열학과, 물리학과, 화학과

✅ 물리·화학 법칙을 쉽게 기억할 수 있는 나만의 공부법을 찾아 소개해보자.

본문의 '플레밍 법칙'에서는 발전기와 모터의 원리를 설명하면서 전류와 자기장, 힘의 방향을 쉽게 암기할 수 있도록 오른손 · 왼손 법칙이 소개되어 있다. 평소에 외우기 어려운 공식이나 법칙이 있다면 나만의 암기법을 개발하여 공부해보고, 효과가 있다면 이것을 수업 시간에 소개해보자.

✅ 일상생활에서 물리·화학 법칙이 적용되는 사례를 찾아 발표해보자.

- 본문의 '가전제품으로 배우는 전기와 자기'를 통해 오븐으로 빵을 굽는 원리, 냉장고 모터가 돌아가는 원리를 설명해보자. 인덕션의 전자기 유도 법칙을 조사해 열의 발생 과정도 발표해보자.
- 자신의 관심 분야, 취미 활동 등에서 발견되는 과학 법칙을 찾아 소개하고 경험을 설명하는 과학 법칙이 잘못 적용된 사례도 있다면 찾아보자. 가령 '베르누이 정리'는 비행기가 나는 원리를 설명할 수 있는데, 흐르는 물에 숟가락을 갖다 대었을 때 숟가락이 물 쪽으로 끌려가는 현상은 베르누이 정리가 아닌 '코안다 효과'로 설명됨을 알 수 있다.

✅ 관심 분야별로 공부한 법칙과 공식을 정리해 자신만의 과학 사전을 제작해보자.

이 책에서는 물리 · 화학 법칙, 원리, 공식이 정리되어 있지만 생명과학이나 지구과학에 관심 있는 학생은 직접 공부한 내용을 토대로 '나만의 과학 사전'을 제작해 볼 수도 있다. 자료가 쌓인다면 책자로 만들어 이것을 다른 학생들에게도 소개해보자.

✅ 위 내용을 비교과활동 특기사항이나 과세특에 활용한다.

• 물리학 I 교과 세특 예시 •

또래 학습 도우미 활동에 지원하여 멘토로서 책임감 있게 수행함. 책을 통해 공식 암기법을 터득하고 자신의 멘티 학생에게 전류와 자기장, 힘의 관계를 쉽게 기억할 수 있는 방법을 제시함. 친구들과 함께 공부법을 고민하는 과정에서 관련 지식에 대한 이해의 폭이 넓어지는 것이 관찰됨. 수업 시간에 배운 과학 법칙들을 과학 사전으로 제작해 친구들 앞에서 소개함.

9월 3일

거의 모든 물질의 화학

김병민 | 현암사 | 2022

도서 분야	자연과학
관련 과목	화학
관련 학과	화학과, 화학공학과, 화학교육과

✅ 천연 물질과 화학 물질의 '편견'과 '진실'에 대해 탐색해보자.

자동차 부동액, 화장품, 피부 보호제, 식품 등에 들어있는 '프로필렌글라이콜'은 매우 광범위하게 사용된다. 만약 천연 물질을 같은 방식으로 사용했을 경우, 안정성과 위해성의 측면에서 무엇이 어떻게 달라지는지 비교해보자. 사람들이 가지고 있는 편견과 진실을 찾아 조사해보고, 우리 삶을 더욱 윤택하게 하기 위한 '물질의 올바른 사용법'을 탐색해보자.

✅ 화학이 실생활에 적용되는 사례를 관심 분야와 관련지어 조사해보자.

- 설탕과 소금의 구조적 특징으로부터 '단짠'의 맛을 잘 어우러지게 하려면 분자의 크기가 큰 설탕을 먼저 넣고 크기가 작은 소금을 나중에 넣어야 한다. 식물에 존재하는 옥살산을 빠져나오게 하는 방법으로, 채소를 데치거나 나물을 무칠 때 깨와 함께 조리한다.
- 공학, 건축, 의료, 미용, 스포츠, 영화 등 다양한 분야 속 화학의 이야기를 조사하고 각 분야에서 활용되는 화학 물질 종류, 특징, 장단점 등을 탐구한다.

✅ 본문의 내용을 심화 활동으로 확장한다.

- 우리 주변에서 사용하는 탄화수소화합물의 다양한 쓰임새를 알아보고 화학식으로 표현해보자.
- 유연휘발유, DDT, 염화불화탄소 등은 인류의 윤택한 삶을 위해 개발한 화학 물질이 환경을 급속도로 악화시킨 대표적 사례이다. 과학자로서 가져야 할 윤리 의식에 대해 생각해보자.
- 학생들이 가지고 있는 편견에 대해 설문조사를 실시하고, 화학 물질의 진실(위험한 것과 안전한 것)을 알리는 캠페인을 진행한다.

✅ 위 내용을 비교과활동 특기사항이나 과세특에 활용한다.

• 화학 I 교과 세특 예시 •

화학 교과 내용에 대한 이해도가 높고 실생활에 활용되는 화학 물질에 관심이 많음. 책을 읽고 탄소수소화합물이 가진 특성과 활용 사례에 깊은 인상을 받아 이를 주제 탐구 활동으로 진행함. 탄소수소화합물과 같은 고분자 물질이 발견되는 과정, 분자 구조, 활용 분야와 유해성 등의 내용을 보고서로 작성하고 발표함. 분자 구조식을 칠판에 직접 그려 표현하고 주요 용어를 정확하게 사용하여 학생들의 이해를 도움. 인류의 발전을 위해 개발되었지만 결국 환경을 오염시킨 화학 물질의 사례를 보며 과학자의 윤리적 자세를 생각해보게 되었다고 소감을 밝힘.

9월 4일	같기도 하고 아니 같기도 하고	도서 분야	자연과학
	로얼드 호프만 | 까치글방 | 2018	관련 과목	화학
		관련 학과	화학과, 화학공학과, 재료공학과

책 속의 내용을 관련지어 주제 탐구 발표를 진행한다.

수업 시간에 배운 내용과 직접적으로 연결하여 탐구 활동을 하는 경우

- 예컨대 '탈리도마이드 물질의 사건'을 소개하면서 화학자 빌헬름 쿤츠가 합성한 탈리도마이드 물질의 합성 과정과 화학 구조를 소개하는 활동으로 발표 자료를 구성하는 식이다.

생활 속 관심 있는 주제를 깊이 탐구하는 경우

- '트랜스 지방이 몸에 해롭다고 알고 있지만 왜 그럴까?'라는 질문에 대해 본문의 '이성질 현상'을 바탕으로 화학적인 접근을 시도해 본다. 시스 및 트랜스 이성질체는 지방의 화학에서도 중요한 역할을 한다는 점, 분자의 사소한 기하학적 모양까지도 우리 몸에 심각한 영향을 미칠 수 있다는 점 등을 탐구하고 보고서를 만들어 발표해 보자.

책을 읽고 인물, 업적 분야로 확장하는 경우

- 관심 있는 화학 분야에서 노벨상을 수상한 과학자의 업적 또는 실험 과정을 찾아 조사해본다.

창의적 체험 활동(자율, 진로)에서 책을 통해 주제를 찾아본다.

- 창의적 체험 활동으로 진행하는 다양한 글짓기 활동이나 소감문 쓰기 활동에서 이 책의 주제와 교훈을 활용해 본다. 책에서 강조하는 '대립성', '이원성'과 같은 화학의 성질을 인간의 본성, 사회 현상, 자신의 경험에 비추어 과학에세이 활동이나 소감문 작성에 활용해 보자.
- 화학물질의 사용으로 나타나는 환경문제와 화학이 우리 삶을 윤택하게 해준 긍정적인 영향 사이의 이원성, 화학에 대한 일반 사람들의 인식, 화학 교육의 필요성과 역할 등 다양한 주제를 책 속에서 찾아보고, 이를 학급 활동 또는 개인 활동에서 활용하여 토론, 환경 캠페인, 진로활동으로 확장시켜 본다.

위 내용을 비교과활동 특기사항이나 과세특에 활용한다.

• 화학 I 교과 세특 예시 •

분자구조의 성질과 원자들 사이의 결합 원리를 누구보다 깊이 이해하고 실생활의 다양한 재료를 바탕으로 분자구조를 만드는 데 높은 응용력을 보임. 특히 책을 읽고 주제 탐구 활동을 진행하면서 의약물질 '캠퍼'를 표현하는 분자구조 형태와 모형 분석 자료를 제작하고 이를 칠판에 직접 그려 발표함. 책에 소개된 '이성질 현상'을 탐구한 끝에 '트랜스형의 불포화 지방'이 몸에 좋지 않은 물질이라는 탐구 결과를 내놓으며 많은 학생들의 관심을 집중시킴.

9월 5일

세상은 온통 화학이야

마이 티 응우옌 킴, 김민경 | 한국경제신문사 | 2019

도서 분야	자연과학
관련 과목	화학
관련 학과	화학과, 화학공학과, 화학생명공학과

✅ '화학의 눈'으로 바라본 학교에서의 일과를 글로 작성해보자.

등교하는 순간부터 수업 시간에 벌어지는 활동, 친구들과의 대화, 점심시간, 청소 시간, 방과 후 활동 등 일상의 모든 경험에서 찾을 수 있는 '화학'을 찾아 조사하고 글로 작성해본다. '화학의 눈'으로 바라본 하루를 통해 과학을 대하는 태도에 어떠한 변화가 있었는지도 발표해보자.

✅ 화학 물질과 용어에 대한 잘못된 상식 및 선입견을 찾아 바로잡아보자.

잘못된 과학 기사, 이윤만을 위한 엉터리 마케팅 등으로 화학 물질과 용어에 대한 부정적인 인식이 사람들에게 심어져 있다. 불소치약 속 불화물에 대한 오해, 합성 계면활성제와 천연비누에 대한 선입견, 방부제에 대한 부정적 인식, 고분자화학을 플라스틱이라고 치부해버리는 잘못된 인식 등이 그 예이다. 화학 물질에 대한 올바른 이해를 돕는 캠페인 활동을 계획해보자.

〈캠페인 참여 방법 예시〉

1. 과학 신문 제작: 화학 물질에 대한 허위 정보와 진실에 대해 파헤치는 과학 기사문을 쓴다.

2. 홍보물 제작 및 전시: 포스터, 만화, 소설 등의 형식으로 화학 물질을 소개한다.

3. 퀴즈 풀이 활동 및 설명회: 직접 준비한 과학 지식 자료를 학생들에게 설명한다.

✅ 다양한 비유를 통해 재미있게 표현한 화학 용어의 사례를 찾아 소개해보자.

"불소는 배가 고프다고 시끄럽게 울어대는 갓난아기와 같다. 배고파 우는 아기는 젖만 먹이면 금세 조용해지고 얌전해지지 않는가. 불소 역시 열렬히 갈망하던 여덟 번째 전자를 선물하는 원소를 만나자마자 아주 얌전해진다."

✅ 위 내용을 비교과활동 특기사항이나 과세특에 활용한다.

• 화학 I 교과 세특 예시 •

물질의 구조와 성질 단원을 학습한 뒤 책을 읽으며 화학 물질에 대한 이해가 넓어졌다는 소감을 밝힘. '화학 물질에 대한 오해와 진실'을 주제로 과학 신문 제작 활동을 계획함. 치약 속 불화물, 합성 계면활성제, 방부제에 대한 부정적인 인식이 있는데 이들 화학 물질의 구조를 분석해보면 자연 물질과 구조적으로 큰 차이가 없으며, 잘못된 정보 전달에서 오는 오해가 많다는 사실을 기사문으로 작성함. 교실에 신문을 게시하여 학생들의 화학적 이해를 높이는 데 기여함.

9월 6일	재밌어서 밤새 읽는 화학 이야기	도서 분야	자연과학
	사마키 다케오 | 더숲 | 2013	관련 과목	화학
		관련 학과	화학과, 화학공학과, 화학교육과

본문의 과학 이야기에 담긴 의미를 찾아보고, 활동을 확장해본다.

- '질량 보존의 법칙'으로 인해 물질을 구성하는 모든 원자는 새롭게 생성되거나 사라지지 않는다. 원자의 순환 의미를 이해하고, 이를 환경 오염 물질이 우리에게 미칠 영향과 연결하여 글짓기를 완성해보자.
- 일상생활에서 잘못 알고 있는 상식(과학적 효과가 입증되지 않은 '음이온', '원적외선', '게르마늄 효과'의 광고 등)을 바로잡아 주는 캠페인 활동을 진행하고 이를 주제로 포스터 등을 제작한다.

책의 내용을 바탕으로 후속 활동을 진행한다.

- 책에 소개된 실험을 재연해보고 이것을 자료로 만들어 주제 탐구 발표로 이어보자. 예컨대 '실생활 속 중화반응 실험'으로 다양한 식재료를 활용, 집에서 직접 요리해보고 이때 나타나는 중화반응 색 변화를 촬영해 소개해볼 수 있다.
- 여러 기관에서 진행하는 개방실험실, 과학문화행사, 과학교실(온/오프라인) 및 체험활동을 찾아보고 관심 있는 프로그램에 신청해 참여해보길 추천한다. 학교로 오는 공문을 통해 홍보하는 프로그램도 관심을 가지고 적극적으로 신청하는 자세가 필요하다.

〈참고기관〉

▶ 서울시립과학관 → 과학교육프로그램
▶ 서울특별시교육청과학전시관 → 학생교육 → OPEN-LAB
▶ KSOP(Kaist Science Outreach Program) → 과학캠프
▶ 사이언스올 → 과학체험
▶ 대전교육과학연구원 → 대전과학체험관
▶ 전라북도교육청과학교육원 → 개방형실험실

위 내용을 비교과활동 특기사항이나 과세특에 활용한다.

• 자율활동 특기사항 예시 •

책을 읽고 잘못된 과학 상식을 바로잡아야겠다는 생각으로 '너와 나, 그리고 우리'를 주제로 학급 프로젝트 활동을 진행함. '올바른 과학 상식 알리기'를 소주제를 선정한 후, 주도적이고 계획적인 자세로 모둠 활동을 이끌어 감. 쉬는 시간을 활용하여 캠페인 활동을 실시하고 학생들의 의견을 수렴함. 여럿이 다양한 소품과 사진 자료를 준비하고 전달하고자 하는 의미가 한 눈에 들어오도록 각자 역할에 맞춰 포스터를 제작함. 활동 후기 소개 시간에 발표를 진행해 학급 구성원들의 공감을 얻음.

9월 7일	세상을 바꾼 화학	도서 분야	자연과학
	원정현 | 리베르스쿨 | 2021	관련 과목	화학
		관련 학과	화학과, 화학공학과, 화학교육과

✅ '실험'이 과학적 연구 방법으로 인정받기까지의 과정을 탐색해보자.

→ **〈연금술의 발달: 본격적인 실험의 시작〉**

금을 만들기 위해 다양한 실험을 하는 과정에서 새로운 물질을 발견

→ **〈과학 혁명 시기(16세기~17세기), 실험과학의 도래〉**

베이컨이 등장하면서 실험을 통한 경험적 연구 방법, 지식의 유용성을 높이 평가하기 시작

→ **〈실험을 적극적으로 활용해 역학, 생리학, 대기압 연구 등에서 지식을 축적 시킴〉**

과학 혁명 이후 실험을 통해 얻은 과학자들의 지식이 일상의 경험을 통해 얻은 지식과 다르지 않다는 것을 보여줌. 갈릴레오, 파스칼, 보일의 실험 등 객관적인 지식이 축적되고 실험 도구가 개선됨.

✅ 연소를 설명하는 두 가지 이론 체계를 각각 비교하고 그 의미를 탐구해보자.

연소 이론	플로지스톤 이론	산소 연소 이론
주창자 (관련 인문)	슈탈 (셸레, 프리스틀리, 캐번디시)	라부아지에 (19세기 이후 화학자들)
금속 연소에 관한 내용	플로지스톤이 빠져나가 금속재가 형성 (연소 이후에 무게가 감소한다고 생각)	산소와 결합해 금속재 형성 (연소 이후에 무게가 더 늘어남)
각 이론이 가진 의의	플로지스톤 개념을 오늘날 화학 에너지나 전자로 가정하면 더 정확한 산화 현상 설명이 가능함.	'플로지스톤 없는 공기'가 '산소'라는 것을 밝히고 체계적인 명명법으로 화학 혁명을 이끌어 냄.

✅ 화학 개념과 이론 발달 과정에서 상호 작용으로 나타난 결과를 찾아보자.

원자 모형의 변화를 그림으로 표현하고 원자 개념이 물리학의 발달과 더불어 어떻게 변해왔는지 발표해보자. 방사선과 원자 구조에 관한 연구는 한쪽의 발견이 다른 쪽의 연구를 견인하면서 이루어졌다. 핵반응과 원자 폭탄을 소개하는 챕터를 참고, 연구 과정을 조사하고 소개해보자.

✅ 위 내용을 비교과활동 특기사항이나 과세특에 활용한다.

• 화학 I 교과 세특 예시 •

원자와 분자의 구조 및 화학 결합에 관한 개념을 명확히 이해하기 위해 화학의 역사적 배경지식까지 습득하는 태도를 보임. 멘토-멘티 활동으로 친구의 화학 공부를 도와주면서 과학 개념의 의미를 깊이 고민하던 중 책을 읽고 과학 지식의 이해가 깊어지는 태도가 관찰됨. 물의 성질을 탐구하던 근대 과학자들의 연구가 라부아지에, 아보가드로를 거치며 분자의 개념과 화학 결합에 관한 이론으로 확립되는 과정을 그림과 화학식으로 표현하고 보고서를 작성함.

9월 8일	화학 교과서는 살아있다	도서 분야	자연과학
	문상흡 외 8명 ∣ 동아시아 ∣ 2012	관련 과목	화학
		관련 학과	화학과, 응용화학과, 나노화학공학과

✅ 이 책과 교과서의 대응되는 주제를 선택하고 주제 탐구 활동으로 발표해보자.

책의 앞부분에 실린 표를 참고하여 관심 주제를 확장하는 주제 탐구 활동으로 이어 가보자. 예를 들어 평소 스마트폰 사용에 관심 많은 학생은 산화-환원 반응 단원을 학습한 후 관련 주제를 '스마트폰을 오래 사용하는 방법'으로 정하면 된다. 본문에 소개된 화학 전지 원리를 탐구하여 스마트폰의 충전과 방전 과정을 소개하고, '스마트폰용 전지를 충전 없이 사용 가능한가?'와 같은 물음은 학생들의 많은 관심을 이끌어 낼 수 있을 것이다.

✅ 다양한 진로 분야와 책의 주제가 어떻게 연결되는지 탐색해보자.

진로 분야	책의 주제
정치외교학	잉카 제국의 비극과 철 제련 기술, '아나스타샤'는 진짜 러시아 공주일까?
스포츠	김연아 선수가 얼음 위에서 넘어지지 않는 이유는?
군사학	총알도 뚫지 못하는 방탄복과 악마와 천사가 함께 준 선물, 화약
기계 및 자동차	자동차가 움직이는 원리와 맥주의 발효 원리가 같다고? 물로 가는 자동차
나노공학기술	신비한 나노 기술 – 미인 만들기 프로젝트

✅ '널리 인간을 이롭게 하는 화학'을 통해 과학기술의 현재와 미래를 탐색해보자.

- 오늘날의 에너지 문제를 해결할 수 있는 과학기술을 탐색해보자. 본문에 소개된 물의 광분해 기술, 바이오 에탄올과 바이오 디젤 외에 대체 에너지의 해결방안으로 제시할 수 있는 과학기술을 찾아보고 소개해보자.
- DNA 분석 기술의 발달로 인간 유전체 프로젝트(Human Genome Project) 이후 개인 유전자 정보 활용 현황과, 이로 인해 발생할 수 있는 문제와 한계를 조사하여 발표해보자.

✅ 위 내용을 비교과활동 특기사항이나 과세특에 활용한다.

• 자율활동 특기사항 예시 •

'일상생활과 과학의 만남'이라는 활동 프로젝트에서 관련 주제를 찾던 중 책을 읽고, 평소 관심 있던 화학공학 분야와 관련하여 나노 기술에 대해 조사함. 사람들이 많이 사용하는 화장품 성분을 나노 기술로 개선할 수 있음을 소개하고 이를 탐구 활동으로 발표함. 주제 선정에 어려움을 겪는 친구들을 위해 자신이 읽은 책에 소개된 다양한 주제를 개인별 진로에 맞게 연결해 주어 화학이 일상생활과 밀접한 관련이 있음을 홍보, 이해를 높이는 데 크게 기여함.

9월 9일		
	도서 분야	자연과학
	관련 과목	화학
	관련 학과	화학과, 신소재공학과, 화학교육과

미술관에 간 화학자

전창림 | 어바웃어북 | 2013

'명화와 화학'을 주제로 작품과 함께 화학을 소개하는 탐구 활동을 진행한다.

'납'의 문화사를 소개하면서 납의 특징과 납 중독의 위험성을 분석한다. 렘브란트 〈야경〉의 배경이 어두운 이유를 분석하고, 안료에 포함된 납이 도시 공해가 심해지면서 화학 반응을 일으켜 변색되었음을 소개한다. 휘슬러의 〈흰색 교향곡 1번〉에서 사용한 연백의 주성분이 납이었다는 기록도 함께 소개하는 등 화학 성분에 얽힌 이야기를 발표해보자.

체험 활동을 계획하고 명화를 비롯한 여러 예술 작품을 직접 관찰해보자.

국립현대미술관, 시립미술관, 집 근처 미술관을 예약하고 직접 찾아가 본다. 책에서 본 작품이 아니더라도 책을 통해 공부한 화학 요소가 작품 속에 어떻게 녹아 있는지 확인해보고 이를 탐구 활동 보고서로 기록하거나 발표해보자. 본문에 소개된 작품 외에 추가로 살펴보고 싶은 관심 작가의 그림을 찾아 감상하고 분석해보자.

다른 학문과 미술의 융합 활동을 관련 서적과 자료를 통해 조사하여 탐구해보자.

이 책 외에도 《미술관에 간 의학자》, 《미술관에 간 수학자》, 《미술관에 간 물리학자》 등 예술과 과학, 수학, 의학에 관한 책을 찾아 읽고 감상문을 작성해보자.

위 내용을 비교과활동 특기사항이나 과세특에 활용한다.

• 자율활동 특기사항 예시 •

학교 자율 교육과정으로 융합 수업에 참여해 '명화를 탐구하는 과학자'를 주제로 탐구 활동을 진행함. 명화를 통해 미술을 깊이 이해하고 작품 속에 숨어 있는 과학적 요소를 탐구하며 실생활 속 과학의 활용 방안을 깨닫는 태도가 관찰됨. 책을 읽고 화학이 화가의 삶에 미친 영향을 집중적으로 탐색함. 렘브란트의 '야경'을 조사하면서 안료에 포함된 납이 황과 화학 반응을 일으켜 시간이 지남에 따라 색깔이 어두워졌다는 것을 발표함. 진지하고 탐구적인 자세가 인상 깊은 학생임.

9월 10일

오늘도 약을 먹었습니다

박한슬 | 북트리거 | 2020

도서 분야	자연과학
관련 과목	화학, 생명과학
관련 학과	약학과, 간호학과, 보건관리학과

본문의 내용을 진로와 관련한 심화 활동으로 연계해본다.

- 의료, 약학, 간호학, 보건 계열로 진로를 희망하는 학생들은 책을 통해 청소년들의 건강, 자주 사용하는 약의 올바른 사용법, 건강에 대한 잘못된 상식, 청소년들의 주요 건강 이슈, 질병과 백신 및 치료법 등을 알리는 홍보 활동을 계획하고 실천해본다. 사전 조사와 다양한 홍보 자료를 제작해 학생들의 의식 개선 효과를 점검해보고 캠페인 활동으로 이어 간다.
- 약사에 대해 조사하고 관련 대학으로 진학하는 방법, 진학 후 자격증 시험을 준비하는 과정, 약사가 실제로 하는 일과 직업의 특성 등을 포트폴리오로 제작해보자.

약과 관련한 다양한 주제를 책을 통해 탐구 활동으로 이어보자.

- 본문에 소개된 약 중 청소년들이 가장 많이 복약하는 약을 조사하여 주제 탐구 활동으로 이어보자. 진통제를 주제로 정한 경우, 진통제가 통증을 완화하는 원리와 진통제의 성분, 시중 제품에 따른 약효의 차이, 복약 시 주의사항과 단점 등을 탐구해 발표해보자.
- 최근 이슈가 되고 있는 사례(약물 중독, 오남용, 관련 법안 등)를 찾아보고 이를 소개한다. 우리나라 약의 역사에 대해서도 조사한 후 발표해보자.
- 이 책에서는 참고 문헌으로 전체적인 내용을 뒷받침하고 있다. 참고 문헌에서 관심 분야의 학회지 논문을 찾아 읽고 탐구 보고서를 작성해보자.

위 내용을 비교과활동 특기사항이나 과세특에 활용한다.

• 진로활동 특기사항 예시 •

약학과에 진학을 희망하는 학생으로 진로에 대한 이해도가 높고, 구체적으로 계획을 세울 줄 앎. 책을 읽고 약사라는 직업에 매료, 관련 학과 탐색 후 직업의 장단점을 분석한 포트폴리오를 작성함. 평소 학생들이 진통제를 많이 복약하면서도 그 원리나 복용법에 대해 자세히 모른다는 점에 착안하여 '청소년 건강 실태와 약의 효과적인 복용법'을 주제로 캠페인 활동을 계획함. 대부분이 잘못 알고 있는 약의 상식을 퀴즈 형식으로 나타내 학생들의 참여를 유도하는 등 올바른 지식 전달을 위해 애쓰는 모습을 보임. 본인의 진로를 구체화하는 데 큰 도움이 되었다는 소감을 밝혀 큰 호응을 얻음.

9월 11일	분자 조각가들	도서 분야	자연과학
	백승만 | 해나무 | 2023	관련 과목	화학
		관련 학과	약학과, 의예과, 화학공학과, 화학생명공학과

✅ 의약품 개발 과정을 다양하고 흥미롭게 구성하고 소개해보자.

의약이나 의료 계열의 진로 동아리에 참여하고 있다면, 독서 탐구 활동 시간을 구성해 '의약품 개발에 숨겨진 이야기'를 주제로 발표회를 계획해보자. 활동 계획에 대한 예시는 아래와 같다.

① 책을 읽고 동아리원들 간의 독서 토론을 실시한다.
② 발표회 일정에 따라 '내용 전달' 팀과 '체험 활동' 팀을 각각 구성한다.
③ '내용 전달' 팀은 의약품의 종류에 따라 개발되는 과정, 약에 숨겨진 비하인드 스토리 등을 흥미롭게 구성하여 영상, 퀴즈 활동, 캠페인 등의 형식으로 자료를 제작한다.
④ '체험 활동' 팀은 〈분자 조각가 활동〉을 주제로 실제 화학 구조식을 몇 가지 모형으로 제작, 참여 학생들이 직접 구조를 바꿔가며 분자 조각가 활동에 참여하도록 안내한다. 이때 분자 구조식에 담긴 의미와 화학 반응에 대해 간략히 소개하여 학생들의 이해를 돕는다.
⑤ 발표회 직후 평가회를 통해 보완할 점, 활동 소감 등을 공유한다.

✅ 의약품의 특징을 화학적으로 표현하고 분석해보자.

화합물 분리 방법으로 용매 추출법, 칼럼 크로마토그래피법, 고체상 합성법 등이 본문에 안내되어 있다. 이러한 기법을 자세히 조사하고 약을 개발하는 화학자들의 어려움도 함께 소개해보자.

✅ 의약품 개발의 미래를 입체적으로 탐구해보고, 화학 기술의 최신기법을 소개해보자.

- 합성 의약품과 생물 의약품을 특징을 조사하고, 화학과 생물학 분야의 신약 개발 미래를 논의해보자.
- 의약품 개발 과정에서 협업의 의미를 탐구해보고 인공지능을 비롯한 다양한 공학과 기술이 어떻게 적용되고 있는지 조사하여 발표해보자.

✅ 위 내용을 비교과활동 특기사항이나 과세특에 활용한다.

• 동아리활동 특기사항 예시 •

약학 계열에 관심이 많은 학생으로 평소 학생들이 복용하는 약의 종류와 성별에 따른 복용 습관, 약효의 지속 시간 등을 조사하고 보고서로 작성함. 독서 탐구 활동 시간을 통해 신약 개발에 대한 전략을 부원들과 함께 나누며 '의약품 개발에 숨겨진 이야기'를 주제로 동아리 발표회를 진행해볼 것을 제안함. 체험 활동 팀을 구성하여 '분자 조각가 활동'이라는 제목의 부스 활동을 준비하고 실제 약의 구성 성분에 해당하는 화학 구조식을 분자 모형으로 직접 제작함.

9월 12일	슈퍼버그 맷 매카시 | 흐름출판 | 2020	도서 분야	자연과학
		관련 과목	화학, 생명과학
		관련 학과	화학생명공학과, 응용미생물학과, 임상병리학과

✅ 플레밍의 페니실린 발견 과정과 이후의 항생제 개발의 역사를 탐구해보자.

항생제와 항진균제가 최초로 발견되는 과정을 비교해보고, 페니실린 이후 개발된 항생제의 종류 및 개발 과정을 탐구하여 발표해본다. 항생제의 개발이 어려운 이유를 항생제 내성 세균과 관련하여 탐구해보고, 항생제 내성 세균의 등장 원인과 슈퍼버그의 증가 속도를 '새로운 항생제 개발을 위한 조건'과 비교하여 소개해보자.

✅ 슈퍼버그 치료제 개발을 위한 최신 연구 방법을 소개해보자.

초기의 항생제는 미생물로부터 우연히 발견되었지만, 최근에는 항생제 대안으로 추진되고 있는 여러 연구 결과가 나와 있다. 책에 소개된 박테리오파지와 리신 연구, 크리스퍼 기술, 나노 기술로 항균성 펩타이드 중합체를 만들어 병원균의 외벽을 물리적으로 파괴하는 방법 등이 있고, 이 외에도 개발 중인 연구들을 학술지 검색을 통해 알아보고 발표해보자.

✅ 새로운 의약이 개발될 때 필요한 임상 연구, 감독 기관의 역할 등을 탐색해보자.

- 전임상부터 임상 1상, 2상, 3상, 그리고 시판이 허가된 후에도 조사하게 되는 임상 4상의 과정과 임상에 참여하기 위한 조건 등을 조사하여 소개해보자.
- 저자의 임상시험을 보류했던 연구윤리위원회(IRB)의 역할과 IRB의 승인을 받기 위해서는 어떠한 조건이 필요한지 알아보고, 기관의 존재 의미도 탐구하여 발표해보자.
- FDA(미국식품의약국)에서 탈리도마이드 판매 승인을 거부했던 역사를 소개하고 우리나라의 의약품 승인 절차와 비교, 의료 감독의 중요성을 탐구해보자.

✅ 위 내용을 비교과활동 특기사항이나 과세특에 활용한다.

• 생명과학 Ⅰ 교과 세특 예시 •

신약 개발 과정과 관련 직업에 관심을 가지고 있으며, 평소 의료, 의약 관련 뉴스와 기사를 즐겨보는 태도를 지님. 항생제의 역사를 공부하면서 관련 서적을 찾던 중 책을 읽고 항생제 내성 세균의 위험성과 의약 개발 과정을 깊이 탐구하게 됨. 평소 알지 못했던 임상 연구의 과정을 자세히 알아보며 의약 개발을 관리, 감독하는 기관의 역할과 중요성을 깨닫고 이것을 소개하는 자료를 제작하고 발표함. 탈리도마이드 사건을 소개하며 의료 감독 기관의 중요성을 알려 학생들로부터 많은 공감을 얻음.

9월 13일

이중나선

제임스 왓슨 | 궁리 | 2019

도서 분야	자연과학
관련 과목	생명과학
관련 학과	생명과학, 생명공학과, 화학공학과

과학자들의 자서전적 책을 찾아보고, 이 책과 비교하여 감상평을 적어본다.

DNA의 이중나선 구조를 밝혀내는 과정을 자신의 기억과 인상에 따라 서술한 제임스 왓슨의 《이중나선》 외에도 과학자의 인간적인 삶의 모습과 성찰을 들여다볼 수 있는 《리처드 도킨스 자서전》이나 베르너 하이젠베르크의 《부분과 전체》를 읽어보길 추천한다.

동아리 활동 및 진로 설정에 책의 주제와 내용을 활용해본다.

- 과학 동아리에서 〈DNA 추출 실험〉을 주제로 탐구 활동을 계획하고 진행한다. 사전 조사, 실험 준비 및 수행, 보고서 작성까지 진행하고 실험 결과를 수업 시간에 배운 내용과 비교하는 활동으로 마무리해보자.
- 본문에는 다양한 분야의 과학자들이 등장한다. 특히 화학과 생명과학에 관심 있는 학생들은 본문에 소개된 유기화학자, 결정학자, 생화학자, 생물학자, 유전학자 등의 직업군을 조사하며 이들이 연구하는 분야와 성과를 찾아 소개하고 자신의 진로에 연결해보자.

심화 과제 연구, 프로젝트 활동으로 후속 작업을 이어 가본다.

책에 등장하는 다양한 연구 기법, 적용되는 법칙, 연구 분야를 찾아 심화 탐구 활동으로 이어보자. 가령 X선 연구, X선 회절법, 배당결합, 샤가프의 법칙, 브래그의 법칙, 박테리오파지, 패터슨 중첩법, 베슬 함수 등 관심이 생긴 내용을 좀 더 깊이 탐구해보고, 이를 보고서로 작성해보길 추천한다.

위 내용을 비교과활동 특기사항이나 과세특에 활용한다.

• 생명과학 I 교과 세특 예시 •

평소 우리 몸과 관련된 생명 현상에 깊은 관심을 가지고 관련 책을 탐독하는 학생임. DNA의 이중나선을 연구하는 저자의 과학 활동에 깊이 공감하고 과학적 호기심과 탐구 활동에 큰 자극을 받았음을 밝힘. 이와 비슷한 느낌의 다른 과학자의 자서전을 찾아보다가 '리처드 도킨스 자서전'을 읽고 본인이 느낀 과학자들의 삶에서 공통적으로 발견되는 교훈을 소개하고 발표함. 생명공학 관련 직업군에 해당하는 유전학자의 연구 분야를 조사하고 이를 포트폴리오로 정리함.

9월 14일	종의 기원	도서 분야	자연과학
	찰스 다윈 | 사이언스북스 | 2019	관련 과목	생명과학
		관련 학과	생물학과, 생명과학과, 유전공학과

☑ 《종의 기원》이 등장할 당시의 시대적 배경과 '진화론'이 영향을 미친 분야를 조사해보자.

- 19세기 중반의 사회학자와 과학학회, 종교 기관은 당시의 진화론에 대해 많은 비판을 제기했다. 자연선택 이론이 몰고 온 파장을 짐작할 수 있게, 시대적 배경에 관련된 자료를 찾은 후 그림과 사진을 통해 상황극으로 표현해보자.
- 다윈의 진화론이 영향을 미친 분야를 사회, 경제, 문화, 과학, 종교 등에 따라 조사하고 더불어 생물학의 발달, 인간관, 국가관의 변화에 어떠한 영향을 미쳤는지 발표해보자.

☑ 지질학의 역사적 관점에서 진화론이 갖는 의미를 입체적으로 탐구해보자.

다윈은 과거와 현재를 연결하는 수많은 변이의 중간 고리가 발견되지 않는 것을 지질학적 기록의 불완전함으로 설명하며 지층과 화석의 자료를 통해 입증하고자 노력했다. 지권의 변화에 대한 과학적 이론이 20세기 중반에야 비로소 확립되었다는 점을 감안하면, 당시 다윈의 주장은 타당성이 높다고 판단할 수 있다. 만약 오늘날과 같은 지질학적 연구 결과가 있었다면 다윈의 진화론은 어떠한 평가를 받았을지, 또 이것을 어떻게 증거로 활용했을지 지질학의 발달 과정과 함께 탐구하여 발표해보자.

☑ 다윈이 충분히 설명하지 못한 당시의 단서를 찾아 오늘날의 생명과학으로 설명해보자.

본문에서는 변이의 원인과 법칙, 연관 성장, 사용과 불용의 효과, 외부 환경 조건의 직접적인 작용 등에 관하여 앞으로 장엄한 탐구가 지속될 거라고 예측하고 있다. 현재의 생명과학에서 이와 같은 내용을 어떻게 설명하고 있는지 소개해보자.

☑ 위 내용을 비교과활동 특기사항이나 과세특에 활용한다.

• 진로활동 특기사항 예시 •

생명공학에 관심이 많은 학생으로 진로 탐구 활동 시간에 책을 선택하여 읽고 역할 활동을 계획함. 다윈이 자연선택 이론을 주장할 당시의 시대적 배경을 조사하면서 '다윈의 진화론이 몰고 온 사회적 영향'을 주제로 인문계열 진로를 희망하는 학생들과 역할극을 꾸밈. 다윈, 언론인, 종교인, 사회학자, 자연과학자 등으로 역할을 나누고 대본에 따라 진화론 찬성자와 반대자를 균형 있게 배치해 상황극을 매끄럽게 진행함. 배경 지식을 소개하면서 학생들의 이해를 돕고 진화론의 의미를 깊이 있게 잘 전달함.

9월 15일

이기적 유전자

리처드 도킨스 | 을유문화사 | 2018

도서 분야	자연과학
관련 과목	생명과학
관련 학과	생명과학과, 화학생물공학부, 통계학과, 인류학과

본문에 나오는 용어의 정의 또는 함축적 의미를 정리하고 예를 찾아본다.

예시) 메이너드 스미스가 소개하는 개념인 '진화적으로 안정한 전략(ESS)'을 정리해보자.

정의	개체군에 있는 대부분의 구성원이 일단 그 전략을 채택하면 다른 대체 전략이 그 전략을 능가하지 못하는 전략
의미	환경에 큰 변화가 일어나 잠시 불안정한 기간이 오더라도 어떤 전략이 ESS가 되면 그것은 계속 ESS로 남는다. 자연선택은 이 전략에서 벗어나는 전략을 벌할 것이다. 특히 어떤 전략이 전략들의 집단 내에서 이미 다수를 점하고 있을 때 계속 좋은 성적을 얻을 수 있다.
예시	유전자 풀(gene pool)은 오랜 기간에 걸친 유전자의 환경이다. 진화적으로 안정한 유전자 세트는 돌연변이나 재조합, 또는 이입으로 생기는 새로운 유전자로부터 안정적으로 유지된다. 만약 어떤 새로운 유전자가 그 세트에 침입하는 데 성공해 유전자 풀 내에 퍼져 나가는 경우가 생기면, 불안정한 과도기를 거쳐 진화적으로 안정한 새로운 조합이 만들어진다. 작은 진화가 일어나는 것이다.

본문의 내용을 확장할 수 있는 활동을 탐색해보자.

- 책에 소개된 사례 중에서 동식물의 이타적인 행동의 예를 찾아보고, 이를 '집단선택설'의 입장과 '유전자선택설'의 입장에서 각각 정리해 소개하는 주제 탐구 활동으로 이어본다.
- '죄수의 딜레마' 게임을 소개하고 규칙(획득 점수)을 정해 학급 친구들과 게임을 해본다. 게임의 횟수를 늘려감에 따라 나타나는 결과를 분석해보고, 생물학적 관점에서 동식물이 긴 시간 동안 진화해 온 과정과 진화 결과를 비교하는 탐구보고서를 작성해본다.
- 저자의 다른 저서 《확장된 표현형》을 읽은 후 생명과 진화에 관한 두 책의 관점을 비교 분석하고 정리해보자.

위 내용을 비교과활동 특기사항이나 과세특에 활용한다.

• 자율활동 특기사항 예시 •

독서 습관을 통해 자신의 성장과 발전을 끊임없이 도모하는 태도를 갖춤. '일일 독서 챌린지'에 참여하여 매일 아침 도서관을 이용하는 등 꾸준히 책을 읽는 모습이 관찰됨. 책을 읽고 내용을 깊이 이해하기 위해 책에 표현된 용어와 함축적 의미, 예시를 스스로 정리하는 독서 습관을 형성함. 자연선택에 의한 생물의 진화론이 유전자 중심으로 설명되는 관점에서 사회적·종교적 논쟁이 되는 사례를 찾고 이를 발표하여 높은 호응을 얻음.

9월 16일	다정한 것이 살아남는다	도서 분야	자연과학
	브라이언 헤어, 버네사 우즈 | 디플롯 | 2021	관련 과목	생명과학
		관련 학과	생명과학과, 생명공학과, 유전공학과

종의 진화에 대한 다양한 관점을 비교해보고, 자신이 생각하는 진화 원리를 발표해보자.

저자는 인류의 종이 진화적으로 성공하게 된 원인을 '친화력을 바탕으로 한 협력적 의사소통 능력'으로 보고 있으며, 이것을 사람의 '자기가축화 가설'로 설명한다. 다윈의 《종의 기원》이나 리처드 도킨스의 《이기적 유전자》에서는 진화의 원리를 어떻게 설명하는지 각각 비교해보고, 자신이 생각하는 진화의 원리가 무엇인지 근거를 들어 발표해보자.

가축화된 동물의 형질 변화를 찾아보고, 이를 인간과 비교하여 탐구해보자.

개와 여우의 가축화 실험을 통해 털색의 변화, 꼬리와 귀 형태의 변화, 짝짓기 철의 변화 등 외형적인 특징과 더불어 다양한 형질의 변화가 공통적으로 발견되는 것을 알 수 있다. 이러한 '자기가축화 가설'에 따르면 우리 인간도 형질의 변화를 피해갈 수 없었다. 피부색, 얼굴 모양, 호르몬 수치 변화 등이 그 예다. 과거의 인류 모습과 현재 인류 모습을 비교하고, 발견되는 형질의 변화를 찾아 이 변화가 인류의 진화에 어떠한 영향력을 미쳤는지 탐구해보자.

사회적·문화적·정치적 갈등을 해결하고 여러 집단의 공감을 이끌어낼 생태 환경을 제시해보자.

우리는 이전보다 밀도 높고 큰 규모의 집단을 이루게 되면서 '다양성'을 갖추게 되었다. 가장 바람직한 도시의 모습은 국가와 민족, 인종, 성 정체성이 섞인 활기찬 공동체의 구성이다. 교류를 장려하는 도시의 유형으로 1950년대 뉴욕의 웨스트 빌리지를 예로 들 수 있다. 도시 건축과 마찬가지로 자신이 생각하는 집단 간의 교류와 공감을 얻을 수 있는 인문 · 과학 · 예술 · 사회 등의 분야를 찾아 탐구해보고 발표해보자.

위 내용을 비교과활동 특기사항이나 과세특에 활용한다.

• 생명과학 I 교과 세특 예시 •

건축 공학 분야에 관심이 많고, 사람들이 편안하고 안전하게 교류하고 소통할 수 있는 건축물을 설계하겠다는 비전을 제시함. 진화의 원리를 학습하면서 책을 읽고 인류의 진화를 설명하는 관점이 매우 다양하다는 것을 알게 됨. 1950년대 뉴욕의 '웨스트 빌리지'라는 도시가 여러 직업과 사회적 지위, 다양한 소득층이 섞여 거주하는 이상적 도시 형태를 보여주는 유형임을 알고, 자신이 앞으로 공부할 건축 설계 분야에서 이 점을 참고하겠다는 의지를 드러냄.

9월 17일

생명이 있는 것은 다 아름답다

최재천 | 효형출판 | 2001

도서 분야	자연과학
관련 과목	생명과학
관련 학과	생물학과, 생물교육과, 생명공학과

생명 보호 캠페인을 통해 동물들에 대한 올바른 인식과 다양한 정보를 제공해보자.

- 지구의 환경 변화, 특히 인간이 일군 삶의 터전으로 인해 밀려나고 멸종해가는 동물을 찾아 소개하고 이를 보호하는 활동을 진행한다.
- 우리가 몰랐던 동물들의 모습과 삶을 소개한다. 예컨대 '개미와 베짱이'의 이야기에서는 개미가 쉬지 않고 일만 하는 부지런한 동물로 묘사되지만, 실제로는 전체 개미의 3분의 1만 일을 하고 나머지는 꼼짝도 하지 않는다. 이는 에너지 절약을 위한 하나의 전략인데, 이런 행동의 의미를 탐색해본다.
- 죽음을 이해하고 애도하는 침팬지와 코끼리, 다친 동료를 서로 돌봐주는 고래의 동료애 등을 소개하고 이를 통해 인간의 모습을 돌아보는 기회를 제공한다.

동물의 모습을 직접 관찰, 탐구하는 활동을 통해 '관찰 일지'를 작성해보자.

- 주변에서 흔히 볼 수 있는 개미를 주제로 잡고, 학교 주변의 서식 장소를 찾아 주기적으로 모습을 관찰한 후 관찰일지를 토대로 한 보고서를 작성해보자.
- 직접 관찰하지 않더라도 동물의 생애를 다룬 다큐멘터리나 학습 자료를 활용, 행동 특성이나 의미가 담긴 행위를 정리하여 사진이나 영상 등의 자료와 함께 발표해보자.

동물의 번식 과정 등에 나타나는 모계 사회의 특징을 소개하고 생물학적 의의를 탐색해보자.

인간을 포함한 동물의 암컷과 수컷의 생물학적 특징을 살펴보고, 번식 과정에서의 역할 등을 조사하여 모계 사회의 모습을 소개해보자. 더불어 우리 사회에서 '성 인식'과 '역할 변화'도 함께 탐구하여 동물 세계와 비교해보자.

위 내용을 비교과활동 특기사항이나 과세특에 활용한다.

• 자율활동 특기사항 예시 •

가치 실천 프로젝트(학급 활동)에서 '생명 존중 실천'을 주제로 정하고 캠페인을 계획함. 책을 통해 동물의 삶을 소개하고 이를 바탕으로 생명 존중 의식을 개선하는 활동을 꾸밈. 다친 동료를 따라다니며 돌봐주는 고래, 죽음을 알고 애도하는 침팬지와 코끼리를 사진 등의 자료로 만들어 소개함. 멸종 위기에 빠진 동물들을 서식지와 함께 커다란 지도에 직접 그려 한눈에 볼 수 있게 만듦. 더불어 사는 의미를 깨닫는 활동이었다는 소감을 밝혀 많은 공감을 얻음.

9월 18일	생물과 무생물 사이	도서 분야	자연과학
	후쿠오카 신이치 | 은행나무 | 2008	관련 과목	생명과학
		관련 학과	생명공학과, 유전공학과, 화학생명공학과

생명과학 연구에서 고려해야 할 사항과 지녀야 할 자세를 탐구해보자.

순도의 딜레마: 그 어떤 노력을 기울인다 해도 생물 시료를 100% 순화할 수는 없다. 그것에는 언제나 미량의 혼입 물질이 존재하기 때문이고, 이것을 오염(contamination)이라고 한다.

'행위'의 상관성: 순도의 딜레마, 즉 오염 문제를 해결하기 위해서는 다른 관점이 필요하다. 먼저 물질의 '행위'를 조사해야 하는데, 순화 과정과 시료 작용 사이에 같은 '행위'가 이루어지고 있음을 증명하면 풀 수 있다.

연구의 질감: 저자가 말하는 연구의 질감은 직감이나 순간의 번뜩임과는 다른 차원의 감각이다. 오염의 가능성을 최소화하고, 연구에 확신을 가지고 실험을 통해 묵묵히 증명해 나가는 것이 연구자의 자세이다.

DNA의 구조와 실체에 관한 업적이 인정받기까지의 여정을 탐구해보자.

DNA의 구조와 실체는 다음의 과학자들에 의해 단계적으로 밝혀지게 되었다.

- **오즈월드 에이버리:** DNA가 유전자 본체임을 명확히 제시
- **어윈 샤가프:** 염기의 양적 관계에서 규칙성을 발견 (A=T, C=G)
- **제임스 왓슨과 프랜시스 크릭:** DNA의 이중나선 구조 발견
- **캐리 뱅크스 멀리스:** 중합효소 연쇄 반응을 이용한 DNA 증폭 기술 개발

생물학의 역사에서 위대한 발견 뒤에 숨겨진 뒷이야기를 탐색해보자.

6장에는 DNA 나선 구조를 밝혀내는 과정에 얽힌 비하인드 스토리가 소개되어 있다. 왓슨, 크릭, 윌킨스, 프랭클린의 업적과 성향을 입체적으로 살펴보고, 그들의 저서를 통해 DNA 발견과정에 대한 입장 차이를 분석해보자.

위 내용을 비교과활동 특기사항이나 과세특에 활용한다.

• 생명과학 I 교과 세특 예시 •

DNA와 유전자 단원을 학습하며 DNA 추출 실험과정을 스스로 탐구하고 실험 도구의 올바른 사용 방법을 숙지함. 식물에서 DNA를 추출하며 어려움을 겪었고, 그때 비로소 '순도의 딜레마'를 이해하게 되었다는 소감을 밝힘. 실험 이후 중합효소 연쇄 반응을 이용한 DNA 증폭 원리와 활용 방안을 탐구하여 소개하고, 기술 발견의 과정에 숨어 있는 뒷이야기를 전달하며 학생들의 흥미를 이끌어 냄.

9월 19일

생명이란 무엇인가

폴 너스 | 까치글방 | 2021

도서 분야	자연과학
관련 과목	생명과학
관련 학과	생명공학과, 생물교육과, 화학생명공학과

본문의 5가지 개념을 통해 생명의 의미를 탐구하고, 자신만의 정의를 내려보자.

저자는 '세포', '유전자', '자연선택을 통한 진화', '화학으로서의 생명', '정보로서의 생명', 이 5가지 개념을 통해 생명이 무엇인지 찾아간다. 세포 분열 과정을 통해 '세포'와 '유전자'의 개념을 연결하여 설명하고, 이러한 개념이 '자연선택을 통한 진화'의 필수적인 특징으로 도출되는 것처럼, 각 개념을 통합하여 연결하고 정리해보자.

유전학과 생화학의 차이를 살펴보고, 각 학문의 연구 사례를 찾아 소개해보자.

유전학은 전체론적 접근법을 취하고, 생화학은 화학 메커니즘을 상세히 기술함으로써 환원적인 접근법을 취한다. 생명을 연구하는 두 학문은 접근 방식이 다르기에 연구 분야도 다를 수밖에 없다. 각 학문이 실제로 연구하는 사례를 찾아보고, 학술 자료를 통한 분석 활동으로 이어보자.

유전공학 연구 분야를 살펴보고, 기술 활용 시 고려해야 할 문제들을 탐색해 보자.

- 합성생물학은 유전공학 기술의 활용 빈도를 높인다. 새로운 종류의 약물, 연료, 섬유, 건축 재료를 생산하는 식물, 동물, 미생물 등에서 활용 가능하며 이 외에 연구할 수 있는 분야를 추가로 탐색하여 발표해보자.
- 유전자 변형(GM) 작물과 품종 개량 가축이 인체와 환경에 미치는 영향을 과학적으로 조사한 후, 유전공학 기술이 추구하는 미래와 그것에 얽힌 문제를 탐색해 보자.

위 내용을 비교과활동 특기사항이나 과세특에 활용한다.

• 생명과학 I 교과 세특 예시 •

생명의 연속성과 다양성 단원을 학습하면서 유전자의 특징과 의미를 집중적으로 탐구하려는 자세를 보임. 책을 통해 생명의 의미를 유전과 관련하여 설명하고, 합성생물학이라는 새로운 분야를 탐구 주제로 정해 조사함. 유전공학 기술을 활용하여 의료, 섬유, 건축 분야에서 동·식물 및 미생물을 어떻게 연구하는지 조사하고 발표함. 추가적으로 유전자 변형 작물이 인체와 환경에 미치는 영향을 과학적으로 탐구하고, 활용 방안에 대한 자신의 견해를 밝혀 학생들에게 문제의식을 공유함.

9월 20일	이토록 뜻밖의 뇌과학	도서 분야	자연과학
	리사 펠드먼 배럿 | 더퀘스트 | 2021	관련 과목	생명과학
		관련 학과	생명과학과, 유전공학과, 심리학과

뇌에 관한 전통적 이론과 책에서 말하는 뇌과학 이론을 비교하여 설명해보자.

삼위일체의 뇌	신체 예산을 조정하는 기관으로서의 뇌
생존 본능을 담당하는 가장 안쪽의 '도마뱀의 뇌', 감정을 담당하는 가운데 층의 '변연계', 이성적 사고를 담당하는 가장 바깥층의 '신피질', 이렇게 인간의 뇌는 세 층으로 이루어져 있다.	뇌는 여러 생물학적 자원을 조절하기 위한 예산을 운영하는데, 이러한 신체 예산 프로세스를 '알로스타시스'라고 한다. 뇌의 가장 중요한 임무는 생존을 위한 에너지 요구를 예측하는 것이다.

문화유전이 일어나는 과정을 뇌과학의 관점에서 설명해보자.

성장 과정에서 우리의 유전자가 완성된 뇌를 만들어내려면 적절한 물리적 환경과 사회적 환경이 뒷받침되어야 한다. 그래서 양육자의 역할이 중요하며, 만약 아이들이 방치와 빈곤 속에 놓이게 되면 뇌는 신체 예산 분배에 어려움을 겪게 되고 병에 걸릴 가능성이 커진다. 이러한 위험에도 뇌는 일부만 완성된 채로 태어나도록 진화했다. 문화적, 사회적 지식이 한 세대에서 다음 세대로 효율적으로 흐르도록 돕는 것이다. 사회적 방치로 지적 장애를 얻은 사람의 사례를 통해 뇌 발달의 의미를 살펴보자.

뇌가 행동을 예측한다는 관점에서 다양한 갈등 상황에 대한 해결책을 제시해보자.

우리 뇌가 '과거 경험과 이를 바탕으로 구성한 뇌의 제어'로 미래 행동을 예측한다는 관점을 이해해보자. 이를 통해 현재 일어나고 있는 국가적, 종교적, 문화적 갈등을 해결하기 위한 경험과 노력에는 어떤 것들이 있는지 탐구해보고 제시해보자.

위 내용을 비교과활동 특기사항이나 과세특에 활용한다.

• 통합과학 교과 세특 예시 •

생물의 진화 과정을 탐구하면서 인간의 지식과 문화가 어떻게 후대에 전달되는지 살펴보고, 이를 주제로 탐구 활동을 계획함. 책을 읽은 후 문화유전을 뇌과학의 관점으로 설명하고, 뇌를 '양육이 필요한 본성'을 가진 기관으로 설명함. 유전자가 완성된 뇌를 가지기 위해 사회적인 환경이 필요하고, 그 과정에서 문화적, 사회적 지식이 다음 세대로 전달된다는 내용을 발표함. 문화 및 지식의 전달에 대해 다른 과학적 관점이 있는지 찾아보고, 추가적인 조사를 이어 가는 열의를 보임.

9월 21일

당신의 뇌, 미래의 뇌

김대식 | 해나무 | 2019

도서 분야	자연과학
관련 과목	생명과학
관련 학과	생명공학과, 화학생명공학과, 생물교육과

✔ "있는 그대로 본다는 말은 의미가 없는 말이다"를 뇌과학의 관점으로 설명해보자.

- '본다는 것'은 눈을 통해 들어온 빛 에너지가 스파이크로 바뀌어 전달되고, 뇌가 이것을 '해석'하는 것이다. 즉, '본다'는 것은 '해석한다'는 뜻이므로 '있는 그대로 본다'라는 말은 의미가 없다.
- '시각과 인지'를 참고해 시각 정보를 통한 사물 인지 과정을 생물학적 관점으로 설명해보자.
- 착시 현상 자료를 찾아보고, 착시의 경험을 통해 '있는 그대로' 본다는 것의 한계를 설명해보자. 더불어 착시 현상을 뇌 과학적으로 해석하는 방법, 인간의 생각 · 기억 · 감정 · 인식의 대부분이 착시 현상이라는 점을 예로 들어 발표해보자.

✔ '선호'하는 것의 '선택' 과정을 뇌과학 관점에서 어떻게 해석하는지 살펴보자.

인간은 '어떤 것'에 대한 선호도가 먼저 존재하고, 그다음에 선택을 한다고 생각하지만 뇌과학에서는 선택을 먼저하고 그다음에 선호도가 만들어진다고 설명한다. 사람들이 대부분 선택을 해놓고 그것을 합리화하는데, 뇌의 여러 기능 중 하나가 바로 여기에 있다.

✔ 교육적 관점에서 뇌과학으로 설명하는 가장 좋은 학습법과 교육의 우선순위를 살펴보자.

- 저자가 말하는 가장 좋은 공부 방법은 '이미 존재하는 정보에 새 정보를 연결해주는 것'이다. 존재하는 정보들의 '연결성'을 많이 만들어놓는 방법을 찾아보고 이를 발표해보자.
- 결정적 시기에 경험하는 것들이 뇌의 구조를 만들어가는 데 큰 역할을 한다는 점에서, 어떠한 분야를 먼저 가르치는 것이 좋을지 생각해보고 이를 소개해보자.

✔ 위 내용을 비교과활동 특기사항이나 과세특에 활용한다.

• 진로활동 특기사항 예시 •

진로에 대한 불투명한 목표 의식으로 고민하던 중 책을 접하고, 뇌과학 관점에서는 선호도 선별과 선택의 순서가 뒤바뀔 수 있다는 점을 깨달음. 자신이 좋아하는 것을 꼭 찾아내야 한다는 의무감과 부담감을 떨쳐내려는 모습을 보임. 평소 동물에 관심이 많고 생명과학 수업에 많은 흥미를 느껴 이와 관련한 진로를 찾아 목표를 설정하게 됨. 책을 통해 공부법에 대한 단서를 얻게 되어, 여러 과학 과목을 함께 공부하면서 정보 간 연결성을 높이면 이해에 도움이 된다는 점을 깨닫고 이를 실천하는 태도를 갖춤.

9월 22일	우리는 각자의 세계가 된다	도서 분야	자연과학
	데이비드 이글먼 | 알에이치코리아 | 2022	관련 과목	생명과학
		관련 학과	생명공학과, 의학과, 화학생명공학과

뇌과학의 최신 이론을 찾아보고, '생후배선'의 특징을 소개해보자.

뇌의 가소성 및 생후배선의 특징을 정리하고, 최신 이론에서는 뇌의 기능을 어떻게 설명하는지 검색하여 비교해보자. 책을 통한 주제 탐구 활동으로 생후배선의 특징에 관한 7가지 원칙을 간단한 사례와 함께 발표해도 좋다.

입력된 정보를 활용하는 뇌의 무한한 '가능성'을 다양한 예와 함께 탐색해보자.

하나의 기관이 망가지더라도 다른 기관을 통해 들어온 입력 정보로 망가진 기관을 대체하는 '감각 대체' 기능이 뇌에게는 있다. 현재의 시각, 후각, 촉각 능력을 향상시켜 더 폭넓고 빠르게 만들어 내는 '감각 증강'이 가능하며, 새로운 감각을 추가하는 '감각 확장' 능력까지 겸한다. 전자기 스펙트럼에서 볼 수 없는 영역을 보게 되거나, 초음파를 들을 수 있게 되거나, 눈에 보이지 않는 생리적 상태와 직접 연결되거나 하는 등의 '감각 확장 응용 범위'는 많은 가능성을 품고 있다. '새로운 감각 중추'를 얻게 된 인간의 미래 모습을 상상해보며 글짓기나 주제 탐구 활동을 해보자.

뇌의 가소성과 중요성의 관계를 통해 정보화 시대에 어울리는 학습법을 탐색해보자.

우리의 뇌는 인공지능과 달리 중요하다고 판단되는 입력 정보에 따라 신경회로의 변화와 신경전달물질의 방출이 일어난다. 최고의 학습이 이루어지는 단계는 학생이 흥미와 호기심을 느끼며 주의를 기울일 때 도달할 수 있다. 전통적인 학습 방법으로 유대교 학자들이 탈무드를 공부하는 방식 등을 꼽을 수 있는데, 오늘날과 같은 디지털 학습이 가능하고 정보가 넘쳐나는 환경에서는 어떻게 학생들의 호기심을 자극하고, 어떻게 학습 효율을 높일 수 있을지 생각해보자.

위 내용을 비교과활동 특기사항이나 과세특에 활용한다.

• 자율활동 특기사항 예시 •

독서를 통한 글짓기 활동에 참여, 참신하고 기발한 상상력으로 뇌과학의 발전으로 변화할 미래 사회의 모습을 표현함. 뇌의 가소성과 생후배선의 특징을 간략히 소개한 후 과학 기술이 발전함에 따라 우리 몸에 새로운 감각이 추가되어 '감각 확장'이 일어나고, 가족 구성원이 모두 다른 감각 확장 능력을 지녀 문제를 해결해 나간다는 이야기는 학생들의 흥미를 유발하는 데 크게 기여함. 과학적 분석력이 뛰어나고, 이를 적용한 구성과 짜임새가 글 전체의 가독성을 높임.

9월 23일

코드 브레이커

월터 아이작슨 | 웅진지식하우스 | 2022

도서 분야	자연과학
관련 과목	생명과학
관련 학과	생명공학과, 유전공학과, 응용생물과학과

✅ 자서전과 전기(傳記)의 특징을 비교해보고, 여성 과학자의 전기문을 더 찾아 소개해보자.

- **제임스 왓슨의 《이중나선》과의 비교:** 《이중나선》의 경우 주요 업적이 한 인물을 중심으로 해석되지만, 3인칭 시점에서 서술하면 인물의 관계, 업적 등의 객관적인 비교가 가능하고 인터뷰 자료 등을 통해 다양한 정보를 알 수 있다. 특히 갈등 관계에 놓인 경우 서로의 입장을 객관적으로 밝힘으로써 독자들이 스스로 판단할 수 있도록 돕는다.
- **여성 과학자의 전기문:** 역대 여성 노벨과학상 수상자는 일곱 명이다. 노벨상을 수상한 여성 과학자들의 삶을 찾아 소개하고, '제니퍼 다우드나'와 비교해보자. 본문에 소개된 '로잘린드 프랭클린'의 업적을 새롭게 평가해보고, 이중나선의 발견을 그의 입장에서 재구성해 발표해보자.

✅ '유전자 편집 기술에 대한 인류 발전과 윤리적 문제'를 주제로 토론 활동을 진행해보자.

유전자 조작 기술로 태어난 '크리스퍼 쌍둥이'가 본문에 나온다. 치료가 아닌 생명의 탄생 과정에 유전자 조작 기술을 허용할 것인지, 혹은 생명 윤리관의 관점에서 이를 제한할 것인지 여전히 논란이 되고 있다. 이것을 주제로 토론 활동을 계획하고 진행해보자.

✅ 크리스퍼 유전자 편집 기술의 적용 분야를 다양하게 탐색 후 활용 방안을 소개해보자.

크리스퍼 유전자 편집 기술을 통해 겸상적혈구 빈혈증, 암 치료, 선천성 시각 장애 등의 치료가 가능하다. 최신 학술자료를 검색해 연구 동향을 살피고, 유전자 편집 기술을 활용할 수 있는 분야와 그 방안을 조사해 발표해보자.

✅ 위 내용을 비교과활동 특기사항이나 과세특에 활용한다.

• 개인세부능력 및 특기사항 예시 •

학교 자율 교육과정으로 융합 교과 수업에 참여해 '과학과 윤리의 만남'을 주제로 과학 기술과 생명의 윤리관을 동시에 학습하는 기회를 가짐. 책을 읽고 독서 토론을 진행하며, 크리스퍼 기술의 생명 조작을 어디까지 허용할 것인지 서로의 의견을 공유함. 인류의 발전과 과학 기술의 활용 면에서 높은 기술력을 통해 오류를 줄여나간다면 심각한 질병 유전자를 없앤 생명체의 탄생에 도움이 될 거라는 의견을 피력함. 다만, 기술의 적용 과정에서 다양한 집단의 의견 수렴을 반드시 거쳐 올바른 결정이 내려지는 것이 선행되어야 함을 강조함.

9월 24일

노화의 종말

데이비드 A. 싱클레어, 매슈 D. 러플랜트 | 부키 | 2020

도서 분야	자연과학
관련 과목	생명과학
관련 학과	생명공학과, 임상병리학과, 의생명시스템학부

✅ 생명공학의 발달로 나타날 미래를 상상해보고 글짓기 활동으로 연계해보자.

예시) 가까운 미래에 생체표지 추적 기기, 체내 이식 장치가 식구들의 몸 상태를 지켜보며 권장 식단을 제시하고 감염이나 질병을 탐지함으로써 최적의 건강 상태를 유지하게 도와줄 것이다. 굳이 병원을 가지 않더라도 인공지능의 도움을 받으며 화상 진료를 하는 의사는 이상이 발견되면 구급차와 간호사, 증세에 맞게 처방한 약을 즉시 집으로 보내줄 것이다.

✅ 노화 이론을 소개하고, 노화 이론의 발달 과정과 역사를 조사하여 발표해보자.

- 저자는 노화의 원인을 '노화의 정보 이론'으로 설명하고 있다. '생존 회로', '후성유전체', '후성유전 정보의 저장과 전달 과정' 등을 정리하고, '노화의 정보 이론'에서 말하는 노화 치료법과 그 가능성을 탐구하여 발표해보자.
- 20세기 전후 노화 이론의 발달 과정을 주요 인물과 이론을 중심으로 소개해보자.

✅ 지구상에 존재하는 수명이 긴 동물을 조사하고, 수명 측정 방법을 소개해보자.

그린란드 상어는 크기가 백상아리만 하며, 150세가 넘어야 비로소 성적으로 성숙한다. 그들 중 큰 개체의 나이를 추정해 본 결과 무려 500살 넘는 추정값이 나왔다. 북극고래 중에서도 211살로 추정되는 개체가 발견된 바가 있는데, 이러한 동물들은 방사성 탄소 연대를 측정하여 나이를 추정하고 있다. 책에서 소개된 동물 외에도 수명이 긴 동물을 찾아보고 소개해보자.

✅ 위 내용을 비교과활동 특기사항이나 과세특에 활용한다.

• 생명과학 I 교과 세특 예시 •

생명공학기술 수업을 듣고 난 뒤 생명공학이 질병 치료와 생명 연장을 위한 과학 기술에 올바르게 기여할 수 있는 방안을 모색하고 고민하는 태도를 보임. 책을 읽고 가까운 미래에 삶을 연장할 수 있는 기술 사용의 예를 깊이 있게 탐구함. 감염이나 질병을 진단할 수 있는 체내 이식 장치, 생체표지추적 기기 등이 활용되는 시나리오를 작성하여 소개하고, 인류의 수명이 길어질 때 예상되는 식량 문제, 사회 보장 제도, 정치적 문제 등을 제시하여 해결책을 함께 모색하는 태도를 보임.

9월 25일	골든아워	도서 분야	자연과학
	이국종 | 흐름출판 | 2018	관련 과목	생명과학
		관련 학과	의학과, 응급구조학과, 보건관리학과

✅ 선진국의 중증외상 의료 시스템을 우리나라와 비교하고 개선점을 소개해보자.

저자는 우리나라의 의료 시스템이 미국이나 영국에 비해 열악함을 깨닫고 이를 바꾸기 위해 부단히 노력한다. 현재 우리나라에서 갖추고 있는 중증외상센터의 운영 과정과 닥터헬기 보유량, 중증 환자의 평균 이송 시간 등을 알아보고, 이를 선진국과 비교하여 차이점과 개선할 점을 함께 소개해보자.

✅ 의료계의 주요 이슈를 정리해보고, 관심 분야별로 조사하여 탐구 활동을 진행해보자.

- 보건의료 인력 충원, 의료 관련 법 제정, 대형참사, 공공의대 설립 등 뉴스나 신문 기사에서 이슈화된 사건이나 정책들을 찾아보고, 소개하고 싶은 것을 골라 그 배경과 사건의 요지를 발표해보자.
- 코로나19 이후 우리나라 보건의료 체계의 변화를 조사해보고, 점차 확산되고 있는 비대면 진료 정책의 현주소와 앞으로의 해결 방안을 탐구하여 발표해보자.
- 의료계와 관련한 정치, 경제, 사회, 과학기술, 국제정세 등 관심 분야별로 주제를 정해 탐구해보자.

✅ 의료계에서 다양한 갈등 상황을 찾아본 후 탐구 활동으로 이어보자.

중증외상 의료 시스템을 두고 저자와 이해관계에 얽힌 의료인(또는 정책담당관)의 갈등 상황이 본문에 나타나 있다. 또 다른 현실에서는 간호법을 둘러싼 간호협회와 의사협회의 갈등, 치료 결과에 따른 의사와 환자의 갈등 등 다양한 의료계의 갈등 상황이 있다. 수업 시간에 함께 살펴볼 만한 의료계의 갈등 상황을 소개하면서 의견에 따라 모둠을 나누고 배경지식을 조사, 토론을 진행해본다.

✅ 위 내용을 비교과활동 특기사항이나 과세특에 활용한다.

• 생명과학 Ⅰ 교과 세특 예시 •

평소 생물학의 최신 연구 동향과 의료계 관련 뉴스를 자주 검색, 공부하는 태도가 관찰됨. 코로나19 이후의 우리나라 보건의료 체계 변화와 비대면 진료의 발전 현황을 집중적으로 탐구해 가며, 기사를 정리하고 소개하는 시간을 가짐. 책을 통해 중증외상 지원 시스템과 관련 의료법의 부재 상황을 인식하고 의료계와 정치, 경제, 사회 등과의 관련성을 깊이 탐구하는 계기를 마련함. 의료계에서 나타나는 다양한 갈등 상황을 조사해보며 관련 논쟁 내용과 해결책을 탐색하여 자료를 공유하며 공감대를 확보함.

9월 26일

진료실에 숨은 의학의 역사

박지욱 | 휴머니스트 | 2022

도서 분야	자연과학
관련 과목	생명과학
관련 학과	의예과, 보건학과, 임상병리학과

관심 주제를 정하고 '함께 생각할 거리'를 통해 주제 탐구 활동을 계획해보자.

Part 1. 인체의 비밀과 의학의 발전

의대생들이 인체해부학 수업에 참여함으로써 얻는 의미를 생각해보고, 인체해부학 수업의 미래는 어떠한 과정으로 이루어질지 가상현실(VR)을 통해 탐구해보자.

Part 2. 미생물과 전염병

콜레라 예방법을 밝혀내는 존 스노의 이야기를 통해 오늘날 팬데믹에 대비하는 자세를 탐구해보자. 역학 전문가의 역할을 조사하고 전염병을 예방하는 의학의 역사를 찾아 소개해보자.

Part 3. 사소하고 위대한 의학 기술

닥터헬기의 활용과 운영에 있어 어떠한 어려움이 있는지 조사해보고 닥터 헬기의 미래 모습과 무인 드론을 이용한 구조 기술의 장점을 탐구해보자.

Part 4. 오늘의 병원, 내일의 병원

우리나라의 X선 촬영 역사를 찾아 소개해보고, 영상 장비의 역사를 통해 미래 의학에 도움이 될 만한 과학 기술을 탐구하여 발표해보자.

인상 깊은 의학 역사 에피소드를 소개하고, 의학 역사를 공부하는 의의를 생각해보자.

새 학설을 두고 다투는 경쟁자 간의 승부, 신약을 찾기 위해 수천 번의 시행착오를 거쳐온 역사, 수많은 생명을 살릴 기술을 발견했지만 사회적 편견과 싸워야 했던 선구자 등의 흥미로운 이야기를 소개한다. 의학의 역사를 통해 의학 자체에 대한 이해가 깊어지고 현대인이 갖추어야 할 교양과 생존의 기술을 알게 된다.

위 내용을 비교과활동 특기사항이나 과세특에 활용한다.

• 진로활동 특기사항 예시 •

의예과 진학을 희망하는 학생으로, 평소 좋아하는 역사와 의학을 접목한 연구를 하고자 탐구 계획을 세움. 책을 읽은 후 '의학 역사 연구의 의의'를 설명하는 보고서를 제출함. 다른 분야의 역사와 마찬가지로 의학도 수많은 시행착오를 거쳐 오늘날의 유용한 신약을 개발했다는 것을 깨닫는 모습을 보임. 더불어 그 과정을 보며 미래 의학의 발전을 위한 원동력을 찾게 되었다는 소견을 밝힘. 자신의 진로에 대한 확신을 얻고, 진로 계획을 구체적으로 세우는 바람직한 자세를 갖춤.

9월 27일	까면서 보는 해부학 만화	도서 분야	자연과학
	압듈라 | 한빛비즈 | 2020	관련 과목	생명과학
		관련 학과	의학과, 생물학과, 의생명시스템학부

✅ 주요 인물과 업적을 중심으로 해부학의 역사를 탐구하고, 동양과 서양을 비교해보자.

- 본문에서는 기원전 5세기 히포크라테스에서부터 클라우디오스 갈레노스, 안드레아스 베살리우스를 거치며 해부학의 역사를 설명하고 있다. 이들의 업적과 평가를 조사해보고 이후의 해부학 발전 과정을 탐색해보자. 인체 기관의 이름의 유래를 찾아보며 해부학을 연구한 학자와의 연관성을 찾아 소개해보자.
- 해부를 연구해 온 우리나라 해부학의 역사와 과정을 탐구해보자. 역사서를 통해 관련 인물을 탐색해보고, 서양의 해부학이 동양의 해부학에 미친 영향을 찾아보고 정리하여 발표해보자.

✅ 11개의 인체 기관의 계통을 구분해보고, 골격과 근육계를 몇 가지 소개해보자.

- 시리즈인 《또! 까면서 보는 해부학 만화》는 전편에서 다루지 못한 근육과 신경계를 비롯해 11개 계통의 기관의 특징을 소개하고 있다. 책을 통해 소개하고 싶은 골격과 근육계의 특징, 다른 계통의 인체 기관을 조사해 발표해보자. 상식으로 알아두면 좋을 정보를 소개하면서 관련 자료를 그림이나 사진으로 제시하여 이해를 도울 수 있다.
- 의료계열에 관심이 있는 학생들은 자신의 진로에 따라 배우게 될 해부학 관련 교육과정이나 과목에 대해 미리 탐색해보고 진로 계획을 세우는 것도 좋다.

✅ 과학 시간에 배운 내용을 재구성해 만화나 영화 포스터를 패러디해보자.

저자는 자신이 좋아하는 만화, 애니메이션 등의 표지, 영화 포스터 등을 패러디하여 제목이나 내용 요소요소에 활용하는 재치를 보인다. 평소 자신이 좋아하는 취미 활동이나 인상 깊게 봤던 영화, 소설, 만화 등을 수업 시간에 배운 과학 지식에 적용시켜 보자. 유행하는 어록과 표현을 과학에서 다루는 법칙과 이론에 활용해보고 직접 만화를 그리거나 내용을 새롭게 재구성해보자.

✅ 위 내용을 비교과활동 특기사항이나 과세특에 활용한다.

• 진로활동 특기사항 예시 •

보건 및 간호 계열에 관심이 많아 인체를 탐구하는 글과 그림을 찾아 읽는 모습이 자주 관찰됨. 어렵게만 느꼈던 해부학을 만화를 통해 공부할 수 있다는 점에 깊은 인상을 받았다는 독후 소감을 밝힘. 독서 탐구 주제로 해부학의 역사를 정하고 책을 참고해 인체 계통을 직접 그려 자료로 제작함. 해부학을 연구해 온 학자들의 업적과 배경지식을 조사한 후 자신이 직접 그린 그림과 함께 발표해 많은 학생으로부터 호응을 얻음.

9월 28일

물고기는 존재하지 않는다

룰루 밀러 | 곰출판 | 2021

도서 분야	자연과학
관련 과목	생명과학
관련 학과	생명과학과, 생물공학과

본문에 사용되는 표현을 과학적인 의미로 재해석해 본다.

표현	과학적 의미
'혼돈'만이 우리의 유일한 지배자	'혼돈'은 '무질서도'가 증가한다는 의미로 '열역학 제2법칙'에 따른 엔트로피의 증가를 말한다. 즉, 세상에 일어나는 모든 일은 '열역학 제2법칙'을 벗어날 수 없다는 의미로 해석할 수 있다.
우주에 질서를 부여하는 일	분류학적 관점으로 다양한 생물들을 일정한 기준에 따라 분류하고 배열하는 일

책과 관련한 독서 감상문을 작성한다.

저자가 삶의 중요한 기로에서 데이비드 스타 조던에게 많은 영향을 받은 것처럼 자신의 삶에서 참고가 될 만한 인물을 소개하고, 과학적 사실과 경험을 토대로 독서 감상문을 작성해본다.

본문과 관련한 다양한 프로젝트 활동을 진행한다.

- 포유류, 조류, 파충류, 양서류 등 다양한 종에서 나타나는 특징과 예를 찾아보고 생명의 진화 계통을 '생명의 나무'로 시각화하여 표현해본다. 데이터 시각화 프로젝트를 통해 한눈에 알아보기 쉬운 그림의 형태로 구현화하는 방법을 연구해보길 추천한다. 프랙탈을 이용한 종 다양성 표현을 주제로 수학 탐구용 소프트웨어 '알지오매스'를 활용하면 과학과 수학의 융합탐구 프로젝트로 활용할 수 있다.
- 체험 활동의 형태로 우리 동네, 우리 지역의 식물을 직접 관찰하고 분류기준에 따라 체계화하는 탐구 활동을 진행해보자. 곤충을 비롯한 다양한 생물을 탐구해도 좋다. 관찰하는 생물의 무늬, 형태, 기능에 따라 직접 작명도 해보고, 생물 이름의 유래를 조사해 발표해보자.

위 내용을 비교과활동 특기사항이나 과세특에 활용한다.

• 생명과학 Ⅰ 교과 세특 예시 •

본문에 표현된 용어의 과학적 의미를 분석하고, 작가처럼 자신의 삶에 큰 영향을 준 인물을 탐구하여 그 영향력과 결과를 수업 시간에 발표함. 생물 다양성 단원에서 종 다양성과 생물 진화의 관계를 깊이 이해하고, 읽은 책에서 나온 '생명의 나무'를 주제로 분류학적 관점에서 진화 계통을 시각화하는 프로젝트를 진행함. 한눈에 알아보기 쉬운 형태로 구현하기 위해 디지털 시각화 소프트웨어를 직접 찾아보고 연구하는 노력을 보임. 창의 융합 탐구 활동으로 프랙탈을 이용한 종 다양성 표현을 주제로 삼아 기하학적 접근 방식을 보여주고 이를 표현한 작품을 소개하여 높은 호응을 얻음. 주변 지역의 생태계를 탐사하는 프로젝트를 기획하여 협동적으로 관찰, 조사, 분류 작업을 실행하고 최종 결과물을 정리하여 분석적인 보고서를 작성함.

9월 29일

호흡의 기술

제임스 네스터 | 북트리거 | 2021

도서 분야	자연과학
관련 과목	생명과학
관련 학과	생물학과, 보건관리과, 임상병리학과

✅ 고대인과 현대인의 두개골을 비교하고 호흡에 미치는 영향을 분석, 기록해보자.

저자는 고대인들은 오늘날 현대인들이 겪는 코골이나 수면무호흡증과 같은 만성 호흡기 질환을 앓지 않았을 가능성이 높고, 치아가 가지런한 특징이 있다고 설명한다. 이들의 두개골을 분석한 후 직접 그림이나 모형으로 만들어 보고, 이를 호흡과 관련한 탐구 활동으로 발표해보자.

〈두개골 특징 비교〉

- **고대 두개골:** 앞턱이 큼직하고 코곁굴이 널찍하며 입이 크다. 앞쪽으로 얼굴이 성장하고 입이 큰 덕분에 더 넓은 기도가 형성되어 있다.
- **현대 두개골:** 아래턱 앞쪽이 이마보다 뒤로 물러나고, 치아를 포함한 전체 턱이 뒤로 물러나면서 코곁굴이 위축되었다. 전체적으로 얼굴이 짧아지고 입은 움츠러들면서 주둥이가 짓눌리는 대신 코뼈가 튀어나왔다. 좁은 기도가 특징이다.

✅ 인간이 아닌 다른 동물들의 호흡 기관, 호흡법을 찾아보고 인간과 비교해보자.

대다수의 포유류가 입과 코를 이용하여 숨을 쉬고 있지만 일부 수생생물은 장이나 항문을 이용해서 숨을 쉬기도 한다. 이처럼 인간 외 동물들의 호흡 기관이나 호흡 특징을 조사하여 분석해보고, 호흡법을 통한 호흡기 치료 등의 활용 가능성을 탐구하여 발표해보자.

✅ 본문의 호흡법을 체험해보고 느낀 바를 체험일지에 작성 후 발표해보자.

콧구멍 교대 호흡, 호흡 조정, 공명 호흡, 부테이코 호흡, 투모, 요가 호흡 등 여러 호흡법의 특징을 간략히 정리해보자. 자신이 실천할 수 있는 호흡법을 정해 직접 실행해보고, 일지를 기록한 뒤 그 효과를 소개하는 탐구 활동을 진행해보자.

✅ 위 내용을 비교과활동 특기사항이나 과세특에 활용한다.

• 진로활동 특기사항 예시 •

보건 계열에 관심이 많은 학생으로 평소 건강 관리법을 연구하고 직접 실천하며 친구들에게 알려주는 모습이 종종 관찰됨. 건강을 유지하는 방법을 탐구하던 중 책을 읽고 호흡을 통한 질환 치료법을 과학적으로 탐구하는 계획을 세움. 책을 참고해 다양한 호흡법을 직접 실천하고 매일의 신체 변화를 일지에 기록하는 등의 탐구를 수행함. 약 3개월에 걸쳐 수행한 탐구 일지와 관련 근거를 정리하여 발표함. 끈기를 가지고 과제를 수행하는 일관성 있는 태도가 높이 평가할 만함.

9월 30일	나는 풍요로웠고, 지구는 달라졌다 호프 자런	김영사	2020	도서 분야	자연과학
		관련 과목	생명과학
		관련 학과	생물학과, 생물교육과, 환경생태공학과

✅ 우리나라의 사회적·환경적 지표를 조사, 분석하고 의의를 탐구해보자.

① 인구증가율, 시도별 인구, 기대 수명, 물가상승률, 소득불균형 등 다양한 사회적 지표를 조사해보고, 다른 나라 또는 지구 전체의 변화율과 비교하여 어떠한 특징이 있는지 탐구해보자.

※ **찾는 방법** → '국가지표체계' 검색, '한국의 사회지표'를 통해 해당 목록을 찾아 기록한다.

② 에너지 지표를 조사하여 온실가스 배출량, 1인당 전력소비량 등을 정리해보자.

※ **찾는 방법** → '국가지표체계' 검색, '국가발전지표'를 통해 해당 목록을 찾아 기록한다.

③ 기온 변화율, 해수면 상승률 등 우리나라 환경지표의 변화량을 찾아 의의를 탐구해보자.

※ **찾는 방법** → '기후정보포털' 검색, '기후변화감시', '종합 기후변화감시정보'를 선택해 기온 변화율, 이산화탄소 농도 변화, 해수면 높이 변화 등을 찾아 기록해보자.

✅ 부록을 참고해 밝은 미래를 지닌 공정한 세상을 위한 행동 지침을 실천해보자.

'덜 소비하고 더 많이 나누어라'를 주제로 행동 지침을 소개하고 캠페인 활동을 진행해보자.

〈공정한 세상을 위한 행동 지침〉

ⓐ 가치관을 살펴보기 ⓑ 정보 수집 ⓒ 가치 체계에 합당한 행동하기

ⓓ 가치관에 합당한 투자하기 ⓔ 속한 기관을 가치 체계에 맞게 변화시키기

✅ 생물학과 과학 기술로 개발된 농작물의 장단점을 분석해보자.

유전자 재조합을 통해 태어난 작물은 '유전자 변형 농산물'이라 불린다. GMO 곡류는 영양분이 높으며 물을 덜 필요로 하고 해충에는 더 강하다. 농산물 안전성 테스트에서도 인간의 건강에 특별한 위험을 주지 않는다는 사실을 확인하여 섭취에도 큰 문제가 없다. 그러나 그 종자를 만들어내는 데 중요한 역할을 한 몇 안 되는 기업에 의해 독점적으로 판매되며, 충분한 양의 농약이 사용되기 때문에 농약에 의존적일 수밖에 없다. 과학 기술의 발전, 식량 문제 등의 논쟁거리를 더 찾아보고 소개해보자.

✅ 위 내용을 비교과활동 특기사항이나 과세특에 활용한다.

• 자율활동 특기사항 예시 •

평소 절약 정신이 투철한 학생으로, 생명공학기술을 통한 환경 문제 해결에 많은 관심을 보임. 책을 읽고 탐구 활동으로 '덜 소비하고 더 많이 나누기' 캠페인 활동을 계획함. 인터넷을 통해 우리나라의 사회적, 환경적 지표를 검색하여 1인당 전력소비량, 온실가스 배출량, 소득불균형 지표, 해수면 상승률 등을 조사하여 표로 정리함. 전력 소비에 대한 경각심을 알리는 설문 조사와 소비를 줄이는 행동 지침서를 만들어 한 달에 걸쳐 캠페인 활동을 진행함. 자신의 지난 행동을 반성하고 새로운 소비 습관을 형성하겠다는 학급 분위기를 조성함.

10월

10월 1일

챗GPT 기회를 잡는 사람들

장민 | 알투스 | 2023

도서 분야	IT
관련 과목	수학
관련 학과	컴퓨터공학부

영역별 챗GPT 비즈니스 모델을 조사해 정리해본다.

영역	내용
건강, 의료 헬스케어 등	의사처럼 환자를 상담하고 진단, 치료까지 하게 될 것이다.
재테크 투자, 금융	가공할 상담 · 추론 능력으로 기존의 챗봇 시스템을 위협할 것이다.
전자상거래 · 쇼핑 물류	쇼호스트 역할을 대신해 고객이 원하는 상품을 맞춤형으로 제안한다.
음악 · 미술 · 예술 장르	언어만 입력하면 그와 어울리는 음악, 미술 작품을 만들어낸다.
공공 정부 행정 서비스	민생해결 중심 AI 일상화를 위해 독거노인 AI 돌봄로봇을 지원한다.
제조 생산 산업	첨단 기술과 데이터 분석을 통합해 생산 공정을 최적한다.

챗GPT 시대에 새로 등장하거나 유망한 직업군에 대해 조사해본다.

영역	내용
프롬프트 엔지니어	인공지능별로 특정 문구나 텍스트를 생성해주는 일을 한다.
디지털 에셋 창작자	메타버스, NFT, Web 3.0 시대에 디지털 에셋은 자산으로 각광받는다.
생성 AI 모델 감별사	생성 AI 시장이 커지면서, 출처를 감별하는 사람이 필요하게 되었다.
데이터 분석가	기업이 더 나은 비즈니스 결정을 할 수 있도록 돕는 사람이다.
데이터 과학자	수집한 데이터에서 패턴과 추세를 발견하여 비즈니스를 예측하고 성장시킨다.
의사과학자	기초과학과 임상, 두 영역에 대한 지식과 경험을 균형 있게 갖춘 전문가다.

국내 기업에서 생성 AI 모델을 사용하는 예를 찾아 설명해본다.

각 회사는 빅데이터와 GPT 기술을 융합하여 매출 상승을 꾀한다. 네이버에서는 서치GPT를 만들었는데 이는 하이퍼클로바 기반의 세계 최고 수준의 기술이다. 카카오의 코GPT는 경쟁 AI 모델 대비 비용 효율성이 가장 높다. KT의 '믿음'은 AI 상담, AI 감성케어 등의 계획을 세운다.

위 내용을 비교과활동 특기사항이나 과세특에 활용한다.

• 공학 일반 교과 세특 예시 •

챗GPT의 올바른 활용법에 대해 알게 되었음. 챗GPT 시대의 유망 직업군을 정리해보면서 직업 선택 시 고려해야겠다고 생각함. 국내 기업의 생성 AI 활용 동향을 살피면서 우리가 사용하고 있는 많은 것들에 인공지능이 포함되어 있다는 것을 알게 되었으며, 지속적인 관심을 가져야겠다고 보고서에 작성함.

10월 2일	인공지능 생존 수업	도서 분야	IT
	조중혁 | 슬로디미디어 | 2021	관련 과목	수학
		관련 학과	컴퓨터공학부

인공지능의 한계를 정리해본다.

인공지능이 인간을 뛰어넘기 위해서는 '예측할 수 있는 능력'이 필요하다. 인공지능의 주요 능력 중 하나가 빅데이터 분석을 통한 예측이기 때문이다. 물론 숫자와 연계된 예측 능력은 뛰어나지만, 일상생활 속 다양한 예측은 하지 못한다. 인공지능 모델은 학습 데이터를 기반하여 학습하는데, 학습 데이터들이 불균형한 경우 결과 역시 불균형할 수밖에 없다.

인공지능 시대에 중요한 능력이 무엇인지, 저자의 의견과 자신의 의견을 말해본다.

- **저자의 의견:** 창의적인 아이디어를 낼 수 있는 '창의적 인재'의 중요성이 더욱 커질 것이다. 이는 생산적 창의성을 뜻하는데, '문제 해결 능력'이라고 바꿔 말할 수도 있다.
- **자신의 의견:** 창의력과 문제 해결 능력 못지않게 '윤리적 판단 능력'도 중요하다. 인공지능을 사용할 수밖에 없는 사회가 온다면, 인간의 판단과 통제 역시 중요해질 것이다.

저자가 설명한 '자율주행차'를 바탕으로 미래에 대한 자신의 의견을 말해본다.

예측	설명
자동차 보험	가스레인지를 사용하면서 '가스 사용자 의무 보험'에 가입하지 않는 것처럼 자율주행이 상용화되면 사고가 거의 일어나지 않을 것이므로 자동차 보험이 사라질 것이다.
주거 산업	자율주행이 상용화되면 자동차도 점차 집의 역할을 할 수 있게 된다. 그 안에서 생활이 가능하게끔 크기와 모양이 바뀔 것이다.
주차 서비스	운전자가 출근한 후에 자동차가 알아서 집에 돌아가면 되기 때문에 주차장이나 주차 서비스를 생각할 필요가 없다.
운수 산업	승용차보다는 트럭이 자율주행에 더 적합하다. 속도 규정도 까다로워 운행 방식 역시 단순하다.

위 내용을 비교과활동 특기사항이나 과세특에 활용한다.

• 진로활동 특기사항 예시 •

인공지능의 한계점과 인공지능 시대를 살아가기 위해 우리가 준비해야 하는 것이 무엇인지 살펴보는 계기가 됨. 창의력의 중요성을 깨닫고 창의력을 키우기 위한 다양한 방법들을 탐색, 친구들과 의견을 공유해보는 시간을 가짐. 자율주행차를 바탕으로 앞으로의 미래가 어떻게 변할 것인가에 대한 저자의 생각을 읽고, 내가 생각한 미래를 보고서에 작성함.

10월 3일

테슬라 자서전

니콜라 테슬라 | 양문 | 2019

도서 분야	IT
관련 과목	수학
관련 학과	컴퓨터공학부

✅ 죽기 전에 남긴 테슬라의 마지막 말을 통해 우리가 알 수 있는 것을 생각해본다.

"과학자는 곧바로 결과를 도출하려 하지 않는다. 자신의 생각이 즉시 받아들여질 거라 기대하지도 않는다. 그의 일은 나무 심는 일과 같다. 미래를 준비하는 것이다. 다가올 세대를 위해 기초를 다지고, 가야 할 길을 제시하는 것이 그의 임무다."

테슬라는 자신의 연구가 즉각적인 보상이나 결과를 가져오길 바라지 않았다. 다만 후손들이 이 기술을 활용하여 편리하게 살 수 있기를 바랐던 것이다.

✅ 에디슨과 테슬라의 '전류전쟁'에 대해 정리해본다.

전류전쟁은 토머스 에디슨과 니콜라 테슬라의 기념비적 싸움이다. 에디슨은 '멘로파크의 마법사'로 불렸고, 테슬라는 '서부의 마법사'로 불렸기에 전류전쟁은 '마법사들의 전쟁'이기도 했다. 에디슨은 직류(DC)를 주장하고, 테슬라는 교류(AC)를 주장했다. 에디슨은 교류에 반대하여 이것에 대한 거짓 정보와 헛소문을 퍼뜨렸지만, 많은 장점을 지닌 교류는 꾸준히 사용되었다.

✅ 테슬라의 발명과 응용 기초 요소들을 찾아 정리해본다.

요소	설명
테슬라 변압기	전기적 진동을 만들어내는 혁명적인 발명이다. 이러한 변압기는 기존의 전류 생산방법보다 몇 배나 강한 전류를 만들 수 있다. 이를 이용, 먼 거리에서도 스파크를 발생시킨다.
증폭 전송기	지구에 전하를 줄 수 있도록 개조한 변압기로, 우주 관찰에 망원경이 없어서는 안 되는 것처럼 전기에너지 전송에 꼭 필요한 장치다.
테슬라 무선 시스템	전기에너지를 송전선 없이 멀리 보낼 수 있는 경제적인 방법이다. 이때 발생하는 에너지 손실은 고작 몇 퍼센트 수준이다.
개별화 기술	신호나 메시지를 전송하는 쪽과 받는 쪽 모두 암호화할 수 있다. 각각의 신호는 고유한 하나의 개체처럼 다루어지고, 기지국의 수에도 제한이 없어진다.
지구 정상파	특정한 전기적 진동은 지구에 강력한 전기를 띠게 할 수 있고, 이를 상업적인 면에서 다양하게 활용할 수 있다.

✅ 위 내용을 비교과활동 특기사항이나 과세특에 활용한다.

• 진로활동 특기사항 예시 •

토머스 에디슨과의 치열한 전류전쟁 속에서도 포기하지 않고 끝까지 밀고 나가는 테슬라의 모습이 인상적이었음. 지치지 않고 꾸준히 발견해 나가게 해준 자양분이 '독서'였음을 고백한 테슬라를 보며, 독서와 함께 생각 정리의 시간을 늘려야겠다고 다짐함.

10월 4일	챗GPT에게 묻는 인류의 미래	도서 분야	IT
	김대식, 챗GPT | 동아시아 | 2023	관련 과목	수학
		관련 학과	컴퓨터공학부

챗GPT의 대답 중 가장 기억에 남는 부분을 찾고, 그 이유를 적어본다.

"AI 기반의 자동화가 폭넓게 적용되면 인간의 업무를 기계가 대신하게 되고, 이는 고용 시장에 심대한 영향을 미칠 것입니다. 더불어 그러한 발전은 아직은 상상조차 할 수 없는 새로운 기회와 가능성을 열어줄 것입니다. 각자가 지니고 있는 독특한 장점을 활용함으로써, 인간과 기계가 공존해 나갈 수 있다고 믿습니다."

챗GPT의 등장 이후 여기저기서 우려의 목소리가 나왔다. 이 정도 수준의 인공지능이라면 인간의 일자리를 앗아갈 수도 있었기 때문이었다. 하지만 인간과 기계가 힘을 합친다면, 훨씬 더 놀라운 성과를 거둘 수 있을 것이다. 인간과 기계의 '공존'이라는 말이 왠지 낯설고 동시에 따듯하다.

관심 있는 주제로 챗GPT와 대화를 나눈 후 느낌을 정리해본다.

나 1년에 10억 원을 버는 방법이 있을까?

챗 창업, 투자, 부동산, 유통, 마케팅 전문 서비스 등 다양한 분야가 있습니다. 하지만 이를 위해서는 각 분야의 전문성과 경험이 필요합니다.

나 교육분야에서의 프리랜서 일은 어떤 것이 있을까?

챗 튜터링, 교재 및 학습자료 제작, 컨설팅, 평가 및 검수, e-learning 등 경험 및 전문 분야에 따라 다양한 선택지가 있으며, 본인만의 취향과 경험을 고려하여 적절한 분야에 뛰어들어야 합니다.

나 e-learnig이 뭐야?

챗 온라인 기술을 활용하여 교육, 트레이닝, 학습 등을 제공하는 것을 말합니다. 개인 맞춤형 학습 시스템을 구축할 수 있어, 학습자 개개인의 수준과 필요에 따라서 맞춤형 학습 콘텐츠를 제공할 수 있습니다.

〈느낌〉 궁금한 점을 검색하고, 대화를 나누는 중에 필요한 정보를 바로바로 알 수 있어서 좋았다. 방법만 제시하는 것이 아니라 주의할 점이나 참고 사항 등을 같이 제시해주니 많은 도움이 되었다.

위 내용을 비교과활동 특기사항이나 과세특에 활용한다.

• 진로활동 특기사항 예시 •

다소 낯선 형식이었지만, 인공지능과의 대화를 이 정도로 이어나갈 수 있다는 것에 놀라움을 느낌. '사랑, 정의, 행복, 신, 죽음' 등의 주제를 통해 챗GPT가 방대한 지식을 가지고 있다는 것을 알게 됨. 또한 관심 있는 주제로 실제로 챗GPT와 대화를 나누면서 궁금했던 점에 대한 답을 얻고, 이 내용을 친구들과 공유해보는 경험을 통해 '질문'의 중요성을 알게 됨. 앞으로는 인공지능이 우리와 훨씬 더 가까워질 거라 생각했고, 그 생각을 보고서로 작성함.

10월 / 5일	# IT 트렌드 읽는 습관	도서 분야	IT
	김지현 | 좋은습관연구소 | 2023	관련 과목	수학
		관련 학과	컴퓨터공학부

✅ IT 관련 뉴스를 읽는 저자의 방법을 정리, 실천해본다.

(1) IT 전문 사이트 뉴스레터 구독 방법: 인터넷기업협회, 더코어, 더밀크 등의 뉴스레터 구독
(2) 전문가가 소개하는 링크, 요약 글을 보고 직접 뉴스 찾아 읽기: 페이스북, 트위터, 링크드인
(3) IT 뉴스 전문 언론사를 정기적으로 방문해 기사 읽기: 아이뉴스24, ZDNET
세 경로를 반복적으로 짚어나가다 보면 키워드가 파악되고, 특정 키워드가 눈에 띄기 시작하면 그 키워드에 대해 깊이 있게 조사하고 정리한다.

✅ 서비스의 비전 평가 기준과 이 기준에 부합하는 서비스를 찾아본다.

(1) 서비스에 최적화된 기술을 찾아본다. 카카오톡이 작동되는 핵심적 기술이 무엇인지, 그 기술이 어디에 어떤 식으로 이용되는지, 왜 꼭 그 기술을 써야 하는지 생각해보는 것이다.

(2) 서비스를 운영하는 기업이 실제로 어떻게 돈을 버는지 추적한다. 돈을 벌어다 주는 기술과 모델이 무엇인지 알면, 해당 기술에 더 많은 투자를 할 수 있다.
카카오톡 내에서 제공하는 서비스는 우리가 알고 있는 것보다 훨씬 많은데, 이 중에서 앞으로 어떤 것이 더 많이 활용될지 예측해봐야겠다.

✅ 저자가 작성한 내용을 토대로 현시점의 IT 트렌드 마인드맵을 그려본다.

10년 전 스마트 TV의 미래를 고민할 때 그린 마인드맵: 크롬캐스트, IPTV, 셋톱박스, 유튜브, 애플TV, OTT, 리모콘, V.O.D, 온에어, 린백, 린포워드 등 '스마트 TV' 하면 떠올릴 수 있는 모든 것을 나열하고, 이 키워드를 TV 연결법, TV 조작법, TV 콘텐츠, 시청자의 기대 등으로 분류한 뒤 마인드맵으로 그렸다. 이러한 분류는 스마트 TV에 대한 모든 이슈를 한눈에 담을 수 있게 해준다.

✅ 위 내용을 비교과활동 특기사항이나 과세특에 활용한다.

• 진로활동 특기사항 예시 •

빠르게 변하는 IT 업계…. 트렌드를 놓치지 않기 위한 저자의 습관을 살펴보면서, 이 가운데 내가 할 수 있는 것을 골라 실천해야겠다고 생각함. IT 관련 기사를 찾아보고 자주 눈에 띄는 키워드는 관련 책을 뒤져 자료를 조사하고, 이를 주변 사람들에게 설명하는 계획을 세움. 어떤 분야든 그 분야에 정통하기 위해서는 관련된 용어를 먼저 익혀야 한다고 다시금 생각함.

10월 6일

최소한의 코딩지식

EBS 제작팀, 김광범 | 가나출판사 | 2021

도서 분야	IT
관련 과목	수학
관련 학과	컴퓨터공학부

이 책에 나온 컴퓨터 과학자들에 대해 조사해본다.

이름	내용
클로드 섀넌	'디지털의 아버지'라 불리는 응용수학자이자 컴퓨터과학자다. 0과 1의 2진법을 통해 소리와 이미지 등의 정보를 전달하는 방법을 최초로 고안했다.
찰스 배비지	계산기 연구의 선구자다. 컴퓨터 기초 원리에 대한 착상을 갖고 자동 기관, 해석 기관을 최초로 고안하고 제작했다.
앨런 튜링	현대 컴퓨터과학을 정립한 수학자이자 컴퓨터과학자다. 전자식 컴퓨터의 설계 및 구축의 범용 튜링머신 이론과 암호해독 작업으로 유명하다.

데이터베이스가 무엇을 의미하는지 적고, 신뢰성 확보 방법에 대해 정리해본다.

데이터베이스는 자료를 뜻하는 '데이터(data)'와 기초, 기반을 의미하는 '베이스(base)'의 합성어다. 대량의 자료나 정보 데이터를 조직적으로 구조화하여 검색, 처리 등을 효율적으로 하기 위해 통합·관리하는 데이터의 집합체를 말한다. 데이터베이스의 신뢰성 확보를 위해서는 '미리 쓰기 로그'를 활용한다. 데이터베이스가 자료를 수정하기 전 앞으로 할 작업을 미리 적어두는 것이다.

인공지능과 함께할 미래에 대한 기대감이나 두려움 등을 적어본다.

인공지능 기술은 생산성을 향상시키고 정확한 결과를 도출할 수 있게 해준다. 맞춤형 서비스나 새로운 아이디어, 해결책 제시도 인공지능 기술이 가진 비전이다. 그러나 개인정보 수집에 의한 보안 문제, 인간의 생명과 직결되는 중대한 결정 앞에서는 윤리적 허점이 드러날 수도 있다.

위 내용을 비교과활동 특기사항이나 과세특에 활용한다.

• 진로활동 특기사항 예시 •

4차 산업 혁명 시대에서 우리에게 가장 필요한 능력은 소프트웨어, 코딩의 이해와 적용이라는 것이라는 것을 알게 됨. 인공지능과 함께할 미래를 이야기를 나누면서 새로운 시대에 대한 경각심을 가짐. 구글이 검색 엔진 시장을 장악하고, 위키피디아가 점유하는 과정을 보며 앞으로 어떤 분야에서 일해야 할지 고민하는 계기가 됨.

10월	
7일	

AI 소사이어티 AI Society

김태헌, 이벌찬 | 미래의창 | 2022

도서 분야	IT
관련 과목	수학
관련 학과	컴퓨터공학부

✅ AI 소사이어티의 3가지 특징을 조사해 정리해본다.

특징	내용	인간에게 미치는 영향
연결(Wire)	인간이 물건, 동물과도 긴밀하게 연결된 사회	인간의 모든 것이 데이터로 변환
협업(With)	기계가 인간의 일을 분담하는 사회	인간과 기계, 가상 인간의 공존
확장(Widen)	우리가 알던 세상의 범위를 확장한 사회	가상 공간이 삶의 또 다른 터전으로 확장

✅ AI 소사이어티의 다섯 가지 혜택을 설명해본다.

예지력, 여과력, 인지력, 이해력, 창조력은 인간의 미래를 예측하고 인간의 취향을 저격하며 신체 능력을 강화할 뿐만 아니라 기계와의 원활한 소통을 돕는다. 더불어 인간을 대신해 무언가를 창조해내기도 한다.

✅ AI에 대한 인식 변화단계를 정리해보고, 자신은 어느 단계인지 생각해본다.

단계	특징
5	AI는 내가 하는 일을 문제없이 수행한다.
4	많은 일을 대신할 순 있지만, 만일의 사태를 위해 내가 필요하다.
3	내 일의 중요한 부분을 대체할 수 있다.
2	단순한 일은 대신해줄 수 있지만, 복잡한 업무 수행은 불가능하다.
1	AI는 내가 하는 일을 할 수 없다.

로봇청소기나 서빙 로봇을 봤을 때 그저 단순하고 귀찮은 일을 대신해주는 정도라고 여겼으나 로봇이 주도적으로 수술을 집행, 의사만큼이나 정확하게 병명을 진단해내는 등의 모습을 본 후로 생각이 바뀌었다. 기술력이 무섭다는 생각이 들 정도였으니 말이다. 물론 언제든 문제는 발생할 수 있고, 그 부분에 대해 인간의 책임이 따른다는 점을 고려했을 때 지금의 나는 4단계인 것 같다.

✅ 위 내용을 비교과활동 특기사항이나 과세특에 활용한다.

• 진로활동 특기사항 예시 •

AI에 대한 인식 변화단계에서 자신이 어디에 속하는지 공유하며 불과 몇 년 전과 생각이 많이 달라졌음을 알게 됨. AI 소사이어티가 유토피아일 수도 있고 디스토피아일 수도 있는데, 그것을 결정하는 것은 인간의 몫이라는 생각에 다양한 분야의 사람들이 개인의 이익이 아닌 모두를 위한 윤리적인 생각을 했으면 좋겠다고 보고서에 작성함.

10월	나의 첫 인공지능 수업	도서 분야	IT
8일	김진우 | 메이트북스 | 2022	관련 과목	수학
		관련 학과	컴퓨터공학부

AI 기술의 발전 동력과 산업 기술 발전에 어떤 영향을 주는지 적어본다.

인공지능 발전을 가속화하는 동력은 컴퓨터 성능의 발전, 컴퓨터 가격의 하락, 소프트웨어 기술, 대규모 데이터의 축적이라 볼 수 있다. 미디어, 오락, 부동산, 유통, 여행, 금융, 제조, 통신, 농업, 의료 등 일상생활과 관련된 거의 모든 분야가 인공지능의 영향을 받는다.

현재 활용되는 인공지능의 종류를 설명해본다.

종류	내용
자연어 처리	2021년 5월 기준 구글 번역기는 109개 언어를 지원하며, 네이버의 파파고 번역기는 14개, 카카오톡의 번역기는 19개 언어 번역을 무료로 제공하고 있다.
AI 스피커	초기에는 음성인식이 제대로 되지 않거나 엉뚱한 대답을 하는 경우가 많았는데 지금은 소프트웨어 알고리즘과 IT 기술이 발전해 적절한 정보를 제공받을 수 있다.
자율주행	사람이나 차선을 인식하고 스스로 운행하는 자율주행 능력의 발전은, 차 안에서 운전 이외의 업무를 보거나 잠시 쉴 수 있게 운전자를 돕는다.
물체 인식	물체 인식은 인공지능의 두각을 제대로 나타낼 분야로, 사람 얼굴뿐만 아니라 카메라에 잡히는 물체가 무엇인지 정확히 인식해 여러 분야에 활용된다.
이메일 스팸 처리	인공지능이 중요한 메일과 스팸메일을 자동으로 구분해서, 읽어야 할 메일만 메일 보관함에 저장시켜주는 기능이다.
개인 맞춤형 추천	해당 서비스를 제공하는 회사 데이터를 토대로 고객의 취향, 소비 패턴 등을 자동으로 분석해 고객에게 추천해주는 서비스다.
스마트 교통 통제	도시 밀집도가 높아져 교통 흐름이 느려지면 교통 감시 카메라에 인공지능을 장착, 중앙센터의 인공지능이 앞으로의 교통량을 예측해 차량을 분산 · 우회시킨다.
시각장애인 서비스	외출이 불편한 시각장애인을 위해 구글의 맵 정보를 이용, 구체적인 이동 경로와 정보를 핸드폰 음성으로 알려준다.

위 내용을 비교과활동 특기사항이나 과세특에 활용한다.

• 진로활동 특기사항 예시 •

인공지능 기술은 컴퓨터 성능과 소프트웨어 기술의 발전, 대규모 데이터가 축적되면서 최근 엄청난 발전을 하게 되었다는 사실을 알게 됨. 현재 우리 주변에서 자연어 처리, AI 스피커, 자율주행, 물체 인식 등을 통해 인공지능이 다양하게 활용되고 있다는 것을 알게 되었고, 그 중에서도 특히 자율주행차에 관심이 생겨서 자세히 조사함.

10월 9일	비전공자를 위한 이해할 수 있는 IT 지식	도서 분야	IT
	최원영 | 티더블유아이지 | 2020	관련 과목	수학
		관련 학과	컴퓨터공학부

커뮤니케이션을 위한 IT 용어들을 정리해본다.

용어	설명
컴파일러	인간과 컴퓨터는 바로 의사소통이 되지 않기 때문에 컴파일러가 인간의 요구를 컴퓨터에게 전달한다. 개발자는 컴파일러에게 문서로 일을 시키는데, 이때 프로그래밍 언어를 사용한다.
LAN, MAN, WAN	컴퓨터가 연결된 작은 지역을 LAN이라고 한다. 로컬(Local)은 작은 지역으로, 학교 컴퓨터실이나 커피숍 등이 모두 하나하나의 LAN이 되는 것이다.
리눅스, 우분투	리눅스는 하드웨어를 관리, 프로그램을 사용하기 쉽게 도와주는 운영체계이고 우분투는 리눅스 버전 중 하나다. '리누스 토발즈'라는 사람이 만들어 무료로 배포했다.
API	Application Programming Interface의 약자다. 서버는 요청에 따라 적합한 처리를 해서 응답을 주는데, 요청을 구분할 수 있는 체계가 바로 API이다.
HTML	운영체제에 상관없이 브라우저만 있으면 어디에서도 동일한 정보를 볼 수 있다. 하지만 HTML은 컴퓨터에게 특정 일을 시킬 수 있는 언어가 아니라 브라우저가 볼 수 있는 언어다.
브라우저 (browser)	인터넷 검색을 할 때 문서나 영상, 음성 따위의 정보를 얻기 위해 사용하는 프로그램이다. 크롬, 인터넷 익스플로러, 파이폭스, 오페라, 사파리가 대표적이다.
깃(Git)	컴퓨터 파일의 변경사항을 추적하고 여러 사용자 간의 작업을 조율하기 위한 스냅샷 스트림 기반의 분산 관리 시스템, 또는 명령어를 가리킨다.
브랜치 (branch) 머지 (mergy)	브랜치(branch)는 프로그램의 실행에서 다수의 선택 가능한 명령 집합의 하나를 고르는 것을 말하고, 이러한 브랜치들을 합치는 것을 머지(mergy)라고 한다.

저자의 IT 공부법과 새로운 분야에 대한 지식 함양 과정을 생각해본다.

저자는 사람들의 말을 알아듣지 못하는 답답함 때문에 모르는 단어를 인터넷에서 찾아 인쇄했다. 새로운 용어가 나올 때마다 같은 방식으로 용어를 공부했는데, A4 용지 300장을 쌓아놓고 읽고 또 읽는 과정을 반복했다. 실생활에서 그와 관련된 용어가 들리면 어떤 의미로 쓰였는지 해석했고, 강의한 내용을 모아 책까지 냈다. 새로운 분야에 대한 지식을 얻고자 한다면 이처럼 미쳐야 한다.

위 내용을 비교과활동 특기사항이나 과세특에 활용한다.

• 진로활동 특기사항 예시 •

IT 관련 업계에서 사용하는 다양한 언어들을 접할 수 있었고, 개발자들과 원활한 소통을 하기 위해서는 IT 관련 용어들을 정확하게 알아야 한다는 것을 알 수 있었음. IT 관련 업종에 종사하고 싶은 만큼 이러한 용어들을 익히는 노력을 계속하겠다고 생각함. 책에 나오는 용어들을 조사하고 친구들과 공유하는 시간을 가지며 관심을 키워감.

10월 10일	비전공자도 이해할 수 있는 AI 지식	도서 분야	IT
	박상길 | 반니 | 2023	관련 과목	수학
		관련 학과	컴퓨터공학부

이 책에 쓰인 개념 가운데 자세히 알고 싶은 것들을 찾아 정리해본다.

용어	설명
모라벡의 역설	인간에게 쉬운 일이 기계에게 어렵고, 기계에게 쉬운 일이 인간에게 어렵다.
오픈 소스	수정 및 재배포가 가능한 무료 소스코드. 단순 공개를 넘어 협업을 장려한다.
몬테카를로 방법	카지노로 유명한 몬테카를로를 빗댄 이름. 확률로 결과를 유추해내는 알고리즘이다.
베이즈 정리	불확실한 의사결정을 수학적으로 해결한다. 확률을 믿음으로 바라보는 경험적 추론이다.
구글 파일 시스템	구글에서 개발한 분산 파일 시스템. 구글은 이 시스템으로 많은 양의 색인을 저장했다.
순환 신경망	시간의 흐름에 따라 구성되는 시계열 형식을 학습할 수 있는 인공 신경망 구조다.
트랜스포머	어텐션이 좋은 성과를 내면서, 오직 어텐션만으로 인공 신경망을 구성한 모델이다.
컴파일러	언어를 다른 언어로 바꿔주는 과정을 뜻하며, 컴파일러는 컴파일을 수행하는 도구다.
브라에스 역설	새 도로에 차량이 몰리면서 교통 상황이 도로 개통 이전보다 악화하는 역설을 말한다.
데이터 마이닝	대규모 데이터에서 어떤 특정한 패턴을 발견하고 추출하는 행위다.

인공지능이 자신의 삶에서 어떤 영향을 미치고 있는지 설명해본다.

그야말로 유튜브 전성시대다. 여기에 사용되는 알고리즘은 관련 정보만 제공하기에 편리하지만, 시야가 협소해질 수 있다는 단점도 있다. 넓은 시야를 위해서는 책을 더 많이 읽기로 한다.

자율주행차를 운행할 경우에 어떤 문제점이 있을 수 있는지에 대해 생각해본다.

(1) 기술이 완벽하지 않음에 따라 생기는 결함과 수리 비용이 발생할 수 있다.
(2) 사고가 발생 시 책임 구분에 따른 법적 문제가 생길 수 있다.
(3) 정보 수집 장치를 가지고 있어 운전자의 개인정보가 노출될 가능성이 있다.

위 내용을 비교과활동 특기사항이나 과세특에 활용한다.

• 진로활동 특기사항 예시 •

실생활에서 AI가 어떻게 이용되고 있는지 살펴볼 수 있었음. 여러 내용 중 자율주행 차량과 추천 알고리즘에 흥미를 느꼈고, 자율주행 시 생길 수 있는 문제점과 문제 해결 방안을 조사해 친구들 앞에서 발표함. 평소에 자주 보는 유튜브 추천 알고리즘의 장단점을 살펴보면서, 알고리즘만 따라갈 것이 아니라 다양한 생각을 위한 몇 가지 방법을 고민하게 됨.

10월 11일	**페르마의 마지막 정리** 사이먼 싱 | 영림카디널 | 2022	도서 분야	자연과학
		관련 과목	수학
		관련 학과	수학교육과 수리과학부

☑ 책에 등장하는 몇 수학자들을 찾아 조사하고 정리해본다.

수학자	업적
피에르 드 페르마	17세기 최고의 수학자로, 근대의 정수론 및 확률론의 창시자다.
가브리엘 라메	타원체의 온도 평형 문제를 푸는 라메의 방정식과 함수를 도입했다.
오귀스트 루이 코시	해석학(미적분)을 엄밀한 기초 위에 올려놓았다.
에른스트 쿰머	페르마의 문제에 관한 연구에서 '이상수'를 도입했다.
쿠르트 괴델	수학기초론과 논리학의 전환점이 된 '괴델의 정리'를 발표했다.
앨런 튜링	계산기가 어디까지 논리적으로 작동할 수 있는지 실험했다.
유타카 타니야마	다니야마-시무라 추측의 원형을 제시했다.
고로 시무라	페르마의 마지막 정리가 일반화된 모듈러성 정리를 추론했다.
리처드 테일러	물질의 기본구조인 쿼크 모델을 연구, '쿼크'의 존재를 입증했다.
앤드류 와일즈	리처드 테일러의 도움으로 페르마의 마지막 정리를 증명했다.

☑ '피타고라스 정리'와 '페르마의 마지막 정리'의 관계를 설명해본다.

〈피타고라스 정리〉 직각삼각형에서 빗변의 길이를 제곱한 값은 나머지 두 변의 길이를 각각 제곱하여 더한 값과 일치한다. ($x^2+y^2=z^2$)

〈페르마의 마지막 정리〉 n이 3 이상의 정수일 때, $x^n+y^n=z^n$을 만족하는 정수해 x, y, z는 존재하지 않는다.

〈관계〉 피타고라스의 정리에서 제곱을 n제곱으로 바꾸었을 때, 이를 만족하는 정수해의 유무를 묻는 것이다. 페르마는 피타고라스 정리를 보고 그대로 받아들이지 않고 확장하여 질문했다.

☑ 〈페르마의 마지막 정리〉를 증명한 앤드류 와일즈를 보며 느낀 점을 적어본다.

증명 과정에서 오류가 발견되었음에도 포기하지 않고 고민하고 연구한 끝에 완벽하게 증명해낼 수 있었다. 수학에 있어 가장 중요한 태도는 '포기하지 않는 마음'이란 생각이 들었다.

☑ 위 내용을 비교과활동 특기사항이나 과세특에 활용한다.

• 진로활동 특기사항 예시 •

피타고라스의 정리로부터 페르마의 마지막 정리가 어떻게 나왔고, 이름에 '마지막'이 이름에 왜 들어가는지 알게 됨. 이 문제를 해결하기 위해 여러 수학자가 도전장을 내밀었지만 실패했고, 그러나 그 것이 '실패'가 아니라 증명하는 과정에서 이루어낸 또 다른 수학적 업적이 있다는 사실을 깨달음.

10월 12일	수학이 필요한 순간	도서 분야	자연과학
	김민형 | 인플루엔셜 | 2018	관련 과목	수학
		관련 학과	수학교육과 수리과학부

수학이 필요한 순간

김민형 | 인플루엔셜 | 2018

✅ 역사를 바꾼 현대의 수학적 발견 3가지를 정리해본다.

수학적 발견	의미
페르마의 원리	공기 중의 빛은 물을 만나 굴절하기에 직선으로 가지 않고 휜다. 빛이 진행하는 중에 물에서 공기로 물질이 바뀌기 때문이다.
아이작 뉴턴의 프린키피아	자연철학의 수학적 원리를 줄여 '프린키피아'라 부른다. 이 책에는 뉴턴의 운동 법칙, 중력장 이론을 포함해 순수 수학적으로는 미분과 적분에 대해 다루고 있다.
데카르트의 방법서설	이 책의 부록 중 하나인 '기하학'은 과학사에 지대한 영향을 미친 아이디어를 담고 있는데, 이것은 다름 아닌 '좌표의 발견'이다.

✅ 저자가 말한 '수학적 사고'에 대해 쓰고, 이를 자신의 언어로 재정의해본다.

〈107쪽〉 수학적 사고란 모르는 것에 대해 정확한 질문을 던지고, 해결책을 파악하고, 그에 필요한 프레임워크와 개념적 도구를 만들어가는 과정이다.

〈나의 생각〉 수학적인 사고는 정확한 상황 분석과 그에 따른 여러 경우를 고려한 판단이자, 그 모든 과정이다.

✅ 기하학에서 일어났던 혁명적 사건 세 가지를 정리해본다.

수학자	혁명적 사건
페르마와 데카르트	원과 타원, 포물선의 방정식처럼 기하의 정의 자체를 대수적으로 생각하게 되었다.
가우스와 리만	기하를 생각할 때 그 물체의 내부적 관점에서 어떤 성질들을 표현하고 측정하게 되었다.
알렉산더 그로탕디에크	수체계 하나만 주어지면 그 수체계만을 가지고 기하를 만들 수 있게 되었다.

✅ 수학이 발명되었는지 발견되었는지 자신의 생각을 적어본다.

수학의 발명을 주장하는 사람들은 수학의 예술성을 강조한다. 그러나 수학의 대상이 되는 '수'를 생각하면, 기존에 있는 것들에 의미를 부여한다는 측면에서 '발견'에 더 가깝다고 볼 수 있다.

✅ 위 내용을 비교과활동 특기사항이나 과세특에 활용한다.

• 진로활동 특기사항 예시 •

수학 발전에 큰 영향을 미친 사건을 조사한 후 발표함. 삶을 살아가기 위해서는 학교에서 배우는 수학적 개념보다 그것들을 익혀나가는 과정에서 얻을 수 있는 수학적 사고가 더 중요하다고 생각하게 됨. 어떤 상황 앞에서 문제에 대한 답을 즉각적으로 찾기보다는, 매 순간 좋은 질문을 던지고 그 질문에 대해 수학적으로 사고하는 과정을 통해 좀 더 나은 삶의 태도를 배우게 되었음을 보고서에 작성함.

10월 13일

다시, 수학이 필요한 순간

김민형 | 인플루엔셜 | 2020

도서 분야	자연과학
관련 과목	수학
관련 학과	수학교육과 수리과학부

✅ 다른 자료를 보지 않고, 귀류법으로 $\sqrt{2}$ 가 무리수임을 증명해본다.

$\sqrt{2}$가 무리수가 아니라고 가정하자. 그러면 $\sqrt{2}$가 유리수이기 때문에 $\sqrt{2}=\frac{m}{n}$처럼 분수의 형태로 나타낼 수 있다. 이 형태가 기약분수라고 생각하면, m과 n은 서로 공약수가 1이 되어야 한다. 이 식을 전개하면 $m=\sqrt{2}n$, 양변을 제곱하면 $m^2=2n^2$이 된다. 그러면 m은 짝수여야 하고 m^2은 4의 배수이기에 $2n^2$도 4의 배수여야 하며 그렇다면 n^2도 짝수, n도 짝수여야 한다. 그러면 둘 다 짝수가 되는데, 이는 $\sqrt{2}$가 무리수가 아니라고 했던 가정에 모순이다. 따라서 $\sqrt{2}$는 무리수이다.

✅ 책에 등장하는 제논의 역설을 정리해보고, 자신의 언어로 설명해본다.

〈제논의 역설〉

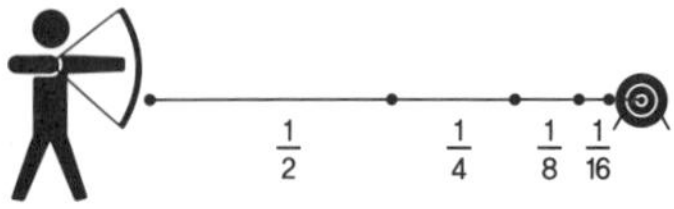

궁수의 화살이 과녁에 도달하려면 먼저 반을 가고, 그리고 또 반의반을 가는 형식이다. 결국 화살은 '영원히 도달할 수 없다'는 것이 제논의 역설의 핵심이며, 이러한 추론을 통해 '움직임이라는 것은 전부 불가능하다'는 식의 주장을 했다.

✅ 펜로즈의 삼각형과 관련된 내용을 수학과 연관시켜 설명해본다.

〈펜로즈 삼각형〉

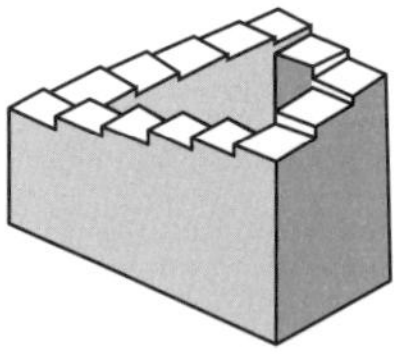

〈무한 계단〉

'펜로즈 삼각형'과 '무한 계단'은 실제 모형으로 만드는 것이 불가능하다고 알려져 있는데, 왜 그런지는 설명하기 어렵다. 펜로즈는 에셔의 '상대성'에서 영감을 받아 만들었다고 한다.

✅ 위 내용을 비교과활동 특기사항이나 과세특에 활용한다.

• 자율활동 특기사항 예시 •

제논의 역설, 펜로즈의 삼각형, 귀류법 등을 수학의 역사적 사건들과 연관시켜 이해함. 아홉 번의 세미나에서 나눈 대화를 토대로 한 책이어서 세미나에 참석한다는 기분으로 책 내용을 이해하려 함. 친구들과 각 챕터를 나누어서 자세히 읽어보고, 설명하는 시간을 가짐. 책의 내용이 쉽진 않았지만 이러한 공식들을 활용해 수학을 접해보는 새로운 경험을 하게 됨.

10월 14일	이토록 아름다운 수학이라면	도서 분야	자연과학
	최영기	21세기북스	2019	관련 과목	수학
		관련 학과	수학교육과 수리과학부

✅ 0의 등장 이후 로마 숫자 표기법에 어떠한 변화가 있었는지 추측해본다.

1 = I	10 = X	100 = C	1000 = M
2 = II	20 = XX	200 = CC	2000 = MM
3 = III	30 = XXX	300 = CCC	3000 = MMM
4 = IV	40 = XL	400 = CD	•
5 = V	50 = L	500 = D	29 = XXIX
6 = VI	60 = XL	600 = DC	99 = XCIX
7 = VII	70 = LXX	700 = DCC	107 = CVII
8 = VIII	80 = LXXX	800 = DCCC	964 = CMLXIV
9 = IX	90 = XC	900 = CM	3864 = MMMDCCCLXIV

〈추측〉 0이 없으면 자릿수가 없기 때문에, 자릿값이 달라지면 새로운 문자를 만들어야 한다. 그로 인해 표현이 길어지고, 계산 역시 어려워진다. 0의 출현으로 그런 단점들이 완벽하게 보완됐다.

✅ 수학에서의 '거리'는 다음과 같은 세 가지 조건을 충족해야 한다. 아래에 제시된 조건을 그림으로 나타내어 설명해본다.

- **조건 1:** 두 점 사이의 거리는 0보다 크거나 같고, 이때 두 점 사이의 거리가 0인 경우는 두 점이 같은 점인 경우에 한한다.
- **조건 2:** 두 점 A와 B의 거리를 생각할 때, A에서 B까지의 거리와 B에서 A까지의 거리는 같다.
- **조건 3:** 임의의 점 A, B, C가 있을 때, 두 점 A, C의 거리는 두 점 A, B의 거리와 두 점 B, C의 거리를 더한 것보다 같거나 짧다.

✅ 위 내용을 비교과활동 특기사항이나 과세특에 활용한다.

• 진로활동 특기사항 예시 •

기존에 알고 있던 수학으로는 느낄 수 없었던 수학의 진정한 의미와 아름다움을 찾게 되었음. 특히 0의 등장 이전과 이후의 두드러진 변화에 대해 알 수 있었고, 그 어떤 내용보다 흥미로웠음. 수학 문제 풀이에 정해진 방법이 있다고 생각했는데, 생각의 전환을 통해 문제를 쉽게 해결할 수 있다는 것을 알게 되었고 친구들과 그런 문제들을 찾아 공유함. 수학에서 '거리'가 어떻게 정의되는지 알게 되었고, 거리 관련 문제를 해결할 때 조금 더 깊이 생각하게 되는 계기가 되었음.

10월 15일

365 수학

박부성 외 3명 | 사이언스북스 | 2020

도서 분야	자연과학
관련 과목	수학
관련 학과	수학교육과 수리과학부

수학자를 테마로 그 달의 수학자를 소개해본다.

월	수학자	내용
1월	칸토어	수학에 집합개념을 도입했고, 무한에 대해 적극적으로 탐구했다.
2월	데카르트	좌표계를 도입해 해석기하학이 탄생하게 되었다.
3월	에르되시	자신과 연결되는 단계를 수로 나타내고, '에르되시 수'라 불렀다.
4월	아벨	5차 방정식의 근의 공식이 존재하지 않음을 증명했다.
5월	필즈	수학의 노벨상이라고 불리는 '필즈상'의 제창자이다.
6월	파스칼	파스칼 삼각형과 파스칼 라인이라 불리는 최초의 계산기를 발명했다.
7월	최석정	기존에 전해진 수학 내용을 체계적으로 정리하여 〈구수략〉을 편찬했다.
8월	베르누이	야곱 베르누이가 발표한 큰 수의 법칙이 유명하다.
9월	오일러	미적분학, 그래프 이론, 위상수학, 해석학 등 여러 분야에 업적을 남겼다.
10월	천싱선	중국 출신의 미국 수학자로, 천-사이먼스 형식을 증명했다.
11월	라이프니츠	무한소 미적분을 창시했고, 라이프니츠의 수학적 표기법은 지금도 쓰인다.
12월	노이만	연산자 이론을 양자역학과 접목한 최초의 선구자 중 한 명이었다.

관심 분야를 정해 그것과 관련된 내용으로 '365일 다이어리' 제작 계획을 세워본다.

좋아하는 분야라도 날짜에 해당하는 내용으로 365개를 기록하기란 쉬운 일이 아니다. 하지만 1년 동안 그 과정을 거친다면, 기대 이상으로 성장한 모습을 발견할 수 있을 것이다. 지리에 관심이 있다면 해당 날짜에 지리와 관련된 다양한 이론과 사건을 취합한 후 '365 지리'를 만들면 된다.

아래에 나타난 수들의 특징을 알아보고, 자신의 이름을 붙인 새로운 수를 만들어본다.

하샤드 수, 카탈랑 수, 카프리카 수, 모츠킨 수, 완전수, 과잉수, 부족수, 유사완전수, 챔퍼나운 수, 에르되시 수, 삼각 수, 사각 수, 피타고라스 수, 칸토어 소수, 접촉 수, 레퓨닛 소수, 홈 소수, 프리드먼 수, 피보나치 수, 대칭 수, 제곱수, 친화수, 회문 제곱수 등

위 내용을 비교과활동 특기사항이나 과세특에 활용한다.

• 자율활동 특기사항 예시 •

책에 등장하는 다양한 수들 중에서 에르되시 수, 카프리카 수, 친화수에 대해서 조사해서 친구들 앞에서 발표했고, 에르되시의 이름을 붙인 에르되시 수처럼 자신의 이름을 붙인 수에 의미를 부여해 긍정적인 피드백을 받음. 수학자들의 생애를 조사한 후 각 달에 해당하는 수학자를 한 명씩 적음.

10월 16일	미적분으로 바라본 하루	도서 분야	자연과학
	최영기 | 21세기북스 | 2019	관련 과목	수학
		관련 학과	수학교육과 수리과학부

✅ 속도위반 측정에 미적분이 어떻게 사용되는지 정리해본다.

〈**평균값 정리**(MVT: Mean Value Theorem)〉

미분가능한 함수 $f(x)$에 대해서, 두 점 $(a, f(a))$, $(b, f(b))$사이에 선을 긋고, a와 b사이에 c라는 점에서 만나는 접선의 기울기 $f'(c)$가 두 점 사이에 그린 선의 기울기와 같다. 즉 $f'(c)=\frac{f(b)-f(a)}{b-a}$를 만족하는 c가 a와 b사이에 존재한다.

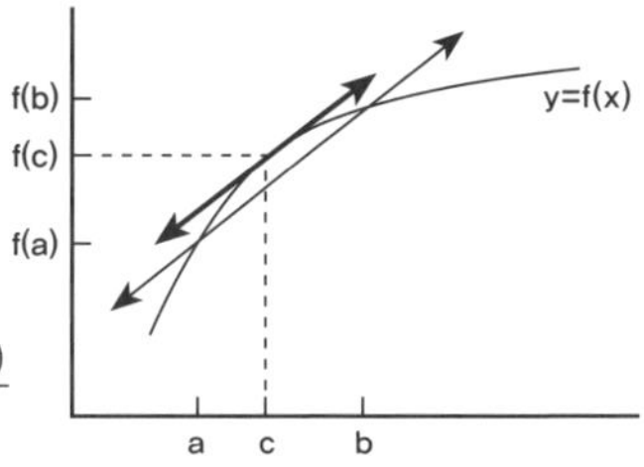

구간단속구간을 설정한 후 평균속도를 구했을 때, 정해진 속도를 초과했다는 것은 구간단속구간 안에서 속도를 초과했던 적이 있었다는 걸 의미한다.

✅ 각 장의 관련 내용과 핵심 내용을 요약·정리해본다.

	관련 내용	내용
1장	1차 함수, 다항함수, 삼각함수, 지수함수, 로그함수	수학의 구성 요소인 함수는 어디에서나 찾아볼 수 있다.
2장	기울기와 변화율, 극한과 도함수, 함수의 연속성	변화가 나타나는 모든 상황에서 도함수를 찾을 수 있다.
3장	도함수의 해석, 2차 도함수, 선형 근사법	글로 나타내어진 문제 상황을 수학화하면 이해가 더 잘 된다.
4장	미분 법칙, 연관변화율	겉으로는 연관 없어 보여도 미적분은 주변 현상들과 연결된다.
5장	미분, 최적화, 평균값 정리	최적화를 통해 미적분은 우리 삶을 향상하는 데 도움을 준다.
6장	리만합, 정적분, 미적분의 기본정리, 역도함수	어떤 수량들을 더해야 할 때 항상 적분을 활용한다.
7장	함수의 평균값, 곡선의 길이	미적분을 통해 상황을 분석하면 깊이 있게 이해할 수 있다.

✅ 위 내용을 비교과활동 특기사항이나 과세특에 활용한다.

• 미적분 교과 세특 예시 •

아침에 눈을 떴을 때부터 밤에 잠들기 전까지의 일상적인 생활 속에서 미적분이 적용되는 상황들을 자세히 알 수 있었음. 인상 깊은 한 장면을 골라 수학적으로 해석한 다음 친구들 앞에서 발표하는 시간을 가짐. 속도위반 단속에 평균값 정리가 이용된다는 것을 정리해서 발표해보니, 무심코 지나쳤던 것들을 수학적으로 바라보게 되는 계기가 됨. 미적분이 일상생활에 숨어 있다는 사실을 인지하니 미적분 공부를 제대로 해보고 싶다는 마음이 생겨 공부에 대한 의욕이 생김.

10월 17일

적분이 콩나물 사는 데 무슨 도움이 돼?

쏭쌤, 정담 | 루비페이퍼 | 2021

도서 분야	자연과학
관련 과목	수학
관련 학과	수학교육과 수리과학부

✅ 본문에 나오는 수학 개념 공부에 대한 내용을 정리해본다.

수학 개념	내용 요약
로그	'수의 비율'이란 뜻으로 계산기가 없던 시절 곱셈을 쉽게 하기 위해 네이피어가 만들었다.
집합	집합은 과거 고1 수학의 첫 단원이었는데, 이는 용어와 단어의 뜻을 정확히 하기 위함이었다.
곱셈 기호 생략	덧셈의 빠른 계산을 위해 곱셈을 만든 것처럼, 곱셈 기호를 생략했던 것도 편리함 때문이었다.
통계적 추정	전체를 다 조사할 수 없는 경우가 많으므로 부분을 통해 전체를 추정한다.
작도	단순 지적 유희이기도 했지만 몇몇 철학자들에게는 사유의 도구이기도 했다.
삼각비	'직각삼각형에서 두 변 사이의 길이 비'를 줄여 쓰는 것이다. 길이 측정에 유용하다.
호도법	삼각함수(60분법 사용)에서 두 가지의 변수가 나올 시 단위 통일을 위해 만들어졌다.
삼각함수	sin은 회전하는 물체의 수직 위치, cos는 회전각에 따른 수평적인 움직임, tan은 수평 위치와 수직 위치의 비를 알려준다.

✅ '히포크라테스의 초승달'에서 직각삼각형과 초승달의 넓이가 같음을 증명해본다.

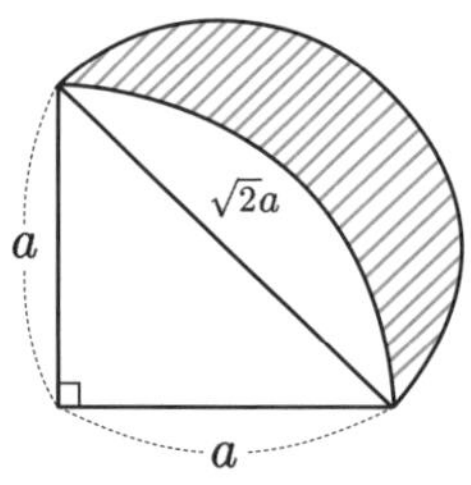

의 넓이는

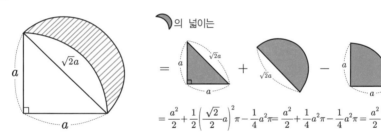

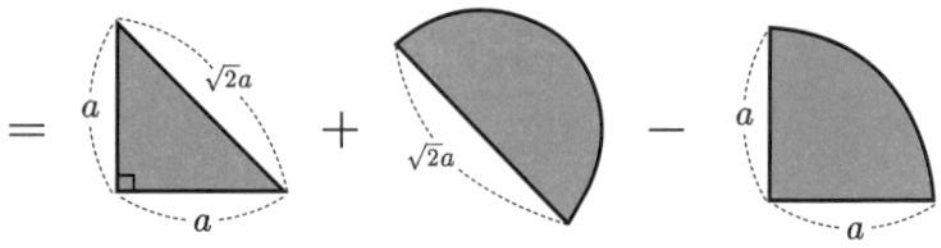

$$= \frac{a^2}{2}+\frac{1}{2}\left(\frac{\sqrt{2}}{2}a\right)^2\pi-\frac{1}{4}a^2\pi=\frac{a^2}{2}+\frac{1}{4}a^2\pi-\frac{1}{4}a^2\pi=\frac{a^2}{2}$$

✅ 이 책에 나오지 않은 수학 개념 중 궁금했던 것이 있다면 적어본다.

Q 인수분해를 왜 배울까?

A 중학교 3학년 때는 간단한 이차방정식을 풀기 위한 정도였지만, 고등학교에 들어가면 방정식의 형태가 조금 더 복잡해지고 이런 방정식을 풀기 위해서는 인수분해가 필요하다.

✅ 위 내용을 비교과활동 특기사항이나 과세특에 활용한다.

• 미적분 교과 세특 예시 •

수학 개념에 대한 이해가 먼저라는 생각을 하게 되었고, 책에 나와 있는 개념들 외에 하나씩 더 정해 조사하고 공유함. 어렵게 느껴졌던 삼각함수도 책을 읽으면서 보는 시각을 달리하니, 쉽게 느껴지는 경험을 하게 됨. 교과서의 문제만 보다가 역사적으로 의미 있는 문제를 접하면서 수학에 흥미가 생김.

10월 18일	지금 공부하는 게 수학 맞습니까?	도서 분야	자연과학
	최수일 | 비아북 | 2022	관련 과목	수학
		관련 학과	수학교육과 수리과학부

✅ 개념 학습의 장점을 정리해본다.

- 서로 다른 것을 연결하는 능력과 응용력이 생긴다.
- 아직 배우지 않은 개념에 대해 추론할 수 있는 능력이 생긴다.
- 수학을 배워야 하는 이유를 깨닫고, 가치를 인식하게 된다.
- 장기 기억이 가능하며 내적 동기가 생겨 수학을 좋아하게 된다.

✅ 책에 나오는 심화학습의 정의와 의견을 적고, 자신의 생각을 정리해본다.

(1) 어려운 문제를 푸는 것이다.

(2) 고등 사고력을 발휘하는 학습이다.

(3) 깊이 있는 학습이다.

이 책에서는 심화학습을 (3)의 의미로 받아들이고 있으며, 어려운 문제가 아니더라도 다양한 방식의 풀이 방법을 생각해낼 수 있다면, 그것이 심화학습이라고 설명한다.

✅ 본문에 나오는 자기주도학습 7단계를 자신의 공부 방법에 적용시켜본다.

예습 ▶ 수업 ▶ 복습 ▶ 설명하기 ▶ 개념정리 ▶ 연습문제 ▶ 문제집

✅ 본문의 내용 한 가지를 정해 초중고 수학 개념의 위계성을 확인해본다.

초등 6학년	▶	중학교 2학년	▶	고등학교
비와 비율		직선의 기울기		접선의 방정식

✅ 위 내용을 비교과활동 특기사항이나 과세특에 활용한다.

• 진로활동 특기사항 예시 •

사교육에 의존하지 않고 스스로 수학을 공부해도 할 수 있을 것 같다는 자신감을 얻게 됨. 책에 나온 7가지 단계를 나의 공부에 적용해 봄. 수학은 문제 풀이가 전부라고 생각했는데, 그 전에 개념 학습이 선행되어야 한다는 것을 알게 됨. 수학 개념이 초등학교, 중학교, 고등학교로 연계된다는 것을 어렴풋이 알고 있었는데, 지금 배우는 수학 내용들부터 이전에 배운 것과 어떻게 연관되는지 확인해보면서 수학을 새로운 방식으로 접할 수 있었음.

10월	19일

미술관에 간 수학자

이광연 | 어바웃어북 | 2018

도서 분야	자연과학
관련 과목	수학
관련 학과	수학교육과 수리과학부

책에서 '수학의 힘'을 나타내는 부분을 찾아보고, 자신의 표현으로 바꾸어본다.

영국의 수학자이자 철학자 버트런드 러셀은 "인류가 닭 두 마리의 '2'와 이틀의 '2'를 같은 것으로 이해하기까지 수천 년이 걸렸다."고 말했다. 이 말은 닭의 마릿수 '2'는 눈으로 확인할 수 있지만, 해가 두 번 뜨고지는 이틀의 '2'는 눈에 보이지 않는 수라는 것이다. 인간으로서는 이 보이지 않는 수를 표시하고 계산하는 능력이 필요했고, 이런 능력을 끌어내어 발전시킨 것이 바로 '수학의 힘'이다.

책에 나오는 수학적 내용에 대한 설명을 찾아 정리해본다.

수학적 내용	정리
멈춤각	알갱이로 된 물질이 무너지지 않고 바닥에 자연스럽게 쌓일 때 바닥과 경사면이 이루는 각도
케플러의 추측	작은 입자들의 배열 상태를 연구하던 중 부피를 최소화하려면 어떻게 배열해야 할지 생각했고, 인접하는 공 4개의 중심을 이었을 때 빈 공간이 정육각형이 되도록 채우면 된다고 추측했다.
디도의 문제	수분 손실은 물체의 겉넓이에 비례하므로 물체를 덮고 있는 표피가 넓을수록 수분을 많이 빼앗기기에 과육의 부피를 최대로, 겉넓이를 최소화하는 지금과 같은 둥근 모양의 과일이 생겨났다.
매듭 이론	'분자의 화학적 성질이 이를 구성하는 원자들이 어떻게 꼬여서 매듭을 이루고 있는가에 달려있다'는 이론에서 시작되었다. 수학의 매듭 이론은 매듭의 교차점 수에 따라 분류하는 것이다.

'학문에는 왕도가 없다'라는 말의 의미를 생각해본다.

프톨레마이오스 1세 소테르는 알렉산드리아 대학교로 유클리드를 초빙해 기하학을 배웠다. 그런데 기하학이 너무 어려워 유클리드에게 기하학을 쉽게 배울 수 있는 방법을 물었고, 곰곰이 생각하던 유클리드는 "왕이시여, 길에는 왕께서 다니시도록 만들어 놓은 왕도가 있지만 기하학에는 왕도가 없습니다"라고 답했고 이것이 "학문에는 왕도가 없다"라는 말의 유례가 되었다. 권력으로 세상의 모든 것을 얻을 수 있다 하더라도 학문만큼은 스스로 할 수밖에 없음을 뜻한다.

위 내용을 비교과활동 특기사항이나 과세특에 활용한다.

• 자율활동 특기사항 예시 •

수학이 다른 학문에 영향을 줄 수 있다는 사실을 깨달음. 수학 개념을 미술 작품과 연결지어 멈춤각, 케플러의 추측, 디도의 문제, 매듭 이론, 사이클로이드에 대한 자료를 조사하고 친구들과 공유함. 미술관에 가서 가장 관람하기 좋은 위치를 살펴보며, 수학적 시선으로 미술 작품을 감상할 수 있다는 사실에 좋은 자극을 받음.

10월 20일

청소년을 위한 한국 수학사

김용운, 이소라 | 살림Math | 2009

도서 분야	자연과학
관련 과목	수학
관련 학과	수학교육과 수리과학부

✔ '낙서육구면'의 특징을 바탕으로 빈칸에 알맞은 수를 채워봅시다.

- 1부터 30까지의 수를 한 번씩 사용함
- 아홉 개의 육각형이 있음
- 육각형을 이루는 수의 합은 모두 93

〈최석정의 낙서육구면〉

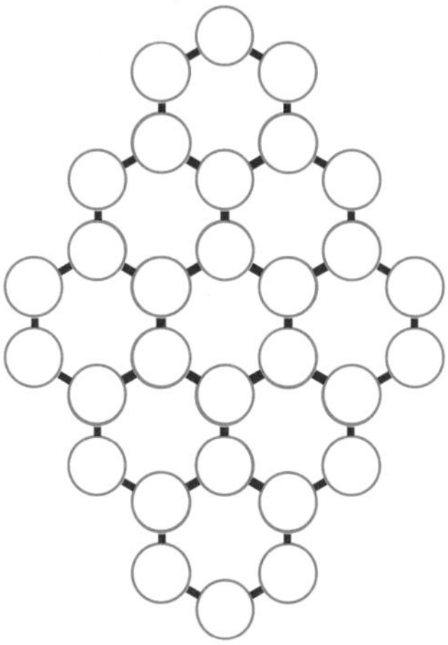

〈정답〉

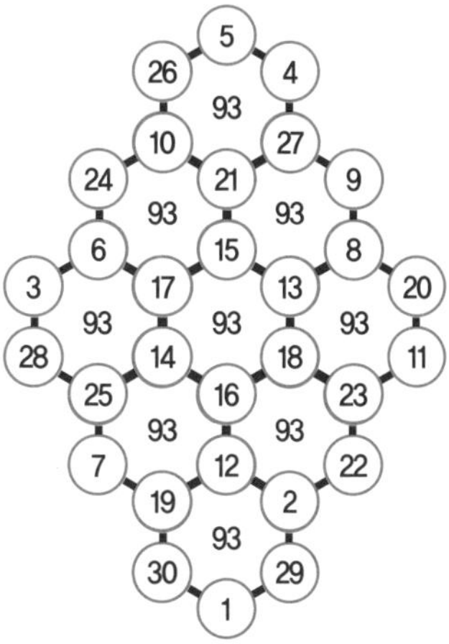

✔ 자신의 방법으로 숫자를 만들고, 그 숫자로 25를 나타내본다.

수학은 정해져 있는 것을 그대로 받아들여야 한다고 생각하는 경우가 많은데, 누군가 처음 사용하게 된 경위에 대해 먼저 이해할 필요가 있다. 직접 자신만의 방법으로 숫자를 만들고 그것을 이용하여 숫자를 나타낸 다음, 계산법을 만든다면 이것이 결코 쉬운 일이 아니라는 것을 알게 될 것이다.

✔ 위 내용을 비교과활동 특기사항이나 과세특에 활용한다.

• 진로활동 특기사항 예시 •

우리나라 수학의 발전 과정을 친구들에게 설명하며, 예부터 일상생활의 편리를 위한 방향으로 발전되어 왔다는 사실을 인지함. 옛 수학책에 제시된 수학 문제를 해결하면서, 지금의 문제 풀이법과 옛날의 풀이법의 차이점에 대해 토론함. 자신만의 방법으로 숫자를 만들어보고 그것의 수를 표현한 다음, 사칙연산의 과정을 재현해봄. 이를 통해 아라비아숫자를 세계적으로 많이 사용하는 이유에 대해서도 다시금 생각해보게 됨.

10월 21일	일하는 수학	도서 분야	자연과학
	시노자키 나오코 | 타임북스 | 2016	관련 과목	수학
		관련 학과	수학교육과 수리과학부

✅ 장래에 일하고 싶은 분야를 정하고, 수학과 연관성을 생각해본다.

장래에 일하고 싶은 분야	수학과의 연관성

✅ 이 책에 나오는 다양한 개념들을 정리해본다.

수학적 개념	설명
원주율	원의 지름에 대한 원주율의 비율을 뜻하며 그 값은 약 3.14이다.
히스토그램	가로가 계급의 크기를 나타내고, 세로가 도수를 나타내는 막대그래프
PERT법	공정의 관련성을 그림으로 나타내 작업의 효율성을 높이는 방법
선형계획문제	제약된 영역 속에서 목적이 되는 함수의 최댓값 또는 최솟값을 구하는 문제
푸리에 변환	복잡한 파형을 띤 함수를 주파수 성분으로 분해해 좀 더 간단하게 기술하는 것
수열	어떤 규칙에 따라 나열되는 수의 열
미분	어떤 순간의 변화의 비율에 주목하는 것
적분	어떤 순간의 변화를 축적해 전체의 결과를 보는 조작
벡터	방향과 크기를 지닌 양
행렬	수를 직사각형이나 정사각형 모양으로 나열한 것
점화식	어떤 수열이 있을 때 그 수열의 항 사이에 성립하는 관계식
경우의 수	어떤 사건이 일어날 가능성을 추측할 때, 그 총수를 의미한다.

✅ 위 내용을 비교과활동 특기사항이나 과세특에 활용한다.

• 진로활동 특기사항 예시 •

거의 모든 직업이 수학과 연관되어 있음을 알게 되어, 수학 공부의 필요성에 대해 다시 한번 생각함. 그림 그리기가 취미인데, 미술에서도 수학은 빼놓을 수 없는 중요한 요소임을 깨달았고, 수학적 지식이 그림 실력에 얼마나 큰 영향을 미치는지 친구들에게 소개함. 수학과 연관된 다양한 직업군을 살펴보면서 장래에 대한 설계를 조금 더 구체적으로 할 수 있었음.

10월 22일

대량살상 수학무기

캐시 오닐 | 흐름출판 | 2017

도서 분야	자연과학
관련 과목	수학
관련 학과	수학교육과 수리과학부

대량살상 수학무기(WMD)의 사례를 정리해서 나타내본다.

사례	내용
셸쇼크 (금융과 수학의 결탁이 불러온 파국)	수학은 대출채권의 가치를 몇 배로 부풀릴 수 있지만, 그것에 대한 해석은 인간의 몫이다. 데이터 과학자로 일하며 월가 점거 운동에 관여하게 되었고 그 심각성에 놀라 본격적으로 파헤치기 시작했다.
군비경쟁 (데이터의 포로가 된 학교와 학생들)	1983년에 1800여 개의 미국 대학교 전체를 평가하고, 교육의 우수성에 따라서 순위를 매겼다. 문제는 교육의 우수성과는 상관없는 것처럼 보이는 대리 데이터들을 사용했다는 것. 결국 모두 피해자가 되었다.
선동도구 (알고리즘은 당신이 한 일을 알고 있다)	베이즈 접근법의 핵심은 '결과에 영향을 미치는 기준으로 변수들의 순위를 매기는 것'인데, 이것을 바탕으로 온라인 표적마케팅을 한다. 판매 목적의 잠재고객 명단을 확보하는 것이 목표다.
무고한 희생자들 (가난이 범죄가 되는 미래)	불심검문은 WMD를 닮은 측면이 많다. 불심검문은 유해한 피드백 고리를 활성화하는데, 흑인과 라틴계 남성이 피부색 때문에 전혀 의외의 상황에서 불심검문을 받게 되는 것을 종종 목격할 수 있다.
일정의 노예 (알고리즘의 노예가 된 노동자들)	'클로프닝'은 상점이나 카페의 종업원이 밤늦도록 일하고 퇴근한 다음, 다시 출근해서 매장 문을 여는 것을 뜻하는 신조어다. 이런 불규칙한 근무 일정은 빅데이터 경제의 새로운 부산물이다.

우리 사회에서 빅데이터가 주는 위험성에 대한 생각을 정리해본다.

빅데이터는 우리가 움직이고 결정하는 모든 것들을 취합한 정보를 말한다. IT 기기의 사용 빈도가 높아지면서 빅데이터의 생성 속도가 빨라지는 것이다. 이러한 정보들을 개인의 이익 추구에만 사용한다면 고통받는 사람들이 늘어날 것이다. 개개인이 책임감을 가지고 도덕적 상상력을 발휘해야 한다.

위 내용을 비교과활동 특기사항이나 과세특에 활용한다.

• 진로활동 특기사항 예시 •

빅데이터들이 어떤 방식으로 약자에게 고통을 줄 수 있는지 알게 됨. 특히 SNS에서 보이는 광고 대부분이 표적 마케팅이라는 점에서 광고를 보는 시각을 달리하게 됨. 어떤 책을 검색한 이후부터 그 책과 관련된 정보들이 떠서 놀랐던 적이 있는데, 이것이 전부 빅데이터의 WMD와 연관되어 있다는 것을 알게 되었고 이를 보고서에 작성함. 정보산업사회에서는 정보를 활용하는 능력보다 자기 일에 대한 책임감과 공공의 이익을 위한 도덕성의 함양이 더 중요하다는 것을 깨달음.

10월 23일	피타고라스 생각 수업	도서 분야	자연과학
	이광연 | 유노라이프 | 2023	관련 과목	수학
		관련 학과	수학교육과 수리과학부

각 장의 내용 중 인상 깊었던 부분을 찾아 써본다.

	가장 인상적이었던 문장
1장	수학은 여러 분야에 응용되지만 잘 드러나지는 않는다. 보이는 세계와 보이지 않는 세계를 잇는 다리이다.
2장	수학적 사고는 복잡하고 어려운 문제의 부피를 줄이는 과정이다.
3장	주어진 배열을 만드는 일은 일종의 게임이지만 그 속에 숨은 규칙을 찾으려면 수학이 필요하다.
4장	베다수학의 원리를 알면 다양한 계산법을 알 수 있지만, 그것이 수학실력을 향상시키지는 못한다.
5장	연산을 수학의 전부라고 오해하면, 선행학습으로 생각 키우기 과정을 거치지 못한다.
6장	힐베르트의 23개의 문제로 수학자의 국제적인 모임이 만들어지면서 서로 간의 교류가 활발해졌다.

수학과 관련된 단어 중 한 가지를 골라 조사해본다.

외판원 문제, 페르미 추정, 온고이지신, 축소, 확장, 기호와 분류, 비트맵과 웨이브, 연결과 구조, 생각의 끈, 역제곱의 법칙, 최소공배수, 프랙털, 일대일대응, 수, 곱셈, 분수, 기하학, 작도, 위상수학, 수리력, 이해력, 규칙성, 응용 수학, 몬테카를로 탐색, 지수함수, 힐베르트 문제, 리만 가설

피타고라스의 생각을 읽고, 그 내용을 요약해본다.

	내용 요약
보이지 않는 세계를 잇는 다리	피타고라스는 제자들이 배워야 할 과목을 산술, 음악, 기하, 천문학으로 정했다. 산술은 수를, 음악은 시간에 따른 수를, 기하는 공간에 따른 수를, 천문학은 우주에 따른 수를 공부하는 거라 여겼기 때문이다.
깨우치는 사람에게 필요한 것	피타고라스는 개개인의 장점과 능력에 따라 윤리학과 사업, 법률을 전문적으로 공부하는 제자는 '정치가', 기하학과 천문학을 연구하는 제자를 '수학자', 명상과 종교의식에 헌신하는 제자를 '성직자'라고 했다.
수로 세상을 알아가는 법	수를 신성하게 여겼던 피타고라스 학파는 여러 종류의 수를 만들었다. 또한 수의 신비로운 성질에 많은 관심을 가졌던 피타고라스 학파는 수를 완전수, 과잉수, 부족수로 분류하였다.

위 내용을 비교과활동 특기사항이나 과세특에 활용한다.

• 수학 교과 세특 예시 •

수학으로 철학을 했던 피타고라스에 대해 자세히 알 수 있었고, 수학이라 여기지 않았던 것들을 수학적 관점에서 바라볼 수 있게 됨. 병뚜껑의 모양에도 수학이 들어있다는 것에 놀랐고 이를 보고서에 작성함. 힐베르트가 23개의 미해결 문제를 발표한 후 수학과 관련된 더 많은 연구가 이루어졌음을 유추할 수 있었고, 수학자들의 삶을 톺아보는 계기가 되었음.

10월 24일	나는 수학으로 세상을 읽는다	도서 분야	자연과학
	롭 이스터웨이 | 반니 | 2020	관련 과목	수학
		관련 학과	수학교육과 수리과학부

수학과 산술의 차이를 정리하고, 미래사회에 필요한 능력에 대해 생각해보자.

	수학	산술
범위	수와 도형과 관련된 모든 것을 말함.	전적으로 계산과 관련된 용어를 말함.
예	4.2×4를 질문하면 대략 80이라는 것을 알 수 있다.	4.2×4를 질문하면 정확하게 8.4라고 계산한다.

초등학생 때까지는 사칙계산의 원리를 익힌 다음에, 정확하게 계산하는 연습이 중요하다. 하지만 나이가 들수록 우리에게 필요한 것은 산술적인 측면보다는 수학적으로 사고할 수 있는 능력이다. 수학자들 중에서도 수학을 잘하지만, 계산은 잘 하지 못한다고 말한 사람들이 있다.

로널드 레이건의 농담을 읽고, 틀린 부분을 찾아본다.

"이 무기에 필요한 전력은 얼마나 됩니까?"

"약 10^{12} W가 필요할 겁니다."

"지금은 얼마나 전달할 수 있습니까?"

"약 10^{6} W입니다."

"좋습니다. 이제 절반가량 개발한 셈이군요."

마지막 문장이 틀렸다. 10^{12} W의 절반은 $\frac{1}{2}\times 10^{12}=5\times 10^{11}$이기 때문이다.

아래의 질문을 읽고, 페르미 추정을 통해 자신만의 답을 찾아본다.

"2023년 대한민국에서 판매된 치킨은 모두 몇 마리일까?"

"로또에 세 번 당첨될 확률은 얼마일까?"

"샤워할 때 사용되는 물의 양은 얼마나 될까?"

"학생들은 1년 동안 '공부'라는 단어를 몇 번이나 사용할까?"

위 내용을 비교과활동 특기사항이나 과세특에 활용한다.

• 진로활동 특기사항 예시 •

숫자의 정확한 계산보다 숫자 뒤에 있는 의미 파악이 수학적 사고의 핵심이라는 것을 알게 됨. 기초적인 지식과 논리적 추론으로 짧은 시간에 근삿값을 도출하는 페르미 추정을 통해 정답이 정해지지 않은 질문에 대한 답을 찾아가는 과정에 재미를 느낌. 나라의 인구, 지역의 크기, 평당 금액 등 실생활에서 사용하는 구체적인 수치들을 파악해두고, 이를 활용해 평소의 궁금증을 풀어내는 과정이 '수학'이라면 재미있게 도전해볼 수 있을 것 같다고 보고서에 작성함.

10월 25일

수학을 포기하려는 너에게

장우석 | 북트리거 | 2023

도서 분야	자연과학
관련 과목	수학
관련 학과	수학교육과 수리과학부

✅ 수학자를 테마로 그 달의 수학자를 소개해본다.

방법	특징	예시
귀납	특수한 몇 가지 사례로 일반적인 결론에 도달하는 사고 방법	골드바흐의 추측, 페르마의 소수
유추	어떤 대상에서 성립하는 성질을 그와 유사한 대상에 적용하는 것	삼각형의 무게중심과 사면체의 무게중심
연역	주어진 전제로부터 시작해 결론에 이르는 필연적 연결	페르마의 마지막 정리

✅ '수포자'라는 말을 사용하면 안 되는 이유를 찾고, 자신의 의견을 적어본다.

강한 추상성과 위계성 때문에 수학 공부를 싫어하는 친구들이 많다. '수포자'라는 말이 생기고 나서는, (수학이 어려운 게 당연한데도) 스스로 '수포자'라 칭하고 포기해버리는 경향이 있다. 심지어 당당하게 '나 수포자야!'라고 하면서 이것이 마치 자랑이라도 되는 듯 얘기한다. 이러한 분위기가 계속되면 수학을 해보고자 하는 친구들도 조금만 어려운 문제에 부딪히면 수학을 쉽게 놓아버리게 된다.

✅ 다음은 중학교 2학년 교과서에 나오는 '증명'에 관한 내용이다. 주어진 전제와 결론을 적고, 그 증명과정을 경험해보자.

(문제) 삼각형의 세 수직이등분선이 반드시 한 점에서 만남을 증명하시오.

(조건) 삼각형에는 수직이등분선이 세 개 있다.

(결론) 세 수직이등분선은 유일하다.

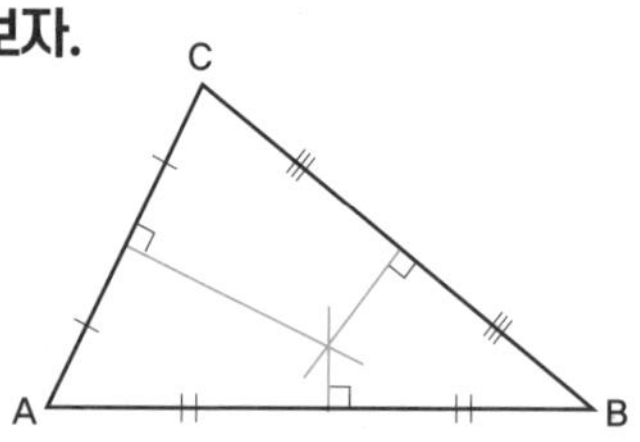

✅ 위 내용을 비교과활동 특기사항이나 과세특에 활용한다.

• 진로활동 특기사항 예시 •

'수포자'라는 용어 자체가 학생들로 하여금 수학을 포기하게 만든다는 사실에 깊이 공감했고, 친구들과 '수포자'라는 용어를 사용하지 않기로 약속함. 수학을 위한 다양한 추론 방법에 대해 알아보고, 문제를 해결하는 네 단계를 정리, 실제로 적용해봄. 문제 해결 방법을 익히고, 문제가 해결되지 않을 때마다 의식적으로 추론하기 위해 노력함.

10월 26일	수학의 역사	도서 분야	자연과학
	지즈강	더숲	2020	관련 과목	수학
		관련 학과	수학교육과 수리과학부

유클리드의 〈기하학 원론〉 제1권에는 5개의 기하학 관련 공준이 제시되어 있다. 제5공준을 토대로 '비유클리드 기하학'을 정리해본다.

제1공준: 한 점에서 다른 한 점을 연결하는 직선은 하나뿐이다.

제2공준: 선분을 연장하여 하나의 직선을 만들 수 있다.

제3공준: 한 점을 중심으로 임의의 선분을 반지름으로 하는 원을 그릴 수 있다.

제4공준: 모든 직각은 서로 같다.

제5공준: 두 직선이 한 직선과 만날 때 같은 쪽에 있는 두 내각의 크기 합이 보다 작으면 두 직선을 무한히 연장했을 때 반드시 그쪽에서 만난다.

〈비유클리드 기하학〉 다른 공준들과 달리 제5공준은 내용이 길고 간결하지 않으며 비교적 늦게 나왔다. 단 한 차례만 사용된다는 점에서 사람들은 많은 의문을 제시했다. 많은 수학자들이 제5공준의 증명을 제시하려고 했다. 노력의 결과, 로바체프스키는 쌍곡적 기하학을 탄생시켰고, 리만은 구면 기하학을 탄생시켰다.

수학의 3대 학파에 관련된 내용을 정리해본다.

학파	대표 수학자	내용
논리주의	러셀	수학은 논리학적으로 환원될 수 있기 때문에 논리학의 일부에 불과하다.
직관주의	브루워	수학은 두뇌 본연의 체조 활동이며 자유로운 사유를 통해 두뇌가 창조해낸 산물이다.
형식주의	힐베르트	수학의 사유 대상은 기호 그 자체이며 기호가 바로 본질이다.

앤드류 와일즈가 증명한 이 문제에 어떤 의미가 있는지 자신의 언어로 설명해본다.

〈페르마의 마지막 정리〉

2보다 큰 임의의 자연수 n에 대해 $x^n + y^n = z^n$을 만족하는 정수해 x, y, z는 존재하지 않는다.

〈의미 해석〉

2보다 큰 임의의 자연수 n이라는 조건이 왜 붙는지 궁금해 n에 2를 대입했다. 페르마의 마지막 정리에서 $n = 2$인 경우 피타고라스 정리를 뜻하며, (3, 4, 5), (5, 12, 13) 등 정수해가 많아 2를 제외한 것 같다. 피타고라스와 페르마의 마지막 정리의 관계를 조사해보니, 피타고라스의 정리를 본 페르마가 n이 2보다 큰 경우에도 성립하는지 궁금해 그 여백에 남겨둔 메모라고 한다.

위 내용을 비교과활동 특기사항이나 과세특에 활용한다.

• 진로활동 특기사항 예시 •

수학이 만들어진 역사와 과정을 알게 되니 수학에 대한 자신감이 생긴 것 같다고 보고서에 작성함. '기하학 원론'에 등장하는 5가지 공준, 특히 제5공준에 대해 수학자들이 많은 관심을 보였고 그로 인해 비유클리드 기하학이 만들어졌음을 알게 됨. 수학의 3가지 학파에 대해 탐구하는 시간을 가짐.

10월 27일

이상한 수학책

벤 올린 | 북라이프 | 2020

도서 분야	자연과학
관련 과목	수학
관련 학과	수학교육과 수리과학부

✅ 뛰어난 수학자와 위대한 수학자의 차이를 설명해본다.

뛰어난 수학자	위대한 수학자
빨리 생각할 수 있다.	천천히 생각할 수 있다.
복잡한 해답에 도달할 인내심이 있다.	단순한 해답에 도달할 인내심이 있다.
세부 사항을 모두 기억할 수 있다.	세부 사항을 모두 잊어버릴 수 있다.
문제를 정면으로 돌파한다.	문제를 돌아서 간다.
문제 해결에 가장 강력한 도구를 고른다.	문제 해결에 가장 약한 도구를 고른다.
무언가를 이해할 수 있다.	남에게 이해시킬 수 있다.
최고가 되고 싶어 한다.	최고에게서 배우고 싶어 한다.

✅ 〈통계〉와 관련된 수학 개념을 정리해본다.

수학 개념	설명
평균	여러 수의 중간값인 수로 산술평균, 기하평균, 조화평균이 있는데 보통은 산술평균을 말한다.
중간값	얻어진 N개의 값 중에서 가장 큰 값과 가장 작은 값의 평균값을 일컫는다.
최빈값	가장 많은 빈도로, 가장 많은 개수로 나타나는 값을 말한다.
백분위	주어진 점수보다 낮은 점수를 받은 사례의 백분율을 가리킨다.
백분율 변화	퍼센트로 나타낸 어떤 양의 변화를 말한다.
범위	최댓값에서 최솟값을 뺀 값을 말한다.
분산	관측값에서 평균을 뺀 값을 제곱하고, 그것을 모두 더한 후 전체 개수로 나눠서 구한다.
상관 계수	두 변인을 측정했을 때 한 변인의 변화에 따라 다른 변인이 변화하는 관계를 나타내준다.

✅ 다음의 식을 수학자의 시선으로 그림으로 나타내 본다.

$7 \times 11 \times 13$ $A = \pi r^2$ $y = \frac{1}{x^2}$ $(x-5)(x-1) = 0$

✅ 위 내용을 비교과활동 특기사항이나 과세특에 활용한다.

• 진로활동 특기사항 예시 •

뛰어난 수학자와 위대한 수학자를 비교해 보며, 수학을 대하는 태도에 대해 생각해보게 됨. 수학과 관련된 개념을 그림으로 볼 수 있어 이해하기 쉬웠고, 현재 배우고 있는 수학 개념들을 각자 그림으로 표현한 다음 친구들과 공유함. 그동안은 설명하거나 풀이하는 방식만 생각했는데, 그림으로 표현하는 것도 수학을 공부하는 효과적인 방법일 수 있다고 생각함.

10월 28일	더 이상한 수학책	도서 분야	자연과학
	벤 올린 | 북 라이프 | 2021	관련 과목	수학
		관련 학과	수학교육과 수리과학부

✅ 미분과 적분을 나타내는 책 속 그림들을 찾아보고, 자신만의 방식으로 그려본다.

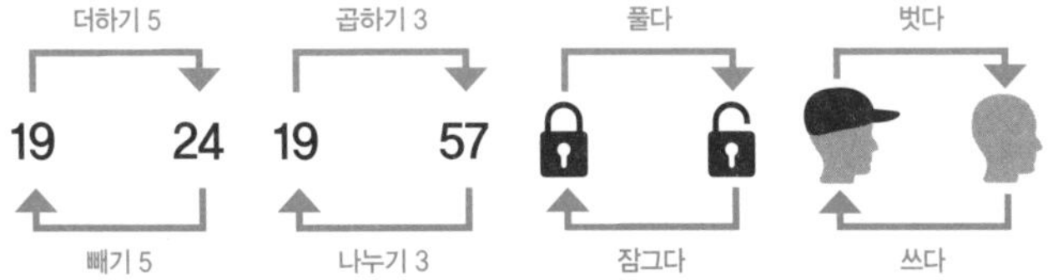

(예) 생각을 모아 하나의 책으로 만들어내고(적분), 책을 읽고 다시 생각을 한다.(미분)

✅ 변수에 대한 관점을 그림을 통해 생각해보고, 마지막에 나오는 식을 증명해본다.

$$\int_0^{\infty} e^{-x}dx = 1$$

$$\int_0^{\infty} e^{-ax}dx = \frac{1}{a}$$

$$-\int_0^{\infty} xe^{-ax}dx = \frac{-1}{a^2}$$

$$(-1)^n\int_0^{\infty} x^n e^{-ax} = (-1)^n\frac{n!}{a^{n+1}}$$

$$\boxed{\int_0^{\infty} x^n e^{-x}dx = n!}$$

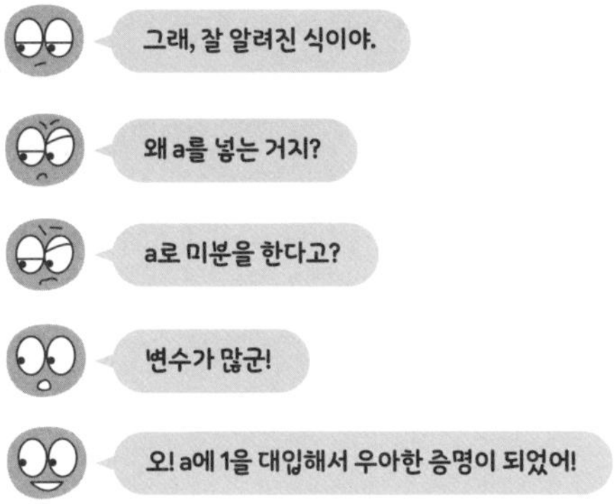

그래, 잘 알려진 식이야.
왜 a를 넣는 거지?
a로 미분을 한다고?
변수가 많군!
오! a에 1을 대입해서 우아한 증명이 되었어!

✅ 교과서의 그래프를 아래의 그래프처럼 나타내본다.

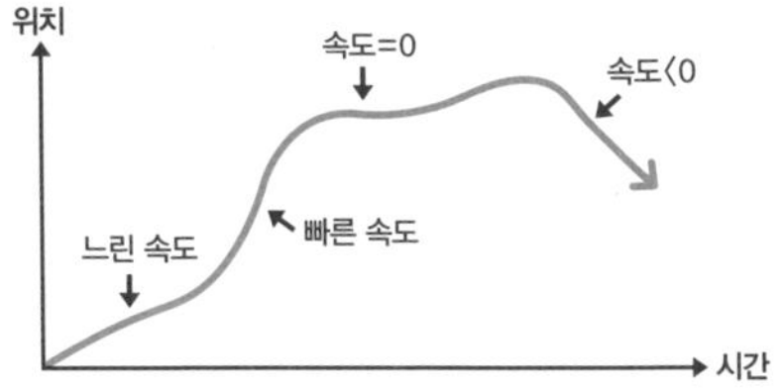

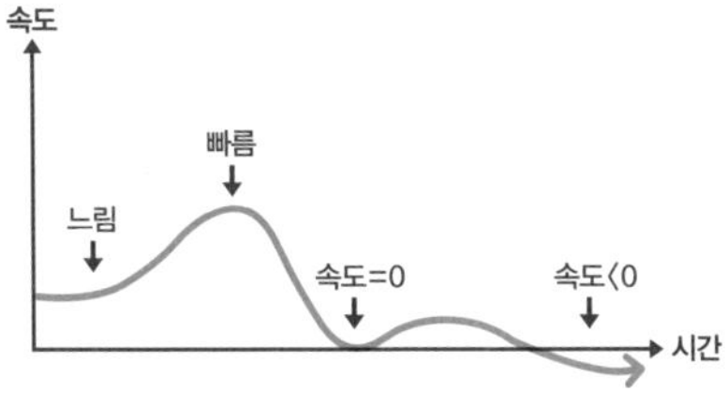

✅ 위 내용을 비교과활동 특기사항이나 과세특에 활용한다.

• 미적분 교과 세특 예시 •

미적분이 일상생활에 어떤 도움이 되는지 이해하게 되었고 이를 보고서에 작성함. 교과서에서 보던 그래프도 의미를 적으며 파악하니 훨씬 이해하기 쉬웠고, 앞으로의 그래프 공부법에 대해 다시 한번 생각해보게 됨. 책에 등장하는 식들을 보며 변수의 의미를 곱씹을 수 있었고, 아직 배우지 않은 공식이지만 증명해보고 싶은 의욕이 생김.

10월
29일

수학을 읽어드립니다

남호성 | 한국경제신문사 | 2021

도서 분야	자연과학
관련 과목	수학
관련 학과	수학교육과 수리과학부

☑ AI에 대한 저자의 의견을 찾아보고, 자신의 의견을 정리해본다.

〈저자 의견〉 인공지능은 인문학자가 만들어야 한다. 인공지능은 기계를 사람답게 만드는 것인데, 현재의 인공지능 개발에서 '사람'은 빠져있으며 이는 인문학을 하는 사람이 인공지능을 만들지 않기 때문이다. 따라서 인공지능의 소유권은 공학자가 아닌 인문학자가 가져가야 한다.

〈나의 의견〉 인공지능이 개발될수록 인간의 영역이 줄어드는 것 같아 불안한 마음이 든다. 사용 범위를 어디까지 넓힐 것이며, 인간이 받아들일 수 있는 한계치는 어디까지인지 고민해 봐야 할 시기이다. 공학자, 인문학자뿐만 아니라 다양한 분야의 전문가들이 인공지능 개발에 힘을 모아야 한다.

☑ 저자가 말한 〈수학 계급사회〉에 대해 알아보고, 자신의 의견을 정리해본다.

〈저자의 의견〉 수학은 직업 선택의 폭을 넓혀주고 더 나은 삶의 질을 보장해준다. 기술 중심 시대가 오면서 수학을 통해 얻을 수 있는 것들이 많아지기 때문이다. 수학과 관련된 직업은 주체적 성격이 강한 일로 연결되고 이는 자부심과 행복, 그리고 경제력을 뒷받침해준다.

〈나의 의견〉 대기업 입사자들의 특성을 본문에서 살펴보았고, 수학을 잘하는 사람이 좋은 직업을 갖는 데 유리하다는 것을 알 수 있었다. 한편 수학을 잘하는 것은 운동을 잘하는 것처럼 하나의 재능일 수도 있는데, 모든 사람이 수학을 잘해야 한다는 건 편견이 아닐까 생각한다.

☑ 인공지능 시대에 필요한 다섯 가지 수학이 무엇인지 정리해본다.

수학 내용	역할
벡터	인공지능에 사용되는 데이터는 컴퓨터가 인식할 수 있는 숫자열이어야 하며, 이것이 벡터다.
함수	데이터를 입출력으로 하는 인공지능 기술을 구현하기 위해서는 함수가 필요하다.
행렬	형렬은 인공지능 가운데서도 내부가 작은 함수로 구성된 인공지능을 다룬다.
미분	좋은 행렬을 구하는 데 필요한 수학 개념이 미분이다.
확률	더 나은 인공지능을 위해서는 경험하지 못한 것에 대비해야 하는데 이때 확률이 필요하다.

☑ 위 내용을 비교과활동 특기사항이나 과세특에 활용한다.

• 진로활동 특기사항 예시 •

학교에서 배운 수학 개념인 벡터, 함수, 행렬, 미분, 확률 등이 인공지능에 미치는 영향을 알게 되면서 수학 공부에 대한 새로운 의욕이 생겨남. 영문과 교수가 음성학을 전공하며 코딩을 한다는 것 자체가 신기했고, 융합의 시대에는 하나만 잘해서 되는 게 아니라 다양한 분야를 공부해야 한다는 걸 알게 되었음. 그중에서도 특히 수학은 빼놓을 수 없는 영역이라는 걸 깨달았으며, 이를 보고서에 작성함.

10월 30일

길 위의 수학자

릴리언 R. 리버 | 궁리출판 | 2016

도서 분야	자연과학
관련 과목	수학
관련 학과	수학교육과 수리과학부

✅ 표를 참고해 합과 곱을 계산하고, 이를 통해 새로운 형식의 수학이 만들어질 수 있음을 이해한다.

〈합표〉

	0	1	2	3	4	5	6	7	8
0	0	1	2	3	4	5	6	7	8
1	1	2	0	4	5	3	7	8	6
2	2	0	1	5	3	4	8	6	7
3	3	4	5	6	7	8	0	1	2
4	4	5	3	7	8	6	1	2	0
5	5	3	4	8	6	7	2	0	1
6	6	7	8	0	1	2	3	4	5
7	7	8	6	1	2	0	4	5	3
8	8	6	7	2	0	1	5	3	4

〈곱표〉

	0	1	2	3	4	5	6	7	8
0	0	0	0	0	0	0	0	0	0
1	0	1	2	3	4	5	6	7	8
2	0	2	1	6	8	7	3	5	4
3	0	3	6	4	7	1	8	2	5
4	0	4	8	7	2	3	5	6	1
5	0	5	7	1	3	8	2	4	6
6	0	6	3	8	5	2	4	1	7
7	0	7	5	2	6	4	1	8	3
8	0	8	4	5	1	6	7	3	2

(1) 3+5=8　(2) 4+5=6　(3) 3×5=1　(4) 4×6=5

새로운 방식의 합과 곱을 접해보면서, 수학을 새로운 규칙을 만들어가는 일종의 '게임'으로도 생각해볼 수 있다. 절대적인 진리는 없기 때문이다.

✅ 위의 계산법과 더불어 현대 수학의 특성에 대해서도 생각해본다.

〈합표〉

	분필	빨간색	의자	책상
분필	분필	빨간색	의자	책상
빨간색	빨간색	의자	책상	분필
의자	의자	책상	분필	빨간색
책상	책상	분필	빨간색	의자

〈곱표〉

	분필	빨간색	의자	책상
분필	분필	분필	분필	분필
빨간색	분필	빨간색	의자	책상
의자	분필	의자	분필	의자
책상	분필	책상	의자	빨간색

(1) 의자+의자=분필　(2) 책상+의자=빨간색　(3) 의자×책상=의자　(4) 빨간색×의자=의자

숫자가 아닌 다른 용어를 사용해도 규칙이 그대로 적용될 수 있다는 것을 접해볼 수 있다.

✅ 위 내용을 비교과활동 특기사항이나 과세특에 활용한다.

• 진로활동 특기사항 예시 •

토템탑으로 나타낸 자료를 보고, 수학을 하는 사람들을 다섯 단계로 나눈 것이 특이했고, 각 층에 있는 사람들의 도움으로 지금의 수학이 만들어졌다는 것을 이해하게 됨. 규칙에 따라 합과 곱을 해보면서 새로운 게임 규칙을 만들어나가는 기분이 들어 수학의 새로운 면을 보게 되었고 이를 보고서에 작성함. 수학을 힘들어하는 사람들에게 '수포자' 대신 붙여준 '보통 씨'라는 호칭이 인상적이었음.

10월 31일	통계의 미학	도서 분야	자연과학
	최제호 | 동아시아 | 2007	관련 과목	수학
		관련 학과	수학교육과 수리과학부

이 책에 쓰인 통계와 관련된 수학적 내용을 정리해본다.

수학적 내용	설명
경험적 확률	예측이 아닌 실제 시행을 반복했을 때, 사건이 일어날 확률이 특정 값에 가까운 것을 경험적 확률이라고 한다.
수학적 확률	각각의 결과가 동일한 가능성을 갖는다는 '동일 가능성' 조건을 가정하는 경우 정의할 수 있는 확률이다.
대수의 법칙	표본의 관측 대상 수가 많으면 통계적 추정의 정밀도가 향상된다는 것을 이론적으로 증명한 것이다.
가설 검증	연구 초기 단계에서 설정했던 가설을 검사하고 증명하는 것이다.

통계와 관련된 비유적 표현을 찾아본다.

〈정확하고 빠르게 조사할 수 있는 표본 조사에 대한 비유〉

'국의 간을 볼 때 그 국을 다 마셔야만 간을 볼 수 있는 게 아닌 것처럼, 표본을 뽑아 그 표본에 대해서만 조사함으로써 불필요한 시간과 수고를 절약할 수 있다.'

평균 말고도 산포도(분산, 표준편차)가 필요한 상황을 나타내는 경우를 찾아본다.

(1) 두 명씩 짝지은 그룹 A, B, C가 있다. A그룹은 수학 점수가 50점, 50점이고, B그룹은 100점, 0점이고, C그룹은 30점, 70점일 때 세 그룹의 평균은 50점으로 모두 같다. 그렇다면, 이 세 그룹의 수학 점수를 나타내는 지표가 평균으로서 충분한가?

(2) 어떤 사람이 왼손은 영하 30도의 냉동실에, 오른손은 70도인 뜨거운 오븐 속에 집어넣었다고 할 때, 평균은 20도다. 이 사람은 두 손 모두 20도인 사람과 같은 상태라고 할 수 있는가?

(3) 대기업의 평균 연봉을 논할 때 실제보다 아주 높게 책정되곤 하는데, 그렇다면 평균 연봉이 잘못된 것이라고 말할 수 있을까?

위 내용을 비교과활동 특기사항이나 과세특에 활용한다.

• 확률과 통계 교과 세특 예시 •

교과서에서 배웠던 통계가 실생활에 어떻게 적용되는지 알 수 있었고, 통계 공부에 대한 동기부여가 됨. 한 집단의 성격을 나타낼 때 사용하는 가장 일반적인 방법이 평균을 구하는 것이지만, 평균만으로는 그 집단의 특성을 제대로 나타낼 수 없으므로 산포도(분산, 표준편차)의 중요성을 제대로 깨닫게 됨. 어려울 수 있는 표본조사와 전수조사에 대한 비유와 선거 결과 예측 장면 등을 통해 통계적 사고를 어느 정도 기른 것 같았고 이를 보고서에 작성함.

11월

11월 1일	서양 미술사	도서 분야	미술
	에른스트 H. 곰브리치 | 예경 | 2017	관련 과목	미술
		관련 학과	미술 계열, 역사 계열

✅ 이 책의 목차에 따라 시대별 미술 양식의 핵심 특징을 표로 요약 정리한다.

지금의 서양 미술사를 구축한 다양한 지역과 시대의 양식적 특징과 대표 작가를 요약한다. 같은 시기 지역과 문화에 따른 미술사적 차이를 이해하고, 이후 역사에 따라 변화된 미술 양식들을 살핀다. 또한, 산업혁명과 인습에 저항하며 대담하게 활동한 19세기, 20세기 미술 작품과 작가들의 특징을 분석한다. 마지막으로 현대의 모더니즘, 포스트모더니즘 미술과 과거 미술 사조들의 상관성을 밝히고 어떻게 해석되는지 요약한다.

✅ 인상 깊었던 인물과 그들의 미수록 작품들을 조사하여 소책자를 만든다.

레오나르도 다빈치	• 르네상스를 대표하는 미술가로 사실적인 표현을 위해 다양한 학문을 섭렵함. • 스푸마토 기법으로 〈모나리자〉를 표현함.
폴 세잔	• 자연의 모방과 정확한 원근법에서 벗어나 현대 미술의 시작을 알림. • 순간을 표현하는 인상주의에 반대하며 지속적 형태를 추구하며 입체주의의 태동에 영향을 미침.
바실리 칸딘스키	• 추상 미술의 개척자. 행태, 색채, 선 등 순수 조형요소로만 표현. • 음악을 미술로 표현.
마르셀 뒤샹	• '그리기'라는 표현 중심의 미술 전통에서 벗어나 예술가의 의지를 중시함. • 〈샘〉으로 비예술적인 것을 작가의 아이디어에 따라 예술로 둔갑시키며 '개념 미술'에 영향을 줌.

✅ 책의 내용 중 설명이 부족한 부분을 찾아 이를 보강한다.

이 책은 방대한 서양 미술사를 담고 있지만 간과한 부분도 많다. 이슬람과 중국의 미술을 일부 언급하지만, 전체를 아우르지는 못했다. 그리고 여성 미술가들의 작품이 극도로 적다. 모더니즘 이후 미술 사조의 분석 또한 이전에 비하면 아쉬움이 남는다. 따라서 동양 미술, 여성 미술, 포스트모더니즘 미술 등 이 책에서 다루지 않은 미술을 조사해 자신만의 미술사를 작성한다.

✅ 위 내용을 비교과활동 특기사항이나 과세특에 활용한다.

• 미술 교과 세특 예시 •

평소 미술에 관심을 보인 학생으로, 미술사를 심화 학습하기 위해 곰브리치의 '서양 미술사'를 탐독함. 방대한 분량을 한눈에 보기 쉽게 연대표를 작성해 양식별 특징을 정확하게 기록함. 책에 실리지 않은 사조를 조사해 뒤샹의 작품을 급우들에게 보여주며 흥미로운 감상을 유도함. 서술이 부족한 여성 미술사를 보완했으면 좋겠다는 의견을 내고 칼로, 부르주아, 아브라모비치 등의 여성 작가를 탐구하여 보고서를 작성함.

11월 2일	방구석 미술관	도서 분야	미술
	조원재 | 블랙피쉬 | 2018	관련 과목	미술
		관련 학과	미술 계열

✅ 이 책을 읽은 후 평점을 매기고 서평을 작성한다.

이 책은 서양 미술사 속 주요 화가 열 명의 생애와 작품을 소개하며, 미술은 난해하고 접근하기 어렵다는 편견을 깬다. 특유의 재치 있고 쉬운 스토리텔링으로 독자가 예술가들의 삶은 물론 그들의 작품 세계에 푹 빠져들게 돕는다. 예술에 대한 깊은 지식이 없어도 쉽게 읽히며 예술 작품을 즐겁게 감상하는 안목이 생기는 책이다. 이러한 책의 특징을 이해하고 줄거리와 자신의 생각을 적은 감상문을 작성한다.

✅ 가장 마음에 드는 미술가를 선택해, 그의 개인전을 위한 홍보물을 제작한다.

이 책에 등장하는 화가 중 인상 깊은 미술가를 선택해 그 미술가의 개인전을 기획한다. 미술관에서 전시한다고 가정하고 개인전의 콘셉트를 정해 전시회를 소개하는 리플렛을 구성한다. 리플렛 안에는 작가의 생애, 대표 작품, 감상 방법, 미술사적 의의 등을 싣는다. 풍부한 자료 조사, 완성도 높은 독후 활동을 통해 탐구심, 지적 호기심, 문제 해결력, 주도성, 창의적 사고를 보여준다.

✅ 이 책을 통해 미술 감상과 비평에서 중요한 요소를 생각해보자.

이 책은 미술 작품을 기법으로 소개하기보다 화가의 생각과 가치관, 인생을 재미있게 소개한다. 미술 감상과 비평에서 원리나 표현 방법을 분석하는 것도 중요하지만, 작가의 생애를 이해하는 것은 작품의 배경과 맥락의 파악을 돕고 작가의 감정과 생각이 어떻게 표출되는지 알 수 있다.

✅ 위 내용을 비교과활동 특기사항이나 과세특에 활용한다.

• 미술 교과 세특 예시 •

미술에 흥미가 많은 학생으로 감상과 비평 단원에서 교과서에서 소개된 유명 화가들을 깊이 탐구하고 싶어 '방구석 미술관' 읽고 서평을 작성함. 서양 미술사 속 10명의 거장의 인생과 작품의 관계를 읽고, 작품 배경이 되는 작가의 생각과 생애를 이해하면 더 넓은 시야를 가질 수 있다는 의견을 발표함. 가장 인상적인 예술가로 뒤샹을 꼽고, 책에 실리지 않은 뒤샹의 작품을 조사하여 '미술은 죽었다'라는 콘셉트의 전시 홍보물을 제작함. 뒤샹의 작품 사진과 해설을 시기별로 나누어 보기 좋게 구성하였고 다양한 미술용어를 쉽게 설명하며 탐구심과 창의적 사고의 역량을 보여줌.

11월 3일	반 고흐, 영혼의 편지	도서 분야	미술
	빈센트 반 고흐 ǀ 위즈덤하우스 ǀ 2017	관련 과목	미술, 국어
		관련 학과	미술 계열

반 고흐, 영혼의 편지

✅ 이 책의 목차에 따라 시기별 반 고흐의 삶과 예술 세계를 요약 정리한다.

새장에 갇힌 새	1872년 8월~1881년 4월, 헤이그. 구필 화랑에서 일하며 전업 화가가 되기를 결심함.
사랑 없이는 살 수 없다	1881년 4월~1881년 2월, 에텐. 화가로서 첫발을 내디디고 인물 데생에 몰두함
조용한 싸움	1881년 12월~1883년 9월, 헤이그. 밀레의 전기를 읽고 수채화를 시작함.
화가는 캔버스를 두려워하지 않는다	1883년 9월~1885년 11월, 드렌테와 누에넨. 농민의 일상에 관심을 가짐. **대표작:** 〈감자 먹는 사람들〉
생명이 깃든 색채	1885년 11월~1888년 2월, 앤트워프와 파리. 인상주의 화가들과의 교류와 고갱과의 갈등. **대표작:** 〈탕기 영감의 초상〉, 〈양귀비, 수레국화, 작약, 국화가 있는 꽃병〉
내 영혼을 주겠다	1888년 3월~1889년 5월, 아를. 화가 공동체 결성 시도, 광기에 찬 행동을 시작 **대표작:** 〈귀에 붕대를 감고 있는 자화상〉, 〈양파가 있는 정물〉, 〈자장가〉
고통은 광기보다 강하다	1889년 5월~1890년 5월, 생레미. 정신적 고통과 갈등의 고조. **대표작:** 〈별이 빛나는 밤〉, 〈붓꽃〉
그림을 통해서만 말할 수 있는 사람들	1890년 5월 21일~7월29일, 오베르 쉬르 우아즈. 자살 직전의 행적. **대표작:** 〈까마귀가 나는 밀밭〉, 〈오베르의 교회〉

✅ 반 고흐가 테오에게 수백 통의 편지를 썼던 상징적 의미를 파악한다.

반 고흐와 동생의 편지는 생이 끝날 때까지 이어진다. 편지는 예술에 대한 열망과 자기 확신, 내면의 갈등, 정신적인 고통 등 반 고흐의 솔직한 속내와 고민이 고스란히 담겨 있다. 예술의 의미와 예술가의 정체성을 끊임없이 고민하고, 가난에도 포기하지 않은 반 고흐의 열정과 예술 세계를 보여준다.

✅ 위 내용을 비교과활동 특기사항이나 과세특에 활용한다.

• 국어 교과 세특 예시 •

자신에게 영향을 준 책 소개하기에서 '반 고흐, 영혼의 편지'를 읽고 반 고흐의 내면과 예술 세계를 이해하는 서평을 작성함. 정서와 내면을 진솔하게 표현한 편지로 그의 작품에 더욱 공감하며 감상하게 되었다고 말하며, 〈별이 빛나는 밤〉을 그릴 당시의 활동 지역 정보, 함께한 예술가 사진, 실제 편지 사진 등 풍부한 자료를 조사해 시각적으로 호소력 있게 발표함. 고통의 순간에도 창조적인 예술가가 되기 위한 열정과 끈기를 본받고 싶다고 소감을 밝힘.

11월 4일	레오나르도 다빈치	도서 분야	미술
	월터 아이작슨 | arte(아르테) | 2019	관련 과목	미술
		관련 학과	미술 계열

✅ 이 책에서 가장 인상 깊었던 작품이나 아이디어를 골라 그 이유를 설명한다.

자신의 흥미나 진로와 연관이 있는 다빈치의 작품이나 아이디어를 선택해 그 작품의 의미와 배울 점, 감상평을 작성한다. 예를 들어 〈비트루비우스〉는 다빈치가 예술, 과학, 철학을 결합하여 인간의 본질을 탐구한 작품이다. 인간을 작은 세계로 인식하고 신전 설계에 반영할 가장 이상적으로 균형 잡힌 인체 비율을 그렸다. 예술과 과학을 접목하여 세상 속 인간의 존재와 우주의 섭리는 인간과 어떻게 조화를 이루는지 연구했다. 르네상스 인문주의의 본질적 사상에 바탕을 둔 작품으로, 예술가이자 과학자, 철학자였던 다빈치의 다재다능한 면모를 볼 수 있다.

✅ 레오나르도 다빈치의 예술과 과학의 융합 정신이 현대에 시사하는 점을 보고서로 작성한다.

레오나르도 다빈치는 예술가뿐 아니라 과학자, 공학자, 철학자 등 다방면으로 활동했다. 이러한 융합 정신은 기술이 급속도로 발전하는 현재와 미래에도 문제 해결력, 창의력, 사고력 등이 필요한 혁신적인 아이디어를 창출할 때 영감을 준다. 또한, 과학 기술을 맹목적으로 좇지 않고 인간을 중심으로 둔 그의 철학은 현대 기술의 방향과 가치도 제시한다.

✅ 레오나르도 다빈치의 삶을 자신에 삶에 빗대어 배울 점을 찾는다.

과학과 예술, 기술과 철학 등 여러 학문을 융합하여 창의적 사고를 통해 자신의 문제를 해결할 수 있는 주제를 선정한다. 교과 수업 혹은 진로와 직업에 적극적으로 적용할 과제를 고안한다.

✅ 위 내용을 비교과활동 특기사항이나 과세특에 활용한다.

• 진로활동 특기사항 예시 •

'레오나르도 다빈치'를 읽고 예술과 과학, 철학을 넘나들며 융합적 사고를 보인 다빈치의 사상에 깊이 감동했다고 감상평을 말함. 가장 인상적인 작품으로 이상적 인체 비례를 과학, 예술적으로 승화시킨 '비트루비우스'를 꼽고, 기저에 깔린 철학을 설명함. 이후 '웨어러블 의료기기 발명하기' 프로젝트를 계획하고, 인체공학 기술과 예술적 감각을 아우른 창의적인 디자인의 보청기를 기획함. 특히 불편함을 없애기 위해 보청기를 목걸이 형태로 만들고 가벼운 소재와 유용한 기능을 결합하여 사용자의 편리성과 미적 만족을 이끌어낸 점에서 남다른 융합적 사고가 돋보였음.

11월 5일

이것은 미술이 아니다

메리 앤 스타니스제프스키 | 현실문화연구 | 2022

도서 분야	미술
관련 과목	미술
관련 학과	미술 계열

✅ 이 책이 근대 이전의 작품을 '미술이 아니다'라고 주장하는 근거를 파악한다.

저자는 근대 이전의 창작물을 미술이 아니라고 말한다. 작가의 창조적인 의지가 아닌 종교나 국가, 타인의 주문을 받아 만들었기 때문이다. 〈아담의 창조〉, 〈모나리자〉 등 미술관에 전시된 걸작들 역시 문화와 역사의 차용일 뿐이라고 비판한다. 다시 말해 미술은 개인의 의지에 따라 작품을 생산하고, 미술적인 제도에 의해 인정받을 때 미술이라고 할 수 있다.

✅ 작가는 18세기 근대를 미술을 구분하는 중요 지점으로 보고 있다. 그 이유를 설명한다.

18세기에는 자본주의와 자유민주주의 국가에 대한 근대적 패러다임이 확립되었다. 군주제가 해체되고 개인의 주체성을 중시하는 사상이 등장한다. 개인은 군주의 권력에 의해 좌우되지 않는 자유의지를 가진 시민이 되었다. 이러한 변화는 경제 체제에도 영향을 미쳐, 미술가의 기능과 위치를 바꾸었다. 미술 작품은 창조자의 자유로움을 표현하며, 국가나 종교에 귀속되지 않고 본질적 자아를 실현하는 창조물이 되었다. 의뢰를 받아 만들던 미술품은 시장에서 거래되며 자체적인 의미와 가치를 얻게 된다.

✅ 서구회화의 전통 미술에 반격하며 미술에 중대한 전환을 가져온 작품을 이해한다.

피카소, 브라크에 의해 시작된 콜라주는 일상의 사물을 작품에 끌어들이며 순수 회화의 성역을 깨뜨렸다. 천재적이고 창의적인 표현의 회화와 대량 생산 가능한 대중문화의 경계를 모호하게 했다. 미술가가 직접 창작하지 않은 재료를 활용함으로써 창의성에 대한 절대 가치에 도전하며 전통 미술에 대한 개념을 흔들어 놓았다. 이는 미술이 문화적 언어에 의존하고 있다는 사실을 보여주며 이후 미술가들에게 다양한 표현 방식 탐구에 대해 영감을 주었다.

✅ 위 내용을 비교과활동 특기사항이나 과세특에 활용한다.

• 미술 교과 세특 예시 •

미술 비평 활동에서 '인공지능이 그린 그림'에 대한 비평문을 작성하기 위해 '이것은 미술이 아니다' 읽음. 미술의 특징이 사회문화적 맥락에 의해 변화되었다고 말하며, 동시대 미술을 감상할 때 기술 측면보다 작가의 창의적인 개념이 중요하다고 주장함. 따라서 인공지능 미술은 전통 미술에 반하지만, 독창적인 아이디어나 알고리즘 생성 등의 창작자의 적극적인 개입이 들어가 있어 제도 안에서 인정받는다면 미술이 될 수 있다고 기술함. 책을 통해 미술의 본질을 이해하려는 태도가 돋보였으며 주도적 미술학습 능력이 향상됨.

11월 6일

다른 방식으로 보기

존 버거 | 열화당 | 2012

도서 분야	미술
관련 과목	미술
관련 학과	미술 계열

✅ 이 책의 서평을 작성하고 주제를 파악한다.

이 책은 예술과 시각 이미지를 보는 우리의 시야를 넓힌다. 시각은 우리가 알고 있는 것과 믿고 있는 것에 영향을 받는다고 말하며, 고정관념에서 벗어나 비판적인 시각을 가져야 한다고 강조한다. 미술사 속 예술 작품도 그 이면엔 숨은 권력의 구도가 동작하고 있기 때문이다. 기술이 발달하며 쉽게 복제가 가능해진 오늘날의 이미지를 읽을 때 이런 비판적 시야는 더 유용해진다. 누가 어떤 목적으로 이미지를 사용하는지 이미지와 힘의 연관성을 고찰해보자.

✅ 책이 언급한 서양 미술의 여성 차별 시선에 반하여 등장한 경향을 조사한다.

마네의 〈올랭피아〉는 티치아노의 원작을 빌려 여성의 전통적인 역할에 도발적인 질문을 던졌다. 남성이 소유하고자 하는 시선으로 그려진 여성 누드의 불평등에 일침을 가했다. 이런 의문은 근대화 이후 여성의 사회, 정치적 지위의 상승에 힘입어 미술계에도 큰 영향을 미쳤다. 1960년대~1970년대의 여성주의 운동을 조사하고 여성 미술가 그룹 게릴라 걸스의 작품과 이념을 살펴본다.

✅ 이 책에서 문제 제기한 내용을 바탕으로 다양한 관점에서 광고를 분석하고 비평문을 작성한다.

허위 과장 광고, 성차별 또는 선정적 광고, 공포와 불안을 조장하는 광고, 공공질서나 윤리를 저해하는 광고, 아동 인권 문제를 유발하는 광고, 경쟁 업체 비난 광고 등 부적절한 광고의 사례를 찾아 문제점을 분석하고 좋은 광고와 나쁜 광고의 조건을 토론하고 광고 비평문을 쓴다.

✅ 위 내용을 비교과활동 특기사항이나 과세특에 활용한다.

• 미술 교과 세특 예시 •

미술 작품 감상 활동에서 티치아노의 '우르비노의 비너스'와 마네의 '올랭피아'를 비교 감상하고 남성의 시선 위주의 전통 회화에 반하는 마네의 근대적 시선에 가치를 부여하며 비평문을 서술함. 미술 비평 역량을 키우기 위해 자발적으로 '다른 방식으로 보기'를 읽고 서평을 작성함. 기술 발전과 시대에 따른 예술 작품의 생성 목적 변화를 이해하고 비판적으로 이미지를 소비해야 한다는 의견을 발표함. 특히 광고의 위해성을 설명하며 지나치게 성 상품화된 어린이 모델의 광고를 예시로 보여줌, 기업과 광고기획자가 지켜야 할 윤리의식과 소비자의 비판적인 시각을 종용하는 비주얼 리터러시 역량을 함양함.

11월 7일	프리다 칼로, 붓으로 전하는 위로	도서 분야	미술
	서정욱 | 온더페이지 | 2022	관련 과목	미술
		관련 학과	미술 계열

✅ 가장 인상 깊은 작품과 그 안의 심리를 주제로 감상문을 적는다.

칼로는 다양한 자화상을 통해 자신의 솔직한 심정을 그렸다. 이 외에도 가족과 주변 인물, 정물화에도 그녀의 솔직한 감정이 나타난다. 책의 설명을 읽고 칼로의 슬픔, 고통, 위로, 희망 등의 감정에 공감하며 가장 인상적인 작품에 대한 감상문을 쓴다.

✅ 프리다 칼로 전시회를 기획하고 홍보물을 제작한다.

고통을 회피하지 않고 자신을 성찰하며 희망을 그렸던 칼로의 작품 세계가 담긴 전시를 기획한다. 프리다 칼로와 사랑, 고통 속에 희망을 그린 프리다 칼로, 프리다 칼로의 내면세계, 당당한 여성 프리다 칼로, 프리다 칼로의 사람들, 멕시코 여성 프리다 칼로, 현실 그림을 그린 초현실주의자 프리다 칼로 등 다양한 시각으로 전시를 구상한 뒤 홍보물을 제작한다.

✅ 칼로의 삶으로 자화상의 역할을 이해하고, 자신의 정체성을 드러내는 자화상을 그려본다.

칼로는 자화상을 통해 고통, 슬픔, 갈등, 기쁨 등의 감정을 그리며 내면세계를 표현했다. 인물의 의상, 배경, 소품, 메시지 등에서 멕시코 문화와 정치적 이념을 드러내기도 한다. 자화상을 그린 것은 예술 표현인 동시에 꾸준히 자신의 자아를 인식하고 외부 환경과의 관계 속에서 정체성을 탐구하는 과정이었다. 이러한 칼로의 자화상을 이해하고 자신의 감정과 생각이 담긴 자화상을 표현한다.

✅ 위 내용을 비교과활동 특기사항이나 과세특에 활용한다.

• 미술 교과 세특 예시 •

자화상 재해석 표현하기 활동에서 프리다 칼로의 '부상당한 사슴'을 골라 이를 모사하며 자신만의 정체성을 드러내는 자화상을 그림. 자화상을 그리기 전 '프리다 칼로, 붓으로 전하는 위로'를 읽고 칼로의 생애와 작품 세계를 이해하는 감상문을 작성함. 다양한 자화상 속 칼로의 심정을 분석하였고, 특히 '부상당한 사슴'을 그리며 절망 속에서도 희망을 그려낸 것을 설명함. 칼로의 작품과 의의가 평소 실패에 굴하지 않고 도전하는 자신과 비슷하다고 밝히며, 거친 바다 위에서 높이 뛰어오르는 돌고래를 그리며 자신을 표현함. 책을 읽고 자화상을 표현하며 자아 인식과 정체성을 탐구하는 계기가 되었다고 자기 평가를 함.

11월 8일	발칙한 현대미술사	도서 분야	미술
	윌 곰퍼츠 | 알에이치코리아 | 2014	관련 과목	미술
		관련 학과	미술 계열

다음 예시를 참고해 인상적인 미술 작품을 골라 감상문이나 비평문을 쓴다.

〈공간 속의 연속적인 단일 형태〉, 움베르토 보초니	인간과 기계 환경을 하나로 녹여 속도와 발전을 강렬하게 구현한 작품. 단순화된 형태와 움직이는 공간을 표현하며 미래주의 사상을 대표함.
〈빨강 위의 황토색과 빨강〉, 마크 로스코	인간의 기본적인 감정 탐구. 직사각형 캔버스에 선명한 색감을 사용하며 비극, 황홀경, 죽음이라는 주제를 표현.
〈천 년〉, 데미안 허스트	주제는 삶과 죽음, 탄생과 부패. 썩은 소의 머리와 살아있는 파리를 유리 안에 넣어 생애 주기를 직관적으로 보여줌.

책의 내용으로 '현대 미술은 사기다'라는 주장에 반박하고, 현대 미술의 감상 방법을 생각한다.

현대 미술은 표현 재료와 방법보다 작가의 의도나 개념, 철학을 중시한다. 하지만 지나친 난해함은 관객의 거부감으로 이어져 '현대 미술은 사기다.'라는 평가까지 듣고 있다. 하지만 작품의 탄생 과정을 살피고 작가의 독창적인 개념을 이해한다면 충분히 현대 미술을 즐길 수 있다. 또한, 사회나 정치, 기술 등이 예술에 어떤 영향을 미치는지 파악하고 감상한다면 더 흥미롭게 볼 수 있다.

예시처럼 서로 비슷하거나 상반되는 작품들을 선정해 비교 분석한다.

우타가와 히로시게의 〈오쓰 역〉과 에드가르 드가의 〈발레 수업〉을 비교하며 우키요에와 인상주의의 관계를 설명한다. 또는 주제가 같은 오귀스트 로댕의 〈키스〉와 콩스탕탱 브랑쿠시의 〈키스〉를 재료와 표현 방법 중심으로 비교 분석하며 각자의 예술 가치관을 이해한다.

위 내용을 비교과활동 특기사항이나 과세특에 활용한다.

• 미술 교과 세특 예시 •

미술 독서 활동에서 '발칙한 현대 미술사'를 읽고 인상적인 작품 설명과 현대 미술의 의의를 담은 서평을 작성함. 장인 정신이나 미적 즐거움이 미술을 정의하지 않는다고 말하며 현대 미술의 다양성을 존중해야 한다고 의견을 개진함. 또한 '키스'라는 동일한 주제로 만들어진 로댕과 브랑쿠시의 작품을 대조하며 심화 보고서를 작성함. 작가의 개념이 재료와 표현 방법에 영향을 주며 같은 주제도 독창적인 방식으로 전혀 새로운 예술이 탄생 됨을 이해하였다고 말함.

11월
9일

청소년을 위한 한국미술사

박차지현 | 두리미디어 | 2005

도서 분야	미술
관련 과목	미술, 한국사
관련 학과	미술 계열, 역사 계열

✅ 이 책의 시대별 역사적 배경과 한국 미술의 특징을 요약정리하며 한국미술사의 흐름을 파악한다.

조선 이전의 미술	선사 시대, 삼국시대	고구려 고분 벽화, 석굴암, 고려청자, 고려 불화
조선 전기의 미술	유교 체제, 도화서 설립	〈몽유도원도〉, 〈삼강행실도〉, 신사임당, 강희안, 분청사기
조선 중기의 미술	혼란 속 문인들의 은거	문인화, 어몽룡, 김명국, 조선백자
조선 후기의 미술	조선 미술문화의 황금기	윤두서, 정선 〈진경산수화〉, 강세황, 김홍도, 궁중 기록화
조선 말기의 미술	고상함과 속됨의 양면성	문인화 정점, 김정희, 민화, 민속 공예
근 · 현대 미술	서구 문물의 개방, 개성	고희동, 김관호, 나혜석, 오지호, 김환기, 박수근, 이중섭

✅ 한국 미술사 발전에 문화적 교류가 미친 영향을 주제로 보고서를 작성한다.

우리나라의 미술은 대대로 주변국들과 문화적 교류를 통해 영향력을 주고받았다. 중국에서 들어온 다양한 기법에 한국적 미의식을 가미하여 독창적인 미술을 창조하거나, 17세기 서양 회화의 유입, 일제강점기 시기의 일본 미술 양식, 현대화에 따라 다원화된 미술 양식의 교류 속에서도 자생력을 갖추고 다양한 스타일의 미술이 태어났다. 문화적 교류는 시대를 막론하고 미술가들에게 영감을 주며 시대상을 반영한 개성 있는 작품의 표현에 큰 영향을 주고 있다.

✅ 책에 실리지 않은 동시대 한국 미술의 경향과 미술가들을 조사하여 보고서를 작성한다.

이 책은 선사 시대부터 1960년대까지의 한국 미술의 역사를 담고 있다. 이후 한국 미술은 정치적 혼란 속에 끊임없이 사회와 정치의 영향을 받았다. 미술가들은 사회 문제나 민중의 의식을 표현하거나 다양한 실험으로 개성을 표출하는 등 다방면으로 한국 미술의 발전을 이끌었다. 한국의 근 · 현대 미술의 특징, 시기별 대표 작가와 작품을 조사하여 심화 탐구한다.

✅ 위 내용을 비교과활동 특기사항이나 과세특에 활용한다.

• 미술 교과 세특 예시 •

역사에 관심이 많은 학생으로 '청소년을 위한 한국미술사'를 읽고 한국 미술의 역사 연대표를 정리함. 시대별 한국 미술의 개괄적인 특징과 대표 작가와 대표 작품부터 역사적 배경이 되는 종교, 정치적 사건 등을 정리하고 인문학적 감상평을 남기며 탁월한 융합적 소양을 보여줌. 우리나라의 미술은 다양한 교류 속에서 우리나라만의 미의식을 가미하여 독창적인 양식을 선보였다고 발표하며 선조의 창조적 정신을 본받고 싶다는 소감을 밝힘.

11월 10일	오주석의 한국의 미 특강	도서 분야	미술
	오주석	푸른역사	2017	관련 과목	미술, 한국사
		관련 학과	미술 계열, 역사 계열

✅ 현대 미술 작품 감상과 달리 우리나라 옛 그림을 감상하는 원칙에 대해 설명한다.

옛 그림은 크기, 재료, 표현 방식이 현대 미술 작품과 완전히 다르다. 공책처럼 작은 것부터 가로가 5m가 넘는 그림도 있다. 또 서술방식의 차이로 우상단부터 좌하단으로, 횡이 아니라 종으로 읽어야 할 때도 있다. 이렇듯 옛사람의 시선을 따라가며 찬찬히 감상해 본다.

✅ 옛 그림 감상 원칙에 따라 책에 실린 작품에 대한 감상문을 작성하고 선인들의 마음을 파악한다.

〈까치호랑이〉	민화, 생기 넘치는 분위기. 비전문가의 그림이지만 인간적이며 생동감 속의 해학이 드러남.
〈묘작도〉, 변상벽	70세 생일을 맞아 장수를 기원하며 그린 고양이와 참새 그림. 섬세한 묘사와 선물하는 사람의 정성이 돋보이는 그림.
〈씨름〉, 김홍도	조선 시대 시대상을 그린 풍속화. 씨름 경기와 구경꾼들의 순간을 포착하여 생생하게 그림. 현장감 높이는 구도와 의도적인 오류를 통해 보는 재미를 더함.
백자 달 항아리	조선 시대 성리학 이념이 드러나는 도자기. 사치를 삼가고 검소해야 한다는 정신의 영향으로 만들어진 일체의 문양이 없는 순백자.

✅ 조선시대 그림을 감상하며 성리학과의 관계를 이해한다.

조선은 성리학 국가로 백성을 하늘로 여기는 민본주의 정신이 깃들어 있다. 〈시흥환어행렬도〉는 정조가 화성에서 행차를 마치고 한양으로 돌아오는 길을 그렸으며, 이 안에는 임금이 백성들의 고충과 민원에 귀 기울이며 정책을 펼치려는 사상을 볼 수 있다. 서양은 권위를 목적으로 군주를 미화하며 초상화를 그렸다면, 조선의 초상화는 성리학의 영향으로 외관을 극사실적으로 표현하면서도 내면의 선비정신과 인물의 기운까지 그렸다.

✅ 위 내용을 비교과활동 특기사항이나 과세특에 활용한다.

• 미술 교과 세특 예시 •

'오주석의 한국의 미 특강'을 읽으며 우리나라 옛 그림 감상법을 깊이 탐구해, 작품의 크기나 시선의 방향, 작가의 의도 등을 살피며 조선 시대 미술 작품을 감상하고 특징과 느낌을 서술함. 특히 조선 시대의 다양한 작품을 선정하여, 그 속에 있는 민본주의 정신과 성리학 이념을 발표함. 정치, 역사, 문화적 이념이 회화, 건축물, 공예 등 미술 전반에 시대상을 삽입한다고 분석하였고, 이는 지금까지도 우리나라의 정체성을 형성한다고 감상평을 발표하며 탁월한 미술문화이해능력을 보여줌.

11월 11일	# 조형의 원리 데이비드 A. 라우어 | 예경 | 2002	도서 분야	미술
		관련 과목	미술
		관련 학과	미술 계열

✅ 이 책에서 말하는 디자인의 정의와 디자인의 과정을 파악한다.

디자인의 정의	우연에 반대되는 개념으로 '계획하다'의 뜻. 상업적인 측면보다 보편적인 의미로 모든 예술 분야에 해당.
디자인의 과정	**생각하기:** 주제를 나타낼 수 있는 이미지가 무엇인지 논리적으로 생각.
	주목하기: 자연물, 인공물 등 주변의 시각적 이미지와 정보를 관찰.
	실습: 재료와 매체를 활용하여 생각의 형상화, 생각하기와 주목하기를 꾸준히 병행.

✅ 디자인의 원리와 요소 중 인상적인 것을 정리하고 그 특징을 이해한다.

디자인 원리	통일성	여러 요소의 조화, 질서와 안정감	인접, 반복, 연속, 그리드
	강조/초점	특정 부분을 주목하게 하는 효과	대비, 배치, 초점의 부재
	리듬	일정한 모티브를 따라 움직이는 율동감	교차하는 리듬, 점진적인 리듬, 리듬의 감각
디자인 요소	선	면적을 갖지 않으며 점이 모여 만들어짐	선의 형태나 방향, 명도의 영향, 선의 느낌
	명도	밝고 어두움	강조를 위한 명도 대비, 공간감 부여
	색	빛에 의해 깨닫는 빨강, 노랑 따위의 것	보색, 유사색, 단색, 색채의 시각적 혼합

✅ 관심 있는 주제를 선정하여 디자인 요소와 원리를 활용하여 시각적 창작물을 제작한다.

이 책에서는 디자인 요소와 원리를 설명하며 다양한 디자인 사례를 사진으로 보여준다. 관심 있는 주제를 선정하고 인상적인 도판을 참고하여 그 디자인의 조형요소와 원리를 응용할 방안을 구상한다. 주제를 효과적으로 나타낼 독창적인 시각적 창작물을 제작한다.

✅ 위 내용을 비교과활동 특기사항이나 과세특에 활용한다.

• 동아리활동 특기사항 예시 •

사진부 학생으로 '조형의 원리'를 읽고 디자인 요소와 원리를 학습한 후 교실 안에서 통일성, 리듬, 강조 등의 사례를 직접 촬영해 이를 구체적으로 설명함. 촬영에 사용한 디자인 요소와 원리를 보고서로 정리하며 포스터나 로고, 회화 등 다양한 분야에 이 내용이 활용됨을 깨닫고 분리에 의한 강조 기법을 활용하여 음료수 광고 포스터를 제작함. 콘셉트에 맞는 레이아웃과 색, 조형 원리를 활용한 발상과 조형 표현이 참신하고 인상적이었음.

11월 / 12일	LIGHT 미술가를 위한 빛의 이해와 활용	도서 분야	미술
	리처드 요트 ǀ 비즈앤비즈 ǀ 2014	관련 과목	미술
		관련 학과	미술 계열

☑ 시각 예술에서 빛의 중요성을 설명하고, 책을 통해 배운 점을 작성한다.

우리가 사는 세계는 빛의 유무, 세기, 방향 등에 따라 색과 분위기가 달라진다. 이는 현실 세계를 재현하는 예술에도 영향을 미친다. 다양한 예술에서 빛은 필수 요소이며 활용 방법에 따라 사실적이고도 환상적인 효과를 낼 수 있다. 이 책은 빛을 다루기 위한 다양한 방법과 효과를 다루고 있다. 무의식적으로 사용한 다양한 빛의 효과를 배우고 보고서를 작성한다.

☑ 책 속에서 인상적이었던 빛의 효과를 선정하고 그 효과를 활용해서 창작물을 제작한다.

위에서 연습하며 익힌 빛의 효과를 선택하거나 마음에 드는 빛의 효과를 선정하여 자신의 창작물에 효과적으로 활용한다. 예를 들면 빛의 대비 효과를 높여 인물을 돋보이게 하거나 무시무시한 인상을 연출하는 식이다. 빛의 효과는 하나에만 한정되지 않고 여러 효과를 함께 융합할 수 있다는 점에 유의하며 빛의 원리를 충분히 활용하여 주제가 드러나는 작품을 제작한다.

☑ 진로와 연계하여 책에서 설명하는 빛의 다양한 이론과 원리가 활용된 작품을 찾아 감상한 후 감상평을 작성한다.

빛은 거의 모든 시각 예술에 영향을 미친다. 영화, 뮤직비디오, 회화, 조각, 광고, 건축, 공공미술, 그래픽디자인, 환경디자인, 무대디자인, 인테리어디자인 등 자신의 진로와 연계하여 빛을 독창적으로 활용한 작품을 찾아본다. 책에서 설명하는 빛의 이론 중 어떤 부분이 적합하게 활용되었는지 분석하며 작품을 설명하고 느낀 점을 쓴다.

☑ 위 내용을 비교과활동 특기사항이나 과세특에 활용한다.

• 진로활동 특기사항 예시 •

영상 계열에 관심이 많은 학생으로 'LIGHT 미술가를 위한 빛의 이해와 활용'을 읽고 빛의 이론과 활용법을 심도 있게 탐구함. 특히 빛의 대비를 활용한 구도와 연출에 관심을 두고, 실제 조명을 활용하여 서사를 풀어낸 영상을 제작하고 발표함. 빛은 그래픽 디자인과 영상만이 아닌 건축 외관에도 적극적으로 활용된다며 세계의 랜드마크 야경을 자료 조사하여 발표 자료로 활용함. 시드니 오페라하우스의 '비비드 라이트'를 자세하게 설명하며 빛의 원리, 구도, 연출 등을 자세하게 분석하여 설명한 점이 인상적임.

11월 13일	디자인은 어떻게 세상을 만들어가는가 스콧 버쿤	하루	2021	도서 분야	미술
		관련 과목	미술
		관련 학과	미술 계열, 디자인학과

✅ 책의 내용을 참고하여 디자인 시 고려할 요소와 좋은 디자인의 정의를 정리한다.

책에서는 디자인은 '사람이 먼저다.'라고 언급한다. 디자인은 아름답고 매력적인 심미성 외에도 사용자의 요구와 편의성을 고려해야 하며, 간편하고 안전하게 사용할 수 있어야 한다. 그리고 제품이나 서비스의 목적에 맞게 기능을 수행해야 한다. 기술과 혁신을 활용하더라도 사용자의 요구에 부합되어야 좋은 디자인이다.

✅ 이 책에 실린 사례 외에 실패한 디자인 사례를 찾아보고 그 실패 원인을 고찰한다.

한때 주목받던 '세그웨이'는 대표적인 디자인 실패 사례다. 발명 당시의 호평이 무색하게 상용화되지 못하고 실패했다. 그 원인은 높은 가격과 안전성 문제, 기존의 이동수단 대비 떨어지는 효율성, 유지의 불편함 등이다. 이 외에도 '구글 글래스', '아이투아이', '호버 보드' 같은 다양한 실패 사례를 탐색한다.

✅ 주변에서 접할 수 있는 디자인 속에서 좋은 디자인의 요소를 찾고 비평문을 작성한다.

스마트폰, 표지판, 신호등 등 일상에서 쉽게 사용하는 디자인을 선정해 비판적인 시각으로 자신의 의견을 작성한다. 아래 예시를 참고해 관찰하고 답을 찾는다. 나아가 디자인 비평에 관한 논문이나 신문기사를 이용하여 자신의 주장을 논리적으로 뒷받침한다.

- 기능과 목적을 제대로 수행하는가?
- 편하고 쉽고 자주 사용하고 있는가?
- 지속 가능한 서비스를 제공하는가?
- 시장에서 기존 제품과 차별화된 점은 무엇인가?
- 디자인 스타일이 전하는 메시지는 무엇인가?
- 타깃은 누구이고, 배제된 대상은 누구인가?

✅ 위 내용을 비교과활동 특기사항이나 과세특에 활용한다.

• 동아리활동 특기사항 예시 •

'세상을 바꾸는 디자인 탐구'를 주제로 1학기 동안 자율 주제 탐구를 시행함. '디자인은 어떻게 세상을 만들어가는가'을 읽고 사용자 중심 디자인의 중요성을 깨닫고, 기술만 강조하여 실패한 '세그웨이'의 사례를 들어 디자인 목적과 가치를 강조함. 또한, 일상 속 디자인의 사례를 적극적으로 탐색하며 기능과 형태, 스타일, 사용자 경험 등 체크리스트를 꼼꼼하게 만들어 분석함. 앞으로의 전망까지 밝히는 탁월한 탐구보고서를 작성함.

11월 14일

디자인의 디자인

하라 켄야 | 안그라픽스 | 2007

도서 분야	미술
관련 과목	미술
관련 학과	미술 계열, 디자인학과

✅ 이 책의 저자와 그의 디자인 철학을 파악한다.

하라 켄야는 일본의 그래픽 디자이너로 무인양품의 아트 디렉터이다. 광고, 아이덴티티, 전람회, 건축 등 다방면으로 활동하고 있다. 익숙한 것에도 미지의 것으로 재발견할 수 있는 창조성에 의미를 부여한다. 평범한 일상에도 소비자의 감각을 일깨우며 소통을 중시한다. 간결함 속에서 미의식과 실용성을 추구한다. 그리고 디자인에 자연, 재활용, 정체성 등의 메시지를 전달한다.

✅ 이 책에서 가장 인상 깊었던 프로젝트를 선정하고 이유를 설명한다.

이 책에서는 리디자인, 건축, 나가노 올림픽, 무인양품 아트디렉팅 등 다양한 분야에서 활동한 하라 켄야의 프로젝트 사례가 실려 있다. 개중 가장 마음에 드는 작품을 골라 이유를 설명한다. 예를 들어 '반 시게루 화장지'는 원통형에서 사각기둥으로 디자인을 바꿔 운송과 보관 시 공간을 절약하고, 휴지를 사용할 때 저항감을 부여해 낭비를 줄였다는 장점이 있다. 이런 식으로 사소한 일상 속 디자인에도 비판적 시각을 갖고 의미를 부여할 수 있다.

✅ '리디자인'의 의미를 고찰하고 자신만의 디자인 프로젝트를 계획하고 실행한다.

바로 위 '반 시게루 화장지'처럼 일상 속에서 익숙한 제품을 선정해 다시 디자인하는 프로젝트를 계획한다. 소비자의 오감을 자극하거나 환경, 인권 등 다양한 사회문제에 대한 메시지를 담아 디자인한다. 아이디어를 구체화하여 콘셉트 보드를 만들고 작품을 전시한다.

✅ 위 내용을 비교과활동 특기사항이나 과세특에 활용한다.

• 미술 교과 세특 예시 •

수행 과제에 대한 이해력이 높고 주도적으로 분석하며 창의적인 아이디어를 내려는 태도가 우수한 학생임. 제품 디자인 활동에서 '디자인의 디자인'을 읽고 디자인의 의미와 역할을 고찰하며 자료 조사를 한 점이 인상적임. 디자인은 예술과 달리 소통이 필요하다고 말하며, '리디자인'의 개념을 설명하고 커피 컵과 빨대를 리디자인함. 나무를 상징하는 색과 형태를 이용하여 컵에 촉감을 더하는 발상력이 돋보임. 감각적인 디자인과 사용자에게 메시지를 어필하여 시각적 소통능력을 함양함.

11월 15일

건축, 음악처럼 듣고 미술처럼 보다

서현 | 효형출판 | 2014

도서 분야	미술
관련 과목	미술
관련 학과	미술 계열, 건축학과

✅ 건축가가 건축물을 설계하고 지을 때 고려해야 할 사항을 정리한다.

건축과 공간의 구현은 사용자와 건축가의 소통이 기본이다. 건축물은 용도와 목적에 맞게 설계되어야 하며, 구조와 안전, 건축 법규와 규제 검토는 필수다. 사용자의 요구를 만족하는 재료를 선정하고 채광과 통풍, 유지보수 등을 최적화한다. 건축물의 기능적인 측면과 더불어 주변 환경과의 조화, 건축가의 심미적 표현도 중요하다. 공간의 배치, 명암, 비례와 형태, 건물의 현재와 미래의 모습까지도 고려해야 한다.

✅ 이 책을 읽고 건축과 인문학의 연관성을 들어 칼럼을 작성한다.

저자는 '건축은 인간 정신의 표현이다'라고 주장한다. 건축은 단순히 건물을 올리는 행위가 아니라 특정 시대, 문화, 생활양식, 가치관을 담고 있다. 인간의 다양한 심리와 감정이 기술에 의해 건축물로 설계되고, 끊임없이 상호작용하며 인간의 삶 속에 들어온다. 즉, 건축은 공학이면서 예술이고 인간 삶의 한 부분이라 볼 수 있다. 이런 식으로 자신의 생각에 논리적인 근거를 들어 칼럼을 쓴다.

✅ 일상에서 무심코 지나친 건물의 특징과 공간의 조형미를 분석하는 글을 작성한다.

자신의 주거 공간, 공공시설이나 공원, 미술관이나 박물관, 역사 유적지, 문화적 명소, 지역 명소 등 일상에서 건물을 선정한다. 그 건물의 용도, 역사, 조형적 특징, 환경 요소 등을 고려하여 감상문을 작성하며 인문적 건축의 중요성을 강조한다.

✅ 위 내용을 비교과활동 특기사항이나 과세특에 활용한다.

• 국어 교과 세특 예시 •

글 속에서 핵심을 파악하는 능력이 높은 학생으로, 자신만의 생각을 드러내는 글쓰기에서 '건축, 음악처럼 듣고 미술처럼 보다'를 읽고 건축에 인문학적으로 접근해 '건축은 삶의 동반자다'라는 제목으로 칼럼을 작성함. 건축은 공학적 특징뿐 아니라 사회문화적 맥락, 인간의 삶과 관련이 있다는 내용을 체계적으로 구조화하여 논리적으로 자신의 의견을 정리함. 독자의 흥미를 위해 우리나라 명소를 예시로 들어 건축용어를 쉽게 설명하며 우수한 글쓰기 역량을 보여줌.

11월 / 16일	스토리 유니버스	도서 분야	미술
	이동은 ǀ 사회평론아카데미 ǀ 2022	관련 과목	미술
		관련 학과	미디어 계열

✅ 스토리텔링의 특성을 이해하고 디지털시대의 스토리텔링의 성격을 파악한다.

스토리텔링은 사람들에게 감정적인 인상을 주어 메시지를 오래도록 기억하게 하며, 누군가의 긍정적인 경험은 더 많은 참여를 불러일으킨다. 따라서 소설, 만화, 영화 등 기존 매체부터 기술의 발달로 인해 AR, VR, 메타버스까지 그 중요성이 강조되고 있다. 미래의 디지털스토리텔링은 콘텐츠 창작과 운영을 위해 매체 환경과 표현 수단 등 기술이 미치는 영향까지 살펴봐야 한다.

✅ 디지털스토리텔링의 3인방인 이미지 스토리텔링, 영상 스토리텔링, 게임 스토리텔링의 특징을 요약 정리한다.

이미지 스토리텔링	사진, 일러스트레이션, 그림 등 정적인 이미지를 통한 스토리텔링. 텍스트보다 간결하며 기호의 성격을 지녀 시각적으로 빠르고 다의적으로 해석 가능.
영상 스토리텔링	동영상, 영화, 애니메이션 등 움직이는 영상을 통한 스토리텔링. 영상 속 음악이나 음성, 극적인 효과 등으로 인간의 모든 감각을 자극하는 스토리 전달.
게임 스토리텔링	인터렉티브한 게임을 통한 스토리텔링. 진행자의 개입으로 진행과 결과에 영향을 줌. 스틸 이미지, 모션 그래픽, 텍스트, 음성, 3D 애니메이션 등 적극적인 기술의 활용.

✅ 자신의 진로와 관련하여 스토리텔링을 활용한 브랜드, 영상, 광고, 웹툰, 게임, 디자인, 공연 및 전시 등을 기획한다.

이 책에 실린 스토리텔링 사례 외에도 자신의 관심 분야에서 다른 우수한 사례를 찾아보고 스토리텔링을 심화탐구한다. 자료 조사와 정보 수집을 바탕으로 진로와 관련하여 직접 스토리텔링을 구상하며 이미지, 영상, 게임 등의 스토리보드를 제작하여 전시한다. 구체적인 콘셉트와 스토리를 발표하며 스토리텔링의 활용성을 강조하고 콘텐츠의 창작자와 소비자로서의 역할에 대해 고찰한다.

✅ 위 내용을 비교과활동 특기사항이나 과세특에 활용한다.

• 자율활동 특기사항 예시 •

자유 주제 프로젝트에서 '디지털 시대 기업의 스토리텔링'을 주제로 '스토리텔링 유니버스'를 읽고 스토리텔링의 힘과 활용 분야, 미래의 스토리텔링 패러다임에 관하여 보고서를 작성함. 기술의 발달 속 스토리텔링은 매체 환경, 표현 수단 등 다양한 요소를 고려하고 진정한 메시지가 있어야 한다고 강조함. 인터렉티브 광고로 '콩필드'라는 커피 브랜드의 단편 영화를 창작하여 스토리텔링 경영 스토리보드를 제작함. 기업콘텐츠 기획 및 스토리텔링에 창의적이고 탁월한 능력을 보임.

11월 17일	패션 디자이너, 미래가 찬란한 너에게	도서 분야	미술
	박민지 | 크루 | 2022	관련 과목	미술, 진로와 직업
		관련 학과	의류학과, 미술 계열

✅ 패션 디자이너라는 직업을 파악하고 직업 탐구 보고서를 작성한다.

패션 디자인은 패션 경향을 예측하여 의복 및 액세서리에 적용하는 예술이다. 패션 디자이너는 트렌드를 예상하여 각종 의상과 액세서리를 디자인하며, 디자인 프로세스 속에서 패션의 계획부터 상품화까지 다양한 일을 수행한다. 조형적 감각과 창의력, 협업 능력, 소비시장 트렌드 예측, 마케팅 및 판매 전략의 이해 등이 수반되어야 한다. 이외에도 연봉과 고용 상황, 교육기관이 요구하는 사항, 실제 직업인 인터뷰 등을 싣고 직업 탐구 후 배운 점, 탐구 결과에 따른 자신의 생각을 정리하여 직업 탐구 보고서를 완성한다.

✅ 자신의 디자인 철학을 알기 위해 의류 관련 주제로 패션 이미지 보드를 제작한다.

패션 디자인의 과정을 이해하고 패션 트렌드 분석, 새로운 패션 디자인, 패션 디자인의 역사 등을 주제로 이미지 보드를 제작한다.

예시) 패션 디자인의 역사, 20세기 패션의 흐름, 미래의 패션, 나의 롤모델 디자이너 등

✅ 패션 디자인의 미래를 예측할 수 있는 신문기사나 정보를 바탕으로 칼럼을 작성한다.

이 책에서는 'AI 디자이너가 옷을 디자인하는 시대'에 대해 탄소 배출을 줄이는 방향으로 AI 기술이 도움이 될 수 있으리라 전망했다. 다음의 예시를 참고하여 현재 제기되고 있는 패션산업의 문제점을 찾는다. 미래 지향적인 관점으로 고찰하며 자신의 생각을 논리적으로 풀어 칼럼을 작성한다.

예시) 모피와 비건 패션, 스마트 텍스타일과 기능성 의류, 의류 렌탈 서비스, AI 디자이너 등

✅ 위 내용을 비교과활동 특기사항이나 과세특에 활용한다.

• 진로활동 특기사항 예시 •

의류학과 관련 진로를 희망하는 학생으로 '패션 디자이너, 미래가 찬란한 너에게'를 읽고 디자이너에게 요구되는 역량과 현황, 미래를 주제로 진로 탐구 보고서를 작성함. 또한 패스트 패션의 환경오염과 노동 착취의 문제점을 지적하고 패션 디자이너로서의 소명 의식을 강조하며, 유럽연합의 재활용 섬유의 사용 의무화 규정을 조사해 친환경 소재 사용 확대에 찬성한다는 의견을 냄. 친환경 디자인 사례가 담긴 의류 사진을 이미지 보드로 제작하여 보여주며 트렌드를 이끄는 에코 패션 디자이너가 되고 싶다고 포부를 발표함.

11월 18일	뮤지컬 이야기	도서 분야	음악
	이수진, 조용신 | 숲 | 2009	관련 과목	음악
		관련 학과	연극, 공연 계열

브로드웨이의 뮤지컬의 역사적 흐름을 파악하고 서평을 작성한다.

뮤지컬은 연기, 춤, 노래 등 다양한 장르가 조화를 이루는 종합 예술로 미국의 브로드웨이에서 19세기 말에 시작되어 지금까지도 활발하게 공연되고 있다. 버라이어티, 〈민스트럴 쇼〉를 거쳐 건전한 버라이어티 쇼인 〈보더빌〉의 영향을 받아 건전함과 오락성을 표방한 대중 무대 공연인 뮤지컬이 등장했다. 다양한 부침이 있었지만, 여러 실험적 뮤지컬과 함께 뮤지컬 영화가 등장하며 꾸준히 발전하고 있다.

19세기 〈민스트럴 쇼〉의 문제점을 비판하고 '블랙페이스'에 대한 자신의 생각을 정리한다.

〈민스트럴 쇼〉는 19세기 중후반 미국에서 유행했던 코미디 뮤지컬이다. 검게 칠한 얼굴과 과장된 입술로 흑인풍의 노래와 춤을 통해 흑인 노예의 삶을 희화화했다. 여기서 등장한 '블랙페이스'는 인종차별적 행위로 지금까지도 금기시되고 있다. 하지만 이런 논의가 부족했던 우리나라의 미디어에서 블랙페이스가 등장하며 크게 비판받았다. 인종차별적 의도가 없더라도 문제가 될지 자신의 생각을 쓰고, 최근 뮤지컬 공연에서 어떻게 흑인을 표현하고 있는지 사례를 찾는다.

이 책에서 인상적인 뮤지컬 작품을 선정하고 특징을 살펴 감상한 후 소감문을 기술한다.

〈사운드 오브 뮤직〉	오스트리아를 배경으로 마리아가 아이들을 가르치며 가족애와 사랑을 보여줌.
〈코러스라인〉	오디션에 참가하는 코러스 무용수들의 현실과 절실함, 열정을 담아낸 뮤지컬.
〈맘마미아〉	1970년대 스웨덴의 전설적인 팝 그룹 '아바(ABBA)'의 히트곡을 엮어서 만든 뮤지컬.
〈캠프〉	뮤지컬 배우 지망생들이 뮤지컬 여름 캠프에 참가하여 벌어지는 사건을 다룬 뮤지컬.

위 내용을 비교과활동 특기사항이나 과세특에 활용한다.

• 음악 교과 세특 예시 •

음악 독서 시간에 '뮤지컬 이야기'를 읽고 브로드웨이 뮤지컬의 역사를 담은 보고서를 작성함. 19세기부터 20세기까지 뮤지컬의 발달 과정과 주요 뮤지컬을 소개하며 적극적으로 발표함. 가장 인상적인 뮤지컬로 '맘마미아'를 선정하여 직접 관람하였으며 대중음악이 뮤지컬에 미친 긍정적 영향과 세대와 시대를 넘어 사랑받는 공연 예술의 가치를 평가함. 대표곡인 '댄싱 퀸'을 직접 불러 뮤지컬의 분위기를 전하며 급우들의 큰 호응을 얻었고, 케이팝 유명 가수의 대표곡을 모아 뮤지컬을 만들고 싶다는 포부를 밝힘.

11월 19일

클래식 음악에 관한 101가지 질문

아테네 크로이치거헤르, 빈프리트 뵈니히 | 경당 | 2010

도서 분야	음악
관련 과목	음악
관련 학과	음악 계열

✅ 클래식 음악과 관련된 다양한 주제를 찾아 논의하고 칼럼을 작성한다.

음악 일반	음악 철학
• 클래식 음악은 꼭 알아야 할까?	• 왜 우리는 음악을 들어야 하나?
• 왜 여성 작곡가의 수는 적을까?	• 음악은 보편적 언어일까?
• 악보를 지키는 것과 즉흥 연주 중 어떤 것이 나은가?	• 음악은 인간만이 창조할까?
• 왜 계속 새로운 음악을 작곡해야 하나?	• 음악이 세상을 변화시킬 수 있을까?
• 음악에서 지켜야 할 윤리의식은?	• 음악은 다른 예술과 어떤 영향을 주고받을까?

✅ 시대별 대표곡의 특징, 음악가의 생애, 시대적 배경 등을 조사하여 신문으로 제작한다.

중세, 르네상스, 바로크, 고전주의, 낭만주의, 근대 음악, 현대 음악에서 마음에 드는 곡을 각각 고르고 소개하는 신문을 제작한다. 과목을 넘나들며 관련 문헌을 참고하여 곡의 사회적 배경을 조사한다. 곡의 양식적 특징과 음악가의 생애를 꼼꼼하게 자료 수집한다. 각 곡에 대한 QR코드를 만들어 독자로 하여금 곡에 대한 접근성을 높이고 자신의 솔직한 감상평도 기술하며 신문을 완성한다.

✅ 음악회, 오페라 등을 실제 현장에서 감상하고 감상문을 작성한다.

음악회를 방문한 청중은 작품과 진지한 관계가 형성된다. 연주장의 구조나 연주자의 동작까지 미세한 감흥으로 다가온다. 온몸으로 음악을 감상하며 가치를 내면화해보자. 집에서 듣는 음악과 음악회에서 음악의 차이점을 이해하고 감상문을 작성한다.

✅ 위 내용을 비교과활동 특기사항이나 과세특에 활용한다.

• 음악 교과 세특 예시 •

'클래식 음악에 관한 101가지 질문'를 읽고 클래식 음악의 논점에 대한 자신만의 답변을 정리함. 그리고 '음악은 청각 예술일까?'라는 주제로 칼럼을 작성함. 게오르크 텔레만의 '걸리버 모음곡'을 예시로 악보를 읽는 음악의 시각적 효과를 설명함. 베토벤 '교향곡 5번'의 두 연주 사례를 통해 같은 악보라도 지휘자의 시각적 신호에 따라 연주가 달라짐을 분석하고, 이는 청중의 시각적 감상에도 영향을 미친다고 해석한 점이 참신했음. 음악이 정서, 경험, 청각, 시각 등 혼합 예술이라고 가치를 평가하며 인문학적 소양을 넓힘.

11월 20일

하노버에서 온 음악 편지

손열음 | 중앙북스 | 2015

도서 분야	음악
관련 과목	음악
관련 학과	음악 계열

✅ 저자의 직업의식과 열정에 대한 서평을 작성하고 연주곡을 감상한다.

같은 곡이라도 연주자의 연주에 따라 다른 느낌을 받을 수 있다. 저자는 어린 시절 두각을 드러내지는 못했지만, 많은 고뇌를 거친 피아니스트가 더욱 깊이 있는 소리를 낸다며 노력한 끝에 탁월한 성과를 거뒀다. 연주자로서의 자기 성찰과 자기 계발을 위한 열정과 집념은 진정한 연주자가 무엇인지 보여준다. 저자의 노력이 담긴 연주곡을 감상해본다.

✅ 저자가 영감을 얻은 방식처럼 자신에게 영향력을 행사하는 인물을 찾아 에세이를 작성한다.

저자는 자신 주위의 음악가들에게서 영감을 받았다고 말하며, 다양한 거장들과의 교류를 소개한다. 저자처럼 자신의 주변을 둘러보고 자신의 진로와 삶에 영향력을 주는 인물을 찾아본다. 그리고 그 이유를 설명하는 에세이를 적으며 자기 성찰과 발전의 기회로 삼는다.

✅ 저자가 지적한 음악 교육의 문제를 뒷받침할 자료를 찾고 해결방안을 토론한다.

저자는 콩쿠르 위주의 음악 교육, 대학교수의 개인 지도 등을 비판하고 있다. 이외에도 '초중고 음악교육과정의 문제점, 음악 교육의 국제 비교, 실용 음악과의 기초 음악 교육 부재, 입시 음악의 현실' 등 다양한 주제로 관련 자료를 찾아 주제를 심화 탐구한다.

✅ 위 내용을 비교과활동 특기사항이나 과세특에 활용한다.

• 진로활동 특기사항 예시 •

음악 관련 진로를 희망하는 학생으로 '하노버에서 온 음악 편지'를 읽고 연주자로서의 직업의식과 집념을 본받고 싶다는 소감문을 작성함. 작가의 연주를 직접 들려주며 리듬감을 극복하기 위해 일상을 리듬 안에서 살았다는 일례를 들며 자신의 작은 손을 단점으로 생각하지 않고 더욱 여러 대곡을 연습하고 있다며 발표함. 작가가 영감을 받은 방식을 소개하며 다양한 분야를 경험하며 자신의 경험과 지식을 넓히고 싶다는 포부를 밝힘. 자신의 진로와 관련된 서적을 읽고 진로를 위해 구체적인 노력을 진행한 점이 기특함.

11월 21일	음대 나와서 무얼 할까	도서 분야	음악
	고혜원 | 안그라픽스 | 2015	관련 과목	음악, 진로와 직업
		관련 학과	음악 계열

✅ 이 책의 서평을 작성하며 자신의 직업 가치관을 능동적으로 고민한다.

이 책은 음악과 관련한 다양한 직업군의 진솔한 이야기를 들려준다. 음악을 좋아하고 자신과의 싸움에서 이겨내며 음악의 길을 묵묵히 걸어가는 음악인들의 생각과 태도에서 배울 점을 찾아 서평을 작성한다. 각각의 음악인들은 직업과 관련한 여러 특성을 나름대로 고민하며 직업을 선택했다. 어떤 면이 두드러지는지 살피고 자신의 직업 가치관을 고찰한다.

✅ 인상 깊은 직업을 골라 탐색한 뒤, 자신의 진로 비전 보드를 만든다.

책에 소개한 직업 중 하나를 골라 필요한 역량, 장단점, 학업과정 등을 꼼꼼히 살피며 직업의 세계를 이해한다. 그리고 자신의 진로와 관련하여 나의 흥미와 강점, 관심 직업을 탐색하고 '나의 꿈'에 대한 비전을 세운다. 자신의 준비 상태를 파악하고 꿈을 이루기 위한 세세한 목표를 설정해 실천 방안을 적으며 주도적으로 진로 설계를 한다.

✅ 음악 관련 직업의 보고서를 작성하며 자신의 진로를 구체화한다.

'워크넷'이나 '커리어넷'을 참고하여 음악 관련 직업을 조사한다. 잘 알려진 직업 이외에도 다양한 음악 관련 직업이 있음을 이해하고 각각의 수행직무, 필요한 적성과 핵심 능력, 경제적 · 물리적 직업 환경들을 유념하며 자신 진로 분야를 구체화한다. 이후 관심 있는 학과와 대학 정보를 상세하게 탐색하며 진로 역량을 키운다.

✅ 위 내용을 비교과활동 특기사항이나 과세특에 활용한다.

• 진로활동 특기사항 예시 •

음악 분야에 흥미가 높은 학생으로 진로 탐색 활동 시간에 '음대 나와서 무얼 할까'를 읽으며 다양한 음악 직업군을 이해하는 서평을 작성함. 인상 깊은 직업으로 음악치료사를 선정해 음악치료사는 음악이 소통의 도구이자 치료가 목적이라는 것과 직업에 필요한 역량 등을 알게 되었다고 발표함. 그리고 자신의 성격과 흥미에 적합하다는 것을 알고 '나의 미래 비전보드'를 통해 이미지를 활용하여 꿈을 구체적으로 시각화함. 심리상담 관련 전문 교과 수강하기, 음악을 통한 또래 상담 실천하기, 음악 치료 사례 찾아보기 등 구체적인 실행 목표를 세우며 진취적인 진로 역량을 발휘함.

11월 22일	# 서양음악사	도서 분야	음악
	민은기 | 음악세계 | 2013	관련 과목	음악
		관련 학과	음악 계열

이 책의 목차에 따라 시대별 서양음악사의 핵심 특징을 표로 요약 정리한다.

고대 · 중세	• 그리스 · 로마의 활발한 활동 • 중세는 기독교와 성악곡 중심	• **고대:** 종교의식 목적, 피타고라스 음계 완성 • **중세:** 교회 음악, 계명창, 기보법 발달.
르네상스	• 개개인의 가치를 둔 인본주의 • 과학과 예술의 발달	• 음악 발달의 정점, 기보법과 성악곡의 발전 • 아카펠라, 세속 음악, 기악음악 발달
바로크	• 귀족 사회 중심의 문화 • 화려하고 장식적인 예술 양식	• 장 · 단조 체계 확립, 다성 음악 절정 • 소나타, 푸가, 협주곡, 모음곡 등 기악곡 발달
고전주의	• 계몽주의 • 시민 계급 부상, 대중의 문화	• 소나타 형식 완성, 음악의 형식미 중시 • 독주 소나타, 교향곡, 협주곡, 론도 등 기악곡 발달
낭만주의	• 산업혁명과 민주주의 • 자유로운 형식의 음악	• 예술가곡, 오페라 발달, 표제음악 등장 • 교향시, 연극 등 새로운 장르 발달
현대	• 세계대전과 경제 공황 • 다양성과 실험 정신	• 인상주의, 표현주의, 구체 음악, 우연 음악 등 • 다른 예술과 교류 속 대중음악 발달

음악 속 사회, 문화 배경들을 비교 분석하며 서양음악사의 교육적 의의를 고찰한다.

서양음악사와 연계된 다양한 분야를 통해 음악의 시대적 특성을 이해하고 음악가와 작품을 보는 이해의 폭을 넓힌다. 음악 속 시대정신을 이해하고 다양한 음악 장르와 작품, 연주에 대한 체계적 분석을 통해 안목을 기를 수 있다. 이는 창의적 음악 표현에도 도움을 준다.

음악은 다른 예술과 교류하며 발전했다. 다양한 예술과 어울리는 음악 작품을 창작한다.

음악은 문학, 연극, 무용, 미술 등과 교류하며 다양하게 발전해왔다. 협업으로 만든 대표 작품을 감상하고 특징과 가치를 이해한다. 그리고 다른 예술과 어울리는 음악 작품을 창작한다.

위 내용을 비교과활동 특기사항이나 과세특에 활용한다.

• 음악 교과 세특 예시 •

음악에 대해 조예가 깊은 학생으로 '서양음악사'를 읽고 서양음악의 시대별 흐름을 깊이 이해함. 특히 음악이 다른 예술 장르와 융합되어 표현된 작품에 흥미를 보이며 교향시의 효시인 리스트의 '전주곡'을 구체적으로 소개하고 감상평을 남김. 이후 창작 활동으로 확장함. 나의 20대라는 주제로 개성 있는 시를 짓고 효과적으로 악곡을 구성함. 기승전결이 살아있는 화성 진행을 활용하여 창의적인 선율을 작곡하며 음악적 창의 융합 사고 역량을 보여 줌.

11월 23일	스토리 클래식	도서 분야	음악
	오수현 | 블랙피쉬 | 2022	관련 과목	음악
		관련 학과	음악 계열

책에 실린 음악 작품을 차근차근 감상하며 책을 읽고 서평을 작성한다.

이 책은 16인의 천재 음악가의 사적인 이야기와 음악 세계를 서술했다. 클래식에 대한 기본 상식과 QR코드를 활용해 음악 작품을 직접 들을 수 있다. 시간적 여유를 두고 음미하며 읽으며 음악적 감수성을 함양한다. 음악가의 삶에 공감하며 각자의 개성과 음악에 대해 솔직한 느낌을 적는다.

책에 실린 고전주의와 낭만주의 음악의 특징을 조사하여 보고서를 작성한다.

	고전주의	낭만주의
시기	18세기 중반~19세기 초	19세기~20세기 초
특징	정돈된 형식과 정신적 내용. 간결하고 명쾌한 화성 음악. 엄격한 소나타 형식.	보편성을 탈피하고 환상적이고 주관적인 음악. 자유로운 형식, 악기의 사용 극대화. 예술가곡, 교향시, 오페라, 음악극 등의 발전.
대표 음악가	하이든, 모차르트, 베토벤 등	멘델르존, 쇼팽, 슈만, 리스트, 파가니니, 로시니, 벨리니, 바그너, 구노, 브람스, 차이콥스키, 말러 등

가장 마음에 드는 음악가를 선택하고, 대표 음악을 듣고 감상문을 작성한다.

이 책에 등장하는 16인의 음악가 중 마음에 드는 음악가를 선택하고 그의 음악적 특성을 파악한다. 대표 음악 작품을 감상하고 음악적 의도와 특징을 이해하며 자신의 솔직한 느낌을 들어 감상문을 작성한다.

위 내용을 비교과활동 특기사항이나 과세특에 활용한다.

• 음악 교과 세특 예시 •

'내가 좋아하는 클래식 음악 소개하기' 수업에서 음악가의 생애와 작품 세계를 폭넓게 이해하기 위해 '스토리 클래식'을 읽음. 16인의 유명 음악가의 생애를 요약하고 서평을 작성하여 제출함. 소개 활동에서 책에 실린 베토벤의 '교향곡 9번 합창 Op.125'를 주제로 발표하였는데, 프리드리히 실러의 시 '환희의 송가'를 교향곡의 합창으로 활용한 획기적인 구성이 돋보인다고 작품을 설명함. 귀가 전혀 들리지 않은 상태에서 작곡한 곡으로 웅장한 분위기가 느낄 수 있었으며 경외감이 들었다고 감상평을 밝힘.

11월 24일	재즈 잇 업	도서 분야	음악
	남무성 | 서해문집 | 2018	관련 과목	음악
		관련 학과	음악 계열

✅ 시대별 재즈의 모습을 사회적 배경과 함께 파악하며 음악적 특징을 작성한다.

~1930년대	초기 재즈는 다양한 문화와 음악의 영향을 받아 탄생. 음악에 맞춰 춤추는 '스윙'의 전성시대
1940년대	대중성보다 예술성에 중심을 둔 '비밥', 빠른 템포와 코드에 기반으로 한 즉흥 연주
1950년대	감상적이고 차분한 '쿨 재즈'와 비밥의 연장선인 '하드 밥', 클래식, 현대 음악과의 결합
1960년대	로큰롤, 아방가르드의 영향으로 자유를 추구하는 '프리재즈' 성행, 다양한 장르 발전
1970년대	로큰롤, 소울 등 다른 음악과 결합한 '퓨전 재즈', 이후 민속 음악, 뉴에이지와 실험적 결합
1980년대	감성적 경향인 '컨템퍼러리 재즈', 이성 지향적인 '포스트밥'처럼 다양한 형태의 재즈가 태동

✅ 재즈를 사회문화적 관점으로 해석하고 음악사적 의의를 고찰한다.

재즈는 미국의 아프리카계 미국인 문화와 유럽 문화가 섞이며 시작되었다. 이후 다양한 시대 상황과 맞물려 번영과 변화를 맞이했다. 다음의 관점을 이해하며 재즈의 사회적 기능, 가치를 파악한다.

- 다양한 문화의 융합이라는 특징
- 20세기 초 금주법, 경제 공황, 세계대전, 베트남 전쟁 등 어두운 시대에 희망을 준 음악
- 인종적 편견과 불평등에 대한 저항

✅ 인상 깊은 재즈 음악가를 선정하여 작품 세계를 담은 리플렛을 제작한다.

재즈의 역사에 획을 그은 거장 중 한 명을 선정하여 생애를 이해하고 대표작을 소개한다. 또는 '나만의 재즈 플레이 리스트'를 만들어 곡 위주로 리플렛을 만들어 본다. 책의 내용에 덧붙여 자료를 조사하고 인물과 작품 세계의 특징, 당시 시대 정신과 사회적 배경을 설명한다.

✅ 위 내용을 비교과활동 특기사항이나 과세특에 활용한다.

• 음악 교과 세특 예시 •

20세기 음악 감상하기 활동에서 재즈에 관심을 보이며 적극적으로 참여함. '재즈 잇 업'을 읽고 사회문화적 배경과의 결합과 시대별로 변화한 재즈의 특성을 정확하게 설명함. 특히 1960년대의 시대사와 변화에 주목함. 미국 사회의 심각한 인종차별이 록의 저항적 표현과 극한의 자유를 추구하는 프리재즈에 영향을 미쳤다고 해석함. 프리재즈는 인권 문제에 대항하며 음악을 통해 인권과 평등을 추구하는 데 기여했다고 비평하며 문화적 공동체 역량을 함양함.

11월 25일

청소년을 위한 한국음악사(국악편)

송혜진 | 두리미디어 | 2007

도서 분야	음악
관련 과목	음악
관련 학과	음악 계열

국악의 다양한 종류와 특징을 이해하고, 작품을 비교 분석한다.

정악	발생 연대가 비교적 길고 문헌상 악보가 남아 있는 경우가 많음. 감정이 절제되어 단아함. **종류:** 아악, 당악, 향악, 제례악, 여민락, 영산회상 등
민속악	정악에 비해 빠르고 감정표현이 솔직함. 흥겹고 구성짐. **종류:** 산조, 판소리, 잡가, 민요, 농악 등
현대국악	서양음악을 바탕으로 국악기를 사용하거나, 국악의 음악적 요소를 이용. **종류:** 창작국악

주제를 선정해 역사적 정보와 자신의 생각을 담은 신문을 제작한다.

한국 음악사의 흐름을 파악하고 다양한 주제를 선정하여 국악 신문을 제작한다. 예를 들면, 고려 시대의 음악, 세종의 음악적 업적, 우리나라 악기 변천 등 관심 있는 주제로 자료를 찾아 기사를 작성하고 신문 형식에 맞게 편집한다.

현대 국악의 경향을 살펴보고 성공적인 계승, 발전 방안을 논의한다.

이 책에 실리지 않은 국악의 현주소를 조사하고, 국악을 계승하고 발전시킬 방안을 논의한다. 판소리 〈수궁가〉의 '범 내려온다' 대목을 편곡해 대중적 인기를 끈 이날치 밴드, 방탄소년단 슈가의 〈대취타〉 흥행 성공 등 국악과 대중음악의 시너지나 국악 교육, 국악 문화 공간 활용방안 등 다각도로 국악 진흥 방법을 고찰한다.

위 내용을 비교과활동 특기사항이나 과세특에 활용한다.

• 음악 교과 세특 예시 •

다양한 사회, 문화적 배경을 지닌 우리나라 음악의 역사를 이해하며 '청소년을 위한 한국음악사'를 읽고 정악과 민속악을 구분하여 논리적으로 발표함. 여러 국악의 개념을 정리해 국악에 대한 높은 이해를 보여줌, 나아가 국악의 현주소에 대한 칼럼을 작성함. 국악과 대중음악의 성공적인 융합사례와 음악을 들려주며 시대 변화에 따른 국악의 방향성과 청소년의 국악 감상 방안을 제시함.

11월 26일	축구를 하며 생각한 것들	도서 분야	체육
	손흥민 | 브레인스토어 | 2020	관련 과목	체육
		관련 학과	체육 계열

✅ 책을 읽고 저자의 삶에서 본받을 점을 주제로 서평을 작성한다.

저자는 남다른 승부욕과 목표 지향성을 가지고, 좌절의 순간에도 뚜렷한 목표로 끊임없이 훈련했다. 이를 통해 해외 리그의 차별과 편견을 이겨낼 수 있었다. 저자의 아버지 역시 저자를 위해 기본과 노력, 겸손의 가치를 가르쳤고 저자는 실력과 인성을 모두 인정받고 있다. 화려함 뒤의 치열함에 주목하며 자신의 진로와 인생에서 본받을 점을 찾아본다.

✅ 저자처럼 자기 관리의 중요성을 깨닫고 자신만의 자기 관리 방법을 찾아본다.

기술과 체력은 경기 성과에 영향을 미치는 핵심적인 요소이다. 프로 선수는 꾸준한 훈련과 규칙적인 생활, 올바른 영양 섭취와 적절한 휴식을 취해서 자신의 몸을 끊임없이 관리한다. 또한 성공을 위해 끊임없는 동기 부여와 정신력 관리로 위기를 극복하고 정진하는 정신을 얻는다. 이러한 점을 참고하여 손흥민 선수와 관심 있는 스포츠 선수의 자기 관리 방법을 자세히 살펴본다.

✅ 프로 선수들의 정신력을 주제로 심화 탐구하여 보고서를 작성한다.

손흥민 선수는 '집중력, 자신감, 제어, 책임' 등의 강한 정신적 자질을 갖추며 우수한 수행 능력을 발휘한다. 스포츠 선수들은 같은 기량이어도 심리적 요소가 수행 결과에 영향을 미친다. 스포츠 심리에 대해 체계적인 이론이 정리된 《스포츠 심리학의 정석》을 읽고 스포츠 경기에서 수행 향상과 개인 성장의 상관성을 심리적 요인으로 심화 탐구하여 보고서를 작성한다.

✅ 위 내용을 비교과활동 특기사항이나 과세특에 활용한다.

• 진로활동 특기사항 예시 •

체육 관련 진로를 희망하는 학생으로 '축구를 하며 생각한 것들'을 읽고 자기 관리의 중요성을 담은 서평을 작성함. 손흥민 선수가 자기 관리에 힘쓴 점을 강조하고 그 노력과 끈기를 닮고 싶다고 소감을 발표함. 독서 활동 후 자기 동기 부여와 목표 지향적 행동을 본받아 스스로 운동 계획을 세우고 실천하였으며, 피드백까지 일련의 과정을 꾸준히 기록하며 자기 관리능력이 향상됨. 체력적 약점을 분석하고 보완하기 위한 운동을 전략적으로 실천하는 모습이 인상적이었음.

11월 27일

나는 체육 교사입니다

김정섭 외 13명 | 성안당 | 2022

도서 분야	체육
관련 과목	체육, 진로와 직업
관련 학과	체육 계열, 체육교육과

✅ 열네 명의 개성 있는 저자들의 공통점을 찾고 배울 점을 고찰하여 서평을 작성한다.

저자들이 체육 교사가 된 이유는 가지각색이다. 하지만 운동에 대한 열정과 교사가 되기 위한 과정에서의 끈기와 노력은 일맥상통한다. 지금도 스포츠를 통해 실패와 도전의 가치를 가르치고 성장시키는 장본인들이다. 교사가 된 이후에도 유의미한 수업을 위해 끊임없이 소통하고 체육 교사로서의 연구에 힘쓰는 점에서 배울 점을 찾아본다.

✅ 체육 교사의 업무와 역량, 미래 전망을 파악해 직업 탐구보고서를 작성한다.

체육 교사는 체육 교과의 특성을 이해하고 학생들의 건강과 운동 기술 그리고 전인적 성장을 도와야 한다. 승패보다 학생들의 성장에 중점을 두며, 원활한 인간관계 구축 방법을 교육해야 한다. 따라서 뛰어난 체력과 운동 능력뿐 아니라 교육자로서 지도력과 학생에 대한 애정이 필수다. 이외에도 체육 교사에게 필요한 자질과 학업을 위해 어떻게 준비해야 할지 구체적으로 탐색하여 보고서를 작성한다.

✅ 저자들과 자신의 사례를 바탕으로 체육의 교육적 기능과 역할에 대해 토의한다.

책은 농구의 사례를 들어 다양한 덕목과 규칙 등을 배울 수 있다고 말한다. 이 외에도 자신의 한계를 극복하기 위해 훈련하고 노력하는 스포츠의 특성을 이해하고 그 교육적 효과를 생각해 본다. 그리고 논리적 근거를 들어 스포츠의 교육 효과와 역할에 대해 토의한다.

✅ 위 내용을 비교과활동 특기사항이나 과세특에 활용한다.

• 진로활동 특기사항 예시 •

체육 교사를 희망하는 학생으로 '나는 체육 교사입니다'를 읽고 체육 교사의 직업적 특징과 소명 의식을 파악해 서평을 작성함. 체육 교사는 운동선수와 달리 운동 능력뿐 아니라 교육에 대한 지식과 애정이 필요하다고 발표함. 스포츠를 통해 다양한 삶의 가치를 학생들에게 가르칠 수 있다고 말하며 교육적 역할을 강조함. 실제 체육 시간 중 농구 경기에 참여한 친구들에게 스포츠의 교육적 가치에 대한 설문 조사를 진행해 한 줄 평을 정리함. 교육 분야에 대한 자질을 엿볼 수 있었음.

11월 28일

인공지능이 스포츠 심판이라면

스포츠문화연구소 | 다른 | 2020

도서 분야	체육
관련 과목	체육
관련 학과	체육 계열

✅ 시대에 따라 바뀐 스포츠 규칙과 그 이유, 의의 주제로 서평을 작성한다.

스포츠 규칙은 시대의 요구와 변화에 따라 바뀌었다. 팬들과 선수들은 편파 판정과 오심을 줄여 정당한 스포츠 윤리 아래 더 흥미진진한 경기를 진행 · 관전하고자 한다. 기술의 발전에 따라 정확하고 신속한 기록, 객관적 판단을 위해 기계가 심판의 역할 일부를 수행하고 있다. 더 공정하고 재미있는, 효율적인 경기를 위해 스포츠 규칙이 꾸준히 발전한 것을 이해하고 감상문을 서술한다.

✅ 스포츠의 요소를 살피고 '바둑, 체스, e스포츠'가 올림픽 종목으로 합당한지 토론한다.

이 책은 스포츠의 요소를 '신체적 활동, 경쟁적 활동, 제도화된 활동, 내적 · 외적 보상 활동'으로 규정했다. 그러면서 최근 정신적 활동까지 스포츠의 의미가 확장되고 있다고 지적한다. 바둑이나 체스, e스포츠 등은 극렬한 신체적 활동이 없지만, 스포츠의 박진감과 대중의 호기심을 기대할 수 있다. 변화되는 스포츠 요소와 올림픽 정식 종목의 요건에 대해 고찰하고 자신의 생각을 주장한다.

✅ 인공지능이 심판이 되었을 때 장단점을 고찰하고 자신의 주장을 정리한다.

인공지능 심판의 장점은 인간의 한계를 넘어 신속하고 정확한 판단을 내린다는 것이다. 정해진 규칙에 따라 주관적 감정이나 편견으로 판단하지 않아 편파 판정과 오심을 줄일 수 있다. 이는 원활한 경기 운영을 돕는다. 반면에 인간만이 가지는 감수성이나 예술성을 판단하기 어렵고, 선수들의 심리전, 과열된 관중 등 다양한 상황을 조정하는 역할은 인공지능이 대체하기 어렵다. 기계적 결함과 해킹에 취약할 수 있다는 단점도 있다.

✅ 위 내용을 비교과활동 특기사항이나 과세특에 활용한다.

• 체육 교과 세특 예시 •

'인공지능이 스포츠 심판이라면'을 읽고 책에 실린 종목별 스포츠 규칙의 변천사를 구조화하여 변화 이유를 상세하게 발표함. 풍부한 사진과 도식을 이용해 이해를 도운 것이 인상적임. 또한 기술의 발달이 심판의 역할에 미치는 현상을 육상, 수영, 체조 등의 예시를 들어 구체적으로 제시하고, 인공지능이 인간 심판을 대체하면 예술성을 채점하거나 다양한 상황의 조정은 어려울 것이라고 논리적으로 주장함.

11월 29일		
운동화 신은 뇌 존 레이티, 에릭 헤이거먼 | 녹색지팡이 | 2023	도서 분야	체육
	관련 과목	체육
	관련 학과	체육 계열 생명과학 계열

✅ 이 책을 읽고 운동과 뇌의 관계를 설명한다.

운동은 도파민이나 세로토닌, 노르에피네프린 등 뇌의 신경 물질로 고통이나 기분, 스트레스 조절을 돕는다. 이는 우울증을 호전시키고 불안감을 줄여주며 몸과 정신을 안정적인 상태로 유지하도록 한다. 또한 기억력을 담당하는 해마의 세포를 늘리고 신경 세포 간의 연결을 도와 집중력과 기억력 등 인지능력을 증진한다.

✅ 정신질환 분야에서 운동이 가지는 의학적 효과를 심화 탐구한다.

이 책에서는 불안장애, 공황장애, 주의력 결핍 과잉 행동 장애(ADHD), 마약 중독, 월경전증후군, 산후우울증, 치매 등 각종 정신질환 치료와 실험 사례를 통해 운동의 긍정적인 효과를 보여준다. 증명된 임상 연구를 담은 논문이나 신문 기사에서 비슷한 사례를 찾아본다. 운동의 심리학적, 생리학적 효과를 의학적으로 해석하며 자신의 진로와 주제를 연계하여 탐구한다.

✅ 운동 계획을 수립하고 규칙적인 체력 관리를 실천한 후 보고서를 작성한다.

책에서 권고한 운동 계획을 바탕으로 자신만의 규칙적인 운동 계획을 세운다. 다른 사람과 함께 하면 운동 의지와 동기를 높일 수 있다. 친구와 함께 운동하며 서로 자극을 받고 운동 습관을 꾸준히 실천한 후 건강한 체력과 정신 관리에 관한 보고서를 작성한다.

✅ 위 내용을 비교과활동 특기사항이나 과세특에 활용한다.

• 체육 교과 세특 예시 •

'운동화 신은 뇌'를 읽고 운동의 심리, 생리학적 효과를 과학적으로 해석하며 소감문을 작성함. 운동은 뇌의 신경전달 물질을 증가시켜 정신적 건강과 인지능력을 돕는다는 사실을 이해함. 신체뿐만 아니라 정신과 학습 능력에도 긍정적 영향을 준다고 덧붙임. '똑똑한 뇌를 만드는 운동'이라는 주제로 체계적인 운동 계획표를 작성하여 실시함. 또한 친구의 참여를 적극적으로 이끄는 모습이 인상적임. 합리적이고 사고로 건강한 자아 이미지를 형성하였고 주도적인 건강관리 능력이 돋보임.

11월
30일

10대와 통하는 스포츠 이야기

탁민혁, 김윤진 | 철수와영희 | 2019

도서 분야	체육
관련 과목	체육
관련 학과	체육 계열

책을 읽고 스포츠를 제대로 즐기는 방안에 대한 자신의 생각을 쓴다.

우리는 스포츠 홍수 속에 살고 있다. 원한다면 TV나 유튜브를 켜 언제 어디서든 볼 수 있지만, 이는 자신의 기준이 없는 무분별한 소비에 불과하다. 자극적이고 편파적인 스포츠, 과장되고 상업적인 경기 등 스포츠에 자리 잡은 다양한 이면을 비판적으로 바라봐야 한다. 스포츠 규칙이나 기술, 문화, 역사 등을 통해 혜안을 가지고 스포츠에서 진솔한 삶과 지혜를 느낄 수 있어야 한다.

스포츠 속 다양한 차별 사례를 조사하고 문제점과 해결방안을 고찰한다.

- 육상과 농구에 진출한 수많은 흑인 선수는 교육에서 공평한 기회가 주어지지 않아 스포츠를 출세의 방편으로 삼았다.
- 무하마드 알리가 인종차별과 정부의 강제 징집에 양심적 거부로 당당히 맞서 싸운 사례를 살핀다.
- 성적이 저조하면 이민자 선수를 비난한 프랑스 축구팀의 사례에서 차별과 혐오의 문제를 찾는다.
- 테니스에서 기사도 정신을 강조하는 에티켓, 여성 선수들의 치마 형태의 경기복 규정으로 성차별 문제를 비판한다.

차별이나 혐오가 없는 스포츠를 만들 방법을 주제로 칼럼을 작성한다.

아동 인권이 존중되는 스포츠, 동물과 함께하는 스포츠, 스포츠 기본권 보장, 모두를 위한 스포츠 공간, 스포츠 문화 교류, 장애인 스포츠의 개념 재정립, 이민자 선수에 대한 시민의식 등을 주제로 논리적인 칼럼을 쓴다.

위 내용을 비교과활동 특기사항이나 과세특에 활용한다.

• 사회 교과 세특 예시 •

체육 관련 진로를 희망하는 학생으로 '10대와 통하는 스포츠 이야기'를 읽고 스포츠를 사회학적으로 이해하는 서평을 작성함. 국내외 축구 경기에서 이민자 선수들이 당하는 인종차별 사례를 지적하고 차별과 혐오가 만연하다고 사회 문제를 분석함. 문제를 해결하기 위해 국제축구연맹의 인종차별 금지를 위한 자체 규범을 발표하며, 국내 축구 단체에는 인종차별 처벌 규정이 없다고 비판하고 제도적 장치가 필요하다고 주장함. 정책 지원과 함께 구성원과 시민들의 인권 감수성 함양을 위한 교육이 필요하다는 칼럼을 설득력 있게 기술함.

12월

12월 1일	**죽은 자의 집 청소** 김완 | 김영사 | 2020	도서 분야	진로, 진학
		관련 과목	진로와 직업
		관련 학과	모든 학과

✅ 죽음에 대해 가지고 있는 이미지와 감정에 대해 적어본다.

죽음, 질병, 사고 등과 같은 것들은 외면하고 싶은 주제이기도 하다. 하지만 어떻게 살아야 하는가에 대한 고민은 '모두 죽을 수 있다'라는 생각에서부터 시작한다. 죽음에 대한 이미지와 감정을 생각해보면서 진취적인 삶의 태도를 갖출 수 있다.

✅ 삶이 무한하다면 인간의 모습이 지금과 어떻게 다를지 생각해본다.

진로에 대한 고민은 인간에게 주어진 시간이 유한하기에 시작된다. 다시 말해, 삶이 무한하다면 진로에 대한 생각할 필요가 없을 것이다. 끝은 '지금의 소중함'을 알게 한다.

✅ 널리 알려지지는 않았지만, 누군가에게는 꼭 필요한 직업을 찾아보자.

직업에 귀천이 없다는 말이 있지만, 실제로 사람들의 인식은 그렇지 않은 경우가 있다. 특수 청소도 그중 하나다. 사람들에게 각광받는 일은 아니지만, 이 일을 대신해주는 사람들이 없을 경우 우리가 느끼게 될 불안과 불편을 생각해보면서 특수 청소와 비슷한 성격의 직업들을 나열해보자.

✅ 위 내용을 비교과활동 특기사항이나 과세특에 활용한다.

• 진로활동 특기사항 예시 •

최근 친척의 갑작스러운 죽음을 접하고 인생이 허무하다는 생각을 하던 중에 '죽은 자의 집 청소'를 읽게 됨. 죽음은 원래 우리의 삶과 긴밀하게 연관되어 있는데, 그것을 외면하고 있었던 나의 태도를 반성하면서 살아있는 시간에 최선을 다해야겠다고 다짐함. 널리 알려지지 않았지만, 누군가에게는 꼭 필요한 직업을 조사해 친구들과 공유하는 시간을 가짐. 주변에서 흔히 볼 수 있는 직업에 대해서만 생각한 탓에 어떤 일을 해야 할지 막막했는데, 친구들과 공유하는 시간을 통해 다양한 직업에 대해 알게 되었고, 사회에 필요한 일을 하는 사람이 되어야겠다고 이야기함. 죽음 이후에 그 사람의 삶을 정리해주는 저자의 직업에 관심이 생기면서 누군가의 탄생을 맞이해주는 직업도 좋지만, 누군가의 마지막을 정리해 주는 직업도 의미 있다고 생각함. 그에 따라 직업에 대한 가치관과 진로 설정에 적지 않은 영향을 받음.

12월 2일

성적은 짧고 직업은 길다

탁석산 | 창비 | 2009

도서 분야	진로, 진학
관련 과목	진로와 직업
관련 학과	모든 학과

'일'을 한다는 것이 자신의 인생에서 어떤 의미를 갖는지 생각해보고, 직업 선택에 있어 가장 중요하게 여기는 부분을(안정감, 급여, 적성, 성적 등) 적어본다.

직업 선택의 기준은 사람마다 다르다. 누군가에게는 급여가, 또 누군가에게는 안정감이 중요할 수도 있다. 무엇이 옳다 그르다 말할 수는 없지만 자신의 기준과 성향, 가치관 등을 생각해보자.

'운칠복삼(運七福三)'은 성공에 있어 운이 7할, 복이 3할이라는 뜻이다. 운이 곧 복이니 다시 말하면 100% 운에 달렸다는 말이 된다. 이에 대한 생각을 정리하고, 친구들과 의견을 나누어본다.

'운'의 중요성을 매번 느낀다. 똑같은 노력을 기울이더라도 운이 좋으면 일이 잘 풀리고, 운이 나쁘면 일이 잘 풀리지 않는다. 이렇듯 '운'의 역할은 중요하지만 그렇다고 모든 것을 '운'의 탓으로만 돌린다면 결코 성장할 수 없을 것이다. '노력'이 있어야만 '운'도 빛을 발할 수 있으며, 이는 각자의 영역에서 할 수 있는 한 최선을 다해야 하는 까닭이기도 하다.

적성을 찾기 위해 어떠한 노력을 하고 있는지 포트폴리오로 작성해본다.

대단하고 그럴듯해 보이는 경험이 아닌, 사소한 경험에서도 우리는 자신의 적성을 파악할 수 있다. 자신이 무엇을 좋아하고, 무엇을 잘하는지 늘 촉각을 곤두세우고 살펴야 한다. 맹목적인 노력은 자칫 시간 낭비로 이어질 수 있기 때문이다.

위 내용을 비교과활동 특기사항이나 과세특에 활용한다.

• 진로활동 특기사항 예시 •

인생에서 직업이 가지는 의미와 가치를 알고, 행복하기 위해 어떤 직업을 가져야 할지 고민함. 직업을 선택하는 다양한 기준 가운데 내가 생각하는 우선순위가 무엇인지 생각해보는 시간을 가짐. 성공에 있어 운과 노력 중 어느 것이 더 크게 작용하는지 친구들과 심도 있게 고민해보고, 운이 많이 작용한다 해도 노력으로 운을 자신에게 유리한 방향으로 작용할 수 있게 만들면 된다고 발표해 친구들의 호응을 얻음. 적성을 찾기 위한 실제적인 노력을 하면서 그 과정을 기록해 봐야겠다고 다짐함.

12월 3일	하고 싶은 것이 뭔지 모르는 10대에게	도서 분야	진로, 진학
	김원배 | 애플북스 | 2021	관련 과목	진로와 직업
		관련 학과	모든 학과

✅ 자신을 표현할 수 있는 단어 10가지를 적고, 그것으로 자신을 브랜딩할 수 있는 표어를 만들어본다.

청소년기까지는 경험이 많지 않아 자신이 좋아하는 것을 찾는 게 힘들 수도 있다. 하지만 자신을 표현할 수 있는 단어 10가지를 생각하다 보면 그러는 중에 좋아하는 것을 발견하게 될 수도 있다. 공부만 하는 것보다는 자신을 브랜딩할 수 있는 표어를 만들고, 그 의미를 찾아 나가면서 더욱 효과적인 공부를 할 수 있게 되는 것이다.

✅ 자신의 독서 습관을 살펴보고, 독서가 자신의 진로에 어떤 도움을 줄 수 있는지에 대해 적어본다.

독서법은 사람마다 다르다. 빠르게 훑으면서 도움이 되는 부분만 발췌해 읽는 사람이 있는가 하면, 처음부터 끝까지 꼼꼼하게 읽는 사람도 있다. 현재 자신은 어떤 방식으로 독서를 하고 있으며, 독서가 진로 설정에 어떤 영향을 줄 수 있을지 생각해본다.

✅ 성적을 올리고 싶은 과목을 하나 정하고 현재 그 과목을 공부하는 방식이 어떤지, 더 좋은 공부법이 있는지 찾아 행동으로 옮겨본다.

공부하는 방법을 몰라서 성적이 나오지 않는 경우도 많다. 누군가는 '성적 올리는 방법'을 고민할 시간에 차라리 공부를 하라고 말할 수도 있지만, 무언가를 하기 전 방법에 대한 고민은 필수다. 자신의 공부법에 대해 생각해보고, 성적을 올리고 싶은 한 과목을 정한 다음 공부법의 변화를 꾀한다.

✅ 위 내용을 비교과활동 특기사항이나 과세특에 활용한다.

• 진로활동 특기사항 예시 •

미래 사람들의 생활방식을 알게 되었고, 미래의 내 모습을 구체적으로 떠올려보는 계기가 됨. 자신을 브랜딩하기 위해서는 스스로에 대해 잘 알아야 한다고 생각해 친구들과 함께 각자 자신을 나타낼 수 있는 브랜드 표어를 만듦. 진로 결정의 폭을 넓히기 위해서는 공부에 대한 열정이 무엇보다 중요하다는 것을 다시금 깨닫게 되었고, 현재의 공부법을 새로운 시각으로 진단함. 더불어 공부법 변화에 대한 구체적인 고민과 이 고민이 실천으로 이어질 수 있도록 그에 걸맞은 계획을 세움.

12월 4일	의대에 가고 싶어졌습니다	도서 분야	진로, 진학
	서울대학교 의과대학 재학·졸업생 | 메가스터디북스 | 2022	관련 과목	진로와 직업
		관련 학과	모든 학과

☑ 의대 전공학과가 구체적으로 어떤 일을 하는지 조사해보면서, 더불어 자신이 원하는 전공에 대해서도 고민해본다.

전공	내용	전공	내용
내과	장의 기관에 생긴 병을 외과적 수술 없이 고치는 의술의 한 분야	영상의학과	초음파, 라듐, MRI를 이용하여 병을 진단 · 치료하는 임상 분야
외과	몸 외부의 상처나 내장 기관의 질병을 치료하는 분야	응급의학과	위급한 고비를 넘기기 위하여 급하게 환자를 치료하는 분야
산부인과	임신, 해산, 신생아, 부인병 따위를 다루는 분야	이비인후과	귀, 코, 목구멍, 기관, 식도의 병을 치료하는 분야
가정의학과	연령 · 성별 등에 상관없이 환자와 그 가족에게 지속적이고 포괄적인 건강 관리와 의료를 제공하는 분야	임상약리학과	사람을 대상으로 약물의 효과를 연구하는 분야
재활의학과	장애인을 신체적이나 정신적으로 최대한도까지 회복시키는 분야	마취통증의학과	약물 따위를 이용해 수술 시 통증을 조절 · 완화하는 분야
비뇨의학과	비뇨 기관에 관한 병을 연구하고 치료하는 임상 분야	정신건강의학과	정신 질환을 앓고 있는 환자를 진단하고 치료하는 분야
성형외과	상처, 기능 장애, 외모 개선 등을 목적으로 하는 분야	정형외과	근육이나 뼈대 등 운동 기관의 기능 장애를 치료하는 분야

☑ 의대 졸업 후 어떤 진로를 정할 수 있는지 다양한 사례를 조사해본다.

대학병원의 교수가 되거나 개인 병원을 차릴 수도 있다. 혹은 의술 관련 회사에 취직을 하거나, 연구자로 남을 수도 있다. 의대 졸업 이후의 모습을 상상하면서 앞으로의 계획을 세워본다.

☑ 위 내용을 비교과활동 특기사항이나 과세특에 활용한다.

• 진로활동 특기사항 예시 •

원하는 학과 3가지를 고르고, 고른 이유를 친구들과 공유함. 평생 공부해야 하는 직업이지만 그 공부로 인해 여러 사람의 생명을 살릴 수 있다는 것에 큰 매력을 느꼈고, 의대 진학의 꿈을 공고히 함.

12월 5일

10대를 위한 완벽한 진로 공부법

앤디 림, 윤규훈 | 체인지업북스 | 2020

도서 분야	진로, 진학
관련 과목	진로와 직업
관련 학과	모든 학과

✅ 꿈을 이루는 세 가지 방법을 실천할 구체적인 계획을 세워본다.

세 가지 방법	구체적인 실천 계획
21일 동안 꾸준히 하기	21일간 꾸준히 할 '한 가지'를 정해 달력에 체크하며 실천해본다.
한 번만 더 하기	'한 번만 더 할' 무언가를 정해 그만하고 싶을 때 한 번 더 해본다.
남들과 다르게 하기	자신이 성공하고 싶은 분야에서 남들과의 차별성을 찾는다.

✅ 취업과 창업의 장단점을 살펴보면서, 자신에게 적합한 방법은 무엇인지 고민해본다.

취업의 장점(고정 수입, 안정성, 복지)이 창업에는 단점(퇴직금과 복지 없음, 안정성 떨어짐, 매출 스트레스)이 되고, 창업의 장점(큰돈을 벌 가능성, 좋아서 하는 일)이 취업의 단점(꽉 막힌 스케줄, 퇴직 후의 불안감, 진급 스트레스)이 된다. 자기 자신에게 어떤 것이 적합한지 생각해보자.

✅ 아래 그림을 통해서 자신이 어디에 있는지 확인하고, 삶의 방향성을 구체화해본다.

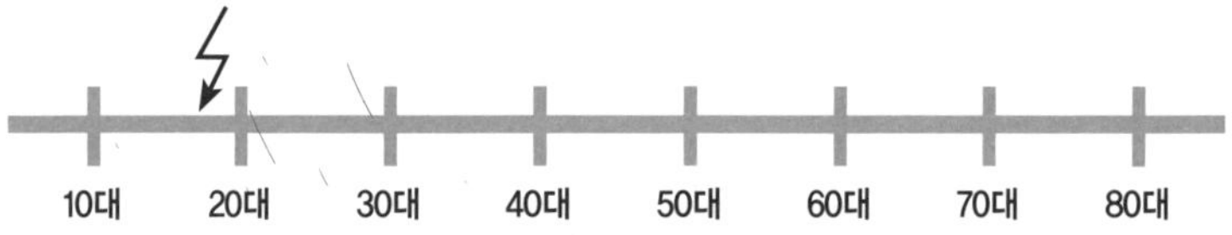

✅ 위 내용을 비교과활동 특기사항이나 과세특에 활용한다.

• 진로활동 특기사항 예시 •

성공을 위해 해야 하는 것들을 생각해보고, 책에서 제시하는 방법을 실천하기 위한 구체적인 계획을 세움. 취업과 창업의 장단점을 살펴보면서 취업보다는 창업이 내게 더 잘 맞는다는 판단을 내리고, 이에 대해 주위 사람들과 의견을 나눔. 창업은 안정감이 부족하다는 단점이 있는데 이 점을 어떻게 보완할 수 있을지 고민함. 나이대별로 계획을 적고, 그 과정을 통해 이성적인 판단을 할 수 있게 됨.

12월 6일	공대에 가고 싶어졌습니다	도서 분야	진로, 진학
	서울대학교 공과대학생	메가스터디북스	2020	관련 과목	진로와 직업
		관련 학과	모든 학과

공대의 각 학과에 대해서 살펴본다.

전공	내용	전공	내용
건설환경 공학부	사회 기반 시설의 계획, 설계, 건설, 운영, 유지 및 관리	재료공학부	에너지 공학, 전기 · 전자, 우주항공 등 첨단 산업 발전 근간
건축학과	일상생활에서 거주하고 체험하는 건축물에 대한 학문	전기 · 정보 공학부	'전기 이용'이라는 큰 틀로 묶여 있는 다양한 학문의 모임
기계공학부	기계 장치의 설계, 제작, 성능, 제어 등에 관한 기초 및 응용 분야	조선해양공학과	선박과 해양 시스템에 대한 학문
산업공학과	산업 구성의 시스템에 대한 학문	컴퓨터공학부	컴퓨터에 대한 총체적인 학문
에너지자원 공학과	자원 개발에 관한 모든 것을 연구하는 학문	항공우주공학과	항공과 우주 산업 및 연구 담당
원자핵 공학과	양성자, 중성자로 구성된 원자핵을 활용, 인류에게 이로운 기술 개발	화학생물공학부	나노 및 반도체, 석유화학, 바이오, 배터리 등 폭넓은 학문

선택한 학과의 다양한 진로를 살펴보고, 어떤 분야에서 일하고 싶은지 생각한다.

같은 학과를 졸업하더라도 진로는 다양해질 수 있다. 자신에게 잘 맞는 진로를 찾기 위해서는 해당 분야에 대해 꼼꼼히 살펴보고, 선배나 선생님 혹은 유경험자의 조언을 구하는 것이 좋다.

원하는 학과에 진학하기 위해 준비해야 할 것들을 살펴보고, 계획을 세워본다.

공부하고 싶은 분야를 결정하고, 공부한 후에 어떤 진로를 선택할지 머릿속으로 생각해보았다면 이제는 그 학과에 진학하기 위한 준비 해야 한다. 구체적으로 계획을 세워본다.

위 내용을 비교과활동 특기사항이나 과세특에 활용한다.

• 진로활동 특기사항 예시 •

나의 관심 분야가 기계공학부라는 것을 알고, 해당 학과에 대해 자세히 알아보는 시간을 가짐. 같은 학과를 졸업했더라도 다양한 진로를 선택할 수 있다는 것을 알게 되었고, 졸업 후 10년 뒤 원하는 분야에서 일하는 모습을 머릿속으로 그려 보게 되었음. 기계공학부에 진학하기 위해서는 당장 어떤 노력과 준비가 필요한지 점검한 후 이를 친구들과 공유, 서로 격려하며 응원해주었음.

12월 7일

이제는 대학이 아니라 직업이다

손영배 | 생각비행 | 2023

도서 분야	진로, 진학
관련 과목	진로와 직업
관련 학과	모든 학과

☑ '진로'와 '진학'의 차이점을 생각해보고, 자신만의 계획을 세워본다.

'진학'은 상급학교에 진학하기 위해 공부하는 것을 의미하고, '진로'는 어떠한 방향으로 나아갈지 고민하고 그에 맞춰 준비하는 것을 의미한다. '진로'를 먼저 결정한 다음 '진학'을 선택하는 것이 바람직하며, 이러한 차이점을 정확히 인식하고 자신에게 맞는 계획을 세워야 한다.

☑ 대학교 진학이 자신의 삶에 어떤 영향을 미칠지 생각해본다.

남들이 다 가는 대학이라고 해서 그것이 마치 유일한 길인 것처럼 여길 게 아니라, 대학에서의 공부가 자신의 삶에서 왜 필요한지 신중하게 생각해보고, 그 이유를 하나씩 발견해 나간다.

☑ 진로 선택으로 성공한 사람들의 이야기를 찾아보고, 그들의 진로 선택 과정을 조사해본다.

한 개인이 세상에 존재하는 모든 진로를 다 경험해볼 수는 없지만, 독서를 하며 간접적으로 경험해볼 수는 있다. 성공한 사람 중에는 독서를 통해 여러 진로를 체험한 후, 자신에게 맞는 길을 찾은 사람들이 꽤 많다. 독서에 대한 중요성을 다시 한번 되새겨본다.

☑ 위 내용을 비교과활동 특기사항이나 과세특에 활용한다.

• 진로활동 특기사항 예시 •

'진로'와 '진학'의 차이점을 생각해보고, 진학을 결정하기 전에 진로에 대해 구체적으로 살펴봐야겠다고 생각함. 적절한 진로 선택을 통해 성공한 사람들의 이야기를 조사해보고, 친구들과 공유함. 생각이 폭이 좁았다는 사실을 인지했고 이를 보고서에 작성함. 책을 읽은 후 독후활동을 통해 나의 진로에 대해 고민해보고, 잘할 수 있는 것이 무엇이고 어떤 분야에 시간과 에너지를 투자할 수 있는지 깊이 있게 탐색하는 계기가 됨.

12월 8일	코딩 진로	도서 분야	진로, 진학
	류채윤 외 2명 | 호모 루덴스 | 2021	관련 과목	진로와 직업
		관련 학과	모든 학과

✅ 이루고 싶은 일을 한 가지 적고, 노력의 과정을 구체적으로 이미지화해본다.

세계적인 수영 선수 마이클 펠프스나 피겨 스케이팅 선수 김연아처럼 한 분야에서 높은 성취를 이룬 사람들은 반복되는 힘겨운 일상을 끝까지 버텨 낸 사람들이다. 대부분 큰 성취를 이루고 싶다는 생각은 하지만, 그 과정에 대해 진지하게 생각하지는 않는다. 과정이 없으면 그 어떤 결과도 없음을 알고 구체적인 과정을 떠올려본다.

✅ 종류에 따른 대학원의 특성을 살펴본다.

	일반대학원	전문대학원	특수대학원
목적/대상	연구자 양성/풀타임 학생	전문가 양성/풀타임 · 파트타임	직장인 계속 교육/파트타임
수업/학위	주간/학술학위	주간/전문 · 학술학위	야간 · 주말 · 계절학기/전문학위
입학/졸업	기준이 엄격함	기준이 엄격함	상대적으로 유연함
학위 과정	석사/박사/통합	석사/박사/통합	석사과정
졸업 논문	대부분 필수/일부 생략	대부분 필수/일부 생략	대부분 필수 아님
예	일반적으로 접할 수 있는 대부분의 대학원 과정	공학, 융합SW, 기술 경영, 금융, 로스쿨	정보통신, 공학, 정책, 교육, 경영, 보건, 법무 등

✅ 기업 채용의 세 가지 종류를 표로 정리해서 살펴본다.

	공개 채용	수시 채용	상시 채용
시기	• 상반기(3월~6월) • 하반기(8월~12월)	• 시기 정해지지 않음 • 특정 지원자 필요시 채용	• 늘 열려 있는 채용 • 기준에 맞으면 언제든 채용
특징	인성 시험/적성 시험 (시험 과목 회사마다 다름)	자신이 지원하고 싶은 직무는 꾸준히 모니터링 필요	채용 공고 열리기 전에 자신의 존재를 알릴 수 있음

✅ 위 내용을 비교과활동 특기사항이나 과세특에 활용한다.

• 진로활동 특기사항 예시 •

IT 관련 업계에서 일하고 싶은데 무엇을 준비해야 할지 몰라 고민하던 차에 이 책을 통해 많은 정보를 얻을 수 있었음. 개발자, 취업 컨설턴트, 인사 담당자가 들려주는 각각의 IT 관련 이야기가 특히 흥미로웠고 기업이 직원을 채용하는 방식이나 대학원 인사이트 등의 정보를 얻어 친구들과 공유함. 하고 싶은 일이 있을 때, 마음먹는 것에서 그치지 않고 목표에 도달하기 위한 구체적인 과정을 생각함.

12월 / 9일	국경 없는 과학기술자들	도서 분야	진로, 진학
	이경선 ǀ 뜨인돌 ǀ 2013	관련 과목	진로와 직업
		관련 학과	모든 학과

✅ 가장 인상 깊었던 사례를 선택하고, 그 기술이 만들어진 과정을 정리해본다.

적정 기술의 적용 과정은 크게 다르지 않다. 각 나라는 그들에게 필요한 것이 무엇인지 관찰하고, 더불어 불편 해소를 위한 방안을 마련한 후 기술을 개발 · 도입한다.

✅ 적정 기술의 정의를 정리한 다음, 그것을 바라보는 다양한 시선에 대해 살펴본다.

'적정 기술'은 그 기술이 사용되는 사회 공동체의 정치 · 문화 · 환경적 조건을 고려, 해당 지역에서의 지속적인 생산과 소비를 위해 만들어진 '삶의 질을 향상시킬 수 있는 기술'을 말한다. 처음에는 제3세계의 빈곤 문제를 해결하기 위해 시작되었지만 지금은 환경 문제에 대응할 수 있는 대안기술 개발 분야로 발전했다. 하지만 소규모 경제를 추구하는 적정 기술의 철학이 '이상적'이고 '낭만적'인 사조라며 부정적으로 보는 시선도 있다.

✅ 자신의 전공 분야와 연관된 주제를 선택하고, 적정 기술 적용 방안을 적어본다.

먼저 책에 제시된 네 가지의 주제(물, 에너지 및 주거, 산업 및 지역개발, 교육) 가운데 관심 있는 한 가지를 선택한다. 그 후 하나의 국가를 정해 그 나라에 어떠한 기술이 필요한지 조사한 후 활용할 수 있는 적정 기술에 대해서도 생각해본다.

✅ 위 내용을 비교과활동 특기사항이나 과세특에 활용한다.

• 진로활동 특기사항 예시 •

적정 기술에 대한 정의를 스스로 만들어보면서, 적정 기술의 장단점을 깊이 생각해보는 계기가 됨. 책에 등장하는 여러 사례를 인상 깊었던 순서대로 도식화해서 정리해보고, 그 내용을 친구들과 공유함. 그러는 중에 적정 기술을 활용하여 많은 사람들에게 도움을 주는 과학자가 되어야겠다고 다짐함. 가장 관심 있는 주제로 '에너지 및 주거'를 선택했고, 그 분야와 관련된 연구를 하고 싶다는 구체적인 목표를 설정함.

12월 10일

세상을 읽는 새로운 언어, 빅데이터

조성준 | 21세기북스 | 2019

도서 분야	진로, 진학
관련 과목	진로와 직업
관련 학과	모든 학과

빅데이터의 특징인 '3V'가 무엇을 뜻하는지 살펴본다.

- Volume: 빅데이터는 양이 많다.
- Velocity: 속도가 빠르다.
- Variety: 정형 데이터 외에도 텍스트, 이미지 같은 비정형 데이터가 있다.

빅데이터의 긍정적인 측면과 부정적인 측면에 대해 생각해본다.

빅데이터를 활용하면 지금까지의 선택을 바탕으로 자신이 무엇을 선호할지 미리 추천받을 수 있다. 사업가들에게는 고객의 니즈를 한눈에 볼 수 있는 통계 자료를 얻을 수 있다. 하지만 이러한 데이터들은 대부분 개인 정보이므로 무분별한 정보 노출의 위험이 따른다.

자신이 마케터라고 가정하고, 빅데이터를 어떻게 활용할 수 있을지 생각해본다.

빅데이터가 지금도 우리 삶에 깊이 관여하고 있다는 측면에서, 기술의 발전과 활용 범위 확장에 대해 생각하지 않을 수 없다. 내가 마케터라면 광고의 형태와 판매량의 관계를 분석해 효율적이고 참신한 광고를 기획 · 진행할 것이다. 더불어 고객들의 구매 후기를 통해 상품에 대한 전체적인 반응을 분석하고 미흡한 점을 보완, 새로운 상품 개발에도 힘쓸 것이다.

위 내용을 비교과활동 특기사항이나 과세특에 활용한다.

• 진로활동 특기사항 예시 •

표면적으로 알고 있던 빅데이터가 정확히 무엇이고 어떠한 특징이 있는지 친구들과 이야기를 나눔. 빅데이터가 어떤 과정을 거쳐 일상의 데이터로 변화되는지 살펴보고, 개인 정보 또한 빅데이터의 '일부'라는 사실을 깨달음. 빅데이터가 우리 사회에 가져다주는 변화를 조사하고, 득과 실에 대한 보고서를 작성함. 빅데이터 사용 시 발생하는 문제점에 대한 사회 구성원들의 합의가 필요하다는 것을 깨달았고, 이를 친구들과 공유하며 생각을 확장하는 시간을 가짐.

12월 11일

14살부터 시작하는 나의 첫 진로 수업

학연플러스 편집부 | 뜨인돌 | 2021

도서 분야	진로, 진학
관련 과목	진로와 직업
관련 학과	모든 학과

✅ 진로에 대해 어떤 고민을 갖고 있는지 적어본다.

각자의 고민에 따라 받아들이는 정보가 다를 것이다. 진로에 대해 아무 생각이 없는 것이 고민인지, 어떤 진로를 선택해야 할지 모르는 것이 고민인지, 진로를 정했으나 그 진로가 자신에게 맞는지 불확실한 것이 고민인지, 고민을 정확히 인지하는 것이 진로 설정의 시작이라고 볼 수 있다.

✅ 좋아하는 것 3가지를 적고, 그 이유에 대해서 생각해본다.

좋아하는 것의 '발견'은 진로 설정에 빼놓을 수 없는 과정이다. 좋아하는 것 3가지를 적되 어떤 점이, 왜 좋은지 구체적으로 적어본다. 이 과정이 반드시 특별하거나 대단해야 하는 것은 아니다.

✅ 자신이 생각하는 바람직한 '워라밸'의 기준을 적어본다.

일에 가치를 부여하는 사람은 많은 시간을 일에 투자하며 행복감을 느낄 것이고, 여가에 가치를 부여하는 사람은 일보다는 여가활동에 더 많은 시간을 투자하며 행복감을 느낄 것이다. 사람에 따라 기준과 만족도가 다르므로 자신이 어떤 성향의 사람인지 정확히 파악하는 것이 중요하다.

✅ 위 내용을 비교과활동 특기사항이나 과세특에 활용한다.

• 진로활동 특기사항 예시 •

이 책을 읽고 진로 고민의 '출발점'은 '좋아하는 것들의 파악'임을 알게 됨. 이를 통해 내가 좋아하는 것들을 하나씩 나열해보고, 좋은 이유를 구체적으로 적어봄. '타인에게 도움이 되어야 한다'라는 일을 정의를 다시금 깨닫고 마음에 새김. 내가 어느 정도의 워라밸을 추구하는 사람인지 대해 생각해보았고, 그것과 관련된 직업들을 탐색해보는 시간을 가짐.

12월 12일

좋아하는 것을 발견하는 법

이다혜 | 창비 | 2022

도서 분야	진로, 진학
관련 과목	진로와 직업
관련 학과	모든 학과

✅ 자신에 대해 아는 것은 그 어떤 것보다 중요하다. 좋아하는 것 100가지를 적어본다.

좋아하는 것이 무엇인지 탐색하는 과정은 자기 자신을 이해하는 첫걸음이다. 언뜻 보기에도 100이라는 숫자는 크지만 아주 사소한 것부터 하나씩 적어 나가면 못 할 것도 없다. 한 번에 다 적는 건 쉽지 않으니 일주일 정도 시간을 두고 완성하는 것을 추천한다.

✅ 다 적었다면 100가지를 다시 10가지로 분류하고 직업과 연관시켜본다.

비슷한 것끼리 분류해보면 자신이 어떤 성향의 사람이고 무엇에 관심이 있는지 좀 더 명확히 파악할 수 있다. 분류한 그룹과 관련된 직업을 찾아 그 직업의 접근성에 대해서도 생각해본다.

✅ 그룹별로 다른 사람들에게 도움이 되는 직업이 무엇인지 생각해본다.

다른 사람에게 도움이 되는 직업은 직업 이상의 의미와 가치를 지닌다. 10개로 나눈 그룹을 토대로 해당 직업이 사람이나 사회, 나아가 국가에 어떤 도움을 줄 수 있는지 생각해보고 자신과 성향이 잘 맞는 직업을 몇 개 꼽아본다.

✅ 위 내용을 비교과활동 특기사항이나 과세특에 활용한다.

• 진로활동 특기사항 예시 •

책 내용을 바탕으로 좋아하는 것들을 정리해 보고서에 작성함. 작성된 내용을 다시 10개 그룹으로 분류하고, 각각에 해당하는 직업을 생각해 봄. 내가 다른 사람에게 도움이 될 때 행복을 느끼는 사람이라는 것을 알게 되었고, 가장 많은 도움을 줄 수 있는 직업을 구체적으로 작성함. 친구들과 대화를 나누면서 생각의 폭이 넓어지는 경험을 했고, 서로가 가진 성향의 긍정적인 면에 대해 알게 됨.

12월 13일	

WHY NOT? 유튜버

김켈리 | 토크쇼 | 2022

도서 분야	진로, 진학
관련 과목	진로와 직업
관련 학과	모든 학과

✅ 유튜버라는 직업이 구체적으로 어떤 일을 하는지 정리해본다.

유튜버는 유튜브 플랫폼에 영상을 업로드하고 그것을 통해 수익을 창출하는 사람을 말한다. 수익 창출은 보통 광고를 통해 받게 얻게 되는데, 광고는 크게 'PPL'과 '브랜디드 콘텐츠 협업'으로 나뉜다. PPL은 기업에서 제공한 제품을 영상에 노출하는 것을 의미하고, 브랜디드 콘텐츠 협업은 광고주가 비용을 지불하고 제품에 대한 홍보 요청을 하는 것을 말한다.

✅ 구독자 확보 방법을 정리하고, 그에 따른 구체적인 계획을 세운다.

방법	실천 계획
꾸준한 영상 업로드	일주일에 한 개의 영상은 반드시 올리도록 한다.
채널의 뚜렷한 정체성	채널을 개설하기 전에 주제를 정하고, 주제에 맞게 올린다.
영상 퀄리티 향상	촬영과 편집에 신경을 써서 질 높은 영상을 만든다.
시청 지속 시간 향상	오래 시청할 수 있도록 흥미 요소를 끊임없이 연구한다.

✅ 인플루언서 급증에 대한 자신의 생각을 적어본다.

인플루언서(influencer)는 유튜버, 틱톡커, 블로거 등 소셜미디어서 활동하며 플랫폼이나 주제가 달라도 여러 사람들에게 영향력을 행사한다는 공통점을 가지고 있다. 과거에는 외모가 특출나거나 특별한 재능이 있어야 가능했다면, 요즘에는 평범해도 자신의 재능과 끼만 적절하게 활용한다면 누구나 인플루언서가 될 수 있다. 이런 사회적 흐름은 '한 줄 세우기' 형식을 붕괴시키고 다양한 분야에서의 활동을 장려한다는 점에서 긍정적이라고 생각한다.

✅ 위 내용을 비교과활동 특기사항이나 과세특에 활용한다.

• 진로활동 특기사항 예시 •

유튜브라는 플랫폼에 대해 좀 더 면밀하게 들여다보는 계기가 됨. 좋은 대학에 가는 것이 유일한 길이라고 생각했는데 대중의 흥미를 끌어낼 만한 특기가 있으면 충분이 인플루언서가 될 수 있겠다고 생각함. 계획만 세워놓고 행동하지 않는다면 아무것도 이룰 수 없다는 걸 새삼 깨닫고, 계획과 실천의 합이 중요함을 다시 한번 마음에 새김. 유튜버가 된다면 어떻게 채널을 운영하고 싶은지 친구들과 얘기를 나누었고, 각자의 관심 분야에 따라 극명하게 나뉘는 콘셉트가 매우 흥미로웠음.

12월 14일

다가온 미래, 새로운 직업

한국고용정보원 미래직업연구팀 외 7명 | 드림리치 | 2022

도서 분야	진로, 진학
관련 과목	진로와 직업
관련 학과	모든 학과

본문에 나오는 용어를 정리해본다.

용어	의미
라이프로깅	'삶의 기록'을 뜻하는 말로 개인의 일상을 소셜미디어에 기록하고 저장한다.
블록체인	데이터를 담은 블록들을 체인으로 연결한 형태를 말한다.
리터러시	'문자 이해 능력'을 넘어 '사회 적응과 대처 능력'으로 개념이 확대된다.
증강분석	현재의 데이터 분석 방법에 자연어처리 등의 기술을 적용해 '증강된 부가가치'를 활용한다.
팬데믹	세계보건기구(WHO)가 선포하는 감염병 대유행의 최고 등급이다.
핀테크	'금융'과 '기술'을 결합한 서비스, 또는 그런 서비스를 하는 회사를 말한다.
비건	동물성 식품(고기, 우유, 달걀 등)을 먹지 않는 적극적인 채식주의자를 말한다.
유전자 조작 식품	유전자 재조합을 통해 새롭게 만들어진 농작물을 원료로 한 식품이다.
메타버스	'가상', '초월'을 의미하는 '메타'와 우주를 의미하는 '유니버스'의 합성어다.

미래직업 중 관심이 가는 직업 5가지를 선택하고 조사해본다.

미래 직업	내용
개인정보 중개자	모니터링을 통해 소비자의 데이터 자산을 관리하고, 데이터를 교환 · 거래한다.
로봇 임대인	고가 로봇의 임대를 원하는 수요자가 늘면서 로봇 임대인이라는 직업이 등장한다.
사이버 재난 예보관	사이버 불확실성을 대비하기 위해 사이버 재해를 모니터링, 감지, 예측한다.
그린 마케터	친환경 상품이나 서비스에 대한 마케팅 방법을 고안하고 이를 실행한다.
창의 트레이너	교육에 있어 창의성 개발이 중요한 만큼 아이들과 청소년의 창의력을 이끌어낸다.

위 내용을 비교과활동 특기사항이나 과세특에 활용한다.

• 진로활동 특기사항 예시 •

변화해 나갈 미래의 직업 세계를 알아보면서 동시에 새로운 직업을 탐구하는 시간을 가짐. 낯선 직업들이 많았지만, 관심이 가는 5가지 직업을 골라 그것에 대해 조사하고 친구들과 공유하면서 익숙해지는 경험을 함. 기존의 직업 중에서만 선택해야 한다고 생각했는데 이 책을 읽고 직업 선택의 폭이 넓어졌으며, 새로운 직업을 스스로 만들어갈 수 있다는 진취적인 태도를 갖게 됨. 미래 사회를 설명하는 여러 용어들을 살펴보면서 미래 사회를 대비할 수 있는 역량을 기르게 됨.

12월 15일	무기가 되는 스토리	도서 분야	자기계발
	도널드 밀러 | 윌북 | 2018	관련 과목	진로와 직업
		관련 학과	모든 학과

☑ 자신을 마케터라 가정하고, 스토리 브랜드 7단계에 맞춰 마케팅 전략을 세워본다.

스토리 브랜드 7단계	적용 계획
고객 캐릭터 설정	가정주부
난관 직면	바쁜 스케줄
가이드 만남	엄마가 할 일을 덜어줄 수 있는 가이드
계획 제시	청소 대행
행동 촉구	로봇 청소기 구매 유도
성공에 대한 도움	부족한 운동으로 인한 건강 악화 예방
성공으로 끝맺음	청소 시간 축소와 운동 시간 증가에 따른 건강 증진

☑ 자신이 세운 마케팅 전략을 알릴 수 있는 '킬링 한 줄'을 만들어본다.

엄마들의 건강한 생활을 되찾아줄 수 있는 "로봇 청소기"

☑ 자신이 하고 싶은 일과 관련해서, 한 문장으로 스스로를 브랜딩해본다.

- **금융 자문:** "은퇴를 위한 계획"
- **대학 동문회:** "의미 있는 유산을 남기세요"
- **고급 식당:** "모두가 기억할 한 끼"
- **부동산 중개회사:** "당신이 꿈꾸던 집"
- **서점:** "푹 빠져드는 이야기"
- **조식 식당 :** "건강한 하루의 시작"

☑ 위 내용을 비교과활동 특기사항이나 과세특에 활용한다.

• 진로활동 특기사항 예시 •

기업이 고객들을 대상으로 물건을 팔 때 어떤 과정을 거치는지 상세히 알게 됨. 책의 내용을 아는 것에 그치지 않고, 내가 마케터라 생각하고 스토리 브랜드 7단계를 구체적으로 적용해봄. 내가 원하는 분야와 관련해서 브랜드를 알릴 수 있는 한 문장을 만들어 보았고, 이를 통해 마케터와 카피라이터에 대해서도 다시금 생각해보게 됨. 문장을 공유하며 친구들의 번뜩이는 아이디어에 놀랐고, 긍정적인 피드백을 주고받음.

12월 16일

박철범의 하루 공부법

박철범 | 다산에듀 | 2022

도서 분야	자기계발
관련 과목	진로와 직업
관련 학과	모든 학과

자신이 '하루'에 공부를 얼마나, 어떤 방법으로 하고 있는지 살펴보자.

일정표를 만들어 자신의 '하루 공부법'을 꼼꼼하게 기록해본다. 막연하게 생각만 하는 것보다는 꼼꼼하게 적어보는 것이 좋다. 자신의 '공부 상태'에 대해 정확하게 알 수 있고, 부족한 부분 역시 보충해 나갈 수 있다.

자신의 공부법에 적용할 만한 것이 있는지 살펴보자.

과목별로 자신의 공부법을 적고, 이 책에서 제시해주는 공부법과 비교해보면서 참고하거나 바꿀 부분이 있는지 찾는다. 공부하는 시간을 많이 확보하는 것도 중요하지만, 올바른 방법이 맞는지 확인하는 것도 또한 중요하다.

공부는 마음가짐이 중요하다. 슬럼프가 왔을 때 극복할 수 있는 문구를 본문에서 찾아 적고, 자신의 마음을 기록해보자.

책에 등장하는 문구를 쓰고, 그 문구를 읽었을 때 자신의 마음이 어떠한지 적어본다. 공부하는 장소에 붙여두고 힘들 때마다 해당 구절을 통해 힘을 얻도록 한다.

위 내용을 비교과활동 특기사항이나 과세특에 활용한다.

• 진로활동 특기사항 예시 •

지금까지 이어 온 나의 공부법을 되짚어보면서, 변화와 개선이 필요한 부분을 찾고 좋은 자극을 받아 이에 대한 보고서를 작성함. 공부를 시작하기에 늦었다고 생각했으나, 고등학교 1학년 때 공부를 시작해도 열심히 하기만 하면 자신이 원하는 결과를 얻을 수 있다는 사실을 알게 됨. 체력관리도 공부라는 말을 보고 체력을 기르기 위해 짧은 시간이라도 운동하려고 노력함.

12월 17일	**성공하는 사람들의 7가지 습관** 스티븐 코비 | 김영사 | 1994	도서 분야	자기계발
		관련 과목	진로와 직업
		관련 학과	모든 학과

✅ 습관을 한 단어로 비유한 다음 그렇게 생각한 이유를 적어본다.

"습관은 밧줄과 같은 것이다. 우리는 습관이란 밧줄을 매일 짜고 있다. 이렇게 짜인 습관은 절대로 파손되지 않는다."라는 '호레이스 만'의 말처럼 습관의 중요성을 나타내는 말은 많다. 조금 부족하더라도 자신이 직접 습관을 하나의 단어로 표현해보고, 왜 그렇게 표현했는지 생각해보자.

✅ 이 책에 등장하는 아래의 내용을 바탕으로 〈자기 사명서〉를 작성해봅시다.

우리가 내면 깊이 불변하는 준거체계, 즉 인생지침을 갖고 있지 않다면 오늘날처럼 급변하는 환경에서 도저히 살아갈 수 없다. 격변의 상황에 대처하는 능력은 불변하는 인생의 지침에 달려 있다. 확고한 자기 사명이 있다면 우리는 어떤 변화도 헤쳐 나갈 수 있다. 또 편견이나 선입견에 따라 모든 대상, 모든 사람을 경솔하게 단정해 버리는 실수를 범하지 않게 된다.

• 〈자기 사명서〉 작성하기

✅ 위 내용을 비교과활동 특기사항이나 과세특에 활용한다.

• 진로활동 특기사항 예시 •

습관이 무엇인지 한 단어로 정리하여 발표함. 인생에서 가장 소중한 것이 무엇인지 생각해보고, 자기 사명서를 작성함. 세상을 바라보는 패러다임에 의해 삶이 달라진다는 것을 알게 됨. 책이 제시하는 7가지 습관 중 가장 필요한 것은 자기 삶의 주도권임을 깨닫고, 주변 사람들의 의사를 따르기보다는 내가 스스로 판단을 내리고, 그것에 대한 책임 또한 져야겠다고 다짐함.

12월
18일

그릿

앤절라 더크워스 | 비즈니스북스 | 2019

도서 분야	자기계발
관련 과목	진로와 직업
관련 학과	모든 학과

그릿이 무엇을 의미하고, 자신이 어느 정도의 그릿을 가지고 있는지 생각해본다.

그릿은 투지, 끈기, 불굴의 의지 모두를 아우르는 말로, 끝까지 해내는 태도를 말하는 것이다. 평소 자신의 삶을 돌아보고 별 다섯 개 만점으로 스스로의 그릿 별점을 매겨보자.

재능과 노력 중 무엇을 더 중요하게 여기는지 자신의 생각을 정리해본다.

재능을 더 중요하게 여기는 사람이든 노력을 더 중요하게 여기는 사람이든 이들 모두에게는 타당한 근거가 있다. 다만 우리가 변화시킬 수 있는 부분을 생각한다면, 타고난 재능보다는 노력이 더 중요하지 않나 하는 생각이 든다. 노력은 변화의 가능성을 높여주기 때문이다.

무엇을 할 때 열정이 있었는지, 그 열정을 지속하는 방법이 무엇인지 찾아본다.

위 내용을 비교과활동 특기사항이나 과세특에 활용한다.

• 진로활동 특기사항 예시 •

성공하는 사람들의 공통점을 바탕으로 내가 가진 '그릿'에 대해서도 생각함. 열정이 생기는 지점이 언제인지 기록해 각자의 포트폴리오를 만들고, 열정을 지속하는 방법을 찾아냄. 무엇인가 마음먹었을 때 주변 사람들에게 널리 알리고, 그것에 대해 꾸준히 생각하는 등의 노력을 하겠다고 발표함. 직업 선택 시 그릿을 최대한으로 발휘할 수 있을지 고려해야겠다는 다음을 했고, 청소년 시기에 심층적인 진로 탐색이 필요하다는 것을 느낌.

12월 19일

데일 카네기 자기관리론

데일 카네기 | 현대지성 | 2021

도서 분야	자기계발
관련 과목	진로와 직업
관련 학과	모든 학과

✅ 자신의 고민이나 걱정을 적어보고, 책에서 제시한 순서대로 문제를 해결해본다.

① 문제는 무엇인가?

② 문제의 원인은 무엇인가?

③ 문제를 해결할 수 있는 방법은 무엇인가?

④ 최선의 해결책은 무엇인가?

✅ 좋은 업무 습관 4가지를 참고하여 자신의 학습 습관 4가지를 만들어본다.

① 당장 처리해야 할 일과 관계없는 서류는 책상에서 치워버려라.

② 일의 우선순위를 두고 중요한 것부터 순서대로 처리하라.

③ 문제가 생기면 즉시 해결하고 결단을 미루지 마라.

④ 조직하고 위임하고 관리하는 법을 배워라.

✅ 문제를 극복한 본문의 사례들처럼 자신만의 이야기로 글을 써본다.

✅ 위 내용을 비교과활동 특기사항이나 과세특에 활용한다.

• 진로활동 특기사항 예시 •

걱정과 고민을 멈추고, 에너지를 새롭게 생성하는 방법에 대해서 고민함. 현재 내가 가지고 있는 문제를 떠올리고, 책에서 제시해 준 해결 방안을 차례대로 적용해보면서 실천함. 좋은 업무 습관을 나의 학습 습관에 빗대어보고, 앞으로 좋은 습관을 만들어나가겠다고 발표함. 문제 극복의 사례들을 읽으면서 깊은 감명을 받았고, 현재 내가 가진 고민이 해결되었다고 가정하고, 자전적인 글을 써 친구들과 공유함.

12월 20일	아주 작은 습관의 힘	도서 분야	자기계발
	제임스 클리어 | 비즈니스북스 | 2019	관련 과목	진로와 직업
		관련 학과	모든 학과

✅ 매일 1%씩 성장했을 때 어떤 변화가 일어나는지 살펴보고 생각을 정리해본다.

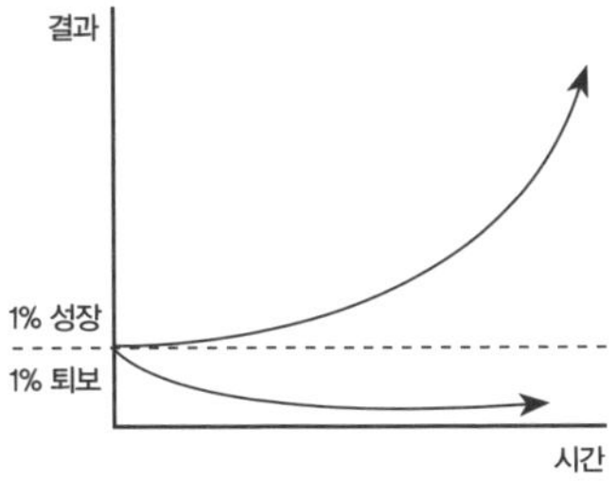

1년간 1%씩 퇴보할 경우 $0.99^{365} = 00.03$

1년간 1%씩 성장할 경우 $1.01^{365} = 37.78$

매일 1%씩 성장한다면 1년 후에는 약 37배 성장할 수 있다. 작은 습관의 힘을 수치로 느낄 수 있는 것이다. 그러나 그 변화는 천천히 오기 때문에 인내하며 기다리는 자세가 필요하다.

✅ 긍정적인 습관과 부정적인 습관의 차이점을 정리해본다.

긍정적인 습관이 쌓이면 생산성이 높아지고, 지식이 쌓이고, 다른 사람들과 더 나은 관계를 맺으면서 삶에 좋은 영향을 미친다. 부정적인 습관이 쌓이면 스트레스가 쌓이고, 부정적인 생각에 빠지며, 다른 사람들에게도 자주 분노를 터뜨리면서 삶에 나쁜 영향을 미친다. 부정적인 습관은 점차 줄이려고 노력하고, 긍정적인 습관은 많이 만들도록 노력하면 우리 인생에서 습관의 힘을 누릴 수 있을 것이다.

✅ '낙담의 골짜기'를 어떻게 견딜 것인지 생각해본다.

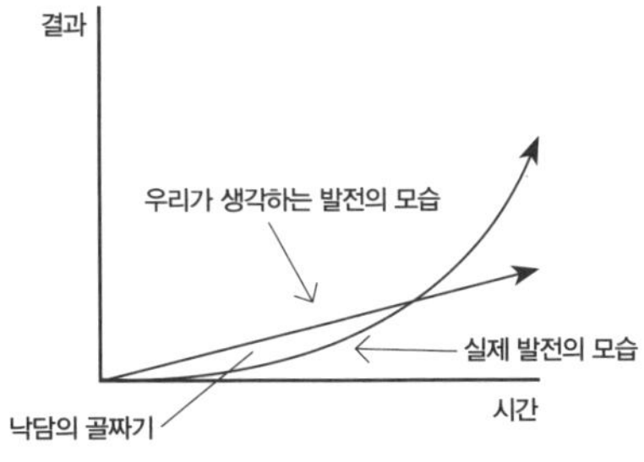

우리의 기대와는 다르게 현실에서는 노력의 결과가 늦게 나타난다. 몇 주, 몇 달 동안 아무런 변화가 나타나지 않을 수도 있다. 이 구간이 바로 '낙담의 골짜기'다. 포기하지 않고 끝까지 노력하면 임계점을 돌파했을 때 엄청난 성과가 기다리고 있을 것이다.

✅ 위 내용을 비교과활동 특기사항이나 과세특에 활용한다.

• 진로활동 특기사항 예시 •

만들고 싶은 습관이 있다면 이것을 잘게 쪼개 작은 것부터 하나씩 만들어야겠다고 생각함. 좋은 습관은 분명해야 하고, 매력적이어야 하며, 실천이 쉽고 만족도가 커야 한다는 것을 기억하고 습관 형성 시 참고함. 좋은 습관을 만들면 그에 따른 변화가 금방 일어날 거라고 예상하는데, 사실 생각만큼 빠른 변는 나타나지 않으며 이를 '낙담의 골짜기'라고 한다. 이 사실을 인정하게 되니 오히려 마음이 편안해지고, 새로운 습관 형성에 대한 부담이 줄고 여유가 생김.

12월 21일	**아티스트 웨이**	도서 분야	자기계발
	줄리아 캐머런 | 경당 | 2012	관련 과목	진로와 직업
		관련 학과	모든 학과

✅ '모닝 페이지'와 '아티스트 데이트'가 무엇인지 적고, 직접 실천해본다.

- **모닝 페이지:** 매일 아침 의식의 흐름을 세 쪽 정도씩 적는 것. 내면의 검열관에게 휘둘리지 않도록 도와주는 훈련
- **아티스트 데이트:** 일주일에 두 시간, 자기 내면의 아티스트를 만나는 것이다. 내면에서 솟구치는 영감에 귀 기울이는 것을 돕는다.

✅ 정신을 빼놓으려고 하는 사람들의 유형을 정리해본다.

- 약속을 깨뜨리고 계획을 엉망으로 만들어놓는다.
- 특별대우를 바란다.
- 당신의 사정을 별로 중요하게 생각하지 않는다.
- 당신의 시간과 돈을 낭비하게 한다.
- 트집 잡는 데는 전문가이고, 중간에서 이간질한다.
- 질서를 싫어하고, 자신이 끼치는 피해를 인정하지 않는다.

✅ '창조적 자아의 선서'를 반복해보면서, 내면에 어떤 변화가 일어나는지 기록해본다.

나는 재능 있는 사람이다, 나는 아티스트가 될 권리가 있다, 창조성은 내가 기꺼이 받아들인 축복이다, 나의 창조성은 다른 사람들을 행복하게 한다, 이제 나는 나 자신과 나의 창조성을 더욱 소중히 다룬다, 이제 나는 나의 창조성을 열린 마음으로 다른 사람들과 나눈다, 이제 나는 희망을 받아들인다, 이제 나는 확신 있게 행동한다, 이제 나는 나 자신에게 치유를 허락한다, 이제 나는 내 삶을 보호하는 신의 도움을 받아들인다, 이제 나는 신이 아티스트를 사랑한다는 것을 믿는다.

✅ 위 내용을 비교과활동 특기사항이나 과세특에 활용한다.

• 진로활동 특기사항 예시 •

12주간의 워크숍을 진행하기로 마음먹고, 친구들과 함께 실천함. 창조성 회복을 위해 모닝 페이지를 쓰기 시작했고 이를 통해 나의 '진짜 감정'을 알게 되었음. 처음에는 분량 때문에 버거웠는데 상쾌한 아침을 맞이하는 기쁨을 알게 되었고, 평생 쓰겠다고 다짐함. 모든 사람이 창조성을 드러내지 않은 채 살고 있음을 깨달음. 이 책을 통해 나의 창조성을 찾을 수 있어서 기뻤고, 이를 보고서에 작성함.

12월 22일

몰입 Think hard!

황농문 | 알에이치코리아 | 2007

도서 분야	자기계발
관련 과목	진로와 직업
관련 학과	모든 학과

✅ 관심 있는 분야에서 '몰입'을 통해 성공한 사람들의 사례를 조사해본다.

✅ 몰입을 위한 5단계를 삶에 적용해보고, 단계별로 느낀 점을 기록해본다.

단계	삶에 적용하기	느낀 점
1단계 • 생각하기 연습		
2단계 • 천천히 생각하기		
3단계 • 최상의 컨디션 유지		
4단계 • 두뇌 활동의 극대화		
5단계 • 가치관의 변화		

✅ Hard work 패러다임과 Think hard 패러다임을 비교해보고, 자신의 패러다임을 설명해본다.

	Hard work 패러다임	Think hard 패러다임
뜻	매일 열심히 일하는 것이 최선	머리를 쓰지 않으면 아무리 열심히 연구해도 그저 그런 결과만 나옴
행동	자신이 무슨 일을 하는지 생각하지 않고 그저 열심히 출퇴근을 반복	자신이 하는 일의 의미가 무엇인지 깊이 생각함

〈자신의 패러다임은?〉

✅ 위 내용을 비교과활동 특기사항이나 과세특에 활용한다.

• 진로활동 특기사항 예시 •

성공한 사람들의 공통점이 '몰입의 경험'임을 알게 되었고, 실제로 어떤 과정을 통해 몰입하게 되었는지 알게 됨. 미션을 통해 몰입의 다섯 단계를 경험해보고, 친구들과 서로의 느낌을 공유함. Hard work 패러다임과 Think hard 패러다임을 내 삶에 빗대어 설명하면서 내가 어떠한 패러다임을 가진 사람인지 분석함. 자신이 하는 일의 의미를 생각해보고, 어떤 자세로 일해야 할지 먼저 판단해야 좋은 결과를 얻을 수 있다는 것을 또한 알게 됨.

12월 23일

보도 섀퍼의 이기는 습관

보도 섀퍼 | 토네이도 | 2022

도서 분야	자기계발
관련 과목	진로와 직업
관련 학과	모든 학과

본문에 나오는 오리와 독수리의 모습을 표로 정리해본다.

	오리	독수리
일에 대한 반응	감당할 여력이 없으면 포기한다.	감당해 내기 위한 방법을 찾는다.
일하는 태도와 속도	꼭 필요한 일만 하며, 천천히 일한다.	남들보다 더 많이, 더 빨리 처리한다.
배움에 대한 태도	모든 것을 안다고 여기며, 배우지 않는다.	언배울 기회가 생기면 쏜살같이 낚아챈다.
위험에 대한 반응	리스크를 최대한 피하려고 한다.	리스크를 감수하고 용감하게 행동한다.

자신이 받아들여야 할 습관 3개를 본문에서 고르고, 그에 따라 실천해본다.

받아들일 습관	실천 연습
스트레스를 내 편으로 만들어라	• 기계처럼 너무 많은 일을 하지 않는다. • 자신에게 완벽함을 요구하지 않는다. • 연속적인 성공에 대한 기대치를 낮춘다.
신의 테스트를 통과하라	• '지독하다', '미친 것 같다'라는 말을 들을 만한 일을 구상한다. • 아무도 못 해낼 것 같은 일들을 기획하라.
오래된 습관을 과감히 버려라	• 이 정도면 잘 하고 있다고 생각했던 일들을 점검한다. • 슬로건을 만들어 눈에 잘 띄는 곳에 붙여 둔다. • 하루 한 번, '나는 누구를 위해 일하는가?'라고 질문한다.

위 내용을 비교과활동 특기사항이나 과세특에 활용한다.

• 진로활동 특기사항 예시 •

30가지의 습관에 대해 읽고, 내 삶에 반영시킬 것이 무엇인지 생각해보는 시간을 가짐. 책에 있는 다양한 명언 중 마음에 드는 것을 골라 눈에 잘 띄는 곳에 붙이고, 반복해서 읽으며 익숙해지기 위해 노력함. 오리와 독수리의 비교를 통해 독수리 같은 사람이 되어야겠다는 생각을 했고, 일을 대하는 마음가짐과 태도의 중요성을 새삼 깨달음. 현재 내게 필요한 습관 세 가지를 고르고 실천 방안을 고민한 후 친구들과 공유하면서 서로를 격려하는 시간을 가짐.

12월 24일

나폴레온 힐 성공의 법칙

나폴레온 힐, 김정수 | 중앙경제평론사 | 2022

도서 분야	자기계발
관련 과목	진로와 직업
관련 학과	모든 학과

✅ 본문에서 제시한 성공 법칙 15가지를 자신에게 적용시켜본다.

	법칙	자신에게 적용
1	명확한 목표	
2	자기 확신	
3	저축하는 습관	
4	리더십	
5	상상력	
6	열정	
7	자제력	
8	보수보다 많은 일을 하는 습관	
9	유쾌한 성품	
10	정확한 사고	
11	집중력	
12	협력	
13	실패에서 얻는 교훈	
14	인내	
15	황금률 이행	

✅ 15가지 성공 법칙 중 가장 중요하다고 생각하는 것을 찾고 그 이유를 적어본다.

명확한 목표: 명확한 목표 없이는 다른 법칙들이 무의미하다고 생각한다. 자신에게 가장 중요한 것이 무엇인지 찾아보는 과정을 통해 나머지 법칙들을 자연스레 받아들이고 실천할 수 있기 때문이다.

✅ 위 내용을 비교과활동 특기사항이나 과세특에 활용한다.

• 진로활동 특기사항 예시 •

성공의 법칙을 내용으로만 받아들이는 것이 아니라 삶에 적용해보면서 성공의 토대를 마련해가는 시간을 가짐. 성공 법칙 중 내가 생각하기에 가장 중요한 것이 무엇인지 정해보고, 친구들과 서로 의견을 공유함. '성공 법칙'이 가지는 의미에 대해 깊이 생각해보는 계기가 됨.

12월 25일	어떻게 살아야 하는가	도서 분야	자기계발
	이나모리 가즈오 | 다산북스 | 2022	관련 과목	진로와 직업
		관련 학과	모든 학과

✅ 자신이 바라는 미래의 모습을 생생하게 그려본다.

미래의 모습을 머릿속에서 세밀하게 구현해보고, 그것이 완전히 자신의 잠재의식 속에 스며들 정도가 되면 그 꿈에 한 걸음 더 다가설 수 있다. 글로 표현해도 좋고, 사진을 찾아 이미지로 나타내 봐도 많은 동기 부여가 될 것이다.

✅ 자신의 가능성을 잠재의식까지 스며들게 하는 방법을 조사해보고, 실천해본다.

처음에는 간절했던 마음도 시간이 지나면 옅어지기 마련이다. 가능성을 잠재의식에 스며들게 하려면 자신이 원하는 것을 매일 반복해서 쓰거나, 반복해서 읽어야 한다. 어느 정도 시간이 지나 그 마음이 조금씩 옅어진다는 생각이 들면 쓰고 읽는 과정을 계속 반복한다. 그러다 보면 어느새 성취감을 맛보게 되고, 성취감을 맛볼수록 가능성에 대한 스스로의 신뢰가 더욱 커진다.

✅ 몰입을 위한 5단계를 삶에 적용해보고, 단계별로 느낀 점을 기록해본다.

우리의 일상은 누군가에게는 당연한 일이 될 수도 있고 또 누군가에게는 감사한 일이 될 수도 있다. 평범한 일상이더라도 감사한 일을 찾는 습관을 길러본다.

	월요일	화요일	수요일	목요일	금요일	토요일	일요일
감사한 일 3가지							

✅ 위 내용을 비교과활동 특기사항이나 과세특에 활용한다.

• 진로활동 특기사항 예시 •

자신이 원하는 삶을 살기 위해서는 그 모습을 생생하게 그려야 한다는 것을 알고, 내가 원하는 모습을 사진으로 나타냄. 목표 달성에 대한 가능성을 가진 사람임을 믿고 그 의지를 잠재의식에 스며들게 하기 위해 노력함. 한 달 동안 꾸준히 실천한 결과 스스로 가능성이 있는 사람이라는 것을 알게 되었고 자신감이 붙음. 감사한 일 3가지를 찾아 매일 적었고, 친구들에게도 추천함.

12월 26일

아웃라이어

말콤 글래드웰 | 김영사 | 2019

도서 분야	자기계발
관련 과목	진로와 직업
관련 학과	모든 학과

'1만 시간의 법칙'을 어떤 분야에서, 어떤 방식으로 적용할 수 있을지 계획을 세워본다.

1만 시간(하루 세 시간, 일주일 스무 시간씩 10년)은 여러 의미에서 흥미롭다. 이 정도로 많은 시간을 오랫동안 투자하기 위해서는 반드시 그만큼의 의지가 뒤따라야 한다. 자신의 인생에서 1만 시간을 투자할 만한 것이 무엇인지 고민해보는 것만으로도 유익한 경험이 될 것이다.

본문에서 다루는 사례 외에 '아웃라이어'의 특징에 대해 살펴본다.

어떤 한 분야에서 성공한 사람들을 '아웃라이어'라 일컬으며, 그렇게 성공한 사람들은 해당 분야에 완전히 몰입되어 있음을 알 수 있다. "○○ 분야의 롤 모델을 정하고 싶은데 누가 있을까요?"라고 물었을 때, 즉시 그 사람의 이름이 나오는 것은 어쩌면 당연한 일일지도 모른다. 아웃라이어는 주변 사람들의 인정을 받고, 그로 인해 더 많은 기회를 얻게 된다.

시대적 상황이 자신의 성공에 영향을 미친다고 말한다. 성공을 이루고 싶은 분야를 찾아보고, 그것과 현재의 시대상을 연결시켜 생각해본다.

요즘 자동차에 관심이 많이 생겼다. 전기차가 각광받는 지금 시대에 AI 기술을 접목한 새로운 차량 개발에 이바지하고 싶다. 내가 성인이 된 이후에는 더 많은 모델이 출시되겠지만, 언젠가는 나의 아이디어가 도입된 차가 고속도로를 내달릴 거라고 믿는다.

위 내용을 비교과활동 특기사항이나 과세특에 활용한다.

• 진로활동 특기사항 예시 •

아웃라이어(성공한 사람)가 된 사람들의 특성을 살펴보고, 내가 성공하고 싶은 분야와 연결시켜 생각해봄. 책에 등장한 요소 외 아웃라이어가 되기 위한 다른 요소나 특징이 있는지 찾아보고, 친구들과 공유하며 아웃라이어를 이전보다 폭넓게 이해하게 됨. 특히 '1만 시간의 법칙'에 크게 자극을 받았고, 내 인생에서 1만 시간을 투자해보고 싶은 분야와 그 시간을 바람직하고 효율적으로 활용하는 방안도 함께 구상해봄.

12월 27일

타이탄의 도구들

팀 페리스 | 토네이도 | 2022

도서 분야	자기계발
관련 과목	진로와 직업
관련 학과	모든 학과

✅ '타이탄들의 루틴'을 통해 자신이 할 수 있는 5가지 루틴을 적고 실천해본다.

① 타이탄의 80% 이상이 매일 가벼운 명상을 한다.
② 오직 자신의 힘으로 고객과 클라이언트를 사로잡은 '성공'을 경험했다.
③ 창의적인 작업을 할 때마다 반복해서 틀어놓는 노래 한 곡이 있다.
④ 실패는 오래가지 않는다는 확고한 믿음을 갖고 있다.
⑤ 자신의 약점들을 받아들이고, 그것들을 경쟁력 있는 기회로 바꿔냈다.

✅ 타이탄들의 '기상 후 루틴'을 살펴보고, 행동의 의미를 분석해본다.

① **잠자리 정리:** 작지만 뭔가 해냈다는 성취감이 다른 일에 대한 용기로 발전한다.
② **명상:** 현재 상황을 직시하고, 침착한 태도를 유지한다.
③ **스트레칭:** 가벼운 스트레칭으로 잠을 깨우면 기분에 극적인 영향을 미친다.
④ **차 마시기:** 인지능력 개선과 지방 분해에 탁월하다.
⑤ **일기 쓰기:** 현재에 감사하는 마음을 가지며, 미래에 대한 불안을 줄인다.

✅ 타이탄들의 아이디어 작성 목록을 참고해, 자신의 아이디어를 만들어본다.

① 직접 발명할 수 있는 우스꽝스러운 물건 10개
② 내가 쓸 수 있는 10권의 책 제목
③ 촬영 가능한 팟캐스트나 동영상 아이디어 10가지
④ 예전에 쓴 짧은 메모나 게시물을 이용해 수익을 올리는 10가지 방법
⑤ 친구가 되고 싶은, 전혀 모르는 10명의 사람

✅ 사회초년생들에게 해주는 3가지 이야기를 적고, 자신의 생각을 정리해본다.

① 당신이 생각하는 것만큼 당신은 유능하거나 주요한 인물이 아니다.
② 당신은 태도를 조금은 바꿀 필요가 있다.
③ 당신이 아는 것, 혹은 배운 것은 대부분 시대에 뒤떨어지거나 잘못된 것들이다.

✅ 위 내용을 비교과활동 특기사항이나 과세특에 활용한다.

• 진로활동 특기사항 예시 •

자신의 분야에서 최정상에 오른 사람들에게는 대단하고 극적인 무엇인가가 있을 거라 생각했는데, 반드시 지키는 루틴 외에는 우리처럼 평범한 사람이라는 것을 알게 됨. 글쓰기에 관심이 생겨 친구들과 모임을 만들어 일주일에 한 편씩 써보기로 함. 특히 '아침 일기'에 깊은 감명을 받았고, 기상 후 감사한 일을 쓰는 것으로 하루를 시작하겠다고 보고서에 작성함.

12월 28일

위대한 나의 발견 강점혁명

갤럽 프레스 | 청림출판 | 2021

도서 분야	자기계발
관련 과목	진로와 직업
관련 학과	모든 학과

✅ '단점의 보완'과 '강점의 발전' 중 무엇이 자신에게 도움이 될지 정리해본다.

예전에는 단점이 없는 사람이 되고자 노력했는데, 이 책을 읽고 나서는 강점을 발전시키는 데 주력해야겠다는 생각이 듦. 나의 강점이 무엇인지 생각해보고, 그것을 발전시킬 방법을 고안해냄.

✅ 책에서 제시한 강점 테스트를 실시해보고, 자신에게 해당하는 강점을 정리해본다.

강점	특징	실행 아이디어
책임	하겠다고 마음먹은 일은 끝까지 책임진다.	'나는 일을 완수하는 사람'이므로 믿고 맡길 수 있음을 주변에 알린다.
정리	복잡한 상황을 정리할 수 있게 변수를 조작한다.	컨벤션, 파티, 회사 기념일 등 큰 행사의 조직을 맡는다.
존재감	다른 사람들에게 나의 가치를 드러낸다.	성과가 눈에 보이도록, 가시적인 목표를 달성한다.
심사숙고	간단명료하면서도 실용적인 사고를 한다.	특정 유형의 활동이나 작업과 관련된 단어 등을 통달한다.
집중	호기심을 불러일으키는 것들에 강하게 몰입한다.	탐구하는 데 있어 다른 사람들보다 더 많은 시간을 투자할 수 있다.

✅ 위 내용을 비교과활동 특기사항이나 과세특에 활용한다.

• 진로활동 특기사항 예시 •

단점의 보완보다 강점의 개발이 성공에 더 유리하게 작용한다는 것을 알게 됨. 다섯 가지 강점을 정하고, 그것에 대해 철저하게 분석하는 시간을 가짐. 친구들과 각자의 강점에 대해 얘기를 나누면서 도움이 되는 피드백을 주고받음. 강점을 알고, 그것을 개발시켜 나가는 방법을 본문에서 찾음. 실천 가능한 방법이 아니면 과감히 버리고, 실천할 수 있는 방법만 기록한 후 그대로 실행에 옮김.

12월 29일

회복탄력성

김주환 | 위즈덤하우스 | 2019

도서 분야	자기계발
관련 과목	진로와 직업
관련 학과	모든 학과

✅ 회복탄력성을 이루는 각 요소들을 정리해본다.

요소	하위요소	설명
자기조절능력	감정조절	스스로의 감정을 인식하고 조절하는 능력
	충동통제	동기를 스스로 부여하고 조절하는 능력
	원인분석	문제에 대한 원인을 정확하게 진단하는 능력
대인관계능력	소통	건강한 인간관계를 맺고 오래도록 유지하는 능력
	공감	타인의 심리나 감정 상태를 잘 읽어내는 능력
	자아확장	자신이 다른 사람과 연결되어 있다고 느끼는 정도

✅ 일상 속에서 회복탄력성을 기르기 위해서는 어떤 노력이 필요한지 적어본다.

똑같은 상황을 겪어도 회복탄력성이 있는 사람과 그렇지 않은 사람의 태도는 확연히 다르다. 태도가 다르면 이후의 삶에 미치는 영향 또한 달라진다. 회복탄력성의 중요성을 깨닫고, 일상생활에서 어떤 노력을 할 수 있는지 기록한 후 실천해본다.

✅ 스스로 회복탄력성이 높은 사람이라고 가정하고, 삶에 어떻게 적용할지 고민해본다.

회복탄력성이 높은 사람들은 자신의 실수에 대해 예민하게 반응하면서도 실수를 두려워하지 않는 특징이 있다. 자신이 어떤 실수 앞에서 두려움을 느끼는지 생각해보고, 회복탄력성이 높은 사람은 그 상황에서 어떻게 생각하고 대처할지 생각해보면서 스스로 행동을 점검해본다.

✅ 위 내용을 비교과활동 특기사항이나 과세특에 활용한다.

• 진로활동 특기사항 예시 •

회복탄력성이 높은 사람은 똑같은 상황에서도 그 상황을 긍정적으로 인식하며 성공의 발판을 마련한다는 것을 알게 됨. 회복탄력성은 후천적으로 얼마든 키울 수 있다는 것을 깨닫고 친구들과 회복탄력성을 높이는 방법을 공유, 각자에게 적합한 방법을 찾기 위해 노력함. 실수에 대한 두려움을 느끼는 경우를 글로 씀으로써 회복탄력성이 높은 사람이라면 그 상황에서 어떻게 생각하고 행동할지 짐작해봄.

12월 30일	**시작의 기술**	도서 분야	자기계발
	개리 비숍 | 웅진지식하우스 | 2019	관련 과목	진로와 직업
		관련 학과	모든 학과

✅ '변화를 위한 가장 간단한 변화'는 '지금 하고 있는 일을 그만두는 것'과 '앞으로 나아갈 수 있는 행동을 하는 것'이다. 현재의 삶에서 그만둬야 할 것과 앞으로 나아가기 위해 해야 할 것들을 적어본다.

	당장 그만둬야 할 일	앞으로 나아가기 위해 해야 할 일
1		
2		
3		

✅ 생각과 행동 중 무엇에 중점을 둘지 자신의 생각을 적어본다.

아무리 좋은 생각을 하더라도 행동으로 옮기지 못하면, 생각을 하지 않은 것과 다를 바 없다. 좋은 생각을 하는 것도 물론 중요하지만, 그보다는 그 생각을 행동으로 옮기는 것이 더 중요하다.

✅ 자신이 어떤 일에 가진 기대가 무엇인지에 대해 생각해본다.

뜻대로 진행되지 않는 일을 골라 '원래'라면 어떻게 되어야 하는지 최대한 구체적으로 적고, 실제로 지금의 상황은 또 어떠한지 자세히 적어본다. 이 두 가지를 비교해보면 자신이 기대했던 것과 지금 실제로 가진 것의 격차를 느낄 수 있다. 숨겨진 기대가 바로 그 격차에 들어있다.

✅ 위 내용을 비교과활동 특기사항이나 과세특에 활용한다.

• 진로활동 특기사항 예시 •

성공한 사람들이 인생을 어떠한 방식으로 바라보는지 알게 되었음. 부정적인 생각은 삶의 모든 면에 악영향을 미친다는 것을 여러 사례를 통해 확인했고, 긍정적인 인식의 함양을 위해 본문의 단언을 여러 번 필사함. '7가지 시작의 기술'을 내 삶에 어떤 방식으로 적용할 수 있을지 생각해보고, 친구들과 서로의 생각을 공유함.

12월 31일	럭키 드로우	도서 분야	자기계발
	드로우앤드류 | 다산북스 | 2022	관련 과목	진로와 직업
		관련 학과	모든 학과

✅ 자신이 어떤 일에 가진 기대가 무엇인지에 대해 생각해본다.

자신을 브랜딩하는 사람들이 늘고 있는 추세다. 자신의 가치를 자기 스스로 만들어가는 것이 곧 경쟁력인 것이다. 물론 브랜딩에만 혈안이 돼서 스스로를 지나치게 '상품화'해서는 안 된다. 자기 자신이 필요 이상으로 소비된다면 그로 인해 몸과 마음의 건강을 잃을 수도 있기 때문이다.

✅ 레버를 당겨야 하는 순간이 왔을 때, 어떻게 행동할 것인지 구체적으로 묘사해본다.

준비된 자에게 기회가 온다는 말이 있다. 이는 준비되지 않으면 기회가 와도 잡을 수 없다는 뜻이다. 그 기회가 언제 올지 모른다는 것 또한 '준비'의 필요성을 다시금 상기시킨다. 그 순간 자신 있게 레버를 당기기 위한 초석을 다진 후, 기회를 포착하는 예민함도 길러야겠다.

✅ 셀프 브랜딩의 수단으로 SNS 등의 플랫폼을 활용하고 있다면 어떤 플랫폼을, 어떻게 사용하는 것이 자신에게 가장 적합할지 생각해본다.

인스타그램 부계정으로 책 리뷰를 작성하고 있다. 내가 읽은 책이나 댓글에 달린 추천 책을 사진과 함께 리뷰하는 식이다. 북 리뷰어로서 아직 이렇다 할 협찬을 받고 있지는 않지만 꼭 협찬이나 광고만을 위한 행위가 아니기에, 나 자신을 좋은 북 리뷰어로 성장시키는 데 우선 집중하려 한다. 블로그나 기타 SNS 플랫폼은 비교적 노출 빈도가 적고 접근성이 떨어져 큰 이변이 없다면 인스타그램에서만 꾸준히 활동하게 될 것 같다.

✅ 위 내용을 비교과활동 특기사항이나 과세특에 활용한다.

• 진로활동 특기사항 예시 •

인생에서 레버를 당겨야 하는 순간(절호의 기회)이 왔을 때 어떻게 행동할 것인지 구체적으로 생각한 후 보고서를 작성함. 지금 당장의 효과는 드러나지 않지만, 내가 좋아하는 일을 지속적으로 하고 그것이 다른 사람에게 도움이 되었을 때 돈은 자연스럽게 따라온다는 것을 깨닫고 이에 대해 친구들과 의견을 나눔. 자기만의 방식으로 셀프 브랜딩의 의미를 재해석하는 경험을 함.

월별 참고도서 목록

1월

《미움받을 용기》 | 기시미 이치로, 고가 후미타케 | 인플루엔셜 | 2022
《최재천의 공부》 | 최재천, 안희경 | 김영사 | 2022
《몰입의 즐거움》 | 미하이 칙센트미하이 | 해냄출판사 | 2021
《생각의 탄생》 | 로버트 루트번스타인, 미셸 루트번스타인 | 에코의서재 | 2007
《식탁 위의 세상》 | 켈시 티머먼 | 부키 | 2016
《공간의 미래》 | 유현준 | 을유문화사 | 2021
《강원국의 글쓰기》 | 강원국 | 메디치미디어 | 2018
《읽는 인간 리터러시를 경험하라》 | 조병영 | 쌤앤파커스 | 2021
《예술 수업》 | 오종우 | 어크로스 | 2015
《로봇 시대, 인간의 일》 | 구본권 | 어크로스 | 2020
《미디어 리터러시, 세상을 읽는 힘》 | 강용철, 정형근 | 샘터 | 2022
《열 두 발자국》 | 정재승 | 어크로스 | 2023
《설득의 논리학》 | 김용규 | 웅진지식하우스 | 2020
《빅터 프랭클의 죽음의 수용소에서》 | 빅토르 E. 프랑클 | 청아출판사 | 2020
《도파민네이션》 | 애나 렘키 | 흐름출판 | 2022
《총, 균, 쇠》 | 재레드 다이아몬드 | 김영사 | 2023
《유튜브는 책을 집어삼킬 것인가》 | 김성우, 엄기호 | 따비 | 2020
《이어령의 마지막 수업》 | 김지수, 이어령 | 열림원 | 2021
《휴먼카인드》 | 뤼트허르 브레흐만 | 인플루엔셜 | 2021
《아내를 모자로 착각한 남자》 | 올리버 색스 | 알마 | 2022
《팩트풀니스》 | 한스 로슬링 | 김영사 | 2020
《사피엔스》 | 유발 하라리 | 김영사 | 2023
《아픔이 길이 되려면》 | 김승섭 | 동아시아 | 2017
《클루지》 | 개리 마커스 | 갤리온 | 2023
《언어의 역사》 | 데이비드 크리스탈 | 소소의책 | 2020
《인간 본성의 법칙》 | 로버트 그린 | 위즈덤하우스 | 2019
《미디어의 이해》 | 허버트 마셜 매클루언 | 커뮤니케이션북스 | 2011
《읽었다는 착각》 | 조병영 외 6명 | EBS BOOKS | 2022
《내가 틀릴 수도 있습니다》 | 비욘 나티코 린데블라드 | 다산초당 | 2022
《인스타 브레인》 | 안데르스 한센 | 동양북스 | 2020
《정리하는 뇌》 | 대니얼 J. 레비틴 | 와이즈베리 | 2015

2월

《에밀》 | 장 자크 루소 | 돋을새김 | 2015

《루소, 학교에 가다》 | 조상식 | 탐 | 2013

《공자, 지하철을 타다》 | 김종옥, 전호근 | 탐 | 2013

《논어, 사람의 길을 열다》 | 배병삼 | 사계절 | 2005

《철학 통조림》 | 김용규 | 주니어김영사 | 2016

《군주론》 | 니콜로 마키아벨리 | 현대지성 | 2021

《소크라테스적 성찰》 | 엄정식 | 메이트북스 | 2019

《성찰》 | 르네 데카르트 | 풀빛 | 2014

《생각이 많은 10대를 위한 철학 사전》 | 황진규 | 나무생각 | 2021

《철학의 숲》 | 브랜던 오더너휴 | 포레스트북스 | 2020

《철학의 역사》 | 나이절 워버턴 | 소소의책 | 2019

《에티카》 | 베네딕투스 데 스피노자 | 서광사 | 2007

《공리주의》 | 존 스튜어트 밀 | 현대지성 | 2020

《차라투스트라는 이렇게 말했다》 | 프리드리히 니체 | 민음사 | 2004

《실존주의는 휴머니즘이다》 | 장 폴 사르트르 | 문예출판사 | 2013

《몽테뉴의 수상록》 | 미셸 몽테뉴 | 메이트북스 | 2019

《장자》 | 장자 | 글항아리 | 2019

《논어》 | 공자 | 현대지성 | 2018

《한국철학 에세이》 | 김교빈 | 동녘 | 2008

《성학십도》 | 퇴계 이황 | 풀빛 | 2005

《격몽요결》 | 율곡 이이 | 을유문화사 | 2022

《탈무드》 | 유대인 랍비 | 인디북 | 2001

《토마스 아퀴나스의 신학대전 읽기》 | 양명수 | 세창미디어 | 2014

《고백록》 | 아우구스티누스 | CH북스 | 2016

《인간 붓다》 | 법륜 | 정토출판 | 2010

《무소유》 | 법정 | 범우사 | 2004

《마더 테레사》 | 신홍범 | 두레 | 2016

《아름다운 빈손 한경직》 | 김수진 | 홍성사 | 2010

3월

《하늘과 바람과 별과 시》 | 윤동주 | 더스토리 | 2023

《님의 침묵》 | 한용운 | 열린책들 | 2023

《정지용 전집 1 시》 | 정지용 | 민음사 | 2016

《가난한 사랑노래》 | 신경림 | 실천문학사 | 2013

《이육사 시집》 | 이육사 | 범우사 | 2019

《껍데기는 가라》 | 신동엽 | 시인생각 | 2010

《무정》 | 이광수 | 민음사 | 2010

《삼대》 | 염상섭 | 문학과지성사 | 2004

《천변풍경》 | 박태원 | 문학과지성사 | 2005

《태평천하》 | 채만식 | 민음사 | 2022

《카인의 후예》 | 황순원 | 문학과지성사 | 2006

《광장/구운몽》 | 최인훈 | 문학과지성사 | 2014

《난장이가 쏘아올린 작은 공》 | 조세희 | 이성과 힘 | 2000

《황만근은 이렇게 말했다》 | 성석제 | 창비 | 2002

《시인 동주》 | 안소영 | 창비 | 2015

《땀 흘리는 소설》 | 김혜진 외 8명 | 창비교육 | 2019

《불편한 편의점》 | 김호연 | 나무옆의자 | 2021

《눈길》 | 이청준 | 문학과지성사 | 2012

《장마》 | 윤흥길 | 민음사 | 2005

《원미동 사람들》 | 양귀자 | 쓰다 | 2012

《관촌수필》 | 이문구 | 문학과지성사 | 2018

《방망이 깎던 노인》 | 윤오영 | 범우사 | 2000

《문학의 숲을 거닐다》 | 장영희 | 샘터 | 2022

《인연》 | 피천득 | 민음사 | 2018

《한국 현대희곡선》 | 김우진 외 9명 | 문학과지성사 | 2021

《이근삼 전집 1》 | 이근삼 | 연극과인간 | 2008

《화랑의 후예, 밀다원 시대》 | 김동리 | 교보문고 | 2013

《시용향악보》 | 작자미상 | 지식을만드는지식 | 2011

《호질 양반전 허생전》 | 박지원 | 범우사 | 2014

《열하일기》 | 박지원 | 보리 | 2010

《금오신화》 | 김시습 | 민음사 | 2009

4월

《죽은 시인의 사회》 | N. H. 클라인바움 | 서교출판사 | 2004

《화씨 451》 | 레이 브래드버리 | 황금가지 | 2009

《연을 쫓는 아이》 | 할레드 호세이니 | 현대문학 | 2022

《파리대왕》 | 윌리엄 골딩 | 문예출판사 | 1999

《스토너》 | 존 윌리엄스 | 알에이치코리아 | 2015

《오만과 편견》 | 제인 오스틴 | 민음사 | 2003

《호밀밭의 파수꾼》 | 제롬 데이비드 샐린저 | 민음사 | 2023

《기억 전달자》 | 로이스 라우리 | 비룡소 | 2007

《연금술사》 | 파울로 코엘료 | 문학동네 | 2001

《생쥐와 인간》 | 존 스타인벡 | 비룡소 | 2009

《앵무새 죽이기》 | 하퍼 리 | 열린책들 | 2015

《미드나잇 라이브러리》 | 매트 헤이그 | 인플루엔셜 | 2021

《위대한 개츠비》 | F. 스콧 피츠제럴드 | 문학동네 | 2009

《천국에서 만난 다섯 사람》 | 미치 앨봄 | 살림출판사 | 2010

《노인과 바다》 | 어네스트 밀러 헤밍웨이 | 민음사 | 2012

《단테의 신곡》 | 단테 | 황금부엉이 | 2016

《아Q정전》 | 루쉰 | 창비 | 2010

《수레바퀴 아래서》 | 헤르만 헤세 | 민음사 | 2001

《돈키호테》 | 미겔 데 세르반테스 | 열린책들 | 2014

《1984》 | 조지 오웰 | 민음사 | 2003

《페스트》 | 알베르 카뮈 | 민음사 | 2011

《하늘의 무지개를 볼 때마다》 | 윌리엄 워즈워스 | 민음사 | 2017

《변신》 | 프란츠 카프카 | 문학동네 | 2005

《나는 왜 너가 아니고 나인가》 | 시애틀 추장 외 | 더숲 | 2017

《안나 카레니나》 | 레프 톨스토이 | 민음사 | 2009

《목걸이》 | 기 드 모파상 | 소담출판사 | 200

《햄릿》 | 윌리엄 셰익스피어 | 민음사 | 2001

《파우스트》 | 요한 볼프강 폰 괴테 | 민음사 | 1999

《기탄잘리》 | 라빈드라나트 타고르 | 열린책들 | 2010

《가지 않은 길》 | 로버트 프로스트 외 14명 | 창비 | 2014

5월

《지리의 쓸모》 | 전국지리교사모임 | 한빛라이프 | 2021

《세계 시민을 위한 없는 나라 지리 이야기》 | 서태동 외 6명 | 롤러코스터 | 2022

《구멍가게 이야기》 | 박혜진, 심우장 | 책과함께 | 2021

《세상을 담는 여행지리》 | 김인철 외 6명 | 푸른길 | 2020

《아주 쓸모 있는 세계 이야기》 | 남영우 외 4명 | 푸른길 | 2019

《문학 속의 지리 이야기》 | 조지욱 | 사계절 | 2014

《지리의 힘》 | 팀 마샬 | 사이 | 2016

《왜 세계의 절반은 굶주리는가?》 | 장 지글러 | 갈라파고스 | 2016

《왜 세계의 가난은 사라지지 않는가》 | 장 지글러 | 시공사 | 2019

《공정하다는 착각》 | 마이클 샌델 | 와이즈베리 | 2020

《사이보그가 되다》 | 김초엽, 김원영 | 사계절 | 2021

《젠더와 사회》 | 한국여성연구소 | 동녘 | 2021

《선량한 차별주의자》 | 김지혜 | 창비 | 2019

《같은 일본 다른 일본》 | 김경화 | 동아시아 | 2022

《지리학자의 인문 여행》 | 이영민 | 아날로그(글담) | 2019

《노후 파산》 | NHK 스페셜 제작팀 | 다산북스 | 2016

《평균의 종말》 | 토드 로즈 | 21세기북스 | 2018

《펭귄과 리바이어던》 | 요차이 벤클러 | 반비 | 2013

《우리는 왜 개는 사랑하고 돼지는 먹고 소는 신을까》 | 멜라니 조이 | 모멘토 | 2011

《이상한 정상 가족》 | 김희경 | 동아시아 | 2022

《어느 대학 출신이세요?》 | 제정임, 곽영신 | 오월의봄 | 2021

《우리는 왜 인종차별주의자가 될까?》 | 이즈마엘 메지안느 외 2명 | 청아출판사 | 2021

《왜 세계화가 문제일까?》 | 게르트 슈나이더 | 창비 | 2019

《시선의 폭력》 | 시몬느 소스 | 한울림스페셜 | 2016

《인구의 힘》 | 폴 몰랜드 | 미래의창 | 2020

《그녀가 말했다》 | 조디 캔터, 메건 투히 | 책읽는수요일 | 2021

《강남의 탄생》 | 한종수, 강희용 | 미지북스 | 2016

《대한민국의 시험》 | 이혜정 | 다산4.0 | 2017

《학교, 민주시민교육을 실천하다!》 | 교육정책디자인연구소 시민모임 | 맘에드림 | 2020

《나는 미디어 조작자다》 | 라이언 홀리데이 | 뜨인돌 | 2019

《세상을 읽는 새로운 언어, 빅데이터》 | 조성준 | 21세기북스 | 2019

6월

《가려진 세계를 넘어》 | 박지현, 채세린 | 슬로비 | 2021
《정의란 무엇인가》 | 마이클 샌델 | 와이즈베리 | 2014
《국경 전쟁》 | 클라우스 도즈 | 미래의 창 | 2022
《다수를 위한 소수의 희생은 정당한가?》 | 표창원 외 4명 | 철수와영희 | 2016
《착한 민영화는 없다》 | 이광호 | 내일을여는책 | 2019
《그런 세대는 없다》 | 신진욱 | 개마고원 | 2022
《지정학의 힘》 | 김동기 | 아카넷 | 2020
《동 · 남중국해, 힘과 힘이 맞서다》 | 마이클 타이 | 메디치미디어 | 2020
《쉽게 믿는 자들의 민주주의》 | 제랄드 브로네르 | 책세상 | 2020
《그건 내 건데》 | 이선배 | 내일을여는책 | 2022
《판결문을 낭독하겠습니다》 | 도우람 | 시공사 | 2020
《법의 이유》 | 홍성수 | arte(아르테) | 2021
《딸에게 들려주는 헌법 이야기》 | 이득진 | GIST PRESS | 2021
《이름이 법이 될 때》 | 정혜진 | 동녘 | 2021
《이상한 재판의 나라에서》 | 정인진 | 교양인 | 2021
《THE GOAL 더 골》 | 엘리 골드렛, 제프 콕스 | 동양북스 | 2019
《슈독》 | 필 나이트 | 사회평론 | 2016
《챗GPT 거대한 전환》 | 김수민, 백선환 | 알에이치코리아 | 2023
《이것은 작은 브랜드를 위한 책》 | 이근상 | 몽스북 | 2021
《스틱!》 | 칩 히스, 댄 히스 | 웅진지식하우스 | 2022
《로지컬 씽킹》 | 데루야 하나코, 오카다 게이코 | 비즈니스북스 | 2019
《새로 쓴 원숭이도 이해하는 자본론》 | 임승수 | 시대의 창 | 2016
《자본주의》 | 정지은, 고희정 | 가나출판사 | 2013
《나쁜 사마리아인들》 | 장하준 | 부키 | 2023
《1달러의 세계 경제 여행》 | 다르시니 데이비드 | 센시오 | 2020
《브라질에 비가 내리면 스타벅스 주식을 사라》 | 피터 나바로 | 에프엔미디어 | 2022
《보도 섀퍼의 돈》 | 보도 섀퍼 | 에포케 | 2011
《부의 추월차선》 | 엠제이 드마코 | 토트 | 2022
《부자의 그릇》 | 이즈미 마사토 | 다산북스 | 2020
《생각의 비밀》 | 김승호 | 황금사자 | 2015

7월

《전태일 평전》 | 조영래 | 아름다운전태일 | 2020

《문명과 식량》 | 루스 디프리스 | 눌와 | 2018

《오리엔탈리즘》 | 에드워드 사이드 | 교보문고 | 2007

《거꾸로 읽는 세계사》 | 유시민 | 돌베개 | 2021

《조선의 딸, 총을 들다》 | 정운현 | 인문서원 | 2016

《두 얼굴의 조선사》 | 조윤민 | 글항아리 | 2016

《죽음의 역사》 | 앤드루 도이그 | 브론스테인 | 2023

《위대한 패배자들》 | 유필화 | 흐름출판 | 2021

《에도로 가는 길》 | 에이미 스탠리 | 생각의힘 | 2022

《절반의 한국사》 | 여호규 외 9명 | 위즈덤하우스 | 2021

《정약용과 그의 형제들》 | 이덕일 | 다산초당 | 2012

《다크 투어, 슬픔의 지도를 따라 걷다》 | 김여정 | 그린비 | 2021

《진실을 영원히 감옥에 가두어 둘 수는 없습니다》 | 조영래 | 창비 | 1991

《쟁점 한일사》 | 이경훈 | 북멘토 | 2016

《안목》 | 유홍준 | 눌와 | 2017

《비이성의 세계사》 | 정찬일 | 양철북 | 2015

《미술관 옆 사회교실》 | 이두현 외 6명 | 살림Friends | 2013

《이슬람의 눈으로 본 세계사》 | 타밈 안사리 | 뿌리와이파리 | 2011

《한 컷 한국사》 | 조한경 외 9명 | 해냄에듀 | 2022

《히틀러에 붙이는 주석》 | 제바스티안 하프너 | 돌베개 | 2014

《고전소설 속 역사여행》 | 신병주, 노대환 | 돌베개 | 2005

《역사란 무엇인가》 | E. H. 카 | 까치 | 1997

《100가지 물건으로 다시 쓰는 여성 세계사》 | 매기 앤드루스, 재니스 로마스 | 웅진지식하우스 | 2020

《처음 읽는 중국사》 | 전국역사교사모임 | 휴머니스트 | 2018

《호모 에렉투스의 유전자 여행》 | 요하네스 크라우제, 토마스 트라페 | 책밥 | 2020

《나는 전쟁범죄자입니다》 | 김효순 | 서해문집 | 2020

《1000년》 | 발레리 한센 | 민음사 | 2022

《7대 이슈로 보는 돈의 역사 2》 | 홍춘욱 | 로크미디어 | 2020

《반일 종족주의, 무엇이 문제인가》 | 김종성 | 위즈덤하우스 | 2020

《위안부 문제를 아이들에게 어떻게 가르칠까?(한국편)》 | 방지원 | 생각비행 | 2021

《백범일지》 | 김구 | 돌베개 | 2005

8월

《과학혁명의 구조》 | 토마스 쿤 | 까치 | 2013

《객관성의 칼날》 | 찰스 길리스피 | 새물결 | 2005

《코스모스》 | 칼 에드워드 세이건 | 사이언스북스 | 2004

《모든 순간의 물리학》 | 카를로 로벨리 | 쌤앤파커스 | 2016

《시간은 흐르지 않는다》 | 카를로 로벨리 | 쌤엔파커스 | 2019

《우주의 구조》 | 브라이언 그린 | 승산 | 2005

《엔드 오브 타임》 | 브라이언 그린 | 와이즈베리 | 2021

《부분과 전체》 | 베르너 카를 하이젠베르크 | 서커스출판상회 | 2016

《파인만 씨, 농담도 잘하시네! 1, 2》 | 리처드 필립 파인만 | 사이언스북스 | 2000

《떨림과 울림》 | 김상욱 | 동아시아 | 2018

《퀀텀의 세계》 | 이순칠 | 해나무 | 2023

《십 대, 미래를 과학하라!》 | 정재승 외 9명 | 청어람미디어 | 2019

《정재승의 과학콘서트》 | 정재승 | 어크로스 | 2020

《과학자가 되는 방법》 | 남궁석 | 이김 | 2018

《생명의 물리학》 | 찰스 S. 코켈 | 열린책들 | 2021

《뇌를 바꾼 공학, 공학을 바꾼 뇌》 | 임창환 | 엠아이디 | 2023

《아주 위험한 과학책》 | 랜들 먼로 | 시공사 | 2023

《십대, 별과 우주를 사색해야 하는 이유》 | 이광식 | 더숲 | 2013

《천문학자는 별을 보지 않는다》 | 심채경 | 문학동네 | 2021

《프로젝트 헤일메리》 | 앤디 위어 | 알에이치코리아 | 2021

《지구의 짧은 역사》 | 앤드루 H. 놀 | 다산사이언스 | 2021

《화석맨》 | 커밋 패티슨| 김영사 | 2022

《오리진》 | 루이스 다트넬 | 흐름출판 | 2020

《기후의 힘》 | 박정재 | 바다출판사 | 2021

《최종 경고: 6도의 멸종》 | 마크 라이너스 | 세종서적 | 2022

《인류세: 인간의 시대》 | 최평순, EBS 다큐프라임 〈인류세〉 제작진 | 해나무 | 2020

《지구는 괜찮아, 우리가 문제지》 | 곽재식 | 어크로스 | 2022

《지금 당장 기후 토론》 | 김추령 | 우리학교 | 2022

《지구를 위한다는 착각》 | 마이클 셸런버거 | 부키 | 2021

《구름을 사랑하는 기술》 | 아라키 켄타로 | 쌤앤파커스 | 2019

《과학자들은 왜 깊은 바다로 갔을까?》 | 김동성 외 31명 | 교보문고 | 2022

9월

《원소 이야기》 | 팀 제임스 | 한빛비즈 | 2022

《법칙, 원리, 공식을 쉽게 정리한 물리 · 화학 사전》 | 와쿠이 사다미 | 그린북 | 2017

《거의 모든 물질의 화학》 | 김병민 | 현암사 | 2022

《같기도 하고 아니 같기도 하고》 | 로얼드 호프만 | 까치글방 | 2018

《세상은 온통 화학이야》 | 마이 티 응우옌 킴, 김민경 | 한국경제신문사 | 2019

《재밌어서 밤새 읽는 화학 이야기》 | 사마키 다케오 | 더숲 | 2013

《세상을 바꾼 화학》 | 원정현 | 리베르스쿨 | 2021

《화학 교과서는 살아있다》 | 문상흡 외 8명 | 동아시아 | 2012

《미술관에 간 화학자》 | 전창림 | 어바웃어북 | 2013

《오늘도 약을 먹었습니다》 | 박한슬 | 북트리거 | 2020

《분자 조각가들》 | 백승만 | 해나무 | 2023

《슈퍼버그》 | 맷 매카시 | 흐름출판 | 2020

《이중나선》 | 제임스 왓슨 | 궁리 | 2019

《종의 기원》 | 찰스 다윈 | 사이언스북스 | 2019

《이기적 유전자》 | 리처드 도킨스 | 을유문화사 | 2018

《다정한 것이 살아남는다》 | 브라이언 헤어, 버네사 우즈 | 디플롯 | 2021

《생명이 있는 것은 다 아름답다》 | 최재천 | 효형출판 | 2001

《생물과 무생물 사이》 | 후쿠오카 신이치 | 은행나무 | 2008

《생명이란 무엇인가》 | 폴 너스 | 까치글방 | 2021

《이토록 뜻밖의 뇌과학》 | 리사 펠드먼 배럿 | 더퀘스트 | 2021

《당신의 뇌, 미래의 뇌》 | 김대식 | 해나무 | 2019

《우리는 각자의 세계가 된다》 | 데이비드 이글먼 | 알에이치코리아 | 2022

《코드 브레이커》 | 월터 아이작슨 | 웅진지식하우스 | 2022

《노화의 종말》 | 데이비드 A. 싱클레어, 매슈 D. 러플랜트 | 부키 | 2020

《골든아워》 | 이국종 | 흐름출판 | 2018

《진료실에 숨은 의학의 역사》 | 박지욱 | 휴머니스트 | 2022

《까면서 보는 해부학 만화》 | 압둘라 | 한빛비즈 | 2020

《물고기는 존재하지 않는다》 | 룰루 밀러 | 곰출판 | 2021

《호흡의 기술》 | 제임스 네스터 | 북트리거 | 2021

《나는 풍요로웠고, 지구는 달라졌다》 | 호프 자런 | 김영사 | 2020

10월

《챗GPT 기회를 잡는 사람들》 | 장민 | 알투스 | 2023
《인공지능 생존 수업》 | 조중혁 | 슬로디미디어 | 2021
《테슬라 자서전》 | 니콜라 테슬라 | 양문 | 2019
《챗GPT에게 묻는 인류의 미래》 | 김대식, 챗GPT | 동아시아 | 2023
《IT 트렌드 읽는 습관》 | 김지현 | 좋은습관연구소 | 2023
《최소한의 코딩지식》 | EBS 제작팀, 김광범 | 가나출판사 | 2021
《AI 소사이어티 AI Society》 | 김태헌, 이벌찬 | 미래의창 | 2022
《나의 첫 인공지능 수업》 | 김진우 | 메이트북스 | 2022
《비전공자를 위한 이해할 수 있는 IT 지식》 | 최원영 | 티더블유아이지 | 2020
《비전공자도 이해할 수 있는 AI 지식》 | 박상길 | 반니 | 2023
《페르마의 마지막 정리》 | 사이먼 싱 | 영림카디널 | 2022
《수학이 필요한 순간》 | 김민형 | 인플루엔셜 | 2018
《다시, 수학이 필요한 순간》 | 김민형 | 인플루엔셜 | 2020
《이토록 아름다운 수학이라면》 | 최영기 | 21세기북스 | 2019
《365 수학》 | 박부성 외 3명 | 사이언스북스 | 2020
《미적분으로 바라본 하루》 | 최영기 | 21세기북스 | 2019
《적분이 콩나물 사는 데 무슨 도움이 돼?》 | 쏭쌤, 정담 | 루비페이퍼 | 2021
《지금 공부하는 게 수학 맞습니까?》 | 최수일 | 비아북 | 2022
《미술관에 간 수학자》 | 이광연 | 어바웃어북 | 2018
《청소년을 위한 한국 수학사》 | 김용운, 이소라 | 살림Math | 2009
《일하는 수학》 | 시노자키 나오코 | 타임북스 | 2016
《대량살상 수학무기》 | 캐시 오닐 | 흐름출판 | 2017
《피타고라스 생각 수업》 | 이광연 | 유노라이프 | 2023
《나는 수학으로 세상을 읽는다》 | 롭 이스터웨이 | 반니 | 2020
《수학을 포기하려는 너에게》 | 장우석 | 북트리거 | 2023
《수학의 역사》 | 지즈강 | 더숲 | 2020
《이상한 수학책》 | 벤 올린 | 북라이프 | 2020
《더 이상한 수학책》 | 벤 올린 | 북 라이프 | 2021
《수학을 읽어드립니다》 | 남호성 | 한국경제신문사 | 2021
《길 위의 수학자》 | 릴리언 R. 리버 | 궁리출판 | 2016
《통계의 미학》 | 최제호 | 동아시아 | 2007

11월

《서양 미술사》 | 에른스트 H. 곰브리치 | 예경 | 2017
《방구석 미술관》 | 조원재 | 블랙피쉬 | 2018
《반 고흐, 영혼의 편지》 | 빈센트 반 고흐 | 위즈덤하우스 | 2017
《레오나르도 다빈치》 | 월터 아이작슨 | arte(아르테) | 2019
《이것은 미술이 아니다》 | 메리 앤 스타니스제프스키 | 현실문화연구 | 2022
《다른 방식으로 보기》 | 존 버거 | 열화당 | 2012
《프리다 칼로, 붓으로 전하는 위로》 | 서정욱 | 온더페이지 | 2022
《발칙한 현대미술사》 | 윌 곰퍼츠 | 알에이치코리아 | 2014
《청소년을 위한 한국미술사》 | 박차지현 | 두리미디어 | 2005
《오주석의 한국의 미 특강》 | 오주석 | 푸른역사 | 2017
《조형의 원리》 | 데이비드 A. 라우어 | 예경 | 2002
《LIGHT 미술가를 위한 빛의 이해와 활용》 | 리처드 요트 | 비즈앤비즈 | 2014
《디자인은 어떻게 세상을 만들어가는가》 | 스콧 버쿤 | 하루 | 2021
《디자인의 디자인》 | 하라 켄야 | 안그라픽스 | 2007
《건축, 음악처럼 듣고 미술처럼 보다》 | 서현 | 효형출판 | 2014
《스토리 유니버스》 | 이동은 | 사회평론아카데미 | 2022
《패션 디자이너, 미래가 찬란한 너에게》 | 박민지 | 크루 | 2022
《뮤지컬 이야기》 | 이수진, 조용신 | 숲 | 2009
《클래식 음악에 관한 101가지 질문》 | 아테네 크로이치거헤르, 빈프리트 뵈니히 | 경당 | 2010
《하노버에서 온 음악 편지》 | 손열음 | 중앙북스 | 2015
《음대 나와서 무얼 할까》 | 고혜원 | 안그라픽스 | 2015
《서양음악사》 | 민은기 | 음악세계 | 2013
《스토리 클래식》 | 오수현 | 블랙피쉬 | 2022
《재즈 잇 업》 | 남무성 | 서해문집 | 2018
《청소년을 위한 한국음악사 (국악편)》 | 송혜진 | 두리미디어 | 2007
《축구를 하며 생각한 것들》 | 손흥민 | 브레인스토어 | 2020
《나는 체육 교사입니다》 | 김정섭 외 13명 | 성안당 | 2022
《인공지능이 스포츠 심판이라면》 | 스포츠문화연구소 | 다른 | 2020
《운동화 신은 뇌》 | 존 레이티, 에릭 헤이거먼 | 녹색지팡이 | 2023
《10대와 통하는 스포츠 이야기》 | 탁민혁, 김윤진 | 철수와영희 | 2019

12월

《죽은 자의 집 청소》 | 김완 | 김영사 | 2020

《성적은 짧고 직업은 길다》 | 탁석산 | 창비 | 2009

《하고 싶은 것이 뭔지 모르는 10대에게》 | 김원배 | 애플북스 | 2021

《의대에 가고 싶어졌습니다》 | 서울대학교 의과대학 재학 · 졸업생 | 메가스터디북스 | 2022

《10대를 위한 완벽한 진로 공부법》 | 앤디 림, 윤규훈 | 체인지업북스 | 2020

《공대에 가고 싶어졌습니다》 | 서울대학교 공과대학생 | 메가스터디북스 | 2020

《이제는 대학이 아니라 직업이다》 | 손영배 | 생각비행 | 2023

《코딩 진로》 | 류채윤 외 2명 | 호모 루덴스 | 2021

《국경 없는 과학기술자들》 | 이경선 | 뜨인돌 | 2013

《세상을 읽는 새로운 언어, 빅데이터》 | 조성준 | 21세기북스 | 2019

《14살부터 시작하는 나의 첫 진로 수업》 | 학연플러스 편집부 | 뜨인돌 | 2021

《좋아하는 것을 발견하는 법》 | 이다혜 | 창비 | 2022

《WHY NOT? 유튜버》 | 김켈리 | 토크쇼 | 2022

《다가온 미래, 새로운 직업》 | 한국고용정보원 미래직업연구팀 외 7명 | 드림리치 | 202

《무기가 되는 스토리》 | 도널드 밀러 | 윌북 | 2018

《박철범의 하루 공부법》 | 박철범 | 다산에듀 | 2022

《성공하는 사람들의 7가지 습관》 | 스티븐 코비 | 김영사 | 1994

《그릿》 | 앤절라 더크워스 | 비즈니스북스 | 2019

《데일 카네기 자기관리론》 | 데일 카네기 | 현대지성 | 2021

《아주 작은 습관의 힘》 | 제임스 클리어 | 비즈니스북스 | 2019

《아티스트 웨이》 | 줄리아 캐머런 | 경당 | 2012

《몰입 Think hard!》 | 황농문 | 알에이치코리아 | 2007

《보도 섀퍼의 이기는 습관》 | 보도 섀퍼 | 토네이도 | 2022

《나폴레온 힐 성공의 법칙》 | 나폴레온 힐, 김정수 | 중앙경제평론사 | 2022

《어떻게 살아야 하는가》 | 이나모리 가즈오 | 다산북스 | 2022

《아웃라이어》 | 말콤 글래드웰 | 김영사 | 2019

《타이탄의 도구들》 | 팀 페리스 | 토네이도 | 2022

《위대한 나의 발견 강점혁명》 | 갤럽 프레스 | 청림출판 | 2021

《회복탄력성》 | 김주환 | 위즈덤하우스 | 2019

《시작의 기술》 | 개리 비숍 | 웅진지식하우스 | 2019

《럭키 드로우》 | 드로우앤드류 | 다산북스 | 2022

명문대 필독서 365 워크북

1판 1쇄 인쇄 2024년 4월 22일
1판 1쇄 발행 2024년 5월 2일

지은이 박은선, 최유란, 차옥경, 김미나, 안재현
발행인 김형준

책임편집 박시현, 허양기
마케팅 기소연
디자인 design ko

발행처 체인지업북스
출판등록 2021년 1월 5일 제2021-000003호
주소 경기도 고양시 덕양구 삼송로 12, 805호
전화 02-6956-8977
팩스 02-6499-8977
이메일 change-up20@naver.com
홈페이지 www.changeuplibro.com

ISBN 979-11-91378-51-1 (43370)

체인지업북스는 내 삶을 변화시키는 책을 펴냅니다.

*일러스트 및 아이콘은 Freepik.com의 이미지를 활용했습니다.
*Noun Project의 아이콘을 활용했습니다.